四川省繁荣发展哲学社会科学2004年重点课题
重修《四川通史》编委会

名誉主任：
　　陶武先　王少雄　黄新初

顾　　问：
　　杨析综　何郝炬　章玉钧　陈　文　殷建中　贾松青

主　　任：
　　侯水平　郑晓幸　张邦凯

副 主 任：
　　孙成民　罗　鸣　贾大泉　陈世松　罗韵希

委　　员：（以姓氏笔画为序）
　　王　炎　王　素　王庭科　向宝云　孙成民　吴康零
　　张邦凯　李绍明　李敬洵　陈世松　林　向　罗　鸣
　　罗开玉　罗韵希　郑晓幸　侯水平　段　渝　胡昭曦
　　贾大泉　隗瀛涛　温贤美　解　伟　谭继和

主　　编：
　　贾大泉　陈世松

副 主 编：
　　吴康零

卷一　先秦　　　　　　　段　渝　著
卷二　秦汉三国　　　　　罗开玉　著
卷三　两晋南北朝隋唐　　李敬洵　著
卷四　五代两宋　　　　　贾大泉　主编
卷五　元明　　　　　　　陈世松　主编
卷六　清　　　　　　　　吴康零　主编
卷七　民国　　　　　　　贾大泉　主编

主编 贾大泉 陈世松
副主编 吴康零

本卷主编 陈世松
撰稿 陈世松 李映发

元明
卷五

四川通史
SI CHUAN TONG SHI

四川人民出版社

图书在版编目（CIP）数据

四川通史. 卷五，元明 / 贾大泉，陈世松主编；陈世松分册主编. —2 版. —成都：四川人民出版社，2018.12

ISBN 978-7-220-11028-3

Ⅰ.①四… Ⅱ.①贾… ②陈… Ⅲ.①四川－地方史－元代 ②四川－地方史－明代　Ⅳ.①K297.1

中国版本图书馆 CIP 数据核字（2018）第 232060 号

SICHUAN TONGSHI

四川通史（卷五　元明）

陈世松　主编

责任编辑	徐　英　蒋咏宁
封面设计	敬人书籍设计
技术设计	杨　潮
责任校对	叶　勇
责任印制	祝　健
部分图片	罗韵希　帅初阳　武　韵
摄影作者	黄晓帆　帅黎明　胡翠兰
出版发行	四川人民出版社（成都市槐树街 2 号）
网　　址	http://www.scpph.com
E-mail	scrmcbs@sina.com
新浪微博	@四川人民出版社
微信公众号	四川人民出版社
发行部业务电话	(028) 86259624　86259453
防盗版举报电话	(028) 86259624
照　　排	四川胜翔数码印务设计有限公司
印　　刷	成都东江印务有限公司
成品尺寸	170mm×230mm
印　　张	33.75
字　　数	555 千
插　　页	10
版　　次	2018 年 12 月第 2 版
印　　次	2018 年 12 月第 1 次印刷
书　　号	ISBN 978-7-220-11028-3
定　　价	1280.00 元（全套共七卷）

■版权所有·侵权必究

本书若出现印装质量问题，请与我社发行部联系调换

电话：(028) 86259453

始建于明万历二十四年（1596）的宜宾李庄旋螺殿

始建于明崇祯十一年（1638）的戎州"百二河山"石坊（宜宾市水东门外）

雅安名山县永兴寺明代"五峰禅林"牌坊

成都十陵镇发现的明代蜀僖王陵地宫大殿

成都双楠小区发现的明代太监墓群

泸县明代龙脑桥石刻造像

泸县出土的明代戏剧石刻造像

成都温江出土的元代陶俑

重庆铜梁出土的明代陶俑

成都双楠小区明代太监墓出土的瓷器二件

蒲江县河沙寺大殿明代壁画

新津观音寺明代"飘海观音"塑像

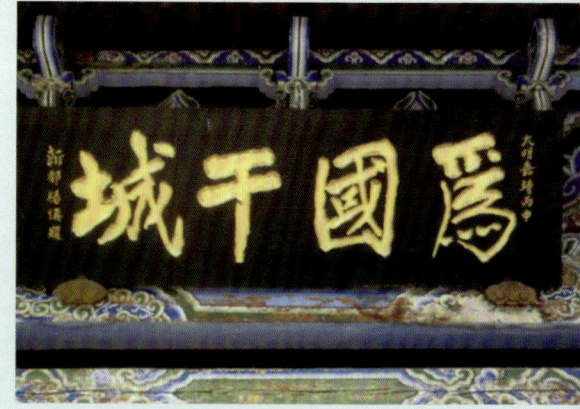

云南丽江木王府明嘉靖十五年（1536）杨慎题匾

目 录

前　言 …………………………………………………………（1）
第一章　元代四川的政治 ……………………………………（1）
　第一节　元初四川的政局 …………………………………（1）
　　一、廉希宪镇秦蜀 ………………………………………（1）
　　二、"泸南之变" …………………………………………（5）
　　三、赛典赤抚川陕 ………………………………………（10）
　　四、安西王节制四川 ……………………………………（15）
　　五、元朝久攻巴蜀不下的原因 …………………………（21）
　第二节　元代中期四川的政局 ……………………………（27）
　　一、军事贵族的专政 ……………………………………（27）
　　二、囊加台据蜀称王 ……………………………………（31）
　第三节　元代晚期四川的政局 ……………………………（35）
　　一、"川军"、"川将"的覆灭 ……………………………（35）
　　二、明玉珍入川 …………………………………………（39）
　　三、"青巾军"掠蜀 ………………………………………（43）
第二章　大夏国据蜀始末 ……………………………………（47）
　第一节　明玉珍时期（1357～1366） ……………………（47）
　　一、南征北伐 ……………………………………………（47）
　　二、称帝建制 ……………………………………………（55）

· 1 ·

目录

第二节 明昇时期（1366～1371） (62)
一、内政外交 (62)
二、后主降明 (68)

第三章 明代四川的政治 (73)

第一节 明代对四川的治理 (73)
一、郡邑筑城 (73)
二、吏治扫描 (85)
三、宦官专权 (90)

第二节 明代四川宗藩 (98)
一、献王镇蜀 (98)
二、蜀藩与朝廷 (103)
三、嗣位之争 (107)
四、蜀藩在四川 (110)
五、蜀王陵墓 (118)

第三节 明代四川的民众运动 (128)
一、"妖人"造反 (128)
二、"流民"起事 (133)
三、"流寇"入川 (138)
四、"张献忠剿四川"评说 (146)

第四章 元明时期四川的政治军事制度 (150)

第一节 政区建置 (150)
一、元代四川政区 (150)
二、明代四川政区 (155)

第二节 行政制度 (159)
一、行省制 (159)
二、三司制 (163)

第三节 军事制度 (166)
一、元代镇戍制 (166)
二、明代卫所制 (173)

第五章 元明时期四川的少数民族 (181)

第一节　民族状况 …………………………………… (181)
　一、岷江上游的羌族 …………………………………… (181)
　二、川西北高原的藏族 ………………………………… (186)
　三、金沙江以北的彝族 ………………………………… (194)
　四、川东南的土家族 …………………………………… (199)
　五、留居四川的蒙古族 ………………………………… (202)
　六、入居四川的回族 …………………………………… (206)

第二节　民族政策 …………………………………… (211)
　一、元代四川土司 ……………………………………… (211)
　二、明代四川土司 ……………………………………… (215)

第三节　民族事件 …………………………………… (221)
　一、连绵不断的反元斗争 ……………………………… (221)
　二、明朝三征"西南夷" ………………………………… (224)
　三、"都掌蛮"的消亡 …………………………………… (227)
　四、播州杨应龙之乱 …………………………………… (235)
　五、永宁奢、安之乱 …………………………………… (241)

第六章　元明时期四川的人口 ……………………… (248)
第一节　元代四川人口状况 ………………………… (248)
　一、元代四川人口 ……………………………………… (248)
　二、元季楚人迁蜀之风 ………………………………… (260)

第二节　明夏四川人口状况 ………………………… (265)
　一、明夏四川人口 ……………………………………… (265)
　二、楚人实蜀潮流 ……………………………………… (268)

第三节　明代四川人口状况 ………………………… (271)
　一、洪武四川大移民 …………………………………… (271)
　二、明代中后期的四川人口 …………………………… (278)

第七章　元明时期四川的赋役制度 ………………… (284)
第一节　元代赋役制度 ……………………………… (284)
第二节　明代赋役制度 ……………………………… (287)

第八章　元明时期四川的农业 ……………………… (302)

目录

第一节　耕地面积 …………………………………………………… (302)
　　一、元代四川的军民屯田 …………………………………… (302)
　　二、明代四川的耕地面积 …………………………………… (305)

第二节　水利灌溉 …………………………………………………… (309)
　　一、元代四川水利 …………………………………………… (309)
　　二、明代四川水利 …………………………………………… (312)

第三节　粮食及经济作物 …………………………………………… (318)

第九章　元明时期四川的手工业 ………………………………… (326)

第一节　纺织业 ……………………………………………………… (326)
　　一、元代四川纺织业 ………………………………………… (326)
　　二、明代四川纺织业 ………………………………………… (328)

第二节　矿冶业 ……………………………………………………… (333)
　　一、元代四川矿业 …………………………………………… (333)
　　二、明代四川矿业 …………………………………………… (334)

第三节　盐业 ………………………………………………………… (339)
　　一、元代四川盐业 …………………………………………… (339)
　　二、明代四川盐业 …………………………………………… (342)

第四节　酿酒与制茶 ………………………………………………… (347)
　　一、酿酒业 …………………………………………………… (347)
　　二、制茶业 …………………………………………………… (353)

第五节　造纸业与印刷业 …………………………………………… (355)
　　一、元代造纸业与印刷业 …………………………………… (355)
　　二、明代造纸业与印刷业 …………………………………… (356)

第六节　造船业 ……………………………………………………… (359)

第十章　元明时期四川的商业与交通 …………………………… (362)

第一节　商业 ………………………………………………………… (362)
　　一、元代四川商业 …………………………………………… (362)
　　二、明代四川商业 …………………………………………… (365)

第二节　交通 ………………………………………………………… (374)
　　一、元代四川交通 …………………………………………… (375)

二、明代四川交通 ································ (378)
三、入藏新通道的开辟 ····························· (385)

第十一章 元明时期四川的文化 ························ (390)

第一节 哲学 ································· (390)
一、元代四川哲学 ······························ (390)
二、明代四川哲学 ······························ (392)

第二节 史学 ································· (399)
一、史家 ··································· (399)
二、方志 ··································· (402)
三、文献 ··································· (407)

第三节 教育 ································· (409)
一、元代四川教育 ······························ (409)
二、明代四川教育 ······························ (414)
三、元明四川进士 ······························ (418)

第四节 文学 ································· (422)
一、散文 ··································· (423)
二、诗歌 ··································· (426)
三、词曲 ··································· (430)

第五节 艺术 ································· (433)
一、书法 ··································· (433)
二、绘画 ··································· (436)
三、雕塑 ··································· (442)
四、碑志 ··································· (450)
五、工艺 ··································· (454)
六、戏剧 ··································· (457)

第六节 科技 ································· (462)
一、农业技术 ································· (462)
二、凿井技术 ································· (463)
三、陶瓷技术 ································· (465)
四、医药技术 ································· (466)

第七节 建筑 ·· (468)
　一、寺观建筑 ·· (468)
　二、公共建筑 ·· (472)
　三、民居建筑 ·· (475)
第八节 宗教 ·· (477)
　一、佛教 ·· (477)
　二、道教 ·· (486)
　三、伊斯兰教 ·· (489)
　四、天主教 ·· (490)
　五、民间宗教 ·· (492)
第九节 民俗 ·· (493)
　一、流风遗韵 ·· (493)
　二、社会风尚 ·· (496)
　三、礼仪民俗 ·· (498)
　四、岁时民俗 ·· (501)
　五、信仰民俗 ·· (503)
　六、民间文艺 ·· (510)
　七、民间语言 ·· (511)

大事年表 ·· (516)
后　记 ·· (522)

前　言

《四川通史》第五卷的时间断限，上起13世纪中期，下迄17世纪中期，其所论述的内容，包括元（1260～1368）、明（1368～1644）两代400年间四川政治、经济、民族、文化的基本情况与发展脉络。鉴于本书正文已按照章、节、目的统一体例将这些内容尽可能详细地囊括进去，前言再作重述就显得画蛇添足了。这里，仅提出元、明时代与四川历史进程有关的几个问题来加以探讨。其要旨在于，把本段历史放在整个历史长河和全国范围的时空构架中进行考察，以便将在历史背后起作用的、带规律性的因素揭示出来。这样做，有助于加深对本段历史的特点、地位的理解，从总体上把握元、明四川历史的发展变化脉络。因受篇幅局限，不可能提出更多的问题来讨论；表述方式也只能是宏观性扫描、史论式勾画。至于评述的视角、观点是否恰当，则是可以讨论的，期待读者批评指正。

一

发生在13世纪中国历史上的宋元战争，摧毁了四川社会内部的生机与活力，是对四川历史进程产生重大影响的头件大事。

元朝的历史一般以中统元年（1260）元世祖忽必烈登上蒙古汗位作为起点，

但蒙古进军四川的过程,则早在忽必烈的祖父成吉思汗时代就开始了。蒙古对于南宋王朝四川战区的军事进攻,经历了成吉思汗时期(1206~1227)、窝阔台汗时期(1229~1241)、贵由汗时期(1246~1248)与蒙哥汗时期(1251~1259),而至忽必烈汗时期。到忽必烈即位时,宋元双方在四川政治、军事势力的对比形势是:蒙古以川西、川北为据点,占领了全川三分之二的版图;南宋以川东为据点,其所能控制的州县大约只有 60 个左右。中统二年(1261)六月,镇守泸州的南宋守将刘整挈城降元。至元八年(1271),忽必烈采纳刘整建言,决定以长江中游的襄樊地区作为突破口,对南宋王朝开展战略进攻。此后,宋元战争的态势发生了根本性的转变。至元十年(1273),元军突破襄樊防线,顺流直捣南宋腹心。南宋四川的防守范围只能收缩到重庆、合州等几个沿江孤立据点之上。至元十三年(1276)正月,南宋临安王朝降元,四川仍继续坚持守土。至元十五年(1278),元军攻占重庆,宣布全川底定。直到次年(1279),合州守将王立降元,这才宣告围绕四川而进行了长达 52 年(1227~1279)的争夺战最后落下了帷幕。

与中国历史上别的改朝换代的战争相比较,宋元战争是第一个由少数民族统治者为实现建立全国政权目标而进行的战争。由于蒙古统治者在发动对宋战争的时代仍保留着落后野蛮的掠夺方式,也由于蒙古对四川的用兵早于南宋统治下的其他地区,而南宋四川又最后结束抵抗,因此,战争在该地区持续的时间长,其对四川地区的经济文化所造成的严重破坏后果是不言而喻的。固然,任何战争不可避免会带来一定程度的破坏,但只要这种破坏没有伤及根本,一般说来,经过一段时间的恢复,总可医治好战争的创伤,达到甚至超过原来的水平。然而,对于 13 世纪的四川地区说来,情况却是另外一个样。

大量历史事实告诉我们,经历这场战争后,四川社会中那些能够体现上自汉唐五代下及两宋时代的经济繁荣面貌、生产技术程度和文化昌盛水平的种种成就,在元朝大多消失了。经历过这一历史巨变的宋、元时代的人,对此感受最深。如宋末文天祥撰文说:"蜀自秦以来,更千余年无大兵革,至于本朝,侈繁巨丽,遂甲于天下,不幸荡析。"①元人刘岳申也说:"宋南渡,蜀被兵最甚,

---

① 文天祥:《文山先生全集》卷 9《衡州上元记》。

宋亡又甚。时丝枲织文之富，衣被天下，今不可复识矣，况衣冠礼乐之盛乎！"①

战争造成了四川人口的锐减，不仅严重损伤了四川社会中经济发展的元气与活力，而且，还把文化发展的这一内部机制给斩断了。经过宋元战争后，元初四川的人户总数仅12万户②。与南宋四川的统计数相比，四川人口下降幅度之大，远远超过了一般新旧王朝更迭时户籍略微偏低的正常许可值。在锐减的人口中，作为四川传统社会中文化发展支柱的世家大族遭到了毁灭性的打击。祖籍四川仁寿的元代学者虞集，对于四川世家大族在战争中的惨重损伤作了许多回忆和记述。如说："故宋衣冠之世家，百年以来几已尽矣。"他并指出："吾蜀文学之盛，自先汉至于唐宋，备载简册，家传人诵，不可泯灭。宋南渡以来，蜀在斗绝一隅之地，然而文武忠孝之子，冠盖相望，礼乐文物之懿，德行学问之成，立功立言，卓荦亨畅，下至才艺器物之类，其见诸文辞者亦沛然，非它州之所能及。丧乱以还，废轶殆尽。"③又说："昔者吾蜀文献之懿，故家大族之盛，自唐历五季至宋，大者著国史，次者州郡有载记，士大夫有文章可传，有见闻可征，所谓贵重。氏族推次甲乙，皆有定品，虽贵且富，非此族也，不通婚姻，盖犹九品中正遗风，谱牒之旧法，不独媚俗为然也。百十年来……其伤残转徙，千百无一二矣。"④ 在中国传统社会中，一方文化的传播与延续，主要是靠文化人这个活的载体来实现的。曾经在铸造唐宋四川文化辉煌中充当中坚力量的世家大族，经历宋元战争，非死即伤，劫后余生，所剩无几。而幸存者及其后裔又大多寓居江南，不复再回故乡。这样的文化载体既然在元代荡然无存，也就很难期望四川文化能有延续和超越两宋盛况的奇迹发生了。

二

元、明王朝定都北京，改变了四川的外部生存条件，是对四川历史进程产

---

① 刘岳中：《申斋集》卷2《赠蒲学正序》。
② 《元史》卷12《世祖纪》。
③ 虞集：《道园学古录》卷43《亡弟嘉鱼大夫仲常墓志铭》。
④ 虞集：《道园学古录》卷10《题晋阳罗氏族谱图》。

生重大影响的又一件大事。

本段历史的时代背景,与此前的五代、两宋迥然不同的地方在于,一个南北统一的大一统局面已经形成。经由元朝缔造的大一统的局面,在明朝得以继续巩固、维持,由此也奠定了其后清朝中国的历史版图。从此,四川又成为继汉、唐王朝之后,由统一的多民族国家管辖下的一个地方高级政区。

南宋的灭亡,全国的统一,标志着忽必烈汗变以草原为重心的大蒙古国为以汉地为重心的元王朝的完成。与以前建都和林、以漠北草原为重心的蒙古帝国不同,元朝则以中国本部为重心,并且不断将政治中心南移,及至最终以辽、金时代的中都——燕京为都城。为了适应正在成为统一的多民族国家最高统治者的需要,忽必烈在向南宋发起战略进攻后不久,于至元九年(1272),正式下令改中都名为大都(今北京),并将中书省的署第建在大都。这样,大都燕京便正式成为元朝的首都了。

至正二十八年(1368),在群雄争霸中不断发展壮大的朱元璋,即帝位于应天(今南京),建国号大明,是为明太祖。明朝乘势北伐,攻克大都,灭亡元朝,但仍面临着残元势力和来自北方蒙古族的挑战。为了巩固自己的政权统治,朱元璋不得不在北边驻扎重兵;但另一方面,又离不开政治中心应天,在不得已的情况下才定都于南京。明成祖朱棣即位后,经过削藩,为了适应新情况,他决定将都城由南京正式迁到自己经营多年的根据地——北京。这样,继元朝之后,北京又成为明朝的都城。从此,北京作为统一的多民族国家的政治中心的格局,历清代而至近现代一直没有发生变化。

众所周知,周、秦、汉、唐王朝统治全国的政治中心都在西部。开创周、秦、汉、唐王朝基业的政治势力,都是依靠西部地区而崛起的。为了固本强根,这些王朝的统治者无不把西部地区作为他们的"京畿"和"腹地",不惜采取一系列措施加以维系和照顾。正是在这种政治背景下,包括四川在内的西部地区的经济、文化,因临近首都的地理优势,得到了进一步发展的空间和条件。于是,汉唐以降,无论是以关中平原为依托的西北地区,还是以成都平原为依托的西南地区,都曾经经历了一个向上发展的过程,在各个领域创造过无数的辉煌,为中国古代经济文化的发展作出了重大的贡献。

但是,随后由于都城长安受西北民族的侵逼,中原统治者难以在西北地区安身立足,政治中心随时有向东迁南移的需要。从宋王朝的移治开封为都,到再迁江南的临安为行在,从此,包括四川在内的西部许多地区开始逐步被边缘化了。及至元朝定都北京,将大都附近地区作为"腹里",再经过明朝的迁都北京,从而使得四川远离全国政治、经济、文化中心的格局定型化。

如果说,从外部条件看,与四川为邻的西北民族、西藏和南诏等民族,过去曾经是威胁、牵制中原王朝的地区,如今均成为元王朝的疆土。元朝对边疆地区的有效治理,消弭了昔日的边患。元朝的大一统局面,从根本上阻止了10世纪以来四川历史地方化发展的势头,大大降低了中央王朝对四川的依赖。加之元、明王朝建都北京,使四川盆地远离政治中心。这样,从元、明以后,对于中央王朝而言,四川所赖以依存的地理优势,仅仅在于"蜀地三面邻夷"①,因此,当这些地区有警时,它还能在协助中央王朝治理西南少数民族地区上发挥"首领西南"作用。这样,四川也就难以像以前那样发挥影响全国局势,并获得独立发展经济文化的外部条件。在元、明时代,四川既然失去了继续维系其文化发达地位的外部条件,因此,它从两宋时期的鼎盛巅峰跌落下来也就不足为奇了。

明人杨慎在一篇写给乡邦友人的书信中,就从地理与人文的视角,探讨了外部条件的变化对于四川文教兴衰的影响作用。他指出:"尝慨今天下士习,大不如古,盖道有升降,时则然。吾乡去宸极独远,文教之被,不及前代,地则然。汉都在长安,与蜀仅接壤,而相如、君平、王褒、子云,幽思掞藻,四海为儁。唐则伯玉、太白,宋则苏氏父子,至元矣,而犹有虞伯生、邓文原,差强人意焉。国朝上轨汉唐,吾乡百七十年,士生其间,学犹未有定方,文犹未有定体也。"② 显然,身为蜀人的杨慎,有感于"吾乡去宸极独远",在文教之普及方面,在人才造化方面,均不及汉、唐、宋之世。他已经认识到,明朝四川之所以在"文教之被"上"不及前代",究其原因,"地则然",简言之,正是由于四川的外部地理区位条件变化决定的。只是因为生在当朝,他不便把其中的道理说透罢了。

---

① 天启六年(1626)四川巡抚陈睿谟语,见《明熹宗实录》卷79。
② 杨慎:《升庵诗文补遗》卷1《与周子籲书》,王文才、万光治主编《杨升庵丛书》(四),天地出版社2002年版,第77页。

三

元、明时期连续出现的地方性割据政权，打压了经济文化正在增长的势头，是对四川历史进程产生重大影响的再一件大事。

元、明两代400多年间，在四川先后出现过两个地方性割据政权——由明玉珍在重庆所建立的大夏政权，以及由张献忠在成都所建立的大西政权。这样，在四川古代历史上，一共出现了7个建号自立的地方政权：东汉公孙述的"大成"、蜀汉刘备的"蜀汉"、西晋李特的"成汉"、五代王建的"前蜀"、孟知祥的"后蜀"、明玉珍的"大夏"和张献忠的"大西"政权。尽管在这7个地方政权中，以大夏政权和大西政权存在的时间最短，前者为11年（1361～1371），后者两年多（1644～1647），但是，它们对于四川历史进程所产生的负面影响却是难以估量的。

这两个地方政权之所以在四川产生，绝不是偶然的。它们都是在元、明王朝末世，各种社会矛盾尖锐化，全国范围的农民战争已然爆发的背景下，利用当时封建王朝分崩离析、摇摇欲坠、朝不保夕、无暇西顾的"大好"形势，以及四川远离中枢、地理险阻、封闭自足的有利条件而称雄自立的。由于当时天下大乱，盆地内部长期处于动荡不安之中，在群雄角逐、互相争夺、各自为政的局面下，新的政权面临着来自其他敌对力量的反对与围困。为了维系自己的生存，它们都不得不实行军事管制体制和保持战争状态。在这种背景下，四川很难维持正常的生产、生活秩序，经济和文化的发展势必受到影响，难有任何重大作为。

四川盆地的地理位置决定了，一方面由于能在经济上自给自足，在地理上为群山险阻守卫，因而这一经济区具有相对的独立性和较强的封闭性；另一方面，四川盆地经济系统由于受群山环锁的制约和"地狭人夥"的限制，本身封闭程度较高，经济规模十分有限。所以，当大规模的动乱到来时，容易使整个社会卷入其中，并遭到破坏，从而导致正常有序的生产迅速下降，必然引起四川盆地社会经济的急剧衰落,并造成下滑不可遏阻的趋势①。

正因为如此,所以,四川盆地经济区的承受能力是十分有限和脆弱的。当宋元战争于1279年结束,遭受重创的四川社会,经过有元一代几十年的休养生息,元气缓慢恢复,行将开步之际,元末农民起义的爆发,明玉珍的大夏政权出现了。大夏政权尽管宣布"安民保境",但在此前后的战争创伤,亟待休养,采取军事管制,能够保证军队的给养已属不易,要想恢复战前的水平显然是不现实的。经过明朝灭夏之战的折腾,到了明朝,好不容易重新收拾山河,一切又得从头做起。就这样,恢复生产秩序,发展社会经济,经过了一百多年的努力,到了杨升庵所处的正德、嘉靖时代,四川在相对稳定的环境中,开始有了某种转机,因而表现在经济领域开始有所起色,在文化领域也出现了以新都杨升庵家族为代表的蜀学兴起的势头。但即使这样,也是与宋朝经济文化的黄金时代不能比拟的。正如杨慎所说:"吾蜀科第,莫盛于宋……经元兵之惨,民靡孑遗,积以百八十年,犹未能复如宋世之半也。"②

然而,就在四川经济文化的增长势头还不到宋代一半的紧要关头,四川社会又遭受了一次更大的浩劫——始自明末天启元年(1621)永宁(今叙永)土司奢崇明父子的叛乱。叛军先陷遵义,后据重庆,再攻川西,围困成都达百余日之久。叛军败溃后五年(1627),明末农民大起义便从陕西开始爆发了。从崇祯七年(1634)开始,明末农民军李自成、张献忠部,不断轮番向四川内地展开进攻,转战于川境内外,纵横驰骋,如入无人之境,所过州县,无不遭到兵火的摧残。直到崇祯十七年(1644)三月,明朝覆亡。八月,张献忠再度入川,攻破成都。十一月,在成都建立大西政权。此后,各种政治势力无不利用明清易代之际,在四川境土之上,各据一方,互相杀伐,直杀得巴蜀金瓯破碎,人民非死即逃,早就崩溃的整个四川社会经济,从此掉进万劫不复的深渊之中。

反观四川以外东南地区,由于这些地区的地理区位、经济结构以及经济能量的承载能力与四川内陆盆地不同,故而有着不同的发展轨迹。当社会动乱到来之际,这些地区不仅本身有较强的释放通道和承受能力,而且还在于,它没

---

① 参见谢元鲁:《秦汉到隋唐四川盆地经济区能量与信息交换》,《四川师范大学学报》1990年第2期。

② 杨慎:《升庵遗集》卷22《内江科贡题名序》,王文才、万光治主编《杨升庵丛书》(三),天地出版社2002年版,第1069~1070页。

有重复成为某个地方割据政权的支撑实体,没有连续多次遭受如此毁灭性的重创。这样,引起社会动荡的时间、范围、规模、程度都不如四川这样集中;即使遭受有如元朝灭宋这类事变的同样重挫,也能得到较快的恢复。因此,整个东南地区的经济能够在同一时期处于稳定的发展状态。一些过去在唐代与成都类似的城市如苏州、杭州,虽经元、明历史风雨的冲刷仍得以长期繁荣不衰。而四川则恰在此时,"屋漏又遭连夜雨",在重重打击之下,经济的发展有如雪上加霜,连连受挫,文化的复兴机会一再丧失。这样,四川文化也便从唐宋时繁盛的巅峰跌落下来,其间虽然在某些领域不乏突出成就者,但整个水平已不可与昔日同语。

四

元、明时代大规模省际移民的兴起,注入了新的文化特色,是对四川社会产生了重大影响的又一事件。

四川文化的发展变化,长期以来主要是受来自秦岭以外的中原文化的影响。从秦灭巴蜀开始,大批中原居民迁入四川,导致四川渐"染秦化"[①]。此后,历汉唐五代而及两宋,历代中原墨客骚人、商家大贾、避难流民源源不断,致使四川文化更多地反映出中原文化的特色。但是,自从宋元战争以后,及至元、明时代,四川文化的特色因大规模的省际人口流动带来了许多变化。

由于四川原有土著居民死亡流徙,几无孑遗,这就为外省居民进入四川提供了广阔的空间。而南宋以来长江中游一带经济发展,以及江西、两湖之间的移民运动,则为长江中下游地区人民向四川启动移民创造了条件和可能。因此,从元朝后期开始,便有源源不断的湖广行省的居民迁徙入川的活动出现。至正十一年(1351),红巾起义爆发。徐寿辉领导的起义军转战江淮,又有一大批江淮百姓入蜀"避兵"、"避乱"。至正二十二年(1362),明玉珍率湖北籍红巾军将士入川,在重庆建立了大夏政权后,采取一系列保境安民的政策,吸引和安置了不少湖北难民。朱元璋立国后,于洪武初年派廖永忠入川,消灭了大夏政

---

① 常璩:《华阳国志》卷3《蜀志》。

权。随后又将一批来自江淮的明军将士留在四川从事戍守和屯垦。为了填补四川人口空虚，还采取强制措施安置了大批来自湖广的百姓，而另一大批江淮百姓也趁机迁居四川。

这样，从元代后期启动的江淮移民入川运动，带来了以湖北文化为代表的长江东南文化，并从根本上遏阻了自秦汉以来以秦陇文化为代表的中原文化对四川的影响。随着明清以来中国经济和文化中心的东移南迁，秦陇文化本身的影响力也在减弱，经过长时期的文化交流、碰撞与吸纳，以湖北文化为代表的长江东南文化特色逐渐与四川本土文化融汇在一起，从而使得本土的巴蜀文化更多地表现出湖北文化的特色。由于湖北在文化地理上居于东西南北要冲的位置，不独能代表长江文化，并能沟通黄河文化，在文化特色上具有鲜明的交融性和沟通性①。这样的特色文化的注入，为明、清以后巴蜀文化的铸造、巴蜀人才的崛起带来了新的活力。

其中，以四川境内黄州府"麻城孝感乡"的移民群体的崛起最为突出。早在元、明时代就已进入四川的黄麻籍和"麻城孝感乡"的移民群体，不仅定居时间长，历史悠久，人数众多，势力强大，而且人才辈出，人文荟萃，颇多世家望族，社会知名度高，影响十分广泛。以至到了明、清时代，"以文章功业震耀当时"的四川文化精英，其先世大多来自于麻城。据光绪《麻城县志》记载，先世原籍为麻城，其功业足以"增光梓里"的四川文化名人中，地位最突出的有三位：一位是杨升庵，称其为"新都人，先世由麻城迁蜀"；第二位是来知德，称其"号瞿唐，精通易理。原籍由萧山徙楚麻城。元末祖泰由麻城迁蜀"；第三位是张鹏翮，称其"麻城人，入四川籍。康熙九年进士"。县志编者还评论说："麻虽蕞尔一隅，其懋迁外徙者，多以文章功业震耀当时，洵足增光梓里。如上数公者，诚所谓自楚往也。即近代以科甲显……皆称祖籍麻城。访求宗谱，岂迁地而益能为良欤！"②

元、明时代省际移民兴起之后，不仅把以湖北文化为代表的东南特色文化注入巴蜀，同时还把湖北话（主要是"麻城话"）、湖南话、江西话等也带进了四川地区。据语言学者研究指出，从语言的实际情况看，今天的四川话与前人

---

① 周积明：《文化分区与湖北文化》，《江汉论坛》2004年第9期。
② 光绪《麻城县志》卷24《耆旧·流寓》。

所说的巴蜀方言在词汇上有很大的差别。巴蜀方言的大部分词语，在今天的四川话中已经很难听到和见到了。然而，许多并非蜀方言，却至今活在四川人的口语中，其中尤以楚方言居多。民国《湖北麻城县志·方言》共收有方言词229个，其中竟有158个与今天的成都话相同，比例高达69%。这表明，在四川官话（亦称"湖广话"）形成的过程中，湖广移民的确起了非常重要的作用①。

这就意味着，随着人口成分的改变，湖北文化已经从根本上遏阻了自秦汉以来以秦陇文化为代表的中原文化对四川的影响。这样，在传承四川文化传统上，元明时期肩负着承上启下的任务，发挥了改塑文化特色的历史作用。

陈 世 松

2008年12月于四川省社会科学院

---

① 黄尚军：《湖广移民对四川方言形成的影响》，《川东学刊》第7卷第1期，1997年，达州。

第一章 元代四川的政治

由于南宋统治在四川地区结束得较晚（1279），而元朝在四川地区的统治又崩溃得较早（1363年明玉珍在重庆建立大夏政权），所以元朝统治四川的时间显得格外的短。元代历史一般划分为三个阶段：元世祖忽必烈时期（1260～1294）为元代早期；忽必烈去世（1294）至元顺帝即位（1333）为元代中期；元顺帝时期（1333～1368）为元代晚期。

第一节 元初四川的政局

一、廉希宪镇秦蜀

元代对四川的政治统治，始于忽必烈汗时代。忽必烈一生的事业，是从在潜邸（指天子未即位前所居之地）幕府集结贤士起家的。而他之所以能够战胜他的竞争对手、幼弟阿里不哥，成功登上大汗宝座，与谋臣廉希宪巧妙联络蒙哥汗原来部署在四川的大将，一举击溃支持阿里不哥的势力——驻守六盘山的浑都海部有直接的关系。

忽必烈是成吉思汗幼子拖雷的二儿子。他的家庭因为封地在真定（今河北正定）的关系，通过一些供其服务的汉人僧、道、医生与翻译等人员，较早与汉地人物有接触。由于当时北方战乱，不少知识分子混迹于这些人员之中，有些人本身就是儒士。通过这层关系，忽必烈年轻时耳濡目染，不能不接受其影响。在对中国悠久历史逐渐了解的基础上，忽必烈对那些常为士人所称道的圣君明臣不禁怀有向往之情。为了实现自己"大有为于天下"的远大抱负，忽必烈决心效法唐太宗招揽十八学士的榜样，开始在潜邸设置幕府，广招天下之士。据统计，从1244年起，到1260年即大汗位止，忽必烈在潜邸所延揽的人才，可考者约有60余人，他们都是当时东西各国及中国北方最优秀的俊彦①。在这些优秀人才中，西域人廉希宪便是最突出的一个。

图1-1 元世祖忽必烈像（故宫博物院藏）

廉希宪虽然是西域人，但汉化较深，是一个纯粹的儒者，本人好读书，被忽必烈称之为"廉孟子"。他在维护中原文化与促成汉化上所作的努力，与中原学者别无二致。1254年，忽必烈接受蒙哥汗授予他的京兆（今陕西西安市）封地，便任命廉希宪为宣抚使。京兆靠近甘肃、四川，"控制陇蜀"，战略地位十分重要。这里的情况十分复杂："诸王贵藩分布左右，民杂羌戎，尤号难治"。廉希宪到任后，

图1-2 廉善甫（希宪）像（采自《三才图会》）

访求老百姓的疾苦，"抑强扶弱"；向当地的名儒请教"治道"；兴办学校，教育人才，禁止把儒士当奴隶，深得当地的民心。但由于蒙哥汗深恐忽必烈在中原势力坐大，于是便派亲信阿蓝答儿和刘太平到京兆进行钩考，意在通过清算京兆府的钱粮来迫使忽必烈放弃汉法。不得已忽必烈只得放弃京兆，把京兆还归

---

① 萧启庆：《忽必烈潜邸旧侣考》，《元代史新探》，（台湾）新文丰出版公司1983年版，第263～301页。

蒙哥汗。

蒙哥汗死讯刚至，驻军鄂州前线的忽必烈即派廉希宪先行，"深察事变"。廉希宪在协助忽必烈夺取汗位的过程中，出谋划策，发挥了至关重要的作用，不失为当时政治舞台上的关键人物之一。在廉希宪策划的谋略中，有两条最为要害：一是以"天时人事"进言，力劝忽必烈采取先发制人策略，抢先即位。他认为如果让阿里不哥抢先即位，将陷"我为后时"，一切都会被动；反之，如果抢先即位，这样就可以向天下"颁告德音"，阿里不哥若有不服，就会落个"叛逆"罪名。其二是尽快派人到京兆，控制川、陕，切断阿里不哥与六盘山蒙古驻军的联系。

蒙哥死后，原来跟随他南征的蒙古诸军"散处秦、蜀"一带。大将浑都海屯驻在六盘山，其部将密里火者戍守成都，乞台不花戍守青居（今南充市南），与控制京兆的官员刘太平、霍鲁海连成一气，企图拥立在漠北的阿里不哥为汗，是忽必烈即位的最大政治军事障碍。加之刘太平生性险诈，"要结诸将"。如果这些势力依仗关中的形胜，"设有异谋，渐不可制"。为了侦探当地的"人情事宜"，必须立即派人赶往京兆了解情况。忽必烈根据廉希宪的建议，决定派赵良弼从鄂州到陕西。

当忽必烈一行从鄂州向北进发的途中，赵良弼就带回了关中形势的紧急情报：浑都海屯军六盘山，兵强马壮，听说蒙哥去世后，无心留守，其部下皆欲北归，如果军队开拔，恐有不测；驻在成都的大帅纽璘，统领秦、蜀蒙古诸军，年少气盛，与六盘山驻军过往甚密，其副将乞台不花亲戚家属皆在北庭，"其心皆不可测"；刘太平、霍鲁海气焰嚣张，与六盘山互为表里，已经自行尚书省事，拘收关中诸处钱粮，并且打着接应川蜀的旗号，实欲据有其地。此外，在四川的百家奴、刘黑马、汪惟正兄弟，则处于观望之中，正等待局势变化，以便考虑听命行事。

不久，忽必烈从燕京回到开平，他采纳廉希宪等谋臣的建议，毅然于当年（1260）三月一日举行忽里勒台会议，二十四日宣布即大汗位。忽必烈即位后，颁诏成立十路宣抚司，派遣宣抚使到中原各地接管权力。当时，忽必烈将陕西、四川合并为一道，任命廉希宪为宣抚使，商挺为抚使，前往京兆接管政权。

当廉希宪、商挺带着诏旨来到京兆时，刘太平、霍鲁海等人已经抢先于五月一日乘急传入城中，密谋为变。两天后，廉希宪、商挺入城，召集城中的官

第一章 元代四川的政治

吏,宣示蒙古国第五大汗忽必烈的诏旨,并遣人驰往六盘山宣谕安抚。这时,京兆城中两种势力并存,事变正在酝酿之中。

过了不几天,驻六盘山的断事官阔阔出遣使来报告:浑都海已经响应阿里不哥起兵谋反了。廉希宪派去诏谕的使者朵罗台已被杀掉。浑都海正派人乘急传到四川,命成都的部将密里火者、青居部将乞台不花,各起本部兵马,前来六盘山赴援。同时,浑都海还给蒙古军奥鲁官(军需后勤官)兀奴忽一批金帛,让他用来招募新军。浑都海还暗中与在京兆的刘太平、霍鲁海约定"同日举事"。

在这紧要关头,廉希宪当机立断,在来不及请示圣旨的情况下,断然作出非常处置,依靠一些非蒙古的大将,抢先对支持浑都海的蒙古军部将、官员采取拘捕、诛灭行动:先遣成都万户刘黑马入京兆,将城中的刘太平、霍鲁海及其党羽一举抓捕,关进狱中;又遣刘黑马回成都,把密里火者杀掉,还命留守青居的汪惟正把乞台不花杀掉。与此同时,廉希宪还下令调遣驻守在秦、巩一带的汪良臣率军进遏六盘山。这样,京兆形势才得以初步安定下来。

不料,刚刚收系刘太平、霍鲁海入狱一天,就传来忽必烈因为阿里不哥反,而宣告"诏赦天下"的急报。如果执行这一新的诏命,放了刘太平、霍鲁海,就等于放虎归山,为了避免后患,在赦诏至临潼时,廉希宪立即下命绞杀刘太平等于狱中,然后才去迎接赦诏。事后,廉希宪遣使入朝,自劾"停赦行刑"、征调诸军、擅以汪良臣为帅之罪。忽必烈不仅没有怪罪于他,还称赞他说,这就是你们读书人所说的"权"字是也。我既委任你"方面之权",自当"从宜无拘常制,坐失事机"。

浑都海原本应命于阿里不哥,但当他得知忽必烈势力已经控制京兆后,不敢轻举妄动,从而打消了东进的念头,加上军中将士咸思北归,于是采取下策,"重装北归",遂西渡黄河,至七月,退至甘州。直到这时,阿里不哥派出的接应部队,才在阿蓝答儿的率领下与浑都海实现会合。但当他们掉头东进,回攻关中之时,廉希宪已经征集秦陇、平凉诸军,招募陕右新军,巩固了关中阵地。支持阿里不哥的蒙古军,同支持忽必烈的蒙古军,第一次在疆场上对峙,两军拒守月余,号称精锐的浑都海军也不能取胜。忽必烈随即命诸王合丹、合必赤领兵出击,分三路向浑都海发起进攻。参加作战的还有由汪良臣统领的秦巩平凉诸军,以及由八春统领的"蜀卒践更,及在家余丁"。两军大战于删丹(今甘肃山丹），阿里不哥军大溃，阿蓝答儿、浑都海相继败死。随着阿里不哥所倚重的这支主力部队的土崩瓦解，忽必烈逐渐巩固了在陕西的统治，接着又把政令推向四川本土。

当时蒙古的统治势力还没有达到控制四川全境的地步，许多政令都是通过设在陕西、甘肃的军政机构来遥控指挥的。元代统治四川的历史序幕，可以说是以陕西、甘肃为起点一步步揭开的。

中统元年（1260）八月，忽必烈下诏，改京兆宣抚使为秦蜀行中书省，以廉希宪为右丞，商挺为签行省事，赵良弼为行省参议。廉希宪鉴于四川地区屡经兵燹，降陷州县的大量居民仍躲藏在山谷之中，为了在与南宋四川当局争夺城寨中建立巩固的后方基地，他上奏说，此刻特别应当申敕军吏，禁止俘掠，如有违者，"千户以下与犯人同罪"。同时还应下令禁止贩卖人口的行为。忽必烈采纳这一建议，一面诏谕秦蜀行省"存恤归附军民"；一面注意充分发挥宋降将的作用，通过升官晋爵笼络他们，以扩大政治诏谕的范围和影响。如命宋云顶城（今成都金堂县云顶山）降将张威持诏安抚成都路尚未投降的绵、资、邛、彭等州，赐给西川、潼川、隆庆、顺庆等府各处山寨归附官吏宣命、金符有差。忽必烈还给南宋降将杨大渊颁手诏，特赐虎符，充夔府路行省，兼安抚勾当。经过这一番经略，"由是四川遂安，降者益众"①。

二、"泸南之变"

正是在忽必烈依托关中、大力招降四川州县的背景下，中统二年（1261）六月，在四川泸州发生了震惊蒙、宋朝廷的刘整降元事件。事件的政治军事背景如下：

1260年忽必烈即位后，屯驻四川的蒙古、汉军逐渐形成了两个中心：以成都为中心的西川都元帅府和以青居为中心的东川都元帅府。东川帅府南临合州钓鱼城，正处于蒙、宋两军交兵对垒的前沿。由于蒙古方面忙于解决王位继承问题，无暇集中兵力围攻钓鱼城；而钓鱼城这时也因前段蒙古集中用兵，造成"民凋敝甚"，亟待休整，巩固自己的阵地。正是在双方势均力敌，各自都不能

---

① 以上据《元朝名臣事略》卷7《平章廉文正王》，《元史》卷126《廉希宪传》及卷159《商挺传》、《赵良弼传》。

向对方发动大规模攻势的情况下,所以,此后十余年间,在东川一线和钓鱼城战场,基本上没有出现大规模的波澜,已不再像蒙哥征蜀时期那样,成为举世瞩目的焦点。

与此形成鲜明对比的是,在西川方向,以成都为据点的西川帅府则正处于急剧向四周开拓的阶段。在蒙哥征蜀时期,设在成都的蒙古都元帅府先后攻占了成都附近的彭、汉、怀安、绵、龙(今平武)、雅诸州。忽必烈即位后,纽璘继又招降了黎、雅、碉门、岩州、偏林关等地的少数民族,"得汉、番二万余户"①。中统元年(1260)八月,忽必烈设立秦蜀行中书省,以作为直接管理陕西、四川征战大事的派出机构。接着又运用行政手段,安抚民心,稳定秩序,推行一系列有利于恢复生产的措施。因此,在当时驻蜀蒙古军中,只有西川帅府锋芒毕露,气势最甚,最对南宋四川时局构成威胁。

当时成为蒙古西川帅府攻击目标的南宋据点有二:一个是嘉定(今乐山市),另一个是泸州。嘉定在南宋四川制置使余玠构筑的山城防御体系中,号称"镇西之根本"。自1252年以来,宋军在这里多次挫败蒙古军的重兵围攻。由于成都城被废弃,南宋成都路不得不移治嘉定城。所以嘉定城的守臣依例兼成都安抚副使,并"任责威、茂、黎、雅边防"②。宋、蒙两军在1260年以后,曾经各自向对方据点出兵偷袭,以至在成都至嘉定之间,双方交兵从未间断过。

事件发生地泸州,在南宋前四川制置使余玠构筑的山城防御体系中占有举足轻重的地位。在1243年之后,泸州治所迁居到了距泸州东南60里长江边上的神臂城,原来驻节在怀安军云顶山(今金堂县东南淮口镇)的潼川府(治今三台县),也相继移治到了神臂城。以泸州为治所的潼川府路,早在蒙哥时期即已被蒙古军所占领。忽必烈即位后,蒙古已经在潼川城设官镇抚。这时的泸州继续成为南宋潼川府路安抚司的治地,统率一路兵马,虽然泸州守臣例兼潼川府安抚使,但不领有全盛时期十五军州的辖境。它和嘉定城同属于蒙古西川帅府进取的目标,但却处于长江上游嘉定、叙州(今宜宾市)的掩护之下。其主要职责是守卫长江上游的叙州、长宁(今长宁县南),尤其为长江下游的重庆和东川地区发挥屏障作用。鉴于泸州战略地位的重要,一方面既要防备驻守成都

---

① 《元史》卷4《世祖纪》。
② 《宋史》卷43《理宗纪》。

的蒙古军队从嘉定、叙州方向发起的水上攻势，另一方面又须对付来自云南方向的蒙古军的军事压力，因此，当时它事实上处于牵一发而动全局的关键地位。一旦泸州发生变故，势必牵动蒙宋两军，影响全蜀局势，而成为新形势下斗争的焦点。

蒙哥汗大举征蜀遭到溃败之后，南宋四川当局如能团结一致，共同对敌，尚可为时局带来某种转机。然而，恰逢这时满朝文武却热衷于邀功讨赏，争权夺利，大搞倾轧分裂活动，以致触发了腐朽的统治阶级的内部矛盾。泸州因刘整出任守臣，也被深深地卷进这一冲突的漩涡之中。

刘整（1212～1275），原是南宋京湖制司下的一个"小校"，"善于教练战士"，被李曾伯选拔为将，后随李曾伯入蜀，逐渐成为四川制置司下的四大主力将之一。在蒙哥征蜀期间，跟随四川制置使蒲泽之率部征战，以功奏捷。后因蒙古将纽璘在涪州蔺市架设浮桥封锁长江，阻挡援蜀水军不得过，为此宋理宗颁立赏格于天下："如能出奇砍桥袭寨有显著者，旌赏有差。"① 刘整应诏前往，与曹世雄协同作战，终于冲破封锁，"奏断桥之功"。1260年宋廷论功行赏，贾世道却把功劳归之于亲信、鄂州守将吕文德名下。当年四月，刘整遭到排挤，被不明不白地移调至泸州，担任知泸州兼潼川路安抚副使。

刘整入泸后，他不仅与四川的南方籍官员存在着深刻的矛盾，而且与四川上司的关系也日益恶化。刘整"恃才桀傲"，不把上司看在眼里，四川宣抚司、制置司也对刘整"皆不喜之"。制置副使俞兴、策应大使吕文德乘机决定派遣使臣到泸州，欲借清算"军前钱粮"的名义，把刘整搞下去。接着又以军情

图1-3 合江县神臂城（老泸州）刘整降元图

① 《宋史全文》卷36。

紧迫为借口,召刘整赴制置司议事,以便进一步将其除掉。面对上司的迫害,刘整申诉无门,私自派人向俞兴求情,而又不被接纳,最后被迫发动泸南事变,走上叛宋道路。

中统二年(1261)六月,驻守成都的蒙古守将刘黑马突然收到刘整来信,表示愿意主动携"泸南重地"归降。这一举措使蒙古诸将顿时感到难以理解,十分怀疑。刘黑马为防不测,决定先派他的儿子刘元振率军前去受降,以便观察虚实。六月,刘整乘给鄂州守将吕文德庆祝生辰之机,发动叛变,将不愿降蒙的27个文武官员一并杀害。简州状元许奕之子许彪孙,人称许观使,这时正在泸州避难。刘整召他代自己草拟一道降表,以便把潼川府献给蒙古。许彪孙断然拒绝说:"此腕可断,此笔不可书也。"他随即闭门与全家人服药自尽①。七月,南宋四川制置使俞兴奉命讨叛,自重庆进攻神臂城。刘整与刘元振凭借泸州所在的神臂城拒守。八月,蒙古军从成都前来增援,内外夹击,大败宋军。十月,吕文德从长江中游出兵扫清神臂山外围寨堡,至1262年初,宋朝收复

图1—4 神臂城远眺

---

① 《宋史》卷449《许彪孙传》。

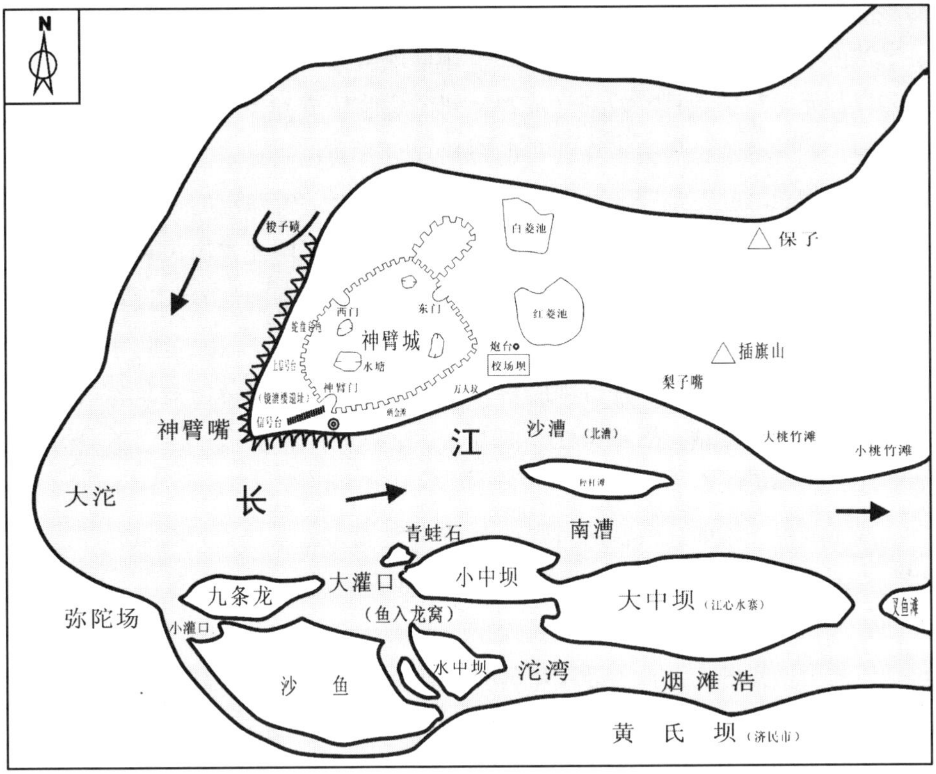

图1-5 神臂城江上险滩示意图

泸州，将其更名为江安军。

至元四年（1267），刘整奉命入京觐见忽必烈，当面提出奏请："攻宋方略，宜先从事襄阳。"① 忽必烈不仅采纳这一方案，而且还授给刘整以镇国上将军、都元帅的头衔，命他在襄阳训练蒙古水军。宋元战争的历史过程表明，自从元朝改变主攻方向，首先攻陷襄阳之后，整个元朝灭宋的进程大大加快了。所以，元人评价说："非刘整之叛，（元朝）无以周知渡江之谋……元遂用其策以灭宋。"② 明人也站在汉人立场上指责说："亡宋贼臣，（刘）整罪居首。"③ 因此从这个意义上讲，发生在四川的泸南事变，对于整个宋元战争的进程产生了重要

---

① 《元史》卷6《世祖纪》。
② 揭傒斯：《揭文安公全集》卷14《题昔剌（史）［使］宋图后》。
③ 《宋史纪事本末》卷106《蒙古陷襄阳》张溥附论。

的影响作用。

泸南事件后，蒙宋双方在四川的争夺呈现出势均力敌的态势。在西川，忽必烈以都元帅纽璘、百家奴镇守成都，刘黑马兼任成都经略使，其主要任务是抚定西川，并继续扩展蒙古在西川的统治地盘。为扼制嘉定宋军的攻势，蒙古又在眉、简二城驻军镇守，此举切断嘉定往来之路，使嘉定的宋军更加难有作为。在东川，忽必烈命蒙古征南都元帅钦察与汪惟正同守青居山，置东川元帅府。其主要任务是负责监视合州、重庆，防止宋军从嘉陵江发起进攻。在东川元帅府之下，忽必烈先后派遣南宋降将杨大渊、张大悦、蒲元圭驻守各自所在的大获、运山、大良城，并行帅府事。接着，忽必烈又任命杨大渊为东川都元帅，派他绕过钓鱼城，横跨渠江，向开、达、夔州一带扩展。命刘整在潼川设立帅府，居中策应东、西两川。

襄樊战役开始前，南宋四川原有60余州地盘多已残破，大约只有"二十余州"为宋所有；"所谓二十余州者，或一州而存一县，或一县而存一乡"①。咸淳四年（1268），朱禩孙接任四川制置使，在原有据点的基础上又新筑了一些防御性质的山城寨堡，分布于沿江和东川一带，其防御重点是嘉定、泸州、重庆、合州、涪州、夔州等处。这种防守态势大体上维持到南宋灭亡以后。

宋元襄樊之战②，从至元五年（1268）九月开始包围襄樊，到至元七年（1270）冬完成战略包围；从至元九年（1272）春开始对襄樊发动总攻，到至元十年（1273）正月樊城陷落、二月守将吕文焕以襄阳降元为止，整个过程持续了五年之久。襄樊战役是南宋防线全面崩溃以至灭亡的转折，由此带来了宋元战局的根本性变化，但是，在四川战场上，蒙宋两军长期对峙的格局一时还难以打破。

三、赛典赤抚川陕

中统三年（1262）春，进驻漠南的忽必烈正全神贯注地对付阿里不哥的南犯的时候，从他统治下的汉地山东传来了李璮叛乱的消息。接着，在平定李璮叛乱后不久，身为中书省平章政事的汉臣王文统又以与李璮同谋的罪名被处以

---

① 《咸淳遗事》卷下。
② 参见黄宽重：《宋元襄樊之战》，《南宋史研究集》，（台北）新文丰出版公司1985年版。

极刑。这些都是发生在元初中央政坛的重大政治事件,由此在中朝卷起了一场空前的政治风波。这一事件导致元朝统治政策的重大调整,作为元朝统治下的四川地区,虽然仍处在与南宋的征战之中,但也不能不深受其影响。

李璮原本是金朝华北地区最为强大的汉人武装头目之一。在金朝统治势力崩溃后,这些汉人武装头目在各自的辖境内统军管民,征税治刑,生杀予夺,专制一方,俨然如春秋时代的诸侯、唐朝的藩镇,因此被称为汉人世侯。李璮承袭其父李全——一个靠背叛红袄起义军起家,后又降宋归蒙的地方武装头目的职位,"专制山东"30余年。在蒙古势力方张的年代,他采取韬光养晦的策略应付蒙古朝廷,同时又不时借口南宋进攻作为自己完缮城池、增扩兵丁的理由。当忽必烈忙于对付漠北的阿里不哥之际,李璮错误估计形势,第一个公开跳出来反叛蒙古。中统三年(1262)二月一日,李璮正式发难,到七月二十一日忽必烈派军收复济南等地,叛乱仅仅四个多月就遭到失败。李璮称兵叛乱,给了忽必烈以很大的震动。他从这一事件中看到,北方汉族军阀头目权力太大,足以构成对中央政权的威胁。为了加强中央集权,消除危害统一的隐患,忽必烈决心借这一事件,"潜销方镇之横"。

李璮叛乱不久,忽必烈便以同谋叛乱罪,断然把李璮的岳丈、在中书省任平章政事的王文统处以极刑。王文统是元朝历史上第一个被诛杀的相臣。由于他是在一群汉人儒臣的支持下入主朝廷中枢的,他之参与谋反,使忽必烈开始对御前的汉人臣僚产生疑虑,担心朝中还有反叛集团成员继续隐藏下来,因此便借追查王文统的进身来路,对一些与王文统共过事的朝士进行审查。正是在这种气氛之中,曾经举荐过王文统的重臣刘秉忠、张易难逃干系,而直接遭到牵连的则有秦蜀行省的廉希宪、商挺和赵良弼。他们三人虽然皆是忽必烈幕府的"潜邸旧侣",但这时因遭兴元府同知费寅的诬告,廉希宪被怀疑为"潜蓄异志",配合李璮叛乱"修城治兵",商挺被怀疑为是王文统的"西南之朋",赵良弼被怀疑为是王文统的"流亚"①。他们三人皆因此受到忽必烈的亲自审问。经中书审讯结果,虽未获得告发的证状,继而发现所谓同谋之说皆系子虚乌有,费寅也因诬告而坐诛,但廉希宪却因此而被罢黜官职,调离秦蜀行省,另由粘合南合代行省事。

---

① 姚燧:《中书左丞姚文献公神道碑》,《元文类》卷60。

粘合南合出身于金贵族之家，他在任江淮安抚使时适逢忽必烈率军征鄂，在途中，他就向当时还是藩王的忽必烈进言，说李璮专制一方，其人多诈，离叛乱的日子不远了①。李璮叛乱后，忽必烈派他接替廉希宪"谨守西鄙"，从中统三年（1262）到至元元年（1264），在秦蜀行省任职时间不到两年。其间，忽必烈已下令在成都设立西川行枢密院，以阿脱、商挺领之，后改命阿脱专掌军政，商挺只掌刑名钱谷。

王文统被诛后，忽必烈再也不敢像过去那样轻易地将政权交给汉人，为了防止叛乱发生，他亟须一种足以牵制汉人并取代汉人在中朝担任辅弼重任的政治势力。于是回回人便乘势而起。粘合南合调离秦蜀行省时，回回人的权势日渐增大，他们不仅取代儒臣在朝廷的地位，而且还被派往地方执掌大权。正是在这种背景下，回回人赛典赤受命接替粘合南合抚治川陕。

赛典赤，全名赛典赤·瞻思丁，一名乌马尔，是别庵伯儿的后裔②。按"别庵伯儿"是波斯文"圣人""先知"之义，即指回教创始人穆罕默德。瞻思丁是他的本名，乌马尔是他的别名。由于他出身于回教的圣裔，因此被尊称为赛典赤，义为贵族、大首领③。

赛典赤是最早投奔蒙古的色目人（回回人是色目人的一种），早在成吉思汗西征时，他即率千骑事蒙，被成吉思汗留在身边，担任宿卫，一路随从出征。其后在蒙古诸汗时期，历任断事官。由于赛典赤所到之处轻财安民，颇有人望，因此，在回回人中是罕见的"有良德者"④。忽必烈即位后，立十路安抚司，他被擢升为燕京宣抚使。中统二年（1261）拜中书平章政事。至元元年（1264）被派往秦蜀行省，出任平章政事。

赛典赤镇抚秦蜀行省长达十年（1264～1273）之久，其任职期内正值元世祖改变攻宋战略方向，把进攻重点调整至长江中游的襄樊一线的前后。作为四川战区的执政任务，主要是安抚统治区，招降南宋未归附之人，牵制上游，免除朝廷实施攻宋新战略的后顾之忧。赛典赤较好地完成了忽必烈交给他的历史

---

① 《元史》卷146《粘合南合传》。
② 《元史》卷125《赛典赤瞻思丁传》。
③ 杨志玖：《关于赛典赤》，《元史三论》，人民出版社1985年版；何高济、陆峻岭：《元代回教人物牙老瓦赤和赛典赤》，《元史论丛》第二辑，中华书局1983年版。
④ 王恽：《秋涧先生大全文集》卷82《中堂事记》。

任务，在经略四川上多所建树，其主要事迹有：

（一）大力发展屯田

四川久经战乱，田土大量荒芜。尤其是最先置于蒙古统治之下的川西平原，经济破坏更是严重。自从1257年蒙古在成都建城驻军、设立军政机构以来，没有充足的军粮，是无法在川西平原立足的。所以，在蒙、宋对峙期间，当时双方认为要坚持守边防务，非得采用屯田，走"兵农合一"道路不可。南宋右正言黄镛深刻理解这一道理，特别提出"川蜀屯田为先"的建议，但没有被采纳①。赛典赤主持秦蜀政务伊始，即从足食方能足兵的原则出发，结合四川地区长期荒芜的实际，向忽必烈报告，请下令所在官司机构，如数供给"川蜀戍兵军需"，不得克扣；同时建议在区内推行军屯，诏"四川各翼军，有地者征其税，给无田者粮"②。忽必烈不仅批准这一建议，还特别颁诏西川等路戍边军开展屯田，随后又命四川行枢密院也分兵推广屯田，从而开创了在川西平原到处开展屯田，屯田遍布西川各地的局面。赛典赤大力推行屯田的政策，在川西地区很快就收到成效。据《元史》记载，赛典赤莅官三年，人户增加了9565户，军士增加了12255人，钞银增加了6225锭，屯田收获了97021石粮食。中书省得报后，为此一次性给他5000两赏银作为奖励，并下令，陕西五路、四川行枢密院大小官属，照旧听从赛典赤的节制③。

（二）安辑新附之民

忽必烈即位之后，针对全国情况，多次要求各地官吏颁诏安辑流亡，优抚新附之民。赛典赤到任后，在四川具体落实这一抚治方针，报准朝廷，推行了一系列特殊的优惠措施。例如：（1）对新附之民除了拨给土地、衣服、粮食之外，另外还拨给耕牛和种子④。其中，在至元五年（1268），为安置黎州、雅州、嘉定的新附之民，就一次性地拨给了他们田土⑤。（2）便宜输税、减税。鉴于四川地区战后凋残、民力困弊的实际，赛典赤多次上疏朝廷请求减免税收。据《元史》记载，经过忽必烈批准的针对四川地区的便宜输税和减免税收的记

---

① 《宋史》卷46《度宗纪》。
② 《元史》卷5《世祖纪》。
③ 《元史》卷125《赛典赤瞻思丁传》。
④ 《元史》卷5《世祖纪》。
⑤ 《元史》卷6《世祖纪》。

录就有：至元元年（1264），为便宜百姓，诏以四川茶、盐、商、酒、竹课充军粮①。至元八年（1271），诏以四川民力困弊，免茶、盐等课税，以军民田租给沿边军食。并下令今后官府如"有言茶盐之利者，以违制论"②。（3）并户充役。针对阆州（今阆中）"屡遭兵变，户口凋耗"的特殊情况，为减轻百姓负担，准许"鳏寡不能自存，愿相配偶者，并为一户充役"③等等。

（三）整治道路

当时秦蜀行省的治地设在陕南兴元（今陕西汉中市），节制巴蜀的政治中心远离四川本土，军政要务全系于川、陕之间交通的畅通。为便于抚治巴蜀，赛典赤开始把蒙古为沟通四大汗国而设立的驿站制度引入四川本土，首先从连接陕南至剑门关作起。至元元年（1264），选择在剑门关附近的人头山设置驿站，同时在四川本土设立传送公文的急递铺。至元四年（1267），奏请朝廷调遣巩昌、凤翔、京兆等处未占籍的1000户人，前往四川修治山路、桥梁、栈道。至元五年（1268），在人头山增添驿站的设置，以便保证通往四川的铺马不致失误。随着元朝统治的不断深入，四川的驿道也逐渐由川陕通向腹地，乃至延伸至边远地区。

（四）扩大政治招谕

图1-6 今日剑门关

---

① 《元史》卷5《世祖纪》。
② 《元史》卷7《世祖纪》。
③ 《元史》卷161《杨文安传》。

第一章 元代四川的政治

在当时四川60多个州县中,尚为宋朝所有的仅占三分之一。为了招谕这20多个州县归降元朝,忽必烈加大了政治招降的力度。此前他曾遣朵端、赵璧持诏抚谕四川将吏军民。继又针对尚未归降的嘉定、泸州、重庆、夔府、涪州、达州、忠州、万州以及钓鱼城、礼义城、大良城等处的官吏军民,如有能率众来降者,"优加赏擢"①。在这些尚未归降的州县、山城中,以宋将昝万寿驻守的嘉定城对蒙古占领下的西川威胁最大。在赛典赤之前,四川行枢密院曾多次谋取嘉定,均未成功。至元七年(1270),在元军发动对襄樊的战略包围之际,为了牵制上游的宋军不致增援,赛典赤奉命率军亲临嘉定,与昝万寿兵垒相对。为了争取昝万寿归降,赛典赤以诚相待,"不为侵掠",使昝万寿十分感动。没过多久,赛典赤奉诏还朝,昝万寿听说后,为了表示友好,还专门置酒相邀。赛典赤竟然前往,深信不疑。对于昝万寿进的酒,手下之人反复劝他不可喝,赛典赤笑道:"若等何见之小耶。昝将军能毒我,其能尽毒我朝之人乎。"② 赛典赤坚持以德服人、以诚待人的风范,令昝万寿等一批南宋将领甚为"心服"。至元十年(1273)赛典赤离开秦蜀赴云南。至元十二年(1275),当元军大举进攻嘉定时,昝万寿果然以城降元,赛典赤坚持扩大政治招降的方针终于收到成效。赛典赤作为一位回族政治家,治理秦蜀行省政绩突出,后被派到云南镇抚一方,功业显著。他在治理西南地区上多所贡献,是一位值得纪念的历史人物。

四、安西王节制四川

至元十一年(1274),宋元战局发生根本性变化。元朝既下襄樊,遂议三道伐宋。鉴于元朝灭宋大军即将浮汉出江,位居长江上游的四川军事行动日渐频繁,为了统一军政号令,很有必要对地方的军事系统进行整饬。根据元朝军制规定:"以枢密院皇太子兼枢密使,节制天下兵。方面有警,则置行枢密院事。"③ 在中央,枢密院直接由皇太子节制;在地方置行枢密院掌管,听命于出镇该地的宗王(或称藩王)节制。这样,受命节制四川兵马的安西王就显得日益重要了。

---

① 《元史》卷6《世祖纪》。
② 《元史》卷125《赛典赤瞻思丁传》。
③ 《经世大典序录·军制》,《元文类》卷41。

安西王忙哥剌是忽必烈的第三子。据《元史》记载，至元九年（1272）十月，忽必烈"封皇子忙哥剌为安西王，赐京兆为分地，驻兵六盘山"①。按甘肃原州（今固原市）境内的六盘山及其萧关，历来是扼守西域通往关中的咽喉要地，太祖二十二年（1227），成吉思汗灭夏时曾在六盘山避暑驻兵。宪宗三年（1253），忽必烈征云南时也曾在六盘山屯过兵。忽必烈击败阿里不哥，执掌蒙古汗位之后，为了防御西北方向的叛王袭扰关中，同时为了兼管河西、吐蕃、四川等处的军民之政，他把这一重要任务交给了自己的三儿子忙哥剌。

忙哥剌受命代表皇室实行对辖区的管理，首先在开城（今宁夏固原市原州区）建宫邸修王城，设置了官府属吏。安西王的官府、属吏主要分两类：一是王相府及其所属官员，一是王府及其所属官员。王相府兼管军民之政，总揽全局；王府的最高官职是王傅，主要管理王府事务，一般不干涉地方军政。后来，有的王傅开始向王相转化。在忙哥剌节制四川期间，安西王相府先后有三个汉人出任王相：商挺、李德辉和赵炳。安西王相府权力极大："大至军旅之整治，爵赏之予夺，威刑之宽猛，承制行之。"至于商贾之征、农亩之赋、山泽之产、盐铁之制，不入王府，一切收入均归于王府所属之邸店自有。据统计，每年收入多至银钞30多万贯，由此可见一斑②。

至元十年（1273），忽必烈罢四川行省和东西两川统军司，分置东西两川行枢密院，以汪良臣行西川枢密院事，合剌行东川枢密院事。两川行枢密院调兵行军之事，一切皆禀安西王相府节制。安西王相府作为安西王忙哥剌的办事官邸，在元朝最后平定四川的过程中，发挥了重要作用。具体完成了以下几项工作：

（一）供给四川军需

至元十二年（1275），鉴于四川前线军需给养不济，安西王相府向朝廷申请银钞万锭作为军需，最后批准给予千锭作为补助③。在筹措军需、解决四川前线给养方面，作为忙哥剌的辅弼之臣、安西王相李德辉发挥了重要的作用④。

李德辉，通州潞县（今山西黎城县南古城）人，长于吏才，属于忽必烈的"潜邸旧侣"。早在忽必烈受封京兆之时，他即以能理财赋、善调军食显露才能

---

① 《元史》卷4《世祖纪》。
② 《元朝名臣事略》卷11《参政商文定公》。
③ 《元史》卷8《世祖纪》。
④ 《元史》卷163《李德辉传》。

而受到重用。宪宗二年（1252），当巩昌汪世显屯兵利州，控扼四川衿喉，以图进取之时，"数万之师仰哺德辉"，就是全靠李德辉通过"陆挽兴元，水漕嘉陵"而摆脱困境的。受命担任安西王相后，至元十二年（1275），李德辉受命抚蜀，东西两川行枢密院得知他到成都，两府争遣使打听接受军需兵食的方略。至元十三年（1276），朝廷再遣李德辉"经画东川课程"，以便保障正在东川一线作战的杨文安部的军粮①。

（二）协调两川行院关系

早在至元十年（1273）夏，元朝罢四川行省，在四川设立战时统治体制，以西川枢密院和东川枢密院号令全川。至元十一年（1274）冬，西川行院也速带儿指挥各路元军，沿岷江而下，进攻嘉定一线宋军寨堡，至元十二年（1275）六月，南宋嘉定守将昝万寿以嘉定、三龟、九顶、紫云（今犍为县东南）诸城降。接着，叙州知州郭汉杰以治所登高城（今宜宾市东）降，长宁军、富顺监守臣也相继归顺元朝。元军顺流而下，直逼泸州。在元水陆大军压境下，早有降意的南宋守臣梅应春，也向元军投降。梅应春降元后，元朝改江安州为泸州，梅应春被任命为泸州安抚使，与西川行院军将家属并伤病员共同戍守神臂城。元水陆大军则在降将赵金等人的导引下，向南宋四川的最后据点重庆推进。与此同时，元军在东川也取得军事上的重大胜利。在元东、西两川行院的进攻下，宋军驻守的"泸、叙、长宁、富顺、开、达、巴、渠诸郡，不一月皆下"②。

至元十二年（1275）秋，元将忽敦率领西川行院两万水陆大军自泸州东趋重庆，会同自合州南下的由合剌率领的东川行院军，合围重庆。重庆在元军严密的包围之中，"自秋徂冬，援尽粮绝"。钓鱼城守将张珏升任四川制置副使兼知重庆府，竟无法入重庆赴职，只能留守钓鱼城。为解重庆之围，张珏于至元十三年（1276）初，遣部将赵安勒兵出战，从北面袭击元东川行院据点青居城。二月，张珏派部将张万以巨舰载精兵，冲破元军重围，进入重庆城内。

进取重庆的元军，分兵五路，归属于东、西两川行院，由于缺乏统一调度指挥，各自为战，初以为重庆指日可下，争相邀功；遇到阻力，又互相观望不前，甚至彼此交恶。诸军虽有小胜，却无大的建树，以至士气低落。正在这时，

---

① 《元史》卷161《杨文安传》。
② 《宋史》卷451《张珏传》。

在泸州发生了义士先坤朋与刘霖率乡人一举收复神臂城的事件。刘霖联络钓鱼城，请求派兵支援，张珏趁势收复泸州，给围攻重庆的元军以沉重的打击。东、西两川行院无心恋战，不得不从重庆撤兵退去。

至元十三年（1276），当李德辉至成都巡视时，东西两川行枢密院正合兵数万困围重庆。两府为争兵食，各不相让，争吵不休。李德辉说，南宋已亡矣，重庆以弹丸之地，为什么还不投降？就是因为你们"利其剽杀"，所以老百姓惧怕而不来降附。加之"军政不一"，互相诋毁，像这样怎能取得成功？李德辉刚离开四川，还没有到达陕西，就传来泸州反被宋军收复、重庆果然溃围的消息。

重庆溃围暴露了两院的尖锐矛盾，引起了安西王忙哥剌的重视。忙哥剌在六盘山召问先锋将刘恩："江南已平，四川未下奈何？"刘恩回答说："若重臣之不徇私者奉诏督之，则半年可下矣。"① 安西王立即派刘恩入京报告，奏准罢免了忽敦和合剌的职务。至元十四年（1277），改命丞相不花和安西王相李德辉行西川枢密院事，李德辉仍兼安西王相。

（三）调兵出征四川

安西王府的军队，大致可以分为两部分，一是保卫皇室的卫戍部队，二是镇守地方的镇守军。除这批军队外，安西王忙哥剌"兼辖河西、吐蕃、四川等处军民之政"②，陕西、四川、甘肃、吐蕃等处的军队均受他兼管。据估计，忙哥剌任安西王时统辖的四川诸路兵大约在10万以下③。至元十三年（1276）安西王所部军参加了攻取万州的战斗。至元十六年（1279）七月，以巴蜀平定，诏罢西川行省，一次性将7000蒙古军、3000新附军交给皇子安西王。此举可能与补充安西王本部兵在出征四川中的损耗有关。

（四）招降重庆、合州

至元十四年（1277），在安西王的统一节制下，不花统率西川行院万余大军，顺江而下，重新围攻重庆。当年十一月，元军首先攻陷神臂城，将泸州迁回江阳城旧址（今泸州市区），改拓蒲家庄犀牛寨屯兵驻守④。

至元十五年（1278）初，西川行院万余大军再次进围重庆。李德辉首先从

---

① 《元史》卷166《刘恩传》。
② 屠寄：《蒙兀儿史记》卷76《安西王忙哥剌传》。
③ 王宗维：《元代安西王及其与伊斯兰教的关系》，兰州大学出版社1993年版，第75页。
④ 嘉庆《直隶泸州志》卷1《沿革》。

第一章 元代四川的政治

顺庆监狱中把一个被元军俘虏的合州士兵放出来，让他转告张珏，尽快投降，还可以得到"将相"的封号。另外，他还亲自给张珏写了一封情辞动人的劝降信。信中说，宋朝已经灭亡了，后宫全部押到北方去了。你作为一个守臣，亲不过赵宋的子孙；合州作为一个州，大不过宋朝的天下。现在宋室的子孙已经举天下归于我朝，你还在"负阻穷山"，还在说你是"忠于所事"，岂不感到困惑？你以前还可以用"国有主"作为理由，怕背负"不义之名"。现在"主已亡矣"，你难道还这样坚持下去①？张珏不为所动，继续坚持抵抗。

至元十六年（1279）正月，张珏遣将出战，一军皆没。二月，宋军势穷援绝，"城中粮尽"。部将赵安开城投降，张珏率兵巷战，又遭失利，于是便乘小舟突围出逃，在自尽未果的情况下，在涪州（今重庆涪陵）被元军擒获。重庆遂告陷破。三月，西川行枢密院向朝廷报告，共招降西蜀、重庆等处，得府三、州六、军一、监一、县二十、栅四十、蛮夷一②。

重庆城破之后，东川地区大江南岸的绍庆（今重庆彭水）、南平（今重庆綦江县东南）、施（今湖北恩施县）、思（今贵州务川县）、播（今贵州遵义市）等州，以及夔门"诸山壁水皆下"③，全蜀只剩下合州钓鱼城尚为宋守。早在一年前，李德辉就曾经通过释放一个名叫张郃的军士，给合州安抚使王立传达皇子安西王劝其投降的意思，保证在投降后不杀城内居民。在元朝的招降政策面前，王立犹豫动摇，重庆破陷前他没有出兵救援；重庆城破后，他准备向元朝投降。这时，东川行院正打算独军围合州，以便坐收垂成之功。由于王立与东川行院素有宿怨，他怕向东川行院投降后遭到报复，于是便派遣军卒怀揣蜡书，越境向成都的安西王相李德辉约降。

至元十六年（1279）正月，李德辉率兵数百，即将赴合州受降，东川帅府百般进行阻挠说，你过去劝降张珏，无功而还。王立不过是张珏部下的一名牙校，此人一贯狡诈，特地用计引诱你，使你来与我们争夺垂成之功。他恐怕是为了拖延时间，未必是真心诚意投降。李德辉回答说，我并非抢人之功，主要是害怕你们对其最后投降的行为感到愤激，因而采取报复，"利其剽夺，而快心

---

① 《元史》卷163《李德辉传》。
② 《元史》卷10《世祖纪》。
③ 《元史》卷163《李德辉传》。

第一章 元代四川的政治

于屠城"。所以,我是为国家存活此民,岂与你们计较嫌怨。于是,李德辉单舸济江,抵达钓鱼城下,呼唤王立出降。王立终于挈城降元。李德辉安集其民,未遭屠杀。所以,合州之人,为感激李德辉的保全之恩,"自(王)立而下,家绘事之"①。《蒙兀儿史记》对此评价说,蒙古用兵蜀中45年(1234～1278),"自平章赛典赤、丞相不花行省,始有民政可言。自不花改行西川行枢密院事,始有军政之可言。自李德辉以王相抚蜀,而东川未下诸城始肯纳款"②。

川蜀平后,李德辉仍以安西王相返回京兆府邸。至元十七年(1280)七月,立行省于京兆,以李德辉为参知政事,兼领钱谷事。十月,诏立陕西四川等处

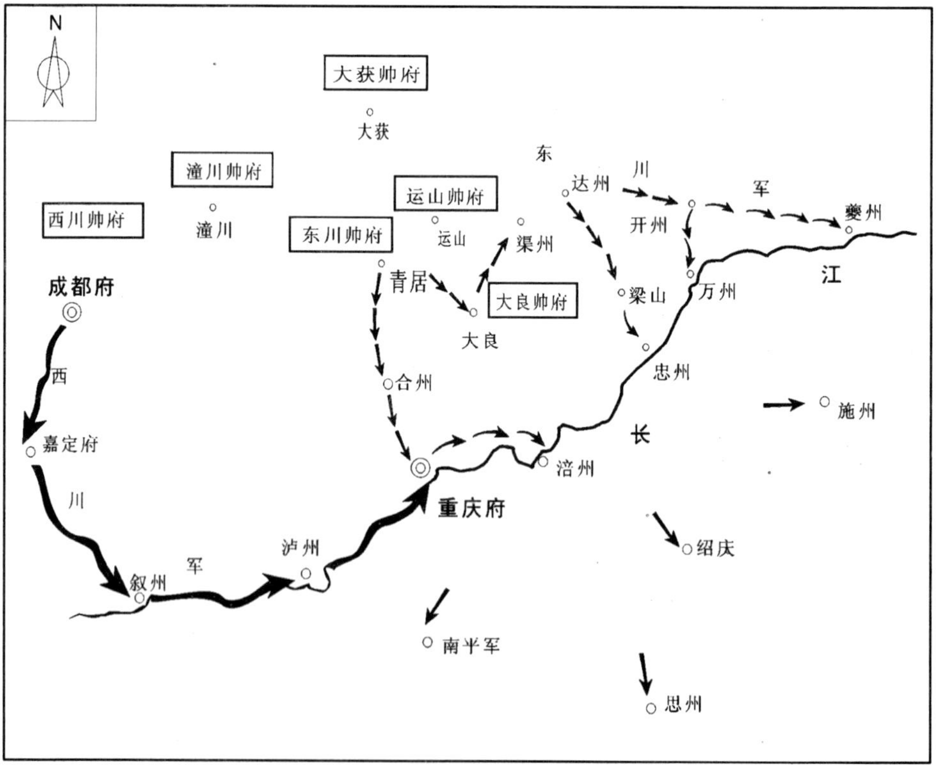

图1-7 元世祖忽必烈定蜀示意图

---

① 《元史》卷163《李德辉传》。
② 屠寄:《蒙兀儿史记》卷65。

行中书省,以不花为右丞,李德辉、汪惟正为左丞。其时,李德辉已卒,诏汪良臣入京,授中书左、行四川中书省事。汪良臣返至成都,"以蜀疮痍之余,极意循抚"①,重新开始了对四川的全面统治。至此,蒙古终于平定巴蜀②。

五、元朝久攻巴蜀不下的原因

蒙古统治者高度重视进攻四川的战争。从太祖二十二年(1227)蒙古军初入蜀边开始,至至元十六年(1279)钓鱼城陷落为止,蒙、元尽取巴蜀的战争断断续续进行了半个世纪。在这一过程中,先后有四个大汗(成吉思汗、窝阔台、蒙哥和忽必烈)、五个皇太子(成吉思汗四子拖雷、窝阔台二子阔端、蒙哥二子阿速台、忽必烈七子奥鲁赤、三子忙哥剌)参与过征蜀战争,蒙哥汗最后战死在合州。围绕一个局部地区,持续如此长的时间,这在蒙古征战史上是没有先例的。在13世纪的历史上,蒙古人曾经是一支震撼世界的可怕力量,在它的兵锋之下,中亚、西亚以及欧洲40多国无不破灭,未闻有敢抗其锋者。像巴蜀地区这样坚持抵抗半个多世纪之久,毕竟是当时世界历史所罕见。在四川战守史上,历代取蜀的记录是:"秦伐蜀,十月取之。后唐平蜀王衍,七十五日"③;北宋王全斌取蜀,自发兵到孟昶投降,总共只66日④。蒙古尽取巴蜀凡52年(1227~1279),这种旷日持久的记录,在四川历代兴亡史上也是绝无仅有的。那么,蒙古久攻巴蜀不下的原因是什么?

(一)多次西征和汗位纷争分散了蒙古的兵力

以我国北部蒙古为中心的北亚草原,在历史上曾经出现过无数游牧民族的移民和对外征服活动,以致成为影响历史进程的动乱摇篮。包括蒙古族在内的北亚游牧民族之所以崛起后都要不时南侵,究其原因,无外乎深深植根于他们经济体系之中,即由游牧经济对农耕社会的依存和矛盾所引起的对农耕社会的贸易与掠夺乃至战争。同时,游牧君长对内的政治设想和帝国意识,也是触动

---

① 《元史》卷155《汪良臣传》。
② 参见陈世松:《蒙古定蜀史稿》,四川省社会科学院出版社1985年版。
③ 彭馨泉:《蜀故》卷2。
④ 李焘:《续资治通鉴长编》卷6。

他们对外侵略的原因①。成吉思汗曾经对他的儿子们说:"世界广大,江河众多。使你们攻占外国,去各自分配,扩大自己的牧地。"② 正因为蒙古诸汗把掠夺他国领土和财富作为自己的职责,所以,在其任内无不驱使蒙古牧民投身于对外扩展战争。

据统计,在蒙古尽取巴蜀这半个世纪内,蒙古诸汗曾经多次对欧亚各国发动大规模的征服战争,其中成吉思汗第一次西征,历时六年(1219~1225),为建立横跨欧亚的蒙古大帝国奠定了基础;窝阔台第二次西征,历时六年(1231~1237),进兵西亚,远达波斯帝国,横扫欧洲诸国,建立了一个疆域辽阔的钦察汗国;蒙哥即位后,命皇弟旭烈兀再次西征,历时两年(1256~1258),在波斯境内建立又一个蒙古汗国——伊利汗国。蒙古诸汗一次次地派兵掀起席卷西方的军事巨浪,分散了在中国本土的注意力。为了消灭远在欧亚的一个个对手,蒙古不得不将刚刚开始的对宋战争暂时搁置起来。

图1-8 元太祖成吉思汗像(故宫博物院藏)

延缓对宋战争进程的因素,除了历次西征之外,还有一个重要原因是不可忽视的,这就是蒙古汗位的纷争问题。由于蒙古帝国缺乏关于继承汗位的法律,因此,在每个汗去世之后,都要花长时间来商议继承人问题。为了取得汗国全体成员对继承人的承认和参加他的就任典礼,需要特别召开一次忽里勒台大会。这一点是和中原历代王朝的皇位继承问题不相同的。在半个世纪中,蒙古政权凡四易其主。每次汗位继承都经过了尖锐的角逐,不可避免地要引发黄金家族内部的派系争斗与倾轧。由汗位继承引发最高统治集团内部的纷争,愈演愈烈,以至到蒙哥汗去世后,忽必烈与其弟阿里不哥为了争夺汗位,还首开了以战争方式解决蒙古汗位继承的先河。显然,这样的斗争不仅会削弱蒙古自身的实力,

---

① 萧启庆:《北亚游牧民族南侵各种原因的检讨》,《元代史新探》,(台北)新文丰出版公司1983年版,第316页。

② 《元朝秘史》(谢再善译本),中华书局1956年版,第255节。

而且也必然暂时延缓对南宋的进攻步伐,从而使包括四川在内的南宋各个战区获得喘息和苟安。

(二)蒙古攻宋战略低拙多有失误

南宋是一个以江立国、偏安东南的王朝。它的心腹和要害,无疑集中在长江下游一线。对于一个占据中原的统治者来说,要想尽快灭亡南宋,最有效的攻击无疑应该选定在长江中下游一线。然而,实施这样的战略,须有一定的客观物质条件作保证。如果没有河南、陕西的经济作后盾,没有一支浮汉入江的水军作为依托,要想叩开襄阳大门,并且最终站住脚跟,这也是困难的。

图1-9 元太宗窝阔台像(故宫博物院藏)

蒙古长期以来依赖在西线用兵,习惯采用迂回包抄的战术。这固然与蒙古牧民的围猎生产方式有关,在蒙古军队尚无力直接渡江谋国的条件下,是不得已而为之的权宜之计。但是,过度的迂回包抄,不能不延缓攻宋的时间。如果从太宗十一年(1239)蒙古军绕从大渡河攻入大理国境内算起,到宪宗三年(1253)忽必烈攻灭大理国,才在四川侧后建立起第一个出击的据点,其间耗时达14年之久。从后来的实际效果看,在整个蒙古图蜀灭宋的战争中,真正依靠云南这一基地,向四川和南宋王朝其他要害地区发起有效攻击的机会是非常有限的。因此,历来的批评家无不对这种低下的战略持批评态度。如清代军事地理学家顾祖禹(1631~1692)评论说:"吾观从古用兵,出没恍惚,不可端倪者,无如忽必烈之灭大理也。"① 清代思想家魏源(1794~1857)也说:"元代用兵未有如攻蜀之拙者也,远至绕大理万余里之蛮中。"② 又说,大理之役,"蒙古用兵,任意出奇,出没不测,为从古所未有",其结果,"未能遂夹攻之效"③。

---

① 顾祖禹:《读史方舆纪要》卷113《云南方舆纪要序》。
② 魏源:《元史新编》卷28《平蜀功臣传论》。
③ 魏源:《魏源集》上册《元史大理传叙》,中华书局1976年版,第209页。

第一章 元代四川的政治

图 1—10 今日大理古城

至于蒙哥汗采取"御驾亲征"的方式，企图通过大举征蜀的行动，强力推行先巴蜀、后江南的迂回包抄战略，更是犯了兵家大忌。蒙哥汗征蜀的失败，再一次证明蒙古攻宋战略的拙下。对此，蒙古谋士郝经直言不讳地说："自古用兵未有如是之久且多也。"为什么"阖国大举，以之伐宋"，而宋却未能平定？他认为不在蒙古军志气不锐，力量不强，土地不广，而在谋取天下的"术"不完善，即在于战略的失误①。《蒙兀儿史记》的作者屠寄更为尖锐地批评说，蒙哥"车驾舍中道而西取四川。弃野战之长，违北族之性。聚数十万众，冒盛暑而攻合州，顿兵坚城，累

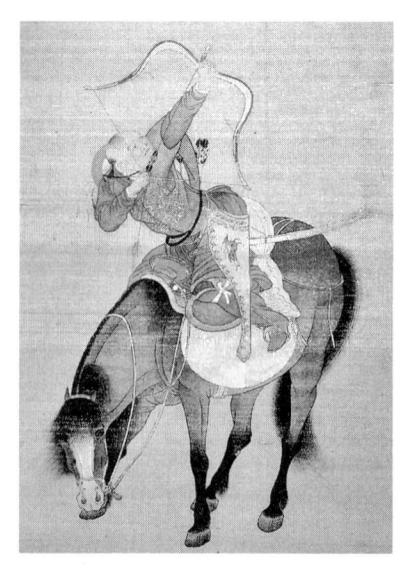

图 1—11 蒙古骑射图（故宫博物院藏）

① 郝经：《郝文忠公集》卷 32《东师议》。

月不下,情见势绌,以身殉之。所谓千金之弩,为鼷鼠而发。甚矣,其不知兵也"①!

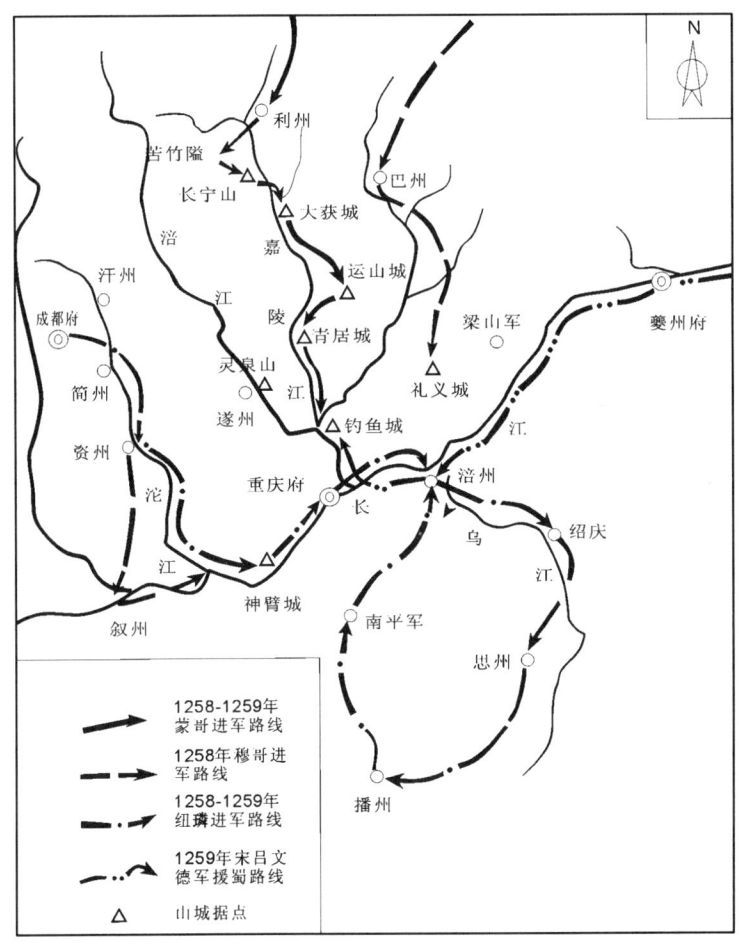

图1-12 蒙哥汗大举攻蜀示意图

(三)四川军民开展有效的山城抵抗斗争

四川地区作为蒙古军长期首要战略目标,直接承受和迎战蒙古军的主力,其抵抗斗争的声势、规模、方式和效果,在一定程度上制约着蒙古取蜀的进程。尤其是四川军民所采取的山城设防的抵抗方式,在抗御蒙古铁骑上,发挥了特

---

① 屠寄:《蒙兀儿史记》卷6《蒙格可汗本纪论》。

别显著的功效。

山城设防抵抗蒙古铁骑的防御体系是四川军民的伟大创造。它是在余玠治蜀期间（1242~1253）奠定基础的。在余玠任内共建20余座山城，余玠死后，继任的四川安抚制置使又承袭这一传统防御方略，进一步增修了一大批新的山城。估计整个宋末四川所建的这类山城多达百座，其中重要的不下四五十座。这些山城大多因地制宜，建在凭临江河的悬崖峭壁之上，山势险要，状若城郭，是天然险固之地；山顶宽平，有田可耕，有林土可用，有泉水可饮，足以容纳众多军队和居民长期坚守和居住。许多山城就建筑在距旧城不远的山上，互为掎角之势，便于平时正常生活，战时紧急疏散撤退，互相掩护。余玠及其后继者就是利用这些山城作为团聚四川军民的抵抗基地，战时把州县、军队搬迁到山上，与百姓共誓死守，从而凝聚了民心，筑起了战时的防线①。尽管蒙古铁骑攻灭过欧亚40余国，踏平过成千上万各式各样的城池寨堡，但当其来到四川这样一个特殊而复杂的地理环境之中，在无数大河深溪峡谷面前，尤其是面对

图1-13　"上帝折鞭"钓鱼城

---

①　参见陈世松：《余玠传》，重庆出版社1982年版。

众多军民凭临山城据险死守时,竟然无法发挥其马队快速冲击的优势。在这里蒙古军遇到了前所未有的对手,吃到了前所未有的苦头:如果弃而不攻,超越沿线山城向前推进,则有孤军深入、前后跋滞的威胁;如果冒险强攻,则有丧失自身优势,陷于被动挨打的危险。就是在这种进也不是、退也不行的困境之中,蒙古军不得不在这里顿师半个世纪之久。

第二节　元代中期四川的政局

一、军事贵族的专政

元代中期从元世祖忽必烈去世、元成宗铁穆耳继位开始,历武宗、仁宗、英宗三代,共约28年(1295～1323),平均每个皇帝只有七年;英宗之后的十年(1324～1333),更立五帝,平均每个皇帝只有两年。在如此短暂的30多年中,皇位争夺不断,统治分崩离析,这便构成为元代中期常见的政治景观。

宋元易代,首先从政治上中断了汉人官僚地主对四川的统治,代之而起的是一些征蜀有功的军事贵族的专政。一批蒙古、色目军事将领长期效忠蒙古朝廷,又在征蜀战争中立了大功,因此,当元朝在确立起对四川的统治时,首先便起用他们充任各级政权的要职。例如,在元朝平定四川之后,一些征蜀有功的蒙古、色目军事贵族和汉人降将便分别被授为东、西、南、北四道宣慰使。最先担任四道宣慰使的蒙、汉、色目将领有也速答儿、刘恩、也罕的斤、完颜柱、杨文安、李忽兰吉、秃满答儿等。而作为四川行省一级的军政大权,则基本上掌握在几个与元朝统治者有着深厚关系和显赫战功的蒙古、色目军事贵族世家手中。其中,直至元代中期仍保持着这种特殊权力的世家就有:

(一)巩昌汪氏

图1-14　元成宗铁穆耳像
(故宫博物院藏)

第一章 元代四川的政治

汪氏家族是元代一个十分显赫的大家族,自蒙古铁骑进入中原以后,汪世显及其儿孙们为朝廷效命疆场、屡建战功,一个个获得高官显爵。汪世显是金朝辖境巩昌盐川镇(今属甘肃定西市漳县)人,系出自汪古部。汪古部是金元时期阴山以上的部族,元朝将它列入色目人。汪世显仕金,以战功擢千夫长,累迁至巩昌府便宜总帅。金亡已三年,汪世显犹在奉金朝正朔。当太子阔端率蒙古大军进至巩昌石门城下,汪世显领军民万家,"为口十万"投降。汪世显任原职,随阔端征蜀,隶属都元帅塔海节制,屡立战功,赐金虎符。自蜀返,被授以便宜都总帅,秦、巩等20余州悉听裁决。据记载,汪世显从四川回到巩昌,车子里装满了从四川获取的"数千百卷"图书,其中"图画半之"①。癸卯年(1243),49岁的汪世显病逝,后被元成宗加封为陇西王。至今在甘肃省漳县境内仍有汪世显家族的墓葬②。

地处定西地区漳县境内的汪氏家族墓地,是我国截至目前发现的最大的元墓葬群,现为国家级文物保护单位,占地面积约3万平方米。据《汪氏族谱》及有关资料记载,从公元1243年汪世显葬此开始,至明万历四十四年(1616)止,在370余年内,共有墓葬120余座,葬有汪氏家族14代200余人。从汪世显到其曾孙五代,贯元朝始终,"为官者一百八十余人,其中王者三,公者十",故在历史上流传有著名的"三王十国公"之说③。

汪氏是一个效忠元朝,世代与四川有着密切关系的显贵家族。汪世显膝下有七子,均在元朝担任军政要职:长子汪忠臣,巩昌便宜副总帅;二子汪德臣;三子汪直臣,巩昌中路都总帅;四子汪良臣;五子汪翰臣,奥鲁兵马都元帅;六子汪佐臣,巩昌左翼都总领;七子汪清臣,四川行枢密院副使。其中,二子汪德臣、六子汪佐臣,均为蒙古战死,"殁于王事"④。与四川关系最为密切的是二子汪德臣、四子汪良臣及其后裔。

汪德臣在其父汪世显死后,承袭巩昌等二十四路便宜都总帅,从征四川。宪宗二年(1252)奉命在利州(今广元市)立城,最先在四川本土建立蒙古军据点。宪宗八年(1258),蒙哥汗亲征四川,汪德臣担任先锋将。宪宗九年

---

① 杨奂:《总帅汪义武王世显神道碑》,《元名臣事略》卷6。
② 参见《甘肃省漳县元代汪世显家族墓葬》,《文物》1982年第2期。
③ 《我国最大元墓群岌岌可危》,新华网甘肃频道2008年3月20日电。
④ 《元史》卷155《汪世显传》。

(1259)率部强攻钓鱼城,战死城下,追封为陇西公。汪德臣有六个儿子,长子汪惟正承袭父爵,留守青居山。因支持忽必烈即位,协助廉希宪铲除浑都海的心腹部将,派力士缚杀乞台不花,受到元世祖的嘉奖,诏东川军事悉听其处分。至元九年(1272)元朝大军围攻襄阳,汪惟正上疏请战,表示愿率本部兵出夔峡。元世祖对他表示赞赏说,四川事重,除了你我还托付谁?元朝平定四川后,汪惟正以中书左丞行秦蜀行省事。后改陕西行省左丞。汪惟正有二子:长子汪嗣昌任武略将军、成都管军副万户;次子汪寿昌于成宗朝任巩昌便宜都总帅,文宗朝为四川省平章政事。

汪良臣年十六七岁即从兄汪德臣出征,以功擢副帅,兼便宜都府参议。元世祖即位,应诏出兵讨阿蓝答儿、浑都海,奏捷闻,赐金虎符,权便宜都总帅。至元六年(1269)授东川副统军。九年(1272)代汪惟正任便宜都总帅。十年(1273),元世祖召他入朝,对他说,成都被兵久,需要你出来安集。授西川行枢密院事。四川平定后,任中书左丞、行四川中书省事。汪惟正有七个儿子,二子维简任保宁万户。

另外,汪直臣之子汪惟孝,历官四川东道、南道、西道宣慰使。至元二十七年(1290),升四川行省右丞兼万户。正如汪惟正所称:"(汪氏)一门兄弟从仕者众。"①

元仁宗时,在成都任万户的汪寿昌,出于感颂皇恩、彰显祖德、保存史实、激励后人的目的,编纂了一部名叫《汪氏勋德录》的典籍,脱稿后,由兄长汪嗣昌出面向太史公虞集请求审订并作序言。虞集在《汪氏勋德录序》一文中,对于发源于巩昌的汪氏家族的源流、功绩与地位作了扼要的介绍,并指出,这个家族在元朝有 19 个子孙多居将相官位,有 9 人封公,传五世,兄弟子孙多达 180 多人,除了承袭巩昌军职外,其余多为大官。像这样拥有显荣的世业,并且统军据地的人,在元朝历史上只有汪氏。是故,虞集在文中感叹说:"予观于功臣之家,以世业显荣者固多,得统其郡军,世守其地者,惟汪氏。"②

(二)纽璘家族

纽璘,珊竹带人,是蒙古尼鲁温部的一支。祖孛罗带,为太祖成吉思汗的

---

① 《元史》卷 13《世祖纪》。
② 虞集:《汪氏勋德录序》,《元文类》卷 35。

宿卫。从太宗窝阔台汗平金，戍河南。父太答儿，佐宪宗蒙哥汗征阿速、钦察等国有功，拜都元帅。继统四川等处蒙古、汉军征蜀。蒙哥汗大举征蜀，纽璘将兵略地，征战有功，拜都元帅。世祖忽必烈汗即位，纽璘仍为四川大帅，镇守西川。其子也速答儿平蜀有功，授西川蒙古军马六翼新附军招讨使，迁四川西道宣慰使，加都元帅。继改四川等处行枢密副使，进同知四川等处行枢密院事。成宗时，拜四川等处行中书省平章政事。武宗时，由四川迁云南行省左丞，仍为平章政事。也速答儿因南征"叛蛮"感瘴毒，还至成都卒。弟八剌袭为蒙古军万户。八剌卒，次子拜延袭，拜四川行省左丞；长子南加台（又作囊加台、囊加歹），官至四川行省平章政事，后自称"镇西王"被诛（详下目）。囊加台之子答失八都鲁世袭万户。元顺帝至正十一年（1351），除四川行省参政。答失八都鲁之子孛罗帖木儿，元末以河南行省平章政事退居四川安置，仍执掌兵权①。在元朝末年，他们又开始崭露头角，成为捍卫元王朝、而与红巾起义军坚决为敌的先锋悍将（详本章第三节）。

（三）按竺迩家族

按竺迩，族属雍古氏（即汪古人）。幼孤，由外祖术要甲家抚养，假称为赵家，因姓赵氏。因从太祖、太宗参加西征、灭金、攻宋等战争，屡立战功，升千户、征行大元帅。世祖即位，从宗王合丹进讨阿里不哥有功，戍守蜀边及吐蕃邻境。长子彻里袭职，从征泸州。彻里之子步鲁合答代领其军，平蜀有功。次子国宝一名黑梓，戍守蜀边，为蒙古汉军元帅，兼文州吐蕃万户达鲁花赤。国宝子赵世荣袭职，后以功进吐蕃宣慰使议事都元帅。国宝子赵世延，至元二十六年（1289）任监察御史，成宗、武宗时历任安西路总管、四川肃政廉访使、陕西行台御使。延祐五年（1318）拜四川行省平章政事，官三年，后遭诬陷入狱。文宗即位，拜中书平章政事，历事九朝，官省台约50年，后卒于成都②。

除以上巩昌汪氏、纽璘、按竺迩这三个典型的军事贵族之外，以征蜀之功，后世位居四川军政要职的将领还有：答答里带人帖木儿不花，其父帖赤（即帖哥火鲁赤）为太宗征蜀统帅，攻蜀有功，迁益都等路统军使。至元二十五年

---

① 《元史》卷129《纽璘传》、卷142《答失八都鲁传》、卷207《孛罗帖木儿传》。
② 《元史》卷180《赵世延传》。

(1288)，帖木儿不花拜四川等处行尚书省平章政事，兼总军务，改行中书省政事①，等等。

这些军事贵族世代掌握军权，担任要职，往往居功自恃，以平蜀功臣自居，不把当地守吏放在眼里，恣意妄为，严重扰民害民。例如，纽璘坐镇西川，年轻气盛，多次调兵千余人为自己营私，"守吏畏其威，莫敢申理"。在他管辖下的凤翔屯田军士800余人，在罢屯后，拒不归还他们的兵籍。按规定这些士兵应该调去防守河中浮梁，结果也不如数归还，严重违反了军籍管理制度也无人敢去过问。《元史》上保留了一条元世祖专门申饬纽璘不得沿途"擅捶掠官吏"，要"存恤其民"②的记录，足见纽璘在元朝是一个严重扰民的蒙古悍将。

四川平章政事赵世延虽为文官，但仗着家族世代担任军职的背景，也干着私役军户的勾当。在元代官方案例文书《元典章》上，保留着一段用元代白话文撰写的有关他私役军户引起一桩命案官司的判例。该案例说，元代有"系官军人根底"背景的人，一般都把军户当"奴婢使用"。一次，有一个名叫王伯川的百户，"为修理行省赵平章住宅"，领着巡军徐全等13名军士前去成都遇仙桥搬运竹子，驾放竹筏从锦江顺流而下，不幸"翻了竹筏，将徐全水淹身死"③。这是一起地方官员私役军户致死人命的典型事件，案子经四川道肃政廉访司一直上告到了朝廷，最后仅判赵世延给苦主"追征烧埋银两"，即象征性地给死者烧点纸钱就算了事。蒙古、色目军事贵族草菅人命由此可见一斑。

二、囊加台据蜀称王

囊加台，纽璘之孙，英宗至治三年（1323）任四川省平章政事。至此，"祖孙四代历镇四川"。他之登上政治、军事舞台，是从领兵镇压参卜郎起事开始的。

参卜郎系吐蕃朵甘思所辖之部（今四川理塘北），自英宗至治三年（1323）发动反抗元朝的斗争以来，劫杀过往使臣，夺取财物，给元朝统治者造成很大的困扰。元王朝虽曾多次派兵镇压，均未平定。泰定帝元年（1324），诏命囊加

---

① 《元史》卷132《帖木儿不花传》。
② 《元史》卷4《世祖纪》。
③ 《元典章》卷54《刑部》16《私役》。

第一章 元代四川的政治

台以四川行省平章政事兼宣政院使,带军前去征讨西番参卜郎。这次元朝重新布置力量,先命镇西武靖王搠思班自河西发兵进讨,继又命囊加台统兵从四川前往镇压。由于囊加台除总四川政权外,又集军权和教权于一身,他个人的势力由此大大加强了。

正当囊加台得宠于泰定帝之际,元朝最高权力斗争进一步加剧。长期以来,埋藏在元朝内部的帝位继承问题这颗定时炸弹终于爆炸了。

汗位继承问题一直是困扰元朝的一大难题。从成吉思汗起,大蒙古国的汗位继承制度是不明确的,因此每当汗位交替之际,总会出现政局动荡。究其原因在于,蒙古传统习俗中的长子优先继承权与幼子收产守业之间是难以统一的,加之汗权继承必须在前任大汗死后通过忽里勒台大会来推举,更增加了汗位继承的不确定性。忽必烈到了晚年,接受儒家学说的影响,开始听信中国封建君主专制学说,决定采取嫡长子继承制。忽必烈依照汉制册立太子,并不意味着如其他封建王朝那样确立了储君制度。在蒙古诸王贵族的观念中,这只不过是如太祖成吉思汗对太宗窝阔台的提名一样,继承人最终能否成为大汗,仍须按传统的忽里勒台大会程序产生。所以,忽必烈死后,总兵漠北的真金的幼子铁穆耳与朝廷大臣结合,并在母后的巧妙安排下,通过忽里勒台大会登上大汗宝座,是为元成宗。元成宗死后,因为他没有后嗣,出自忽必烈嫡长子真金之后的海山兄弟在朝臣的支持下,抢先发动政变,夺取政权。在一场成功宫廷政变之后,总兵漠北的海山登上帝位,是为元武宗。元武宗在位不足五年病死,死后其弟爱育黎拔力八达继承汗位,是为元仁宗。元仁宗首开了以兄弟继位的先例。他即位后,把儿子硕德八剌立为皇太子。仁宗死后,硕德八剌继位,是为元英宗。元英宗因其父亲仁宗崇信儒术的关系,从小生活在汉族封建文化的影响之中。他即位后,推行新政,大量起用老臣儒士,罢黜冗官,整顿吏治,裁减不急之征,企图开创一个"天下晏然,国富民足"①的局面。这一切,不能不触犯保守的蒙古色目贵族的利益,引起他们的恐慌和不满。正是在这种背景下,一场谋弑英宗的非同寻常的宫廷政变——"南坡之变"发生了。至治三年(1323)八月五日夜,英宗巡幸上都避暑完毕,在南归的途中,在南坡(今内蒙古正蓝旗东北)的宫帐中,被侍卫军都指挥使铁失一伙所杀害。铁失等人拥立

---

① 《元史》卷136《拜住传》。

真金皇太子的嫡长孙、晋王甘麻剌的嫡子也孙铁木儿登上汗位,是为泰定帝。

致和元年(1328)七月,泰定帝出巡,死于上都。在"逾月不立君,朝野疑惧"①的诡秘气氛之中,留守大都的以签书枢密院事燕铁木儿为首的一帮大臣利用手中的兵权,按照预定的计划发动政变,控制了在大都的政权。燕铁木儿于八月迅速将在江陵的武宗次子图帖睦尔迎进大都,即皇帝位,是为元文宗,改致和元年为天历元年。这时,在上都的诸王大臣也在西域人、左丞相倒剌沙的主持下,拥立泰定帝生前册立的皇太子阿速吉八登上汗位,宣布改元天顺,是为天顺帝。

于是,这时在元朝统治集团内部,为争夺帝位,迅速爆发了以拥立天顺帝为一方的上都集团同以拥立元文宗为一方的大都集团之间的内战。由于这场内战最后以大都集团取得了胜利,所以就以元文宗的年号命名,称之为"天历之战"。拥立元文宗的大都集团,是一帮以燕铁木儿为首的大臣,他们大多是跟随武宗的部将;而拥立天顺帝的上都集团,聚集的则多为当年反对武宗自漠北接收政权的势力。可见在两都之争中,事实上牵涉到过去对待武宗继位上的个人恩怨。其中,以坐镇西北的安西王的态度最为微妙,直接影响着西南地区的立场和向背。

原来,在当年元成宗晚年多疾期间,皇后卜鲁罕"居中用事",为了争夺皇位继承权,她在外联络安西王之子阿难答和阿里不哥之子明理帖木儿作为外援,把爱育黎拔力八达(后来的元仁宗)赶出京城。安西王阿难答为了配合卜鲁罕临朝称制,还参与诸王的夺权计划,下令遮断北道,阻止总兵北边的海山(后来的元武宗)进入京城。正是由于这一历史纠葛关系,所以在这次两都之争中,安西王直接站到了大都集团的对立面。

由于安西王阿难答的影响,历史上西南、西北地区受其节制的陕西、四川也毫无例外地在这场帝位战中站在上都集团一边。此外,镇抚云南地区的梁王王禅是跟随泰定帝车驾巡幸上都的亲信之一,因此,他也同上都集团站在一起。

在两都皇位争夺战中,上都天顺帝名正言顺,最初声势浩大,在梁王王禅的带领下,上都军曾经分道进逼京畿,一度攻破居庸关,但最终受挫,到了十月,直至倒剌沙"奉皇帝宝"投降,天顺帝不知所终。随着上都军队的分崩瓦

---

① 《元史》卷31《明宗纪》。

解，支持上都的势力转向地方发展。

当时，元文宗诏命全国各地共守大业，陕西行省和行台官员纷纷拒绝受命，不仅奉诏不至，而且还屡次涂毁文宗所颁诏书，械系大都使臣，同时，还公然出兵，东渡黄河，向大都发动进攻。当听见倒剌沙失败的消息后，见大势已去，陕西的军队也纷纷向大都集团投降。

当两军为争夺大都战事正酣之际，趋附于倒剌沙的云南梁王王禅兵败溃逃，文宗遂命湖广行省调兵守归、峡和八番，"以御四川军"①，目的在于防范与泰定帝和梁王有密切联系的四川地方势力效法陕西。这表明，可能在这场内战之初，四川也曾经同陕西一样，是拒绝听从大都朝命的。

天历元年（1328）十一月，四川行省平章囊加台正式表态不受大都朝命，"自称镇西王"，以其行省左丞脱脱为平章，前云南廉访使杨静为左丞，杀行省平章宽彻等官，起兵造反，烧绝栈道。乌蒙路教授杜岩肖听说文宗已经登基，对囊加台说："省臣当罢兵入朝，庶免一方之害。"② 囊加台以其妄言惑众，杖一百另七，禁锢之。十二月，大都朝廷讨论对付囊加台的方略，御史台上言："囊加台拒命西南，罪不可宥。"主张应追回朝廷所授的制敕印信。中书省臣则认为，方今应该允许他悔过自新。于是朝廷遂派近侍星吉班前往四川招谕。

天历二年（1329）正月，囊加台再次拒绝文宗的招谕，并约集镇西武靖王搠思班一同拒命，搠思班不从，以兵守关隘。陕西蒙古军都元帅不花台是囊加台的弟弟，囊加台遣使招之，不花台不从，并斩其使。囊加台遂分兵南攻播州猫儿垭隘（今贵州遵义境），宣慰使杨延里不花开关纳之，并引兵进至乌江驿。川兵之在乌江北岸者，为八番元帅脱出所击败。当时，囊加台亲率大军出兴元，焚烧武关大桥，又烧栈道，遂据鸡武，夺三叉、柴关等驿。囊加台又写信给巩昌总帅汪延昌寻求支持，不从。囊加台见西进无路，遂转而东进，率兵进至金州（今陕西安康县西北），据白土关，企图沿汉水顺流而下，直逼襄阳，声势甚大。朝命陕西、湖广两省督军分讨之，仍命宣慰使撒忒迷失率蒙古军本部，会同镇西武靖王等进讨四川。

这时，形势对囊加台日益不利。播州杨延里不花及其弟已向前来诏谕的诸

① 《元史》卷32《文宗纪》。
② 《元史》卷32《文宗纪》。

王月鲁帖木儿投降,囊加台派去镇守碉门(今四川天全县西)的安抚使答思监等也向云南行省投降。朝廷为了最后平定四川的叛乱,设立枢密院,即调集河南、江浙、江西、山东兵1.1万人,及左右翼蒙古侍卫军2000人前往征讨。耐人寻味的是,山东万户也速台儿为知枢密院事,他竟称病不往。朝廷继派不怜也速台儿讨之,不怜也速台儿却以母老告辞。这反映出在当时这场内战中,一般蒙古将领均不愿与囊加台这位蒙古战将世家后裔对面厮杀。

直到四月,朝廷派湖广行省参知政事孛罗至四川,曲赦囊加台等人之罪后,囊加台的态度由是软化,于是"蜀地悉定"①。孰料元文宗在八月十五日再次即位,宣布大赦之前,囊加台却以"指斥乘舆,坐大不道"的罪名,被朝廷处死了。对于他的死,有的论者指出:"他起兵时传檄中必有使图帖睦儿难堪的话,所以不能不致之死;他若是不受骗,多支持八个月,等到秃坚在云南起兵的时节,同他合兵,恐不止支持到1332年图帖睦儿之死,则顺帝是否可能嗣立,尚在不可知之列。"②《新元史》的作者柯绍忞还拿囊加台同他的祖父纽璘作比较,说在上一次忽必烈同阿里不哥争夺汗位的征战中,纽璘"归心世祖,以翼带之功,子孙世官其地"。这一次囊加台却利用天顺帝同天历帝的争夺战,"乘时邀利,潜号称王",所以必然招致失败③。

第三节 元代晚期四川的政局

一、"川军"、"川将"的覆灭

由元世祖忽必烈所创建的元王朝,经过短短70多年的演变,到元顺帝继位,便已进入了它的衰亡时期。元朝统治阶级长期以来推行的阶级压迫和民族压迫,到了元末,便不可避免地导致了社会矛盾的公开激化。在此基础上爆发的红巾军大起义,最终敲响了元王朝覆灭的丧钟,元朝在四川的统治也随之土

---

① 《元史》卷33《文宗纪》。
② 冯承钧:《元代的几个南加台》,《西域南海史地考证论著汇辑》,中华书局1957年版,第215页。
③ 《新元史》卷163《囊加台传》。

第一章 元代四川的政治

崩瓦解。

元朝大规模的农民起义爆发于元顺帝至正十一年（1351）。这一年五月，刘福通与杜遵道等利用治理黄河期间数十万民工集结的机会，联合江淮贫苦农民3000余人，以红巾为号，在河南颍州发动起义，攻占颍州，顷刻间，红巾军起义队伍遍布全国，揭开了元末农民大起义的序幕。

颍州起义成功后，在南方的白莲教首领也抓紧时机发动起义。南方白莲教主彭莹玉起兵于淮西，湖北麻城铁工邹普胜、罗田布贩徐寿辉起兵于蕲州（今湖北蕲春南）。义军攻占蕲水（今湖北浠水），建立政权，国号"天完"，推徐寿辉为帝。与北南红巾军起义的同时，在西部则有"南锁红军"和"北锁红军"，活动地域遍及河南南阳、湖北襄阳及汉水流域一带。北、南、西三支红巾军几乎同时起事，来势之猛，令元廷始料不及，元朝的统治岌岌可危[①]。

作为封建王朝支柱的元朝军队，平日狃于宴安，疏于武备，因生活腐化而失去战斗力。这样的军队用来烧杀抢掠百姓则可，而在战场上面对势如破竹的农民起义军，他们则惊慌失措，只有望风披靡，连声大叫"阿卜！阿卜"（"走"之意）而逃。鉴于红巾起义已成燎原之势，由于朝廷征讨卒无成功，官军无力与红巾军相抗，元朝不得不从至正十二年（1352）起，开始在地方上招募"义军"，集结地主武装与起义军周旋；与此同时，又调集各省官军，联合进行"围剿"。正是在这一过程中，一些原来留居四川，在征蜀战争中立了功的军将世家后裔，这时开始崭露头角，充当了捍卫元王朝、而与农民军坚决为敌的先锋。其中，

图1-15 蒙古骑兵（故宫博物院藏）

---

① 参见杨讷、陈高华：《元代农民战争史料汇编》（上、中、下编），中华书局1985年版。

以答失八都鲁最为突出。

答失八都鲁出身于征蜀军将世家，曾祖父纽璘，祖父也速答儿，其父为称"镇西王"反叛朝廷的囊加台，世袭万户。奉命守罗罗斯宣慰司，出征云南，升大理宣慰司都元帅。至正十一年（1351），特除四川行省参知政事。至正十二年（1352）闰三月，元朝为了对付西部的"南锁红军"和"北锁红军"，就近调四川行省派兵前往镇压。于是先后派遣四川行省平章政事咬住、四川行省参知政事答失八都鲁、诸王亦怜真班、爱因班、参知政事也先帖木儿等，配合河南、陕西行省分路前往围剿。进剿南锁红巾军的四川军团由川江顺流而下，以野竣台为前锋，攻下了被红巾军占领的忠、万、夔、云阳等州，并于四月收复了归州（今湖北秭归县）。答失八都鲁拨本部3000精锐探马赤军进攻荆襄，五月陷襄阳。当进至荆门，因寡不敌众，遂采用汉人宋廷杰的计策，在当地招募襄阳官吏及土豪避兵者，组成了一支有"义丁"二万人的军队，转战于襄阳、荆门、峡州一带，因功升四川行省平章政事兼知行枢密院事。由于答失八都鲁所率领的这支军队的军将主要是来自川中的子弟，故当时人以"川军"称之，实际上它是一支以四川、荆襄人为主干的地主武装。

至正十五年（1355），刘福通在高邮击溃百万的元朝官军之后，于当年二月迎韩林儿在亳州（今安徽亳州市）正式建立宋政权，立韩林儿为帝，号称"小明王"。宋政权建立后，元廷加紧对它进行围剿。当时四川行省平章政事答失八都鲁已经镇压了南锁红巾军，这年六月，改命为河南平章政事，成为中原地区元军的总指挥。他亲自率军与刘福通部大战于河南各地。刘福通正是由于受到以答失八都鲁为主力的各路元军的合围，才不得不分东、西、北、中多路出击，由于战略决策错误，红巾军过早地分散力量，孤军深入元朝统治腹心地区，从而使元朝统治者在从容布置防守的同时，及时调集这几支地主武装进行围追堵截，各个予以击破。

在红巾军三路北伐同时，刘福通于至正十七年（1357）攻汴梁（今河南开封），未果，后转战于河南南、北各地。答失八都鲁加封为太尉、四川行省左丞相，领兵前来镇压。元廷遣知院达理麻失理来援，被刘福通所杀，答失八都鲁亦败溃，因此受到朝廷"玩寇失机"的怀疑。农民军以"诈通"和书之计，有意让朝廷使者将伪造的答失八都鲁与红巾军通好的"和书"报送朝廷，答失八都鲁得知，一夜间忧虑而死①。答失八都鲁死后，其子孛罗帖木儿任河南行省平章政事，"仍领其父元管诸军"②。

至正十八年（1358），刘福通再次进攻汴梁，并在占领汴梁后，将其定为都城，北方红巾军至此达到鼎盛局面。在这以后，北进作战的各路红巾军在元军和地主武装的分割包围下，纷纷失利。当时，元朝镇压红巾起义军的两支主力孛罗帖木儿和察罕帖木儿所率领的地主武装竞相扩充实力，抢占地盘，形成了各霸一方的军事集团。孛罗帖木儿驻守大同，察罕帖木儿驻守汴、洛。至正二十二年（1362）察罕帖木儿死后，其养子扩廓帖木儿（原名王保保）继领兵柄。双方为争夺晋、冀的控制权，发生旷日持久的武装冲突。元顺帝虽屡颁诏劝解，而仇隙日益加深。至正二十四年（1364）因参与宫廷斗争失势的孛罗帖木儿被削去兵权，在四川安置。这样，作为支撑元王朝摇摇欲坠统治的两大支柱之一的军队，就这样土崩瓦解了。

如果把答失八都鲁所率领的这支军队的瓦解视为"川军"覆灭的标志，那么，在潼关"战死"的契丹名将述律杰，则代表了征蜀军将世家在元末农民起义中的可悲下场。

至正十六年（1356）九月，参与北伐的西路红巾军在李武、崔德的率领下，进攻陕西潼关。元陕西行省参知政事奉命守御潼关，"战死"辕门③。这个战死潼关的述律杰，由于译音不同，有多种写法，经考，出现在元人笔下的述律杰、述律铎尔直、述律朵儿只、述律存道、述律尊道、述律从道均为同一人。述律为氏，铎尔直（或朵儿只）是他的名，存道（或尊道、从道）是他的字。述律杰可能是述律铎尔直的速读缩写。经清代四库馆臣的改译，在四库诸本上，述律铎尔直又改译为苏噜多尔济④。

述律杰是契丹人，由于其先人源于辽代后族萧氏，故他又被称为萧从道。辽亡以后，述律氏改为石抹氏。在《元史·石抹按只传》上，记载的就是这个契丹军将的家世及其在蒙元时代征蜀过程中的事功：

---

① 《元史》卷143《答失八都鲁传》。
② 《元史》卷207《孛罗帖木儿传》。
③ 《元史》卷44《顺帝纪》；张翥《蜕庵集》卷4《潼关失守哭参政述律杰存道》。
④ 参见方龄贵：《元述律杰事迹辑考》，《中国民族历史研究》，中国社会科学出版社1986年版；陈世松：《元"诗书名将"述律杰事辑》，香港中文大学《中国文化研究所学报》1996年新第5期。

一世，石抹大家奴，述律杰之曾祖父。契丹人，世居太原。率冀宁汉军500归降成吉思汗，攻城野战至四川，以多功为大将。

二世，石抹按只，述律杰之祖父，蒙哥汗八年（1258）代领其军，征战四川。

三世，石抹不老，述律杰之父，元世祖至元九年（1272）代领其军，平定四川，以多功袭父职，曾任夔路镇守副万户，为保宁等万户。

四世，述律杰，早年从征伐，袭父爵为万户，镇保宁。当"天历之战"正酣时，述律杰因赴京"上耕屯便宜"，被召对明仁殿，奉诏发兵河东陕西，后又督将平云南。归蜀不久，以都元帅和行省参知政事坐镇云南，至正十三年（1353）离开云南，告老归蜀。后来，可能由于红巾军起义风起云涌，元朝为了挽救行将灭亡的命运，又把他从成都诏往前线，担任陕西行省平章政事，并最终在潼关丧命。由于述律杰世居中原，虽出生于武将世家，但却有极高的汉文化修养。他在四川、云南任职期间，在文化教育上多有建树，且同当时领文坛风骚的汉族士大夫有极好的交谊，因此深受汉族文人学士的尊重和爱戴，在元人文集中多次出现有关他的事迹的唱和文字，被赞誉为一代"诗书名将"。然而，他最后却葬身在与元末农民起义敌对的战场上，这不能不说是一个"悲歌"的下场。

二、明玉珍入川

元朝末年，天下大乱，英雄群起。湖北人明玉珍率部投身红巾起义军的队伍之中，两度起兵入蜀，最终成为推翻元王朝在四川统治的掘墓人。

明玉珍（1329~1366），湖北随州人。原姓旻，名瑞，字玉珍，因崇奉明教而改姓。"家世务农"，性情刚直，讲究信用，为乡党所佩服。至正十一年（1351），彭莹玉、徐寿辉领导红巾起义，占领蕲州，建立天完政权。在听说这一消息后，明玉珍与里中父老商量如何躲避兵乱的对策，众人劝他出面保全乡里。他于是招集乡人，在湖北德安府（湖北安陆县）梅丘巡检司所属的青林山结寨自保，修栅治城，被众人推为屯长。

至正十二年（1352），徐寿辉遣人前来招明玉珍说："早降，共富贵；不来，举兵屠之。"明玉珍考虑再三，遂率部参加天完红巾军，被徐寿辉任命为统军元帅，隶倪文俊部，镇守沔阳。沔阳（今湖北沔阳县西南）位于湖广中部、汉水南岸,境内河湖众多,是徐寿辉新占领的军事重镇。他把这一战略要地交给明玉珍镇守,表示了对他的莫大信任。

至正十五年(1355)秋,恰逢沔阳连年遭受涝灾,军民粮食发生困难,当地居民被迫采菱藕鱼虾而食。倪文俊便命明玉珍统兵万余,驾斗船50艘,溯江而上,到巫峡一带采购粮食。当时夷陵(今湖北宜昌市)为天完政权参政姜钰镇守,在该部的配合下,明玉珍溯江而上,首次进入元朝统治下的巫峡地区。由于明玉珍部军纪严明,所到之处不扰民害民,故能得到当地百姓的支持,满载而归,蜀人也不感到惊扰。数年间,明玉珍以战功授奉国上将军统兵都元帅。

至正十七年(1357)三月,倪文俊攻占峡州(今湖北宜昌市),令明玉珍再次率斗船50艘前往川、峡间征集粮食。时元朝四川行省右丞完者都、左丞哈林秃正募兵重庆,义兵(地主武装)元帅杨汉闻之,率兵5000自西平寨至重庆,屯兵江北。完者都诱使杨汉单骑前来入谒,企图在酒席间将其杀害。未料这一阴谋被杨汉发觉,他脱身逃回自己军营。他的部下听说这一遭遇后,皆愤怒不平,决心为之复仇,于是抢得船只顺流而下,准备投奔明玉珍。正好与在巫峡

图1—16 三峡夔门图

筹集粮食的明玉珍相遇。他因此向明玉珍进言说，重庆城中只有左丞哈林秃、右丞完者都，他们"别无重兵厚贮"，况且二人各怀异志，甚不相得，"请尽力攻之，全蜀可图也"。对于杨汉提出的溯江进攻重庆的建议，明玉珍开始犹豫不决。部将戴寿劝道："明公修兵沔阳，为民也；哨粮于蜀，亦为民也。不若发粮十之三回沔以救荒；存其余，同（杨）汉兵以取重庆，事济则有为。否则掠其财物而归，何损也？且此兵之出，窃陇蜀，保上流，保荆襄，开粮道，一举三得，幸无他虑。"① 于是，明玉珍毅然决定，举兵进攻重庆。

明玉珍率领的大军从巫峡出发，溯江而上，沿途攻克夔州、万州，继续向重庆推进，"四月抵渝"。时蜀中承平日久，忽见斗船大集，远近为之骚动。由于元军无斗志，早已失去抵抗，完者都连夜逃往果州（今南充市），哈林秃出战被擒。重庆父老把明玉珍的军队迎进城内，沿途焚香，夹道欢迎。由于明玉珍的红巾军禁止侵掠，所以城中安堵如故。由是四方归附者络绎不绝，"泸州降"，叙南也被攻占。这时，明玉珍才遣使回湖北，并把擒获的哈林秃献给徐寿辉，他也因此被徐寿辉加封为陇蜀行省右丞，拜广西两江道宣慰使②。

明玉珍举兵入川，一帆风顺，几乎不费吹灰之力就胜利占领重庆。究其原因有二：

首先是明玉珍举兵入川的行动符合民心民意，适应了四川地区百姓反抗元朝腐朽统治的需要。元朝末年，四川地区阶级矛盾和民族矛盾在这里同样尖锐激荡，整个社会犹如布满了干柴烈火，正如刘桢在《玄宫之碑》中所说："时西土劲敌暴横，群生涂炭"。早在元顺帝至元三年（1337），在合州大足就爆发了韩法师"自称南朝赵王"的起义，旋即被四川行省参知政事举理等所镇压。至正五年（1345）王守诚宣抚四川时，重庆铜梁县尹张文德擒获一名怀疑为"盗"的"执兵刃"少年，从怀中搜出帛旗一面，上书"南朝赵王"。其党闻之，遂焚劫双山，事后遭官府捕杀的百姓有"百余人"③。山东廉访使苏天爵在分析各地起义不断的原因时，以四川为例上奏说："昔有人言蜀人乐祸贪乱者，或对曰：蜀人积弊实非一朝，百家为村不过数家有食，穷迫之人十有八九，束缚之使旬

---

① 杨学可：《明氏实录》。
② 刘桢：《玄宫之碑》，重庆地方史资料组《明玉珍及其墓葬研究》，1982年，第11~13页。
③ 《元史》卷183《王守诚传》。

有二三，乐祸贪乱，无足多怪。"① 可见，在当时全国性的农民起义正处于酝酿发动阶段之际，四川即已出现了"群盗蜂起"② 的形势，这些都为明玉珍进兵四川、顺利夺取重庆奠定了社会基础。

其次，由于当时刘福通领导的北方红巾军正在围绕汴梁展开大规模的进攻，元王朝在中原战场上面临着巨大的冲击和威胁，为了对付这一心腹之患，它正调集主力与之进行决战，自顾不暇，故对远在巴蜀的地方政权的安危顾之不及，即使有心维系，也鞭长莫及。这些也为明玉珍进兵四川、夺取重庆提供了有利的客观环境。

明玉珍举兵占领重庆，影响深远，意义重大。这主要表现在：

其一，重庆一度是元朝四川行省驻节的重要都市，"其城，蜀根本也"③。明玉珍部胜利占领重庆，生擒四川行省左丞哈林秃，迫使右丞完者都临阵脱逃，这些都给元朝在四川的统治以沉重的打击，使其迅速解体崩溃，其在政治军事上的意义是不可估量的。

图1—17 壮丽的山城重庆景色

---

① 苏天爵：《滋溪文稿》卷27《山东建言三事》。
② 正德《四川志》卷15《名宦·顺庆府》。
③ 刘桢：《玄宫之碑》。

其二，拓宽了天完政权的活动空间与势力范围，使徐寿辉领导的西系红巾军的影响和声势由长江中游迅速扩大到了上游。这就极大地增强了全国反元阵线的力量，从而使红巾军起义遍及全国各地，使元王朝真正陷入全国性的人民起义浪潮的包围之中。从此，中原大地、江淮之间，汉、沔、湘、湖，乃至秦陇、巴蜀，红巾军在全国已成燎原之势。

其三，这一举动为明玉珍在四川建立新的作战基地奠定了基础，为他后来割据巴蜀，建立大夏政权铺平了道路。

三、"青巾军"掠蜀

明初学者、史官方孝孺说："夏主方有意于据蜀，各郡臣民遭青巾之虐，百无一二。"① 这里所说的"夏主"，指的是在重庆建立大夏政权的明玉珍。这句话揭示这样一段史实，即明玉珍占领重庆后，正打算据蜀自立之际，四川境内已有一支名叫"青巾军"的武装势力在四处肆虐，各郡臣民大多难逃厄运。对于这支青巾军，明玉珍表现出深恶痛绝、势不两立的态度。两年后他被众人推举为陇蜀王时，在为讨伐陈友谅颁布的一通檄文中说："顾兹蜀地久被青巾之乱，莫有为之剪除者……予取尔蜀于青巾之手，非取诸元。"类似的话，也出于他的谋士刘桢的口中，如说："……今民遭青巾之苦，幸获扶养，颇得苏息，人心之归，天命可知，他日大事可举也……"②

那么，这支青巾军的首领究竟是谁？他们到底是一支什么性质的势力？是在什么背景下进入四川的？

《明氏实录》在记述刘桢出山的背景时提到，刘桢原本是元朝进士，"因青巾李喜入蜀，大肆杀戮"，不得不隐居泸州方山。这表明青巾军是由一个名叫李喜的人率领的。《明太祖实录》也记述说："蜀人经李喜喜残暴之余，赖以粗安。"③ 朱元璋在一封致明玉珍的书信之中也证实："足下……以偏师入蜀……西有李喜喜等兵侵扰杀掠，生民无几。"④ 可见，青巾军的首领名叫李喜，又名

---

① 《明氏实录》引方孝孺语。
② 杨学可：《明氏实录》。
③ 《明太祖实录》卷16。
④ 《明太祖实录》，转引自钱谦益：《国初群雄事略》卷5，张德信、韩志远点校本，中华书局1982年版。

第一章 元代四川的政治

李喜喜。

经查,李喜喜原本是刘福通所领导下的东系红巾军的一员部将。他是在刘福通分兵三路与元军转战的过程中,最先出现在进攻关中的西路红巾军的队伍之中的。据史载,至正十五年(1355)二月,刘福通率军攻占汴梁,立韩林儿为皇帝,建都亳州,国号大宋,改元龙凤,掀起了全国农民大起义的新高潮。不久,在元朝统治阶级的镇压下,起义军旋即遭到失败。至正十六年(1356)二月,元廷正在以河南大捷,击败东系红巾军而诏告天下、弹冠相庆的时候,刘福通所部的红巾军已经跳出外线,向山东、河北及关中发展,并由此掀起了农民起义的新高潮[1]。

在东系红巾军分路突围、向外线发展的过程中,西路军奉命直趋关中。西路军的首领除了白不信、大刀敖之外,还有一人就是李喜喜。由白不信、大刀敖和李喜喜率领的西路军,曾经一度攻陷兴元,遂入凤翔,进逼长安,使得关中为之震动。元廷命察罕帖木儿、李思齐集中优势兵力进行阻击,并调集宣慰张良弼等陕、甘各部,进攻李喜喜驻守的巩昌。在各路元军的围攻下,西路军均遭败绩。败溃之后的李喜喜带着一支余部退入四川,后改称青巾军,史籍上又称青军。

在元末天下大乱、群雄竞起的时代里,敌对的武装势力彼此间凭借服色来加以区别。由于首先倡义的农民起义军身着红袄、头戴红巾,因此被称之为红巾军。与之敌对的元朝官军和招募来的地主武装(即当时所谓的"义军"),为了与红巾军相区别,往往是身着"青衣",或者"黄衣",因而被称为"青军""黄军"[2]。在两军交战的战场上,红巾军有时也变换服色,采取由"红"转"青"的手法来迷惑对方。例如,至正十九年(1359),由破头潘、关先生率领的北路军,从大同出塞北攻陷辽阳。元朝广陵路总管郭嘉率众巡逻,在距城15里的地方,遇到一支500余人的"青号队",假称是"官军",郭嘉怀疑其中有诈。一瞬间果然"脱青衣变红",发起突袭,其势"日炽",郭嘉力战身亡[3]。由此可见,在元末特殊复杂的战争环境中,身为红巾军的武装势力,出于某种

---

① 杨讷、陈高华:《元代农民战争史料汇编》(中编第一分册)。
② 《元史》卷181《忠义传》。
③ 《元史》卷194《忠义传》。

第一章 元代四川的政治

需要,往往也会采取"脱红衣变青"或者"脱青衣变红"的权宜之计。至于李喜喜在败退入川后,出于什么目的改变服色,变红巾军为青巾军,史无明载,需要根据其进入四川的表现来加以判断。

有关青巾军入川后的行踪和表现问题,一直是一个困惑史家的难题。据《元史·顺帝纪》记载:"(至正十八年)四月,察罕帖木儿、李思齐合兵会宣慰张良弼、郎中郭泽善、宣慰同知拜帖木儿、平章政事定住、总帅汪长生奴,各以所部讨李喜喜于巩昌,李喜喜败入蜀。"① 过去学界一般都据此认为,李喜喜入蜀的时间,当在至正十八年(1358)四月之后。但是大量史料证明,早在此前,四川各地尤其是川西一带地方,已见李喜喜活动的踪迹②。

据《平夏录》和《明氏事迹》记载:"丁酉岁九月,青巾贼入成都,有韩氏女年十七,举家从军。"③ 按丁酉岁,为至正十七年(1357)。既然是年九月李喜喜所部青巾军已经攻入成都,则其入川时间必在此之前。另据天启《成都府志》所载史料证实,青巾军确曾在丁酉岁攻陷过成都:"费氏,灌县人。至正丁酉青军入蜀,肆行剽掠。费乃泣曰:父母深恩,分毫未报,今不幸而罹此贼害,不如死。遂缢焉。"④ 元人刘堪在《烈女吟》中,用五言诗记述了发生在这年"逆贼"入永康的经过⑤。按永康军(旧为灌县,今为都江堰市)为宋代建置,即天启《成都府志》所载费氏的故乡——灌县。由于该县位于成都西面,青巾军先攻陷成都,再入灌县,所以诗中所称从东而来的"逆贼"必定是指青巾军。诗中称此事件发生的时间在"至元七十载",系指从元世祖至元三十一年(1294)以来,迄至元顺帝至正十七年丁酉岁(1357)为止,其间经历了63年,说"七十载"乃约略之语。诗中称青军攻陷了"三巴数十城",这里的"三巴",源出于汉朝巴西、巴、巴东三郡,相当于今嘉陵江和綦江流域以东大部分地区,用以概指全川。但依青巾军活动地域推断,"三巴数十城"主要是指川西地区的州县。

关于青巾军"虐蜀"的具体表现问题,翻检四川地方志,不时可以发现这

---

① 《元史》卷45《顺帝纪》。
② 参见陈世松:《元末"青巾军"入蜀考——兼释重庆〈玄宫之碑〉》,《四川文物》2006年第4期。
③ 钱谦益:《国初群雄事略》卷5。
④ 天启《成都府志》卷27,《中国地方志集成·四川府州县志辑》本,巴蜀书社1992年版。
⑤ 嘉庆《四川通志》卷171,巴蜀书社1984年影印本。

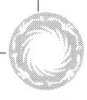

第一章 元代四川的政治

方面的记述：

第一种情形，反映在有关地方官员或战死或遭擒获致死的记录上。例如："岳时中，成都人，为汉州太守。李喜入寇，率兵杀贼甚多，众寡不敌，死之。"① "王继志，四川省郎中。以政最闻，迁本道廉访司副使。时李喜喜陷四川，继志帅兵与战，力屈被执，不食而死，众咸怜之。"② "时元行省平章买奴、参政韩叔亨为青城（一作青巾）贼所执，城中窘迫。"③ 以上史料表明，在李喜喜退入四川之后，沿途许多州县因为承平日久，毫无准备，都被攻陷了。这与元末红巾大起义爆发之初，江淮地区的"州郡皆无备。长吏闻贼来，辄弃城遁，以故所至无不摧破"④ 的情形是完全相似的。

第二种情形，反映在一些州县遭破陷后，青巾军给失去军队保护的平民，尤其是妇女所带来的悲惨遭遇。上文引述灌县费氏、唐姬与姜氏，皆是在青巾军入境前自尽的。如此多的妇女之所以在青巾军入川时自寻短见，可能与这支军队纪律败坏有关。

第三种情形，反映的是青巾军在川西州县烧杀抢掠的情况。有地方文献资料披露，青巾军曾经一度攻入高杨二土司控制的天全州的地盘，占领州治始阳镇一带的地方。据记载，"至正丁酉，青军入寇。土宇所失过半，遗迹尽遭兵火。"⑤

总之，种种迹象表明，这支原本是农民起义队伍——红巾军的余部，在败溃入四川后，不仅更换了服色旗号，而且在行动上已完全背叛红巾军的革命理想，给四川各地带来严重的危害。这与明玉珍所部西系红巾军举兵入川，攻占重庆，沿途秋毫不犯，市民夹道欢迎，社会秩序安堵如故的情形，正好形成鲜明的对照。

---

① 天启《成都府志》卷11。
② 《大明一统志》卷67。
③ 杨学可：《明氏实录》。
④ 《明史》卷122《韩林儿传》。
⑤ 咸丰《天全州志》卷1。

第二章 大夏国据蜀始末

元顺帝至正二十三年（1363），明玉珍在重庆建立政权，名大夏国，经历明玉珍与其子明昇两代，最后被朱元璋的明朝所灭亡。大夏立国虽然短暂，前后不过七年（1363~1371），但却是唯一在重庆建都称帝、割据四川的独立政权。朱元璋于洪武四年（1371）从明昇手中接过四川的统治地盘时，元朝在全国的统治早已在三年前（1368）宣告结束了。

第一节　明玉珍时期（1357~1366）

一、南征北伐

大夏国虽然从明玉珍称帝开始，但是它的创建历程却是从明玉珍举兵入川、占领重庆就正式拉开序幕的。明玉珍的称帝立国，正是以一系列军事斗争的胜利作为基础的。

在天完红巾举兵入川、占领重庆之后一段时间里，明玉珍面临着十分复杂严峻的形势。当时四川政治军事格局大致是这样的：

当明玉珍从湖北举兵占领重庆之时，元朝四川行省右丞完者都从重庆逃往果州（今南充市），其心未死，还在继续纠集力量，准备随时向重庆发动反扑，

第二章 大夏国据蜀始末

表明此刻以果州为中心的川中和川东北一带地区仍在元朝的统治之下。明玉珍所属的西系红巾军所能控制的地方，仅仅是以重庆为中心的沿江流域地区，上及叙州，下达三峡。

不久，李喜喜所部的青巾军于当年九月从川西北退入四川，乘其不备，沿途攻陷了以成都为中心的川西地区的汉州、灌县、雅州、天全、名山等"数十城"，迫使四川行省官员退守嘉定。表明此刻元朝已丧失了对川西北和川西地区的控制权，仅仅依托于岷江与青衣江交汇的嘉定九顶山凭险据守。

明玉珍不仅要直接面对四川境内以完者都、李喜喜为代表的强敌，而且更要应付来自四川境外的威胁。一方面，元王朝对于进据四川的明玉珍一直耿耿于怀。明玉珍举兵入蜀，元王朝鞭长莫及，错过了派兵进剿的机会。当元廷集中力量击溃了刘福通对汴梁的攻势，分地区消灭了西进、北上的红巾军余部之后，便可以及时部署力量，消灭这支远在巴蜀的起义军了。但鉴于长江中游、川峡地区已为天完红巾军所控制，元王朝力所能做的，只能是任命在陕西的李思奇担任四川行省左丞，寄望他以陕南的汉中、凤翔和甘肃的巩昌作为据点，在四川北部构建起对明玉珍的军事威胁，并不断催促他尽快出兵攻打明玉珍。另一方面，明玉珍举兵入川，其军事行动仍须听命天完政权的节制，接受来自于长江中游的军事首领的指挥。然而，随着天完红巾政权内部斗争的日趋激烈，据守四川的明玉珍难以置身世外，这也必然会分散和牵制他的注意力，使之陷入首尾难以兼顾的被动处境。

为了缓解来自于各方面的压力，拓展自己的生存空间，明玉珍在占领重庆之后，不得不把军事斗争摆在首位。明玉珍入川后进行了一系列的战役，按时间先后和用兵形势，可以归纳为以下方向：

（一）击溃青巾军主力

由刘桢所撰写的《玄宫之碑》的碑文中，在叙述明玉珍的生平事迹时，提到了在至正二十年（1360）之前所开展的几次关键性战役：

明年（至正十八年，1358）六月，击亳人李仲贤于普州，败还成都。

明年（至正十九年，1359）春，李仲贤、王虎、郭成奔平元，数十万兵一朝解散。夏，擒李君诚于五面山，袭舒家寨，田成、傅（友）德错愕败走。

由于两段碑文中所记述的战役均有"李仲贤"其人，可见与明玉珍交战的

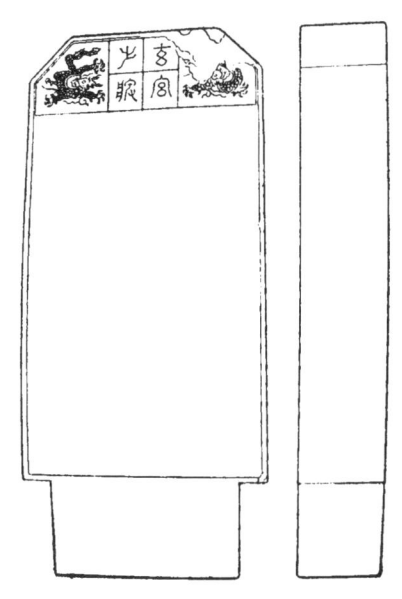

图 2—1 玄宫之碑图（重庆市博物馆绘制）

图 2—2 玄宫之碑拓片（重庆市博物馆藏）

对手属于同一支队伍。至于李仲贤为何人的问题，目前有两说：一种意见认为，他就是李喜喜，"或称李二，仲贤应为其字或号"，其部就是青巾军[①]；另一种意见认为，他就是元朝驻守在陕南的四川行省左丞李思齐的弟弟，其部是元朝政府调遣入川的官军[②]。据研究，明玉珍在这两次战役中交战的对手，正是李

---

① 董其祥：《元末农民起义军和明玉珍大夏政权的建立》，重庆地方史资料组《明玉珍及其墓葬研究》。本文所据《玄宫之碑》碑文，见《明玉珍及其墓葬研究》第11～13页。

② 重庆市博物馆：《重庆明玉珍墓发掘报告》，载《明玉珍及其墓葬研究》。

喜喜所率的青巾军。

有史料证明，碑文中提到的"王虎"就是属于青巾军的部将。据《大明一统志》载："侯彦直，雅州人，仕为忠翊校尉副千户。至（元）[正]间。王虎寇州。彦直引兵力战于名山县二日，兵少力弱，为贼所擒。义不屈，骂不绝口，为贼所杀。"① 按：文中的"至元间"当为"至正间"之误。前文已经揭示，至正十七年（1357），青巾军攻破成都之后，川西周边州县无不所向披靡。位于成都西面的雅州境内的天全县既遭残破，作为雅州门户的名山必然首当其冲。另据《明史》记载，碑文中的"傅德"，是"傅友德"之误，其间漏了一个"友"字。原来，《明史》明确记载，明代开国功臣、征蜀平夏先锋傅友德，在投奔朱元璋之前，也曾经是李喜喜的手下部将，"（傅友德）元末从刘福通党李喜喜入蜀。喜喜败，从明玉珍，玉珍不能用。走武昌，从陈友谅，无所知名。太祖攻江州，至小孤山，友德帅所部降"②。

明玉珍军与青巾军于至正十八年（1358）六月首先交战于普州（今安岳县）。其背景是：攻陷成都的青巾军，鉴于北有元军驻守陕、甘，南有四川行省兵力在嘉州集聚，四川西部生存空间有限，唯一可行的，便是向东发展，伺机把触角伸向川中乃至川东地区。而这对于在重庆立足、以川东为活动据点的明玉珍来说是不能容忍的。因此，明玉珍必然出兵制止，当两军在成都与重庆之间的普州相遇时，一场军事冲突不可避免地发生了。在这次战役中，青巾军惨遭失利，于是"败还成都"。

明玉珍接着又于至正十九年（1359）春与青巾军再次发生激战，青巾军"奔平元"，"数十万兵一朝解散"。其背景是：明玉珍在这年春天同青巾军的关键性决战中，给了青巾军以重创，致使这支号称拥有"数十万兵"的青巾军损失惨重，顷刻间土崩瓦解了。青巾军在明玉珍军的追击之下，一再遭受失败，又得不到四川百姓的支持，故无法在川西立足。于是，李喜喜只好带着这支队伍从蜀境撤走。

当初李喜喜从甘南巩昌入蜀，是沿着陇蜀古道进川的。其用兵路线推知是：巩昌—宕昌（今甘肃岷县南）—阶州（甘肃武都县东南）—文州（甘肃文县

---

① 《大明一统志》卷72，三秦出版社1990年影印本。
② 《明史》卷129《傅友德传》。

西)—龙州(今四川平武县东南南坝),然后出绵州(今绵阳市)、汉州(今广汉市)与金牛道相连接①。所以在这条通道上的重要节点汉州、成都均发现有李喜喜的攻掠行动。青巾军攻入四川后,原本没有在蜀境作长期坚持的打算,到处流动,沿途杀掠,当在军事上遭遇失败,必然通过其所能控制的通道迅速撤退。青巾军最后奔走的"平元",必定是位于逃窜路上的一个战略要地。有人解释为兴元(今陕西汉中市),有人推测是广元(今四川广元市),均不恰当。实际上,此处的"平元",原意本当为"平武",如果不是碑刻之误,就是碑文作者刘桢玩弄的文字游戏。

最后,在至正十九年(1359)夏,明玉珍的军队给了李喜喜余部以最后一击,先在五面山擒获其部将李君诚,接着又奇袭舒家寨,致使田成、傅友德部"错愕败走"。此处的五面山疑为三面山之误。三面山,宋属石泉军,元属安州(今安县),位于明代石泉县(今北川县境)北60里②。此山"三面内向,上有龙湫,径不及四寸,而水流不竭"③,是易守难攻的。北川与江油、平武互为邻县,同属龙州,按地理方位推之,三面山、舒家寨当在距龙州治地江油关(今平武县南坝)不远的地方。由于其地正位于由川西北通往甘南的要道上,表明青巾军在遭到一系列军事失败之后,正是沿着当年入蜀的路线向甘南撤退的,不意却在此处突然遭遇到明玉珍军队的奇袭,致使田成、傅友德部惊慌失措,狼狈败逃。此后,青巾军不是逃向省外,就是被明玉珍所收编。根据《明史·傅友德传》可知,遭败之后的青巾军兵士,能为其所用者则被明玉珍用之,傅友德不能为其所用,只好再转走武昌,东投到陈友谅部下去了。明玉珍通过吸收和改变青巾军,不仅化敌为友,减少了对立面,而且极大地扩大了自己的队伍,增强了对元朝军队的作战力量。由此可见,击败青巾军,从青巾军手中夺取其所控制的地盘,对于实现明玉珍据蜀称帝的战略具有何等重要的意义。

(二)肃清元朝在川残余势力

根据刘桢《玄宫之碑》记载,明玉珍进围嘉定九顶山(今乐山凌云山、青衣山),发生在陈友谅杀徐寿辉之后的当年"冬十一月",即至正二十年(1360)

---

① 蓝勇:《历史上的阴平正道和阴平斜道》,《文博》1994年第2期。
② 《大明一统志》卷67。
③ 《大元混一方舆胜览》卷中,四川大学出版社2003年版,第241页。

冬。当时，明玉珍已经成功消除了青巾军的威胁，正可以全力对付元朝在四川的残余势力。正因为残害川西一方的青巾军已被明玉珍横扫出蜀境，所以元朝残余势力又得以重新恢复在成都的统治。文献记载说，当时"（成都）城中窘迫，惟都事薛元帅署省事。守城兵皆新募者"①，所描述的就是这种背景下的成都城的状况。

而这时对于明玉珍来说，他刚刚解除了来自青巾军的威胁，故能倾其全力对付元朝在四川的残余势力。于是，从至正十九年（1359）冬开始，明玉珍这才下达了围攻嘉定的命令。同时，他也有能力出兵川西，夺取青巾军在川西所留下的地盘。在围攻嘉定期间，明玉珍派部将明三率精锐部队奇袭成都，冲进省衙之中，一举把赵资妻、儿等四川行省要员的家属俘获，并将其押来嘉定。明玉珍待赵资妻以礼，对她说："夫人能招使降，当裂土以赠。"次日，两军交战，赵资妻临阵对赵资说："妾与锁儿受擒于此，明公甚以礼待。参政念结发之情，救子母之命。"赵资不听，明玉珍遂与万胜军左右二翼袭击之，元兵大溃，遂生擒完者都、朗革歹和赵资等人至重庆，并将其在十字街处决②。事后，元朝统治阶级还将他们合称为"三忠"③。

接着，明玉珍趁势挥兵北上，扩大战果，不仅连下成都以及川西诸城，而且，还将川中地区的大庆（待考）、潼川（今三台县），以及川东的铁檠城（今云阳县北）收入囊中。至是"西土悉平"，元王朝在四川的残余势力终于被肃清了。

（三）会兵三峡讨伐陈友谅

在川东、川西、川南、川中均为明玉珍所据的形势下，明玉珍这才决定举兵东向，移檄四方，准备"会兵三峡"，议讨宿敌陈友谅。

原来，在至正二十年（1360）春，陈友谅杀徐寿辉自称汉帝，并要明玉珍撤出四川，领兵帮助自己攻打建康的朱元璋。明玉珍拒不从命，派部将莫仁寿领兵守夔门，从此断绝了与陈友谅政权的关系。由于当时最紧要的任务是消灭元朝在四川的残余势力，所以，明玉珍暂时集中兵力西向，围攻嘉定九顶山。待到这年冬，明玉珍生擒并处决完者都、朗革歹和赵资，同时又扫平成都，稳

---

① 杨学可：《明氏实录》。
② 杨学可：《明氏实录》。
③ 《明史》卷123《明玉珍传》。

定了川西局势之后，才把矛头指向陈友谅。明玉珍为讨伐陈友谅，采取了以下行动：

其一，立徐寿辉庙于重庆城南，春秋奉祀，表现出对徐寿辉的怀念，宣示要继承天完政权的大业。

其二，以陇蜀王的名义传檄四方，做好讨伐陈友谅的宣传舆论准备。《明氏实录》载录了明玉珍的檄文内容：

> 元朝运去，中国豪杰并起而逐之。予本乡农，因乱为众所推，殆为自保，岂敢图人。迩者义兵一起，群丑底平，湖、湘向化。顾兹蜀地久被青巾之乱，莫有为之剪除者。予奉天诛罪，岂能自安。已经殄灭凶徒，幸而坐收全蜀，是乃天意，夫岂人谋！方今图为画一之规，与民共享太平之治。诚恐百姓不知，以予为争地杀人之师，非吊民伐罪之举。予取尔蜀于青巾之手，非取诸元。尔辈亦当复见中华文明之化，不可安于元人之陋习也。更宜洗心从治，慎勿取恶招尤。

其三，"会兵三峡"，做好率兵讨伐的准备。明玉珍从至正十七年（1357）进入三峡，到这时与陈友谅绝交，并准备出峡讨伐陈友谅。由于地处四川与湘鄂西交界的土家族地区一直处于明玉珍与元军和陈友谅军对抗的前沿阵地，鉴于陈友谅政权对湘鄂西土司的拉拢，明玉珍为了稳定在重庆的统治地盘，也针锋相对地采取武力争夺与封官许爵拉拢的措施，积极予以争取。其中，对施州地区（湖北恩施）的用兵就属于武力争夺的典型。而对鄂西地区土司的设置，则属于招抚利用的表现（详见本书第五章）。

其四，设置军事机构"奉天征蛮大将军府"于夷陵，以便作为进取陈友谅的前线指挥部。

（四）出兵汉中攻取陕右

据《元史》记载，至正二十一年（1361）九月，"四川贼兵陷川东郡县，李思齐调兵击之"①。在这以后的几个月中，元顺帝多次下诏，催促李思齐从凤翔进讨四川，证明其间四川形势相当危急。《玄宫之碑》说，明玉珍逾月"克巴

---

① 《元史》卷46《顺帝纪》。

州,俘熊文弼于牛头寨,克长宁州"。结合《元史》记载,明玉珍"分兵寇龙州、青州、犯兴元、巩昌等路"。文中所提到的巴州,即今川东北巴中市,与元军驻守的陕南重镇汉中相邻。牛头寨,在今梁平县西,又名赤牛山或赤牛城,原系南宋末年四川抗元山城之一。长宁州,是指位于剑阁县东南与苍溪县西北之间的长宁山城,也是南宋末年四川抗元山城之一,当年蒙哥汗曾率军攻拔过此城。龙州在今江油市,青州即今青川县境。由此可以推知,当时的用兵形势原来是这样的:明玉珍打着讨伐陈友谅的名义,在"会兵三峡"的军事行动的同时,不仅乘机出兵攻占了川东地区的不少地盘,而且还把兵锋扩大到川北和川西北一线。

这一系列军事行动的胜利,进一步巩固了明玉珍在四川的统治地位,"由是蜀中郡县相继下,玉珍尽有川蜀之地"①。以巴州为中心的川东北基地的建立,不仅有效地构筑了防止陕甘元军南下的屏障,而且,也为主动出击元军,把防线推向陕南一侧创造了条件。正是在这种背景下,明玉珍后来才有可能派遣万胜领兵出汉中,设立"奉天征虏大将军府",以取陕右。万胜所率之军的这次北伐行动,在刺踏坎截获元朝陕西平章普颜达失,并趁势进攻兴元,围城三日。虽然不克而还,但却有效地把元朝的势力阻挡在蜀境之外。

(五)出征云南拓展生存空间

明玉珍出兵远征云南的行动,发生在他称帝后的天统二年(1664)。当时,明玉珍割据四川已成事实,鉴于立国规模粗具,其所控制的蜀中地盘境土狭窄,并处于元朝和陈友谅的侧翼包围之下,为了开拓生存空间,他只得效法诸葛亮治蜀之策,向南发展。于是,他派遣万胜领兵号称三万,分兵三路,万胜由界首、邹兴由建昌、芝麻李由宁番入,一举攻入云南境。是年二月,万胜屯兵金马山。元朝梁王孛罗帖木儿、云南行省等官员弃城,皆奔楚雄,诸将悉乱。万胜随即遣使四方,告谕抚定,降者不可枚举。明玉珍在云南还发布了一封由邹兴所撰的告谕,其文中历数元朝对云南的残暴统治的罪恶,叙述了此次进兵云南的经过与沿途百姓归附的情形:"初临乌撒,蛮酋纳款以供输;继次乌隆,敌众望风而奔溃。遂由驿路,直入滇池。士民冒雨以争降,官吏叩头而请罪。一毫不犯,万里皆安"。文告最后还宣称,他之所以"深入不毛",偶与当年诸葛

---

① 《明太祖实录》卷16。

亮同道，无不效法于古代圣贤帝王的作为。告谕中宣称大夏军入滇，沿途"一毫不犯，万里皆安"，显然是溢美之词、官样文章。实际上，这一次入滇行动，部将失去控制，沿途多所暴掠，朱元璋在致明玉珍的一封书信中，针对取滇过程中所出现的"兵之所过，郊圻之内，民舍一空"的情况，曾经表达了对他的忧虑。这也从旁证实，明玉珍此次出兵征云南，并未得到当地人民的支持，是根本无法同诸葛亮相提并论的。四月，原本与梁王有矛盾的大理国总管段氏这时看到明玉珍入滇对自身的威胁，遂捐弃前嫌，与梁王联合起来，共同对付大夏军。在侦得万胜实际只有8000兵士，所约的援兵不至的情报后，遂进兵至吕

图2-3 明玉珍分兵攻云南，丧师大理。图为大理白塔。

关，与万胜军交战。两军首战于关滩江，继战于回蹬关，大夏军连遭败绩，在孤军深入、寡不敌众的形势下，万胜只得率部从云南撤退回到重庆。

二、称帝建制

明玉珍从至正十七年（1357）春举兵入蜀，到至正二十三年（1363）春称帝，经过了六年的征战历程，才一步步脱离天完政权，登上了皇帝的宝座。

最初，明玉珍是受徐寿辉之封，以"统兵征虏大元帅"的身份镇守沔阳，随后乘机入川，举兵占领重庆。明玉珍入蜀之初，依然保持与徐寿辉的君臣关系，不仅向他报捷、献俘，而且还接受徐寿辉赐给他的"陇蜀省右丞"的封号，表明此刻他仅仅是作为天完红巾军的一个部将而派去镇守陇蜀战区的。此后一段时间，明玉珍仍遣使"进贡于徐国"。

至正二十年（1360）春，天完政权内部发生政变，陈友谅杀徐寿辉自立为帝。此举使明玉珍与天完政权之间的关系发生了根本性的转折。明玉珍愤怒地说，你能当皇帝，我难道不能当皇帝！于是，遂在重庆城南建立徐寿辉庙，春

第二章 大夏国据蜀始末

秋奉祀,并于这年十月十五日自称陇蜀王,由此迈开了雄踞四川、登皇帝位的重要的一步。不过由于当时军事斗争任务压倒一切,所以,明玉珍还暂时"不易国号,不改元"①。此举固然是出于他对西系红巾军领袖徐寿辉的尊崇,同时也与当时的客观形势有关。

在疆土日渐开拓,四川局面日益稳定的基础上,为了适应雄踞陇蜀的需要,建立自己政权的时机成熟了。谋士刘桢这时向明玉珍进言说:"西蜀形胜,虽小,沃野千里,北有剑门,可以窥陇西;东有瞿塘,可以达江左……此时若不称大号以系人心,军士俱四方之人,恐其思乡土而去,明君虽自保全蜀尚难,况欲天下乎!"②至正二十三年(1363)正月初一,明玉珍终于迈开了建立自己政权的决定性步骤,定都重庆,自称皇帝,建国号为大夏,改元天统。

大夏政权和其他红巾军系统一样,建立有一套完整的政治、经济、科举、宗教制度,实施了一系列与之相配套的政策和措施。

(一)政治制度

1. 中央机构

大夏政权的中央机构形式,前后经过两个阶段:自天统元年(1363)至三年(1365)仿周制;天统四年(1366)以后仿元制。仿周制阶段,大夏政权设冢宰、司马、司空、司寇、司徒、宗伯六卿,担任过六卿的官员如下表:

表2-1 大夏政权六卿表

公元	干支	夏纪元	冢宰	司马	司空	司寇	司徒	宗伯
1363	壬寅	天统元年	戴寿	万胜	张文柄	向大亨 莫天寿	吴友仁 邹兴	刘桢
1364	癸卯	二年	戴寿	万胜	张文柄	向大亨 莫天寿	吴友仁 邹兴	刘桢
1365	甲辰	三年	戴寿	万胜	张文柄	向大亨 莫天寿	吴友仁 邹兴	刘桢

仿元制阶段的大夏政权设中书省、枢密院,担任宰相的官员如下表:

---

① 刘桢:《玄宫之碑》。
② 杨学可:《明氏实录》。

表 2-2 大夏政权宰相表

公元	干支	夏纪年	左丞相	右丞相	平　章	参　政
1365	乙巳	天统三年	戴寿	万胜	邹兴、吴友仁、莫仁寿、邓元亨	窦英 江俨
1366	丙午	四年	戴寿	万胜	邹兴、吴友仁、莫仁寿、邓元亨	窦英 江俨
1367	丁未	开熙元年	戴寿	刘桢	邹兴、吴友仁、莫仁寿、邓元亨	窦英 江俨
1368	戊申	二年	戴寿	刘桢	邹敬、邹兴等	文彦彪
1369	己酉	三年	戴寿	刘桢	邹敬、邹兴等	
1370	庚戌	四年	戴寿	刘仁	邹敬、邹兴等	
1371	辛亥	五年	戴寿	刘仁	丁世珍、邹兴等	

说明：上表根据邱树森《红巾军的政权建设》（载《元史论丛》第1辑，中华书局1982年版）改制，天统纪年根据《玄宫之碑》订正。

大夏政权中央机构，即大夏中央政府六卿衙署所在地，据传在今重庆市中区长安寺。据民国《巴县志》记载，长安寺在重庆府治北，宋熙宁初建，明、清两代都曾重修。山门内石刻四天王，寺中牌坊"第一山"三字传为苏东坡所书。抗日战争中长安寺被日本飞机炸毁，新中国成立后在原址建重庆市第二十五中学校。大夏宫廷旧址，据《重庆府志·公署》记载，元末明玉珍据作宫廷的地方，明洪武初年郡守袁维真曾经加以改修，明末毁于兵。其地望大致方位在今太平门内、金碧山下①。

2. 地方机构

大夏政权的地方机构形式仍承袭元制，分为路、府州、县三级，在边远的少数民族地区设立宣慰司、安抚司和长官司。府置官名刺史，州置官名太守，县置官名县令。明玉珍在元朝川蜀为四道的基础上，把所据地域划为八道：上川西道、下川西道、上川北道、下川北道、上川东道、下川东道、上川南道、下川南道。据《明氏实录》载，大夏政权投降朱元璋时，明军在四川所得路府七，元帅府八，宣慰、宣抚司二十五，州三十七，县六十七。大夏政权全盛

---

① 徐文彬：《〈大夏政权的〉文物·遗迹》，载《明玉珍及其墓葬研究》。

的兵锋所至，东至夷陵（今湖北宜昌），西至云南中庆（今云南昆明市），南至播州（今贵州遵义），北至汉中。由明军所接收的上述路府州县应该包括在这一疆域范围之内。

大夏政权统治时期，四川州县多所改置，其建置情况难以尽考。现将可考之建置罗列于下表：

表2-3 大夏政权地方机构表

道	府	守臣	所辖州县	新置州县	复置州县	宣慰司长官司
上川西道	成都府	邹兴			资州、雒、江源、永康、安岳	西阳宣慰司 石柱宣慰司 龙州宣慰司 马湖路总管府 安济长官司 邑梅长官司 元佛乡洞长官司
下川西道	龙安府				江油	
上川北道	保宁府	吴友仁			保宁	
下川北道						
上川东道	重庆府		合州、綦江、垫江、大足、荣昌	綦江、石羊县	昌宁、大足	
下川东道	夔府	莫仁寿			垫江、乐温	
上川南道	叙州府		珙县	珙州		
下川南道	嘉定府				井研	
	通江	邓元帅				
	播州	江宝英				
	黔南	商希孟				
	永宁	荆玉				
	夷陵	姜钰				

说明：本表参考以下资料改制：（1）《明氏实录》；（2）邓少琴《大夏在四川的建置》，载《明玉珍及其墓葬研究》；（3）蒲孝荣：《四川政区沿革与治地今释》，四川人民出版社1986年版。

3. 管军机构

大夏政权的管军机构，除在中央设有枢密院外，地方则设有万户府，如泸州都元帅、永宁镇边都元帅府等。1981年在湖北恩施、建始出土了大夏开熙年号的铜印三方："屯田万户府印"、"施南万户府镇抚司印"、"清江道施南总管万户府印"①。这证明大夏政权除了在四川本土建立管军机构外，还在川鄂交通要道鄂西地区也建立过类似的机构。此外，还在一些用兵的前线设立大将军府。如为进取陕右，在汉中设置了奉天征虏大将军府；为进取陈友谅，在夷陵设置了奉天征蛮大将军府。

与以上官职相配套的是，大夏政权还制定了相关的后宫、官印、袍服等制度。明军灭夏后，从大夏政权的宫中收缴有大量的符玺及金印、冠冕、仪仗，还有一批官印，计有："官印五十八、铜印六百四十"。由于这些官印大多被明朝销毁了，现在，流传下来的大夏政权的官印极少，保存在湖北恩施博物馆的上述三方铜印堪称珍贵。

（二）经济制度

大夏政权十分重视经济制度的建立。成立政权之初，即规定实行"十取其一"的赋税制度，并使"农家无力役之征"。鉴于元朝统治时期财政开支每况愈下，滥发中统钞、至元钞和至大钞等纸币，引起钞法大坏，经常导致财政危机的教训，大夏政权为稳定四川地区的物价，便于流通，发展生产，特发行了自己的货币。据重庆博物馆搜集，大夏政权的货币主要有两种铸币：一种是"天统统宝"，正面为楷书；一种是"天统元宝"，正面为篆书。均为圆孔的小平钱。另外，还从明玉珍的墓葬中出土有两枚银锭，虽不是货币，但按质量流通使用，也有代通货币的性质②。大夏政权为保证军事供给，还建立了专事屯田的管理机构。如天统四年（1366）冬，徐国参政姜钰从驻守地夷陵来朝，明玉珍仍令他守夷陵，"就役屯种，置仓以赡军用"③。明初学者方孝孺评价说，

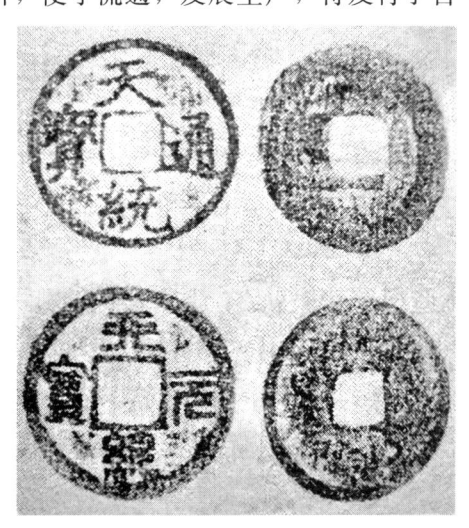

图2—4 大夏钱币（重庆市博物馆藏）

---

① 徐文彬：《大夏政权的三方官印》，载《明玉珍及其墓葬研究》。
② 徐文彬：《（大夏政权的）文物·遗迹》，载《明玉珍及其墓葬研究》。
③ 杨学可：《明氏实录》。

夏主明玉珍据蜀"躬行俭约","禁侵略,薄税敛,一方咸赖小康焉"①。

（三）科举制度

明玉珍出身农家,虽然文化水平不一定高,但特别"好文学"②,因此懂得知识的重要性,懂得尊重知识分子。明玉珍据四川后,十分重视文化教育事业,采取了一系列兴文办学、恢复科举、招贤纳才的措施。

首先,在朝中设立翰林院,拜牟图南为丞相,以史天章为学士。立明昇为皇太子,让他朝夕受学。他还在朝内设立国子监,让公卿子弟在其中接受教育;在州县设立提举司、教授所,以教养郡县的生徒。

其次,建社稷宗庙,求雅乐,供郊社之祭。恢复被元朝中断了的科举考试制,立进士科,在全川八道推行乡试,使州县的秀才有望高中贡士,然后在次年参加由宗伯刘桢主持的会试,合格者参加廷试,以便决出五名进士"及第出身"。天统三年（1365）秋,大夏国首次开科取士,由明玉珍亲自主持,廷延进士,赐给董璧等八人及第,其余出身有差。在明玉珍去世后,据载还举行过一次廷试,年仅10岁的幼主明昇还当场吟诵了一首《桂花诗》送给新科进士。诗曰："万物凋残我独芳,花心金粟带微黄;莫言些少难堪玩,露冷风清大底香。"③

再次,明玉珍对于人才的尊重与使用,体现了他对文化教育事业的提倡与鼓励。在明玉珍驻兵泸州期间,从宣使刘泽民那里得知此间有一个名叫刘桢的进士,在元朝历仕大名路经历,颇有才华,能文章,能政事,因躲避青巾军的屠戮,正隐居方山。明玉珍遂亲往相见,与之交谈,大喜过望说："吾得一孔明也。"于是,遂将其延揽至自己身边。后拜国参谋,早晚听其讲习书史,裁决政事,大夏政权的立国制度及军政大事,"皆出刘桢之手"。与刘桢相类似的还有刘湛,原为仁寿县的一名普通教授,鉴于他在"学行优裕,造就人才"上的突出成绩,明玉珍将其升为国子监祭酒。此外,还有巫溪县凤山村人赵善璞,以《陶真集》《正谊稿》行于世,曾被明玉珍延为翰林学士。新都才子杨学可,才识丰赡,博通经史,而被明玉珍聘为国子监助教。璧山县"云山翁","力学豪

---

① 方孝孺语,见杨学可:《明氏实录》。
② 《明太祖实录》卷16。
③ 杨学可:《明氏实录》。

放,不著姓名,结庐于五峰山下",有《云山集》行世,明玉珍以万户诏之。纳溪萧子云,"善诗文",避迹紫囤谷中,因号"泉石子",有诗行世,明玉珍"屡征不就"①。成都人赵善瑛,"八岁能诗,长而潜心六籍",隐居教授。"明玉珍据蜀,匿乐绩山中,累遣使征辟,不就"②。由于当时正值乱世,这些知识分子受传统观念束缚,不愿到大夏朝廷做官,因此均采取拒绝应征的态度。但从另一方面也证明,明玉珍在当时确实是思贤若渴,为了招纳人才,不惜广诏天下,求贤的诏书连偏僻县乡,乃至深山老林,也是普遍晓谕的。

(四)宗教政策

明玉珍建立大夏政权之初,即宣布:去释、老二教,专奉弥勒。明玉珍之所以排斥在元朝受到尊崇的佛、道二教,专门奉祀弥勒佛,这与红巾军领袖发动起义时所宣传的思想有直接关系。当年,被红巾军推举为北方白莲教主的韩山童,就是以"弥勒佛下生"和"明王出世"为号召的,其徒甚众,"河南及江淮愚民,皆翕然信之"③。明玉珍原本是明教的忠实信徒,他因深信"明王"教义,而把姓由"旻"改为"明"。因此,他在四川称帝之后,从宗教思想上把弥勒佛奉为正宗,具有至高无上的地位。

在今重庆市南岸弹子石(市中区东20里)临长江的石崖上,有前后两龛石刻造像。前龛石刻佛像为一尊二弟子。弥勒佛为倚坐式(善跏趺坐),通高约7.5米,背光中过去应有七佛,今仅存左侧一佛。弥勒面相方圆,表情敦厚,高肉髻上刻以螺发,高眉骨,大眼,双目平视,两唇微闭,似在凝视远方。上体内着偏衫,外披袈裟,袒右肩,下体着大裙。左手抚膝,右手上举至肩部,屈无名指扣向拇指,另外三指上伸。坐于长方形石台座上,双足赤脚踏地,整体形象简明、朴实。二弟子像高约1.5米,不及佛肩。民国《巴县志·疆域》载:"南岸有大石佛,明夏都察院邹兴所凿。"

据研究,这一弥勒佛并不是释教本来意义上的弥勒,而是被明教"异端"化的弥勒造像。元朝时兴建的弥勒佛大都是喜笑颜开的大肚罗汉形象,而此处的弥勒并不是一个无忧无虑的佛,而是一个"以苏困苦"的佛。因此,这正是

---

① 曹学佺:《蜀中广记》卷99《著作记》。
② 费经虞:《剑阁芳华集》;参见同治《重修成都县志》卷7。
③ 《元史》卷42《顺帝纪》。

作为"明王出世"的象征而雕琢的,这无疑是为讴歌大夏政权服务的。至于后龛另外还有三尊佛像,也是过去佛教造像中所未见过的形象。总之,这两龛造像,是我国唯一可确认的元末明教造像,又是我国唯一可以确认的农民军政权的造像,历史意义是重大的①。

图2—5 邹兴造弥勒像(重庆市博物馆供稿)

第二节 明昇时期(1366~1371)

一、内政外交

天统四年(1366)春,明玉珍病重,自知来日不多,召谕臣下说:"中原未平,元虏未逐,予志不能遂也,此乃天意。今西蜀险塞,予没后,汝等同心协力,慎勿妄窥中原,亦不可与各邻国构隙。"言毕而逝。据《玄宫之碑》载,明玉珍生于己巳年(1329)九月九日,去世于丙午(1366)二月六日,寿38岁,在位6年(从自称陇蜀王的1360年算起,至1366年为止)。死后葬江北之永昌陵,群臣上庙号为:"太祖文武至圣皇帝"。1982年3月,重庆市博物馆在重庆市江北区上横街重庆织布厂的工地上,发现并发掘清理了这一湮没达600多年的明玉珍墓——叡陵,出土了包括《玄宫之碑》在内的一批珍贵文物,为研究

---

① 温玉成:《重庆弹子石镇大佛段明教石窟造像》,《四川文物》2002年第2期。

大夏政权的情况提供了可靠的资料①。

明玉珍死后,遗诏立年仅10岁的太子明昇即位,改元天熙,尊彭氏为皇太后,垂帘听政,从此开始了大夏国二世祖明昇的统治时期。明玉珍病危安排后事,嘱咐臣下对内要"同心协力",对外"勿妄窥中原,亦不可与各邻国构隙",这可以视为明玉珍称帝后的治国之道,也是他希望后世能够永远遵从的内政外交的基本方针。然而,早就矛盾重重、危机四伏的大夏政治局势,在明玉珍刚刚去世就开始总爆发了,从此大夏政权的内政外交一蹶不振。

(一)自相残杀

明玉珍入蜀时,跟随在身边的部将都是生死

图2-6 《明玉珍及其墓葬研究》书影

与共的战友,本着有难同当、有福同享的原则,为了推翻元朝的统治,浴血奋战,终于在四川打出一片天下,缔造了一个农民政权——大夏国。由于这时有共同的理想支撑,有一个共同的政治精神领袖膺服,加之明玉珍善于处理和平衡部将之间的关系,因此,在大夏政权内部,通过封官授爵,尚能维系"同心协力"的局面。但当这一共同领袖明玉珍去世之后,维系这一局面的政治基础也就不复存在了。加之,作为农民军部将的"诸大臣",原本敢作敢为,多是性情中人,故"多粗暴",在大夏国内部,早就彼此不服,互相"不肯上下"。特别是在出征云南的过程中,出现了"诸将暴掠不能制"的局面,远在东吴的朱元璋还专门修书,表达了他的担心与忧虑②,足见明玉珍晚期政局已见失控的征兆。

大夏政权内乱最早起源于万胜与张文炳之间的嫌隙。万胜是湖广黄陂人,《明氏实录》评价其"年当壮岁,志勇过人"。自从跟随明玉珍转战以来,冲锋陷阵,独当一面,无所不能,深得明玉珍的器重,是大夏政权不可缺少的核心支柱和开国功臣之一。明玉珍以弟媳妻之,改称明三。天统元年(1363),明三

---

① 详见重庆市地方史资料组编:《明玉珍及其墓葬研究》,1982年。
② 《明太祖实录》卷18。

复姓名为万胜，官拜司马。后受命领兵出征成都、汉中、云南，兵权在握。天统四年（1366），改任右丞相。张文炳是明玉珍身边的参谋近臣，其地位仅次于刘桢。当刘桢在劝明玉珍"称大号"、据全蜀时，张文炳从旁"力赞之"。天统元年，官拜司空，与万胜并列为"六卿"之一。天统四年，改任知枢密院事。

万胜与张文炳之间的嫌隙，分析起来最先可能是文臣武将之间的不和，不排除以万胜为代表的武将们在朝中有居功自傲的一面，以张文炳为代表的文臣在朝中有嫉贤妒能的一面。在万胜率兵征战中，并非所向无敌，特别是孤军深入云南大理，损失惨重，无功而还，这可能成为知院张文炳借机报复，对万胜为代表的武将进行攻击的借口，由此埋下了两派冲突的隐患。明玉珍在世时，这种矛盾暂时缓和下来，甚至被掩盖过去。明玉珍去世后，万胜利用手中的兵权，企图抢先下手，"密遣人杀之"。不料，内情被张文炳掌握，张抢先发难，唆使内府舍人、明玉珍的义子明昭"复矫后旨"，即利用篡改皇太后彭氏的懿旨，把万胜召入宫中。乘万胜不备，将其缢杀于崇文楼下。明玉珍尸骨未寒，即祸起萧墙。万胜虽有恃功自傲、凌驾群臣之过，但过不当诛。作为大夏政权的开国功臣，竟然非有罪而被诛杀，由此首开群臣自相残杀的先河，因此，大夏政权"不及五载而国遂亡，是自取之也"①。

万胜被诛后，刘桢接任右丞相。对大夏政权心怀不满的部将出于争权夺利的需要，这时又乘机借万胜事件发难。保宁镇守使吴友仁便是其中一个典型。吴友仁也是大夏政权的开国功臣之一。天统元年（1363），与万胜、张文炳同列为六卿，官拜司徒。天统四年（1366），改任平章、镇守保宁。万胜被诛后，吴友仁"以清君侧自命"，向大夏国各郡县发布文告说："昔与夏主自沔阳而至重庆，共树奇勋，开邦启土。今日者，矫旨杀戮功臣，我辈宁能自保乎！"这通言论冠冕堂皇，表面上是为了自保，实际是居心叵测。他甚至遣使与驻扎在陕西的元朝官军李思奇、张良弼暗通往来，密谋据城反叛。

在这种情况下，丞相戴寿奉命率兵八万，征讨吴友仁，企图兵戎相见，通过武力解决争端。吴友仁据城自守，并带话给戴寿说，"不须用兵"，只要派参政文彦彬来，我即投降。待文彦彬入保宁城（今阆中）后，吴友仁遂与他约定投降的条件：须先将明昭诛杀。"不诛昭，则国必不安，众必不服。昭朝诛，吾

---

① 杨学可：《明氏实录》。

当夕至。"戴寿奏准接受这一条件，利用朝会的机会，设计将明昭等人擒杀。于是，吴友仁遂同文彦彬至重庆，请罪谢恩。吴友仁反叛朝廷之罪不仅没有受到惩罚，他反而入朝专政，以至"私家倍于公室，仓帑空虚，不能展其疆界"①。于是，"诸大臣用事，而友仁尤专恣，国柄旁落，遂一不振"②。

朱元璋曾经同明玉珍、明昇父子有过多次书信往来，他对大夏内政多有所评点，从这些评论中，不难看出大夏政权内部政局演变的过程。早在明玉珍派万胜出征云南失利之际，朱元璋曾主动给明玉珍修书一封，指出：元朝失驭，国土"十亡八九"，其历史教训就在于"恣行残忍，自绝于天，以底祸败"。为了大夏政权的安危，他提醒明玉珍，必须加强控驭。否则，"苟不善保而使他人有之，诚为足下之忧"。到了明昇即位之后，朱元璋又在致明昇的书信中，提醒他政局复杂，要保持清醒的头脑，要善于自处。信中说："令先公（指明玉珍）起事老成，又能通使修好，以安生灵。足下（指明昇）以幼冲之年，处新造之国，朕感念先好，安得不为足下虑哉。足下旧臣，竭力推诚，奉足下甚至。然度德量力，审机观变，在足下自处何如耳！"③然而，幼主昏庸，难有作为，大夏朝政被操纵在权臣的手中，因此，败亡也是不可避免的了。

（二）明、夏交往

明玉珍在位之时，大夏政权国内鼎盛，南征北战，所向披靡，受到江南各红巾军政权的尊重。大夏政权除了明确与割据江汉的陈友谅政权断绝交往外，在对待其他红巾军政权的关系上，基本上仍能维持"勿妄窥中原，亦不可与各邻国构隙"的方针。但当明玉珍去世以后，随着内外局势的变化，大夏政权即使想要维持这一格局也力不从心，因为，立足东吴的朱元璋政权早已把这个偏安巴蜀的小朝廷视为囊中之物了。

大夏政权与朱元璋的大明政权的交往关系，始于明玉珍时代。明、夏交往关系可以划分为三个阶段：第一阶段，明玉珍在世时，二者强调"合从"，建立了一种休戚与共的战略合作关系。至正二十三年（1363），明玉珍在重庆称帝之当年，朱元璋率军与陈友谅军大战于鄱阳湖。不久，陈友谅败死。次年

---

① 《明氏实录》引方孝孺语。
② 《明史》卷123《明玉珍传》。
③ 《国初群雄事略》卷5。

第二章 大夏国据蜀始末

(1364)，陈友谅子陈理投降，大汉政权宣告灭亡。朱元璋在建康（今江苏南京）自立为吴王。朱元璋在消除了兵多将广、雄踞长江中流的陈友谅的势力之后，为了集中力量对付东线的劲敌张士诚和方国珍，亟待与割据巴蜀的明玉珍和睦相处；而明玉珍这时为了拓展生存空间，急于向云南争夺地盘，也希望能够得到朱元璋的理解。于是，位于长江上下游之间的蜀、吴两个政权便有了建立战略合作关系的基础。至正二十五年（1365）九月，明玉珍主动遣参政江俨担任特使，出使东吴，以通友好。朱元璋则派都事孙养浩持书回报，书中引述三国时代吴、蜀联合拒曹的历史经验，大讲吴、蜀"合从"抗衡中原的必要性和重要性："今之英雄，据吴、蜀之地者，果欲与中国抗衡，延国祚而保社稷，惟合从为上谋。足下处西蜀，予居江左，盖有类昔之吴、蜀矣……当今之势，予与足下实相表里，将欲国祚之安，备中原之患，可不以昔之吴、蜀为鉴耶！"十月，朱元璋得知明玉珍派兵取云南失利的消息后，写信予以安慰，并提醒明玉珍要加强内部的控驭。信的末尾还特别重申，我与足下"中心相孚"，休戚与共，所以才这样相告。当局者迷，旁观者清。如果足下对于东吴也这样旁观，这样以实相告，岂不美哉！表明此刻二者之间的关系是互相沟通、互相理解、互相支持的。

第二阶段，明昇即位之后，二者关系发生质的变化，开始出现摩擦与矛盾直至断绝往来。至正二十六年（1366）春，明玉珍去世，新主嗣立。大夏朝按惯例遣使到东吴通报。吴王以礼相待，遣使前来吊祭、送葬，并对新主即位表示祝贺。其后一二年间，东吴与西蜀互派使臣往来，这时二者间只保持表面的礼尚往来的关系而已。但就在交往的过程中，四川派去的使者不识时务，在国运日衰之际，还夸夸其谈，"自夸其国险阻富饶"，缺乏远见卓识。朱元璋一针见血地指出："蜀人不以修德保民为本，而恃山川之阻，夸其富饶，岂为国长久之道耶！然自用兵以来，商贾路绝，民疲财匮，乃独称富饶，岂自天而降耶！"而这时东吴派往重庆的特使、参政蔡哲，则是有备而来。他不仅携带画家入蜀，把沿途所经过的"山川扼塞"一一绘为图画，作为行军的参考地图献上；而且归来后，还向朱元璋报告了"蜀自明玉珍丧后，明昇闇弱，群下擅权"的信息，为日后东吴图灭大夏做好准备。不久，东吴政权一系列重大举措改变了国内形势和政治版图。

至正二十七年（1367），朱元璋一举荡平了东部劲敌张士诚、方国珍，这时他所控制的疆土,大体上据有现在的湖北、湖南、河南东南部和江西、安徽、浙江等地。中国南部只剩下四川为明昇所据,云南为元宗室梁王镇守,两广是元朝的势力,福建陈友定仍然对元朝效忠①。

至正二十八年(1368)正月,朱元璋在建康称帝,国号大明,建元洪武,是为明太祖。朱元璋通过南征北伐,首先平定了福建、两广的势力,把中国南部除四川、云南以外的地方连成一片了。接着,挥军北伐,平定山东,进取河南,直逼大都。在完成北伐的基础上,朱元璋又命西路军由河北、山西进入奉元路(今陕西西安),进取陕西。

正是在这一过程中,明、夏实力对比发生了根本转变,二者之间的关系必然发生变化。正好这时明朝找到了发兵威胁的借口:一是大明遣使入蜀"求大木",遭到拒绝;二是大明西征军出兵攻陕西兴元,与大夏吴友仁军发生正面冲突。虽然事后明昇采取措施,满足大明的要求,如遣使"以香楠木来献",吴友仁军随即从兴元撤退,但由于二者强弱对比明显,大明吞并巴蜀的企图昭然若揭。面对大明咄咄逼人的政治攻势,"蜀人为之震恐"。丞相戴寿对明昇说:"大明遣将用兵,所向无敌,以王保保、李思齐之强,尚莫能御,况吾蜀乎!"大夏君臣自恃蜀地有险可守、军资充足,还可以暂时与之周旋。于是,采纳吴友仁的建言:"为今之计,莫若外假交好以缓敌,内修武事以备御。"

鉴于明军北伐已经取得决定性胜利,元朝嗣君已经北遁,洪武二年(1369),朱元璋决不容忍大夏一再拖延的态度,强行向明昇提出了两项要求:一是让其自动归顺大明。朱元璋特使、平章杨璟写信劝谕明昇说:"足下幼冲,席先人业,据有巴、蜀,不咨至计,而听群下之议,以瞿塘、剑阁之险,一夫负戈,万人无如之何。此皆不达时变以误足下之言也。昔据蜀最盛者,莫如汉昭烈……然犹朝不谋夕,仅能自保。今足下疆场,南不过播州,北不过汉中,以此准彼,相去万万,而欲借一隅之地,延命顷刻,可谓智乎?"② 二是"假道攻云南",即借口出兵讨伐云南,要求派兵通过四川。面对大明的强势逼压劝说,明昇君臣"群议不能决"。最终断然予以拒绝。于是,从此"明、夏竟绝和好"③。

---

① 吴晗:《朱元璋传》,三联书店1965年版,第121页。
② 《明史》卷123《明玉珍传》。
③ 《国初群雄事略》卷5。

二、后主降明

自明、夏绝交之后，二者之间的关系进入第三个发展阶段，即朱元璋"遣将伐蜀"阶段。洪武四年（1371）正月，明太祖朱元璋正式下达进军令，颁诏说："当今天下大定，四海奠安，惟川蜀未平耳。朕以玉珍尝遣使修好，存事大之礼。故于明昇悯其稚弱，不忍加兵，遣使数加开谕，冀其觉悟。昇乃惑于群言，反以兵犯吾兴元，虽败衄而去，然豺狼之心终怀啮噬，不可不讨。"①

当时明军兵分两路进入四川：一路由征西将军汤和率副将军廖永忠，以舟师由瞿塘直逼重庆；另一路由征虏前将军傅友德率步骑，由秦陇进取成都。大夏军果然恃瞿塘天险，遣平章莫仁寿拒守。他先以铁索横断关口，再于铁索之外，北倚羊角山，南倚南城寨，在两山崖壁上，另外架设了三座飞桥；桥上铺上木板，板上堆放炮石、木竿、铁铳，并在桥边配置多门火炮，以阻止明朝的水军通过。明军舟师进逼，夏军则施放木头相撞，船多被撞碎，屡战不利，竟不得上。

与水军受挫形成鲜明对比，由傅友德所率的步骑则进展顺利。早在傅友德出兵之前，朱元璋就曾料到："蜀人闻吾兵西伐，必悉其精锐东守瞿塘，北阻金牛，以拒我师。"因此，他向傅友德密授计策说："若出其不意，直捣阶、文，门户既堕，则心腹自溃。兵贵神速，但患尔等不勇耳。"② 遵照朱元璋制定的声东击西、出其不意的方略，傅友德受命后，加快了行军的机动性。当军至陕西之际，即大造声势，摆出一副要出金牛道的姿态，结果却选精兵5000作为前锋，攀缘山谷，昼夜兼行，直抵阶州、文州，击败夏守将丁世贞。傅友德于四月连下阶州（今甘肃武都县东南）、文州（今甘肃文县西）、青川（今青川县西），蜀人望风惊遁。

由于这条进兵路线正是当年"青巾军"由陇败溃入蜀和由蜀败溃出川的通道，作为李喜喜昔日的部将和一度投奔明玉珍军被拒的傅友德，此刻受到朱元璋的重用，再度率军在这条路线上征战，因此，轻车熟路，不出一个月的工夫，便连下江油、彰明二县，在击败夏守将向大亨后，又继克绵州。五月，傅友德

---

① 《明太祖实录》卷60。
② 《明太祖实录》卷64。

军至汉州，为了将西线捷报通告于东线的汤和，傅友德乘汉江涨水之机，做木牌数千，上书攻克阶、文、绵州（今绵阳市）的日、月，放入江中，让其顺流而下，沿途通报，这就开了日后利用江水"发水电报"的先河。结果，嘉陵江沿线直至重庆一线的守臣在得到这些木牌后，无不为之解体。

在得知西线告急的战报后，夏丞相戴寿遂留吴友仁守瞿塘，他则急忙分兵增援汉州，以保成都。六月，汉州失守，戴寿引兵走成都。吴友仁遁还保宁。明军遂通过瞿塘关，进入夔州。在这种形势下，朱元璋催促汤和加快进军速度。不久，廖永忠率舟师进逼重庆，到达铜锣峡。留守重庆的明昇与右丞刘仁大惧。刘仁劝明昇先奔成都，再图后计。太后彭氏哭道："事势如此，纵往成都，不过延旦夕命，何益？""大军入蜀，势如破竹。今城中兵民虽数万，皆胆破心悸，若驱之拒守，死伤必多，亦终不免也。不如早降，以免生灵于锋镝。"于是，决定全城纳款投降。

六月二十一日，夏丞相刘仁挟幼主明昇并皇太后彭氏诣朝天门明军门投降。汤和从明昇口中接受所衔之璧，廖永忠为之解缚，承制受降，予以抚慰。并下令禁侵掠，持书招谕成都。七月，夏丞相戴寿等向傅友德投降。八月，明军克保宁，擒吴友仁。十月明军"悉定川蜀诸郡县"①，四川从此归于明朝统治。纵观整个平蜀之役，傅友德、廖永忠功劳最著。而作为统帅的汤和，却因指挥不力、行动拖沓而多次遭到朱元璋的训斥。对于傅友德、廖永忠在平蜀中的赫赫战功，除了给予恩赏外，朱元璋还亲撰《平西蜀文》，又令刘基作《平蜀颂》一章，以表彰"傅将军、廖将军千万年不朽之功"②。

明昇在呈给大明的降表中承认，自己"僻处偏方，憭无学识……见同井蛙，计穷穴兔……自揆愚蒙，冒干天讨……遂开门以来降……谨将军马、钱粮、府库及土地、人民以献"。据汤和十一月班师回朝时统计，四川上缴的金印、冠冕、仪仗、银印共有五十八枚，铜印六百四十枚；归顺的路、府七，元帅府八，宣谕、宣抚司二十五，州三十七，县六十七，官吏将士共五万九百九十人，马骡一万三千八百余匹③。

---

① 《明史》卷123《明玉珍传》。
② 《明经世文编》卷3。参见滕新才：《明玉珍及其大夏国本末》（下），《重庆三峡学院学报》2000年第5期第16卷。
③ 《明太祖实录》卷68。

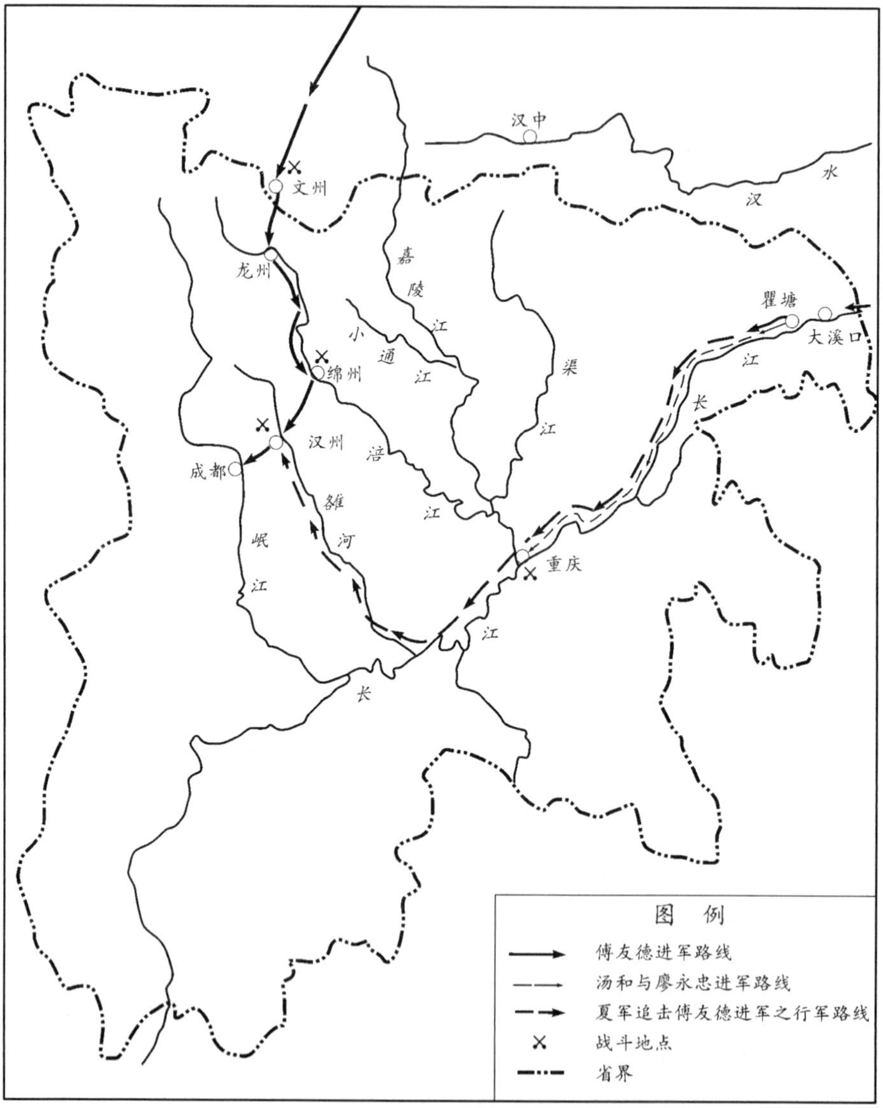

第二章　大夏国据蜀始末

图 2-7　1371年明军平定四川之役示意图

在明昇降明时奉献给明朝的礼品中，以一批良马最为珍贵。据记载，明昇献良马十匹，其中有一匹马"一色正白"。这匹马得自于"罗鬼国养龙坑"（今贵州境），系"牡马与龙交而生者"。身长十一尺，高数尺，足高九尺，有肉隐起项下约五寸，广三寸余，贯脉络腹，至尾闾而止。毛色"精彩明晃"，"振鬣一鸣，则万马为之辟易"。朱元璋得此马后说："天既生此英物，必有神以司之。"为此,他亲撰祝册,并赐名"飞越峰",还命御用监臣将它绘制为图形加以收藏,足见其珍爱之至①。

明昇赴京师受降,在午门外跪进《待罪表》。朱元璋认为,明昇治国与后蜀孟昶有所不同。孟昶"专治国政,所为奢纵";明昇"年幼,事由臣下"。因此,在受降时"免其叩头伏地上表请罪之礼",同时,还封明昇为归义侯,准其在京师居住。据《明史·明玉珍传》记载,明玉珍后代于洪武五年(1372)正月徙往高丽。明玉珍后代明昇等迁往高丽后处境如何、现在何处等,因无史书考证和音信不明等原因,始终无下文。

据韩国"明氏大宗会"提供的明氏家族史料证实,在大夏国被灭后的第二年,明太祖朱元璋就将明玉珍之子明昇以及其母彭皇后等27人遣送到高丽,并宣"不做官,不做民",让他们在高丽过上了有权有势的富足日子。另据《高丽史》卷四三载,高丽恭愍王二十一年(洪武五年,即1372年)五月"癸亥,帝遣宦者前元院使延麻失里及孙内侍来锡王彩缎纱罗四十八匹。癸酉,孙内侍自缢于佛恩寺松树"。明使本为遣送朱元璋的隐患明昇等而来,竟自缢于高丽。朱元璋大发雷霆,后派人到高丽绘制地图,高丽疑心他要准备派兵攻打,于是主动示好,关系重修于好。其后,恭愍王把延安、白川等县作为贡物,供奉给明昇一家,并将位于松都(现朝鲜开城)北部梨井里的王寺提供给他们作为邸宅,配以奴婢。明氏一家在高丽定居后,明昇与高丽郎尹熙王之女结婚,后育四子,四子均任王室要职,地位尊崇。明昇后被封为"西蜀君",享受"忠勋世禄",而彭皇后去世后,也安葬在现朝鲜松都万寺山的肃陵,并建有祠宇。

明昇一家在高丽安家繁衍后,4个公子的后代便分散在朝鲜半岛24个地区。大夏国明玉珍后裔在朝鲜半岛繁衍生息600多年,涌现出许多英雄豪杰和著名人士。2000年韩国政府在人口统计调查中,查明在韩国生活的明玉珍后裔人数已达2.6万人。如果加上在朝鲜生活的明玉珍后裔,总数估计已达4万余人。

重庆江北明玉珍陵墓发现的消息传回韩国后,"明氏大宗会"为此欢聚庆贺,不少明氏后人都激动得热泪盈眶。1995年,在韩"明氏大宗会"率团正式赴重庆明玉珍皇帝陵拜祭,并将明玉珍皇帝驾崩的日子阴历二月六日定为祭祖

---

① 天启《新修成都府志》卷57。

日。据统计,在韩明玉珍后裔赴重庆祭祖已达百多人次①。

在四川历史上,明玉珍父子所建立的大夏政权是唯一建都在重庆的四川割据政权。据杨学可《明氏实录》说:"明氏前后二主,起于至正辛丑,止于洪武辛亥,共十一年。"按至正辛丑,为至正二十一年(1361)。这一年为明玉珍自称陇蜀王之次年(1360),他拜刘桢为王国参谋,刘桢因劝其"称大号,以系人心",从而拉开了大夏政权建立的序幕,故被《明氏实录》视为大夏政权的起点。如果从当年至洪武辛亥(四年,1371)四川归入明朝版图为止,明氏父子前后共历时11年。

---

① 据央视国际:《元末大夏国后裔在韩国:人丁兴旺英才辈出》,2004年7月13日;另参见骆永寿:《韩国明氏为何到重庆寻根?》,载骆永寿主编:《巴蜀掌故集粹》,四川大学出版社1997年版,第190～193页。

第三章 明代四川的政治

以洪武四年（1371）六月明军攻入四川、大夏政权宣告灭亡为标志，朱元璋的大明王朝开始了在四川的全面统治。明朝统治四川凡273年，到崇祯十七年（1644）十一月张献忠攻占成都，最后一代蜀王朱自澍被迫自尽为止。明代历史分为早（包括洪武、建文、永乐、洪熙、宣德五朝）、中（包括正统、景泰、天顺、成化、弘治、正德、嘉靖、隆庆、万历九朝）、晚（包括泰昌、天启、崇祯三朝）三期①。由于1644～1662年南明王朝的历史，与清朝历史相交叉，故不在本分册叙述的范围之内。

第一节 明代对四川的治理

一、郡邑筑城

明洪武四年（1371）六月二十一日，明昇自知大势已去，遂赍表乞降。七月，曹国公李文忠奉明太祖之令入蜀，抚绥军民，修筑成都新城。十月，平定

---

① 参见［美］牟复礼、［英］崔瑞德编、张书生等译：《剑桥中国明代史》，中国社会科学出版社1992年版。

川蜀各地并派兵驻守"诸郡要害"①。由此拉开了明代修筑郡邑城池及统治四川历史的帷幕。

中国古代城池是封建中央集权政治间架性设计的主要因素之一,它是皇权对地方统治的象征,体现着行政等级设置与礼仪规制;而这种城池在地方的实

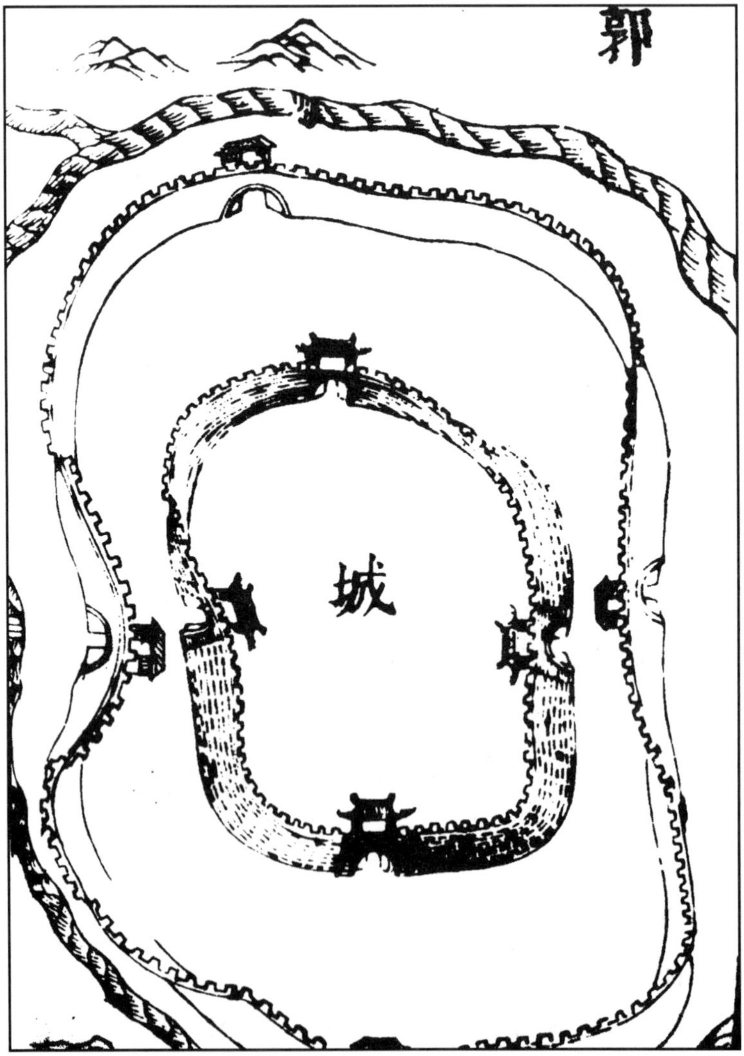

图 3—1 明代城郭图(采自《三才图会》)

① 《明史》卷126《李文忠传》。

现,又是地方人力、物力以及历史文化积淀的结果①。明代四川郡邑城池的修筑,从洪武初年成都新城之筑开始,到明代中期在全川各地陆续掀起高潮。明代四川所建之城,材质大多为土夯包夹砖石,历经明末战争的摧毁和破坏,城垣大多倒塌,但城基依然保存。清朝各地的城池虽有修补,但大多延续明代的规模,从而使得郡邑城池成为明清统治的一种地标性建筑。

由李文忠等新筑的成都新城,即明代成都府城,"成都府城与省会同"②,故亦称省会。由于成都府城历经宋、元、明夏战乱,城垣官署早已倒塌焚毁,至明朝一统天下,已经到了重新修筑的时候了。李文忠所增筑的成都新城,据记载,系"依宋元旧城而增修之"。由于宋元旧城又是在秦张仪创建的大城基础上,经历代修筑而成的,故又称大城。"国初都指挥赵清'甃以砖石'、都督陈怀复浚城隍,至今赖焉"③。

明初新筑的成都府城,辟有五门,门各有楼,门外筑月城。据正德《四川志·城池》记载:"大明洪武初,都指挥使赵清等,因宋元旧城而增修之,包砌砖石,基广二丈五尺,高三丈四尺。复修堤岸以为固。内江之水,环城南而下。外江之水,环城北而东,至濯锦桥南而合。辟五门,各有楼,楼皆五间。门外又筑新月城,月城两旁辟门。复有楼一间,东西相向。城周回建敌楼一百二十五所。其西南角及东北角建二亭于上,俗传像龟之首尾。城东门龙泉路曰迎晖,南门双流路曰中和,西门郫路曰清远,北门新都路曰大安。其小西门曰延秋者,洪武二十九年(1396)塞之。"

天启《成都府志》载有两幅地图,一幅是"成都府治图",另一幅是"府治三衢九陌宫室图",为后世再现当年成都大城及其府治"三衢九陌宫室图"提供了直观形象的依据。

"府治三衢九陌宫室图"中所画出来的基本上都是若干政治与宗教的公共建筑,却看不到任何集市、街坊、民居和其他私人生活空间。这与明代其他地方志中的城镇地图别无二致。这种地图绘制,表达的自然是"目中无人"的观念,

---

① 杨宇振:《明代四川的城池与人口》,贾珺主编《建筑史》第21辑,清华大学出版社2005年版,第190~197页。

② 天启《成都府志》卷3。

③ 天启《成都府志》卷3。

第三章 明代四川的政治

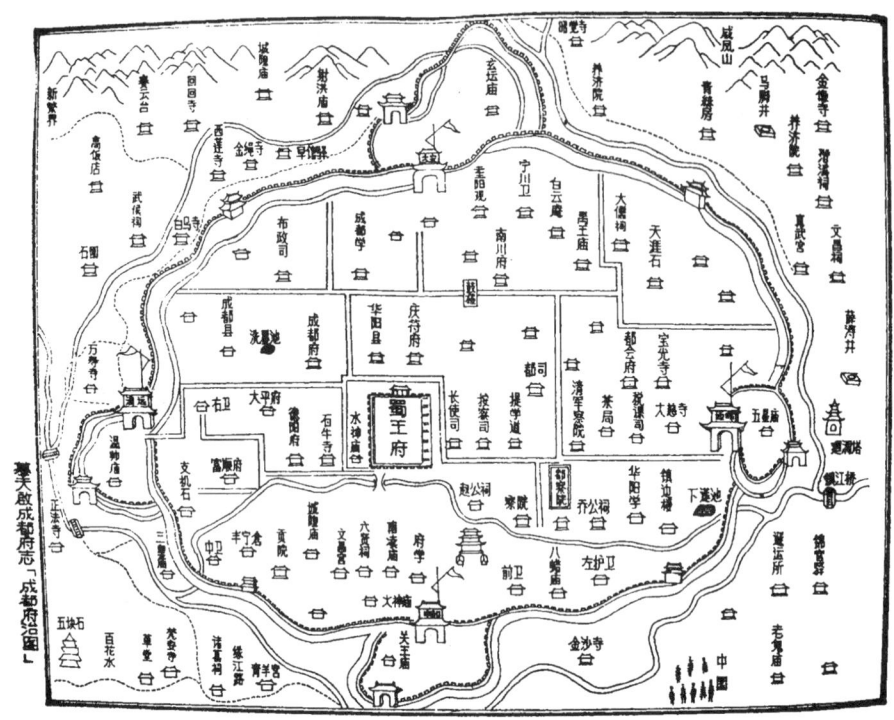

图 3-2 天启成都府治图（采自《成都城坊古迹考》）

当然无所谓"与人为本"的思想，而是一种严重的官本位思想观念的体现①。

在这种思想观念的指导下，我们首先看到了象征城防威严的用城墙连接起来的城门与城楼。万历《四川总志》卷1记载，成都四座城门上"各有栖楼，皆五檩门"。城门外又筑月城，月城两旁各辟一楼，东西相向，周围建敌楼125所，东西南北隅各建二亭于上，俗传像"龟之首尾"。图中形象地绘出了四座高耸的城楼，城楼上插有一面大旗；在月城的空间，各绘有一座小庙：东门是五显庙、南门是关王庙、西门是温帅庙、北门是玄坛庙。

从明初洪武年间增筑成都大城开始，到天启年间所载之成都府治图止，其间成都城曾经历过多次浚修：洪武二十二年（1389）蓝玉在成都练兵时，曾"复

---

① 参见葛兆光：《思想史研究课堂讲录》第七讲《作为思想史资料的古舆图》，生活·读书·新知书店2005年版。

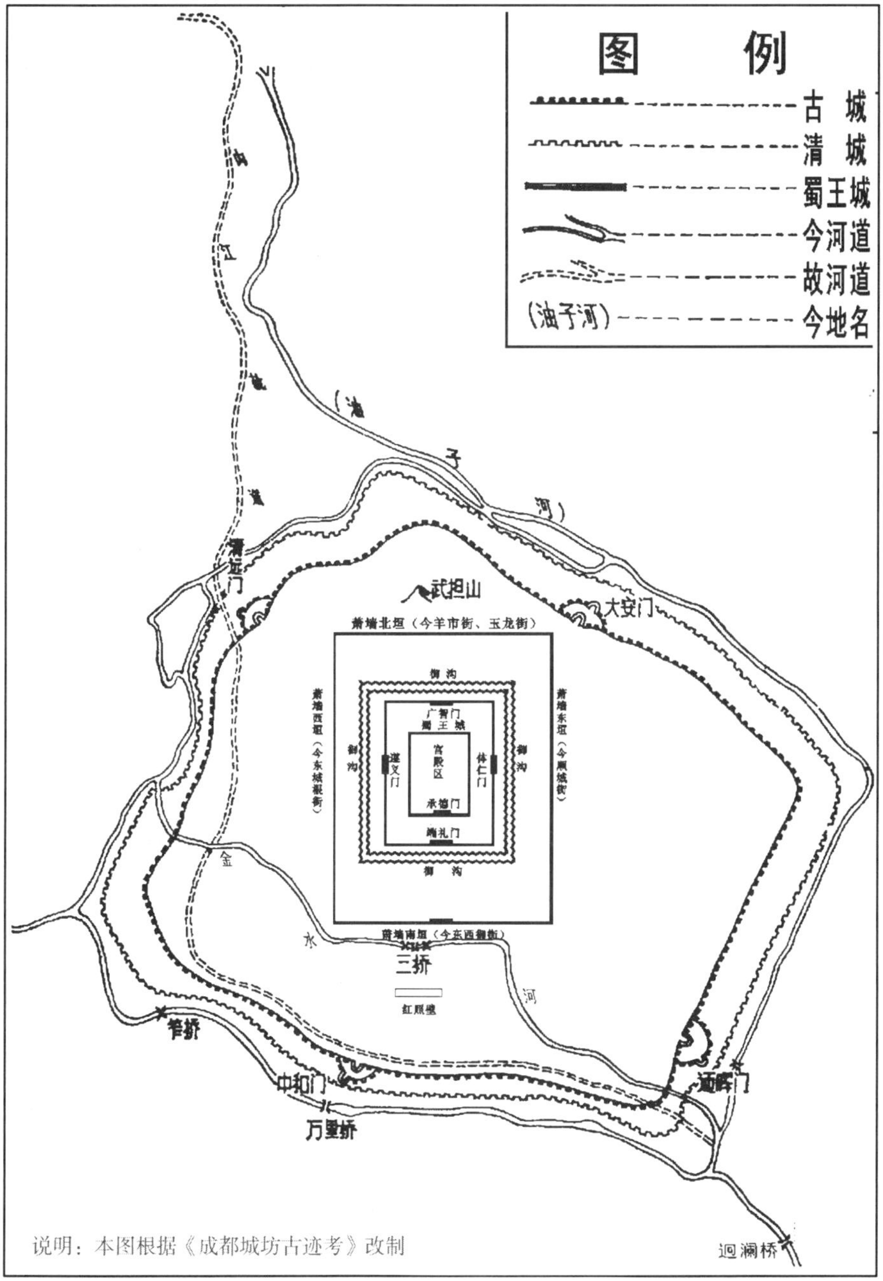

第三章 明代四川的政治

图3-3 明代成都大城与蜀王城示意图（采自《成都城坊古迹考》）

督修城池"①。宣德三年（1428）都督陈怀"复浚池隍，至今赖焉"②。

关于明代成都大城城址的范围，据清人陈祥裔《蜀都碎事》记载："成都东门外有红布街，旧青楼业也。"民国《华阳县志·古迹》亦证实："（红布街）按街在今治东门内。《旧志》（指嘉庆《华阳县志》）犹言明时城址较狭，故尚在城外也。"由此可见，明初增筑之新城，因当时人口较少，故其城址"较南宋罗城略小"③。近年来，通过对成都市同仁路等路段发掘的成都城墙遗址观察，进一步证实，宋明城墙的位置就是介于唐代城墙和清代城墙之间，明代成都城的城垣就是在宋代城墙的基础上重筑而成。从实物材料上也证实，与文献记载的"包砌砖石"相符合。无论从结构、砌法还是用料来看，明代城墙都稍显粗糙④。

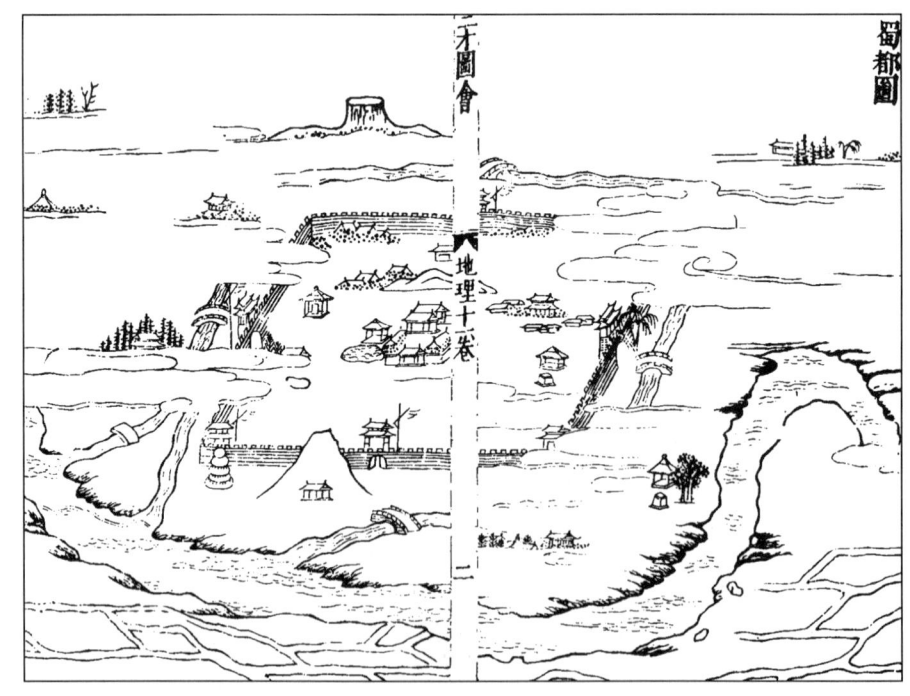

图3-4　明代蜀都图（采自《三才图会》）

---

① 《明史》卷132《蓝玉传》。
② 天启《成都府志》卷3。
③ 四川省文史馆：《成都城坊古迹考》，四川人民出版社1987年版，第85页。
④ 成都市文物考古研究所：《成都市同仁路城墙第二次发掘简报》，《成都考古发现（2003）》，科学出版社2005年版。

与此同时，洪武初指挥戴鼎还在重庆"因旧址，修砌石城"。重庆城"高十丈，周十二里六分，计二千二百六十八丈。环江为池，门十七。九开八闭，俗以为九宫八卦之形"①。明初成都、重庆城池的修筑，一方面是出于军事上防守要害的需要，另一方面也是为了适应大明王朝统治四川，显示封建王朝的威仪的需要。正如明太祖朱元璋于洪武十八年（1385）谕蜀景川侯曹震所说："蜀之为邦，在西南一隅，羌戎所瞻仰，非壮丽无以示威仪。"② 在明初成都、重庆修建城池之后，除个别地方外，各地郡邑城池似乎并没有立刻模仿增筑。但到了明代中期，随着社会经济的恢复，各郡邑的守臣无不秉承朱元璋的这一旨意，而把修筑城池作为该县的头等大事来抓。

以成都府为例，所辖各县增修土城的情况如下表：

表3—1 成都府所辖各县增修土城统计表

县 名	修筑时间	新城材质
双流县	万历二十二年（1594）	新建砖城
温江县	成化末	石城
新繁县	正德	石城
新都县	正德初	石城
金堂县	成化中	石城
仁寿县	正德七年（1512）	历代无城，筑石城
井研县	成化初	先筑土城，继以石包砌
郫县	天顺间	土城
简州	成化间	石城
资阳县	成化间	土城
内江县	成化间	石城
灌县	洪武中"树木为栅"	弘治中石城
彭县	天顺间	土城
崇宁县	正德间	土城
安县	成化初	石城

---

① 嘉庆《四川通志》卷24。
② 正德《四川志·藩封》。

续表

县　名	修筑时间	新城材质
崇庆州	成化间土城	正德包砌以石
汉州	旧无城天顺间筑土城	正德间用石包砌
什邡县	正德间	石城
绵竹县	天顺初	石城
德阳县	天顺初	石城
绵州	成化初	在宋时土城基础上以石包砌
罗江县	成化初筑土城	正德中以石包砌
茂州	成化间	石城
汶川县	正德七年（1512）	石城
威州	弘治中	石城
保县	洪武间	石城

资料来源：天启《成都府志》卷3。

除成都府外，在明初设立四川行都指挥使建昌卫（详本书第四章第三节）之地，今西昌市仍保存明代城墙的城门石额。这是明初在元代旧城基础上建立起来的建昌卫城墙。据《西昌县志》记载，洪武二十年（1387）建土城，宣德二年（1427）"以砖石，高三丈，周九里三分，计一千六百七十四丈"。初建四门，东门名"安定门"，南门名"大通门"，西门名"宁远门"，北门名"建平门"。现在四门门额，西门、南门已毁，仅东门原件仍在原处，北门门额原石因拆除城墙时，由凉山州博物馆收藏。该门额原石共三块，每块刊刻一个字，周边饰以连枝卷纹。内字右边阴刻"洪武贰拾年肆月吉立"一行直书题刻，石门额的书法刚健有力，具有一定艺术水平①，是明初全川郡邑筑城以及卫所筑城的珍贵的文物见证。

明代中期在四川境内掀起的筑城高潮遍及全川各地（详见下页《明代四川部分州县城池修筑简表》）。这次筑城规模大，范围广，城墙的材质普遍采用砖瓦，或以砖瓦在土城外包砌，或在土城中甃以砖瓦，或以石筑城，使得全川州县的城池基本上实现了以石城代替土城。根据明代营造程式，凡造城的砖瓦，

---

① 四川省文物管理局编《四川文物志》上册，巴蜀书社2005年版，第380页。

均由官窑按照统一的制式烧造,"所用芦柴,官为支给,其大小厚薄样制,及人工芦柴数目,俱有定例"。例如:"每一窑装二样板瓦坯二百八十个,计匠七工,用五尺围芦柴四十束。"①

通过这次筑城高潮之后,原来那些历代无城的郡邑,从此开始有了城池;原来遭到废敝的"蜀城",从此面貌焕然一新。正如天启《成都府志·城郭》所说:"蜀城敝久,今则补旧增新。楼阁壮丽,雉堞雄严。屹然,天府之胜矣!"②

表3-2 明代四川部分州县城池修筑简表

郡邑名称	城池原状	新筑时间	新城材质
巴县		洪武初	石城
江津县	旧有土城,久倾圮	成化中	土砌石
长寿县	旧有土城	天顺中	土城
永川县	汉唐以来无城	成化中	石城
荣昌县	旧有土城	成化中	石城
綦江县		成化中	石城
南川县	旧无城	成化中	土城
铜梁县		洪武初筑土城	天顺中筑石城
合州		成化中	石城
涪州	旧无城	宣德创筑土城	成化初砌以石
大足县	旧无城	天顺中	石城
璧山县	旧无城	成化中	石城
定远县	旧城圮于江	嘉靖三十年(1551)	石城
阆中县	土城	洪武四年(1371)	石城
苍溪县	旧无城	成化中	石城
南部县	旧无城	成化中树木为栅,垒石为门	万历中砌石城
广元县	旧无城	洪武三十一年(1398)	始筑石城
昭化县	旧有土城	天顺中	包砌以石
巴县	旧有土城	成化间	包砌以石

---

① 《大明会典》卷190。
② 天启《成都府志》卷3。

续表

郡邑名称	城池原状	新筑时间	新城材质
通江县		洪武初垒石立栅，成化中筑土城	正德六年包砌以石
南江县	旧无城	正德间	石城
剑州		洪武初列栅为障，成化中筑土城	正德十三年（1518）包砌以石
南充县		成化中	甃以砖石
西充县		天顺间筑土城	成化间包砌以石
蓬州		天顺间筑墙树栅	弘治间包砌以石
营山县		洪武初编木为栅，成化中始筑土城	正德间包砌以石
仪陇县	旧无城	成化初筑土城	正德间包砌以石
广安州	旧无城	明初竖木为栅，依山为墙	成化中甃以砖石
岳池县	旧无城	天顺间筑土城	成化中甃以砖石
邻水县		成化间	石城
宜宾县		洪武初	包砌以石
庆符县		天顺八年（1464）	甃以砖石
长宁县	土城	成化间	甃以石
高县	旧无城	景泰初筑土城	成化间甃以石
筠连县		景泰初筑土城	成化二年（1466）甃以石
珙县	旧无城	天顺八年（1464）	土城
兴文县	土城	洪武中	甃以石
隆昌县		隆庆间	石城
屏山县		隆庆间	甃以砖石
奉节县		明初树栅为城	成化十年（1474）筑石城
巫山县	旧土城	正德中	甃以石
云阳县	旧土城	正德六年（1511）	砌以石
万县	旧土城	成化二十二年（1486）	甃以石
开县	旧土城	成化二十三年（1487）	甃以石
大宁县	旧无城	正德初	石城
平武县		洪武初木栅	宣德五年（1408）筑砖城
江油县	旧无城	天顺六年（1462）筑土城	正德中甃以石
石泉县	土城	天顺中	砌以石

续表

郡邑名称	城池原状	新筑时间	新城材质
彰明县		成化初	土城
西昌县		洪武初土城	宣德二年（1427）甃以砖石
冕宁县		洪武中筑土城	永乐三年（1405）包砌以石
盐源县		洪武初土城	洪武二十五年（1392）包砌以石
会理县		洪武中筑土城	永乐间包砌以石
雅安县		洪武中	石城
荥经县		成化中	土城
芦山县		成化中	土城
天全县		洪武中	石城
乐山县		正德十三年（1518）	石城
峨眉县	土城		正德七年（1512）甃以石
洪雅县	故城久圮	成化十九年（1483）土城	正德八年（1513）包砌以石
夹江县	土城	正德中	包砌以石
犍为县		洪武初土城	正德中包砌以石
荣县	旧城	成化二十一年（1485）	增筑
威远县		正德七年（1512）	石城
三台县		天顺间	石城
射洪县		天顺始筑土城	成化二十二年（1486）包砌以石
盐亭县	旧无城	成化中筑土城	正德中甃以石
中江县		天顺八年（1464）	石城
遂宁县	旧土城	天顺、正德	石城
蓬溪县		成化间土城	
安岳县		成化中土城	正德七年（1512）包砌以石
乐至县		正德五年（1510）土城	正德八年（1513）甃以石
达县	旧无城	成化二十二年（1486）筑土城	弘治中甃砖石
渠县	旧无城	成化间筑土城	正德间包砌以石
大竹县		成化初	石城
丹棱县	旧无城	成化中土城	正德间包砌以石

续表

郡邑名称	城池原状	新筑时间	新城材质
彭山县		成化中土城	正德间包砌以石
青神县	旧无城	天顺间土城	正德初包砌以石
大邑县	旧无城	正统初土城	正德中包砌以石
蒲江县	旧无城	天顺间土城	正德中包砌以石
纳溪县	土城	永乐中	包砌以石
合江县	旧无城	天顺间土城	成化中包砌以石
江安县	土城	成化初	甃筑以石
梓潼县		成化中	石城
丰都县		天顺初	石城
垫江县	旧土城	成化初	石城
梁山县	旧土城	成化间	石城
黔江县	旧城无	洪武中	石城

资料来源：据嘉庆《四川通志》卷24《舆地志》改制。

说明：(1) 明代成都府郡邑城池已见上文，不包括在此表中；

(2) 表中所列州县名及顺序排列，依据清代四川建置，个别有省略。

明代中期四川掀起的筑城高潮，既是一种政治行为，同时也是地方经济和文化发展水平的反映。近有学者从城池规模与人口数量、土地使用情况作综合研究，制作了较为直观的府州统计表，由此可见城池与行政等级、地方人口数量、土地使用情况之间的关系之一斑。

表3-3 府州人口、土地情况统计表

	各府州总人口	各府州粮额	各府州总城周	领县数	平均城周	平均粮额/县	平均粮额/里	平均县里数
成都府	230	166000	30868	32	964	5188	722	7.2
保宁府	60	20000	8226	11	748	1818	333	5.5
顺庆府	111	72000	8340	10	834	7200	649	11.1
叙州府	204	100000	6098	11	554	9090	490	18.5
重庆府	380	350000	17244	20	862	17500	921	19
夔州府	67	20000	8290	13	638	1538	299	5.2

续表

	各府州总人口	各府州粮额	各府州总城周	领县数	平均城周	平均粮额/县	平均粮额/里	平均县里数
直隶潼川州	66	20000	8290	13	638	2500	303	8.3
直隶眉州	35	30000	4446	4	1111	7500	867	8.8
直隶邛州	24	20000	3420	3	1140	6667	833	8
直隶嘉定州	64	40000	6308	8	795	5000	635	7.9
直隶泸州	100	20000	2952	4	738	5000	200	25
直隶雅州	12	8000	3186	4	797	2000	666	3

说明：(1) 人口单位"里"；粮额单位"万石"；城周单位"丈"。
(2) 原始资料来源：《大明一统志》、梁方仲《中国历代户口、田地、田赋统计》。
(3) 本表转引自杨宇振：《明代四川的城池与人口·表1》，标题有改动。

上表透露出，从平均每县人口"里"数看，最高的是泸州、重庆府与叙州府；最低的是雅州、夔州和保宁府。成都府、眉州、嘉定州比值较为接近，皆在 7~9 之间，体现了明代川西地区的均衡性；相对应的是长江流域叙州府、泸州和重庆府的发展。里数较低的雅州、夔州和保宁府分别坐落于四川盆地的西、东、北部边缘。府州城池所反映出来的这种人口布局，正好与元末明夏时期四川战乱局势所带来的破坏后果相吻合。另外，城池规模的大小，从总量看与人口成一定的正比关系，这种关系在明代川西地区体现最为明显；而另一方面，川南、川东沿江流域地区的大发展，则在一定程度上改变了区域的空间格局①。

二、吏治扫描

四川地处西南一隅，远离当时的政治漩涡中心，明王朝统治集团内部错综复杂的矛盾斗争及其相关的政治历史事件，不可能都对四川地区产生直接影响。

---

① 杨宇振：《明代四川的城池与人口》，贾珺主编《建筑史》第 21 辑，清华大学出版社 2005 年版，第 190~197 页。

第三章 明代四川的政治

但是，另一方面，四川的社会政治状况也不可能完全脱离国内政治变化的总趋势。

明王朝是农民出身的朱元璋在元末农民起义中起家，并推翻了元朝的统治而建立起来的又一个封建王朝。他在位31年，为了达到长治久安的政治目的，在因革元朝统治制度的基础之上，又采取了一系列新的政治、经济措施，使秦始皇以来的封建专制主义集权政治达到了空前的高度。正因为朱元璋出身农民，来自民间，因此，他也深知农民的疾苦，了解社会的弊端及其对封建政权的危害。因而在他即位之初就推行"各安其生"的政策，严惩贪污，澄清吏治，被治罪的各级官吏多至数万人，长期以来官场之积弊多少得到了抑制，官场作风也为之一变，总的来看，取得了显著的效果，作用是积极的。

据统计，《明史·循吏传》有目及附见者共约120

图3-5 今日遗存的三台县古城墙及东南城门

图3-6 今日遗存的洪武龙州城通远门

人,"宣德以前六十余年间得百人以上,正统至嘉靖百三十余年间得十余人,隆、万五十余年间仅两人,天、崇两朝则无一人"①。四川也不例外。

洪武时,定远(今武胜县)知县高斗南与岳池知县王佐因故被逮,"其耆民奔走阙下,具列善政以闻。太祖嘉之,赐袭衣宝钞遣还,并赐耆民道路费"②。永乐时,胡寿安知新繁,"尝自种蔬一圃,以供日用,人呼为菜知县。及满秩去,囊箧罄然,惟书籍布衣而已"③。成化、弘治两朝,地方官仍旧比较注意"抚循休息"。成都知府鲁永清,"决讼如流,门外架屋如椽,锅灶皆备,讼者至,寓居之,一见即决,未尝再炊,有鲁不解担之谣"④。田铎知蓬州,"州东南有江洲八十二顷,为豪右所据,铎悉以还民。建大小二十四桥,又凿三溪山以便行者"⑤。这些现象正是朱元璋采取严惩贪官污吏、澄清吏治等措施的具体体现。所以明代前期洪武、永乐、宣德之际,是明代政治最清明的时期;政局亦日趋稳定,社会经济也得到了发展,世称"承平"。

明中期后,宦官专政日益严重,政治愈益腐败。正德年间,由于明武宗的荒嬉,朝政益加腐败。在他即位之初,就倚重内宫刘瑾,从而招致了宗室安化王起事。刘瑾伏诛以后,武宗则更加荒淫无度,上行下效,官员勒索不已,中饱私囊,民间则负担繁重,各地农民先后起义反抗。四川保宁(今阆中)人刘烈于正德三年(1508)就率众起义,河北、江西等地亦发生数起农民起义。嘉靖后,"阁权始重",但官场亦多腐败,"嘉、隆以后,资格既重甲科,县令多以廉卓被征,梯取台省,而龚、黄之治,或未之觏焉"⑥。万历三十四年(1606),四川巡抚乔璧星奏称,"蜀中州县正官,率多科贡",盖因"起家甲榜者,视善地为固有",于是"穷陬僻壤"的地方长官就只好由"科贡"充任了⑦。直到崇祯十一年(1638),还有记载指出:"蜀道险阻,宦者裹足,州县不啻百余,而甲科落落辰星。"当然,甲科不一定都是人才,但在讲究资格这种风气的支配下,某些办事干练的基层官员在谋求升迁的时候,往往对边远省区不屑一顾;

---

① 孟森:《明清史讲义》,中华书局1981年版,第102页。
② 《明史》卷281《高斗南传》。
③ 《大明一统志》卷67。
④ 张萱:《西园闻见录》卷97。
⑤ 《明史》卷281《田铎传》。
⑥ 《明史》卷281《循吏传序》。
⑦ 《明神宗实录》卷423。

惟其如此，所以四川州县官员出缺，也往往无人递补，只好暂时委员代理，良莠不分，夤缘为奸，而"民生脂膏"，就"大半耗竭于署印之手"了①。

另一方面，比较正直的官吏，又形格势禁，难有作为。隆庆时，严清巡抚四川，因其"久宦川中"，深知其弊，故而"痛绝强宗悍吏"，便遭到反对派的造谣中伤，终于"解官听调"。四川内江人、时为大学士的赵贞吉为其上疏辩护，指出："臣蜀人，深知（严）清约己爱人，省事任怨，今蜀地荒民流，方倚清如父母，奈何弃之？任事臣欲为国家利小民，必得罪豪右，论者不察，动以深文求之。顷海瑞既去，若清复罢，是任事之臣皆不免弹击，惟全躯保位为得计矣。"② 这就一语道破了明代政治状况不断恶化的症结所在。

与此同时，四川不少州县官员也大讲排场，"登堂则盛供张，入室则侈器用"③，所需皆无偿取于民间，而且各地都有"故事"和"陋规"。嘉靖时，苍溪"有蚕桑之利，岁献令若干，曰样丝"④。安居（今铜梁境）"司粮务者岁有例金，里甲年年'循例以献'"⑤。沉重的剥削和经常性的水旱天灾，驱使农民流亡道路，"朝廷虽屡发帑银，有司但以补充额赋，不佐百姓之急"⑥。流民无计谋生，被迫铤而走险。依照明代的司法程序，各省死罪重犯均呈送中央刑部，会同有关部门共同审录，其中有可矜疑者，另行奏请定夺。《明世宗实录》保留了嘉靖朝法司奏报矜疑案件的部分数字，试列表如下：

表3-4　嘉靖朝法司奏报矜疑案件统计表

省区	北直	南直	浙江	江西	湖广	福建	山东	山西	河南	陕西	广东	广西	云南	四川
嘉靖三十一年（1552）	84	72	16	17	23	37	26	29	19	14	/	18	8	15
嘉靖三十七年（1558）	88	63	58	64	25	83	96	51	101	73	71	29	102	183
嘉靖四十一年（1562）	98	77	22	46	52	18	19	96	72	50	27	16	17	100
嘉靖四十三年（1564）	/	57	32	/	/	/	65	/	/	/	41	36	/	134

资料来源：《明世宗实录》卷392、467、516、541。嘉靖三十七年（1558）云南数字，包括贵州在内。

---

① 宗敦一：《题农民军两次入蜀事科抄》，《清代档案史料丛编》第6辑，第56页。
② 《明史》卷224《严清传》。
③ 李长春：《张公祠记》，光绪《叙州府志》卷11。
④ 道光《保宁府志》卷33。
⑤ 嘉庆《四川通志》卷112。
⑥ 《明世宗实录》卷98。

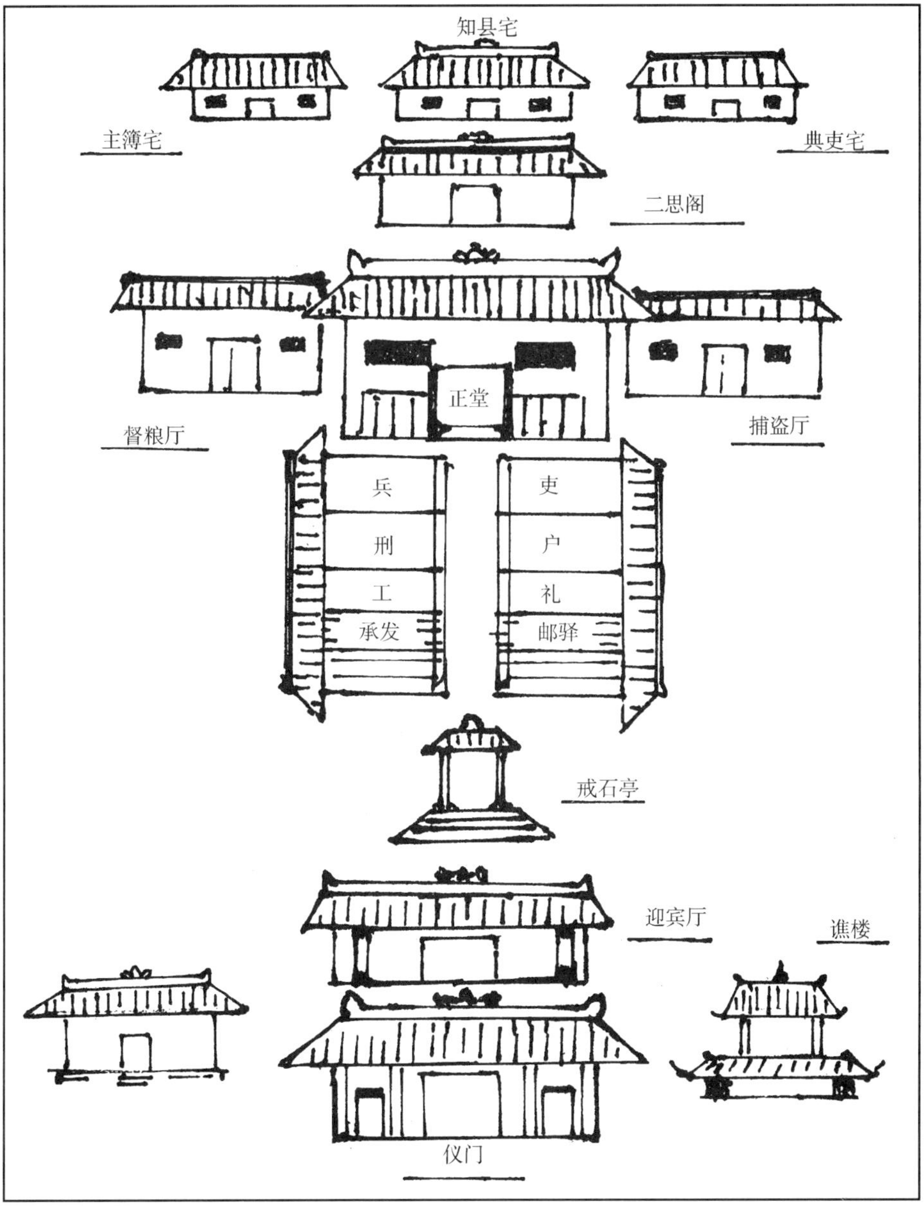

图3—7 明代定远县署示意图（根据万历《合州志》绘制）

矜疑案件的数量长期居于全国之首，证实了正统年间官方报告中"情实可悯"的说法，毫无疑问，这是刑狱太滥的反映。而且，所谓矜疑，并非死罪的全部，这又说明，四川重大刑事案件的数量还超过了上表显示的数字。刑案的

· 89 ·

增多，实际上意味着官民关系的紧张和社会冲突的加剧，这是明代四川政治一个很值得注意的现象。

州县政权的办事机构一般分为吏、户、礼、兵、刑、工六房。办事人员即六房书吏。他们介于官民之间，是一股特殊的政治势力。这些书吏凭借经办具体事务的机会，把持官府，包揽词讼，而且鱼肉乡里，欺压善良，成为一大社会灾难。万历十年（1582），重庆巴县丈量田土，当时该县分为上四乡与下四乡，上乡人瞿旦，"为佐史，给事县廷中"，公然串通其他书吏，大肆飞洒税粮，下乡虚田竟多达1128顷。事后，下乡民众上告，复查时，瞿旦纠合数百人，"各执纸旗，大书激变，并至府门鼓噪"①。又如明末，四川州县奉命削减书吏工食，以充辽饷，而书吏同样凭借手中的权力，在催征钱粮时擅自私扣。他们"或甲也而扣乙之粮，又扣丙之条，又扣本身之应输者，恣意影射侵渔，计所干没，反倍于东事未起之前"②。有的地区，私扣还进一步发展成了公开的勒索，从而导致了崇祯末年大规模的川中民变。

三、宦官专权

朱元璋建立明王朝，鉴于历代宦官专权的惨痛教训，制定了一系列限制宦官干预朝政的措施。但是，自从明成祖在"靖难之役"得宦官之助，夺得帝位之后，宦官开始受到重用。所以，"盖明世宦官出使、远征、监军、分镇、刺民隐事诸大权，皆自永乐间始"③。此后历代皇帝都对宦官宠信有加，从中央到地方逐渐形成一整套宦官参政预政的巨大网络，对明王朝造成严重的祸害④。

作为皇权化身的宦官，最初多有以镇守、守备的身份被派往全国各地。镇守和守备本来是武将的职衔，随着宦官势力的膨胀，各地的镇守和守备逐渐被宦官所把持。据明王世贞记载，"镇守太监"始见于洪熙元年（1425），推论"永乐末已有之"⑤。云南是全国最早设置镇守太监的省区之一，其开始设置的

---

① 瞿九思：《万历武功录》卷5《叛民瞿旦列传》。
② 张维斗：《清查私扣说》，乾隆《荥经县志》卷9。
③ 《明史》卷304《宦官传》。
④ 参见王春瑜、杜婉言：《明朝宦官》，陕西人民出版社2007年版。
⑤ 王世贞：《弇山堂别集》卷90《中官考》。

年代明确在洪熙元年（1425）七月明宣宗即位不久①。四川目前所能见到的最早的资料，是英宗天顺元年（1457）。据《明史》记载，是年，"镇守四川中官陈清等"，为"芒部白江蛮贼千余作乱"事上奏，英宗命"御史项忠会镇抚官捕之"②。被派往四川担任镇守使的太监，在成都设立有官衙——镇守府，镇守府就设在"清军察院前"③。成化二年（1466）、四年（1468），镇守太监阁礼为"松、茂、叠溪所辖白草诸番"事上奏，廷命派兵进行征剿④。直到正德十五年（1520），明廷仍为"芒部夷蛮"事，"命镇守中官会按抚官捕之"⑤。正德年间被派往四川担任镇守的太监，还有领兵镇压鄢本恕起义的韦兴。

图3-8　成都双楠小区明蜀太监墓室大门

---

① 古永继：《明代驻滇宦官考》，《中国边疆史地研究》1999年第4期。
② 《明史》卷311《四川土司传》。
③ 万历《四川总志》卷1。
④ 《明史》卷311《四川土司传》。
⑤ 《明史》卷311《四川土司传》。

明宪宗之时，朝廷继续向四川派遣镇守太监。成化十八年（1482）三月，"命镇守四川太监梅忠还南京闲住，以镇守行都司太监蔡用代之"①。到了孝宗朝，被派往四川的宦官的贪酷问题一度成为朝野关注的话题。弘治十一年（1498）礼部都给事中涂旦等奏言，公开弹劾各地一批镇守太监的贪酷行为，其中明确提到"其镇守太监……如四川房懋皆贪酷，害民之尤者"，要求朝廷将这批太监"尽行取回，以苏民困"②。这一奏言得到五府六部官员的赞同，张懋等也上言称，应当把"四川建昌镇守太监取回"③。

到了武宗时，朝廷频繁更换镇守四川的太监人选。正德二年（1507）闰正月，以太监张辰"分守四川建昌行都司等处地方"④。正德十年（1515）十二月，以太监王保"镇守四川"⑤。正德十四年（1519）二月，以南京御马太监王润镇守四川⑥。四月，又以御马太监李禄"分守四川建昌行都司并川南道等地方"⑦。五月，又以御马太监赵钦取代李禄，命赵钦只是作为"分守四川建昌行都司地方太监"，"不得兼领川南道"⑧。武宗朝之所以如此频繁更换镇守四川的太监人选，原因有二：一是太监的贪酷行为屡禁不止；二是太监职权过大，既守建昌行都司，又兼川南地方。为此，不得不通过频繁更换人选，同时采取恢复旧制的措施，以缓和与地方的矛盾。

图3—9　成都红牌楼明蜀太监墓出土侍俑
（采自《成都考古发现（2003）》）

① 《明宪宗实录》卷225。
② 《明孝宗实录》卷143。
③ 《明孝宗实录》卷143。
④ 《明武宗实录》卷22。
⑤ 《明武宗实录》卷132。
⑥ 《明武宗实录》卷171。
⑦ 《明武宗实录》卷173。
⑧ 《明世宗实录》卷2。

除插手军事镇守防务之外，明代宦官还无孔不入地干预经济领域。世宗即位后，曾经"诏革内臣"，在一段时间停止向各地派遣镇守太监。但是，后来武定侯郭勋提出建议："欲复各处镇守内臣，并委其取矿课以资国用。"嘉靖十七年（1538）四月，尽管兵部复言表示反对，称"此辈害民，在先朝已极"，不当复议。但明世宗却以派遣内臣不违祖制作为借口，决定继续向"云、贵、两广、四川"等地各派一个镇守内臣①，以岁办、采办的名义，对地方进行盘剥。四川是珍贵名木的产地，明代各朝为了建造皇室宫殿，继续向"四川差内官采木"②。

进入明神宗万历之后，宦官专权的局面继续发展，特别是所在矿监、税监横行肆虐，为害尤烈。万历二十四年（1596），为了扩充财源，明神宗又大量委派宦官出任矿监、税使，分遣至全国各地办理开矿、征税事务。矿监、税使之设，遍及全国。四川是全国重要的富矿和税源区之一，自然是派遣太监的重点。正如有的官员所说："四川成都、龙安府出产盐、茶、税课，并重庆、马湖等府，沿山千里，尽产名木。其大者进上，小者变价，税利约可十万余两。"③万历二十七年（1599）二月，神宗派遣"内监丘乘云"督促千户翟太等"征税开矿于四川"④。丘乘云，在四川地方文献材料中，又作邱乘云。

矿监、税使分遣各地之后，唯一的目标就是搜刮钱财。他们以开矿、征税

图3—10 成都红牌楼明蜀太监墓出土侍俑
（采自《成都考古发现（2003）》）

---

① 《明世宗实录》卷211。
② 贺仲轼：《冬官纪事》，转引自谢国桢：《明代社会经济史选编》（上），福建人民出版社2005年第2版，第208页。
③ 《明神宗实录》卷350。
④ 《明神宗实录》卷331。

为名,实际上则是不分途径、不择手段地强行掠夺和敲诈勒索。"当是时,帝所遣中官,无不播虐逞凶者"。其中,"四川丘乘云辈",尤"为民害"①。丘乘云既至四川,以钦差大臣自命,假借权势,擅作威福,凌驾于地方各级官府之上,"时开采中使四出,监司皆长跪听命"②。宦官所到之处,讹官诈吏,横恣淫虐,作恶多端,倒行逆施,给当时的社会造成了多方面的危害。有一篇出自永宁土司属下一个富民矿头的文字,细致入微地揭露了丘乘云到川后,如何假开矿之名,敲骨吸髓、榨剥民财的种种手段和罪行。这篇文字系当时口语的实录,堪称珍贵③:

  近岁,有钦差太监邱乘云来俺四川开矿征税,察成都龙安等处盐茶,采重庆马湖等处名木。行文各州、县、土司,选报富户,点充矿头、盐茶耆老、名木纲头等名色,俺永宁奢司官就报俺充膺矿头。叵耐那矿监专一剥民索贿,他参随手下人等,千百成群,到处讹官诈吏,鱼肉绅民。凡系富户,充了矿头,见面钱、常例钱、免卯钱、造册钱、验工钱、告假钱,出个不了。又派头山场,勒令开采,纳交银两。无论铅砂、铜砂,俱令交银,即使那山无矿,他说你先偷取尽了,要抄家问罪,须是与他重赂,方得干休。那盐茶、名木也是一般。至于那穷民们,系按里甲出夫,驱使垦采,饥寒瘴疠,死亡载道也。说不尽他们的恶毒。

  这篇材料揭露出,丘乘云假开矿之名,命他手下的爪牙到各地去办理开矿、盐茶、砍伐名木之事。其过程是:行文给各州县,派给富户,勒索他们先上交"见面钱、常例钱、免卯钱、造册钱、验工钱、告假钱"等银两;如果不肯重贿,就要"抄家问罪",乃至让你家破人亡。最典型的例子是石柱土司。石柱自来是银场、铅矿的产地,每岁"办铅课五千一百三十斤,正统后停之"④。石柱宣抚使马千乘,偕妻秦良玉远征播州杨应龙有功,但却"以矿务忤内监丘乘

---

① 《明史》卷305《宦官传》。
② 董恒岩:《芝龛记》卷3。
③ 董恒岩:《芝龛记》卷2。
④ 《明史》卷312《四川土司传》。

云"①,"中使劾石柱马千乘谋叛,实以索贿不遂也"②。马千乘因为矿税得罪了丘乘云,最后竟瘐死于云阳狱中。

万历年间矿监、税使倒行逆施,所到之处,无不生灵涂炭,激起当地百姓的公愤。所以,在全国许多地方都发生了反抗矿监及其爪牙的事件。其中,在云南的宦官杨荣,"恣行威虐,杖毙数千人",将指挥使樊高明"枷以示众",且放言"将尽捕六卫官",由此激起民变。指挥贺世勋等"率冤民万人,焚荣府第杀之,投火中,并杀其党二百多人"。"杨荣为云南人所杀"后,明神宗又"令四川税使丘乘云兼摄云南事"③。

丘乘云在四川征税的恶果,到明熹宗即位的天启元年(1621)开始公开显露出来。是年,永宁土司奢崇明发动反抗明朝的武装叛乱(详本书第五章第三节)。这是祸害全川的一大劫难,由此揭开了明末四川大动乱的序幕。这次叛乱武装之所以从永宁一地引爆,原因是多方面的。其中固然有奢崇明的个人野心作祟,但从上述永宁土司所属一个富民矿头的言词中可以看到,矿监的专擅横暴,恣意勒索,使得无论富户、穷民都无法生活下去,应该是这一叛乱的导火线。他们的这一处境,正好为奢崇明发动叛乱提供了可以用来裹胁部属、收买人心、纠集武装的便利条件。

近年来在成都出土了多座太监墓,此类宦官墓亦有规模繁简不同,从中反映出宦官中也有等级贫富之别。例如在成都九眼桥红瓦寺出土的一座掌印太监墓,虽然早年被盗破坏,但仍可见该墓建筑规模之大和殉葬品之既精且多,由此推知墓主的身份可能为太监之首。从该墓中出土了一块别的墓葬所没有的石质阴碑(现藏四川省博物馆),高1.2米,宽约0.5米,碑文字体较小,记载了该墓殉葬品之名称及件数,约近两百件,均系金器、玉器、瓷器、铜器等精品,据此可知其墓葬之财力雄厚和权势极大。由于这些大太监来自于京城东厂,为皇帝之耳目,负责刺探王府中事,因此连蜀王也要唯命是从④。

---

① 刘石溪:《蜀龟鉴》卷首。
② 董恒岩:《芝龛记》卷3。
③ 《明史》卷312《四川土司传》。
④ 四川省文物管理局编:《四川文物志》上册,巴蜀书社2005年版,第14页。

第三章 明代四川的政治

表3-5 明代派驻四川的宦官情况统计表

姓名	始见年代	职衔	职责	资料来源
谢安	永乐时	少监	采木	嘉庆《四川通志》
陈清	天顺元年（1457）	中官	镇守芒部	《明史》卷311
何能	天顺四年（1460）	中官	提督银场	《明朝宦官》P250
阎礼	成化二至四年（1466~1468）	太监	镇守松、茂、叠溪	《明史》卷311
刘恒	成化三年（1467）成化十年（1474）	太监	监军讨四川少数民族	《明朝宦官》P250
梅忠	成化十八年（1482）三月	太监	镇守四川	《明宪宗实录》卷225
蔡用		太监	镇守四川	
房懋	弘治十一年（1498）十一月	太监	镇守建昌	《明孝宗实录》卷143
张辰	正德二年（1507）闰正月	太监	镇守建昌行都司	《明武宗实录》卷22
王保	正德十年（1515）十二月	太监	镇守四川	《明武宗实录》卷132
刘允	正德十三年（1518）	太监	奉使乌思藏	万历《四川总志》卷1
王润	正德十四年（1519）二月	御马监太监	镇守四川	《明武宗实录》卷171
赵钦	正德十四年（1519）五月	御马监太监	镇守建昌行都司并川南等处	《明武宗实录》卷173
佚名	正德十五年（1520）	中官	镇守芒部	《明史》卷311
赵钦	正德十六年（1521）五月	太监	镇守建昌行都司	《明世宗实录》卷2
刘养	正德时	太监	采木	《明朝宦官》P265
丘乘云	万历二十七年（1599）二月 万历二十八年（1600）八月	御马监内监	征税开矿于四川	《明神宗实录》卷331、卷350

明朝的宦官专权，不仅体现在朝廷派驻四川的太监的上述种种行径上，同时也体现在服侍蜀府的太监身上。在明朝太监肆意横行的大背景下，按理说服侍于蜀藩宗室的太监，也同样存在着类似的专权横行、仗势欺人、迫害官吏、鱼肉百姓、非法聚敛钱财等问题。这从近年来成都出土大批蜀藩王府太监墓葬

群的奢华程度和逾制行为,可窥知一斑①。根据成都地区解放以来出土大量的蜀藩王府太监墓葬志可以清楚地看到,蜀府太监主要集中在武宗正德、世宗嘉靖、神宗万历年间,他们中大多担任蜀府贵官,有的还兼担任督营瓷厂陶冶、织造、织染、水部、典服、典膳等要职。

图 3-11　成都双楠明蜀太监墓群

　　需要指出的是,在宦官的把持下,一些文人给宦官谀墓成风,隐恶扬善,歪曲历史。明代中叶后,墓志铭、碑碣风行一时,碑文中不时弄假,粉饰死者,甚至延名人为其立传、题字,借以自重。宦官有权有势,更助长了这股歪风②。这种情况在四川宦官墓中尤其突出,不少文化名人亦不能幸免。例如,蜀府中侍江时,嘉靖元年(1522)去世,其墓志由当时的显宦、翰林院编修、史官杨慎撰写,由刑部主事、内江人陈力丹书,由大理寺寺丞顾忾篆盖;成都进士赵永祯,曾任户部员外郎,由他撰写的蜀府太监墓志有:蜀府承奉副谷清墓志铭、蜀府门正苏荣墓志铭、蜀府门副墓志铭;威远进士、时任湖广武昌府知府的王俨,撰写了蜀藩门正刘用的墓志铭等等③。这些都从一个侧面反映了宦官专权给四川社会所造成的恶劣影响,它不仅毒化了人们的社会心理,也为一些文化名人留下了不光彩的记录。

---

　　① 参见成都市文物考古研究所:《成都市红牌楼明蜀太监墓群发掘简报》,《成都考古发现(2003)》,科学出版社 2005 年版。
　　② 王春瑜、杜婉言:《明朝宦官》,陕西人民出版社 2007 年版,第 84 页。
　　③ 成都市文物考古研究所:《成都出土历代墓铭券文图录综释》,文物出版社 2008 年版。

第三章 明代四川的政治

图 3—12 明蜀太监江时墓志铭（成都市考古所供稿）

第二节 明代四川宗藩

一、献王镇蜀

洪武初年，明太祖朱元璋为避免元末军阀拥军割据的历史悲剧重演，首先考虑要依靠宗室子孙加强对地方的限制和监督。他不止一次说过："天下之大，必建藩屏，上卫国家，下安生民。今储子既长，宜各有爵封，分镇诸国。朕非为私其亲，乃遵古先哲王之制，为久安长治之计。"①

朱元璋于洪武三年（1370）始封诸王。明初前后三次分封，第一次即洪武三年（1370），分别授予他10个儿子中的9个儿子（太子除外），以亲王的头衔和藩国。在这些王子中，主要是镇守西安的秦王、镇守太原的晋王、镇守北京的燕王等。第二次于洪武十一年（1378）分封了6个王子，其中就有蜀王、湘王、豫王、肃王、辽王等。洪武二十四年（1391）最后一次分封了10个王子。朱元璋前后共封25个藩王，分镇全国各地。明代亲王封号一般都用古国名或

---

① 《明太祖实录》卷51。

地名。

以下是洪武时期就国的诸藩王及其封地的情况：

表 3—6　洪武时期诸藩王及其封地一览表

世系	始封王	封　　国
明太祖	秦愍王	陕西西安
	晋恭王	山西太原
	周定王	河南开封
	楚昭王	湖北武昌
	鲁荒王	山东兖州
	蜀献王	四川成都
	湘献王	荆州（今湖北江陵）
	代简王	山西大同
	肃庄王	甘肃兰州
	辽简王	荆州（今湖北江陵）
	庆靖王	宁夏（今宁夏银川）
	宁献王	江西南昌
	岷庄王	湖南武冈
	韩宪王	甘肃平凉
	沈简王	潞州（今山西长治）
	安惠王	甘肃平凉
	唐定王	河南南阳
	郢靖王	安陆（今湖北钟祥）
	伊厉王	河南（今河南洛阳）

资料来源：刘毅《明代帝王陵墓制度研究》，人民出版社 2006 年版，第 166 页。

四川位居长江上游，东扼长江，足为吴楚咽喉；北走秦岭，沟通秦岭肘腋；西南为高原环绕，为滇藏必经之地。战略上的重要地位，决定了它必然成为明王朝建藩封国的要地。洪武十一年（1378），在朱元璋进行第二次分封时，年仅 7 岁的第 11 皇子朱椿（1371～1423）被册封为蜀王。当时他的 3 个哥哥秦王、晋王、燕王正在北方边境执行军事任务，他便开始过问封国的事务，"独以礼教守西陲"①。其间曾以他的名义上报朝廷，请求派遣都指挥瞿能随凉国公蓝玉从

---

① 《明史》卷 117《蜀王椿传》。

大渡河出兵，以袭击“入寇”四川的“西番”①。

洪武十五年（1382），朱元璋下达了在成都修建蜀王宫殿的诏令。由于当时明军还在出征云南，四川境内一些地方还未完全平定，朱元璋为此敕谕四川都指挥使司及成都护卫指挥使司说：“蜀王宫殿俟云南师还，乃可兴工，以蜀先主旧城水绕处为外垣，中筑王城。敕至，徐图之，勿亟也。”② 为了建造蜀王府，朱元璋特地任命国子监助教陈南宾为蜀府长吏，监工督理。洪武十八年（1385）朱椿受命驻凤阳。洪武二十二年（1389），蜀王即将到成都，朱元璋专门命户部运钞30万锭赴蜀府，以备赏赐，并赐其随从军士1840人钞12700余锭③。根据明太祖诏谕景川侯曹震“非壮丽无以示威仪”④ 的精神，鉴于“蜀王之国各处土官来朝”的使节日益增多，原来的锦官驿显得狭窄，四川布政使司又奏准重新为之扩建⑤。经过8年（1382～1390）的营造，耗费了大量的人力物力，一座崭新的蜀王府城终于在五代后蜀宫城旧址的基础之上（即今成都市展览馆、后子门一带）耸立起来了。

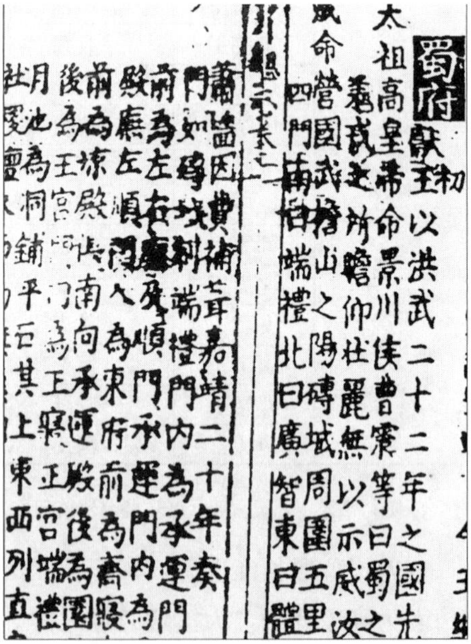
蜀府 獻王初以洪武二十二年之國先
太
祖高皇帝命景川侯曹震等曰蜀之
威命營國武擔山之陽磚城周圍五里
四門南曰端禮北曰廣智東曰體

图 3—13　万历《四川总志》书影

根据明正德《四川志·藩封·蜀府》记载，蜀王府位于成都大城之中，“五担山之阳”，王府环以萧墙。于是，这就形成为内、中、外三重城垣。其建制规模十分宏丽，依据文献记载表述，这座蜀王宫城“砖城周围五里，高三丈九尺。城下蓄水为壕。外设萧墙，周围九里，高一丈五尺。南为棂星门，门之东有过门，南临金水河，为三桥九洞以度。桥之南设石兽、石表柱各二。红桥

① 《明史》卷117《蜀王椿传》。

② 《明太祖实录》卷148。

③ 《明太祖实录》卷199。

④ 明正德《四川志·封藩·蜀府》。

⑤ 《明太祖实录》卷206。

翼其两旁。萧墙设四门：东曰体仁，西曰遵义，南曰端礼，北曰广智。端礼在棂星门之内，其前左右列顺门各二，直房各四。端礼门之内为承运门。门左右为东西角门。前为东西庑及顺门。承运门内为承运殿；前有左右庑；东西殿左右有东西府；东西偏（屋宇）为斋寝凉殿。后为圆殿。圆殿后有存心殿。又后为宫门，红墙四周，外左、右顺门相向。门内为正宫，鳞次五重。山川坛在萧墙内西南隅。其西为社稷坛，又西为旗纛庙。承奉司在遵义门左。其他长史、仪卫司、典宝、典膳、典服、典仪、良医、工正、奉祠、审理八所、广备仓库、左护卫俱错居萧墙内外"①。

  对成都城市史颇有研究的李劼人先生，终生致力于成都历史文化的研究。他描述说，明代蜀王府的规模很大，几乎占去当时成都城内总面积的五分之一，达38万平方米。北起骡马市街，南至红照壁街，东至西顺城街，西至东城根街。藩府有两道城墙，内城之中有十几座宫殿，内城之外，夹城之内为园苑。外墙外是御河，河上有三道拱桥。再南又有大桥三道，跨于金河之上两侧。整个宫殿坐北朝南，建筑巍峨雄伟，金碧辉煌。园林精致优美，亭台楼阁，小桥流水，鸟语花香，简直就是人间仙境，其中的"菊井秋香"被誉为当时成都的八大景观之一。宫城前面有三道门洞。门外是广场和宽100余尺的御道，与门洞正对。在600余米处，是一堵20余丈长、3丈来高的砖影墙，因为它是红色的，所以名为红照壁。在门洞外250米左右的东西两侧，各有一座亭子，是王宫的鼓吹亭，东亭名为龙吟，西亭称作虎啸②。

  2001年，成都市文物考古工作队在后子门展览馆一带多次发现明蜀王府的大量城墙遗址以及排水沟、天井、房屋等遗迹。经发掘调查，其中一段近200米的城墙为明代皇城内城"宫城"西北转角处的墙体。排水沟与城墙为一体，位于北墙下。天井位于两墙交接处，为一个4米见方的建筑，天井北墙与排水沟相连，城内积水从此处流入排水沟而流出城外。在天井南侧还出土了一段砖砌房基、一些明代的青花瓷片、大量的建筑构件残片和大型柱基。这处遗址的发现，从考古学上再次确认了史籍中恢弘壮观的明蜀王宫的具体位置。

---

 ① 四川省文史馆：《成都城坊古迹考》，四川人民出版社1987年版，第88~92页。
 ② 曾治中、尤德彦：《李劼人说成都》，四川文艺出版社2001年版，第12页；卢升弟：《蜀王府的风光与悲凉蜀王府》，《成都日报》2006年12月11日。

朱椿于洪武二十三年（1390）就藩四川成都府。洪武二十六年（1393）二月入朝谢恩，然后"还国"。关于朱椿赴蜀就国，民间有不少传说。据传，"献王入蜀，至嘉州（今乐山市），江涨，舟不得上。祷于神，风静水消，乃立庙迎祀"。于是，朱椿后来便在成都府东锦江街建五龙庙。献王抵达成都的当晚，"梦有神冠冕来迎者。王问为谁？对曰：陈子昂也"。随后，朱椿遂下令，在成都府治北门外驿站旁边立射洪祠，将"射洪土神"护送至此，"王因命立祠祀之"①。献王就国之初，蜀王宫殿尚未竣工，他曾经多次在城西古寺万佛寺游处，他去世后，"椿遗像具在寺中。时尤号为竹林寺"②。

据《明史》记载，朱椿"性孝友慈祥，博综典籍，容止都雅"，朱元璋因此尝呼他为"蜀秀才"③。他自幼喜爱文学，很有文学才能，因此被外国学者认为是一位"学者王子"④。在凤阳时，他辟西堂，延聘李叔荆、苏伯衡商榷文史。既至蜀，他首先聘请方孝孺为世子的老师，表其居曰"正学"。他最喜爱收藏典籍，据他的曾孙、第七代蜀王——惠王朱申鑿撰文说："我献祖开国于蜀，不贵金玉，所宝者惟圣贤经籍也。自经史以下，文章翰墨俱收蓄于内阁。"⑤此外，他还亲自到郡学讲学，增加诸博士生员的俸禄，并造安车奖赏修造王府有功的蜀府长使陈南宾等等。据史载，献王藩蜀期间，做了许多有利于四川文化建设与传播的好事。"蜀人由此安业，日益殷富。川中二百年不被兵革，椿力也。"⑥《全蜀艺文志》收有署名"蜀献王"的作品多篇。在《祭汉昭烈皇帝文》一文中宣称，我"幸开国于是邦"，希望"帝（汉昭烈帝刘备）与侯（汉丞相忠武侯诸葛亮）""神其洋洋，祐我蜀民，降福穰穰"⑦，表现了体恤蜀民的良好愿望。在《祭杜子美文》一文中对诗圣杜甫倾慕有加：鉴于"先生之精神犹水之在地，无所往而不在"，而浣花溪旁边的草堂仅存故址，衰败不堪，因此，他决定辟地一块，"命工构堂"，重修草堂，并题写匾名，"庶几过者仰慕乎先贤"⑧。在《跋

---

① 天启《成都府志》卷3。
② 四川省文史馆：《成都城坊古迹考》，四川人民出版社1987年版，第402页。
③ 《明史》卷117《蜀王椿传》。
④ 《剑桥中国明代史》第176页。
⑤ 蜀惠王：《草书集韵·序》，《全蜀艺文志》卷31，第835页。
⑥ 《明史》卷117《蜀王椿传》。
⑦ 《全蜀艺文志》卷50，第1535页。
⑧ 《全蜀艺文志》卷50，第1536页。

图 3-14 今日成都杜甫草堂

宋太史楹铭》一文中,引"从善如登,从恶如崩"古语,撰"青出于蓝,冰寒于水"名句①,体现了他博学善文的才能。王尝署居阃曰"忠武维藩"以自励②。朱椿自洪武十一年(1378)受封,至永乐二十一年(1423)去世,在位52年,谥曰"献",为蜀献王,是为蜀府第一代藩王。朱椿死后,由于世子朱悦燫先卒,悦燫嫡长子靖王朱友堉嗣立为第二代藩王。

二、蜀藩与朝廷

朱元璋分封诸王时,诸王最初在封国内都享有实际的主权。但到洪武二十六年(1393)处死功臣蓝玉的案件发生后,朱元璋开始减少和限制他们的权力和特权。这时朱元璋也许已经认识到,"诸王子可能会变得过分强大和不服管教,从而使他们有时会向皇帝权力挑战"③。为此,他制定了一部约束诸王子的法律——《祖训录》。根据这部精心设计的"家法",诸王子在封国内的独立程

---

① 《全蜀艺文志》卷59,第1737页。
② 同治《重修成都县志》卷16。
③ 《剑桥中国明代史》第192页。

度大大削弱了。经过多次修改的各种版本的《祖训录》，对封国藩王的权力进行了多方面的抑制。

朱元璋去世后，继位的建文帝继续执行这一套制度，并进一步考虑增强自己的权力而同时削弱诸藩王封国的权力。在建文元年（1399）一年之内，5个举足轻重的藩王：代王、周王、湘王、齐王、岷王的藩封被废除，下一个目标便是坐镇北京的燕王朱棣。正是在威胁一步步逼近之际，朱棣发起了针对朝廷的军事对抗行动，并取得最后胜利。后来这场持续了三年的内战被掩盖过去，而被称为"靖难"之役。

图3-15 明太祖朱元璋像（故宫博物院藏）

做了多年藩王而又以重兵登上皇帝宝座的朱棣，深知个中奥妙，唯恐其他亲王步自己的后尘，于是在取得诸王对新王朝的支持以后，他即着手对诸王分封制度进行改革，包括削减护卫军；改变洪武末年诸王节制武臣、指挥军队的格局，把军事系统指挥权转移到都司卫和边将武臣手中，听命于朝廷；重申不许诸王擅役军民吏士的禁令。其后各朝皇帝在明成祖朱棣改革的基础上，更进一步加强了对诸王的限制与防范，从而使宗室子孙逐渐沦为坐享俸禄的寄生群[①]。

这样，明朝就形成了与其他王朝不同的宗藩制度。概括这个制度的要点是：分封于各省各府的皇子，"外以庄藩卫，而实无事权"。他们以"王府之尊，而居于外郡"，一切支庶蕃衍，"皆仰给县官"。既不允许他们出仕，也不准从事别的生理。自成祖之后，朝廷还对宗藩制定了一系列"厉禁"，"所以箝制之者无不至"。例如，未经批准，不得"出城省墓"，非奉特旨，不得出城游猎、不得入朝等等[②]。

正是在这样的政治背景下，远在四川的蜀藩与朝廷之间形成了一种互相依存的特殊关系。

一方面，蜀藩在政治上坚定地站在明成祖一边。

---

① 参见张德信：《明代诸王分封制度述论》，《历史研究》1985年第5期。
② 赵翼：《廿二史劄记》卷32《明分封宗藩之制》。

明成祖即位后，朱椿立即遣世子朱悦燫来朝。其后，朱悦燫又多次来朝。永乐三年（1405）二月，蜀王朱椿来朝，五月又进荔枝等物，受到永乐帝的嘉赏，称"贤弟报明达之资，执忠孝之义，处善循理，秉心有诚，稽古博文，好学不倦，东平河间无以过也，引睇蜀国山川邈邈，贤贤亲亲，不忘朝夕。勉自爱重，用副所怀"①。蜀王的这一政治立场，在其后处理其同母弟谷王朱橞"图不轨"事件上得到了进一步的验证。明太祖的第19子朱橞，是朱椿同母弟，洪武二十四年（1391）就藩宣府（今河北宣化县），因宣府为古上谷地，故名谷王。当燕王起兵时，

图3-16 明成祖朱棣像（采自《中国历代人物图像集》）

他走还京师。及燕王军队渡江时，朱橞奉命守卫金川门，因开门迎降，燕王即位后，对他进行嘉赏，并开藩于长沙。朱橞因此居功自傲，骄横跋扈，"夺民田，侵公税，杀无罪人……招匿亡命，习兵法战阵，造战舰弓弩器械"，图谋不轨，"谋于元夕献灯"，选壮士入禁中，"伺隙为变"。又以"隐语"致书蜀王，"欲结蜀为援"。蜀王致书对他加以劝诫，不听。恰逢此时朱椿的第三子、蜀崇宁王朱悦燇，因获咎于朱椿，逃到长沙，投奔谷王。谷王朱橞乘机散播舆论，诡称"往年我开金山门出建文君，今在邸中，我将为申大义，事发有日矣"②。朱椿获报后，密遣仪宾顾瞻"奏谷王橞谋不轨"③。明成祖为此嘉奖其忠诚，赐书曰："王此举，周公安王室之心也。"④

另一方面，明成祖也对蜀王百般恩宠和器重。

明成祖为了嘉赏蜀藩的政治忠心，同时出于拉拢地方、镇守西陲的政治需要，称赞朱椿"处善循理，秉心有诚"，多次为蜀王世子、世孙赐名、赐婚、赐封号，表现出非同寻常的密切关系。与此同时，二者之间的馈赠与进贡也不断。永乐十六年（1418），朱椿来朝，还国时，明成祖对他赏赐有加，其赐品计有：

---

① 《明太宗实录》卷42。
② 《明史》卷118《谷王橞传》。
③ 《明太宗实录》卷178。
④ 《明史》卷117《蜀王椿传》。

钞六万锭、米万石。各色纻丝五百匹,纱罗各二百五十匹,胡椒三千斤,马一百零五匹,鞍二副,火者百人,其从官赐钞有差(详见下表)①。

表 3-7　永乐朝(1403~1424)中央朝廷与藩蜀来往关系表

时　　间	事　　件
永乐元年四月	蜀世子朱悦燫来朝
永乐二年二月	蜀世子朱悦燫辞归,赐钞 2000 锭
永乐二年四月	封蜀王二子华阳王、三子崇宁王、四子崇庆王、五子保宁王
永乐三年二月	蜀王朱椿来朝
永乐三年五月	蜀王朱椿进荔枝等物
永乐三年九月	蜀王世子朱悦燫来朝,册封世子妃
永乐四年九月	为蜀王长孙、世子朱悦燫子赐名朱友堉
永乐四年九月	封蜀王朱椿长女为长宁郡主
永乐四年九月	赐蜀王珍珠 192 两、白金 1500 两、钞 2 万锭
永乐五年八月	封蜀王次女为富顺郡主、三女遂宁郡主
永乐五年九月	蜀王遣丞封祭大行皇后
永乐五年九月	蜀王第六子出生,赐名悦烯
永乐六年十一月	赐蜀王火者 20 人
永乐七年七月	蜀世子朱悦燫讣闻,辍视朝三日,谥悼庄
永乐九年正月	上闻蜀王朱椿病,赐书令椿加意调摄,来京相见
永乐九年十月	为蜀王二女、三女配婚
永乐十五年正月	蜀王朱椿来朝,还国,赐赏有加
永乐十五年八月	封蜀王第四、七、八、九、十、十女为郡主
永乐十六年二月	为蜀王第四、七、八、九、二十一女配婚
永乐十六年十二月	为蜀王第十女配婚
永乐十八年四月	蜀王第九女昭化郡主死,遣官赐祭,治丧葬
永乐十八年十月	蜀王第八女金堂郡主死,遣官赐祭,治丧葬
永乐十八年十二月	蜀王第十女顺庆郡主死,遣官赐祭,治丧葬
永乐十九年四月	蜀王第十一女江安郡主死,遣官赐祭,治丧葬
永乐二十一年九月	蜀王朱椿去世,赐谥号蜀献王
永乐二十二年九月	蜀嫡长孙朱友堉来朝
永乐二十二年十月	命朱友堉袭封蜀王,封蜀王六子悦烯为永川王

资料来源:《明太宗实录》、《明仁宗实录》。

① 《明太宗实录》卷 184。

这种互相依存的关系到了明代中后期又得到进一步发展。明世宗推行礼制改革中，蜀王又一次坚定地站在皇帝一边。嘉靖二十年（1541），明世宗建太庙，蜀王一次性献黄金60斤，白金600斤①。嘉靖三十九年（1560），蜀康王之世子宣圻即后来嗣王位的蜀端王，以"助工"的名义，一次就奉献黄金1000两，白金1万两②。万历十九年（1591）蜀端王又捐资助边，平定"番寇"。万历三十二年（1604）为平定播乱，蜀端王再"捐金犒士，助饷除凶"③。为此，明神宗两颁《赐蜀王敕》，命四川抚按官办送花币羊酒，并赏金500两，自行建坊④。于是，四川抚按官就在蜀府端礼门外建了一座牌坊，上面有御赐的"宗贤懋著"四个大字⑤。

在整个明代各朝，蜀藩都被朝廷树为榜样，作为"诸藩之劝"⑥。《明史》说，在明代诸王中，蜀府诸王对中央王朝是颇守法度的。"自椿以下四世七王，几百五十年，皆检饬守礼法，好学能文。孝宗恒称蜀多贤王，举献王家范为诸宗法。"⑦

三、嗣位之争

从洪武十一年（1378）朱元璋分封第一代蜀王朱椿开始，到崇祯十七年（1644）八月明末农民起义军张献忠攻破成都，末代蜀王朱至澍率妃妾投于井，蜀藩绝嗣为止，蜀藩共历十世十三王，计267年。蜀藩王为明王朝镇守西陲达两个半世纪之久，其间的嗣位之争不断，王室内部的纷争从未停息。

以下是13代蜀王的世系简表：

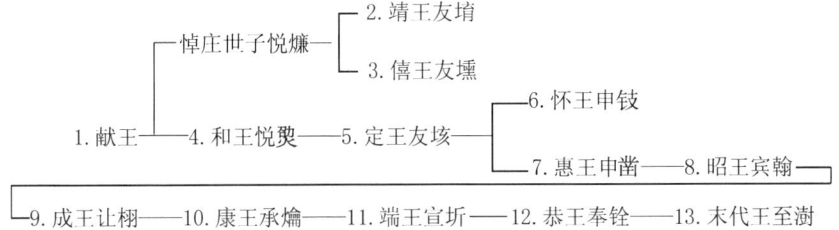

---

① 《明史》卷117《蜀王椿传》。
② 《明世宗实录》卷484。
③ 《明世宗实录》卷484。
④ 天启《成都府志》卷51《赐蜀王敕》。
⑤ 《明神宗实录》卷393。
⑥ 天启《成都府志》卷51《赐蜀王敕》。
⑦ 《明史》卷117《蜀王椿传》。

第三章 明代四川的政治

根据明代之制,亲王嫡长子年十岁,授金册宝,立为王世子。次嫡及庶子皆封郡王。凡王世子必以嫡长子,王年三十,正妃未有嫡子,其子止为郡王。待王与正妃五十无嫡子,始立庶长子为正世子,袭封①。在以上13代蜀王中,除献王出自直接分封的外,其余12王中通过嫡长子(世子)直接承袭王位的有8个,即第3、6、7、8、10、11、12、13代;其余4个王位(第2、4、5、9代)的承袭,则是因为前代绝嗣,而不得不通过补立世子的方式产生的。由于补立世子时,够资格的郡王人数众多,无论选谁,其结果都会在王室内部引起不和。于是,为争夺后嗣,实际上也就是为争夺王位,免不了要引起王室的内部倾轧。其中,以第二代蜀王绝嗣,争夺候补世子后嗣的斗争最为突出。

第二代蜀王本该朱椿世子朱悦燫承袭王位,但他却于永乐七年(1409)七月先卒。死后葬成都凤凰山。根据嫡长制的原则,朝廷便确立献王嫡孙、朱悦燫的长子靖王朱友堉为嗣。此事引起了诸郡王的不满,最终导致朱悦燫的弟弟、华阳王朱悦燿率先行动,"谋夺嫡"②。事情的缘由是:华阳王朱悦燿,"蜀献王庶长子,素放恣不律,不为献王所爱"。初,世子悦燫去世,悦燿"觊望为嗣"。及朝廷命悦燫子友堉为嗣,悦燿"不悦之迹益著"③。蜀献王发觉后,借别的过失打了他100大板,并准备将他械送朝廷。后经朱友堉力请,这才得以解脱。永乐二十一年(1423)蜀献王去世时,朱悦燿又乘蜀靖王朱友堉正在京师应天

图3—17 成都凤凰山明墓出土木质谥宝(采自《考古》)

---

① 《明史》卷54《礼志》。
② 《明史》卷117《蜀王椿传》。
③ 《明宣宗实录》卷104,原文作"悦燿",今从《明史》卷117《蜀王椿传》。

(今南京）的机会，偷窃王府国故钱币。蜀靖王回到成都后，没有追究。朱悦燖却反而诬奏朱友堉怨诽。明成祖亲自将二人诏自京师问讯，未几，成祖去世，仁宗继续进行调查。结果，仁宗察其诬，斥责朱悦燖说："嫡庶大分，汝敢干之，诬正为邪，将无鬼神乎！"鉴于"此人行亏忠孝，心怀奸诡"，如果将其放归四川，"终将乱国"。于是，作为两全之策，随命蜀靖王朱友堉归藩成都，而将朱悦燖迁于澧州（今湖南澧县）①。至此，这场王室内部的风波方才平息。

以上只是蜀王嗣位之争中有关候补世子争夺中的一幕闹剧。从明代文献中得知，靖王死后，无子，由母弟罗江王友壎嗣位，是为僖王②。僖王死后，由献王第五子保宁王嗣位，是为和王。其后，经过两传，即由和王传子友垓，是为定王，再由定王传子申鈘，是为怀王。在怀王死后，又由申鈘弟申凿嗣位，是为惠王。在这几代蜀王绝嗣，另由其弟改封承袭王位的背后，推知少不了还会有类似于朱悦燖这样的"觊望为嗣"的事件发生，只是因史料乏载，今天已难知其详。

上述事件与蜀王嗣位之争直接有关，其后还不时发生一些与此事件有关的余波。如景泰三年（1452），蜀府镇国将军朱友壁奏称，他的祖父蜀献王曾经分给他王庄上的37户人家，但是，"今兄华阳王友堚占用不给"。此事告到朝廷，明英宗为此裁决说："命华阳王分给之，无废亲亲之义。"③ 此处之华阳王友堚，即被改封在澧州的朱悦燖之子。他之所以霸占37户人家不归还，其中就牵涉到嗣位问题。成化九年（1473）华阳王朱友堚奏称，他的父亲是蜀献王次妃所生，为第二子。他的叔父保宁王"乃献王宫人所生，为第五子"。言外之意，蜀王王位本该由他这一支后裔承嗣。但是，现在却由保宁王的子孙袭封。保宁王袭位为蜀和王后，"享有封国之富"。而他却因父亲封在澧州，"窘乏殊甚"，为此，他提出要参与祖父蜀献王的遗产分配，要求"以献王所遗金帛、器物、内使、宫女、官校分赐于臣"。此事下到礼部议论，礼部官员以"蜀王嗣位已久，莫敢更议"为由，将此案推给明宪宗"上裁"。明宪宗最后裁决道："蜀王承袭已定"，不可更改；但念及"华阳王之贫，量与白金济用"，其余就免谈了。其后，

---

① 《明史》卷117《蜀王椿传》；《明宣宗实录》卷104。
② 僖王，《明史》作朱友㙉，僖王墓志作朱友壎，今从墓志。
③ 《明英宗实录》卷217。

华阳王去世,蜀王得知后,即付与华阳王的儿子"银五百两"。但其子"以数不足",不予接受,此事又闹到朝廷。明宪宗为此赐敕曰:"先因尔父华阳王奏分蜀献王遗资,已令蜀王量与银两,本无定数,既有五百两,亦为厚矣。岂可再索?敕至,即可领用。自宜安分受禄,图称藩府之道,毋复妄意需[索]求。有乖亲亲之谊。"①

蜀王嗣位之争仅仅是蜀藩宗室内部倾轧的一个缩影,至于蜀府郡王及其以下一级人员的袭封与改封,因为缺乏资料,故无法估计有多少宗室成员卷入斗争的漩涡之中。

四、蜀藩在四川

按照明代之制,藩府与地方的关系是:"分封而不锡土,列爵而不临民,食禄而不治事。"②受封的亲王在地方享受的待遇分封丰厚,即所谓"岁禄既多","富厚"无比③。亲王在地方的经济来源,主要仰仗于岁禄。但由于各地宗王在地方的分布数量不同,加之地利条件有别,所以,其"富厚"的程度是大有差别的。正如明臣所说:"查得分封地方,山西、湖广各十处,河南七处,陕西四处,江西、山东各三处,四川、广西各一处。盖宗室数少,则常录可需,易与为善。数多则党众禄窘,亦易为非。"④在海内各大省中,蜀藩"拥厚赀,为世指名"⑤。蜀王的"富厚"在地方诸藩中是屈指可数的。究其原因,在于"蜀仅有一王不足累"⑥;加之得天府之国的地利优势,物产丰富,"其产则有五谷、六畜、金银、竹木、丝麻、木棉、盐油、铜铁、药物之利,足以丰殖,不假他方"⑦。正因为如此,所以,蜀王不仅常年岁禄无虞,而且还能够凭借其在经济上的富足优势,累累在资助朝廷上有所作为,从而获得皇帝在政治上的宠信,同时换来更多的经济权益。

根据明代嫡长子继承皇位,余子分封为王的制度规定,其余宗室人员的爵

---

① 《明宪宗实录》卷119。
② 《明史》卷120《诸王传·赞》。
③ 赵翼:《廿二史劄记》卷32《明分封宗藩之制》。
④ 何起鸣:《条议宗藩至切事宜疏》,《皇明经世文编补遗》卷1,中华书局1962年影印本。
⑤ 刘景伯:《蜀龟鉴·凡例》。
⑥ 王世贞:《同姓诸王表序》,《皇明经世文编》卷333,中华书局1962年影印本。
⑦ 费密:《荒书》。

位分为八等：皇帝众子封为亲王；亲王嫡长子立为亲王世子，其余众子封为郡王；郡王嫡长子立为郡王世子，其余众子封为镇国将军，郡王之孙封为辅国将军，郡王曾孙封为奉国将军，郡王四世孙封为镇国中尉，郡王五世孙封为辅国中尉，郡王六世孙以下皆封为奉国中尉。尽管这些宗室子弟"贤愚杂出"，但却一律"其生也请名，其长也请婚，禄之终身，丧葬予费"①。宗禄标准是：亲王岁给禄米万石，郡王二千石，镇国将军一千石，辅国将军八百石，奉国将军六百石，镇国中尉四百石，辅国中尉三百石，奉国中尉二百石；公主及驸马二千石，郡主及仪宾八百石，县主及仪宾六百石，郡君及仪宾四百石，县君及仪宾三百石，乡君及仪宾二百石②。此外，郡王的护卫军及仪卫司人役，并乐户之类，"俸饷皆支于官"③。

《明史·诸侯世表》记载，明朝蜀藩传袭10世，共有13个藩王、1个王世子。赐封的蜀藩郡王，系统较为复杂，除晋袭为藩王的罗江王、保宁王、通江王三支郡王外，献王直系后裔中，还有崇宁王、崇庆王、永川王三支郡王被封在四川，一支郡王即华阳王（献王庶二子），被赐封在省外（湖南澧州），另有旁支系统的13支郡王：黔江王、内江王、德阳王、石泉王、汶川王、庆符王、南川王、江安王、新宁王、东乡王、隆昌王、富顺王、太平王④。

此外，还有一支"蜀府梁山郡王"⑤，以及被安置在保宁府的寿王等等。寿王原赐封在江西袁州府（今江西宜春市）建府第，有司以当地"不堪为言"为由，最后由工部奏请，改在四川保宁府建造府第⑥。相应地，他的禄米也"命万县岁拨抽分盐银之半给寿王府供用"⑦。

明人王世贞说："隆庆、万历之际，宗室蕃衍，可谓极矣。"据王世贞统计，当时全国共有亲王28位，郡王251位，将军7100位，中尉8951位，郡主、县主、郡君、县君7073位，庶人620位，合计有24023位⑧。其中，四川藩府成

---

① 《明史》卷116《诸王传·序》。
② 《明太祖实录》卷242。
③ 赵翼：《廿二史劄记》卷32《明分封宗藩之制》。
④ 《明史》卷101《诸侯世表》。
⑤ 《明英宗实录》卷324。
⑥ 《明孝宗实录》卷106。
⑦ 《明孝宗实录》卷188。
⑧ 王世贞：《弇山堂别集》卷1。

员具体数量为：亲王数1，郡王数7，将军数46，中尉数72，郡县主君数56，合计182人，在八大藩府中名列第七①。事实上，蜀藩郡王大部分封于隆庆、万历之前，据《明史·诸侯世表》统计，在川建府邸的郡王数量即多达14人，其中分封于永乐朝4人、宣德朝2人、正统朝2人、天顺朝3人、成化朝2人，外加弘治朝1人（寿王）。嘉靖礼部尚书梁材曾经列举当时几个宗藩人数与其岁支的禄米数量：山西宗藩数1851人，岁支禄米872306石，山东宗藩数361人，岁支禄米139237石，湖广宗藩587人，岁支禄米259830石②。如果按照这一比例，按照王世贞所列四川藩府182人推算，整个蜀府岁支禄米起码应在70000至80000石之间。但由于王世贞所统计的蜀藩郡王人数比实际数少了一多半，因此，这一推算实际是不准确的。崇祯十七年（1644），张献忠入据成都后，为斩尽残明复辟势力，曾经下令各郡县"起送王府宗室"，结果，共抓获"王府宗室暨家口数万人，皆杀之"③。因此，如果按照亲王、郡王、将军、中尉、郡县主君等实际人数，把这部分的禄米也加进去计算，那么，四川地方为供养这庞大的寄生阶层，每年恐怕至少得提供禄米数十万石以上。

供应地方藩王宗室的禄米，按例一般在各地的储备粮仓中拨给。由于庞大的宗室俸禄已成为明朝承重的负担，宣德以后，朝廷不得不改行禄米折色，以减轻宗室禄米给社会经济造成的困难。按照规定，一般宗藩成员的宗禄实行米、钞兼支，各给一半的制度；后期演变为三分本色支粮，七分折钞的办法。但在四川的宗藩却可享受"量加一分支给"的特殊待遇。例如宣德六年（1431），拨给蜀府保宁、永川、罗江三王"岁禄"各二千石，"于四川布政司附近府、州、县米钞中半支"④。景泰元年（1450），拨给内江王、德阳王"岁禄各二千石，米钞中半支"⑤。万历十四年（1586）四川抚按官在一份报告中称："四川王府禄粮于丰、宁二仓（按二仓即广丰仓与广宁仓，均在成都府）折米，内江、新都二县存留米内拨给。自（万历）十四年为始，另立王粮名色，照数征解听支，

---

① 参见安介生：《明代山西藩府的人口增长与数量统计》，《史学月刊》2004年第5期。
② 《明世宗实录》卷514。参见张民服、徐晶：《明代河南宗藩浅论》，《商丘师范学院学报》第18卷第1期，2002年。
③ 沈荀蔚：《蜀难叙略》。
④ 《明宣宗实录》卷77。
⑤ 《明英宗实录》卷188。

其折钞分数要将郡王以下旧封者仍折六分,以后新封者遵例止折二分,永为定规。"部议认为一般"折钞比例不过三分,该藩数折数独多,恐非划一之制"。但明神宗还是决定应予照顾:"该府折禄钞银,既原与各处不同,准照新例外,量加一分支给。"①

亲王的分例本属丰厚,除岁禄之外,还有许多特殊的赏赐,如"绢布盐茶马草,各有支给";"又有草场滩地之赐"等等②。至于婚丧嫁娶、修建宫殿城池,为宗室服务的仪仗、卫队、官员以及宗室遗孀的临时性补贴,更是不计其数。例如成化九年(1473),明宪宗一次性赐给已故汶川王妃蒋氏"食米三百石",赐给永川王女"新都县主食米二百石"③等等。

图3-18 成都琉璃乡明蜀定王妃墓

亲王在地方的经济收入,还来源于朝廷赐给的各种经济特权。例如,朝廷赐给蜀府每年"食盐百引"。正德元年(1506)蜀王以每年百引食盐"日用不给",要求自行到泸州进行采购,希望朝廷放宽"关津之禁"。户部担心此例一开,会引出"越境私贩,或影射夹带,关津不敢盘诘"的弊端。虽然请求没被批准④,但随后又"加给蜀王食盐二十引",加上旧额,已累计超过百引⑤。事实上,直到万历年间,王府的"四川盐井榷茶银"⑥仍属于朝廷要收没的对象,可见蜀藩并未放弃在这些方面的经济收入。另外,朝廷还以蜀府"所畜马原无

---

① 《明神宗实录》卷176。
② 赵翼:《廿二史劄记》卷32《明分封宗藩之制》。
③ 《明宪宗实录》卷122、202。
④ 《明武宗实录》卷14。
⑤ 《明武宗实录》卷156。
⑥ 赵翼:《廿二史劄记》卷32《明分封宗藩之制》。

草场"为由，命令有司每年供给"养马料草"①。如此等等，不一而足。

明代蜀府藩王都是大地主，明太祖赏赐给蜀藩大量的田产。例如，"以成都府万年池及南渎庙池租，给蜀府岁用"②。其后，又赐给大量庄田。据隆庆年间的《碑记》揭露，在今金堂县蜀王拥有一座王庄——"金雁庄"。该王庄的来历是：洪武中，"以三学（山）、云顶（山）及走马滩赐蜀藩为金雁庄"③。又如，明孝宗一次赐给"寿王保宁王府田四百三十顷有奇"④。以至到了万历年间，成都附近州县的土地，"为王府者十七，军屯十二，民田仅十一而已"⑤。藩府的庄田，除得自朝廷赐予外，还依仗权势，不择手段地通过

图3-19 嘉庆《金堂县志》书影

请乞、私占、接受投献等各种方式霸占大量民田。以至到了崇祯时，"蜀中奸民悉以他人田产投势家"⑥。在四川，最大的势家非蜀王莫属。

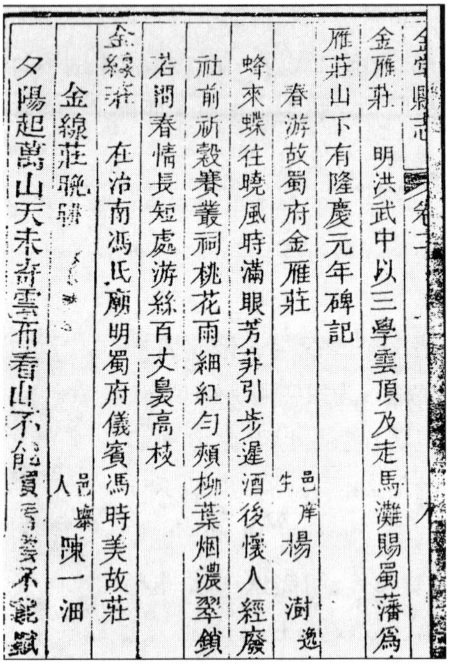

将田产投献于蜀府，名义多种多样。以修建寺庙，而使成都附近的一些郊县寺庙、土地成为王府所有者，即是其中的一种。如在灌县秀峰山（即今都江堰市青城山西大面山，俗称赵公山），在历史上即称为"蜀府官山"。其得名就是由于"洪武间，献王分封之初，一闻斯境，遂捐储蓄，鸠工命匠，始建一

---

① 《明宪宗实录》卷238。
② 《明太祖实录》卷208。
③ 嘉庆《金堂县志》卷2。
④ 《明孝宗实录》卷158。
⑤ 《明神宗实录》卷421。
⑥ 《明史》卷292《马如蛟传》。

□□曰上皇，复建一□曰中峰，又构一亭名曰蜀府官山”①。此山之上皇观最初也许是蜀献王出资助修的，其后从“蜀府官山”之名推知，可能也投献为王府私产了。1995 年，成都市蒲江县在始建于北宋淳化元年（990）的圆觉寺（今蒲江县五星乡元觉村）出土了明代石刻文物 30 多件，其中有万历二年（1574）石刻文字一通，上书“南川王府所属圆觉寺”。这表明当时蒲江县圆觉寺是直属于明朝南川王府所管辖的②。宗室通过各种特权大量兼并土地，进一步加剧了成都地区土地的高度集中，使得百姓更加贫困化。明天启《成都府志》写道：“成都虽名沃野，而他道之仰给者颇奢……况天潢派衍，而腴田膏土，尽是王庄，贫民或为彼佃户，以偿租佣，此亦天府中之最可悯者。”③

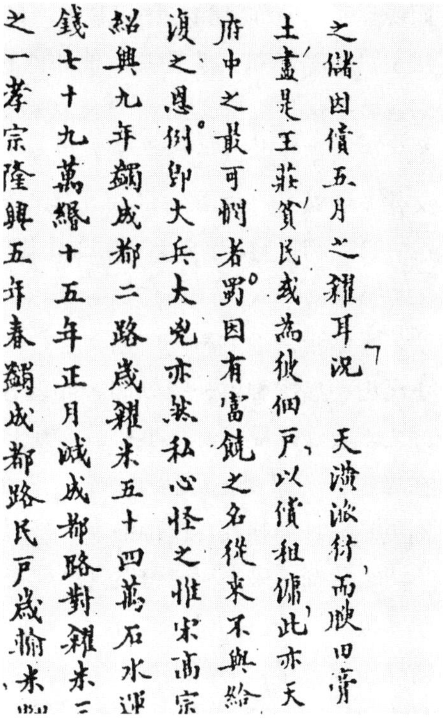
之儲因償五月之雜耳況　天潢派衍而腴田膏
土盡是王莊貧民或為彼佃戶以償租傭此亦天
府中之最可憫者蜀因有富饒之名從來不與給
復之恩例即大兵大兇亦然私心怪之惟宋高宗
紹興九年蠲成都二路歲糴米五十四萬石水運
錢七十九萬緡十五年正月減成都路對糴米三
之一孝宗隆興五年春蠲成都路民戶歲輸米

图 3—20　天启《成都府志》书影

正因为蜀藩宗室过着优裕的寄生生活，而又不从事任何政事和谋生职业，所以，唯一能做的就是嗜好文学和收藏。除第一代蜀王是这方面的典范外，其后的历代蜀王莫不步其后尘。据《明史》记载，蜀王府自朱椿以下四世七王，几百五十年，“皆好学能文”④。在历代蜀王中，“自献王椿以下四世七王，皆好文学，谨守礼法，自康王（第十代）至于至澍（末代）亦四世，无闻德焉”⑤。第七代惠王朱申凿、八代昭王朱宾瀚、九代成王朱让栩等都被认为是“贤王”，

① 正德十六年（1521）许淳：《蜀府重建秀峰山碑》，载都江堰市地方志编委会：《都江堰市金石录》第 71～72 页，四川人民出版社 1999 年版。又都江堰市文物管理所收藏有嘉靖四十年（1561）葬于“四川西蜀内江王府官山崇善寺”的买地券一件，墓主为崇善寺僧人相银，由此证明此境亦有王府官山。

② 龙腾：《蒲江县出土一批明代石刻》，《成都文物》1995 年第 3 期。

③ 天启《成都府志》卷 4。

④ 《明史》卷 116《诸王传》。

⑤ 刘景伯：《蜀龟鉴》卷 2。

而受到明廷的称赞和好评。其中，第七代惠王朱申凿12岁时被明朝皇帝封为通江王，13岁即被封为蜀王。他和他的曾祖父献王一样，一生嗜好收藏，钟情于书法。据他自己撰文说："予于国政之暇，必草书三五幅以畅其情，恒以淳化石刻历代名臣法帖以效。"① 第八代蜀王朱宾瀚在弘治十三年（1500）七月为四川文化发展做了一件有益的事：经他的请求，明孝宗赐给四川一部《大明一统志》，以及其他文化典籍②。第九代蜀王朱让栩，于正德五年（1510）被封蜀王，嘉靖二十六年（1547）去世，在位37年。据《明史》记载，朱让栩"尤贤明，喜儒雅，不迩声伎，创义学，修水利，赈灾恤荒。嘉靖十五年，巡抚都御史吴山、巡按御史金粲以闻。赐敕嘉奖，署坊曰'忠孝贤良'"③。历代蜀王嗜好文学收藏，提倡文化事业，客观上有利于四川文化事业的恢复和发展。不过，在蜀王中，即使是称得上"贤王"的，也只知"积琴书古玩"；而"不肖者"，则更是"暮宴朝歌，肉山酒海，坐视兵民饥困而不恤"④。

末代蜀王朱至澍"惟耽文学，日与四近侍赋诗饮酒于丽春轩内，刻翠剪红，唱和极多"。五月五日浣花溪竞渡龙舟，蜀王下令与民同乐，饬制画舫携妃侍出游，笙歌夹岸，采鹢成行。王顾而乐之，乃赋诗曰："浣花溪上玩龙船"，有嫔妃应曰："令下游人莫敢先。长乐乐宣明主日，合欢酒献蜀王前……盛世人咸歌盛节，愿歌沃野绝烽烟。""末句盖寓安不忘危之意。王亦不悟。乃令群侍各进和章，普赐宴于龙舟。伶人演剧奏以长乐之乐，极一时之盛事也。"⑤

明代蜀藩不仅残酷剥削蜀民，而且还仗恃权势，鱼肉百姓，严重虐民害民。西方传教士证实，"蜀王府中之太监平素倚势凌人，直如负嵎之虎"⑥。早在成化六年（1470），就发生过四川按察使郭纪被蜀王诬陷下狱的事件。先是，有蜀府护卫卒15人，"白昼攫人金于市"，被众人抓住送官，在审讯中有3人被杖死。为此，惹怒蜀怀王朱申钲，他因此奏劾郭纪"酷暴"，还诬陷郭纪犯了乘轿过蜀府端礼门不下轿，并"叱骂守门千户等罪"。结果，郭纪被逮捕下狱，后遇

---

① 蜀惠王：《草书集韵·序》，《全蜀艺文志》卷31，第835页。
② 《明孝宗实录》卷164。
③ 《明史》卷117《蜀王椿传》。
④ 刘景伯：《蜀龟鉴》卷2。
⑤ 乾隆《遂宁县志》卷12。
⑥ 古洛东：《圣教入川记》，四川人民出版社1981年版，第11页。

赦才得释放①。

类似包庇下属、仗势干预地方行政、扰民害民的事，到了中后期更是层出不穷。天启二年（1622），蜀府左护卫指挥何起登涉嫌"赃私"，巡按御史陈睿"以不法"罪，将其访拿法办。本来，这起案件决非偶然，与蜀府一贯放纵王府官员不遵法度有关。但事后蜀恭王朱奉铨不仅不予回避，反而多方袒护，责怪有司自行擒拿。对此，刑部尚书薛贞批驳说："蜀藩仪卫官员实繁有众，其间守法者固多，逾闲者亦不少，如左护卫指挥何起登坐有脏私，岂尽风影？御史以朝廷法治，王府自不应避责。今蜀府援例奏请，亦俗存藩体耳。然藩体当隆法纪，亦宜肃除。"②

王府宗人欺压百姓，为非作歹，令当地人民忍无可忍，不得已采取焚烧王府的抗争行动。崇祯四年（1631），"蜀宗人虐民，民相聚，将焚内江王第"③。值得注意的是，这类焚烧王府的事件决非个别。万历三十六年（1608），蜀王府发生火灾，导致"东府尽焚"。万历四十一年（1613）五月，蜀王府再遭一场大火灾，重要的门坊殿阁全部化为灰烬。万历四十四年（1616），"蜀府复灾"④。万历末，曹学佺任四川左参政、按察使，奉命调查蜀王府损失情况和修复可能性，估算修复工程需白银70万两，大大超出了明王朝对宗藩的财政补贴数额。因此，终明之世，蜀王府没有得到重建⑤。这一连串王府被焚事件，其中不全是自然灾害引起的，可能也与当地百姓对王府的不满泄愤有关。由此看来，到了明末，四川人民针对王府的行动已经表面化，官民呈公开对抗的趋势，这时地方司吏、僮仆也加入进来，站到王府的对立面是毫不奇怪的。

到了明末，成都平原民众发动除"五蠹"运动，其中的"府蠹"，指的就是投献王府，武断乡曲，依仗王府势力横行霸道者（详本章第三节之"流寇入川"）。王府赫然成了在这场斗争中的重点打击对象，这一现象足以表明，被明朝统治者树为"贤王"的蜀府形象，这时在老百姓心中已经破灭。其结果必然导致王府的覆灭。正如明末清初人士所说："世族贵胄骄淫矜夸，生齿既繁，教

---

① 《明宪宗实录》卷85。
② 《明熹宗实录》卷79。
③ 嘉庆《四川通志》卷112。
④ 《明神宗实录》卷508。
⑤ 张学君、张莉红：《成都城市史》，成都出版社1993年版，第118页。

第三章 明代四川的政治

养失道，遂使秦楚百姓啸聚为寇，及至王室覆没，生灵涂炭。"①

五、蜀王陵墓

按照明朝惯例，已经分封之国，并且传之子孙的皇子，一般死后都葬在各王府所在地附近。因此，蜀献王以及其后的历代蜀王死后，也都依制葬在成都附近。对这些陵墓的位置，明清以来的地方志书虽然不乏载录②，但由于经过明末农民战争和清初以来的巨大社会变迁，仅存的遗址也难见踪影。在缺乏地下出土文物佐证的情况下，文献所记述的历代王陵变得真假难辨，更加扑朔迷离。

上世纪70年代以来，随着国家建设工程的推进，在成都市近郊，陆续有明代蜀藩王陵墓葬被清理发掘出来③。这些发掘使得掩埋在地下达500年之久的历代蜀王陵寝终见天日，为进一步研究明蜀王陵提供了丰富的资料，有助于揭开长期笼罩在蜀藩头上的神秘面纱。

结合近年来的考古发现与推断，可以初步梳理出建藩四川达260多年的蜀王的世系及其陵墓的位置（见下表）。

表3—8 蜀藩王世系及陵墓位置对照表（1378～1644）

蜀王	姓名	世代	在位时间	享年	世子	郡王	王妃	葬地
献王	朱椿	第一代	45年 洪武十一年（1378）至 永乐二十一年（1423）		悼世子 悦燫	崇宁王 悦燇 保宁王 悦熑 华阳王 悦燿		成都治北 天回山

---

① 李蕃：《明末清初雅安受害记·雅安追记》，民国石印稿本。
② 详见嘉靖《四川总志》卷3、乾隆《四川通志》卷29、嘉庆《四川通志》卷44，以及同治《重修成都县志》卷2等。
③ 参见：中国社会科学院考古研究所等：《成都凤凰山明墓》，（《考古》1978年第5期；成都文物考古研究所等：《成都明代蜀僖王陵发掘简报》，《文物》2002年第4期；王毅等：《成都地区近年考古综述》，《四川文物》1999年第3期；谢涛：《成都市潘家沟村明蜀王、王妃墓》，《中国考古学年鉴·1998年》，文物出版社2000年版；成都市文物考古研究所：《明蜀定王次妃刘王氏墓》，《成都考古发现·1999》，科学出版社2001年版；《成都市红牌楼明蜀太监墓群发掘简报》，《成都考古发现·2003》，科学出版社2005年版。此外，近年来研究明蜀王陵的成果，主要有：薛登、方全明：《明蜀王和明蜀王陵》，《四川文物》2000年第5期；刘毅：《明代帝王陵墓制度研究》，人民出版社2006年版，等。

第三章 明代四川的政治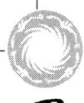

续表

蜀王	姓名	世代	在位时间	享年	世子	郡王	王妃	葬地
靖王	朱友堉	第二代	6年 永乐二十二年（1424）至宣德六年（1431）		罗江王友埙			成都天回山
僖王	朱友壎	第三代	2年 宣德七年（1432）至宣德九年（1434）	26岁			赵氏	成都龙泉驿区十陵镇
和王	朱悦燫	第四代	26年 宣德十年（1435）至天顺五年（1461）	65岁			徐氏	华阳县东金华山（今成都双流县籍田）
定王	朱友垓	第五代	天顺七年（1463），同年去世，在位仅一年		世子申鈘	通江王朱申凿	蒯氏王氏	四川仁寿县东溪山
怀王	朱申鈘	第六代	7年 天顺八年（1464）至成化七年（1471）					成都锦江区三圣乡
惠王	朱申凿	第七代	22年 成化七年（1471）至弘治六年（1493）	35岁	世子宾瀚		陆氏梁氏	成都龙泉驿区洪河镇
昭王	朱宾瀚	第八代	14年 弘治七年（1494）至正德三年（1508）		世子让栩		刘氏	成都东郊五桂桥
成王	朱让栩	第九代	37年 正德五年（1510）至嘉靖二十六年（1547）		世子承爚		刘氏	华阳县东春明山（今成都龙泉驿区十陵镇青龙村）
康王	朱承爚	第十代	10年 嘉靖二十七年（1548）至嘉靖三十七年（1558）		世子宣圻			华阳治东永秀山
端王	朱宣圻	第十一代	51年 嘉靖四十年（1561）至万历四十年（1612）		世子奉铨			华阳县东毓灵山

119

第三章 明代四川的政治

续表

蜀王	姓名	世代	在位时间	享年	世子	郡王	王妃	葬地
恭王	朱奉铨	第十二代	万历四十三年（1615）至万历四十三年（1615）		至澍			
无谥号	朱至澍	第十三代	28年 万历四十四年（1616）至崇祯十七年（1644）					

资料来源：本表由成都市文物考古研究院荣远大博士提供。

据估计，四川明蜀王室陵墓（包括历世亲王、郡王、镇国将军、辅国将军及其女性王室成员等）不少于300座，在成都龙泉区的西部，估计有百座以上。但是经过多年调查探访，目前只勘得23处，凡26座①。为什么在成都及其四郊会聚集数量如此众多的明蜀王陵墓群？从已经发掘的墓葬群中，我们可以读出一些什么样的文化信息？下面，试作一粗浅的分析。

首先，数量如此众多的朱明王室家族的墓群集中分布在成都及其四郊，与明代的藩王制度设计有关。如前所述，明朝的藩王制度，不让王室成员带兵、干政，只让他们在"后花园"中坐享安乐生活。按照朝廷藩王制度的规定，郡王虽各有封地，封地内皆建有府第，但他们皆不进住自己的封地，而于本藩亲王建邸地府城或州城之内，以及该府州直辖的城郊地区修建郡王府邸居住。也就是说，在川的郡王生前均集中居住在成都府城及首县境内，死后自然照样就近择葬于成都四郊和毗邻的州县土地之上。既然成都附近州县土地70%被王府所占，他们死后，自然忘不了把生前在这片土地上醉生梦死、享乐腐化的生活带进"地下佳城"。正是在这种背景下，当年一座座地下宫殿就这样在成都四郊及其毗邻州县建造起来了。目前，根据文献记载和实地发掘初步推断，在成都市北郊凤凰山一带，为时代较早的蜀王陵墓区，蜀献王世子朱悦燫的墓葬就在这里；成都市东郊龙泉区十陵镇至洪河镇这一大片黄土垅岗区域，为蜀王陵墓的集中区，墓主除蜀王、王妃外，还有若干郡王、将军墓；在华阳县黄龙溪北岷江东岸，还有一座大墓，砖券结构，推测为蜀和王陵。②

---

① 薛登、方全明：《明蜀王和明蜀王陵》，《四川文物》2000年第5期。
② 冯汉骥：《前蜀王建墓发掘报告》，文物出版社2002年版，第2页。

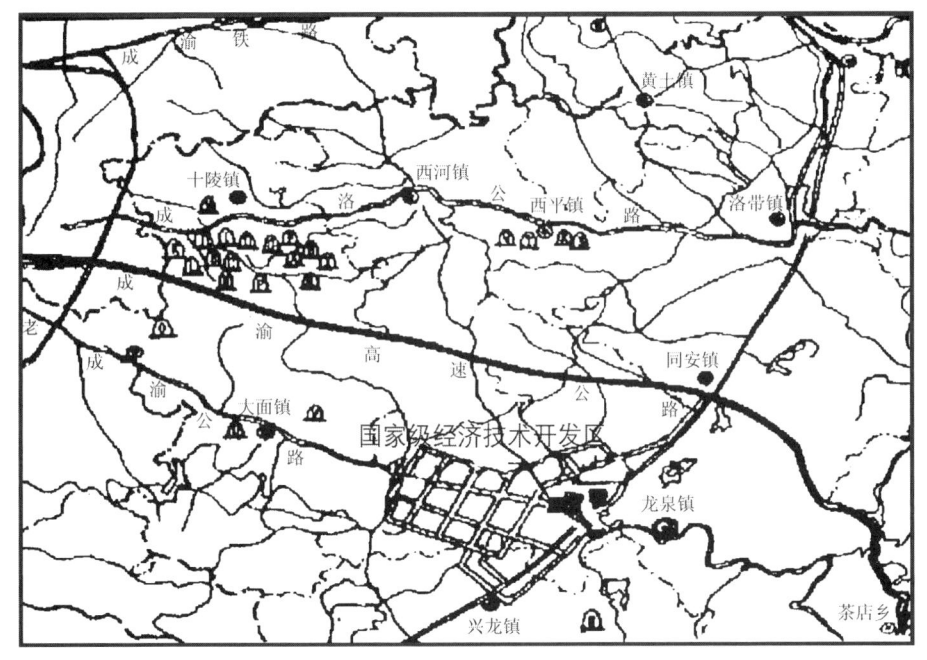

图 3-21 成都龙泉明蜀藩陵墓分布图（采自《四川文物》）

其次，繁琐复杂的丧葬仪式，劳民伤财，令官司不胜其烦，于地方危害甚大。按照明制规定，明宗室成员死后，例由朝廷负责丧葬。例如，"亲王丧，辍朝三日。礼部奏遣官掌行葬礼，翰林院撰祭、谥册文、圹志文，工部造铭旌，遣官造坟，钦天监卜葬，国子监监生八名报讣各王府。御祭一，皇太后、皇后、东宫各一，在京文武官各一。自初丧至除服，御祭凡十三坛，封内文武祭一"①。其外，亲王妃、郡王、郡王妃、世子、公主，以及镇国将军等王室人员去世，也都由朝廷遣官致祭，由官府造坟，而且一应丧仪用品亦由工部制造送用。面对如此庞大的王室成员，这样的葬仪必然使得丧葬的需求量大增。工部由于应付不过来，只好请求采取变通措施。为节省道路供应之费、减少对民间的烦扰，从成化五年（1469），礼部奏请将本该由工部制造的明器等，改委派下司"制造供用"；由"遣官赍送"改为当地官员致祭②。这样一来，就把办丧葬的负担转嫁到了地方。特别是像与中央朝廷关系密切的蜀府，一遇有丧葬，朝

---

① 《明史》卷59《礼志》。
② 《明英宗实录》卷68。

廷格外重视，地方官员更不敢怠慢，由此所带来的"劳扰"可想而知。以致成化十三年（1477），四川按察使彭韶为此上书说："亲王、郡王薨逝，皆遣官致祭，缘各府使事殷，使臣络绎，人夫劳扰"，今后遣"本处官为便"。该按察使还说："凡王国营葬，例该夫妇同穴，遇有丧葬，不分先后，一体兼造。其初造之时，工费浩大，或兆位未安，所以遣官监修选择。"他建议今后"遇有开圹葬者，乞免差官，惟令本处官司提调及阴阳学选择"①。蜀府丧葬给地方官司带来劳扰，进而给四川百姓所带来的危害，更是自不待言。

再次，丧葬中的逾规违制行为不断，凸现地方奢欲膨胀与自行其是。据《明史》记载，明代之有"诸王及妃公主丧葬诸仪"，始于洪武二十八年（1395）秦王之死，朱元璋遂"诏定丧礼"②。按照规定，亲王世子丧，只能享受"御祭一，东宫祭一"的待遇。但是，就在这个规定颁布14年后，蜀王世子朱悦燫去世了，明成祖却因为与蜀献王的特殊关系，以及对王世子的格外开恩，却率先突破成例，以超规格的仪式予以祭祀。永乐七年（1409）蜀献王世子朱悦燫死，

图 3—22　成都十陵蜀僖王陵地宫大殿

① 《明宪宗实录》卷170；《明史》卷59《礼志》。
② 《明史》卷59《礼志》。

图 3—23 成都十陵明蜀僖王陵地宫

图 3—24 成都十陵明蜀僖王陵地宫

第三章 明代四川的政治

图3—25 成都十陵明蜀僖王陵地宫

"讣闻，上悼惜之，辍视朝三日，谥悼庄，遣官赐祭，命有司治丧葬"①。这显然是一个比照亲王丧葬规格的仪礼。此例一破，就为后来蜀府丧葬屡屡逾制大开了方便之门。本来，按照"旧例"规定，"各王府亲王、郡王以下，凡欲出城祭墓、送葬之类，俱先期奏请，得旨乃行"。但是，蜀府自献王以下，"每遇亲丧，亲王、郡王俱自行送葬，不经奏请"。为此，四川守臣于弘治十年（1497）向朝廷报告，要蜀王遵守法度，"命今后各王出城，仍照先期以闻"②。另据规定，亲王陵墓的范围本有严格的标准，如：明初诸藩首代亲王寝园的面积在百亩，其后减半，规定为"茔地五十亩，房十五间"③。但是1970年发掘的世子朱悦燫墓，该地宫内空通进深，竟比后来发掘的僖王陵长6米，比昭王陵长12米，且中庭建有一座寰殿，这是僖、昭二亲王地宫所没有的。如此规模和规格的地宫，显非世子所应享有的。又如，在今十陵镇青龙村境内，有一座俗称为香花寺的大皇坟。经过联合调查组局部勘探和试掘，其总面积大约在百亩左右，

---

① 《明太宗实录》卷112。
② 《明孝宗实录》卷135。
③ 《明史》卷59《礼志》。

初步判定为"成王陵"。成王在位 37 年，即正德五年（1510）至嘉靖二十六年（1547）。当时朝廷之制明文规定亲王只有"茔地五十亩"。而这一座藩府王坟的

图 3-26　朱悦熑墓室一角

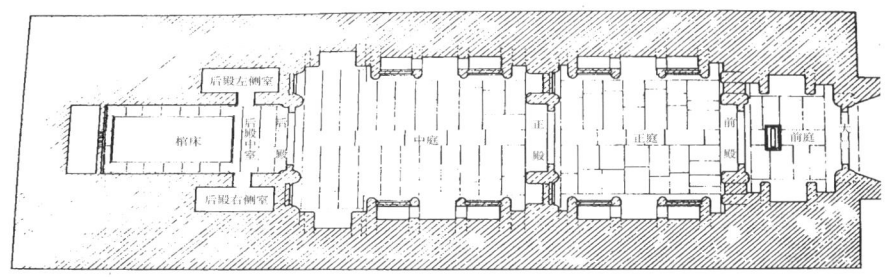

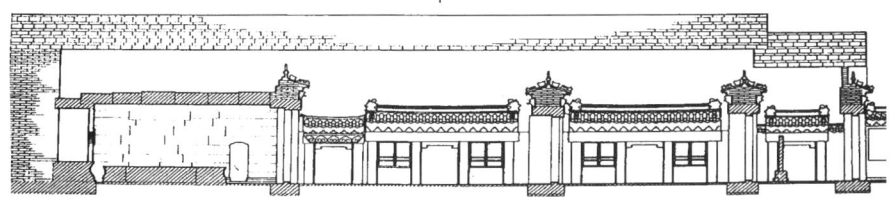

图 3-27　成都明代蜀僖王陵地宫平、剖图（成都考古所）

面积又大出规定面积的一倍！上有所行，下必效焉。万历四十一年（1613），世子朱奉铨"居丧未请"，即遭到礼部弹劾，指其"蔑违祖制"，而受到惩处。明神宗以世子请罪态度好，"而姑贯之"，不予追究，最后却把世子的老师——"辅导官"拿出来当替罪羊，居然剥夺了他半年的俸禄①。

最后，藩王陵墓——"地下王府"再现了地上王府的奢侈与豪华场景。以凤凰山出土的朱悦燫墓为例，该墓模拟王府的规制，墓室大门象征王城的正门，二门代表王府宫殿的正门，二门之内正殿前为广阔的正庭，左右两厢表示正殿两庑的左右二殿。正殿为重檐庑殿式建筑，最为华丽。在仿木建筑结构上，大量使用琉璃，在精细的石雕上涂朱刷金，更增加了它的华丽效果②。从十陵镇出土的僖王陵的地宫布局看，以中轴线为基准，沿中轴线及两侧建造门楼、殿堂、庭院、廊庑厢房，其主要建筑均可与亲王府宫的建筑相对应，地宫内的仿木琉璃建筑也与亲王府近似。这一切均说明，这座"地下王府"实际上是一座名副其实的地下宫殿，其陵寝制度是从地上亲王府宫制度浓缩、简化而来的③。以上两墓还出土了由数百件陶俑、陶马组成的仪仗队④，队伍中有将军、文官、武士、乐工、女官和侍女。无论陶俑的服色以及所持的仪仗，都与当时的亲王仪仗制度相合。它为我们再现了当年藩府奢靡的生活场景，提供了真实的物证资料，也为研究明代的陵墓、衣冠制度等增添了新的内容。

---

① 《明神宗实录》卷515。
② 中国社会科学院考古研究所、四川省博物馆：《成都凤凰山明墓》，《考古》1978年第5期。
③ 成都市文物考古研究所：《成都明代蜀僖王陵发掘简报》，《文物》2002年第4期。
④ 凤凰山出土了500余件各种类型的彩陶俑和陶马、象辂，僖王陵出土了400余件陶俑和数十件陶马。

图 3—28 明蜀僖王陵出土将军俑（成都考古所）

图 3—29 明蜀僖王圹志（成都考古所）

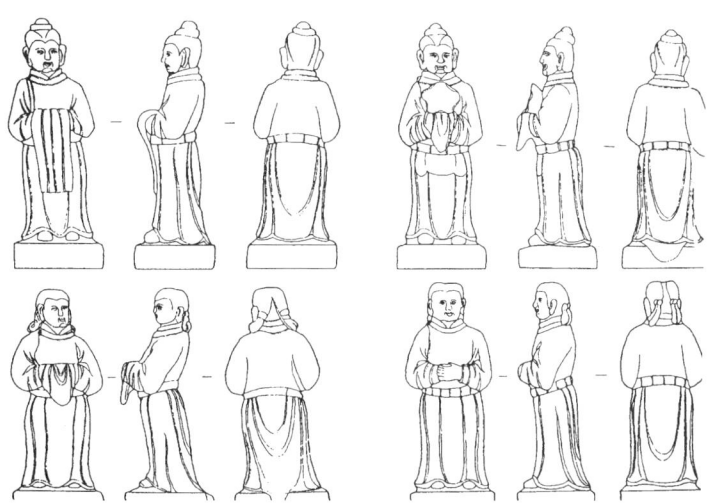

图 3—30 明蜀僖王陵出土陶女侍俑（成都考古所）

图 3—31　成都十陵明蜀王陵展室中骑马俑

图 3—32　成都十陵明蜀王陵展室中抚琴俑等

第三节　明代四川的民众运动

一、"妖人"造反

在中国农民战争史上,农民阶级利用他们所熟悉的宗教组织形式来反抗封建统治政权是屡见不鲜的①。有明一代四川农民起义形势又一次再现了这种情景。

四川本来就是一个民间宗教信仰较为浓厚的区域，自元代以来，白莲教在四川有着深厚的群众基础。明玉珍在重庆建立大夏政权，更在民间播撒了白莲教的种子（详见本书第十一章）。洪武初年，当四川刚刚置于明朝统治之下不久，对新政权感到失望的人，就开始用宗教形式来表达他们的不满与诉求。洪武六年（1373），重庆有"妖贼王元保"②的造反活动。洪武十二年（1379）嘉定又有"妖人彭普贵为乱"③。这次造反活动，"劫掠居民，转攻州县"，影响甚广，致使"嘉定、忠州等处士民为妖人所惑，乘隙为乱"。这是一次明玉珍旧部利用宗教发动暴动、反抗明王朝的重大事件。事件的领导者为彭普贵。据考证，南方白莲教的领袖彭莹玉和尚，其徒遍及江淮流域，多以"普"字命名，如丁普胜、邹普胜即是④。彭普贵既以"普"字命名，看来也是彭莹玉的一个徒弟。从明太祖谕李文忠的敕文："即今四川土人以妖惑众而起，延及旧日明氏伪官人等皆乘时为乱"⑤，可见明玉珍旧部曾参与过这次暴动。明太祖朱元璋为此连连下令剿捕，并指示说："如力不及，须烦大军征讨，遣使来言，毋失事机。"⑥洪武十四年（1381）广安山民有"称弥勒佛者，集众惑人"⑦。洪武三十年（1397），川、陕"两界相交之地"，又有"高福兴等山贼作乱，阻官道，杀人民"⑧。洪武时期的上述造反活动，大多以宗教作为聚集发动民众的组织形式，但由于活动地域分散，势力单薄，因此很容易被明朝统治政权镇压下去。

沉寂一段时间的四川汉族地区的社会秩序，到了宣德年间又开始恶化。在川东地区，突发了广安等州、定远（今武胜县南）等县"强贼白昼杀人掠财，烧毁公廨"的事件⑨。在川西平原，"郫、彭诸县，盗贼纵横，劫夺财物，杀伤

---

① 参见刘克辉：《建国以来有关农民战争与宗教关系问题研究评述》，《学术研究》2006年第8期。
② 《明史》卷144《顾成传》。
③ 《明史》卷134《丁玉传》。
④ 杨讷：《天完红巾军与白莲教的关系一证》，《文史哲》1978年第4期。
⑤ 《明太祖文集》卷8。
⑥ 《明太祖实录》卷124。
⑦ 《明太祖实录》卷138。
⑧ 《明太祖实录》卷252。
⑨ 《明宣宗实录》卷98。

第三章 明代四川的政治

人命,焚烧庐舍,日益滋蔓"。为此,明宣宗敕令:"凡军卫有司官吏、旗军、土豪、积年逃军、逃吏、役满不起,吏员年久不更,隶卒滥设弓兵,倚恃豪强,把持官府,侵欺钱粮,包揽官物,私置牢狱,杀伤人命……藏匿逃亡,纠集无赖,聚成群党,毒害军民,体审得实,皆即擒拿。"① 从敕令所防患的对象与内容看,这些事件之所以得以"日益滋蔓",背后往往有更为复杂的原因。如果没有宗教组织形式,没有人"藏匿逃亡",是难以"纠集无赖,聚成群党"的。

正统年间,四川按察司官员报告:"今旱饥连年,贼盗尤众。"② 四川内地的社会矛盾迅速激发,以至天顺六年(1462)八月,出现了所谓"四川盗起"③的局面。此时起义的领导者是一位僧人,法名悟昇,籍贯和来历不详,地方文献称为"妖僧"④。当初他同何文让等活动于汉州以及夹江、蒲江、安岳一带,因官军阻击,乃向川东转移,与广安州岳池县杨瓒会合,由水路趋泸州,然后在荣昌、遂宁、永川、铜梁等地流动作战。明王朝调陈泰巡抚四川,进行镇压。

天顺七年(1463)十月,四川德阳又爆发了赵铎领导的农民起义。赵铎,四川德阳人,其父为县阴阳训术,早死。铎希望承袭父业⑤,"乃称贷于人,以赂县官",但"文移展转,岁余不得,家益贫,自顾终不能偿所贷"⑥;加之又有仇人告密,称其藏匿"群盗",被官府追捕,于是在天顺七年十月⑦,正式号召起义。赵铎很可能早就和悟昇有联系,所以当他公开行动时,"汉州诸贼皆归之"⑧。于是他自称赵王,以安浩为将军,席评事为谋主,拥众数千人,焚官廨,烧府库,放狱囚,一时声威大震。

赵铎起义并非孤立事件。天顺末年,湖广、江西、浙江、福建、广东、云南、贵州等省各民族人民的反抗斗争连绵不断。这些情况不能不引起明王朝的

---

① 《明宣宗实录》卷101。
② 《明英宗实录》卷168。
③ 《明英宗实录》卷343。
④ 正德《四川志》卷27。
⑤ 明代各县阴阳学设训术一人,置官而不给俸,见《明史》卷75《职官志》。又,宣德七年(1432),钦天监奏称:"旧制,凡习学天文阴阳者,许子孙亦习其业,乞免其里甲之役。上谕行在户部曰:天文历非世业不精,天文生可免二丁,阴阳生免本身之役,三年后考试,不精者罚之。"见《明宣宗实录》卷93。
⑥ 《明宪宗实录》卷17。
⑦ 日期,《明英宗实录》不详,此据正德《四川志》卷27。
⑧ 《明史》卷175《何洪传》。

· 130 ·

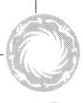

严重关注。而且，这时正当英宗逝世不久，宪宗刚刚即位，明朝统治阶层在政策上也不能不作出某种让步的姿态。因此他们一方面调兵征剿；另一方面又将叙州、夔州、重庆三府知府以下庸碌官员68人通通革职，借以收买人心，并于天顺八年（1464）四月指派户科给事中童轩专程入川，进行招抚。

为了争取主动，赵铎假意接受招抚，同时把受抚作为一种巧妙的斗争手段。他们公开宣传："我等是听抚官贼，谁敢激变？"然后背负朝廷的安抚榜文和免帖，深入农村，四处串联，扩大影响，结果是"军民人等，皆为所制"，而"贼数愈众"①。这显然和明朝统治者的愿望相左。于是，在天顺八年（1464）十一月，都督何洪以5000人猛攻彰明，赵铎引军走梓潼，双方激战于朱家河，起义军乘明军后援未至的有利时机，包围何部，何洪突围之时，被农民军杀死。但在罗江附近，农民军却遭到绵竹县里长王志恭率领的地主武装的突然袭击，被迫折回彰明。成化元年（1465）五月，行至梓潼途中，又为明军伏兵所困，赵铎在战斗中不幸牺牲，这次起义终于失败。赵铎死后，农民军余部王婆孙、王铭、任凯等继续在川西和川东各地坚持战斗，历时将近一年。在此期间，明王朝采用了"剿捕无遗"②的屠杀政策，诬陷平民，制造了大量"冤狱"③。

利用宗教形式发动的农民起义，同与流民为主力的农民起义是互相策应、互相支持的。在赵铎余部受到明军追剿的同时，湖北荆襄流民起义也转入低潮。但当正德年间四川流民起义遭到失败后，以白莲教作为号召手段的四川农民起义却又一波高过一波。

正德年间，秘密宗教还深入民族地区，普法恶领导的少数民族起义就是通过弥勒教的形式组织起来的④。如廖惠，民间传闻，称其"有异术，能隐形"⑤。嘉靖九年（1530），永川人李绍祖"左道惑人，聚众为乱"，杀指挥佥事范祯⑥。经过一段时间的酝酿和准备，嘉靖四十四年（1565），在川东地区终于爆发了蔡伯贯领导的农民起义。

---

① 《明宪宗实录》卷11。
② 《明宪宗实录》卷25。
③ 《明宪宗实录》卷19。
④ 《明史》卷187《马昊传》。
⑤ 张萱《西园闻见录》卷80。
⑥ 《明世宗实录》卷120。

蔡伯贯，大足人，与富顺黄一元等师事山西阳曲李同，传习白莲教。嘉靖四十四年（1565）底，他利用施州卫人黄中聚众攻打郧阳（今湖北郧县）、奉节，川湖两省忙于调兵征剿的有利时机，分遣教徒往各地秘密联络，登记姓名，约定日期，称大唐大宝元年，正式发动武装起义。旬月之间，相继攻陷合州、大足、铜梁、荣昌、安居（今铜梁安居镇）、定远、璧山 7 城，并得到綦江、遂宁等地教徒的响应。但起义很快就被四川巡抚刘自强所镇压，历时仅 36 日①。武装斗争的迅速失败，说明白莲教的组织工作还很不充分。

蔡伯贯失败后，铜梁人张佳胤指出："西乡、太平之间，贼徒流劫，中多白莲教亡命之辈，声势甚大。"② 万历年间，湖广人乔济时和四川人罗仲川在河南桐柏山区"约立白莲社"，造符命，暗中"治甲兵，饰斗器，日夜诵孙武子兵书"，准备发动起义，遭到明军镇压，罗不知所终，明朝政府还专门派人往四川搜捕③。天启元年（1621），川中白莲教活动又进入高潮，罗江刘民选、南川洪彩、达州唐学、广安州邓撰聪等人创建"白莲灯党"，在重庆、保宁、潼川、嘉定等地发展教徒，鼓吹"别立世界，改换乾坤"④，后为巡抚朱燮元所镇压。天启二年（1622）五月，"四川桐梓等县妖贼白仙台等，乘奢囚（奢崇明）之乱，聚众焚劫"⑤。十一月，"妖人"李英等，"带有令旗一箱，上书妖言，次第编号，钤盖妖印……其党西通川蜀，北连丑虏，中据汴梁"⑥。

由此可见，有明一代，四川一直是白莲教传布的重要地区，以宗教作为掩护的农民起义连绵不断。对于这一现象产生的原因，明人分析说："蜀民惑于妖术，哄然从之"，"盖署自明氏以妖党窃据一方，下渐其俗，乡愚民，佞佛而好善，此辈又从而惑之，往往误罹其害"⑦。如此看来，明代四川之所以"妖人"造反事件不断，决非偶然。

---

① 参见郑钦：《谏台疏草》卷上《弹劾误事重臣速处运道早靖地方疏》；徐学聚：《国朝典汇》卷164；同治《綦江县志》卷 5；光绪《遂宁县志》卷 6。
② 张佳胤：《上陈赵二相公论盗贼》，见《明经世文编》卷 339。
③ 瞿九思：《万历武功录》卷 1《白莲教乔济时曹仑列传》。
④ 朱燮元：《蜀事纪略·擒捕通省妖教》。
⑤ 《明熹宗实录》卷 22。
⑥ 《明熹宗实录》卷 28。
⑦ 朱孟震：《汾上续谈》卷上，转引自谢国桢《明代农民起义史料选编》，福建人民出版社 1981 年版，第 125 页。

二、"流民"起事

明朝初年,政府严禁人口自发流动,对逃流之民处以遣返原籍,一般不允许在流移之地附籍。然而,随着赋役繁重,逃亡的流民越来越多,秦巴山区的豫西南、鄂西北、陕南、川东北都聚集着众多的流移。

按照《明史·食货志》的解释,"年饥或避兵他徙者曰流民"。明代初年的移民可以区分为两类:政府组织的移民,在迁入地入籍即成为土著;未能入籍的自由移民即成为流民。成化年间,完全丧失了生产资料和基本上没有生活资料的农民自由流动,聚居于四川北部的川陕边境和川东北与湖北荆襄山区接壤的巴山老林地区,据记载,在成化年间,仅陕西汉中一带,"四方流民聚者不下数万"①。自明代中期起陆续聚集于巴山老林、荆襄地区的流民,在明朝官军的多次清剿之后,许多人越境奔逃到了四川。他们中有的投靠富家大室成为佃户,有的流入盐井、矿山当佣工。充斥于各州县的流民多以佃佣者的身份留居下来,逐渐附籍成为明代中后期自发移民的主体。而另一方面,由于政治腐败和土地兼并,又使许多在籍的农民丧失生产资料而沦为流民。

为了安置这些流移,明政府在相应的时间和空间上准许流移有条件地附籍。于是,秦岭大巴山区就成为明代流移集聚的重心所在②。由于荆州地区是最早安置流民的附籍地区,其后,这部分流民因为遭受自然灾害,被迫四处逃散,大量逃移流聚于秦巴山区。荆襄一带山林,原本与秦巴山区相连,因此,从荆襄地区来的流移——荆襄流民,一时间也成为汇聚在秦巴山区各地流民的代名词。

早在成化初年,湖广提督、总兵就上奏:"荆襄一带山林深阻,流民往往群聚其中,时或弄兵以为兵害。"③ 其中,由石和尚、刘长子率领的一支千余人的起义队伍最为活跃。成化二年(1466),石和尚率部从川鄂边境进入四川,"烧劫巫山大昌县治"④,后在大巴山区被俘,英勇牺牲。

弘治、正德时期,天灾频仍,朝政混乱,"百姓流移,赭衣载道,民穷财

---

① 《明宪宗实录》卷61。
② 参见张建民:《明代秦巴山区流民的附籍与分布》,《中南民族学院学报》1999年第2期。
③ 《明宪宗实录》卷36。
④ 《明宪宗实录》卷35。

第三章 明代四川的政治

尽,元气索然"①,社会矛盾更加尖锐。弘治三年(1490),四川夔州爆发了野王刚起义。这支队伍从新宁进入东乡、大宁、大昌,"守土者莫能禁",乃直插湖广竹山、竹溪,再转入陕西平利、西乡一带,惊动三省,明王朝征调川陕官兵万余人,才将这次起义镇压下去②。然而,17年之后,正是这一片地区,广大人民群众又一次点燃了革命的熊熊烈火,并且很快引发了一场更大规模的武装反抗斗争。

明武宗正德三年(1508)冬,湖广生员崔逢头、施州卫军人张瑞、王虎率领暴动

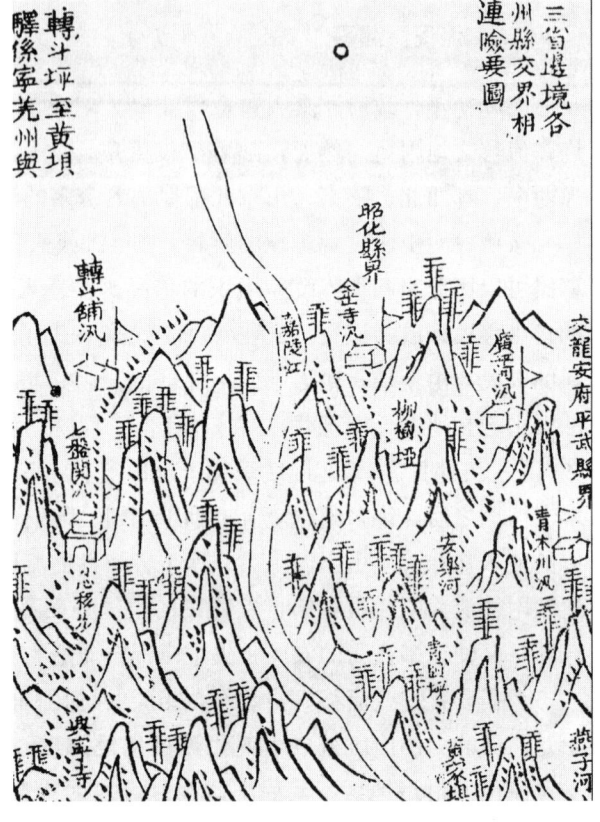

图3-33 三省边防险要图(采自《三省边防备览》)

群众80人抵达大宁(今巫溪),大宁盐场鄢本恕、廖惠聚集千余灶夫响应,围攻大昌(今巫山大昌镇)县城。在战斗中,崔逢头牺牲。四年(1509)春初,鄢、廖乃率众撤离,转入东乡(今宣汉)和通江一带③。大约在这时,蓝廷瑞也参

---

① 《明宪宗实录》卷62。
② 杨一清:《朱宪副平贼图记》,《明经世文编》卷118。
③ 《明武宗实录》卷54,正德四年九月:"六科十三道奏:两广、江西、湖广、四川、陕西等处,自本年正月以来,群盗纵横。"同书卷58,正德四年十二月:"先是夔州之东乡,保宁之通江,皆有盗啸既久,多者至二千余人,少亦不下数百,分营立寨……东乡知县罗锦奏贼势渐炽,乞调兵征剿,增设兵备官抚治之。兵部以锦专达,请治其罪。"又王琼《本兵敷奏四川类序》:"正德四年冬,盗起东乡,不过三五十人,有司不早扑捕,积至数千,又匿不以闻。……逾六年始平。"(《明经世文编》卷110)今按:王文所叙之地点和匿不以闻的情节,均与罗奏吻合。两者皆指蓝、鄢起义事,但"四年冬",不确。《明史纪事本末》卷46《平蜀盗》作五年四月,亦误。综合《明武宗实录》"先是"和"本年正月"两条记载,可知蓝、鄢进入东乡、通江应在正德四年春初。

加了起义部队①。

据记载,蓝"善解纷","有争者,多质焉",所以众推为主。于是蓝廷瑞称顺天王,鄢本恕称刮地王,廖惠称扫地王,下设四十八营,"每一营一小老人领之",廖惠等八人则称总老人,以统率各部②。此时起义军流动于夔州、保宁、重庆地区,四川守臣请调石柱、酉阳土兵助剿,但明王朝对情况估计不足,没有同意,直到正德四年(1509)十二月,才任用林俊巡抚四川,五年(1510)三月,又加派洪钟总制湖广四川等处军务。由于形势紧张,明王朝又在湖广武昌、郧阳、陕西汉中、四川重庆、保宁、夔州等地新设或增派捕盗通判一员,四川布政司贮库银 47 万余两,存留解运陕西银 6.9 万余两,盐课 44 万余两,悉数移作军需之用③,妄图一举扑灭这场方兴未艾的群众斗争火焰。

但是,在林、洪入川之前,由刘烈领导的另一支农民军已经在保宁山区公开活动了。刘烈,眉州人,又名刘臬,他的行迹异常,群众基础很好,因而影响很大。当时"川陕中汹汹",多假其名号,借以自重。在明王朝的围剿下,他的最后结局也无法详考,不过根据某些迹象判断,刘烈和蓝、鄢两支队伍很可能在洪钟入川后,共同朝汉中方向转移了。然而农民军并没有在陕南建立根据地,其中一部分进入了湖广郧阳,一部分由任俸、蓝三率领,进入了贵州。蓝、鄢则重返通江。正德五年(1510)七月,林俊亲赴达州,图谋招抚。蓝廷瑞动摇,曾派人去巴州(今巴中)谈判,但廖惠坚决不从,乃密劫通江,杀明参议黄瓒。九月,廷瑞受抚无望,只好强渡龙滩河,遭到明军袭击,死伤 1200 余人④。但明军谎报战功,声称廷瑞已死,廖惠被擒,其实他们都安全撤离,率众转入陕西西乡一带。

此时川南爆发了曹甫、方四起义,于是蓝、鄢主力又乘机进入四川,经大

---

① 正德《四川志》卷 27:"蓝廷瑞,顺庆府营山县人。廖麻子,邻水县人。"谈迁《国榷》卷 48 同。廖麻子,即廖惠。蓝廷瑞又称蓝五。此外,同治《营山县志》卷 2 称"土人鄢本恕、蓝廷瑞倡为乱",卷 18 又谓县境有蓝、鄢"祖墓"。地方文献的说法,应当可信。但邓球《泳化类编》卷 125 称蓝、鄢俱为保宁人,高岱《鸿猷录》卷 13 亦同。这是一种误会。蓝、鄢曾经活动于保宁地区,而明人文献又往往称其为"保宁流贼",也许就是产生这种误会的原因。

② 正德《四川志》卷 27。按明初于各地农村设置老人,以掌教化,一般民事纠纷,亦充调解之责,《明太祖实录》中屡有记载。当时老人社会地位颇高,宣德时,四川顺庆老人还可以上奏言事,见《明宣宗实录》卷 10。此处系农民军借用这一名号,以组建起义队伍,并非廖惠等人真正担任老人的职务。

③ 《明武宗实录》卷 64、卷 70。

④ 林俊:《见素集·集议》卷 3《通江捷音疏》。

宁、通江、巴中，正德五年（1510）十一月中旬，直抵营山，杀佥事王源①。本年冬至六年（1511）春之际，起义军相继攻破盐亭、梓潼、绵州、剑州、江油等地，川北震动。明王朝动员了川、陕、湖广、河南四省兵力，以永顺土兵充当前锋，合力会剿，起义军被迫退至陕西石泉，因"乏食，乃传言听抚"。于是洪钟指定东乡金宝寺为受抚地点。六月，蓝廷瑞至东乡，提出以临江市为农民军驻地和以旗牌官为人质等条件，同时又"以女结婚于永顺土舍彭世麟，冀缓兵"；但世麟居心叵测，一方面和蓝廷瑞约期，一方面向洪钟告密。于是明军分七哨扼守四周要隘。八月，蓝、鄢等首领28人同赴彭世麟的宴会，中伏被捕，全部遇害②。

在此紧急关头，廖惠和喻思俸等人奋力突围，保存了起义军的实力，然后经汉中转入宁羌州（今陕西宁强县），至年底，方折回四川。在苍溪铁山关一战，杀兵备副使冯杰，而且"纵横川之保、顺、重、夔四府"③。正德七年（1512）八月，廖惠自合州渡江，陷铜梁、荣昌二县，直趋遂宁、安岳、乐至、中江、金堂等地，杀死明军都指挥以下14人。明王朝对此十分恐慌，多次高悬赏格，宣布"除廖麻子不赦，其余解散自归，一体宽恤"④，继续玩弄招抚骗局。同时，又以彭泽取代洪钟，并增派延绥、宁夏、庆阳、固原四镇精锐，步步紧逼。八年（1513）四月，廖惠在汉中失利，和喻思俸失去联系，被迫退至剑州青林口，战斗中负伤，不幸为边兵所害。喻思俸再走昭化、阳平，进入巴山，"复招蓝、鄢余党以自益"⑤。明王朝下令在保宁、达州、开县添设守备，各处村镇编佥保甲，然后派兵分路围剿。此时，廖、喻起义军浴血战斗已近两年，长期流动，没有可靠的后勤基地，也很难迅速扩大队伍。喻思俸"奔入通、巴，仅百余人"⑥，但始终英勇不屈，坚持与明军周旋到底，九年（1514）二月，在西乡木竹沟一战身负重伤，壮烈牺牲。

---

① 熊相：《死节传》，见正德《四川志》卷33。
② 《明武宗实录》卷78，《国榷》卷48。
③ 正德《四川志》卷27。
④ 《明武宗实录》卷93。
⑤ 《明武宗实录》卷104。
⑥ 《明武宗实录》卷109。

图 3-34 今广元昭化古城

与蓝、鄢起义军并肩战斗、策应作战的方四，仁寿人，"本姓王，佣于同里方克古，因冒其姓，徙居贵州思南业耕贩，避杨友兵，复徙石阡之龙泉坪"①。曹甫、方四起义发生在正德五年（1510）秋②。最初方四和曹甫在遵义地区开展活动，受到土司兵的逼压，才进入四川境内，与蓝、鄢呼应。曹甫"自称曹王出世，僭名号，锋锐不可挡，远近俱震"③。十月，起义军攻陷江津，杀佥事吴景。林俊亲自督战，包围了起义部队，战斗中，曹甫阵亡，而明军重新进入江津时，已是空城一座，"烟火俱废"④。起义军余部则由方四、麻六儿率领进入贵州的思南、石阡，蓄聚力量，并设置总兵、御史、评事名号。不久，又由

---

① 《明武宗实录》卷88。
② 《明武宗实录》卷70，正德五年十二月："四川强贼千数，自真州转入南川、綦江等县……至江津，分巡佥事吴景……战死。"同书卷71，六年正月又记："重庆人曹弼为盗，亡命播州，复纠众近千人寇南川"，御史俞缁檄吴景赴江津守城，城破被杀。真州属遵义府，即播州地，故两者实为一事，然所系年月当因公文传递而推迟。邹鲁《忠义祠记》称吴景于正德五年擢四川按察司佥事，分巡川南道，八月，"流寇起"，九月，"压江津境"，十月五日，俞缁檄吴景至江津，十二日，城破。据此可以断定，曹、方川南起义，应发生在这一年的七八月间。邹鲁所记见正德《四川志》卷33。
③ 林俊：《见素集》卷23《慰西涯翁》。
④ 林俊：《见素集》卷23《寄邃庵》。

石阡逾马脑关复入四川境内，攻陷南川、綦江。起义军宣称"只要杀官吏"，同时扬言将攻打重庆、泸州等地，因而"声势张大，远近惊骇"①。御史林俊派兵至仁寿逮捕起义军家属，迫方四受抚，同时征调酉阳、播州、建始、石柱土兵进行围剿。方四拒绝招降，明军发动猛攻，起义军死伤数千人，突围后，方四变姓名潜入开县，被当地地主武装杀害②。

这次四川农民大起义持续6年之久，最主要的原因是起义军代表了人民的愿望，受到人民的欢迎和拥护。从起义队伍的基本成员来看，这次起义有两个显著的特点。一是流民的比重很大。政治腐败和土地兼并是产生流民的社会根源，而严重的自然灾害则是导致流民大量涌现的直接原因。弘治初，四川受灾地区包括成都、保宁、顺庆、夔州、重庆、叙州、潼川、马湖各府及嘉定、眉、雅、邛、泸各州，明王朝兑运湖广税粮，并向蜀王府借支银两，酌情赈济，受赈饥民、流民多达181320户，2578457口③。不过这种赈济并不经常，而且收效甚微，但接连不断的天灾人祸却使流民的出现成为不可遏制的社会危机，一旦矛盾激化，他们就很自然地成为农民军的基干力量。二是众多的盐业工人加入了斗争的行列。例如蓝、鄢起事初期，其基本成员就是大宁盐场的灶丁。在明代，四川凿井取盐的劳动非常艰苦，灶丁既受官府的剥削，盐井又常被势豪"包占"，还要代纳高额盐课。弘治、正德年间，盐场生产下降，灶夫收入减少，处境更是困难。产盐地区，五方杂处，很多灶丁原先就是外籍流民，他们一般没有土地，如果井灶无法维持生活，只好重新投入流民队伍，所以灶丁和流民有天然的血缘关系。这两个特点表明这次反抗斗争从本质上讲是一次以流民为主体的农民大起义。

三、"流寇"入川

明代后期四川天灾人祸频仍不断，百姓迭遭苦难。在自然灾害方面，据《巴蜀灾情实录》统计，在明代276年间，有记录可考的旱灾共39次，其中全省性大旱灾15次，地区性旱灾24次，重大旱年集中在明代后期的嘉靖、万历

---

① 林俊：《见素集·奏议》卷4《大垭捷音疏》。
② 《明武宗实录》卷88。
③ 《明孝宗实录》卷23、卷31。

年间。其中，嘉靖元年至二年（1522~1523）发生全省性的大面积干旱，后果尤其严重。据《成都县志》记载，成都"四月赤地千里，殍殣载道"，旱灾遍布盆地西、中、东部。其次是强震灾害。据嘉靖《四川总志》记载，嘉靖十五年（1536）二月十八日，西昌发生7.5级地震，建昌、宁番、越嶲、邛、雅、崇庆、嘉、眉等州，资阳、大邑、峨眉、岳池等县地震，吼声如雷。龙安府、马湖府、潼川州、叙州府、遂宁、内江、什邡、富顺、成都均震。此外还有涝灾、虫灾等等①。在人祸方面，从天启元年（1621）起，至崇祯十七年（1644）的23年间，四川遭受了一场很大的浩劫，长期处于不同性质的战乱之中。先是四川永宁宣抚使奢崇明于天启元年（1621）反叛明朝，率兵攻陷遵义，后据重庆，号梁国。次年，叛军气势汹汹，进攻川西，进围成都百余日，搅得统治者手忙脚乱。四川巡抚朱燮元只是在石柱土司秦良玉的支援下，才在成都打败奢崇明，进而收复重庆，恢复统治秩序（详见本书第五章）。

五年后，天启七年（1627），明末农民起义首先从陕西开始爆发。这一年，同时还有后金皇太极改元天聪元年和明朝崇祯皇帝即位等历史事件。在陕西等地坚持反明斗争的农民军，先后在王嘉胤、王自用和高迎祥的领导下，往返于秦、晋两省，吸引了大量的饥民、驿卒、边兵以及其他贫苦百姓参加，内部分成许多支系，有三十六营之称。在战斗过程中，逐渐形成以李自成和张献忠为首领的两大主力。从崇祯六年（1633）冬渡过黄河，到十四年（1641）初，开始分散为各营活动，向南北各地进军。随着流动性的扩大，"流寇主义"成为农民军在这一阶段的主导思想②。于是，大江南北、秦岭内外，顿时成为"流寇"转战的战场。

在农民军向全国各地发展的过程中，四川境内的各种社会矛盾正日益激化。除利用连绵不断的白莲教发动起义外，四川还发生了"兵变"，建武所（今西昌）军士范大龙等乘夜起事，戕伤了明总兵沈思学③。大规模的民变遍及全川各地。在川东，巴县王应熊当上了首辅大学士，"其弟应熙横行于乡，乡人诣阙击登闻鼓，列状至四百八十余条，赃一百七十余万，词连应熊，诏下抚按勘

---

① 李仕根主编：《巴蜀灾情实录》，中国档案出版社2005年版。
② 参见袁良义：《明末农民战争》，中华书局1987年版，第148~158页。
③ 《明神宗实录》卷162。

究"①。

据记载，"流贼入犯四川，自崇祯三年庚午始"。是年（1630）三月，农民军从陕南经龙安府（今平武县龙安镇）进至剑州江口（今剑阁县东江口镇），走毛裕渡，为官兵追杀，未尝深入，退回陕西②。崇祯六年（1633）冬，高迎祥、李自成率领的农民军进入黄河以南地区，分兵几路流动于湖广、陕西、四川三省边界。其中，老回回一部曾经从凤县南进入川境，陷夔州，再由达州出白水江折回汉中③。崇祯十年（1637）五月，由李自成率领的起义军，转战四川，十月攻广元，陷昭化，破剑州、梓潼，陷江油，破绵州，焚新都，掠郫县，破金堂，围成都20日。"蜀王之坟柏刊焉"④，蜀王陵墓坟园林木被焚毁一空。次年，抵达川东南江、通江，不久返回汉中。是役，"陷州县三十六，蜀创甚"⑤。此后，李自成领导的农民军主要活动于湖北、河南、陕西等省。"而汉中府为贼掠者，遂留川东、川北山谷间……贼首最著者曰摇天动、曰黄龙，蜀谓之摇黄贼。其掌盘子十三人，号摇黄十三家。"⑥ 从此，摇黄十三家遂成为留住于四川的"土贼"，与入川农民军相配合，主要活跃于川东北一带地方。

明末农民起义领袖中另一位富有传奇色彩的杰出人物张献忠，陕西延安肤施县人。据说张献忠儿时曾经随父贩枣，至四川内江，"以驴系绅坊，粪溺污其石柱，绅仆骂之，鞭其父"，令其父用手把驴粪捧到其他地方去。当时，张献忠在旁边，"怒目不敢争"，发誓说："我后来时尽杀尔等，方泄吾恨。"⑦ 自崇祯三年（1630）率领陕西米脂十八寨起义后，转战川、陕等省，曾经先后五度攻入四川。其中，崇祯六年（1633）首次入川作战，攻克夔州等地。崇祯七年（1634），张献忠再次入川，相继攻克大宁、大昌、巫山、夔州等数十州、县。崇祯十年（1637），张献忠大西军又分两路入川作战，分别攻克龙安（今平武县）、剑阁、绵州、安岳等州、县，包围成都20余日，杀明总兵侯良柱等。

张献忠领导的农民起义军之所以能够多次到四川转战，与明王朝的决策部

---

① 《明史》卷253《王应熊传》。
② 费密：《荒书》。
③ 谭迁：《国榷》卷93；费密：《荒书》。
④ 彭遵泗：《蜀碧》卷1。
⑤ 彭遵泗：《蜀碧》卷1。
⑥ 费密：《荒书》。
⑦ 顾公燮：《清夏闲记摘抄》卷中；彭遵泗：《蜀碧》卷3。

署不无关系。早在崇祯七年（1634），根据农民军流动作战的特点，明王朝特设五省总督，先后任命陈奇瑜、冯承畴、卢象昇执掌秦、晋、川、楚、豫五省军务，调集多省兵力，统一部署，联合行动，向农民军发动大规模围剿。崇祯十年（1637），明廷以兵部尚书杨嗣昌总理"剿""抚"大务，杨嗣昌提出了

图 3-35 七曲山大庙里的张献忠家庙

"大举平贼"的"四正六隅十面网"之策。为了实行这个庞大的作战计划，杨嗣昌主张增兵 12 万，加派剿饷 280 万，以百日"灭贼"为期。这个作战计划的要点，就是"驱贼入川"。杨嗣昌是楚人，据说他之所以提出"驱贼入川"计划，

图 3-36 七曲山大庙里的张献忠塑像

就是"为完家室计"。他宣扬曰："吾以川困贼，势不得不先困川。"于是作出部署："尽收川兵之壮者益守楚，而第以单弱者屯夔、巫间。"① 崇祯十二年（1639），陈良谟巡抚四川。当时张献忠、罗汝才的势力正盛。杨嗣昌决定"尽驰入蜀，蹙而歼之"。他将川中诸将集结在湖北郧阳、襄阳一带，无异于敞开蜀门。陈良谟说，此举"将以蜀为壑也"②。

正是在这种背景下，张献忠率领的农民军进入四川，如入无人之境。于崇祯十三年（1640）六月从川东北进入四川，在

---

① 乾隆《合州志》卷14。
② 《大清一统志》卷291。

土地岭杀明官军副将张令，全歼石柱土将秦良玉部。紧接着挺进川西、川北、川南，数十州、县为其所克。十四年（1641）正月，开县一战，完全粉碎了杨嗣昌的川中剿局。农民军长驱直入，从夔州进入湖广，最终跳出明军的包围圈。接着，张献忠席卷湖广，据黄州府，自称"西王"。巧取襄阳，杀襄王，杨嗣昌自知督师无效，死有余辜，遂自杀身亡。

这时，遍及全川各地的农民暴动事件，为农民军两大主力进入四川创造了有利的条件。最先发轫于崇祯五年（1632）渠县的"除衙蠹"（又称打衙蠹）的斗争

图3—37 七曲山大庙里的《重塑张献忠像碑记》

开始蔓延全川。据《蜀龟鉴》的作者刘景伯追述，渠县民变的起因是："予闻诸父老，明季征派烦，民穷财尽，胥役索仅数千，痛切之。不肖绅士簧鼓其间，一呼而梃击者数百人。"在这种打衙蠹的斗争形式中，地方的绅士起了很大的作用。正因为如此，故有的论者才说："总镇兵变，武员不得人也。府县民变，文员不得其人也。"①

未曾想到，"除衙蠹"这种民变斗争形式，竟像星火燎原一样，也在四川首府成都开展起来。

崇祯十三年（1640）正月，彭县"豪民"王纲、仁纪敲着锣召集群众，发出"除衙蠹"的倡议，众人热烈响应，将衙役们的家全部捣毁。四川的各州各县闻风而起，有的衙役被活活打死，有的被扔到锅里炖烂，有的被推入土窑活

---

① 刘景伯：《蜀龟鉴》卷1。

埋，死者不知其数①。仅雅安一地，"百姓各执枪棒进城，折毁衙役房屋，打死蠹役数十人"。当地"打衙毒（蠹）之风渐炽，因岁饥，转掠富户。凡土官之积厚者皆被其害，如邛州之杨天官，毁其厅堂，掠其财物。如山之富，不待贼（指大西农民军）而乌有矣"②。另据费密记述，他所在的新繁县，老百姓起来围城，县令制止不了。在城的绅士出来劝谕，让其解散，"众不听，以石击"。知县禁闭城门，在劝谕不听的情况下，他不得不"立诛其蠹役三人，众始解散"③。

在成都，也有生员"奋挺一呼，从者千百人。胥吏有声者皆毙之"④。在成都府16个州县中，唯独只有新都、金堂二县民没有介入，这场民变最终发展成为围攻成都城的政治举动。据记载，来自各州县的民众蜂拥抵达成都，"揭竿拥众，呼噪城下"。官军开城袭击，更加激化了与民众的矛盾。官方多方抚慰，而老百姓似乎非要讨个什么说法，不肯听。于是政府派出官军开城加以镇压。巡抚廖大亨下令"诛首恶三十余人"，这才将围城的民众驱散⑤。

这场斗争声势浩大，持续了三年之久，令官司束手无策。久之，其斗争内容也不断扩大，由最初的"除衙蠹"扩充为除"五蠹"。除五蠹的斗争目标，除"衙蠹"即指州县吏胥衙役外，还包括"府蠹"，即指投藩府，依仗王府势力横行霸道者；"豪蠹"，指土豪劣绅，"民间之多蓄逋逃"者；"宦蠹"，指缙绅家之豪奴假子，借主子权势作威作福者；"学蠹"，指武断乡曲、包揽词讼生事害人的秀才。这场斗争影响深远，据沈荀蔚记述，崇祯十五年（1642）正月，他随父沈云祚到成都府华阳县，"溯江而上，四月十六日始至"，"时川西新经民变，犷悍如故"⑥。

值得注意的是，在"五蠹"之中，与衙蠹、府蠹、豪蠹、宦蠹并列的还有"学蠹"，这是指的是不顾自己体面，包揽民间词讼，成为讼师、学霸的生员。他们之所以成为民变中的斗争目标，与其"暴横乡民"的劣迹是分不开的。对

---

① 费密：《荒书》。
② 李蕃：《明末清初雅安受害记》。
③ 费密：《荒书》；孙锽：《蜀破镜》卷2。
④ 刘景伯：《蜀龟鉴》卷1。
⑤ 费密：《荒书》；刘景伯：《蜀龟鉴》卷1。
⑥ 沈荀蔚：《蜀难叙略·序》。

此,明人王廷相的《督学四川条约》有所揭露:

> 近日有等生员,虽云读书,绝无行检,不亲其亲,不睦其睦,暴横乡民,凌傲师长;甚至朋比奸顽之徒,贪嗜刀锥之利,或揽纳岁粮,或包当夫马,或起灭词讼,或嘱托公事;官府执法不从,即为记录过失,指摘政事,便行挟制,以快私忿,因而聚徒行凶,欺侮有司。此谓之学辱,此谓之学蠹,此谓之学霸①。

川西地区的这场斗争,打击对象非常广泛,而且声势浩大,持续时间长,为崇祯十七年(1644)张献忠入川和大西政权的建立创造了十分有利的形势。

崇祯十四年(1641)李自成攻占洛阳,自称"闯王",攻打开封,乘明朝与清军在辽东进行大规模决战之际,向明朝发起战略大反攻。崇祯十七年(1644)三月十九日,一举攻占北京,崇祯皇帝在内廷北首的煤山投缳自尽。李自成建号大顺,改元永昌。

这一年(崇祯十七年,1644)正月,张献忠再度入川,窥蜀入峡,接连取得胜利。二月攻克夔州,三月破万县。五月,张献忠号称40万大军,从夔州溯江西上。这时的四川,府缺钱粮,兵不习战。"蜀本殷富,曩因屡诏协饷,以致府库空虚,不特士卒无粮,官僚乏用,甚至王食不充。"② "值蜀兵久弛,将以名应兵,隶于府者多市人,不习战。束以功令,饷又不继。"③ 负责守重庆的,仅有"羸弱老稚二万人"④。从汉中奔蜀的瑞王朱常浩(神宗第五子),带着妻孥及陕西士大夫,这时也来到重庆避难。六月,张献忠水陆两军,齐集重庆,以摧枯拉朽之势,攻克重庆,杀瑞王及巡抚陈士奇。接着,张献忠分兵略取川南各地,并以骑兵从资阳,水军从洪雅、新津,分两路向成都集结。

崇祯十七年(1644)正月,张献忠入夔门,成都大震。三月,成都戒严。华阳知县沈云祚鉴于形势危急,"请见蜀王,陈守御之策,不纳"。他又通过言词激励太平王朱至澍说:"贼势猖獗,成都必危。今蜀府货财山积,不早捐之,

---

① 王廷相:《浚川公移集》卷3《督学四川条约》,见《王廷相集》,中华书局1989年版,第11页。
② 乾隆《遂宁县志》卷12。
③ 同治《丰都县志》卷4。
④ 孙锴:《蜀破镜》卷2。

募死士,东向杀敌,一旦豕突疆场,军民奔窜,谁为王守此府库者?"内江王听说后为之动心,入告蜀王①。然而,蜀王仍不采纳。其理由是:"以祖宗之制,不典兵,不兴民事。故请饷弗听,请召募弗听。"② 四月中旬,崇祯皇帝自尽的消息传到南京,五月传到四川。五月十日,从北方王庄南逃的福王朱由崧,被明朝南方诸臣迎至南京,登上临时监国位,半个月后正式登基,是为南明王朝弘光帝③。而这时四川尚未得知这一信息,因此,"众议蜀王监国"。御史刘之渤以正义反对,不听,他不得不跃入荷花池中,

图 3—38 通远门城门及城墙,张献忠率义军由此门攻克重庆

以死加以劝阻,其议乃止④。蜀王为之愤恨⑤。随着川东失守,起义军自重庆直趋成都,"一路州县望风瓦解,烽火数百里不绝"。当义军进至内江、资中时,蜀王这才捐金招募民兵,三天过去了,仍然无人响应。蜀王、太平王朱至澎决定奔云南,巡按刘之渤认为不可;内江王不听,与之争于王前。六月十三日,蜀王一行仓皇出逃,被守门卒所阻,"守门卒汹汹,劫掠辎重、姬妾",此行只得作罢。听说蜀王将远遁的消息后,"王室大姓逸去者几半"⑥。七月,"传贼将至。城中人震恐,每夜呼曰:'闯至矣!'明日又呼曰:'献至矣!'"⑦八月五日,张献忠指挥义军围城,蜀抚龙文光只得采用22年前朱燮元对付奢崇明的办

---

① 民国《华阳县志》卷6。
② 彭遵泗:《蜀碧》卷2。
③ 参见司徒琳著、李荣庆等译:《南明史》,上海书店 2007 年版。
④ 沈荀蔚:《蜀难叙略》卷1。
⑤ 乾隆《富顺县志》卷5《乡贤下·蜀难纪实》。
⑥ 孙锟:《蜀破镜》卷2;刘景伯:《蜀龟鉴》卷1。
⑦ 彭遵泗:《蜀碧》卷2。

法，暗中使人决都江堰水，企图灌水入城壕以自保，为义军所阻。八月九日，张献忠运用攻克重庆城墙的成功经验，以火药炸开成都城楼，破城而入。蜀王与诸妃嫔投井自尽，内江王、太平王等随之而亡，巡抚龙文光等赴浣花溪水而死。至此，"二百七十年富庶之藩封"①遂宣告覆亡。

崇祯十七年（1644）十一月，张献忠以成都为西京，建元大顺，以原蜀王府为帝宫，其正殿改称承天殿，昭明殿为金銮殿，以府门外屋为朝房，正式建立了大西政权。清顺治三年十二月（1647年1月），张献忠抗清北上，牺牲于西充县凤凰坡。由他所建立的大西政权，虽然仅仅存在了两年时间，但张献忠留在后世的影响却相当深远，个中原因很值得探讨。

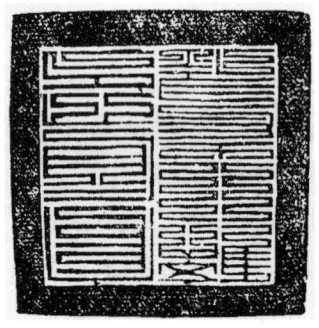

大顺通宝　　　　　　　　　　大顺二年离八寺长官司印

图3—39　张献忠在四川时期的部分文物（采自《张献忠在四川》）

四、"张献忠剿四川"评说

张献忠留在后世的影响之所以深远，究其原因，无不与张献忠"杀人""屠蜀"的传言有关。300多年来，民间所谓"张献忠剿四川，杀得鸡犬不留"的说法，广泛流传，家喻户晓，妇孺皆知；旧时代文人学士著书渲染，连篇累牍；新时代史家曾经为之着墨，加以考辨。为此，不可不提出来加以评说与解读②。

首先，必须承认，作为明末农民起义的杰出领袖，张献忠确实造反有理。

---

① 彭遵泗：《蜀碧》卷2。
② 参见胡昭曦：《张献忠屠蜀考辨——兼析"湖广填四川"》，四川人民出版社1980年版；《张献忠在四川》，《社会科学丛刊》1981年；蒙默等：《四川古代史稿》，四川人民出版社1988年版；李乔：《写入青史总断肠》，《随笔》2007年第1期，第158～166页，等。

张献忠造反前，自幼家贫，贩过枣子，干过铁匠，当过流丐，干过捕快，做过边兵，进过大狱，受过刑杖，是一个生活在社会底层，有游民经历，又有衙门经历的复杂人物。在他当延安府捕役时，常常受人欺侮，因此慨然叹息曰："大丈夫安能久居人下耶！"① 在明朝末年，他参加农民起义，属于逼上梁山，是不得不反的人物。他汇入造反洪流，且成为造反领袖后，在推翻明王朝的过程中发挥了重要的作用，最后牺牲在抗清的战场上，这些都是值得加以肯定的。

其次，张献忠胡乱杀人是不容回避的。张献忠在明末"嗜杀"滥杀成名，不单是杀人多，杀了许多不该杀的人——普通的无辜老百姓，而且杀人名堂多，手段极其残酷。如在四川就发明了"聚人而戮"，谓之"草杀"② 的新花样。他以刑罚和杀戮作为一种威慑百姓和镇压敌对势力的手段，其事例散见于清初各种记载，许多是蜀人记蜀事，无所禁忌，有一定的可信度，不一定全是地主阶级的诬蔑之词。旧文献出于对于农民起义的敌视态度，沿用"春秋笔法"，对于张献忠打击官绅的行动，竭尽渲染夸大之能事。最典型的是《明史·流贼传》称张献忠分四路屠杀川民六万万有奇。其事又见于毛奇龄《后鉴录》。然《明史·流贼传》亦出于毛奇龄之手，故以上两说实出一源。毛奇龄著述甚富，但好发怪论。当时全国人口尚不过数千万，在一个只有300多万人口的四川，竟然屠杀了六万万人，其荒唐不近情理，由此可见一斑。而晚出之书，又辗转抄袭，以讹传讹，遂致鱼目混珠，真伪混淆。这样编造历史的手法，放在清代大的政治背景之下，从维护封建统治利益出发，借农民起义犯下的政治错误，通过渲染夸大杀人屠蜀史实，以达到诬蔑、丑化农民起义的目的，其政治居心是显而易见的。新中国成立以后，树立新的历史观，打破封建王朝体系，重新评价农民战争的作用，原本无可厚非。问题在于，由于受阶级斗争研究范式的影响，又过分片面地夸大农民战争的历史作用，以致对农民起义中一些明明是错误的政策措施也加以肯定和辩解。出于维护农民领袖历史地位的良好愿望，对张献忠"嗜杀"的错误不能正视，乃至有所回护，这显然又走向了另一个极端。这种态度自然也是不可取的。

再次，张献忠"嗜杀"的动机，需从阶级斗争的形势来理解。鲁迅先生在

---

① 康熙《陕西通志》卷30《杂记·盗贼附》。
② 孙锱：《蜀破镜》卷3上。

《晨凉漫记》一文中作了这样的推测，张献忠杀人"其实是别有目的的。他开初并不很杀人，他何尝不想做皇帝。后来知道李自成进了北京，接着是清兵入关，自己只剩下没落这一条路，于是就开手杀，杀……他分明的感到，天下已没有自己的东西，现在是在毁坏别人的东西了……所以就杀，杀人，杀……以杀治兵，用兵来杀……"① 四川地方文献的记载，也称张献忠之所以入川大开杀戒，乃是出于儿时其父在内江贩枣受辱，由此而产生的报复。总之，既往的种种说法都把张献忠的镇压行动归结于个人因素，即出自于张献忠的狭隘心理、泄恨情绪使然。

但是我们知道，张献忠的杀人绝不是孤立的个人行为。他作为反抗明朝封建统治的政治领袖，其矛头直指的不仅仅是官绅个人，而是包括封建王朝在地方的统治机构、社会秩序，以及由乡绅所支配的地域社会在内。张献忠的过激行动，往往是与各地乡绅及地域社会所持的敌对态度直接相连的。最近，有学者研究指出，在明末农民起义的冲击下，在乡村社会秩序走向崩溃的形势面前，乡绅与"流寇"的关系因地域的不同而呈现出极端不同的表现。有的地区的乡绅投向了"流寇"，与之结盟，如

图 3-40 俗称"七杀"碑的"圣旨碑"
（采自《四川历代石刻》）
注：此碑俗称《圣旨碑》，在四川广汉房湖公园内。明末农民起义首领张献忠立。碑高 210 厘米，宽 101 厘米，厚 18.5 厘米，竖 3 行 20 字，楷书，碑额刻"圣谕"2 字，碑额和碑周饰龙纹。

---

① 鲁迅：《准风月谈》，《鲁迅全集》第 5 卷，人民文学出版社 1973 年版，第 281 页。

在庐州（今江西九江市），避免了大肆杀人；而张献忠在四川时与乡绅结盟失败，因此，四川乡绅则成为打击对象①。于是，在四川杀人成了突出的问题。

其实，有研究者早就注意到②，在张献忠进川初期，他和他所领导的大西军是重视和注意吸收乡绅和知识分子的。在张献忠建立大西政权之初，四川乡绅一方面对明朝的贪婪腐朽积怨在心，另一方面又担心兵连祸接后果不堪设想，所以他们当中相当一部分人也指望大西能够成为自身利益的保护者，即蜕变为实行清廉吏治的封建政权。然而，随后的局势发生了剧烈的变化，张献忠领导的大西政权与四川各地的乡绅和知识分子之间的矛盾逐渐尖锐化了。这主要是由于甲申年（1644）八月南明政权成立后，一大批官员被委以"专办蜀寇"③，分赴四川各地，挑起地方乡绅与大西政权相对抗，激化了四川的阶级冲突。在这种形势下，张献忠不得不加强了镇压措施。另一方面，由于阶级和历史的局限，张献忠不可能正确认识和解决眼前这种复杂的阶级斗争局势，仍然采用过去"流寇主义"的战略决策和过分依靠军事手段的办法，把打击面扩大到几乎整个乡绅、士子，乃至于无辜的老百姓，这是导致大西政权在政策上和策略上发生错误，最终毁于一旦的重要原因和历史悲剧。

图3-41 《张献忠在四川》书影

---

① ［日］吉尾宽：《明末的流贼反乱与地域社会》，东京汲古书院2001年版。据卜永坚《探讨明末"流寇叛乱"的新视点》(《史林》2002年第3期)介绍。
② 参见顾诚：《张献忠与知识分子》《张献忠在四川》，社会科学研究丛刊第2期，1981年。
③ 谭迁：《国榷》卷102。

第四章 元明时期四川的政治军事制度

由于蒙古起自漠北,统领的部落野处无常,没有一套有如中原封建王朝那样完整的统治制度。为了管理各种不同地区、不同民族、不同类型的征服地的广大臣民,蒙古统治者从维护自身的利益出发,不得不既保留草原的传统风俗的特点,同时又适当地借鉴和吸纳当地原有的统治经验与办法。于是,这就有了治理包括四川在内的所有征服地的最初的政治、军事制度。明承元制,在统治全国的政策上,既有借鉴、继承,又有批判、扬弃。总体来说,由蒙古统治者所确立的带有鲜明种族歧视色彩的制度,在明朝已被剔除;其强化中央集权部分内核则加以保存;针对元朝百年亡国的教训,明朝又不断在政策上加以调整和更改。

第一节 政区建置

一、元代四川政区

亡宋之前,元朝已在北方一些地区,以及西夏、四川、云南设置行省,但政区还不稳定。灭亡南宋后,行省制推向全国,并逐渐固定为11个行省,在西部地区则设置了甘肃、陕西、四川、云南等行省。元朝在确立行省制度的过程

第四章 元明时期四川的政治军事制度

中，采取了各种不同的措施和步骤，其所根据的一个重要原则，就是针对地区的不同情况，以不同的统治方式，将其纳入自己的有效控制范围之内。

由于内陆地区的四川是一个相对封闭的区域，又有自然环境较好的成都平原，历史上曾经多次发生与中央政府相对峙的地方政权。宋王朝出于对政治稳定因素的考虑，在划分地方高层政区时，人为地将其划分为川峡四路，其用意在于：利用地区内部特殊自然环境和经济格局，将该区的经济重心与形胜之地划归不同的一级政区，从而达到削弱地方实力的目的。元朝在消灭南宋前，已拥有四川三分之二的领土，通过一系列的军事征服行动，早就把宋朝人为制造的这种地区藩篱格局打破了。

由于蒙古在长达半个世纪的征服四川的过程中，最先征服了与四川相邻的甘肃、陕西地区，然后以这些地区作为根据地，逐步向四川推进，直至将其纳入其统治版图之内。因此，在政区设置上必然呈现出与陕西连为一体的政治格局。

蒙古对四川行使政治统治，首先是以关中平原为依托，第一步对四川实行了半军事统治，由设在成都的都万户府代理军民政务；第二步建立陕西五路西蜀四川行省，将已征服的四川土地与设在京兆的原金朝划分的陕西五路合并统治；第三步在成都设立四川行省，把四川纳入中央集权的行省制的统治体系中。

在四川行省演变的过程中，行省治地经常在川、陕之间变动。在从中统元年（1260）至至元二十七年（1290）的30多年间，秦蜀行省治地曾经设在京兆（今西安）、兴元（今汉中）、利州（今广元）、成都、安西（今西安市西）以及重庆。直至至元二十七年（1290）三月，才以"成都之民苦于供给"，诏复迁至成都①，最后稳定下来（见下表）。

表4-1　秦蜀行省治地变动表
（1260～1290）

名　　称	时　　间	治　　地
秦蜀行省	中统元年（1260）	京兆
陕西五路西蜀四川行省	至元二年（1265）	兴元

---

① 《元史》卷16《世祖纪》。

续表

名　称	时　间	治　地
陕西五路西蜀四川行省	至元三年（1266）	利州
	至元五年（1268）	京兆
	至元八年（1271）	兴元
四川行省	至元八年（1271）十一月至十六年（1279）	成都
陕西四川行省	至元十七年（1280）	安西
四川行省	至元十八年（1281）	成都
陕西四川行省	至元二十二年（1285）	安西
四川行省	至元二十三年（1286）	成都
	至元二十五年（1288）	重庆
	至元二十七年（1290）	成都

资料来源：据谭其骧《元陕西四川行省沿革考》（载《禹贡半月刊》第3卷第6期，1935年）改制。

在四川行省演变的过程中，经过一系列变动，最终形成了这样的辖区格局：历史上一直隶属于巴蜀，或与巴蜀有密切关系的一些邻境地区，到这时逐渐定型，正式从四川脱离出去，而分别隶属于邻省。例如，自先秦、秦汉、三国以来，一直属于蜀境，至两宋仍属于利州东、西路管辖的陕南、陇西地区，包括陕南的兴元府、金州、洋州、大安军、沔州、天水军、凤州，以及陇西的西和州、同庆府、文州、阶州等，到元朝不再是四川的政区，而分别划归陕西行省的兴元路和巩昌便宜都总帅府管辖①。而至今属于四川地区管辖的建昌路（今凉山州西昌市和攀枝花市部分地区），在元代则隶属于云南行省的罗罗斯宣慰司管辖。今川西地区的雅州、黎州、茂州以及今甘孜州所辖地，在元代则属于吐蕃等处宣慰司管辖。

元代四川政区之制，大体上是"以省统路，以路统府、统州，以府、州统县。其府州有不统于路而直隶于省者，州有不统于路而统辖于府者，县有不统于府、州而统于路者"②。元代四川政区的巨变，不仅体现在行省一级，在行省

---

① 《宋本方舆胜览》、《大元混一方舆胜览》。
② 龚煦春：《四川郡县志》卷10。

之下的路一级建置上，也较为突出地体现出来。

至元十六年（1279），元朝最初分川蜀为四道，以成都等路为川西道，广元等路为川北道，重庆等路为川南道，顺庆等路为川东道①。后来，由于回回人阿合马执掌中枢，滥设官府，四川路又由四路增设为九路。事实上，当时四川远不止九路。参照《经世大典·站赤》可以考出，在至元二十年（1283）之前，四川路府机构的名称就有：成都路、广元路、保宁府、蓬州路、顺庆路、广安路、合州路、潼川路、重庆路、涪州路、开达夔州等路、绍庆府等，共12个路府②。再加上至元十八年（1281）设置的叙州路、十九年（1282）设置的马湖路，全省路府一级机构的设置，总数不下14个。而当时四川民户仅12万户，所设官达250余所，所以元廷又令四川行省裁减机构。至元二十年（1283），四川行省作了大幅度调整，全省仅保留广元、成都、顺庆、重庆、夔府5个路，其余路府"悉罢之"。至元二十二年（1285），御使台臣又以四川"山谷险要，蛮夷杂处"为由，奏准设置嘉定路、叙州宣慰司。这样，在元代，四川行省基本保持在广元、成都、顺庆、重庆、夔府、嘉定、叙州7处设路。至于《元史·地理志》所列的九路、三府、三属府的建置，则是到元末才最后形成的。

元代政区的变化，在州、县一级的撤并上表现得尤其显著。由于经过长期战乱后，四川不少州县出现了"地荒民散"、"户口凋零"的情况，根据平定江南后颁定的州县标准：五万户以上者为上州，三万户以上者为中州，不及三万户者为下州；三万户之上者为上县，一万户之上者为中县，一万户之下者为下县③；元朝相应地对州县一级行政建置作大幅度的调整。特别是在裁并四川官府的至元二十年（1283）前后，全省各地都发生了"改州换县"的现象。据《元史·地理志》统计，因地荒民少而牵涉或废或降或并或损等变动的州、县数量相当普遍：成都路变动州县19个，嘉定路6个，广元路27个，顺庆路17个，潼川路15个，重庆路14个，夔路8个。

---

① 《元史》卷10《世祖纪》。
② 《永乐大典》卷19423《站》字韵。
③ 《元史》卷91《百官志》。

第四章 元明时期四川的政治军事制度

表 4-2　元初四川州县变动一览表

路府名	有变动的州县名称	个数
成都路	隆州、仁寿、怀州、金堂、德州、德阳、绵竹、汉州、导江、青城、灌州、崇庆、江原、保宁、威州、简州、阳安、灵泉、平泉	19
嘉定路	洪雅、夹江、临邛、依政、蒲江、邛州	6
广元路	新得、小宁、阆中、奉国、苍溪、新井、新政、西水、南部、普城、剑门、普安、江油、清川、龙州、难江、恩阳、化城、上通江、下通江、曾口、褒城、大安、铎水、长举、西县、略阳	27
顺庆路	南充、汉初、西充、流溪、和溪、新明、岳池、金城、相如、营山、良山、仪陇、蓬池、伏虞、大竹、邻山、邻水	17
潼川府	涪城、郪县、通泉、射洪、东关、盐亭、铜山、中江、遂宁、青石、小溪、长江、蓬溪、魏城、绵州	15
重庆路	璧山、巴县、南平、南川、泸川、泸州、赤水、石照、巴川、铜梁、定远、涪陵、乐温、涪州	14
夔路	清江、施州、南浦、万州、云阳县、云阳州、大昌、大宁	8
合计		106

资料来源：据《元史》卷60《地理志》统计改制。

以上路府牵涉变动的州、县共有106个之多，而调整后四川全省的州、军、县的总数不过118个，也就是说，这一次变动调整波及的面相当广，约占现有州、县的89.8%，几乎到了无县不变的局面。

元代州、县建置变动的剧烈程度，不仅反映在数量上，更深刻地表现在内容上。据分析，许多州、县变动的直接原因是由于地荒民散引起的。如成都府隆州（今仁寿县），"至元二十年，以此州地荒民散，并为仁寿县"。导江、青城二县，以"户少"省入灌州（今都江堰市）。简州平泉县（今简阳县西草池坝），"以地荒，竟废之"。广元路"端平后兵乱无宁岁，地荒民散者十有七年"①。经过调整后的州、县比例，按理应该平均每州领2.2个县，但实际上领一两个县的州甚多，许多州甚至只领一个县。而有的县甚至只领一城或一寨。如泸州原领泸川、江安、纳溪、合江四县、乐共一城及江门等八寨。至元十三年（1276）后，实际情况却是："堡寨遂空"，惟余江安、纳溪、泸川、合江、乐共、江门。

---

① 《元史》卷60《地理志》。

后"四处并废,惟领三县"。在这3个县中,江安县因"兵乱民散,户口凋零,更不设官,惟乐共设知城一员任之"。纳溪县"因兵乱,寨堡俱废,惟余江门,设[知]寨一员"。合江县也因"寨堡已废",而把县城设在神臂江南岸的济民市(今合江县弥陀镇东二里黄氏坝)①。

元代四川行省所辖路、府、州的建置情况,见下表:

表4—3 元代四川行省建置表

路府名	直属所领	所辖府州
成都路	录事司辖9县	彭、汉、安、灌、崇庆、威、简
嘉定路	录事司辖4县	眉、邛
广元路	录事司辖2县	保宁府、剑、龙、巴、沔(在今陕西境)
顺庆路	录事司辖2县	广安府、蓬、渠
潼川府	4县	遂宁、绵
永宁路		筠 连
重庆路	录事司辖3县	泸、忠、合、涪
绍庆府	2县	
怀德府		来宁、柔原、酉阳、服
夔路	录事司辖2县	施(在今湖北境)、达、梁山、万、云阳、大宁、开
叙州路	4县	富顺、高
马湖路	长宁军	戎

资料来源:据《元史》卷60《地理志》改制,所辖政区到州,州辖县省略,唯绍庆府仅领二县:为彭水、黔江。

二、明代四川政区

明太祖洪武四年(1371),大夏国主明昇投降。同年,明朝在成都设置四川行中书省,洪武九年(1376)改为四川承宣布政使司。明代承宣布政使司在体制上虽然与元代有所不同(详下),但是人们对地方一级政区在习惯上依旧沿用了"省"或"行省"这一称呼。

明代的四川省,领有成都、保宁、顺庆、重庆、遵义、叙州、龙安、马湖、

---

① 《元一统志》(辑本)卷5,中华书局1966年版。

镇雄、乌蒙、乌撒、东川、潼川等 13 府，雅州等 6 个直隶州，属州 16、属县 111，另外还辖有 1 个宣抚司、1 个安抚司、16 个长官司。其管辖范围，北至广元与陕西界，东至巫山与湖广界，南至乌撒、东川与贵州、云南界，西至威、茂与西番界。除北部与陕西的交界没有太大变化外，其余地区较之元代均有较大变动。在西北方向，元代属吐蕃等处宣慰司都元帅府管辖的松潘、威州、茂州等地，划归四川省。在西部，元代属吐蕃等路宣慰司都元帅府管辖的碉门、黎州、雅州等地，亦划归四川省。在西南方向，元代由云南行省管辖的建昌、德昌、会川等地，划

图 4-1　《大元混一方舆胜览》书影

归四川省；在南部，原属云南行省的镇雄、乌蒙、乌撒、东川 4 个军民府，以及湖广行省管辖的遵义，均划归四川省。这一政区范围对后来四川疆界的形成，产生了重要的影响。

明代省级政区之下的建置，与元代最大不同的地方是，取消了路这一级建制，改其为府。如元代的成都路在明代改为成都府，重庆路改为重庆府，等等。明代由此形成了府、县两级制。省下设府（或直隶州），长官称为知府（或知州）；府下设县（或散州），长官称为知县（或知州）。

明代政区调整工作，大部分是在洪武时期进行的。其内容包括：

第一，降州为县，省县入州。例如，关于前者，元代以及明玉珍设置的彭州、灌州、资州、汉州、简州、富顺州、万州等，在洪武初期均降为县。以后只有少数复升为州，多数遂成定制。关于后者，主要是元代各州治所皆设一县，如汉州州治雒县（今广汉县雒城镇）、茂州州治汶山（今茂县西北）、剑州州治普安（今剑阁县普安镇）、巴州州治化成（今巴中县东北化成乡）、雅州州治严道（今荥经县严道镇），等等，明初对此一律通过省县入州的方式进行裁并。这些措施不仅消除了重床叠屋的弊端，而且有助于节约国家的财政开支。

第二，根据实际情况，大幅度地调整县一级政区。明初规定：县分三等，赋 10 万石以上为上县，6 万石以下为中县，3 万石以下为下县。四川因为人口

减少，土地荒芜，所以明朝曾多次对税粮达不到定额的县一级建制进行调整。例如洪武六年（1373），裁罗江，同年九月，裁龙游、郪县、绵谷、奉节。十年（1377）五月，又在全国范围内一次裁并62县，其中包括四川的新繁、双流、金堂、崇宁、德阳、井研、资阳、什邡、彰明、蒙阳、营山、仪陇、西充、渠江、庆符、筠连、珙、昭化、苍溪、南部、江油、青神、威远、大邑、彭山、丹棱、中江、蓬溪、射洪、名山、武隆、新宁、丰都、南川等34县，占了一半以上。但是，洪武十三年（1380）十一月，它们中间的绝大多数又恢复了原来的建制①。

而另一方面，为了使县的布局更加合理，明初也适当增设了一些新县。例如，重庆府的永川、荣昌、长寿，均置于洪武六年（1373），便是例证。洪武以后，在个别地区还略有增设，如成化六年（1470），置邻水、乐至；十七年（1481）、十八年（1482）、十九年（1483），依次置安居（今铜梁县安居镇）、洪雅、璧山；正德九年（1514），置南江、太平（今万源县）；嘉靖四十五年（1566），置隆昌，等等②。

今据《明史》卷43《地理志》统计，明代四川共领府13，直隶州6，府辖州16，县111，宣抚司1，安抚司1，长官司16。都司领卫7，招讨司1，宣慰司2，安抚司5，长官司22。上述建制中有三种情况需要提出来予以说明：

其一，省内卫所基本属于实土卫所，特别是一些边远地区，未设州县，只有军事机关，民事由卫所兼理，这些卫所事实上已成为一级地方政权机构（详本章军事制度）。

其二，在少数民族地区仍仿照元朝的统治办法，设立土司、土官，这些宣抚司、安抚司、长官司、招讨司、宣慰司机构，也成为一级地方政权机构。

其三，在上述数字中，还有一些机构建置在今四川境外，如镇雄、乌蒙、东川，清代始改隶云南；乌撒、遵义5府，又遵义府领1州4县，清代始改隶贵州；夔州府所辖之建始县，系清雍正十三年（1735）改属湖北施南府。

因此，在今四川境内，去掉以上三种情况所建的州、县、卫、所、土官等

---

① 《明太祖实录》卷112、卷134。
② 各县设置年代据《万历会典》卷16。《万历会典》所记与《明史·地理志》颇有出入，但与王圻《续文献通考》卷228基本相同，可证《明史》之误。

第四章 元明时期四川的政治军事制度

机构设置，明代实际只有府 7、直隶州 6、府辖州 15、县 106。详见下表：

表 4-4 明代四川政区建置表

府、直隶州名	所 辖 州	所领县数
成都府	简、崇庆、汉、绵、茂、威	25
保宁府	剑、巴	8
顺庆府	蓬、广安	8
夔州府	达	12
重庆府	合、忠、涪	17
叙州府	高	9
龙安府		3
潼川州		7
眉州		3
邛州		2
嘉定州		6
泸州		3
雅州		3
总计	15	106

资料来源：据《明史》卷 43《地理志》改制。

需要特别说明的是，在明代行政区划建置的过程中，以四川建昌地区（今凉山彝族自治州和攀枝花市部分地方）的变化最大，特点最突出，与四川疆界现状的关系最为密切。

前已述及，在元代行政区划建置的过程中，涉及跨省疆域变化的区域有今天属于四川省管辖的建昌地区，在元代则隶属于云南行省管辖。到了明朝洪武朝，这一区域又重新划归了四川。这一变化过程，与当地的民族关系十分密切。这一变化所涉及的地区，包括元朝如下一些机构管辖的地方：建昌路（今凉州西昌市）、德昌路（今德昌县德州镇王所乡）、会川路（今会理县城关镇）、柏兴府（今盐源县卫城）。建昌路领一县九州：中县（今雷波县雷池乡）、建安州（今西昌市）、永宁州（今西昌高枧乡）、泸州（今西昌佑君镇）、礼州（今西昌礼州镇）、里州（今布拖县特木里镇）、阔州（今宁南县华弹镇）、邛部州（今越西县越城）、隆州（今会理云甸乡）、姜州（今会东县姜州乡）。德昌路领四州：

• 158 •

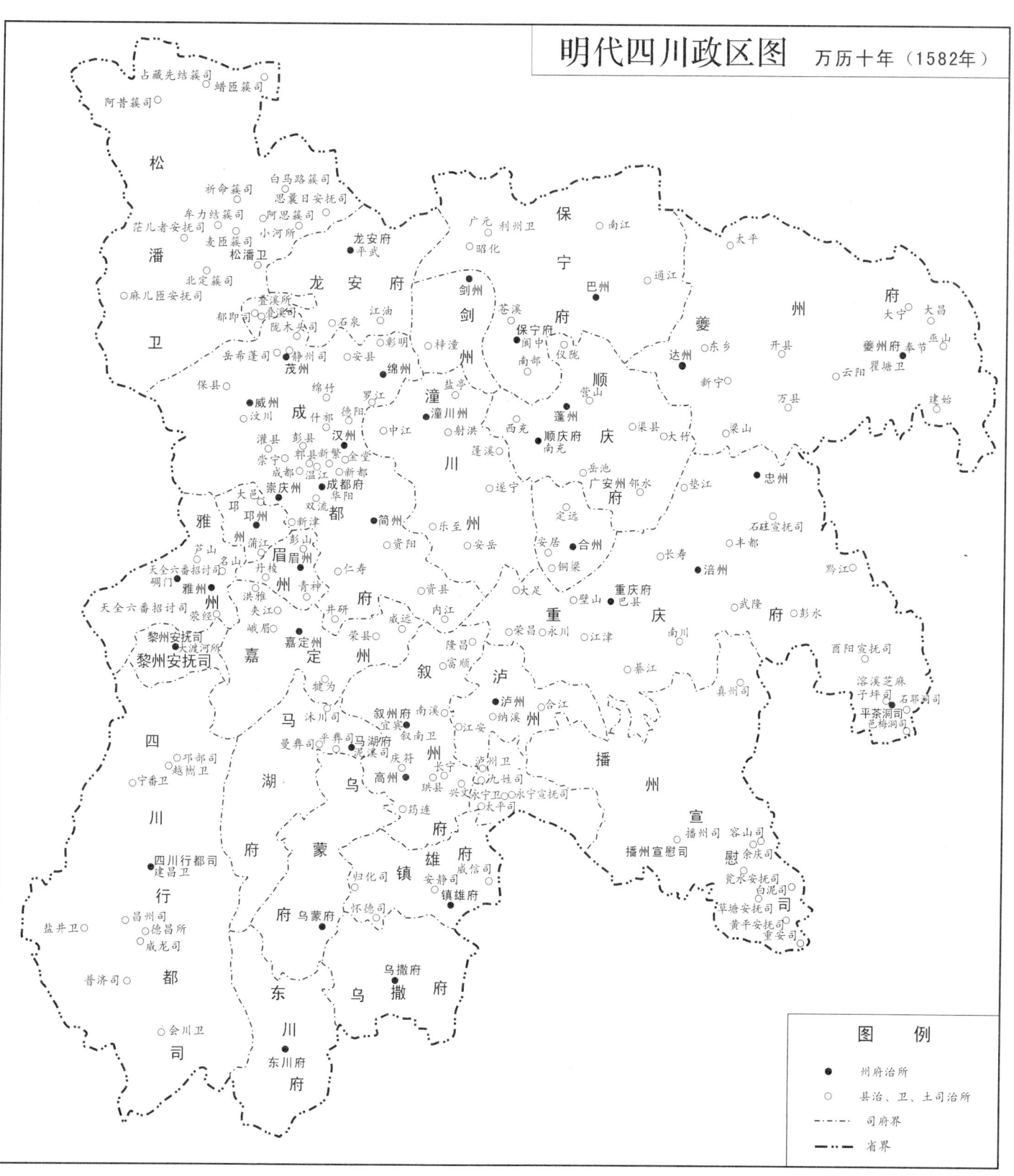

昌州（今德昌县城关镇）、德州（今德昌县阿月乡）、威龙州（今攀枝花市米易县挂榜镇）、普济州（今米易县普威镇）。会川路领五州：武安州（今会理县城关镇）、黎溪州（今会理县黎溪镇）、永昌州（今会理县太平镇太平场）、会理州（今会东县铅锌镇）、麻龙州（今会东县内东乡至新云乡）。柏兴府领二县：闰盐（今盐源卫城）、今县（今盐源沃底乡）。其变化过程是：洪武十五年（1382）明军平定云南，对这一地区建置未作变动，仍属于云南布政司和都指挥使司管辖。洪武二十五年（1392），由于这一地区以月鲁帖木儿为首的蒙古、白、彝、纳西、西番等族土官发起反明行动，遭到明军的镇压。次年（1393）九月，明军在平定这次土官反抗行动之后，正式以军事建置取代行政建置，并将这一地域的疆界由云南划归四川，在建昌府设置四川行都指挥使司。从此，这一地区便改属于四川版图了[①]。

图4-2 《大明一统志》书影

第二节 行政制度

一、行省制

元、明地方行政制度，主要是在地方最高行政机构行中书省，以及承宣布政司、都指挥司、提刑按察使司"三司"的架构下，分别执掌地方行政职能。

从元代开始，在中央和地方行政关系中出现了一个新的机构——行中书省。行省制度渊源于魏晋的行台，"行省"一词始见于金代。但作为地方最高行政机构，并为一级政区名称，则是从元代推行行省制度以后，经过历代的传承而沿

---

① 参见李宗放：《明代四川建昌地区的行政和军事建置及变化》，《西南民族大学学报》2006年第10期。

袭下来的。元初，行中书省只是一个临时性的中央派出机构，其官员皆是以都省官（中书省官）"行某处省事"系衔，到各地署事，行使中书省职权。元后期，行省官员不再以中书省官系衔，行省逐渐由临时性的中央派出机构定型为常设的地方最高行政机构。

元代四川行省的成立，经历了一个漫长的演变过程，其间与蒙古的军事用兵过程相联系，并与陕西相关。

中统元年（1260），忽必烈在开平即位后，为便于处理中央和地方事务，相继在首都开平（今内蒙古正蓝旗东北闪电河北岸）、燕京（今北京市）以及各地建立中书省和行中书省的机构。这一时期的行中书省，简称"行省"，大都属于中书省的临时派出机构，其职能仅限于代表中央在地方主持政治、经济、军事事务，因事而设，事完则罢，没有稳定的治所和辖区。四川行省最初的设立，就属于这种类型。

中统元年（1260），忽必烈为了从反对派手中抢夺关陇地区的控制权，特派心腹谋士廉希宪到京兆，全权处理相关事务，并成立秦蜀行省，以廉希宪为中书省右丞，行省事。这是秦蜀建省之发端。秦蜀行省又称陕西四川行省。由于当时陕西所领辖区系原金朝所管辖的五路之地：京兆、凤翔、鄜延、庆原、临洮，故又称为陕西五路西蜀四川行省，简称陕蜀行省或陕西行省。

至元二年（1265）秦蜀行省开始移治兴元（今陕西汉中市），三年（1266）移治利州（今四川广元市），五年（1268）还治京兆（今陕西西安市）。至元八年（1271），再移治兴元，旋即罢陕西四川行省，另立四川行省于成都。这是在四川境内独立行省之发端。

至元十年（1273），为了配合元朝大军攻襄阳，忽必烈又罢四川行省，分置东、西川行枢密院。至元十五年（1278），鉴于四川战事告平，全川归于元朝统治，元廷重新设置四川行中书省于成都，简称西川行省，带有陕西四川行省的分支机构的性质。次年复罢。十八年（1281），又从陕西四川行省中分置四川行省于成都，其后一度又合并于陕西行省。经过多次分合之后，直至至元二十三年（1286），才最后决定分为两省，"始置四川行省，署成都"①，至此四川行省基本稳定下来。

---

① 《元史》卷91《百官志》。

第四章 元明时期四川的政治军事制度

有元一代,四川行省的全称应该是:四川等处行中书省。只有在世祖、武宗朝三次在中央短期设立尚书省取代中书省期间,四川行中书省的名称也相应地更改为四川行尚书省。

就全国而论,元朝行省制度的演变经历了一个把首都的中央机构同辽阔的地域上的地方非永久性的行政权力机构连接起来,进而成为国家一级行政区划的演变过程。这一过程大约在1279年灭亡南宋、统一江南后,直到1291年才基本完成①。到这时,四川行省便作为全国11个行省之一,正式成为四川地方的最高行政机构和行政区划。

据《元史·百官志》载,元代行省的权力相当大,"掌国庶务,统郡县,镇边鄙,与都省(指中书省)为表里……凡钱粮、兵甲、屯种、漕运、军国重事,无不领之"。四川行省由于地理位置特殊,战略地位重要,所谓"东南接控荆湖,西北襟连秦陇,阻山带江,密迩蕃蛮,素号天险,古称极边重地"②,所以还承担军事镇戍和镇抚少数民族的重任。

行中书省的长官为丞相和平章政事。按规定,行省设丞相一员,秩从一品;平章二员,从一品;平章政事的副职有左、右丞各一员,正二品;参知政事二员,从二品。由于丞相位高权重,元朝中央怕地方权重,一般在各省不设丞相。所谓"丞相或置或不置,尤慎于择人,故往往缺焉"③。于是,平章政事就成为行省的实际长官。四川行省平章政事可考的官员有:廉希宪、粘合南合、赛典赤瞻思丁、也速带儿、汪良臣、汪惟正、帖不儿不花、脱脱、程鹏飞、斡罗思、赵世延、囊加台、宽彻、塔出、汪寿昌、钦察台、刘脱欢、月鲁帖木儿、咬住、八失忽都、答失八都鲁、玉枢虎儿吐华、囊革歹、察罕布哈等④,共计24人。

不过,四川行省建置以来,却出现一个例外,即至正二十四年(1364),丞相搠思监为牵制骄兵悍将孛罗帖木儿,曾请求"分其兵授四川省丞相察罕不花领之"⑤。这个察罕不花,就是四川行省历史上第一个也是最后一个丞相。

---

① 参见王颋:《行省制度浅谈》,《文史知识》1985年第3期。
② 《元史》卷99《兵志》。
③ 《元史》卷91《百官志》。
④ 吴廷燮:《元行省丞相平章政事年表》,《二十五史补编》,中华书局1955年重印本。按该年表未计廉希宪,今予补正。文中的"察罕布哈"别译作"察罕不花"。
⑤ 《元史》卷207《孛罗帖木儿传》。

行省的办事机构分为行政、司法和文秘办公部门。行政管理部门主要有左、右司,分别由一名郎中负责,其中左司辖吏、户、礼各房胥吏,右司辖兵、刑、工各房胥吏,通过公文运转,完成管理职能;司法机关有理问所和都镇抚司;文秘办公部门有检校所、照磨所、架阁库,主要负责管理文书档案。

行省管辖下的行政区划依次为路、府、州、县。路设总管府,长官为达鲁花赤掌印官、总管,职掌行政管理,在原属南宋统治的地区,还兼管本路的劝课农桑。总管府的办事机构与省级机关大同小异,只是职官名称有所不同。行政事务主要由同知、治中判官分别掌管,刑狱由推官负责,文秘工作的首领官有经历、知事、照磨。路治所在的都市通常设有一个或几个录事司,负责管理城镇居民,其职官有达鲁花赤、录事、录判等。

路以下的府设掌印达鲁花赤一员、知府或府尹一员,由知府或府尹具体掌管行政事务、劝课农桑。知府的属官大体还是按照行政、司法、文秘进行分工,其中同知、判官分掌府内庶务,推官分管司法审判,知事、提控案牍等首领官职掌文卷簿书档案等事。

州的长官为达鲁花赤、州尹或知州,正官有同知、判官,首领官为知事、提控案牍或吏目提控案牍。

县的长官有达鲁花赤、县尹。上县设有县丞,辅佐县尹。县中庶务由主簿分管,治安捕盗等事由县尉负责。户口稀少的下县,或以主簿兼县尉之职。簿书文移出入等事,由典史掌管。

除路、府、州、县之外,在远离行省中心的地区,还分道设置宣慰司,就便处理军民事务。宣慰司兼有行省派出机构和介于省、路之间一级行政机构的职能。在边陲民族地区设置的宣慰司、宣慰司都元帅府及其所属路、府、州、县或安抚司等机构,往往参用当地土官。

在四川、云南等省,宣慰司是重要的一级行政机构,其中四川曾被分为东、南、西、北四道宣慰司,元世祖至元二十年(1283)省并东、西、北三道宣慰司之后,仍然保留南道宣慰司。元成宗大德七年(1303),将南道宣慰司改为叙南等处诸蛮夷宣抚司,领有1路、2州、4县。

元代地方行省不直接掌兵权,兵权另有军事镇戍系统掌控,由皇帝派遣各地的宗王进行节制(详本章军事制度)。

此外,在元代地方还有"道"的设置。按照元朝的制度规定,"道"有两种性质：其一为一级政区机构，介于行省与郡县之间。宣慰司"掌军民之务，分道以总郡县，行省有政令则布于下，郡县有请则为达于省"，主要设在边陲之地和用兵之区①。元朝平定四川后，于至元十六年（1279）分川蜀为四道，置四道宣慰使。这时的"道"带有行政区划性质。但在至元二十年（1283）以后，四道的宣慰司机构陆续被撤销了，而仅在边远少数民族较为集中的川南设立南道宣抚司。为了名实相符，成宗大德七年（1303），元廷又将其改名为叙南等处诸蛮夷宣抚司。

其二为监察区性质。元朝的监察机构为御史台，全国各地分道隶属于江南、陕西两个行御史台。这里的道，不是一个行政区划，而是一级监察区。元朝在成都设有"西蜀四川道肃政廉访司"，作为一个司法监督机构，主要归由中央御史台和陕西诸道行御史台管辖。其职责不仅对刑事犯罪的审理进行监督，而且还有权按问、监督审覆各级机构已经审断的案件，同时还负责监督各项法令的实施。

二、三司制

明王朝建立初期，沿袭元朝的办法，行中书省仍是地方上的最高行政机构。按照元朝制度，行中书省是中央的派出机构，中书省设什么官，行中书省就有什么官。这样，行中书省就把一省的军、政、财权集于一身，地位高，职权重，容易形成外重内轻、枝强干弱的局面。尤其是元末，烽烟四起，群雄割据，地方拥兵自重，乃至割据一方，造成尾大不掉，中央指挥失控，最终导致元朝灭亡。朱元璋认为这是元朝的一大弊政，因此当他成为大明皇帝后，自然不能容忍行中书省控制地方一切权力的局面再继续下去。

洪武九年（1376）六月，为了加强中央集权，明王朝对地方机构进行了重大改革，下令废除行中书省，把包括四川在内的全国12个行省均改为承宣布政使司。同时取消平章政事及左、右丞等官职的设置；将地方行政机构最高长官参知政事改为布政使，级别则由元朝的从二品定为正三品，地方行政机构的副官左、右参政定为从三品。由于布政司所管辖的地区范围和原来的行省差不多，加之行中书省的称呼已经成为习惯，所以一般仍把这一区域内的行政机构称之

---

① 《元史》卷41《百官志》。

第四章 元明时期四川的政治军事制度

为"省"或"行省"。

与元代行省相比,最大的不同在于,明代的省级行政机构承宣布政使司的权力大大缩小了,只限于执掌民事、财政。与民事相并列的军事、刑狱之事,则另设都指挥司,置都指挥使,设提刑按察司,置提刑按察使掌管。这样,在一省之中,就有布政司、按察司和都指挥司三个互不统率、各自直接归属于中央的部门来分管一省的民政、财政、司法、军事等事务,俗称"三司"。原先由行中书省管辖的事务被分割为三个板块,互相牵制,遇有重要事务,需经三司会议,上报中央的部院,然后遵照中央旨意处理。

明代地方最高行政机构的长官为左、右布政使,副职有左、右参政和左、右参议。布政使掌管一省的民政和财政,参政、参议分守各道,或分管省内的粮储、屯田、驿传、水利等事务。

布政司的办事机构,大体可分为职能部门和文秘办公部门。职能部门包括主管盐政的都转盐运使司、负责刑名的理问所、掌管监狱的司狱司、管理官府手工工场的杂造局、负责制造兵器的军器局、职掌钞钱之事的宝泉局、承担纺织品生产的织染局等等。以上这些职能部门统称杂职衙门,其设置各省不尽相同,基本上是根据各地的具体情况而定。其中四川、云南等省还设有盐课提举司,陕西、四川、云南等省设有茶马司。布政司的文秘办公部门主要有经历司、照磨所,分别负责收发文移和检校、勘验文卷。

与此同时,朱元璋还把元朝行省之下的路、府、州、县的三级管理制度改为两级,第一级是府、直隶州,第二级是县,这一变革使政令的传达更加便捷。

府的长官为知府,副职有同知、通判和推官。知府掌管一府的行政,同知、通判协助知府管理具体事务,推官掌管刑名并协助知府考核官吏。府属职能部门较多,其中有管理人犯的司狱司,负责缉捕盗贼、盘查奸伪的巡检司,掌管税收的税课司,管理官府手工工场的织染杂造局,查验商人所持茶、盐引票的批验所,主管金属冶炼工场的铁冶所,以及管理儒学、驿传、运输、仓储、灌溉等事务的机构。此外,还设有管理医疗、宗教等事务的职官。府的文秘办公部门,仍然称为经历司、照磨所。

直隶州是直属布政司管辖的行政建置,地位与府相同,只是级别较低。州的长官为知州,副职有同知、判官。知州掌管一州的政务,同知、判官协助知州分管州务。州属职能部门的设置基本上与府属职能部门相同,文秘办公人员有吏目。依据《大明会典》的记载,在正德六年(1511)到万历十年(1582)之间,全国10个省中共有37个直隶州,其中四川省就有6个:潼川、嘉定、眉州、泸州、雅州、邛州①,占16.2%。

府、州以下的行政建置为县,长官为知县,副职有县丞、主簿,文秘办公人员为典史。知县掌一县之政,县丞、主簿分掌粮马巡捕之事,典史掌文移出入。

三司制的设置使地方机构职能趋向专一化,每一司专管特定的工作内容,在一定程度上加强了行政效率。但由于不设省级地方行政长官,并分散了其职权,造成了三司之间的互相牵制,显然,这有利于加强中央对地方的控制。另外,由于三司地位平等,在三司不能协调的情况下,有陷入机能不全的危险。为了克服这一弊病,明代中叶以后,开始出现了设置"督抚"的现象。为了处理地方重大事务,朝廷经常派遣中央官员到各地,以总督、巡抚、提督、经略、总理、赞理、巡视、抚治等名号,节制三司,总领一省、数省或一个地区的军民大政,通常将他们称为督抚。

明朝中央政府向西部地区派遣巡抚,始于明宣宗宣德初年,派尚书侍郎巡抚陕西地方。宣德十年(1435),又派侍郎巡抚甘肃等处。明英宗正统年间,先后设有陕西巡抚、宁夏巡抚、甘肃巡抚、延绥巡抚、松潘巡抚、贵州巡抚和云南巡抚。明代宗景泰元年(1450),由于四川筠连、珙县少数民族起事,特遣都御使李匡巡抚四川,进行镇压,是明代四川设置四川巡抚的最早记录。早期的巡抚均属临时差遣,事毕回京述职。明世宗嘉靖十一年(1532),都察院规定,巡抚的职掌为编审徭役,科派粮料,处理钱粮出入、驿传事务、学校廪禄,区处城池堡隘,督调兵马,实际上掌管了地方的主要军政大权。

除巡抚之外,明廷还在西部地区设置总督。明英宗正统六年(1441),征讨云南麓川土司思任发,由兵部尚书王骥总督军务。正统十四年(1449),为镇压苗民起义而设贵州总督;明孝宗弘治十年(1497),设置陕西三边总督,负责陕西、甘肃、延绥、宁夏军务;明宪宗成化三年(1467),设四川贵州总督;明武宗正德五年(1510),设四川陕西总督;明世宗嘉靖二十七年(1548),设湖广贵州四川总督;嘉靖二十七年(1548),设四川贵州云南总督;明神宗万历二十

---

① 真水康树:《明清地方行政制度研究》,北京燕山出版社1997年版,第81页。

二年（1594），设四川贵州总督；明熹宗天启元年（1621），设四川湖广云南贵州广西五省总督，后兼贵州巡抚。但明代的督抚始终是差职，直到清代，它才被正式确定为地方最高军政长官。

此外，明代制度规定，按察司将所管辖的府州县分为若干道，定期派出副使、佥事，分道巡察，处理刑名、钱粮等不法之事，称之为巡道，巡察任务由布政使司和按察使司的副臣承担。早在洪武二十九年（1396），改置全国按察分司为41道，属于四川者有三道：川东道，治重庆；川西道，治成都；黔南道，治云南大理。嘉靖后，始定为川西、川北、上川东、下川东和上川南、下川南各道。各省辖区内所设置的这些道，仅仅是巡道，属于监察区，而不是一级政区。道正式作为地方一级政区，是清代的事情，但却是滥觞于元、明时期。

第三节 军事制度

一、元代镇戍制

镇戍制是历代封建王朝为维护其统治而推行的一项重要的军事制度。元代的镇戍系统主要形成于征服南宋以后。在此之前，蒙古军队连年征战不息，"所获城邑，即委而去之，未尝置兵戍守"①。征服南宋、统一全国以后，蒙古统治者面临着如何把临时占领转变为长期统治的问题。在这种情势下，部署长期性的镇戍军队便成为当务之急。

忽必烈为维护其统治，决定将军队分别部署在全国各地，长期驻防，由此形成元代的镇戍制度。忽必烈所设计的镇戍原则是：边疆要害地区，由宗王领兵镇守；以河洛、山东为中心的腹里地区，主要由蒙古军、探马赤军屯防；淮河、长江以南，主要由汉军和新附军镇戍。今西部地区的四川和陕西两行省，被视为要害地区，因而先后设置由中央枢密院直接管辖的蒙古军都万户府：一个是设在成都的四川蒙古军都万户府，另一个是设在凤翔的陕西蒙古军都万户府。被任命为驻四川蒙古军都万户府的都万户，是蒙古征蜀宿将世家出身的也

---

① 《元史》卷8《世祖纪》。

速答儿，另一员征蜀名将拜延八都鲁曾任四川蒙古副都万户府。

在四川境内除了蒙古军都万户府外，可考的还有13万户府。其名称如下：(1) 成都等路万户府；(2) 保宁万户府；(3) 叙州等处万户府；(4) 重庆五路守镇万户府；(5) 夔路万户府；(6) 嘉定万户府；(7) 顺庆等处万户府；(8) 广安等处万户府；(9) 河东陕西等路万户府；(10) 兴元金州等处万户府；(11) 随路八都万户府；(12) 旧附等军万户府；(13) 炮手万户府①。

根据元朝典章，元朝枢密院"军官品级"规定：上万户府统军7000人以上，中万户府5000人以上，下万户府3000人以上。每万户府设达鲁花赤一员，副万户一员。万户秩从三品，副万户从四品；每万户之下设千户所（统军300～700人），以及百户（上千户设百户二员，500名军设百户一员）②。1941年成都在拆除西门城墙时，发现《成都万户府记》残碑两块，现藏四川省博物馆。残碑斗合后，正文的上下文尚可接合，碑阴的文字不全。由于碑的下部尚缺三分之一，全文不可通读，仅从残存文字可以推测当时成都万户府的设置情况。

碑文中的"后至元"纪年，在元顺帝至元元年至至元六年（1335～1340）之间；"蜀省平章光禄大夫图绵公"题名，当为其时担任四川平章的刘脱欢。碑文中载有成都万户府的军官题名："达鲁花赤怀远将军"，据《元史·百官志》，怀远将军秩从三品，表明此人当为该成都万户府的最高长官。碑阴还载有成都万户府所属千户级别，有上千户二人、中千户一人、下千户五人；百户有"韩下千户所"所属的"下百户杨文富进义"，据《元史·百官志》进义副尉秩从八品。碑文还提及成都万户府镇抚机构的官员有"蒙古镇抚僧忠翊"以及"汉儿镇抚杨禧忠翊"，据《元史·百官志》，忠翊校尉秩正七品。这一记载证实，一般万户府设有镇抚二人，其中"蒙古人一员，汉儿一员"。

碑文还记载，万户府衙的设置情况是：设有"正堂"，"正堂之西"建有"义勇武安王祠"，由三间房组成。按"义勇武安王"是元朝皇帝对三国名将关羽的封号。宋代以前，默默无闻了800多年的关羽被宋徽宗追封为"宗惠公""义勇武安王"，元文宗又将其追封为"显灵义勇武安英济王"。碑文中还提到

---

① 参见萧启庆：《元代的镇戍制度》，《元代史新探》，（台北）新文丰出版公司1983年版。
② 《元典章》卷9《官制·军官》。

"治不忘乱，安不王危"；"又能崇墉峻宇……□（望）之而知畏"①。这些话流露出元朝统治阶级培修万户府的真实用意，在于镇抚威慑。

在元代镇戍系统中，成都是省会城市，是四川政治、经济、文化的中心，四川蒙古军都万户府和行枢密院的治地，是全省驻军的首脑和指挥机构所在地，自然是戍守的重点。地位仅次于成都的重庆、嘉定，以及保宁、叙州、夔府、顺庆等重要城市，也是设防驻军的重地。还有一些重要的驿路水道，因关系四川与外地的交通安全，也在派兵戍守之列。例如，蒙古征蜀名将速哥，在平蜀之后，担任四川南道宣慰使，兼水军万户，奉命"镇重庆、夔、施、黔、忠、万、云、涪、泸等州"②，其职责就在于维系泸州以下的水上命脉的畅通与安全。

除此之外，还有一些边关险寨，因军事战略地位重要，更是戍守的重点。至元十五年（1278），四川宣告基本平定，安西王相府针对当时全川的局势，提出了一个戍守计划：鉴于四川抗元城邑山寨洞穴还有83处，其中就有渠州礼义城（今渠县渠江镇东北汇西乡洪溪村）等33处，因此，这些地方均在川东，"宜以兵镇守，余悉撤毁"③。后来，合州钓鱼山寨、渠州礼义城等城寨，均在戍守之列。为了控御川东的这些要地，元朝还特别设立了广安等处万户府，以便居中调度。

在川西边地方面，位于四川、云南、吐蕃结合部的碉门（今天全县西）、鱼通（即大金川下游、大渡河西岸鱼通河流域一带），以及黎、雅、建都等地，也是调兵戍守的要地。在《元史》上，经常可以见到元朝在这些地方频繁调兵布防的记录。例如，至元十六年（1279），"碉门、鱼通及黎、雅诸处民户，不奉国法，议以兵戍其地"。十七年（1280），诏他令不罕守建都，布吉歹守长河西之地，"无令迁易"。延祐四年（1317），枢密院臣议："（碉门）系要地，不宜放还……元调四川各翼汉军一千名，镇守碉门、黎、雅，亦令一体更代。"④

在四川周边的要害地区，元朝还部署有诸王统领的镇戍军队。这些军队的

---

① 《成都万户府记》，未见文献记载，残碑现藏四川省博物馆，所引碑文据原四川省志编委会《文物志·元代铭刻》（抄件）。

② 《元史》卷131《速哥传》。

③ 《元史》卷10《世祖纪》。

④ 《元史》卷99《兵志》。

镇戍任务，也直接或间接关系四川的安全。在云南，忽必烈先后封有云南王和梁王，统领云南境内的蒙古军和拨给的汉军，今属于四川的建昌地区就在其戍守范围之内；在陕西，由安西王节制诸军，四川行省所统之兵即受其节制；在甘肃行省，西平王奥鲁赤及其子镇西武靖王帖木儿不花统领朵思麻、朵甘思、乌思藏纳里速古鲁孙等地的蒙古诸军等等，今四川甘孜州就属于其戍守的地盘。

今西藏和四川、青海、甘肃部分地区，元代称为吐蕃之境。元世祖至元元年（1264），设总制院管理该地区。至元二十五年（1288），改为宣政院。在吐蕃地区的驻军，由宣政院管辖的三个宣慰司都元帅府掌管，其中吐蕃等处宣慰司都元帅府，下辖西夏中兴河州等处军民总管府、脱思麻路军民万户府、礼店文州蒙古汉军西番军民元帅府、松潘叠宕茂州宣抚司、吐蕃等处招讨使司等；吐蕃等路宣慰司都元帅府，下辖朵甘思田地里管军民都元帅府、碉门鱼通等处管军守镇万户府、亦思马儿甘万户府等；乌斯藏纳里速古鲁孙等三路宣慰司都元帅府，设有乌斯藏管蒙古军都元帅一员、纳里速古鲁孙元帅二人，分别统帅当地军队。今阿坝、甘孜州就在其军队的戍守范围之内，其戍军也大多调自四川、陕西。

元代的镇戍军，由蒙古军、探马赤军、汉军和新附军组成，士兵主要是通过签军制度征集而来。为了便于签军制度的推行，蒙古政权逐渐将被签者的家庭从民户中分离出来，编为军户，世代皆服兵役。其中进入内地的蒙古人，绝大部分编入军籍，称为蒙古军户；漠南蒙古诸部中的一部分人，以及被编入探马赤军的其他各族军士的家庭，被编为探马赤军户；原金朝统治地区和四川、云南等地的降军，改编的地方武装和新签发的军士家庭，编为汉军军户；收编的南宋军士，亦以专籍登录，称为新附军户。

四川不仅是蒙古军戍守的重地，也是探马赤军集中镇戍之地。探马赤军是诸部族组成的军兵，在蒙古国时期，探马赤军在攻城野战中充当先锋，战事结束后便驻扎在被征服的地区戍守。元朝灭宋后，在中原地区镇戍的探马赤军大部分被收聚到山东、河南、陕西、四川等要地屯驻。四川作为探马赤军集中镇戍的地区，有许多探马赤军将领都有过在川屯驻的经历，仅在《元史》中留下姓名、身份、事迹的就有：也速答儿、答失八都鲁、按竺迩、帖木儿（国安）、

第四章 元明时期四川的政治军事制度

药剌罕、也罕的斤、纽林的斤、丑汉等人①。

元代的汉军，概指原金境汉人、契丹、女真等族组成的军兵。在四川境内，最大一支汉军驻扎在成都，由刘黑马率领。刘黑马，原济南人，大名嵬，字孟方，小字黑马，刘伯林之子。太祖时袭为万户，太宗时被列为北方汉军三万户之首。宪宗时征蜀，刘黑马率军占领成都，受命"管领新旧军民小大诸务"。世祖即位，以辅佐在四川夺权之功，兼成都路军民经略使。长子刘元振、长孙刘纬镇守潼川，五子镇守眉州②。元朝统一江南后，刘氏子侄历官陕西行省。但由于刘氏汉军与

图4-3 元刻本《全相五种平话》中的士兵、军官和侍卫形象（采自《中国古代服饰研究》）

四川有特殊渊源关系，所以在这以后，在四川境内仍留有这支汉军出征镇戍的足迹。至今在茂县北50里叠溪海子山上的较场坝点将台，仍保存有至元三十年（1293）刘文起的题刻一通："大元开国忠顺公玄孙刘上万户文起引兵至此。至元癸巳七月二十七日记。"③ 按刘伯林卒后，谥忠顺，故被作为刘纬嫡孙的刘文起，自称"忠顺公玄孙"。

---

① 参见杨志玖：《探马赤军问题三探》，《元史三论》，人民出版社1985年版。
② 《元史》卷149《刘黑马传》。
③ 参见陈世松：《茂汶较场坝点将台元代题刻》，《历史知识》1984年第4期。

第四章 元明时期四川的政治军事制度

四川是新附军的重要来源地。由于新附军是灭宋过程中由俘虏的南宋军兵所组成的部队,四川是随后投降元朝之地,所以许多投降元朝的南宋军队便被改编成了新附军。《元史》记载,至元十六年(1279),诏发探马赤军一万人,及夔府招讨张万之新附军戍斡端(今新疆和田)①。张万是原南宋四川制置副使、知重庆府张珏的部将,宋末奉命入夔州,联络忠、涪等州宋军。元朝平定川东时投降,当时降元的南宋蜀将有名可查者多达52人②。张万等宋将降元后,所部宋军即改编为新附军,然后被派往四川及外地戍守,其戍守地最远及于新疆。

元代镇戍军士,除了镇守黄河流域的蒙古军"即营以家"外,其余各地军士都是岁时更换的。至元二十年(1283)规定,两广、四川戍军"二三年一更"③,实际上是一岁更役。由于这些军士的戍守地点皆非他们征发所自或其家庭所在的州县,所以便有管理征发士卒及军户的机构,称为"奥鲁"。这一机构的长官为奥鲁官,其主要职责有三项:一是配合军前派来拣选军士的军官,在管辖的军户内,签派军士,应役从军;二是配合军前派来的军官,捕捉逃兵及逃避兵役的军士;三是向军户征集应役军士所需的鞍马、武器和盘缠等,交给军前派来的军官。奥鲁官的隶属关系不尽相同。蒙古军户和探马赤军户是由军士所属的万户、千户中设立的奥鲁军官负责管理;汉军户的管理,最初与蒙古军户和探马赤军户基本相同,后来改由行省下设的各路奥鲁总管负责管理,或由路府州县的行政长官兼诸军奥鲁职务。

1966年在苍溪县宋元山城遗址——大获城(今苍溪县陵江镇王渡乡)一字库,发现有同文同制的奥鲁官印——延祐四年(1317)八月"中书礼部"颁造的八思巴文"万州诸军奥鲁之印"两方④。据研究,由于在汉人地区,一般由当地达鲁花赤兼任奥鲁官,因此,这两枚奥鲁官印就是设在万州的汉军奥鲁官府的印信⑤。另从蓬州武庙的题名记中有"朝请大夫、顺庆路蓬州达鲁花赤兼本州诸军奥鲁劝农事拜都"、"中顺大夫、顺庆路蓬州达鲁花赤兼本州诸军奥鲁

---

① 《元史》卷99《兵志》。
② 赵翼:《廿二史劄记》卷29《元史附传有得失》。
③ 《元史》卷99《兵志》。
④ 该印现藏于四川省博物馆和苍溪县文化馆。
⑤ 参见陈世松:《释元代万州驻军奥鲁之印》,《四川文物》1986年第3期。

第四章 元明时期四川的政治军事制度

劝农事姚扎剌卜花"①，由此证明在四川各地对于汉军戍军的管理是普遍推行了奥鲁制度的。

按照元朝的军制规定，"郡邑镇戍士卒，皆更相异置"。所以每年都有四川的军士戍守外地，最远的地方除上述新疆外，还有上都（今蒙古国境），以至"上都屯戍士卒，其奥鲁皆在西川"，而同样，"戍西川者，多隆兴（今河北张北县）、西京（今山西大同市）军士"，结果使得军士疲于转输，不胜其苦②。

元代对于内迁后从事镇戍的军户，一般实行四顷以下免交地税的政策。

图4-4 苍溪县宋元山城——大获城遗址

例如，至元二十一年（1284），"给西川蒙古军钞，使备铠仗，耕遂宁沿江旷土以食，四顷以下者免输地税"③。但由于士卒戍守外省所需的费用，非四顷田土所能供给，所以多负苦劳；加之管军官、奥鲁官员非理侵渔，使镇戍军户物力衰竭，消乏者甚众。一直到了14世纪初，不断发生戍卒逃亡、军户弃业出走之事。及至元末，随着元朝军事制度的衰坏，镇戍制日趋恶化，已经到了废弃不行和有名无实的地步了。

---

① 民国翻印《蓬安旧志》卷15《艺文篇》。
② 《元史》卷99《兵志》。
③ 《元史》卷13《世祖纪》。

二、明代卫所制

朱元璋立国之初，废除元朝将一切权力归于行省的统治办法，创立了彼此平行的行政和军事两大系统：行政系统即六部—布政使司（直隶府、州）—府（直隶布政司的州）—县（府属州）；军事系统即五军都督府—都指挥使司（行都指挥使司、直隶都督府的卫）—卫（直隶都司的守御千户所）—千户所。明帝国的整个疆土即归属于两大系统管辖。而都察院及其派出的巡按御使—提刑按察司则对行政、军事两大系统进行监督。这样，行政、军事、监察三大系统均直接秉命于皇帝，这就是洪武年间定制的基本精神。在这样一种体制之下，作为军事系统的都司、卫所既是一种军事组织，同时也是一种地理单位，负责管辖不属于行政系统的大片明帝国的疆土①。

卫、所军是明代的正规军。卫的全称是卫指挥使司，长官为卫指挥使；所的全称为千户所，长官为正千户。明太祖洪武元年（1368）颁布的军卫法规定，5600人编为一卫，下辖5个千户所。每个千户为1120人，每个百户为112人。此外，在一些特殊地区还设有不属于卫指挥使司管辖的守御千户所。各地的卫、所，包括守御千户所，隶属于所在地区的都指挥使司。全国的都指挥使司统一由中央的大都督府节制。洪武十三年（1380），废大都督府，改设左、右、中、前、后五军都督府，分别管理京师和各地的都指挥使司。在今西部地区，先后设有陕西、四川、云南、贵州4个都指挥使司，此外，在陕西、四川还分别设有1个行都指挥使司。这4个都司和2个行都司皆属右军都督府管辖。都司是地方最高军事机构，与布政使司、提刑按察使司合称三司。行都司是由都司中分设出来的，通常设于特别军事地区。都司和行都司的长官均为都指挥使。四川从洪武四年（1371）九月即开始在成都置卫。八年（1375）十月，改成都卫为四川都指挥使司，驻成都。二十七年（1394）九月又置四川行都指挥使驻建昌卫。

隶属于都司和行都司的卫所，由于具体情况不同，差别甚大。在四川，卫所

---

① 参见顾诚：《明帝国的疆土管理体制》，《历史研究》1989年第3期。

第四章 元明时期四川的政治军事制度

图 4-5 明代的军队（故宫博物院藏）

的设立，是从明军入川攻灭大夏开始的，当时李文忠在成都，傅友德在保宁，汤和在重庆，"各遣人招辑番汉人民及明氏溃亡士卒来归者，因籍其壮丁，置各卫以分隶之"①。但不同地区设置有先后。如洪武四年（1371）置保宁卫、雅州卫、青州守御千户所，六年（1373）置重庆卫，十年（1377）置叙南卫，十一年（1378）置宁川卫（今成都市），等等。四川都指挥使司和四川行都指挥司所辖卫所情况详见下表：

表 4-5 明代四川都指挥使司所属卫所一览表

所属单位	名　　称	个数
卫	成都左护卫、成都右护卫、成都中护卫、成都前卫、成都后卫、成都中卫、成都左卫、成都右卫	8
卫	宁川卫、茂州卫、重庆卫、叙南卫、泸州卫、利州卫、松潘卫、岩州卫、威远卫	9

---

① 徐学聚：《国朝典汇》卷142。

续表

所属单位	名　　称	个数
千户所	青川千户所、保宁千户所、威州千户所、雅州千户所	11
	大渡河千户所、广安千户所、灌县千户所、黔江千户所	
	叠溪千户所、建武千户所、小河千户所	
司、所	蜀府仪卫司、寿府仪卫司、寿府群牧所	3

资料来源：《明史》卷43《地理志》、卷90《兵制》。

表4—6　明代四川行都指挥司所属卫所一览表

所属单位	名　　称	个数
卫	建昌卫、建昌前卫、宁番卫、会川卫、盐井卫、越嶲卫	6
千户所	礼州后千户所、礼州中中千户所、建昌打冲河中前千户所、德昌千户所、迷易千户所、盐井打冲河中左千户所、冕山桥后千户所、镇西后千户所、宁番中左、中右、中前、中后、中中五千户所、盐井中右、中前、中后、中中四千户所	17

资料来源：《明史》卷43《地理志》、卷90《兵制》。

在明代文献中，卫所有"在内卫所"和"在外卫所"之别。在内卫所是指在京（南京、北京）的卫所；在外卫所统指各省的卫所。在外卫所又可分为沿边卫所、沿海卫所和内地卫所三种类型[①]。四川的卫所的性质属于在外卫所，类型则以沿边卫所和内地卫所居多。

所谓沿边卫所指的是从东北到西北以至西南的边疆地区，这些构成大约半个明帝国疆域的地方，在明代（特别是明初）一般不设行政机构，而由都司（行都司）及其下属的卫所管理。这种不设行政机构地方的卫所，又称为实土卫所。也就是说，实土卫所设置于没有州县的地区，兼管军、民政务，四川行都司和陕西行都司所管辖的卫所，几乎多是实土卫所。例如，四川行都司所辖的建昌等五卫、礼州等八千户所所在之地，以及四川都司所辖的宁川、茂州、松潘等卫，以及威州、大渡河、叠溪、建武、小河等千户所所在之地，由于没有州县设置，这些卫所所辖的土地、人口，就不属于行政系统，而属于军事系统的四川都司和行都司。

---

① 参见顾诚：《明帝国的疆土管理体制》，《历史研究》1989年第3期。

第四章 元明时期四川的政治军事制度

以下是《大明一统志》和《明史·地理志》所载四川都司所管理的实土卫所情况：

表4-7 四川都司实土卫所一览表

《大明一统志》	《明史·地理志》
四川都司（卫1，所1）	四川都司（卫1，所3）
松潘等处军民指挥使司	松潘卫
□□□	小河守御千户所（属松潘卫）
叠溪守御军民千户所	叠溪守御军民千户所
□□□	黎州守御军民千户所

由此表可见，四川都司所管的卫所数量很少，总共只有12卫11所①，因此可以说其所管的实土卫所是很小的构成部分。至于上文中《大明一统志》与《明史·地理志》记载上的出入，则主要是由于机构建置变动时间的差异造成的②。

以下是《大明一统志》和《明史·地理志》所载四川行都司管辖的实土所的情况：

表4-8 四川行都司实土所一览表

《大明一统志》	《明史·地理志》
四川行都司（卫6，所7）	四川行都司（卫5，所8）
建昌卫军民指挥司	建昌卫军民指挥司
守御礼州后千户所（属建昌卫）	守御礼州后千户所（属建昌卫）
守御礼州中中千户所（属建昌卫）	守御礼州中中千户所（属建昌卫）
守御打冲河中前千户所（属建昌卫）	守御打冲河中前千户所（属建昌卫）
守御德昌千户所（属建昌卫）	守御德昌千户所（属建昌卫）
建昌前卫指挥使司	□□□
宁番卫军民指挥使司	宁番卫军民指挥使司
守御冕山桥千户所（属宁番卫）	守御冕山桥千户所（属宁番卫）

---

① 万历《大明会典》卷124《兵部》。
② 据真水康树《明清地方行政制度研究》第182页考证，由于黎州长官司在万历二十四年（1596）降为千户所，因此在《大明一统志》里没有记载；小河所可能先是虚土卫所，后来才变成实土卫所的，所以在《大明一统志》里没有记载。

续表

《大明一统志》	《明史·地理志》
越嶲卫军事指挥使司	越嶲卫军事指挥使司
□□□	镇西后千户所（属越嶲卫）
盐井卫军事指挥使司	盐井卫军事指挥使司
打冲河守御中左千户所（属盐井卫）	打冲河守御中左千户所（属盐井卫）
会川卫军民指挥使司	会川卫军民指挥使司
守御迷易千户所（属会川卫）	守御迷易千户所（属会川卫）

注：(1) 建昌卫洪武十五年（1382）一月属云南，十月改属四川；
(2) 盐井卫洪武十五年属（1382）云南，二十六年（1393）属四川。

所谓内地卫所，是指设于经济较为发达、人口密度较高的州县中的卫所，它们辖地比较小而且分散，卫所治地（即衙门）往往与府、州、县治同城。例如，四川都司所辖的成都、重庆、利州、保宁、叙州、泸州等卫，就属于这种类型的卫。内地卫所辖地独立存在于行政系统之外，其所辖土地、人口与相关事务则属于军事系统的四川都司而与行政系统并列。因此，明人撰文说："国朝著令：郡县有卫有所，始有城。盖要害必屯兵，屯兵必设备，备无逾城也，故有城以为之备。余虽大郡县，弗城焉。"① 这表明，在四川有的郡县，既设有县，又设有卫所。内地卫所一般设置军事要冲之地，在这些地方，县、所各有治所。由于军卫乃独立系统，修筑城垣又属于防务措施，既与州县无关，当然成为体现卫所军事功能的一种权力象征。

除了以上卫所外，还有设在少数民族聚居地区的特殊卫所——羁縻卫所。这些卫所一般由当地部族首领担任卫所长官，世袭其职。例如，在藏族地区，先后设有羁縻性质的乌思藏都指挥使司、朵甘都指挥使司和俺不罗、牛儿

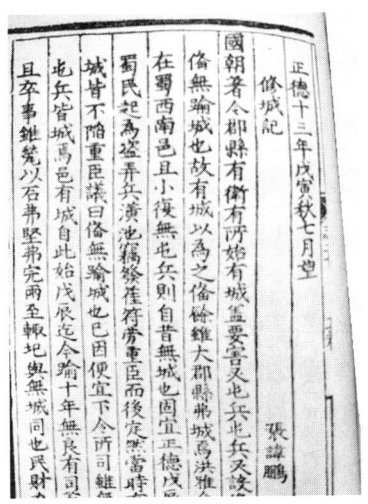

图4-6 嘉靖《洪雅县志》卷5《修城记》书影

---

① 张讳鹏：《修城记》，见嘉靖《洪雅县志》卷5。

宗寨、领司奔3个行都司,其中乌思藏都司辖有11个宣慰司、1个招讨司、10个宣抚司、19个安抚司以及173个长官司,朵甘都指挥使司辖有3个宣慰司、6个招讨司、4个万户府、17个千户所。今四川甘孜州的一些地方,就设有这种类型的卫所。

至于在明代四川辖境内隶属于军事系统羁縻卫所管辖的宣抚司、安抚司、长官司等建置,详见下表:

表4-9 明代四川羁縻卫所一览表

所属单位	所属卫所	宣抚司	安抚司	长官司
四川都司 天全六番使招讨司	茂州卫			陇木头、静州、岳希蓬
	重庆卫	石柱、西阳		
		西阳宣抚司		石耶洞、邑梅洞
	松潘卫		八郎、阿角寨、麻儿匝、芒儿者	占藏先结簇、蜡匝簇、白马路簇、山洞簇、阿昔洞簇、北定簇、麦匝簇、者多簇、牟力簇、班班簇、祈命簇、勒都簇、包藏簇、阿思簇、思囊儿簇、阿用簇、潘斡寨
	叠溪千户所			叠溪、郁即
四川行都司	建昌卫			昌州、威龙、普济
	盐井卫			马喇
	越嶲卫			邛部

资料来源:《明史》卷90《兵制》。

由于明代四川卫所具有明显的军事防御性质,因此,在分布上,除拱卫成都、重庆等重镇卫所外,其余卫所多分布于长江流域、西北、西南、东南等少数民族交错地区。此外,明代还在与湖广、贵州都司接壤的沿边之地设立了一些跨界的卫所,这些卫所有的地方在初期属四川布政司,后期归湖广或贵州。如初属四川的瞿塘卫后改隶湖广,永宁卫后改隶贵州,施州卫后改隶湖广,乌撒卫后改隶贵州等等,情况较为复杂,均不在此论述范围之内。

明代卫所制的一大特点是"以屯养军"。卫所官兵皆要屯田耕种,以便解决军粮的供应问题。随着大规模军屯的推行,明成祖永乐年间,开始出现营兵,即从卫所中抽调精锐官兵,另立兵营,随团操练,专事镇戍,老弱及余丁等留在屯戍地,从事屯田,为营兵提供衣粮。明宣宗以后,营兵制逐渐在边关和各省推行,由此形成明代的镇戍制度。其中总镇一方的叫做镇守,长官称为总兵官，少数地区由副总兵官担任长官；协助总兵官镇守一方的叫做协守，长官称为副总兵；单独镇守一路的叫做分守，通常由参将担任长官；独守一堡一城的叫做守备，主将或为游击将军，或为守备。

由于卫所官兵皆有家室，而且守田执业，故屯军皆具有"亦兵亦农"的特点。例如，洪武二十年（1387），朱元璋下令建昌卫附近田土："先尽军人，次与小旗、总旗、百户、千户、指挥，屯种自给。其新立苏州、柏兴、会川、涪州等卫，一体摽拨。"① 按照通常情况，内地卫所军士三分守城，七分屯种，边地二分守城，八分屯种；但也有四六分者，如洪武二十五年（1392）奏准："成都六卫，西蜀重镇，其军士宜以十之六屯田，余皆守城"②，便是一例。

明代卫所军士的来源，主要有从征、归附、谪发、垛集四种途径。从征是指建国过程中诸将率领的士兵，归附是指投降的元军及割据政权的士兵，谪发是指判处充军的罪犯，垛集是从民户中签发的士兵。

关于因从征而最终落籍四川的这部分移民，可以称之为军事移徙。有明一代，较大规模的有六次：洪武四年（1371）平蜀，洪武十一年（1378）攻取松潘三卫，洪武十四年（1381）平云南、平建昌卫，万历二年（1574）平"都掌蛮"，万历二十七年（1599）平播州，天启三年（1623）平永宁土司。这类移民带有明显的阶段性。第一阶段（洪武四年）的移民来自陕西、湖广、河南等省，分布范围大致在四川盆地及川江流域；第二阶段（洪武十四年前后）的移民主要来自于云南、安徽、陕西等省，分布范围大致在安宁河流域及川、滇、黔三省交界地区；第三阶段（主要是在明中后期）的移民特征是从四川的经济中心向边缘地区③。

所有军士的家庭皆编为军户，世代为兵。朝廷对军户控制甚严，除非官至兵部尚书，否则不得更改军籍。在这种军籍制下，卫军之家，一人为兵，兵之子弟，称为余丁，以供补充。卫官之家，一人为官，官之子弟，称为舍人，以供替袭。卫所长官基本上是世官，但子孙袭职必须遵循立嫡立长的原则。例如，洪武三十年（1397），因田大成之乱，设置利州卫，第一代指挥使为杨锦，锦

---

① 王圻：《续文献通考》卷14。
② 《明太祖实录》卷216。
③ 参见黄友良：《明代四川移民史论》，《四川大学学报》1995年第3期。

死，即由其子杨雄袭职，此后直到崇祯末杨大烈与李自成农民军相遇、兵败身亡为止，两百年间，均由杨家世代充任指挥使职务①。可见，卫军要改变军籍是非常困难的。

世兵制度的施行，保证了卫所有稳定的兵源。但是明代军士地位低下，军户也备受歧视，加之差役繁重、当军劳苦等诸多原因，导致军士不断逃亡。为此，从洪武年间开始，朝廷就采取了大规模捕军、清军措施，并制定了严格的勾军法令，不仅清理军籍，追捕逃兵，而且还强行勾取军士的家属或族人替补充军。然而清军、勾军未能阻止军士的逃亡。明英宗正统年间，据兵部尚书王琼估计，卫所军士的逃亡人数，已占原额的十之八九。在这种情况下，明廷逐渐开始进行募兵。这样，卫所就军事职能而言，自明中期起就已严重削弱，通过招募和选拔建立起来的募兵制逐渐成为明朝的主要军事支柱。与此相适应，从都司、卫、所辖地内划出一部分设立州县，便成为明中期以后的一种趋势。在这样的背景下，被划出部分设立州县的辖地，便由军事系统转归于行政系统，而成为布政使司下的一种地理单位。

---

① 民国《广元县志》卷7。

第五章 元明时期四川的少数民族

元明时期是中国国家由分裂、割据步入大统一的重要发展阶段。国家的统一是各民族互相交流融合的基本前提，大一统为开创我国少数民族的新格局奠定了基础，促进了各族人民之间的经济、文化交流和边疆地区的开发。这一时期，四川境内的少数民族无论在民族种类、分布状况，还是在经济、文化发展水平上都有了一些新的变化。

第一节 民族状况

一、岷江上游的羌族

羌族是我国古老的民族之一，世居岷江上游地区。中唐以后，岷江上游羌族居地经常处于羌族与吐蕃的拉锯争夺之中。唐末吐蕃势力瓦解后，这些地区重新为羌人控制。正所谓"自宋迄元，皆为羌人所据"[1]。为了管理羌人所据的岷江上游地区，元朝在唐、宋羁縻府州制度的基础上，推行土司制（详下节），在宣政院所隶吐蕃等处宣慰司都元帅府之下，设立松、潘、宕、威、叠、茂等

---

[1] 《明史》卷311《四川土司传》。

第五章 元明时期四川的少数民族

处军民安抚司以治之。明朝承袭土司制,在这一地区置茂州、松州、潘州卫,后改军民指挥司、安抚司,下辖安抚司、长官司加以统治。明朝在羌族聚居区设置的土司计有:沙坝安抚司(今茂县沙坝)、静州长官司(今茂县前锋乡静州村)、陇木头长官司(今茂县光明乡陇木寨)、岳希长官司(今茂县前锋乡水西村岳希寨)、叠溪长官司(今茂县较场北)、郁即长官司(今茂县较场区团结村)、寒水土巡检司(今茂县,旧名苏村寨)、水草坪土巡检司(今茂县沙坝区水草坪)①。

在元代羌族居住区内,聚居着以羌人为主的各种民族。元武宗至大二年(1309),宣政院臣奏称,由于该安抚司管内,"西番、秃鲁卜、降胡、汉民四种人杂处",已招降其中八部,一万七千户,"未降者尚十余万",建议改安抚司为宣抚司。朝廷采纳这一建议,诏改松、潘、宕、威、叠、茂等处军民安抚司为宣抚司,迁治茂州汶川县(今汶川县威州镇),秩正三品②。从这段奏言中可以发现,管区内人户数字恐有夸大,但汉夷民族情况十分复杂,则是无疑的。其中,既有羌族,也有氐族、吐蕃族,还有汉人。

在明代茂州、松州、潘州卫管辖的范围内,羌族的分布依"汉化"程度的不同,有"生番"和"熟番"之分。大体上,以茂州为中心,靠近汉族地区的地方,生产水平和文化程度较高一些,"熟番"较多;距汉族地区较远的地方,生产水平和文化程度较低一些,"生番"较多。

根据明代文献记载③,辖区内"生番"和"熟番"的社会经济情况和风俗习惯

图 5—1 《明史》所载之"白马番"后裔

---

① 参见杨绍猷、莫俊卿:《明代民族史》,四川民族出版社 1996 年版,第 522~523 页。
② 《元史》卷 23《武宗纪》。
③ 以下未注明出处的,均引自曹学佺《蜀中广记》卷 32~33。

略有不同。其在茂州，明洪武开始设茂州卫以统军伍，军居城内，羌民居城外。羌人立下和誓，互不侵犯。每年输牛、羊、棘、耒、耜各一，缚剑门于誓场，歃血为盟，并将一名羌婢当场活埋，且由巫师宣布："有违誓者，当如此婢。"

在茂州东路，生番以白草最大，此外还有木瓜番。"所谓白草羌者，石泉诸路羌也。"白草羌在龙安府西南，南抵茂州，北抵平武县境，凡十八寨，部族素强。其地大约在今北川县的白草河流域，以及松潘县的西南地区①。白草

图 5-2　《明史》所载之"木瓜番"后裔

图 5-3　今桃坪羌寨石胜门

---

①　参见冉光荣、李绍明、周锡银：《羌族史》，四川民族出版社1984年版，第237页。

第五章 元明时期四川的少数民族

番隶李通判,"凡十八寨,部曲素强,恃其险往往剽夺为患","其生番号黑人,延袤数百里,碉房不计,有名色可举者,凡十八寨。寨多不过四五百人,少可百人"。木瓜番隶薛知事,靠近小河千户所。该部"境土迫促,种类不蕃。虽有五寨,约男女不二三百人"。距白草四五十里的桃坪(今理县桃坪乡),与汉区较近,可视为熟番。镇守桃坪的为陇木头长官司(今茂县凤仪镇东陇木头),这里的羌民分为12个寨,"俱为编氓,有保长统之"。与陇木头相类似的,还有静州长官司(今茂县东静州村)、涂州、冉州、穹州、笮州、恭州等。

在茂州南路,生番曲山三寨界在西南两路之间,素称"强恶",除此之外,余皆熟番,由官把守。其中,有岳希蓬长官司(今茂县城西郊),所辖七寨,隶茂州卫"当差编户","有保长统之"。

在茂州北路,有长宁安抚司(今茂县回龙乡)。明代在此设有叠溪守御千户,是羌族中品级最高的武职土司。由于叠路西通黑水,北接松潘,其地有叠溪郁姓长官司,"所辖河东熟番八寨,皆大姓,及马路、小关七族。其土舍辖河西小姓。地土广远,饶畜产,稞麦路积。人皆枭黠,名为熟番,与生番等"①。

元明时期岷江上游地区羌人的社会风俗习惯与以往相差不大。见于文献记载的羌人习俗,在元代,"羌俗悍犷,喜驯怒逆"②;"以斗为勇",信鬼神,好以"生裂羊脾"来占卜吉凶,"视肉之文理何如,则吉其兆"③。在明代,"其俗以白为善,以黑为恶"④。叠溪(今茂县较场乡)羌人,"远者不通汉语,衣皮褐,丧不棺而火化,耐饥寒,叠石为巢以居"⑤。

岷江上游羌区经济生活与前代无异。适宜农耕的地方,以耕稼为主,兼

图5-4 羌绣

---

① 《明史》卷311《四川土司传》。
② 姚燧:《牧庵集》卷20《张公神道碑》。
③ 《元史》卷167《张廷瑞传》。
④ 《明史》卷311《四川土司传》。
⑤ 《蜀中广记》卷32。

营牧业,"春耕秋获,一如内地"。而有些"不产五谷,不养蚕桑"的地方,羌人则以耕种卫所屯田为生,故明代有人说,茂、叠一带,"将戍军之粮,召募土著之民,人人有粮,人人可兵"。羌区出产的物品,以青稞为主,土产有牦牛、毛毯、酥油、麝香、香猪、白蜜、犏牛、马鸡等①。

在元明中央王朝的统治下,岷江上游地区的经济文化有了进一步的发展与提高。元朝在茂州一带"开土蕃道",虽曾一度引起当地羌民的反抗,但此道的开通,对于促进羌区经济文化的发展,影响是深远的。今北川县羌族乡境内,发现至元二十七年(1290)七月二十七日摩崖石刻题记一方,便记录了当时元朝地方政府与当地羌民之间的一次盟誓。题记中所称"盐茶道路",指的就是从北川县禹里沿白草河而上,经小坝、片口,以至松潘白羊乡的古道②。这正是当时白草羌活动的区域。这一题记便是当时羌区交通道路畅通,盐茶贸易得以正常进行的证据。

到了明代,羌区的交通、贸易又有了进一步的发展。汶川、茂州、保县(按:洪武十八年改保宁县为保县,即今理县东北)等地已由纯粹的军事政治要镇进而成为各族物资交流集散的经济中心。许多汉族商贩及农民逐渐到这里安家落户。大批汉民的移入,密切了汉羌人民的交往,使先进的生产工具和技术随之传入并推广,从而推动了羌区经济的发展。如这时农村以连枷脱粒的方法代替了以脚踩棍打的原始脱粒法;铁质农具的输入与生产,代替了以往一部分木质农具,羌族人民开始从汉族工匠处学习到铁、木、石工技能。羌族

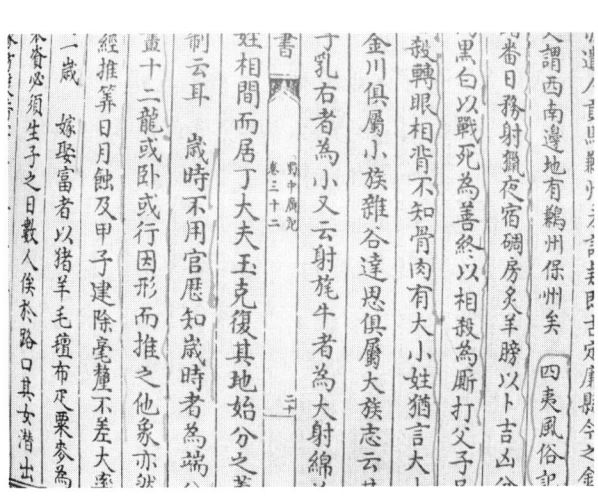

图 5—5 《蜀中广记》书影

---

① 顾炎武:《天下郡国利病书·蜀中边防记》。
② 见李绍明:《北川小坝元代石刻题记考略》,《四川文物》1989 年第 2 期。

地区的农业生产及种植花椒、胡桃、挖药、狩猎等副业，也都有了进步和丰富①。

在经济发展的基础上，羌区文化教育得以开展，汉羌融合趋势进一步加强。明初以来，茂州等地开始设立州学，羌区各地相继建文庙，设学校，改变了过去"不习《诗》《书》"的风尚，于是出现了"近渐染声教，习尚衣冠"②的局面。大量佛教、道教寺院的兴建，对羌人原有宗教信仰甚至传统节日活动都产生了新的变化，致使其中汉化色彩愈来愈多。由于长期以来，羌人每年有到川西平原佣工的传统习惯，在通过与域外汉民的接触中，"番人向化"③，与汉族融合的倾向增强了。随着汉化影响的加深，以致在明万历年间，出现了"威茂诸羌，愿为编氓"，"变异番姓"的"前所未有"的汉化现象④。

二、川西北高原的藏族

自唐末吐蕃政权崩溃以来，散布在今青、甘、川、滇的藏族部落，在元明时期，又重新归附在封建中央王朝的管辖之下。

四川西北部的藏族，在元代主要聚居在两个区域：一是松潘地区，约当今阿坝藏区；另一是朵甘地区，约当今甘孜藏区。明朝在元朝土司制的基础上，分别在今甘孜藏区设置都司、宣慰司进行统治，其机构主要有：

（一）陇答卫指挥使司（今甘孜州德格县境内）。洪武年间置。当地藏族首领结石古加之子巴鲁被任命为指挥使。明朝允许陇答卫指挥使司的官员世袭其地，袭替办法照土官制度处理。

（二）朵甘思宣慰司（今甘孜州境内）。洪武七年（1374）置。明初，元朵甘宣慰赏竹监藏来朝，举属下可任指挥、宣慰、万户、千户者22人。明朝按照元朝习惯，尊番僧为帝师，皆从其请，分别赐给所举者的诰印。正统十四年（1449），完卜绰思吉札巴被指定袭为指挥佥事，后升为宣慰使。此后，朵甘思与中央政权一直保持密切的隶属关系。

（三）董卜韩胡宣慰司（今宝兴县城），辖境达今大金川、小金川一带藏区。

---

① 冉光荣等：《羌族史》，四川民族出版社1985年版，第247页。
② 顾炎武：《天下郡国利病书·蜀中边防记》。
③ 《明史》卷311《四川土司传》。
④ 嘉庆《四川通志》卷90《武备志》。

图 5-6　川藏线二郎山段

图 5-7　甘孜新都桥风光

永乐十三年（1415）置，命当地藏族首领南葛为宣慰使。三年一贡。由于地近四川极边，部族情况复杂，各部间经常发生互相侵夺掠杀之事，因此受到明代宗的切责。景泰三年（1452），董卜宣慰司奉命，令下属土酋退还侵地及所掠人民。终明之世，董卜韩胡均连续派下属入朝，与中央政权一直保持密切的隶属关系。

（四）长河西、鱼通、宁远宣慰司（今康定县）。洪武时，其地打箭炉、长河西土官元右丞剌瓦蒙遣其理问高惟善来朝，被明朝任命为长河西等处安抚司。高惟善在上明朝的奏疏中提到，辖境内的鱼通、九枝及岩州、杂道等地，东邻碉门、黎、雅，西接长河西，至今"官民仍旧不相统摄"，宜调兵戍守，"就筑城堡，开垦山田，使近者向化而先附，远者畏威而来归"[①]。永乐十三年（1415）宣慰使司遣使入朝，请求朝廷开放茶禁，开放茶马贸易，明廷准予在边境设立茶马互市，允许边民自由往来。由于长河西、鱼通、宁远宣慰司是连接内地和乌思藏之间的桥梁，所以该宣慰司与明朝关系密切，也表明乌思藏与明朝中央政权关系密切。

（五）天全六番招讨司（今天全县西），位于汉藏交界的黎、雅二州之间。明初，天全六番招讨司所属上七支编为民户，属大渡河千户所当差，下七支仍属松坪马氏土司约束。其辖地直抵大渡河，是乌斯藏向朝廷进贡的必经之路，故明朝仍沿袭前朝的办法，一方面在邻大渡河的要冲处筑城驻兵，另一方面则在碉门设置互市以通往来。天全六番招讨司八乡之民，善于"蒸造乌茶"，运至岩州，以易番马。

（六）朵甘思招讨司（今甘孜州境），洪武七年（1374）置。

（七）朵甘陇答招讨司（今甘孜州境），洪武七年（1374）置。

（八）朵甘丹招讨司（今甘孜州西北境），洪武七年（1374）置。

（九）朵甘仓塘招讨司（今阿坝壤塘境），洪武七年（1374）置。

（十）朵甘川招讨司（今甘孜州境），洪武七年（1374）置。

（十一）磨儿勘招讨司（今甘孜州巴塘县及西藏芒康县境），洪武七年（1374）置。

（十二）朵甘思直管招讨司（今甘孜州西北境），弘治（1489~1505）年

---

① 《明史》卷331《西域传》。

间置。

此外，还有沙儿河万户府（今甘孜州新龙县境），洪武七年（1374）置①。

四川西北部高原藏族部落，其经济生活与风俗习惯因居地不同而略有差异。例如，聚居在水草丰茂的"草地"的，以畜牧为主，"逐水草而居，迁徙无定。不分寒暑，六月飞霜，五谷不生。游牧打牲，织毪食茶"②。聚居在山坡河谷地带的，"其土地膏腴，山川秀丽"，主要从事农耕，兼营少数牧畜。作物以青稞为主，小麦次之。其中，"天全男不习工艺，妇不事纺绩，惟以农耕为业。番汉淆居，碉房绝岭"③。在一些"土瘠人繁"的地方，如位于大渡河畔的"番民所处老思岗之地"，其民则"专务贸贩碉门乌茶、蜀之细布，博易羌货，以赡其生"④。

图5-8 八思巴文篆书"大元帝师统领诸国僧尼释教之印"

据《四夷风俗记》载，在维州（今理县东北）地区，诸番"日务射猎，夜宿碉房。炙羊膀以卜吉凶，分善恶以为黑白。以战死为善终，以相杀为撕打"。大小姓犹言大小族。例如，董卜、金川俱属小族，杂谷、达思俱属大族，二姓相间居，这种办法是御史大夫、平羌将军丁玉征服其地采用的，其意在使之"犬牙相制"。诸番之地，"岁不用官历，知岁者为端公……嫁娶富者以猪羊、毛毡、布匹、粟麦为礼……人死则坐尸于木架上，置之仓舍，衣帽弓矢俱如生佩服。端公咒经，献以猪羊，用火烧之。男子剪发，止留其顶，发下垂……妇人俱编发如缕"⑤。在松潘地区，诸番称男为"安达"，女为"白麻"，"多种青稞、圆根。好用氆羊麦粉"⑥。

川西北藏区是一个政教联合的社会结构。元世祖"以其地广而险远，民犷

---

① 参见杨绍猷、莫俊卿：《明代民族史》，四川民族出版社1996年版，第502～504页。
② 嘉庆《四川通志》卷96《武备志》。
③ 《天下郡国利病书·蜀中边防记》。
④ 《明史》卷331《西域传》。
⑤ 《蜀中广记》卷32。
⑥ 《蜀中广记》卷31。

而好斗，思有以其俗而柔其人"，于是大力尊奉喇嘛教萨迦派（花教）法王，企图以宗教力量统治藏区，故"僧俗并用，而军民通摄"①，由此形成了藏区社会"惟僧言是听"的局面。明朝统治者沿袭元制，继续采用喇嘛教笼络民心。凡元代法王后裔来朝者，礼遇有加。对其所举之徒，均授以指挥、同知等官，皆给诰命。正如朱元璋所说，其目的在于使"为官者务遵朝廷法"，以便"抚安一方"②。

在统一的中央王朝的管辖之下，元明时期四川藏区同汉地的联系更加紧密了，经济文化有了进一步的发展。传统的"茶马互市"在元代有了新的发展。特别是在川、藏交界的朵甘思一带，汉族与藏族人民的贸易自由往来，不受限制。元朝于至正十四年（1277）"置榷场于碉门、黎州，与吐蕃贸易"③。据明初记载说："秦蜀之茶，自碉门、黎、雅抵朵甘、乌思藏五千余里皆用之，其地之人，不可一日无此。"④饮茶已成为藏族人民的普遍需要。输往藏区的商品还有布匹、各种丝织品、瓷器、铜器及各种日用品等，藏区则以马匹、

图 5—9　邛崃茶马古道

氆氇等土产换取内地所产的茶、绢、帛等物品，在一定程度上满足了两族人民各自的需要。明太祖以其地"皆肉食"，依赖内地"茶为命"，专门在天全六番设立茶课，"令以马市，而入贡者又优以茶市"。由于诸番留恋贡市之利，且欲

①《元史》卷 202《释老传》。
②《明史》卷 331《西域传》。
③《元史》卷 9《世祖纪》。
④《明太祖实录》卷 251。

保世袭之官位,"不敢为变"。所以,"西陲宴然,终明世无番寇之患"①。在朵甘思的老思岗地方,已分化出"专务贸贩"的商人,以贩卖碉门乌茶、四川细布,交易藏区的土产为生②。

除了民间贸易和官方组织的茶马交易外,藏区土司头人和上层喇嘛还经常以朝贡的方式至内地贸易。由于元朝全国统一,大批藏族僧侣和官员来到内地,他们将元朝统治者的大量赏赐和自己采购的货物利用国家的驿道运往藏区。许多人借此经商营利,实际上是另一种贸易形式。元朝驿路畅通,使者供应食宿和交通工具,故朝贡人员络绎不绝。大德年间,四川省、土蕃宣慰司都元帅等处,每年有"西番大师及色目人员"进贡马、骡千余匹、狗百余只③。到了明朝,西僧入贡的使团规模更加庞大。尽管明廷对入贡人数作了限制,如成化年间规定乌斯藏遣使"多不过百五十人。由四川路入"。长河西、董卜韩胡二处,

图 5—10 蒲江茶马古道

---

① 《明史》卷 331《西域传》。
② 《明太祖实录》卷 188。
③ 《元典章》卷 16《户部》2。

第五章 元明时期四川的少数民族

"遣人不许过百。松、茂州地方住坐番僧，每年亦许三五十人来贡"①。但在弘治年间，长河西及乌斯藏诸番一时进贡的使者多至 2800 余人②。入贡品有马匹、盔甲、佛像、氆氇、皮毛、药材、藏香、酥油等藏区地方土特产品和手工艺品。朝廷回赐

图 5-11 蒙顶山茶园

的礼品有金银、绸缎、布匹、粮食、茶叶等。藏区各部、各派以得到朝廷封赏为荣耀，使团并利用进贡之机，兼做大宗贸易，沿途出售藏区土特产品，换取汉地各种农副、手工产品。这种入贡和赏赐不仅加强了藏区与中央的政治关系，而且也进一步密切了汉藏民族之间的经济文化交流。

图 5-12 位于芦山县的茶马古道雕塑

---

① 《明宪宗实录》卷 78。
② 《明史》卷 331《西域传》。

第五章 元明时期四川的少数民族

由于当时藏区的封建社会仍处于上升阶段，以及明朝对藏区所采取的政策，使藏区在几个世纪内基本处于安定的局面，从而带来了农牧业和手工业生产的发展和社会经济的繁荣。在农业方面，朵甘地区的藏汉杂居区或邻近汉区的藏区已有水田和旱田，种植小麦和粟米。在牧业方面，马匹、绵羊、牦牛是牧业的主要产品。《明太祖实录》载，洪武十七年（1384）十二月，四川都指挥使派兵到松潘安抚司作战时，"获马一百二十，犏牛三百、牦牛三百九十"，足见当地拥有的犏牛和牦牛的数量比马匹多几倍。在手工业方面，明代藏区也有较高的发展水平。《明太祖实录》记载，四川藏区与内地茶户贸易的货物主要有"毛布""毛缨"之类的毛织品，这些毛织品当是氆氇之类的手工毛织品。

这一时期四川藏区在文化方面有了很大的进步。随着汉藏关系的密切，汉族学术思想进一步传入藏区并产生影响。松州（今松潘县）在明朝开始设立儒学，龙安府（今平武县）出现"送子读书，习学华语"①的现象。天全六番招讨司也派子弟入国学读书。洪熙元年（1425）茂州以州治"新立学校未有文庙，无以奉祀先圣"为由，奏准在州治之南的护林驿"增修为学"，"使师生讲学有依。圣贤祭祀有所"②。此外，在宣德三年（1428）和宣德十年（1435），明朝还应藏区官员的请求，在天全六番招讨司、松潘等处设阴阳学、医学③。景泰三年（1452），董卜向四川巡抚李匡进贡金银器物，要求朝廷赏赐《御制大诰》《周易》《尚书》《毛诗》《小学》《方舆胜览》《成都记》等一批图书。朝臣认为，应该从其所请，可以赐给《诗》《书》，以便使其"渐陶声教，化

图5-13 西番人像（采自《三才图会》）

---

① 《天下郡国利病书·蜀中边防记》。
② 《明宣宗实录》卷4。
③ 《明宣宗实录》卷35、《明英宗实录》卷5。

流无外";但是,不能给其载有形胜关塞之书,以免其从中学会"权略变诈"之谋。最后,经朝廷批准,除了《方舆胜览》《成都记》之外,其余书籍皆可满足其要求①。

三、金沙江以北的彝族

彝族居住在祖国西南的川、滇、黔、桂诸省,自古以来就是统一的多民族的国家成员之一。在彝族形成过程中,元、明时期是一个重要的发展阶段。

自岷江上游地区偏西南而下,经大渡河至金沙江地带,古时居住着属于羌人的许多部落,经过长时期的发展,形成各具民族特色的几个区域,其中以金沙江北的邛都地区最大。邛都地,"汉武帝置越嶲郡。隋、唐皆为嶲州"②。中心区在今泸沽以南的西昌、昭觉、盐源等处,是彝族先民最早的居住地,后来增设马湖、新道、安上三县,在今雷波、屏山等处,即凉山东南部地区,为后来彝族先民的迁居之地③。

自8世纪中唐朝发动对南诏的战争遭到惨败之后,大渡河以南地方即被南诏和吐蕃占据,嶲州北部归吐蕃,南部归南诏。从此金沙江以北广大彝族先民居住区一直与中原封建王朝隔绝,开始接受南诏、大理政权的统治。

图 5-14 大渡河

---

① 《明史》卷 331《西域传》、《明英宗实录》卷 218。
② 《明史》卷 311《地理志》。
③ 方国瑜:《彝族史稿》,四川民族出版社 1984 年版,第 383 页。

在大理段氏政权灭亡后,大渡河南、金沙江北的广大区域,长期分散的政权为落兰部酋建蒂所控制。元世祖至元十年(1273),西蜀都元帅也速答儿与皇子奥鲁赤合兵进攻建都(即建蒂),经过一年多的战事,才把建都镇压下去。于是,元朝遂以落兰部建蒂所奠定的基础,把原嶲州彝族先民聚居区统一起来,并设罗罗斯宣慰司进行统治。

按"罗罗斯"是元朝用以专指金沙江以北的罗罗人及其居住地的名称。"罗罗"即今彝族,"斯"(又译为"思"或"厮"),是蒙古语复数语尾—S的译音。根据《元史·地理志》记载,罗罗斯宣慰司下辖总管府5、州23。所谓5个总管府,即5个路:建昌路、里州路、德平路、定昌路、会川路,后来合并为建昌、德昌、会川三路。罗罗斯宣慰司成立之初,归属四川行省。至元十九年(1282)二月改罗罗斯宣慰司隶云南行省。在朱元璋平定云南后,云南布政司所属府、州、县中,有建昌、德昌、会川、柏兴四府,由此证明,罗罗斯之地在元朝是属于云南管辖的。明洪武五年(1372),罗罗斯宣慰安定来朝,其时建昌尚未归附。十四年(1381)朱元璋遣内臣招谕,罗罗斯始归降明朝。次年,罢罗罗斯宣慰司,置建昌卫指挥使司,改建昌路为府,属四川布政司。洪武三十一年(1398),置建昌卫指挥使司,授罗罗斯首领安氏为土指挥使,以世袭其地。

明朝承袭元朝旧制,在原罗罗斯辖区内,"乃兼设夷汉之官,并用文武之道,为卫所者九,为学校者三,为长官司者四五,而关堡驿递,盖不啻棋布而星列矣"[1]。为了管理马湖彝族先民迁居区,元朝在这里设立马湖路,隶四川行省叙南等处蛮夷宣慰司,下辖泥溪、平夷、蛮夷、夷都、沐川、雷波六个长官司,后减为三个长官司。明承元制,在凉山彝区周围设置土司,委任土官,其中较大的有建昌卫土指挥使司(今西昌市)、建昌土知府(今西昌市)、马湖土知府(今屏山县)、威龙长官司(今德昌县西北)、邛部军民州(今越西县北大屯)、马喇长官司(今盐边县东南)、千万贯长官司(今雷波县城)、沐川长官司(今沐川县沐溪镇)、泥溪长官司(今屏山县中都乡)等等。

元明时期,嶲州、马湖地区居住着以彝族为主的多种民族成分,他们的经济生活及风俗习惯各有差异。明人曹学佺《蜀中广记·边防记》引据他所见到

---

[1] 《蜀中广记》卷34《边防记》。

的文献资料,对分散在这些地区的民族状况作了详细的记载。其中,所列各种"蛮"或"夷"的民族成分,涉及今天彝族、藏族、白族、傣族、纳西等诸多民族的先民,其风俗习惯不一定为彝族所独有,而是互相交流、融合的结果。例如:

在建昌卫辖区(今西昌市)内,有"文夷",其人"身青而有文",结婚前男女"会于路,歌谣相感,合以为夫妇";有"穿鼻儋耳种","人死著木,木折号曰鬼巢";有"濮夷",在郡界千里,常居木上,

图 5-15 彝族彩绘木钵

作屋有尾,亦名"尾夷";有"木耳夷",其人死,"积薪烧埋之。烟正,则大杀牛羊相贺以作乐。若遇风,烟旁散,乃大悲哭"。在建昌东门,有"十部蛮",其人"群居竹篱板舍,不事修饰。刻木为信。裙不过胫。或时乘马,则并坐横足。酋长死无子,则妻女继之。俗尚火葬,而乐以鼓吹为送终。有疾者,不用医药,召女巫以鸡骨卜,事无巨细皆决之"。

在会川卫辖区(今会理县)内,有白夷,其人"头裹黑帕,戴笋箬尖帽,以佣田为生。妇女养蚕收丝,织作亦巧,谓之白夷锦……饮食凡草木无毒者,六畜外除鼠、蛇、蛙、蝇及飞生虫,皆瀹食之。谚云:青青白夷菜,动动白夷肉。婚姻:男家先用碗水浇女足,谓之水授妇;战阵所获,谓之王旗妇。初生小儿,即抱于河中洗之。男女日日浴于河中居多。近水装束,日如远行,故迁徙无定焉。死有棺椁葬埋,名坟曰罢休"。

在盐井卫辖区(今盐源县)内,有马剌长官司,其村落多白夷,在盐井居住。"白夷之近汉者,能知天变,遇日月食,少长男女争击箕杵盆勺成声,仰天拜恩。婚姻:泼水为媒证,产子三日,则浴之河。死用块葬,名罢休。老人、妇人穿无摺裙,谓脂粉为解老。又能种棉养蚕,以织染为五色丝绒,提机作花,每段宽尺余,长二丈一尺。粗者为锦,细者为紾"。

在越嶲卫邛都长官司辖区(今越西县)内,有僰夷村,位于大渡河南岸,系旧僰人聚落。"僰人重儒敬佛,居傍城郭,与汉人无异,相见之礼,惟长跪不

拜。亦有读书入学者。"双桥堡十里有倮罗关,旧为倮罗"窟穴"。其地的倮罗人"刻木为信。男子摘鬓,腰系皮绳,名饥饿索。以帕裹头,夜不解刀。居山顶,以板盖屋。刀耕火种,性喜猎。凡有事,以艾灸羊膀骨占吉凶。出入必以凶器。男女纽发盘头上,下身衣土绣花长衣。赤脚无履,外披细褶毡衫为上盖,饥食荞麦饼。婚姻以牛羊马礼,酒席铺松毛于地,盘脚坐松上。男女分席,杀牛羊,剥皮猪,用火烧,半割碎,和蒜菜,谓之喫牲。饮泡咂酒,木碗木勺,即其器皿。食肉以竹签为筯。丧礼男女俱无棺椁,富家以锦缎缠之,故谓之巢郡,又谓之罗罗"。

在宁番卫的辖区(今冕宁县)内,有"宁番蛮",其人"凶犷强悍,刀耕火种,迁徙无常。不以积藏为事"。有"西番人",其人"身长大,勇猛,占住山顶,性甚恶。男子发结成条,面多垢积,身带凶器,叛恶不常。妇女发亦结编,悬带珊瑚、翠石为饰,身著短衣,盖以羊皮。食以青稞磨面作饼,酥油煎茶为饭。风俗:女在父家为非无禁。嫁后有犯,夫永逐之,所生男女亦弃去。酒席泡咂酒,杀牛羊肉食之。病不服药,请番僧诵经,杀牛祈禳。及死,将生前所编毡、喜鹊巢帽、弓刀装敛,盛以木桶,于山岭盖一小房,停放封闭,永不复观"。有"么些夷",其人"身长色黑,男子发扭成索,白手巾缠头,身著短衣,足穿皮鞋。身垢不洗,常带凶器。内著黑大编毡,外披衣甲。畜犏牛山羊,以艾灸羊骨占。妇女纽发细编,短衣赤脚。内披短毡,尚以羊皮。青稞、荞面、乳饼、酥油、煎茶充饥,病不服药,杀猪羊祭鬼求安。婚姻亦以牛羊为礼,丧葬不用棺椁。将猪取去肠肚,带毛,用物压匾,名曰猪脵。用绫段布匹裹尸,同用柴烧化,取顶骨并手足、四肢,悬挂绝顶上。后三年杀马,延番僧作佛事,尽将骨弃去"①。

在马湖府辖区(今屏山县)内,"夷俗尚巫信鬼,故于府祀典之外,四司有行祠无禁焉。闻南中夷,岁暮整所储祭赛。其域内淫祀之神,相引百十为群,击铜鼓,歌舞饮酒,穷昼夜以为乐。储弗尽弗已也,谓之诸葛穷夷法"②。

元明时期,建昌地区的社会经济有了进一步的发展和提高。元朝除了在罗罗斯地区驻军、修道路之外,还于会通、建昌、会川、德昌建立军民屯田。脱

---

① 以上据《蜀中广记》卷34。
② 嘉靖《马湖府志》卷下《秩祀》卷之五。

力世官在平定威龙州（今德昌县）的反抗后，一次即"籍其民五百余户为龙"①，足见当时屯田带有封建生产关系性质，被征调编入屯户的土人，交纳租赋以供军食。《寰宇通志》卷70引《元一统志》说，建昌路一带地区，"山清水秀，土广人稀。田地膏腴，市井荒陋，有青草黄茅之瘴"。又说："金珠丰盈，牛羊毡布，通商货植。"凉山南部出现了里州（今普格县）、中州（今金阳县）、阔州（今宁南县）等市镇和交易地。据马可·波罗记载，建昌路"所用之货币，则有金条，案量计值，而无铸造之货币"，小货币则用盐通行②。从马可·波罗游历建都所描述的情形看，当时以彝族占多数的民族居住在城

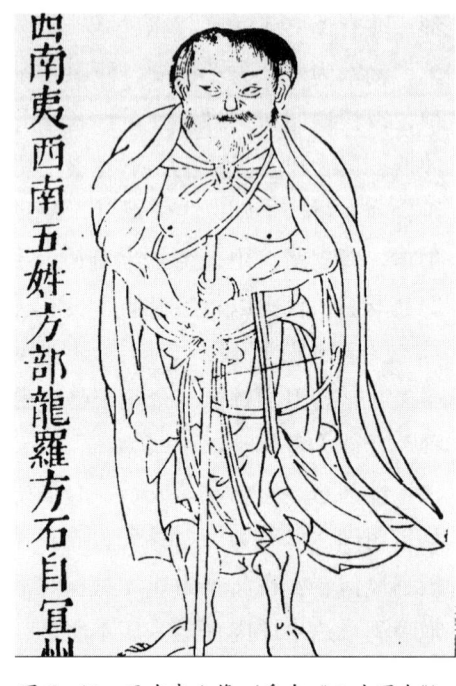

图5—16 西南夷人像（采自《三才图会》）

镇和坝区。只是到了明初，大量汉、回卫军进入凉山后，平坝沃土才被卫军占领，而这里的彝民也随之接受了汉文化。

明代在建昌地区普遍建立卫所，开设军民屯，安置卫军5900多户。随着大量卫军迁入凉山，不断扩大土地耕种面积，输入内地先进的生产技术，这一地区的农业、制盐、冶矿、伐木等业有了很大的发展。建昌地区的社会经济结构有了显著的改变，在城镇和设屯地区已出现封建租佃关系。随着经济的发展，民族融合的趋势加快了。汉族儒学文化在凉山地区的影响日渐增加，至明初已有彝族子弟在南京的国子监读书。仅洪武二十三年（1390），建昌安氏一次即遣子僧保等42人入国子监③。彝族地区也创设学校供贵族子弟受业。建昌有学校三处。此外，建昌、盐井、会川、宁番、越嶲等卫，也都曾在洪武年间设立卫

---

① 《元史》卷133《脱力世官传》。
② 《马可波罗行纪》中册，第453页。
③ 《明史》卷311《四川土司传》。

学，土军子弟当有受业。

四、川东南的土家族

川东南土家族聚居区在行政区划上原属于四川省黔江地区的酉阳、秀山、黔江、彭水和石柱5个自治县，1997年川渝分治后，属于重庆直辖市管辖。

四川地区的土家族与湘鄂西、黔东北的土家族一样，源远流长，历史悠久。早在秦汉时期，生活在川东南的土家族先民和当地其他少数民族一起，被称为"武陵蛮""巴郡南郡蛮"。两晋和隋唐之际，称之为"武陵西溪蛮"或"酉阳蛮"。元代名曰"九溪十八洞蛮"，明、清称为"土蛮"，民国时期始称为"土家"①。

随着唐代羁縻府州政策的实施，给土家族先民在这一地区的统一聚居造就了条件。元朝在此基础上创立了土司制，进一步加强了对这一地区的控制。明朝又进一步完善了土司制，把土司制与卫所制结合起来，从而使土司制发展到鼎盛阶段。位于川东南的土家族也就是在这种背景下，进入了其发展历程中的全盛时代。

元朝经营川东南早在至元十二年（1275）就已经开始了。至元二十年（1283）六月，四川行省参政曲里吉思率军讨平"九溪十八洞"，"以其酋长赴阙，定其地立州县，听顺元路宣慰司节制"②。宋时的酉阳州，元属怀德府。其地自南宋以下，基本处在本地土著的控制之下，有"九溪十八洞蛮"之称。就在这一年，置绍庆府于彭水。此后，川东南各土著势力相继置为土司，均隶重庆府。至元二十八年（1291），立沿边溪洞宣慰使司，以播州等处管军万户杨汉英为绍庆、珍州、南平等处沿边宣慰使，川东南又改属湖广行省，以便进行特殊有效的治理。

元朝末年，红巾起义遍地而起，群雄割地自立。徐寿辉所领导的天完红巾军活动于长江中上游的两湖、川东诸地，攻城略地，使得元朝在这一地区的统治摇摇欲坠。湘鄂川黔的土家族土司地区正处于徐寿辉红巾军活动的范围之内，为了牵制、抵御和削弱天完红巾军的攻势和活动空间，元朝对土家族土司采取

---

① 四川省地方志编纂委员会：《四川省民族志》，四川民族出版社2000年版，第339页。
② 《元史》卷12《世祖纪》。

笼络政策，加大了政治上官品职衔赏赐的力度，而这就为土家族土司势力的增长乃至坐大提供了契机。

于是，川东南的各土司无不利用这一大好机会，跃跃欲试，力求在乱世中壮大自己的实力。道光《补辑石柱厅志·土司志》记载"元末九溪十八洞乘乱不靖"，就是当时形势的写照。正是在这种背景下，酉阳土司升格为宣慰使司，并入朝进贡。石柱土司也乘机扩充实力，并取得良好的结果。据石柱《马氏家乘》记载，石柱全境户口为十三族，旧无城郭，仅有峒寨。元末"令十三族皆得立寨栅，具徒卒，无事尽力农亩，有警则各寨并起，以听指挥。凡境内高峰绝岭，星罗棋布，皆各族屯兵边所……不数年，庶富为川东冠。忠路、酉阳、唐岩、沙溪等司，皆推石柱为司长，音问不绝"①。

明玉珍据蜀时，川东南地处大夏政权的腹心地带，因而对土家族土司特别重视。明玉珍将酉阳宣慰司改为沿边溪峒宣慰司，其所管辖的范围含义更大，其笼络之意甚明。酉阳土司在大夏政权末期备受重用，不惜派遣土兵协助镇守夔关，与当时气势正甚的明军相抗衡，说明元末明初的酉阳已是实力相当强大的土司，其所拥有的土兵数量一定不少，战斗力一定很强。

土家族土司弃元归明，始于朱元璋大败陈友谅之后。《明史·湖广土司传》载："及太祖歼友谅于鄱阳，进克武昌，湖南诸郡望风归附，元时所置宣慰、安抚、长官之属，皆先后迎降。"②正是在这种背景下，川东南的土家族这才纷纷归降于明朝。

南宋以前，川东南土家族先民聚族而居，寨自为俗，不相君长。有的从事农业生产，有的过着渔猎生活。据《宋史》记载，南平的"渝州蛮"，其地西南接昆明哥蛮，大小播州部族数十。治平中有"熟夷"李光吉、梁秀等三族据其地。各有众数千家，间以威势胁诱汉户，没入土田，往往投充客户，谓之纳身，税赋皆里胥代偿。这一地区仍为龙蕃、方蕃、张蕃、石蕃、罗蕃这"五姓蕃"所控制，"诸蕃部族数十，独五姓最著。程氏、韦氏，比附五姓，号西南七蕃"③。在宋代，中央王朝基本维持"五姓蕃五岁一贡"的制度，五姓蕃境内的

---

① 转引自田敏：《土家族土司兴亡史》，民族出版社 2000 年版，第 56 页。
② 《明史》卷 310《湖广土司传》。
③ 《蜀中广记》卷 38。

土民，采取佃种的方式向土官贡赋、当差、服役。

在西阳州（今重庆市西阳县）的辖境内，由于其地广袤700里，地当思南之要冲，接荆湘之边境，山溪阻深，自古以来号称难治。元末冉氏世守本州，明玉珍据此设沿边溪洞军民宣慰司。洪武初，冉氏纳土归附，升为西阳宣抚司，令冉氏子孙世袭。永乐中，改隶重庆府，建立学校，俾染华习。其所属之民"分三种：曰仡佬，曰冉家，曰南客。暖则捕猎。山岭寒则散处崖穴。借贷以刻木为信契，婚姻则累世为亲。编户十三里，其属有九溪十八洞蛮"①。

图5-17 五溪蛮人像（采自《三才图会》）

石耶长官司（今重庆市秀山县西南），其所属之民，"织斑布以为衣，佩长刀而捕猎。编户二里"。石耶人呼石版为"巴贯"。因为巴贯治南一里有巴贯山，此山多版石。又二里有石崖，土人呼为"密那厓"②。

平茶长官司（今重庆市秀山县西），觐贡赋税大略与西阳同。编户三里。"所属有五种夷，言语侏离，性好捕猎。火坑焙谷，野麻缉布，巫祷治病，歌唱送殡，号为南客"，"地多秀山，耸插翠云者矣。其人骁勇善战"③。

邑梅长官司（今重庆市秀山县南），其所属之民"语异蛮音，衣穿斑布。用木浪槽为臼而舂稻粱，沥苦篙水代盐而鲊宿肉。婚姻以牛只为等，疾病以巫祝为医。竞私斗，昧公义，虽有勇敢，徒以偕乱，然不能禁箐苗之蚕食也"。治东三里有黄牛山，相传土官杨四舟高殿，始自乌罗过此，"见土地膏腴，宜耕稼。因喜椎黄牛以享众故名。司南八里有韭山，昔人遗韭于山巅，因繁衍生韭，长丈余，四时皆有土民采食之"④。

---

① 《蜀中广记》卷38。
② 《蜀中广记》卷38。
③ 《蜀中广记》卷38。
④ 《蜀中广记》卷38。

第五章 元明时期四川的少数民族

石柱宣慰司（今重庆市石柱县南宾镇），宋施州地，其东即夜郎故地。"古来夷夏分界，入贡之门户"，"编户三里，其民悍而好斗，兵马称强。间有所调遣，辄踊跃趋赴"。《舆地纪胜》云："施之地虽杂夷落，犹近华风。故乡音则蛮夷、巴汉言语相混。其山冈沙石，不通牛犁。唯伐木烧畲以种五谷。隆冬可单，盛夏可袄。"宋景定中，蛮酋大虫马什用同宋将向士壁率师大败元兵，继平九溪洞夷，授镇国上将军，领铜牌铁印石柱安抚大使，世守其土。元改石柱军民府，后升安抚使司，改升石柱宣慰使司。明玉珍据此时，为先纳牌印，授石柱安抚司。明洪武七年（1374）归附，安抚使马克用出降。次年升石柱宣抚，管辖土民，世袭其职，隶重庆府①。

永乐以后，土司制度进入全盛时期，土家族土司的活动日益频繁，达到了有史以来的高潮。与以往历史相比，这个时期在土家族土司的活动中，不再以消极性的反叛、扩张、仇杀等为主线，为朝廷出力、为"皇明"尽忠职守，成为这一时期土家族土司活动的主题②。

这一时期，土家族的经济有了较大的发展。粮食作物除小米、大麦、黄豆等旱地作物外，在地势低平、水源条件较好的地方，已开垦水田种植水稻。耕牛和铁农具已广泛用于农业生产中。畜牧业方面，饲养猪、羊等家畜已较为普遍。民间工艺如纺织、刺绣和编织等家庭手工业也发展迅速，达到了较高的水平。此外，还出现了一些从事冶炼的手工业者，专门从事小规模的采煤、炼铁，并达到一定的规模③。

五、留居四川的蒙古族

蒙古的崛起并统治全国，使得蒙古人的足迹随其兵力而遍及各地。在明朝推翻元朝统治之后，无法返回漠北草原的蒙古人纷纷流落民间，遂成为当地蒙古族的主要来源。明初散居内地的蒙古军民与当地居民杂处，从事各种职业，各自谋生。明朝对留居内地的蒙古人采取强迫同化的政策，在《大明律》中规定"不准本类自相嫁娶"，并令他们改取汉名，改变服饰。由于长期杂居、同化

---

① 《蜀中广记》卷39。
② 参见《土家族土司兴亡史》，民族出版社2000年版，第114页。
③ 《四川省民族志》，四川民族出版社2000年版，第344页。

的结果，内地蒙古族基本上融合到汉族和其他民族之中①。

四川是元朝灭亡后蒙古人散居的重要地区之一。究原因有二：其一是，由于四川是蒙元时期用兵的重点地区，随军征战和驻守在这一地区的军将及其家属尤多，加之元朝普遍推行民族四等制，在地方军政机构中，由蒙古人担任达鲁花赤，这样，随着元朝的灭亡，除死于战事之外，一时来不及逃回漠北的蒙古军政人员只有两条路可以选择：要么归降明朝，要么散居民间。其二是，由于与四川毗邻的云南是元朝残余势力的最后基地，当朱元璋在南京建立明朝、统一全国，元顺帝已经败亡漠北之时，唯有梁王仍在云南奉"北元"的正朔，直至洪武十四年（1381）方才和平归顺明朝。与云南毗邻的建昌地区，当时受云南行省管辖，直接听命于梁王，所以此区也就成为残元势力最后聚集之地。

明万历《四川总志》卷一有一幅地图，其上明确标注，在建昌东北有"蒙古军营"，其地约当于今西昌市昭觉、喜德交界之处。联系史实背景，这些蒙古军营最初可能是元朝设立在这些地方的军屯。洪武初年，戍守罗罗斯的元将月鲁帖木儿主动归附明朝。由于当时明朝势力还达不到控制该地区，遂委月鲁帖木儿为建昌卫指挥使，于是，这些地方继续由蒙古军在此屯驻。因此，地图上的"蒙古军营"或民间所传的"达子营"，当系就地留住的蒙古人的遗址。

后来，随着明朝对这一地区控制的加强，以及聚集在建昌的残元势力的增加，二者之间的矛盾冲突必然爆发。洪武二十五年（1392），月鲁帖木儿在建昌起兵反明，合德昌、会川、迷易、柏兴、邛部并西番土军万余人，杀官军200余口，掠屯牛，烧营房，劫军粮。明军调兵加以反击，月鲁帖木儿兵败后遁入柏兴州（今盐源县），最终被擒，月鲁帖木儿所率的部众再次降服明朝。

在平定月鲁帖木儿的过程中，建昌卫的土指挥使安的以所部兵出战，发挥了重要作用。鉴于元朝平定这一地区前，安氏便是罗罗斯彝族诸部中势力最强的部族，为了奖赏安氏平叛之功，明朝决定将这一地区交给安氏管辖，让其世袭建昌卫指挥使。据《明史·四川土司传》记载，在安氏的辖区内，"所属有四十八马站，大头土番（或作火头吐蕃）、僰人子、白夷、么些（或作摩些）、俗鹿、猓罗、鞑靼、回纥诸部，各种类散居山谷间。北至大渡，南及金沙，东抵乌蒙，西讫盐井，延袤千余里"。其中的鞑靼就是蒙古，表明当时确有蒙古人曾

---

① 杨绍猷、莫俊卿：《明代民族史》，四川民族出版社1996年版，第19～21页。

第五章　元明时期四川的少数民族

留居过这一地区。

明万历年间，曾经担任建昌金事的范守己撰有《九夷考》一文，文中对当地的民族状况作了详细的记述。《九夷考》所列九种少数民族是：西番、僰人子、白夷（摆夷）、么些、佾鹿、咱哩、渔人、倮罗、回回。这与《明史·四川土司传》所记的八种少数民族略有不同，与清人魏祝亭《蜀九种夷记》所列九种少数民族（西番、倮罗、伯夷、么些、佾鹿、鞑靼、僰人子、回回、渔人）也只有细微的差别。三者相比较，其他民族成分基本相同，只是《九夷考》无鞑靼，有咱哩；《明史·四川土司传》和《蜀九种夷记》有鞑靼，无咱哩。实际上，二者完全是同一个种族。再结合范守己《九夷考》所记咱哩风俗："其人男女与僰人同，语音各别。居板屋，耕种、贸易，本类自相婚姻，聘礼用牛马银布，燕会酒食烧肉，哑酒颇同西番第，多黄、白二酒。疾病自采草药疗之。死用棺敛，或烧或瘗，葬后以柏枝插瓶内，挂屋西壁为祖宗，每岁清明拜祭"①，这一记载，与《蜀九种夷记》所记鞑靼风俗相比较，二者在服饰、语言、居住、耕种、贸易、婚姻、燕会、哑酒方面完全是相同的。文中所载"挂屋西壁为祖宗"的习俗，正是蒙古人"以西为大"习俗的表现，蒙古人的佛龛、祖像都供在毡包或房屋西北角。由此证明，咱哩就是鞑靼。"鞑靼者，蒙古种也"（《蜀九种夷记》语）。与"咱哩"相类似的还有"青海"。明万历年间曹学佺《蜀中广记》所记建昌的九种夷，其中八种夷与《九夷考》《蜀九种夷记》相同，但《蜀中广记》无咱哩、鞑靼，却有青海。这里的青海，实际上也就是"鞑靼"，即

图5－18　蒙古人像（采自《三才图会》）

---

① 嘉庆《四川通志》卷98《武备·土司》。

"蒙古种"①。

除了以上文献资料可以判定在元末明初确有许多蒙古人留住四川外，在今盐源县和木里藏族自治县境内，还保留有大坡、项脚、屋脚三个蒙族乡。原来，早在蒙古进驻这一地区之前，川、滇地区就生息着一支古老的民族——"摩梭"。"摩梭"是近代的汉称（杨松年《盐边乡土志》），元代称"么些"（《元史·地理志》）。唐代称"磨些"（新、旧《唐书》），东晋称"摩沙"（《华阳国志·蜀志》），汉代称"旄牛羌"或"旄牛夷"（《后汉书·西羌传》《后汉书·南蛮西南夷列传》）。"摩""么""磨"是"旄"的同音异写；"沙""些"均读作"梭"，意思是人或族。

摩梭分为两个支系：一支自称"纳西"，在梁（502~557）、陈（557~589）之际，已西迁至云南丽江纳西族自治县；另一支自称"纳日"（"纳"意为黑，"西""日"均意为人）。1954年云南在进行民族识别时，将宁蒗县境内的纳日归并入纳西族；而四川境内的纳日，因未进行民族识别，则仍称为"蒙族"。由于两省纳日人不仅邻村相望，甚至同村比屋而居，在族属识别后，形成了较大的反差：在云南宁蒗县的纳日人力辩他们不是纳西，而是摩梭；而在四川盐源、木里的纳日人在说自称时，毫不犹豫地说自己是"纳日"，说汉称时则说自己是"蒙族"。

有学者在分析当地纳日人不提自己古代摩梭的远祖，而普遍坚持认为自己是蒙古族，指出这一现象是事出有因的："元世祖忽必烈征大理，曾经经川西南大渡河南北、凉山州、云南宁蒗县境，在纳日聚居的川、滇泸沽湖及其周围地区曾留有蒙古官兵管制当地纳日居民。尔后，纳日子孙无疑混有蒙古族血统。而川、滇纳日土司授职于元王朝，为便于其统治，妄称其为蒙古官员。于是，上层和群众都误认为'蒙古族'。"② 由于受历史条件的限制，当时调查报告主要着力于从历史传统及民族特点厘清纳日与纳西族的区别，而对于纳日与蒙古族的关系，则来不及也没有深入细致地调查，以致留下许多遗憾。20多年过去

---

① 以上咱哩、青海代称考证，参见李宗放：《元以后有关四川蒙古族部分资料浅析》，西南民族学院民族研究所编《西南民族问题新论》，四川省社会科学院出版社1988年版；《明代四川蒙古族历史和演变略论》，《西南民族大学学报》2004年第4期。

② 《四川省志·民族志》调查组：《关于凉山彝区摩梭和西番的识别问题和建议》（油印稿），原件原藏四川省地方志编委会。

第五章 元明时期四川的少数民族

了，有关川滇边纳日人与蒙古族的历史渊源关系问题，目前正引起学者的关注探讨①。

到了明代中后期，又有一次蒙古人迁川的高潮，其流向是从青海方向迁至今阿坝、甘孜地区。据《明史·四川土司传》载，万历八年（1580），雪山国师喇嘛等四十八寨，"勾北边部落为寇，围漳腊"。此处之"北边部落"，即原居于青海的土默特蒙古火落赤部落。万历二十四年（1596），火落赤再度入寇漳腊（今松潘县漳金乡）。据曹学佺在潘州证实，在此之前，"鞑房住牧于漳腊城内，有百五十帐"。明廷采取"扶赏安插"的对策，致使鞑靼诸部"接踵投居"，一时间"牛马羊只，布满山溪，毛帐毡房，星列草地"。根据当时的议论"既来之，则安之"，可以推测，这支入居漳腊一带的蒙古部落肯定是留居当地了②。接着，蒙古和硕特部首领固始汗于崇祯九年（1636）南下青海，于崇祯十三年（1640）攻入康区，走上了统一青藏高原的道路。由于这一次历史性进军，在今阿坝、甘孜自治州境内留下了不少与蒙古有关的传说与地名。

六、入居四川的回族

元、明时期是回回民族形成的重要发展阶段。公元13世纪初蒙古的崛起及其西征，是回族形成的契机。入明以后，回回人的政治地位发生了根本性的变化。元末战乱，若干地方发生屠回、忌回事件，迫使许多回回人隐姓埋名、弃商务农。元朝被推翻后，原在许多城市任职、经商的回回人，大部分迁徙转移。在这次大调整中，"大分散，小集中"的居住状况基本上稳定下来③。

四川回族的先民，最早可以追溯到唐朝，但是回族大批进入四川则是自元代以后的事。元代回民大批进入四川有三方面的原因：

---

① 参见阿拉塔·扎什哲勒姆：《四川蒙古族——源的追溯 根的赞美》，香港大地出版社2004年版，第117页等。此外，在追根元亡之后蒙古族踪迹问题上，近年来西南地区某些家族姓氏也成为百姓关注的话题之一。据不完全统计，在今云南通海、贵州大方、重庆彭水，以及四川泸州、合江、富顺、纳溪、青神、荣县、乐山、威远、犍为、洪雅、仁寿、内江、大邑等地，有的家族还一直通过家谱、墓碑、口授的方式，传承家族的历史和自己作为蒙古人的执著信念。这些家族涉及有余氏、俞氏、谭氏、花氏、张氏等姓氏，而以余姓最为突出（参见东人达：《成吉思汗在西南的后裔》，《内蒙古大学学报》2004年第36卷第1期），目前尚无定论。

② 顾炎武：《天下郡国利病书·四川》。

③ 邱树森主编：《中国回族大词典·前言》，江苏古籍出版社1992年版。

第五章　元明时期四川的少数民族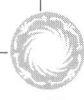

其一，随军征战，留成四川。由于蒙古在大举进攻四川之前，已先征服了中国北方以及中亚、西亚和欧洲的一些地方，在这些被征服的地方中，有许多人早已是信奉伊斯兰教。及至被征服之后，其人被掠至中原者甚多，大多从军。故在元宪宗蒙哥汗大举进攻四川时，便有许多信奉伊斯兰教的中亚突厥部落组成的军队转战各地。如宪宗征蜀时留守成都的大将密立火者，他率领的就是一支信奉伊斯兰教的回回世家军队①。另据波斯史家拉施特记载，忽必烈的三子安西王忙哥剌出镇河西、四川，他就是一个信奉伊斯兰教的蒙古皇子。他的儿子阿难答从小就被托付给一个伊斯兰教徒抚养。及至阿难答继承王位后，他不仅"在自己的营地上建立清真寺，经常念诵《古兰经》，沉湎于祈祷"，而且还使依附于他的15万蒙古军队的大部分皈依了伊斯兰教②。正是在这种背景下，分遣到各地去征战、屯田、戍守的蒙古、色目军队中，便有了许多信奉伊斯兰教的官兵。1975年在西昌市西郊乡三坡"月鲁城"出土了一通阿拉伯石碑，内容是赞美伊斯兰教创始人穆罕默德容貌的赞圣文，经考证它便是元代回回驻军在当地兴建的礼拜寺的文物实证③。

其二，从政任职，留居四川。元世祖忽必烈即位不久，在他统治的山东发生了李璮叛乱事件。这一事件后，导致了回回势力的崛起，忽必烈决定利用回回官吏来对付汉人。于是，正式规定以蒙古人充各路达鲁花赤，以回回人充同知。为了填补汉族官员在中朝的重要位置，忽必烈还破例起用回回人在一些要害地区担任重要职务。其中，最有名的要算回回著名政治家赛典赤赡思丁，至元元年（1264）出任陕西五路西蜀四川中书省平章政事，直到至元十一年（1274）调任云南省平章政事为止。赛典赤赡思丁的第三子忽辛也是很有名的政治家，曾在大德八年（1304）出任四川平章政事，但为时不长。第四子苫速丁兀默里曾任建昌路总管。正是由于这个关系，赛典赤赡思丁父子及其他官员属下、驿站官兵、工匠等回回人也有留居建昌的，这都成为元代四川回回的重要

---

① 《元史》卷133《也罕的斤传》。
② ［波斯］拉施特：《史集》（余大钧、周建奇译本）第2卷，商务印书馆1983年版，第379~382页。有学者认为，阿难答属下的军队中，确有穆斯林，他本人也可能受其影响，但说他皈依了伊斯兰教，而且十分虔诚，则证据不足。见王宗维：《元代安西王及其与伊斯兰教的关系》，兰州大学出版社1993年版，第116页。
③ 见陈世松：《元代礼拜寺文物——西昌三坡阿拉伯文碑考释》，《宁夏社会科学》1992年第5期。

组成部分。西昌也因此成为四川回族的主要聚居区。

其三，经商贸易，往来四川。蒙古人攻占松州后，设立行政建置，便利四川与西北地区的贸易往来。由松潘入洮州、河州、西宁州等处的"西蕃大叶茶"贩运规模日益扩大，这些贸易多由穆斯林茶马商人经营。加之，元世祖去世后，朝廷财政危机日益严重，元成宗不得不依靠世祖晚年的理财大臣赛典赤伯颜。赛典赤伯颜系回回人，为赛典赤赡思丁之孙、纳速剌丁（赛典赤长子）之子，长于经商理财。在赛典赤伯颜的鼓励下，各地回回商人大事贩卖珠宝、玉帛、羽毛、齿革、珍禽、奇兽等宝物，从中牟利。时任四川行省左右司员外郎、四川廉访司佥事等职的脱欢在奏疏中说："回回户计，多富商大贾，宜与军民一体应役……今后回回诸色人等，不许赍宝中卖，以虚国用，违者罪而没之。"[①] 脱欢上这封疏时在四川，其所言的内容，自然包括四川回回商人在内，因此也是元代四川有回回商人的明证。

元代回回人入川后，逐渐在各地形成若干回回聚居地。凡有回族较多的地方必建有清真寺。据调查，元代四川回民已建成的清真寺有位于松潘县城东山之麓的东山寺、位于今西昌城厢粮站所在地的清真寺，以及建于大德四年（1300）奉节县永安镇北的清真寺等[②]。

到了明代，回民又一次掀起了入川的高潮。主要原因有二：其一，明初大将沐英、蓝玉率军西征，平定四川、云南，后来又继续留镇各地的军队中，有一批甘陕和江南的回回人，他们定居于用兵较多的川北、凉山等地。据史载，明初大将傅友德、丁玉为平松潘，曾分别率军经过青川、平武。这两次用兵中，均有回民兵士落居于今青川、平武、松潘一带。至今当地回族多相传祖籍来自于陕甘，属军籍，明初随军而来。另据《明史·四川土司传》记载，洪武二十四年（1391），明朝平定月鲁帖木儿的叛乱，置建昌、苏州（今冕宁）军民指挥使司及会川（今会理）军民千户所，调京卫及陕西兵15000人往戍之。被征来平叛的回民官兵在征战结束后，大多分赴西昌各要隘镇守，落业定居，各成宗支。西昌各地保存至今的碑文、族谱资料，与正史记载正相符合。如今西昌海南乡核桃村清真寺碑文说："我扶风宗族，昉于明朝，原籍江南苏州人士，由洪

---

① 《元史》卷134《朵罗台传》。
② 参见马尚林：《四川回族历史与文化》，四川民族出版社2005年版，第6页。

武年间起,祖宗指挥,奉命来建(昌),镇守青龙隘口,因创基于核桃村,序列四大房,始建修清真寺。"今西昌西郊九村马氏族谱载:"我祖乃陕西固原县马家巷人士,洪武年间来建,一名马都贵,一名马代贵,统领乡兵,镇守马、阿、虐一带,管罗家沟。"距西郊九村不远的六和乡,有一处叫四百户的回民聚居地,其清真寺碑文也载:"(始祖马都贵)自洪武年由陕至建,住居泸山脚下,至曾祖马之莹因人烟繁衍,移居四百户,创修寺宇一座。"以上事实清楚地反映了明初陕西、江南回民迁居西昌、种族繁衍的情况①。

其二,随着明朝四川商道的开通,以及城乡商业的繁荣,因经商而进入四川的回民日渐增多,他们主要来源于甘肃、青海、宁夏、陕西、湖北、湖南、云南等地。据《明史·食货志》载,明初,朝廷为了对付北方的蒙古,以内地的茶换少数民族的马,旨在"固番人心,且以强中国"。为此,与诸番约定,凭朝廷颁发的"金牌信符"出入贩运。当时共铸有金牌41面。于是,西北洮、河、西宁等地的回族商贩,大量通过松潘卫和州内大部分地区,甘肃武都、天水一带的回族商贩则经南坪进入松潘

图 5—19 明代回族人物画像(故宫博物院藏)

地区,内地回商也沿松潘东、西两路,沿涪江、岷江进入境内,参与商马换运和其他生意。很多人定居松潘州内,在杂谷脑、松潘、汶川、茂县以及松潘东路一线建清真寺,以致人们称这一时期进入松潘的回族为"陕西回""青海回""陇东回""云南回"等②。

---

① 马尚林:《四川回族历史与文化》,第10~11页。
② 马勇:《松潘回族源流考》,《西南民族大学学报》2005年第6期。

除此之外，在一些通衢要道以及大中城市也开始出现了回民经商聚居并在当地修建清真寺的现象。例如，明代重庆约有百余户陕甘籍回民居住，并在十八梯侧巷（今名中兴路）建清真寺，该巷后称清真寺巷。成都也是明代回民聚居较多的城市。在明天启《成都府志》卷一"舆图"上，明确标注府城北金绳寺与西莲寺之间有"回回寺"。民国《新都县志》载，在县东李家营，有"清真罗家寺"，"明成化七年建"。民国《灌县志》载，"南寺始建于明朝末年"。川北盐亭、南充等地亦有回民居住，明成化元年（1465），山东登州府蓬莱县七里村回族江灏，入蜀任乐山知县，卸

图5-20　回回人像（采自《三才图会》）

任后定居盐亭县。南充清真寺建于明嘉靖年间。另据口碑资料，明崇祯十年（1637），李自成率军转战于陕、川，今剑阁、梓潼、阆中、江油等县一带的回民，多有明末农民起义军后裔之说①。

明代各个时期入居四川的回民，大多从事农业生产和经商贸易。范守己《九夷考》记述凉山安宁河谷流域的回族风俗说："其人柔奸刚毅劲，音类汉人，亦有番语。不食驴、骡、猪肉，其牛羊与鸡、鹅、鸭必自杀乃食。本类自相婚姻。疾病作佛事祈福，不延医巫。死丧食肉，但不饮酒。死者削去须发，布袋装殓，用木匣舁去，临穴取尸入坑，去衣扭头西向，覆以板而瘗之，留木匣复用。每岁清明日用卖饼祭扫，不祀鬼神，不焚钱纸，专敬天地而已。每年轮转一月，阖家男女清斋，白日不食，待星上方食之。平居耕种贸易，大似齐民。"② 这些关于回民饮食、婚姻、丧葬、宗教习俗等的记载，不仅是凉山有回

---

① 马尚林：《四川回族历史与文化》，第11页。
② 嘉庆《四川通志》卷98《武备·土司》。

族土著定居的明证①,而且也是明代四川各地回族风俗习惯的一个扫描和概述。

第二节 民族政策

一、元代四川土司

元明时期,封建王朝为统治边疆民族聚居地区和杂居地区,在唐宋羁縻州县制度基础上进一步推行一套完整的土司制度。土司制作为封建王朝治理少数民族的一种政治制度、经济制度、军事制度,普遍实行于元代,发展完善于明代②。

在元代,封建王朝对待少数民族的治理办法之所以有别于唐宋时代,而在羁縻州县制度的基础上有所发展,其原因在于视角不同,观念迥异。元代以前的统治者,无不把僻远或边疆的少数民族视为"蛮夷"。由于元朝的统治者蒙古人本身就是北方的少数民族,因此他们入主中原以后,一反历代中原汉族统治者的观念,而是将少数民族视为"吾民"。

元代以前,在羁縻州县制度下,封建王朝对少数民族酋领只授予一个职官称号,而在元朝土司制度下,任命这些酋领则需要正式赐予诰敕、印章、虎符、驿传玺书与金(银)字圆符等信物③。例如,见之于文献记载,至元四年(1267)十月,今大渡河一带的鱼通岩州境内西番诸族内附,朝廷即以其酋领阿奴版的哥为喝吾等处总管,并授玺书及金银符④。至元十五年(1278)十二月,今宜宾市境内的都掌蛮内附,朝廷以其长阿永为西南番蛮安抚使,得兰纽为都掌蛮安抚使,并赐虎符,余授宣敕、金银符有差⑤。虎符是节制军马的凭据,元朝规定:"诸官非节制军马者,不得佩金虎符。"⑥由此足见元朝对内附的少

---

① 四川省地方志编纂委员会:《四川省民族志》,第368页。
② 参见贾霄锋:《二十多年来土司制度研究综述》,《中国边疆史地研究》2004年12月第14卷第4期。
③ 参见龚荫:《中国土司制度》,云南民族出版社1992年版,第32页。
④ 《元史》卷6《世祖纪》。
⑤ 《元史》卷10《世祖纪》。
⑥ 《元史》卷38《顺帝纪》。

数民族土官的重视与信任。

新西兰杰出社会活动家路易·爱黎先生自1980年6月至1982年4月期间，曾四次向甘肃省山丹县捐赠文物共3702件。其中有元罗罗斯宣慰使火儿灰铜牌一件。该铜牌高8.8厘米，宽3.2厘米，厚0.3厘米。正面铸有文字三行："中奉大夫罗罗斯宣慰使火儿灰、奉议大夫罗罗斯宣慰同知布颜、承直郎罗罗斯宣慰司经历元祯"①。据《元史》记载，在至元十二年（1275）三月，元朝枢密院曾"遣建都都元帅火你赤征长河西……付以玺书"②。此处的火儿灰，由于译音不同，疑与火你赤为同一人。此铜牌当系火你赤奉命征讨长河西（大渡河西）时，朝廷所颁之"玺书"，是元朝在少数民族地区赐封土官信物的重要物证。

元代土官、土司一经授职，即为世袭。朝廷功赏罪罚，土司与朝廷建立朝贡与纳赋的关系，在土司制下，中央王朝对于民族地区的设置，主要依据自己的统治需要，同时考虑土官本人的条件决定。当地需要设置什么官府、设置在什么地方，则视这个地方的战略地位而定。大抵新归附的地方，需要戍守军兵，这类地方则设置宣慰使司兼管军万户府系统的机构。一般新归附的地方，则先"以其酋长赴阙"，然后再"定其地立州县"③。至元二十年（1283），四川行省讨平九溪十八洞后，元朝在其地设置州县官府时，不完全依据各民族首领的势力范围，而是依据"其地之可以设官者与其人之可以入官者，大处为州，小处为县，并立总管府"④。

在任用少数民族及其首领时，由于主体观念变了，不仅能理解土官，而且

图5-21 八思巴文金字圣旨牌（采自《中国少数民族文化史图典》）

---

① 参见史树青：《长留瑰宝在山丹——怀念路易·爱黎同志》，《中国文物报》1988年2月26日。
② 《元史》卷8《世祖纪》。
③ 《元史》卷12《世祖纪》。
④ 《元史》卷63《地理志》。

能信任土官，大胆使用土官。大体说来，土官的职衔高低，取决于他们能否尽心为朝廷效力，即所谓视劳绩之多寡，分尊卑之等差。如建都女土官沙智，"治道立站有功，已授虎符，管其父元收附民为万户"，后又"改建昌路总管，仍佩虎符"①。邛部州土官马伯"向导征云南军有功"，升其为"征进招讨"，"知本州事"②。

在土官承袭上，如前代之法，一遵"土俗"，但必须经中央王朝认可，方才取得承袭印敕。仁宗延祐六年（1319）规定："土官病故，子侄兄弟袭之，无则妻承夫职。远方蛮夷，顽犷难治制，必任土人，可以集事。今或阙员，宜从本俗，权职以行。"③ 四川地区的土司更替，也都是按其本俗，经元朝认可，取得承袭印敕而接任前职的。如设在今越西县的邛部川六番安抚招讨使都王明亚，为邻部建都所杀，元廷"敕其子伯佗袭职，赐金符"④。

此外，在土司向中央王朝承担的义务方面，也有许多明确规定，其内容包括朝贡、屯田、设驿站和签军征调等。在朝贡方面，不仅规定了朝贡的时间，而且还对朝贡人数作了限制。如至元二十九年（1292）十月，四川行省报告，有"洞蛮酋长向思聪等七人入朝"⑤，这显然是经过批准才得以启程的。贡品多为各地的方物——土特产。例如，至元三十一年（1294），四川散毛洞主覃顺就是因为勤于向朝廷"来贡方物"，其地因此"升其洞为府"⑥。由于所产不同，各地所贡方物种类十分繁多。今屏山县所在的马湖路土官，最初朝贡时"尝以独本葱为献"。由于每年都要向朝廷贡献这种土特产品，沿途"郡县疲于递送"，苦不堪言，以至到了元成宗元贞二年（1296），朝廷不得不下令"罢四川马湖进独本葱"⑦。

据统计，元王朝统治四川80余年，先后在川西北、川西南、川东南等少数民族地区设置了若干"土流兼治"或"全用土人"的土官土司政权。详见下表：

---

① 《元史》卷13《世祖纪》。
② 《元史》卷34《文宗纪》。
③ 《元史》卷26《仁宗纪》。
④ 《元史》卷5《世祖纪》。
⑤ 《元史》卷17《世祖纪》。
⑥ 《元史》卷18《成宗纪》。
⑦ 《元史》卷60《地理志》、卷19《成宗纪》。

第五章　元明时期四川的少数民族

表 5-1　元代四川土司机构一览表

区位	机构名称	治　地
川西北	吐蕃等处宣慰司都元帅府	
	朵甘思田地里管军民都元帅府	甘孜德格县俄兹
	碉门鱼通黎雅长河西宁远等处安抚司	天全县西
	剌马儿刚等处招讨使司	
	奔不田地里招讨使司	
	奔不儿亦思刚百姓	白玉县
	六番招讨使司	宝兴县
	天全招讨司	天全县东始阳镇
	朵甘思招讨司	
	朵甘思哈达李唐鱼通等处钱粮等处总管府	
	亦思马儿甘万户府	
	长河西宣抚司	康定县城
	鱼通宣抚司	康定县东北麦苯
	碉门宣抚司	天全县城关镇西
	松潘宕叠威茂等处宣抚司	松潘县进安镇
	静州茶上必里溪安乡 26 族军民千户所	茂县静州村
	龙木头都留等 12 族军民千户所	茂县光明乡东
	岳希蓬萝卜村等处 22 族军民千户所	茂县境
川西南	罗罗斯宣慰司	西昌市
	建昌路（下属州 11，略）	西昌市
	会川路（下属州 5，略）	会理县
	德昌路（下属州 1，略）	德昌县
	定昌路（下属州 2，略）	德昌县
	德平路（下属州 4）	盐源县
	叙南等处蛮夷宣抚司	
	马湖路	
	长宁军	长宁县南清水乡
	戎州	兴文县

续表

区位	机构名称	治　　地
川西南	泥溪长官司	屏山县城关镇北
	平夷长官司	屏山县西新安
	蛮夷长官司	屏山县西新市镇
	夷都长官司	屏山县西北中都
	沐川长官司	沐川县沐溪镇
	雷波长官司	雷波县锦城镇
	上罗计长官司	珙县东南上罗场
	下罗计长官司	珙县西南老堡寨
	四十六囤蛮夷千户所	高县、筠连西
	九姓蛮罗氏党蛮夷长官司千户所	叙永县西北中城镇
川东南	酉阳宣抚司	重庆市酉阳县
	溶江芝子平茶等处长官司	重庆市秀山县
	佛乡洞长官司	重庆市秀山县
	石耶军民府	重庆市秀山县东石耶
	邑梅沿边溪洞军民府	重庆市秀山县南

二、明代四川土司

明代在有元一代普遍推行土司制度的基础上，经过不断改进和完善，使之更加完备成型，最终成为封建王朝治理西南少数民族地区的一种合适的制度。正如《明史·土司传》所说："迨有明踵元故事，大为恢拓，分别司郡州县，额以赋役，听我调遣，而法始备矣……其要在于抚绥得人，恩威兼济，则得其死力而不足为患。"①

相对于元代，明代的土司制度无论在土官的设置、管理，以及贡赋的输纳、土兵的征调等方面，都有较为具体完备的规定。洪武初年，明王朝对于前来归附的"西南夷"酋领一般是采取"即用原官授之"的办法。例如以四川地区为例，从洪武四年（1371）马湖路总管安济遣子入贡开始，接着又有建昌、永宁、

---

① 《明史》卷310《土司传序》。

第五章 元明时期四川的少数民族

黎州等地的土官，以及天全、茂州等地的土官，也相继入贡。即便是原来归附了明玉珍的龙州土官薛氏，入贡内附后，也都得到了任用。这表明，明初处理土司问题的原则，是基本维持元朝末年的格局，即使是明玉珍时期设置的土官，也采取一视同仁的态度。

不过永乐以后，随着形势的变化，仍时有调整，能改流者，亦稍稍改设流官。所以土司的数目，因时而异。根据洪武二十七年（1394）的材料，四川境内有军民府六、安抚司一、宣抚司一、宣慰司三、招讨司三、长官司三十、卫一、府四、州十九、县三①。《明史·地理志》反映了明代中叶以后的情况，据统计，四川境内有宣慰司二、宣抚司一、安抚司六、招讨司一、长官司三十八；如果再加上《明史·四川土司传》所记朵甘、董卜韩胡、长河西鱼通宁远三个宣慰司和六个招讨司，土司总数即多达67个。此外，不属于今天四川的乌撒等军民府及其他地区，还有一批从土巡检到土知府的各级土官，在当年也隶属于四川布政司。这样，明代四川土司机构的规模和数量已大大超过元代。

土司的设置，从根本上讲，就是"以土官治土民"这一政策的制度化，它既要照顾民族地区的特殊性，又不影响中央王朝的统一管理，更要有利于逐步把民族地区纳入郡县制的轨道。明朝在腹地设土官，在边远设土司，各有品级，但无官俸。土官如土知府、土知州等，在地方属布政司，在中央属吏部；土司如宣慰司、宣抚司等，在地方属都司，在中央属兵部。不过这种隶属关系的区分有时也并不十分严格。但是，明朝对土官的任用，却有严格的职衔等级规定。据统计，有明一代四川少数民族地区的文、武职土官的职称名称及其数量，有如下表：

表 5-2 明代四川民族地区土司名称及数量统计表

职别	职 名	数 量
武职土司	土宣慰使	12
	土宣慰司同知	1
	土宣慰佥事	1
	土宣抚使	7
	土宣抚副使	2
	土宣抚司知事	1

---

① 《明世宗实录》卷566。

续表

职别	职 名	数 量
武职土司	土安抚使	24
	土安抚副使	2
	土招讨使	1
	土招讨副使	1
	土长官	58
	土副长官	7
	土蛮夷长官	2
	土指挥使	1
	土指挥同知	1
	土千户	48
	土副千户	3
	土百户	150
	土副百户	1
	职衔不详	2
合计		325
文职土司	土知府	2
	土知州	1
	土州同知	1
	土州判官	1
	土驿丞	4
	土巡检	7
	土副巡检	1
	土通把	1
合计		18

资料来源：根据龚荫《中国土司制度》第58、61页改制。

在明代土司制下，土官职位的承袭可以不遵循立嫡立长的封建传统，"其子弟、族属、妻女、若婿及甥之袭替，胥从其俗"①。虽然是"从其俗"，但也有一定的限制和约束。如洪武二十六年（1393）规定，四川、云南各土司承袭，"验封司委官体勘，别无争袭之人，明白取具宗支图本并官吏人等结状，呈部具奏"②。从这一规定可以看出，明朝对于土司职位承袭的范围已有明确的条文可

---

① 《明史》卷72《职官志》。
② 《万历会典》卷6。

以遵循，严格按照父死子继、兄终弟及、叔侄相立、族属袭替、妻妾继袭、女媳继职、子死母袭七种情况，依据先嫡后庶、先亲后疏的次序和原则，予以承袭。无论承袭者为谁，均须上报朝廷①。洪武初年，马湖路总管安济以病告，乞以子安仁代职，就属于父病（死）子继的情况。万历年间，石柱土司马千乘卒，其妻秦良玉以功封夫人，并承袭为石柱宣抚，就是属于夫死妻妾继袭的情况。为了防止作弊假冒，明朝还规定了查核和作保措施，以明确"无争袭之人"。显然，较之于元代，明代更加有法可依，有章可循，从而有效地避免了民族地区继承问题上的混乱无序状态。

在各地土司对中央王朝承担的义务方面，明代土司制度也比元朝有了更进一步的完善。首先是朝贡，土司向朝廷朝贡，表示臣属，这一行动不是单方面的，在土司入贡时，朝廷必须赐给厚赏，这是对土司的笼络和回报。为了使朝贡有条不紊，明朝对各地土司的贡期和贡使人数也分别作了具体规定。例如，以长河西鱼通宁远安抚司为例，洪武时，"每年一贡，给与勘合，于四川比号，雅州入境，每贡止许五六十人，多不过一百人"。弘治以来，人数渐多，到嘉靖时规定"不许过一千人"。隆庆三年（1569），"定三年一贡，每贡一千人，内五百人全赏，五百人减赏；于全赏内起送八人赴京，余留边听赏"②。若不待朝觐之年擅自起贡者，其贡物礼部不予进收；但朝贡逾期，过限一月，即属违例，只给半赏。在四川土司所贡方物中，以马匹为大宗，洪武初年，月鲁帖木儿一次贡建昌马180匹，土官安氏遣使贡马99匹；而朝廷赏赐则以币钞、织金文绮、衣帽、鞾袜居多。马湖路土司一次来朝献马18匹，朝廷赏赐衣1袭、米20石、钞30锭。

其次是缴纳赋税。明代土司地区纳赋已有一套完整的办法，其中邻近于汉族地区的，编户缴纳。据文献记载，马湖府嘉靖二十一年（1542）有2836户，三十一年（1552）有2820户，所纳赋税如下：夏税195石6斗2升6合，秋粮2614石2升2合1勺7抄，桑丝折米83石5斗3升，毡衫折纳米115石③。有

---

① 龚荫：《中国土司制度》，云南民族出版社1992年版，第76～78页。
② 《万历会典》卷108。
③ 嘉靖《马湖府志》下卷《食货志》卷4。

赋额征收，如乌撒岁输粮2万石，毡衫1500领①，永宁纳粮之外，还要"赋马"②。尽管这些税额较低，但赋税是国家权力的体现，征收赋税，实际上就标志着明王朝与土司之间的政治联系大大加强了。

最后是土兵的征调。元朝在少数民族地区即组织了大量的土兵，以维护其在当地的统治。虽然也征调土兵参与对内对外的战争，但无论就土兵的数量、征调范围、频繁程度而论，明代都是一个鼎盛阶段。以土家族为例，明代对土家族土兵征调的数量往往少则数千，多则上万甚至数万。例如，万历二十七年（1599），明廷为镇压播州土司杨应龙的反叛，

图5—22 嘉靖《马湖府志》书影

出动了八路大军，每路有兵三万，其中"官兵三之，土司七之"③。以此计算，在24万总兵力中，有70%的兵力、约16万余人来自于土兵。土兵除了参与平定诸蛮叛乱之外，还被征调参加抗倭、援辽战争与镇压农民起义的活动。其中，尤以石柱土司最为突出。据《明史·秦良玉传》记载，石柱土司马千乘卒后，秦良玉袭职，她"驭下严峻，每行军发令，戎伍肃然，所部号白杆兵"。泰昌时，秦良玉出兵援辽；天启初，又参加平息奢崇明的叛乱；崇祯三年（1630），还"奉诏勤王"，被"召见平台"；此后又在川东一带对张献忠、罗汝才率领的农民军进行过堵截和征剿。在明代，势力强大的土司都拥有自己的军队，明朝统治者虽然对此也心存疑忌，但由于卫所官军的战斗素质不断下降，每有征伐，又不能不借助于土司，所以到了明代中期和后期，封建王朝利用土司兵助战的事例，就已经屡见不鲜了。

土司制的前提，是承认少数民族首领对其辖区拥有世袭的管辖权，然而这种各自独立的世袭权力又同高度集中的专制集权主义是根本对立的，因此，在

---

① 《明太祖实录》卷162。
② 《明史》卷312《四川土司传》。
③ 《明史》卷228《李化龙传》。

个别条件成熟的地方，明朝便会不失时机地将土官改为流官。例如马湖府，自洪武初安济归附以来，凡五传，到弘治时安鳌为知府。安鳌"残忍虐民，计口赋钱，岁入银万计，土民有妇，多淫之。用妖僧百足魇魅杀人。又令人杀平夷长官王大庆……为横二十年"。弘治八年（1495），明廷遣御使张鸾

图5-23 屏山县元明时代马湖府城遗址

前往按治，安鳌有罪伏诛。于是，"遂改马湖府为流官知府"①。此外，鉴于川南都掌蛮的叛服不常，为消除心腹之患，明廷也不惜将其改土设流（详下节）。

不过，就总体而论，在明代彻底改变土司制的历史条件尚不成熟，所以除了个别地方改设流官外，其余大部分地区仍从现实的基础出发，采取另外的措施，以求得矛盾的逐步解决。例如，措施之一，广设卫所，并把部分土司置于卫所的统属之下，形成卫所与土司参设的格局。卫所大兴军屯，垦荒种地，这不仅有助于民族地区的经济发展，而且更为重要的是，还能够从军事方面对土司起到遏制的作用。措施之二，土官与流官兼治。洪熙元年（1425），"改四川雅州学正何源为土官衙门吏目"②，此即土下设流之例证。成化十二年（1476），乌撒知府向明王朝奏称："同知刚正，抚字有方，蛮民信服，今九年秩满，乞再任三年，以慰群望。"③ 此即土流兼治获得成功之例证。这表明，明王朝在推行土流兼治的时候，就已经朝着改土归流的方向迈出了第一步。

---

① 《明史》卷311《四川土司传》。
② 《明宣宗实录》卷4。
③ 《明史》卷311《四川土司传》。

第五章 元明时期四川的少数民族

第三节 民族事件

一、连绵不断的反元斗争

元明王朝改变对少数民族地区的统治办法，进一步强化了对少数民族地区的控制，有利于少数民族地区与内地的经济文化交往；但同时也加重了对少数民族的剥削和压迫，从而激化了元明王朝同各少数民族的矛盾，使得这一时期各种性质的民族事件层出不穷。元朝一统中国的初期，江南地区的汉族人民的反抗斗争风起云涌。这时四川少数民族地区的反元斗争也此起彼伏、连绵不断。

（一）川南地区

至元十二年（1275）六月，宋嘉定安抚使昝万寿以城降，元世祖赐名顺，命他为四川蛮夷部宣抚使，专门负责招抚川南、川东一带少数民族归顺元朝。在他的招抚下，川南戎州（今兴文县兴文镇）的"大坝都掌"部、上下罗计夷，以及思州的土酋田景贤，泸州西南番蛮王阿永，叙州筠连的腾串、豕鹅、昔霞等处诸族蛮夷内附。元朝以其长阿永为西南番蛮安抚使，得兰纽为都掌蛮安抚使。

川南少数民族归附之后，元朝加强了对这些地区的统治，并由此增加了对少数民族的征调与压榨。至元十九年（1282），元朝兴兵征缅国的答马剌（缅王子），由于兵源不足，决定征调少数民族土兵助阵。于是，"发罗罗斯等军助征"①，又"发都掌阿永等民为兵"。都掌等夷部上言"宋时未尝佥军"，请求改"以马牛助军需"。从之。未几，元朝又以一奚不薛（彝语"水西"之意，今贵州西北部）叛服不常，发兵征之。再签都掌等部出军，阿永等也因征调过重过急而拒不从命②。西南夷雄左、都掌蛮得兰纽遂联乌蒙蛮起兵反抗。元朝为了镇压西南诸部的反抗，命四川行省右丞也速答儿领兵前往征讨，也速答儿遂会同云南行院兵进剿。未几，"招抚筠连州、定州、阿永、都掌等处，独山都掌不

---

① 《元史》卷12《世祖纪》。
② 《元文类》卷41《经世大典序录·招捕》。

降"。接着，元朝官军"生擒酋长得兰纽"①，又"擒乌蒙蛮"②。

成宗大德间，元朝又兴兵征八百媳妇（今泰国北部清迈），苛扰西南各族人民，遭到各族激烈反抗。也速答儿领兵镇压，自叙州庆符出发，参政阿答赤自长宁出发。由于军粮不济，"回军就粮，至永宁"，激起西南夷雄挫（即雄左）"反于赤水河"，"杀永宁府判官"。也速答儿出兵镇压，雄挫妻苏池致书招降官蔡闰说，所谓"杀讫使臣，不是蛮官本情"，她愿亲自出面解释。雄挫也派人持文字来，"大意谓我不反，使臣贪婪所致"③，足见赤水河一带的西南夷蛮的反抗斗争完全是由于使臣官吏的贪婪引起的。元朝对雄挫的反抗斗争采用武力与招降相结合的政策，"必欲令雄挫入朝"，不然，就出兵进讨。大德七年（1303）十二月，雄挫被迫出降，率部曲及把事头目29人赴京，后受赏衣服、弓矢、鞍辔放回。元廷赦免其罪，"仍充土官"④。

（二）罗罗斯地区

元朝自至元九年（1272）通过大举征建都，击败建蒂势力后，设立罗罗斯宣慰司进行统治。元朝通过在这一地区驻军、设屯、开路、置驿，对罗罗斯的经济发展产生重要影响，但同时也加重各族的负担，以致不断引起当地的反抗。

反抗首先从定昌路（今德昌县西南）拉开序幕。至元十五年（1278），定昌路总管谷纳起兵反抗，"迁入八只巴砦为贼，八剌即、安古马、杨古剌、乞剌蒲等皆应之"⑤。既而"德平路落来民又叛"。又有子童"立寨于纳土原山"反。"蛮细狗、折兴等及威龙州判官阿遮，皆凭险为乱"，"昌州苏你、巴翠等作乱"响应⑥。引起此路人民反抗的原因，主要是由于当地人民不堪忍受元朝的剥削和压迫所致。所以，谷纳反抗时，"毁桥梁、取仓粟，夺驿马及屯田牛"⑦。此外，由于建都地多产金，元朝置治后，"令旁近民炼之以输官"⑧，"其所部有产

---

① 《元史》卷12《世祖纪》。
② 《元史》卷129《也速答儿传》。
③ 《元文类》卷41《经世大典序录·招捕》。
④ 《元文类》卷41《经世大典序录·招捕》。
⑤ 《元文类》卷41《经世大典序录·招捕》。
⑥ 《元史》卷133《脱力世官传》。
⑦ 《元文类》卷41《经世大典序录·招捕》。
⑧ 《元史》卷16《世祖纪》。

金户，叛服不常"①，他们也因遭受苛重剥削而响应反抗。纳谷起兵声势甚大，一度与千户阿夷谋率众渡不思鲁河（金沙江），响应反抗的各土酋也多凭险据守，立寨自保。元朝调集各路军兵，由脱力世官率军镇压，至次年才把谷纳擒杀。至元二十三年（1286）又把德昌路威龙州（今德昌县西南）、昌州（今德昌县城关镇）等地的反抗斗争扑灭。在平定这些反抗斗争后，元朝进一步加强了对罗罗斯地区的统治，脱力世官"籍其民五百余户为农"，又"括户口，立赋税，以给屯戍"等等②。

　　元成宗大德五年（1301），下令征八百媳妇，西南各族"皆以朝廷远征，供输烦劳"的名义起兵反抗。罗罗斯人民也加入反抗斗争的行列。当年二月二十日，"乌撒、乌蒙、东川、马湖四族，聚众四千，复起罗罗斯军，渡金沙江，刻日攻建昌"。三月六日，"逼雅州、邛部州甚急"③。元朝调集云南、陕西、湖广、四川数省兵力，才把这次反抗斗争镇压下去。

　　在天历、天顺帝位纷争中，云南诸王秃坚、万户伯忽等拒不归附天历政权。乌蒙土官禄余起兵助秃坚、伯忽。罗罗斯权土官宣慰撒加伯、阿漏土官阿刺、里州土官德益附于禄余，乘势"合乌蒙兵万人"进攻建昌路，揭开了在罗罗斯地区反抗元朝的序幕。元朝调集重兵镇压，撒加伯等"益兵八千撤毁栈道"，并遣把事曹通"潜结西番"，联络西番及诸蛮部，"欲据大渡河寇建昌"。元朝一面从云南派兵"屯建昌"，全力防守；一面又从四川成都、保宁、顺庆、广安诸屯调兵千人，直抵罗罗斯界；又遣成都、顺庆二翼军5000，"同邛部知州马伯部蛮兵"，分道"共讨"。由于当时罗罗斯叛，与成都甚迩，而成都军马俱进征云南，元朝不得不"诏四川临境诸王、发藩部丁壮二千人戍成都"。文宗至顺元年（1330）十一月，撒加伯、乌撒阿答合诸兵15000人攻建昌，与元军战于木拖山下。至顺二年（1331），元朝又调镇西武靖王搠思班、豫王阿剌忒失里合兵10万进攻罗罗斯，争夺金沙江。四月，枢密院臣宣布"云南事已平"，"罗罗斯诸种人叛者"，或诛或降，余党逃窜山谷，难保其"不反侧"，遣兵镇缉之。待云南出征官军撤走，"撒加伯又杀掠良民为乱"。直至至顺三年（1332），会理州

---

① 《元史》卷133《脱力世官传》。
② 《元史》卷133《脱力世官传》。
③ 《元文类》卷41《经世大典序录·招捕》。

(今会东县东北)土官阿赛及河西阿勒等还与罗罗斯兵1500人进攻会川路(今会理县西)之卜龙村。而禄余也引兵与茫部合,进攻罗罗斯,"截大渡河、金沙江以攻东川、会通等州"。未几,禄余率四路土官向四川行省请降,罗罗斯地区的战事亦告平息①。

(三)藏族地区

至元三十一年(1294),四川省奉诏重开土番道,藏族起而反抗,包围茂州②。英宗至治三年(1323),参卜郎诸族起事抗元,杀元使臣,劫取财物。元朝先后派镇西武靖王搠思班、四川行省平章兼宣政院使囊加台、土番等路宣慰使元帅乞剌失思八班藏卜讨伐,经过两三年才平定③。

二、明朝三征"西南夷"

从明初开始,四川境内的藏、彝、羌等少数民族先民不断掀起反明斗争,彼此呼应,由此遭到明王朝的军事镇压。到了明代中后期,少数民族地区的抗争愈演愈烈,明王朝更加紧对其进行军事镇压。其中以发生在隆庆年间的"三征""西南夷"事件最为突出。

据明人邓子章《西南三征记》④记载,蜀人所称之"三夷",指的是四川境内的"松潘夷""建越夷"和"马湖夷"。

四川战略地位重要,"北与秦邻,东与楚邻,稍东而南而西与夷邻"。川西北民族种类繁多,本身矛盾就比较复杂,因此明初在这里设置松潘卫以镇之。明初御史大夫丁玉采取羁縻政策,取得成功,使得这一地区相安无事。但其后,这一地区的种种矛盾不可避免地被激化了。宣德二年(1427),由于官军强迫当地少数民族老弱运粮,引起松潘藏、羌民族人民大起义,被称为"明代前期四川少数民族发动的比较重要的反抗斗争"⑤。这次起义从宣德二年(1427)十月起至宣德八年(1433),历时七年半,先后有5万余人参加,曾经攻克松潘、叠

---

① 以上见《元史》卷34、35、36《文宗纪》。
② 《元史》卷131《速哥传》。
③ 《元史》卷28《英宗纪》、卷29《泰定帝纪》、卷175《张珪传》。
④ 邓子章:《西南三征记》,嘉庆《四川通志》卷95《武备志·边防》。
⑤ 沈定平:《明代前期阶级斗争述论》,中国社会科学院历史所明史研究室编《明史论丛》第3辑,江苏古籍出版社1985年版,第231~232页。

图 5-24 今松潘古城

溪重镇,包围威州、茂州要塞,并南下焚毁绵竹等县的官民庐舍,威胁成都平原。与此同时,不断地给前来镇压的七八万官军以沉重打击。先是击毙成都指挥陈杰,继之将偷袭藏民村寨的 5000 官军打得狼狈而逃,最后又击溃奉调从北京赶来增援的韩整部队,使之屯兵于威州而不敢轻进。直至明朝调集京师及陕西、贵州、四川等省兵马,实行剿抚兼施策略,方才把起义镇压下去。

万历初年,随着松潘境内藏、羌民族部落内部势力的消长,一些部落强大了,一些部落衰落了,面对这种复杂的民族矛盾,当地官员动辄以武力加以镇压。恰逢此时四川正因"采木之事,民间骚动",于是,激起"松潘夷"的武装反抗,"诸寨番人攻堡,戕职官,架七稍炮,依险为乱"①。四川巡抚徐元太派官军前往镇压,无可奈何,因此受到少数民族的嘲笑:"南人磨子兵,奈我何!"② 后来,明朝采取"以夷制夷"的办法,先后调集播州土兵 7000 人、酉阳土兵 5000 人、平茶土兵 4500 人,方才于万历十四年(1586)把"松潘夷"的

---

① 《明神宗实录》卷 167。
② 邓子章:《西南三征记》。

反抗斗争镇压下去。当徐元太刚把"松潘夷"的反抗斗争镇压下去,建南(今西昌)"羽书日至"。"建越夷"的地理位置十分重要,"左滇右蜀,而据其中腹地"①。紧接着,发生了"建越夷"和"马湖夷"反抗明朝的事件。

关于万历十五年(1587)以来发生在建昌和马湖彝族地区的这次反明事件,导火线实际是由"马湖蛮"地区改土归流引发的。原来,在弘治八年(1495)朝廷依明律将马湖府土官知府安氏五世孙安鳌处死,另由汉族流官担任马湖府长官。至此,世袭马湖土官六代七任124年之久的安氏败落,其部分后裔避入凉山,伺机再起。正德十二年(1517),四川筠连夷部流民屠杀夷民,引起筠连夷民联合白水江流域(今云南昭通市彝良、盐津县)四十八寨夷民,聚众数万人进攻筠连县城,朝廷急调汉土官兵进行进剿。安鳌之子安宇率夷兵500从征,并促成四十八寨降明。他因此立功,被朝廷授予马湖土巡检。安宇去世后,安兴承袭为土巡检,但他对朝廷杀其祖父安鳌怀恨在心,扬言要恢复祖业。万历十五年(1587),邛部彝酋撒假反明举事,称"西国平天王",雷波土司杨九乍配合,率马湖蛮抢掠沐川长官司属地,安兴认为时机成熟,遂乘机与之联合,号称凉山"三雄"。安兴并率夷众于马湖江中打捞皇家楠木,杀害采伐、运送皇木的军人和民夫。后来,建昌彝酋大咱也乘机起事。一时间,彝族反明风浪席卷大小凉山地区,对明王朝在这一地区的统治构成了严重威胁。

据四川巡抚徐元太报告,明王朝为镇压建昌和马湖彝族地区的这次反明事件,从万历十四年(1586)十二月起至万历十五年(1587)七月,共俘获男女2860口,招安3000余口,"烧毁夷房一千五百余间"②。万历十六年(1588),明廷又以徐元太任四川总督,对"马湖夷"中的"有腻"诸部的反抗斗争进行军事镇压。这次军事行动,共用兵五万,分为三路:"一自马湖,一自中镇,一自建昌。"并且还调集播州、酉阳、平茶、邑梅、天全、乌蒙诸土司的兵力,才把这次"建越夷"的反抗斗争镇压下去③。

万历十六年(1588)五月,明军移师进攻安兴的老巢黄琅,破那古坝(今雷波县渡口乡),又破石坡罗(今雷波县永盛乡),俘安兴。至此,所谓"凉山

---

① 邓子章:《西南三征记》。
② 《明神宗实录》卷191。
③ 《明神宗实录》卷201。

"三雄"被彻底消灭。安氏的土巡检一职也被永远取消。此后,马湖地区这才开始真正意义上的"改土归流"①。

三、"都掌蛮"的消亡

川南的都掌蛮,即历史上长期活动于南广河流域"叙南六属"之地的僰人,是使用铜鼓、行悬棺葬的僚人中的一支②。明人曾省吾撰文说,都掌主要分布在叙州府的戎、珙、筠、高、长宁、庆符等处,其地"东连永宁(今四川古蔺、叙永),南接芒部(今云南镇雄),西通乌蒙(今云南昭通),北达马湖(今宜宾屏山)……唐宋以来,置州内府,不过羁縻",明初"悉改为县,流官钤治,属之戎县,办纳税粮,已为编民"③。但是,由于种种原因,长期兵连祸接,干戈不息,从洪武至嘉靖,"凡遣将十一征"④,万历初,明朝统治者又

图 5-25 珙县洛表明代悬棺

发动了一场大规模的军事进攻,经过这次血腥屠杀,"都蛮至是尽灭"⑤。所以人们从此之后就几乎再也找不到都掌人的活动信息了。

明人论都掌,往往把改流看成是引发矛盾的关键,似乎这是由于明朝推行改土归流的必然结果。但是,历史发展过程却并非如此简单。认真剖析其中这

---

① 参见邓沛:《关于"马湖蛮"的几个问题》,《青海师专学报》2004年第3期。
② 参见屈川:《都掌蛮——一个消亡民族的历史与文化》,四川人民出版社2004年版,第1页。
③ 曾省吾:《平蛮录》卷1《覆勘将官疏》。
④ 董份:《泌园集》卷27《平都蛮传》。
⑤ 任瀚:《平蛮碑》,嘉庆《四川通志》卷95。

第五章 元明时期四川的少数民族

一过程，可以看到，军事镇压仅仅是表面现象，贯穿在这一系列军事征剿行动背后，既有统治阶级内部政策的纷争，也有汉夷之间的民族矛盾；既有政治因素，也有经济因素，更有社会、人文因素。

根据记载，洪武六年（1373）六月，四川行省请置叙州府。十年（1377）五月，明王朝调整县级政区，并庆符入宜宾，并筠连、珙入高县。由此推定，明初叙州府领宜宾等九县①，这一境域范围至迟在洪武十年五月之前就已经形成了；而都掌改流和叙州府的建置有着密切的联系，改流的时间也只能发生在洪武六年六月至十年五月这四年之内。《明史·土司传序》称，明初"西南夷来归者，即用原官授之"，所以洪武一朝正是新政权对前代土司制度"大为恢拓"的时期。洪武八年（1375），置黎州长官司，以云南人芍德任长官。德"祖仕元，世袭珙州六番招讨使。明氏亡，夷民溃散，德奉母还居邛州，至是四川守臣招之，德遂来朝贡马，且请置官司，诏以德为黎州长官，赐印信及衣服绮帛"②。芍德离职归家，尚且主动招抚，锡之爵位。而都掌"前代皆土官"③，为何明王朝又弃之不顾呢？叙州所领九县中，珙县在元代为下罗计长官司，筠连，元属永宁路，长宁、戎县，元属马湖路，元明易代，并未取消永宁、马湖两地土司制度，却拨出部分地区改隶叙府，另置流官，这又是何道理？明初百废待兴，改土归流，不是当务之急，可见都掌改流的确是一件特殊的事情。

都掌蛮由于长期受到周围汉族和其他少数民族的影响，内部民族成分和文化因素比较复杂。明代都掌以"寨"为单位，尽管数以千百计，但是没有材料证明它们已经形成了稳定和统一的指挥机关。众所周知，土司制度的建立是有条件的。从封建王朝方面看，"其道在于羁縻"，而从少数民族方面看，"彼大姓相擅，世积威约"④，双方都有权威，所以双方的联系才会建立在互相都能认可的政治秩序的基础上。这些"大姓"，应当是有声望的民族首领，或者有资格充任某一民族地区统一指挥机关的政治代表。分析万历年间的材料，还看不出都掌蛮的"寨主"享有指挥全部都掌人的政治权力；据此推论，他们的前代土官

---

① 《明史》卷43《地理志》记叙州府领1州9县，其中，高县于正德十三年（1518）四月升为州，隆昌则置于嘉靖四十五年（1566）十二月。
② 朱国祯：《明皇大事记》卷12。
③ 《明史》卷312《四川土司传》。
④ 《明史》卷310《土司传序》。

所领俱村囤，生产结构的原始形态，决定了政治结构必然带有较大的自发性，这种漫无统属的状况，又决定了他们在元明易代之际不可能像其他土司那样，采取有领导有组织地向明王朝表示归顺的步骤。当时明朝统治者急于求得四川政局的安定，以便经营滇、黔两省，再加上汉族移民大量进入都掌聚居各县，改变了这一地区的人口社会构成。凡此种种，也许就是明初都掌未设土官的原因。

洪武六年（1373）正月，筠连州滕大寨蛮编张攻打庆符、江安等地，指挥袁洪率军围剿，编张败走，"遂降筠连州为县，属叙州"①。筠连从此改流，但其事应在六月设置叙州府之后。另据朱国祯《皇明大事记》卷20记载，称都掌于"国初诣大军降，随地安插，入籍输赋，分山都六乡，水都四乡，皆隶戎县"。所谓"诣降"，提供了一个重要情节，表明这些地区改土归流同样是通过军事镇压来实现的。至于调整永宁、马湖、叙州三地辖区，则是为了切断都掌蛮和土司制度的联系，借以达到集中管理和杜绝后患的目的。

然而事与愿违。洪武年间，"戎县夷出没不常，奏调叙南卫左千户所于本县守御"②。永乐、宣德两朝，因都掌蛮"叛乱"，总兵官梁福、都督李敬和监察御使杨灿相继出兵，或剿或抚。景泰元年（1450），"高、珙、筠、戎四县夷人并起，声言汉人每年公差下砦征粮害我，我当出报。遂缚公差于树，乱射杀之。各攻其本县，屠长宁，劫庆符、江安、纳溪"③。长宁被焚"庐舍千余区，县之公宇，既皆灰烬"④。都御史李匡入川，仍袭用剿抚两手政策，才将事态平息下去。天顺元年（1457），"芒部筠连夷妖言惑众，号天师神，围筠连凡九日"⑤。成化初，又因都掌蛮"流劫地方"，川贵守臣同时奏请调兵镇压。数十年来，矛盾不仅未能缓和，而且日积月累，仇隙更深。

这时，围绕如何解决都掌蛮问题，在统治阶层内部展开了一场争论。礼部尚书周洪谟主张恢复土司制度。他认为流官不通夷语，不谙夷情，"实难钤束"；而都掌所居，山川险恶，"剿不能尽，抚不足凭"，最好的办法是仿照九姓长官

---

① 嘉庆《四川通志》卷94。
② 嘉庆《四川通志》卷94。
③ 正德《四川志》卷26。
④ 周洪谟：《重修长宁县记》，正德《四川志》卷35。
⑤ 正德《四川志》卷26。

司事例，"择其众所推服者，许为大寨主，俾世袭，庶可相安"。① 周的意见一度得到中央政府的赞同，并于成化初年准备设置都掌、箐前、大坝三长官司，后因他人作梗，事寝不行。但是，成化三年（1467）大举进攻都掌之后，仍于大坝置太平长官司，举永宁土人黄锁为长官，六年（1470），又"命四川筠连县夷首阿坎培为岔口巡检司巡检；以四川守臣言，流官巡检不通夷语，阿坎培熟知夷情，众夷信服故也"②。在这里，明朝政府并未完全否认设置土司的必要性，因为"以夷治夷"本来就是封建统治阶级的传统政策，何况都掌蛮问题是一个地区性冲突，倘能平安无事，即使设置土司，也无伤大局。但是周洪谟的意见仍然受到另一派人的反对。国子监学录黄明善就坚决主张只有诉诸武力才是解决矛盾的唯一途径。周、黄皆叙府人，但议论相左。周的基本倾向，即所谓羁縻之道，主要来自历史经验，而黄比周更现实，他的强硬态度实际上反映了叙府境内以汉族缙绅地主为核心的地方权势集团的利益。

应当指出，早在宋元时期，内地汉人就不断向南推进，渗透到了长宁、戎、珙各县，元明之际，又有大量外省人入户涌入四川，永乐时，泸州已是"杂四方之民也"③。靠近泸州的叙府，不能不受到这股移民浪潮的冲击。都掌人数，史无明文，如果估计为二至三万，那么，正德七年（1512），叙州府有 24010 户，有 287773 口④，其中汉族肯定占了绝大多数。人口状况的变化必然影响到社会生活的各个方面。"土著渐染华风，夷则仍有夷俗"，但是，"民俗夷变为华"⑤ 的现象同样是不可避免的。文化因素的作用也不能低估。嘉庆《长宁县志》卷 2 引旧志："宋政和以来，儒风始盛，家诗户书，号为礼仪之邦。"同书卷 10 附录元经略使刘福《长宁怀古诗》："农夫自昔勤多嫁，稚子尤能诵六经。"到了明代，长宁诗礼之家蝉联科第，已经屡见不鲜了。这些社会上层人物，各县都有，而且他们的文化素质往往和一定的经济实力与政治权势联系在一起，因此，无论从维护封建的传统观念出发，抑或是从确保自身经济利益和政治利益的角度来衡量，他们都不会接受"改流为土"的方案。

---

① 据王廷相：《呈盛都宪公抚蜀七事》，《明经世文编》卷 149；嘉庆《四川通志》卷 94。
② 《明宪宗实录》卷 79。
③ 永乐《泸州志》卷 1。
④ 正德《四川志》卷 26。
⑤ 正德《四川志》卷 26。

成化元年（1465）三月，明王朝指派四川抚臣汪浩、总兵芮成进军都掌，但同时把设置土官事宜一并交付汪、芮处理。由于赵铎起义军还在川西活动，故汪浩暂时滞留成都。芮成赴叙州，"知戎县汉民不欲夷人割置土官，而利其铃辖，乃不用本县勘报，惟召其邻县夷酋导参议王礼等诣都掌诸砦，谕以设官之意，诸夷大悦。其酋长率二百人诣叙州见成，自具马二十七匹为赴阕谢恩计"。九月，汪浩至戎县，"汉民不欲置土官者，以甘言啖浩，为成所招诸酋，虽授以官，终不能禁其劫掠"。于是汪浩表面上支持招抚，暗中玩弄阴谋，竟诱杀前来拜谒的各寨首领270余人，并捏造事实，诬称都掌无意归降。都掌人对汪浩恨之入骨，声言"欲脔其肉"。汪外强中干，急忙撤回成都，"官军夜行迷道，人马坠溪谷死者，不可胜计"。都掌蛮乃循江之南，"直抵江（安）、纳（溪）、合江，如履无人之境。诸县官民皆迁江北露次，浩往来江上，不敢南泊"。后因朝廷命继续招抚，于是都掌人又入京贡马，但汪浩"欲实前奏，终不与设官，夷人益恨，复抄掠"①。于是成化三年（1467）六月，明王朝又指派襄城伯李瑾、兵部尚书程信再次进攻都掌。

设置土官的计划流产后，军事镇压便成为地方权势集团关注的焦点，黄明善是他们的政治代表，当然不甘寂寞，所以他抓紧时机，提出了一系列非常毒辣的建议。举例言之：第一，组织民壮，此即所谓乡民，他们不仅熟悉地形，而且可以充分利用土著汉人和都掌蛮之间的矛盾。第二，"都掌水稻十月熟，宜督民先取其田禾，则三月之内，蛮必馁矣"。第三，分路进发，各个击破，"小寨易攻者先取之，则大寨亦从而破矣"。第四，使用毒球行烟药矢，"毒球所熏，口眼出血，行烟所向，咫尺莫辩"，"夔州保宁等府皆善造之"②。明王朝兵部同时颁发"剿贼事宜"若干条，其中公然规定："军士破贼所得财物，悉予之，将官不得侵夺。"③

成化三年（1467）十二月，李瑾、程信兵分四路，程亲督一军，由金鹅池，川军由戎县，贵州军由芒部，云南军由普市，向大坝合围。都掌蛮"恃险力拒"，明军果然发射"神枪劲弩"，并"乘风火其龙背豹尾二寨"。都掌蛮退守大

---

① 嘉庆《四川通志》卷94。
② 《明宪宗实录》卷44；嘉庆《四川通志》卷94。
③ 《明宪宗实录》卷44。

第五章 元明时期四川的少数民族

坝,因明军缩小包围圈,乃走入天井、水磨二洞。程信"以石窒其门,守余月,贼死几尽"①。这次军事行动,至成化四年(1468)春方告结束,明军共焚寨2213座,焚米仓4792座,获铜鼓63面,收缴军器5000余件,都掌蛮被杀4607人,另有1293人被俘②。

正德九年(1514),都掌蛮在葛魁夷人普法恶的领导下举行武装反抗。普法恶"通汉语,晓符箓,妄言弥勒出世,自称蛮王"③,"集僰、羿、苗、倮等夷烧香",夷人"倾心事之"④。但是这次事件不仅具有秘密宗教的色彩,而且和外地移徙汉人有着密切关联。一方面,普法恶领导的武装斗争得到了富顺流民谢文礼、谢文义兄弟的赞助,另一方面,都掌蛮"与筠连县流民苏衡等争田有隙"⑤,又是引发这场冲突的直接导火线。汉族人口移徙都掌地区是一个渐进过程,年代久远者,谓之土著,新来乍到者,称为流民;但无论何种类型,他们进入民族地区的共同目标,都是为了开拓土地。所以,"争田"这个情节是非常重要的。明代都掌生齿日繁,而移徙叙州各县的汉人也愈来愈多,一旦耕地不能满足需求,土地纠纷便会接踵而至。上述"争田"事件恰好表明:开初流官袒护汉族地主,都掌"屡诉不直",乃杀人泄愤,地方政府进而制裁,"于是诸夷寨俱叛,众几万人"⑥,土地纠纷很快就转为大规模的武装冲突了。

正德十一年(1516),副都御使马昊与都指挥杜琮奉命征剿,连破十余寨,普法恶败走涪州,为乡兵杀害,"余党推阿告为主"。十二年(1517),明军又连破数寨,"阿告等来降,乡兵邀功杀之"。明王朝乃"增高、珙、筠连田租千八百石,令指挥魏武度田,夺降人业给之军民"。当初杜琮曾与谢文礼交战,打了败仗,一直耿耿于怀,而今都掌受挫,认为有机可乘,遂募人暗杀文礼。这些举措,使都掌人的怨恨情绪更加高涨,于是在谢文义的号召下,爆发了第二次武装斗争,杜琮被杀,"自黎、雅以西,天泉六番皆相继乱"⑦。为了平息事态,明王朝逮捕马昊,另委卢雍进行招抚。但是都掌蛮的大片土地早已落入汉人地

---

① 邓球:《泳化类编》卷51。
② 《明宪宗实录》卷51、卷53;《明史》卷172《程信传》。
③ 《明史》卷187《马昊传》。
④ 嘉庆《四川通志》卷94。
⑤ 嘉庆《四川通志》卷94。
⑥ 嘉庆《四川通志》卷94。
⑦ 据《明史》卷187《马昊传》、嘉庆《四川通志》卷94。

主之手了。

嘉靖时，都掌地区仍不安宁，四川巡抚张时彻、应大猷、严时泰"相继运筹，乃克底平"①。隆庆三年（1569），六县民邓通等"数入奏告难"②。在此之前，因珙县歇马坝"实诸蛮往来之冲"，故"修筑城堡，令永宁参将移驻于此"。隆庆五年（1571），又置建武千户所（今兴文县西南），专设总兵坐镇③。万历元年（1573），四川巡抚曾省吾奏请出兵，从而引发了明王朝对都掌蛮的最后一战。

这次行动以凌霄（今兴文县西20公里凌霄山）、都都、九丝（今兴文县西南）三寨为目标。它们俱是都掌蛮的重要据点，地势十分险恶，易守难攻。成化之役，明朝发兵20万，历时近三载，"竟不能薄其内城而还"，故当时民谣云：若要凌霄破，星往月中过。然而曾省吾认为："蛮据九丝，怙天险，而以都寨为左翼，凌霄为前障，自谓鼎足不拔之势也。然法有攻瑕，有困坚。攻瑕者乘其易，困坚者夺其援……今诚先取凌霄以撤障，障弊阕则堂奥孤；继剿都寨以剪其翼，羽翼折则巢窟丧，九丝如拉朽矣。"④万历元年（1573）四月，在曾省吾和总兵刘显的主持下，积粮20余万石，银70余万两，调集官军和永宁、水西、酉阳土司兵14万，首战凌霄。武举李之实充当明军内应，诱执凌霄寨蛮王阿苟。五月，阿苟义子阿幺儿坚守恶豹寨、落泪坎等处，以滚木垒石阻击明军。但明军大量使用军铳、七稍炮、佛郎机、铁菱角、百子铳等火器，势若雷电，"诸蛮尽堕坠凌霄之下"，阿幺儿、胡大汉、阿顺、阿叫、张庆才等90余人被俘，凌霄陷落。

六月，进攻都都寨，"诸蛮皆殊死"，郭成、吴鲸乃放兵纵火，焚其哨楼，并部署"铳师数百"，以火器助威，都掌蛮鼓噪四出，明军遂攀岩而上，杀寨主阿墨。"九丝之蛮以万数，阿大、阿二、方三，其著者也。当是时，阿大阻鸡冠岭，而阿二、方三婴九丝城下，壁垒相望。"但凌霄、都都相继失守，给都掌在心理上造成很大压力。必须指出，当地汉人和都掌蛮的关系是比较复杂的，像胡大汉、方三等，实际上已经成为都掌蛮队伍中的重要成员；不过另一些人，例如长宁生员王希忠、珙县监生何钰，也和都掌首领保持某种交往，并受到信

---

① 《明世宗实录》卷351。
② 朱国祯：《皇明大事记》卷20。
③ 《万历会典》卷127、卷131；《明神宗实录》卷10。
④ 董份：《泌园集》卷27《平都蛮传》。

第五章 元明时期四川的少数民族

任,然而他们都属于地方权势集团的头面人物,在关键问题上是站在明王朝一边的。所以王、何二人皆主动协助明军开展攻心战,"日夜居寨中,绐言某欲杀,某归降,诸蛮由此稍稍自相携贰矣"。例如鸡冠、黄土诸寨降于刘显,母猪、吊喉岩诸寨降于郭成,印靶诸寨降于奢效忠,而九丝则更加孤立。但其山修广,四隅峭仄,明军围20余日,仍相持不下。至重阳节,"蛮俗以是日赛神,天大雾,昼晦",都掌蛮认为气候恶劣,明军不敢贸然行动,遂饮酒酣睡。"谍者得其状",告之明军,于是明军夜半冒大雨出发,"攀绳而上",都掌蛮大乱,阿二阵亡,阿大、方三突围被俘,后皆遇害。这

图5-26 兴文县九丝山石刻(采自《四川历代碑刻》)

次军事镇压共焚寨60余座,焚营舍7000余间,斩4600人,俘2300余人,获铜鼓93面,拓地400余里[①]。

大功告成后,明王朝改戎县曰兴文。此外还采取了一系列重要措施,其中最值得注意的莫过于以下两点:第一,实行民族同化。这次万历之役,明朝官方并没有公开提出彻底消灭都掌的口号,但在四川某些上层人士的心目中,所谓"根株悉拔,种类不遗"[②]似乎已经成为封建王朝的既定方针。内江人赵贞吉,穆宗时任礼部尚书,入阁预机务,隆庆四年(1570)致仕回籍,以其特殊身份,应该了解这场战争的原委。在他看来,诸葛亮征孟获,是"欲生之以广舆宇",而曾省吾征都掌,是"欲灭之以靖华民"[③]。不过消灭的途径,不能只靠血腥屠杀,还必须从各方面采取强制性的同化政策,促使都掌人自然而然地

---

① 据瞿九思:《万历武功录》卷5《凌霄都都寨九丝诸蛮列传》;朱国祯:《皇明大事记》卷20;嘉庆《四川通志》卷94;《明史》卷212《刘显传》。
② 程信疏语,见嘉庆《长宁县志》卷4。
③ 赵贞吉:《赵文肃公文集》卷15《代赠司马曾确庵平戎入觐序》。

走上"种类无遗"的道路。因此，明军攻克九丝，曾省吾就立即指示戎县令王慎："兴学劝农，立纲陈纪。其于四乡，何以改其冠服，何以变其语言，何以移其心志，何以一其视听……务要施为得缓急之宜，举动有张弛之节。"① 在这里，赵的说法暴露了问题的实质，而曾的指令便把要做的事情讲得更加具体和更加系统了。第二，"清出原占民田给主三万六千八百余亩，丈出蛮田

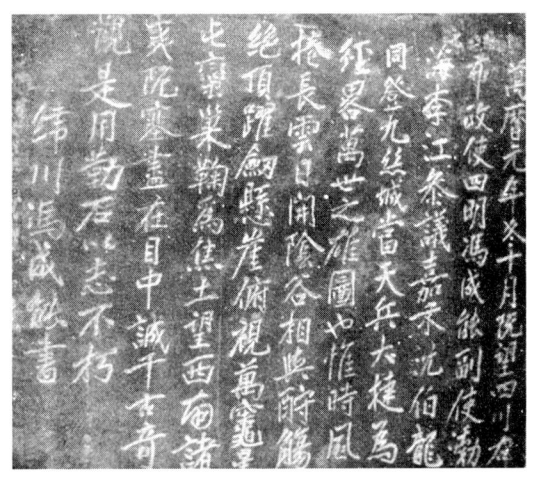

图5—27 兴文县西关口石刻（采自《四川历代石刻》）

并地一十四万八千余亩，拨给州县军民领种"②。这次清理"蛮田"实际上就是正德年间"夺降人之业"的继续。此时的内阁首辅张居正在致曾省吾的信中写道："都蛮未平之先，蜀中士大夫求免其毒害而不可得，今既克复，遂欲窥其土田而有之，此私情之难徇者也……蜀人有倡为余党未尽之说者，皆欲利其土地耳。"③ 借助战争来猎取土地财富，本是汉人地主长期追逐的目标，现在他们如愿以偿了。然而，从都掌蛮方面来考察，丧失土地，等于釜底抽薪，再加上人员大量伤亡，社会组织被强行摧毁，一部分幸存者流散到了其他民族地区，另一部分，由于已经完全失去了独立生息的条件，也就无法保持原有的民族特性了。根据曾省吾本人交代："都蛮既平，所有降者共老幼妇女千余，亦既变姓名，易冠服，列为编户矣。"④ 不久，这些编户就和当地人融为一体，于是，一个古老的民族至此彻底消亡了。

四、播州杨应龙之乱

明朝初年，各种制度比较健全，吏治比较清正，在经营西南边疆的过程中

---

① 曾省吾：《平蛮录》卷7《公移·檄文》第131。
② 《明神宗实录》卷45。
③ 张居正：《张文忠公全集书牍》卷6《答蜀抚曾确庵计都蛮善后事》。
④ 曾省吾：《平蛮录》卷10《征蛮杂录》第33。

第五章 元明时期四川的少数民族

也比较注意民族团结，所以明初的民族关系相对安定。中叶以后，情况逐渐变化，相互之间矛盾日深，以致事态不断扩大，终于兵连祸接，动乱频仍。

造成这种局势的原因，从明王朝方面分析，封建王朝官员的大汉族主义偏见、对少数民族的歧视是激化民族矛盾的一个重要因素。明初统治者采取羁縻政策，对少数民族首领较为尊重；但到中叶以后，封建王朝官员对待少数民族的立场发生巨大变化。正如当时了解西南边情的郭子章曾经指出，地方官员对待少数民族，往往是"虏使之，鬼遇之，犬羊谯诟之"。他指出，如以这种立场处理少数民族地区问题，"欲使其无蹢躅，得乎？"① 加之明朝中叶以后，军卫制度日趋腐朽，军纪松懈，卫所官兵对少数民族的敲诈勒索与日俱增，稍不遂意，便挑起事端，大动干戈，这就引发了少数民族的不满情绪和反抗斗争。

另一方面，从明王朝的土司政策来审视，土司制度虽然在明代中期以前对西南部少数民族地区的社会、经济、文化发展曾经起过积极有益的作用，但是，随着时间的推移和社会的进步，这一制度本身所固有的积弊逐渐暴露出来，并日益成为社会发展的障碍。这主要表现在，土司统治这种特殊的地方政权形式带有浓厚的封建割据性，土司割据一方，违抗朝命，严重危及地方安定和明朝对边疆的统治。加之毗邻土司之间以及土司家族内部，因时常争夺土地、人口及争袭职位而互相仇杀，造成当地社会的动荡不安。而每当事态进一步恶化，明朝中央政府不得不直接出兵干预的时候，一场更大规模的武装冲突也就随之而来了。

万历年间的杨应龙之乱和天启、崇祯时的奢、安之乱便是两个明显的例证。

播州位于今贵州遵义一带，秦为夜郎之地，汉属牂牁，唐贞观中改播州。关于播州杨氏的族源，据传可以追溯在唐僖宗乾符初年，有太原人杨端应募起兵，助唐复城，挫败南诏，从此杨氏家族便世世代代据有播州（今贵州遵义）地区②。历五代，子孙世有其地。宋大观中，杨文贵纳土，置遵义军。元世祖授杨邦宪为宣慰使，赐其子汉英名赛因不花，封播国公。

洪武四年（1371）平蜀，遣使招谕。五年（1372），播州宣慰使杨铿内附，

---

① 谈迁：《国榷》卷7。
② 关于播州杨氏出自太原的说法，近世学者颇有疑问，参见谭其骧：《播州杨保考》，《长水集》卷上，人民出版社1987年版，第261~299页。

仍置播州宣慰使司，领安抚司二、长官司六，统田、张、袁、卢、谭、罗、吴七姓，势力强大。杨氏对内剥削土民，对外又多次帮助明王朝镇压其他少数民族，屡立战功，所以正德初年，明王朝破例任命土官杨斌为四川按察使。然而，另一方面，早在宣德、正统年间，杨铿之孙杨纲即私买土民，"阉割为火者，在家使唤"。景泰时，杨辉抢劫马湖土民杉木2000余块，私自运往南京价卖，得银1300余两。成化初，长官何庸病故，无子，族侄何熙庆捏称嫡出，杨辉又擅自拘集亲族，审取结状，上报四川都、布、按三司，助其冒袭长官职务。但是，从杨辉开始，杨氏家族内部也爆发了嫡庶之争，而且愈演愈烈。辉有子杨爱，又宠其庶子杨友，杨氏虽属土官，但汉文化程度很高，依照立嫡立长的惯例，职务应由杨爱承袭。杨辉为了使杨友能够顺利袭职，乃贿赂四川巡抚张瓒，于怀远故地另设安宁宣抚司，"冒以友任宣抚"。杨辉死后，杨爱、杨友兄弟之间互相攻杀，战祸长期不息。

嘉靖初，杨相又步其祖父杨辉的后尘，陷入嫡庶之争。由于杨相"宠庶子煦"，惹怒嫡子烈，杨烈之母张氏，"悍甚"，于是"与烈盗兵逐相"，迫使杨相外逃，最终客死水西。不意水西宣慰安万铨，欲借杨相之尸，"要挟水烟、天旺故地"，然后才答应还给杨相之尸。杨烈表面同意这一要求，但在归还相尸之后，却拒绝还地，于是播州遂与水西"搆难"，两大土司之间互相攻杀，战祸长达十年之久①。

万历初，杨烈之子杨应龙袭职。应龙骁勇善战，先后从征九丝、腻乃、杨柳沟等处，均受到明王朝的奖赏，因而居功骄纵，酷杀树威，使各族人民生活在屠刀之下。杨应龙的残暴统治不仅引起许多下级土官的不满，也使其家人内部矛盾一触即发。杨应龙宠爱小妻田雌凤，竟杀嫡妻张氏，并及其母，于是妻叔张时照与部属何恩、宋世臣上书控告应龙谋反。播州地介川黔两省，四川、贵州两省统治者对此早有察觉。万历十八年（1590），贵州巡抚论杨应龙凶恶诸事，"历数其二十大罪"。明朝政府遂令两省督抚进行会勘。当时播州属四川管辖，播州人不堪杨应龙的残暴统治，纷纷到重庆告状，贵州一方主剿而四川一方主抚。蜀中士大夫认为："蜀三面邻播，属裔以什伯数，皆其弹压，且兵骁

---

① 据何乔新：《椒丘文集》卷32《奏议集略》；《明史》卷312《四川土司传》。

第五章 元明时期四川的少数民族

勇,数征调有功,剪除未为常策。"① 朝议会勘时,杨应龙愿意赴蜀,而不愿赴黔。在朝廷会勘的过程中,地方官员视土司为奇货,经常勒索财物,中饱私囊,而今当杨应龙身陷法网、听人摆布时,这就更加有机可乘了。例如在会勘之时,先约日期,应龙按期到达,但"委官故迁延不行,度应龙且去,则猝至,以跋扈不服罪之,必得重贿乃已。以故应龙每赴勘,若就刑戮"②。

万历二十年(1592),重庆府将杨应龙拘至重庆问罪,恰逢倭寇侵朝,征兵天下。杨应龙为了脱身,诡称愿意统苗兵据关冲击,以求自赎。杨应龙被放回播州不久,朝廷诏其出兵。但当重庆府再次追究其罪时,杨应龙即拒不受命,使会勘无法继续进行。杨应龙回播州后,不思悔改,其行径更加跋扈,"所居饰以龙凤,僭拟至尊,令州人称己为千岁,子朝栋为后主"③。

在这种情况下,明王朝只好于万历二十一年(1593)仓促出师,但杨应龙早有准备,当明军行至娄山关时,很快被土兵包围,伤亡过半,无功而返。事后,明王朝决策阶层中,剿抚两派仍然争吵不休。"当是时,七姓惟恐龙出,得除罪;而四方亡命窜匿其间,又幸龙反,因以为利。"④ 万历二十四年(1596),形势骤然变化,经过多年准备的杨应龙骤然出兵焚劫草塘、余庆二司及兴隆、都匀各卫,并到处搜捕曾经检举过他的仇家,"戮

图 5-28 今日娄山关

---

① 《明史》卷312《四川土司传》。
② 申时行:《杂记》,《明经世文编》卷381。
③ 《平播全书》卷4。
④ 谷应泰:《明史纪事本末》卷64。

· 238 ·

其父母,淫其妻女"。万历二十五年(1597)五月,杨应龙借口"朝廷不容我,只得舍命出綦江",打着"擒王剿叛"的旗号,公开发动反明武装叛乱。

杨应龙统率的二万土兵,号称六万,由播州兵分三路入川,一路由松坎至赶水(贵州赶水),一路出真州(贵州正安县东南),一路由杨应龙本人带领,出点脚坝,直至插营山。插营山距綦江县城约有30里,而綦江县则是出入播州的通道。六月三日,杨应龙进兵至赶水,另以一部兵力犯南川,"居民牛猪仓谷,皆为所有"。当时,四川全境处于一片惊惶之中。六月二十一日,叛军进攻綦江,城中新募兵不满3000。綦江城破,叛军"尽杀城中人,投尸蔽江,水为赤"①。叛军流劫江津及南川,临合江,直逼重庆。其时,另一支叛军侵入湖广四十八屯,阻塞驿站,切断了楚、黔两省的通道。

明王朝在得知杨应龙起兵叛乱后,急调四川巡抚李化龙前往镇压,并授以总督四川、湖广、贵州三省军事大权。在綦江县城破之时,叛军势力一度膨胀,据估计,其兵力达到14万之多。在明朝一时难以调集众多军队、筹集军队开支的情况下,巡抚李化龙为了稳定局势,在请求朝廷采取紧急措施的同时,不得不采取招抚策略,以便为最后的军事镇压作准备。早在杨应龙起兵叛乱时,贵州巡抚即在这种思想的指导下,对与杨氏有"世姻"关系的水西土司安氏进行拉拢安抚工作,向安氏许愿说,在播州被平定后,朝廷将把杨氏占有的原属于水西所有的乌江600里地方归还,安氏为此答应,愿意出兵协助朝廷平播。这时,李化龙一面调兵,一面移文杨应龙,对他进行诘责和招抚,以便争取时间,"征调汉土诸兵,急为之备"。

万历二十八年(1600),李化龙移镇重庆,征兵大集。从陕西、甘肃、浙江、湖广、云南等省征调的军队不断开到川、贵,总兵力已达20多万,号称50万。同时筹集的钱粮军饷也已到位,平叛的条件日渐成熟。李化龙遂以二月十二日誓师,分八路进剿。每路约3万人,其中官军9000人,土司兵21000人,旗鼓甲仗森列,苗人大惊。

李化龙军从四川境内出发,一出綦江,一出南川,一出合江,一出永宁,贵州方面的明军和土司军队则分别由乌江、沙溪和兴隆卫出发。湖广偏桥一路,又分为两翼挺进。杨应龙也勒兵数万,五道并出,但皆为土司兵所挫。在八路

---

① 《明史》卷312《四川土司传》。

明军中，綦江路由总兵刘綎率领，首战告捷，于万历二十八年（1600）二月攻占楠木山、羊简台等地，南川路由总兵马孔英率领，于三月底进入娄山关，与刘綎军会合。五月，明军数路包围杨应龙的老巢海龙囤。海龙囤地方不过几里，此时杨应龙的兵力不足一万，坐困穷崖，六月五日夜，李化龙军攻破海龙囤，进退无据的杨应龙，"散金募死士拒战，无应者"①，最后被迫自杀，明军取得全胜。

明军从出师至此，共计114天，分八路共斩叛军2万余人。播州杨氏从唐朝开始，共传29代，历800余年，至杨应龙而亡。明朝平定播州以后，决定将杨氏据有的播州地区改土归流，实行流官统治。明朝认为："黔，瘠壤也，若乘此时，而割播地以附黔，则于蜀无损，于黔有裨……但尽属之黔，则地方千里，诸凡缔造，劳费尚多，亦黔所不能堪，因议设分二府，分属黔、蜀。"② 在这样的思想指导下，明朝分播州为两个府，属四川者曰遵义府，属贵州者曰平越府。分治后的播州行政区划遂一分为二：

属于四川统治的地方是：

播州白田坝，即播州遵义县故地，复为府治，并设县附属；

桐梓，川贵要道，复县；

仁怀，怀阳故地，复县；

真州，古珍州（今正安），复一州。

图 5—29　川黔交界地区田园风光

---

① 《明史》卷312《四川土司传》。
② 《平播全书》卷4。

属于贵州统治的地方是：

湄潭、龙泉（今凤岗），地理广袤，各设一县；

瓮水、重安，合设一县；

余庆、白泥，合设一县。

后来，直到127年后的清雍正五年（1727），四川所属的遵义府，包括所有属县在内这些地方，才改隶贵州，由贵州省管辖①。

五、永宁奢、安之乱

20年后，到了明代后期，天启年间，又爆发了四川永宁土司奢崇明和贵州水西土司安邦彦的大规模叛乱。这次叛乱涉及四川、云南和贵州的相当地区。

永宁（今古蔺、叙永一带）是四川境内彝族的聚居区之一，其地南连赤水，为通往云、贵两省的要冲。永宁在唐代为蔺州地，宋为泸州江安、合江二县境，元置永宁路，领筠连州及腾川县，后改为永宁宣抚司。洪武四年（1371）平蜀，永宁内附，置永宁卫。七年（1374），升永宁为宣抚使司，以禄照为宣抚使。万历时，传至奢效忠，效忠死，妻无子，由妾子奢崇周袭职。奢崇周卒，因无子，遂以奢效忠亲弟奢尽忠之子奢崇明继立。

水西在今贵州黔西、大方、纳雍、织金一带，与永宁、乌撒等处壤地相接，因地处鸭池河西而得名。洪武初，贵州宣慰使霭翠归附，后赐安姓，安氏世袭为水西宣慰使。万历年间，土官安尧成卒，其子安位袭职，因年幼，实权掌握在叔父安邦彦手中。

奢、安两家之间，一方面互相通婚，"世戚亲厚"②，保持着密切的姻亲关系，但另一方面又有深刻的矛盾。例如，安国亨杀其叔安信，安信之兄安智投奔永宁，在奢效忠的支持下，发动大规模的冤家械斗；效忠死，其妻妾争夺土司职号，而水西安疆臣又把持印信，"阴阳其间"，在奢氏家族内部制造纠纷，挑动他们互相仇杀。但两家也有利益一致的一面，这就是两家土司都想扩充地盘，增加财富，于是，掠卖人口，焚劫村堡，侵占屯田，窥伺府卫州城，野心勃勃，各有企图。这样，在利害一致的情况下，他们也会联合起来，共同向明

---

① 周春元等编著：《贵州古代史》，贵州人民出版社1982年版，第235页。

② 《明史》卷312《四川土司传》。

第五章 元明时期四川的少数民族

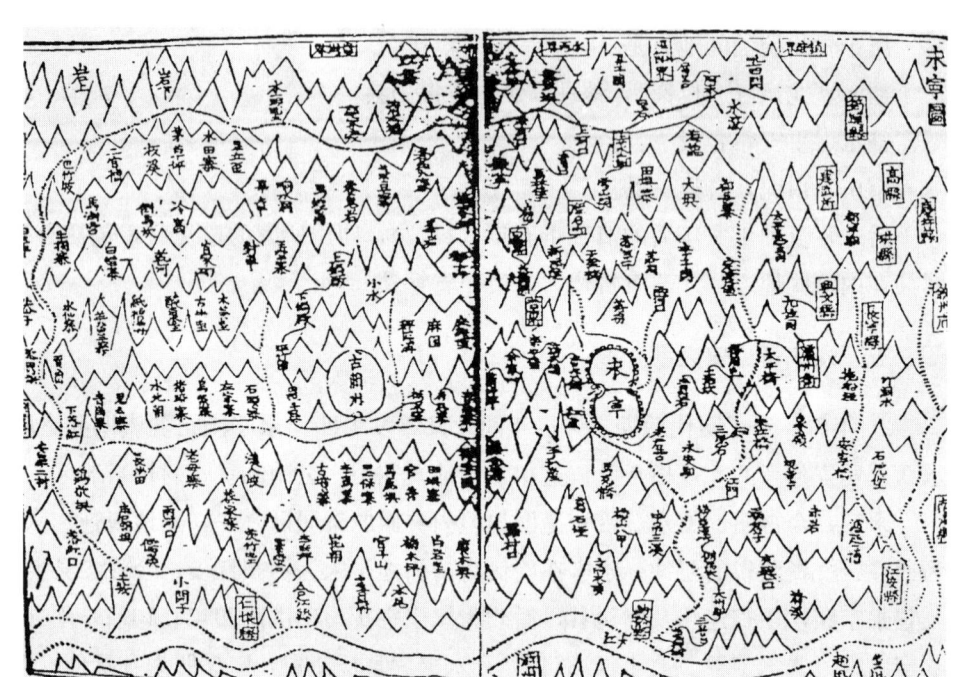

图5-30 明天启刻本中的"永宁图"书影

王朝进行斗争。

而明王朝和奢、安之间的矛盾也由来已久。洪武初，霭翠任水西宣慰使，死后，"翠之弟安匀立，子孙遂以安为姓"。在川贵两省的土司中，水西不仅兵力强盛，而且蓄积富厚，故"西南世禄之家，每以安氏为城首"。正德时，安万钟袭职，"骄纵不法，酒酣，辄射人为戏"[①]。万历二十六年（1598），安国亨之子疆臣袭职，据当时人记述，国亨性情"桀骜"，而疆臣"又复悖戾，不遵朝廷三尺（指朝廷王法——引者），如贵筑长官改县已多年，而疆臣犹欲取回为土司，天下岂有复改流为土者"[②]？在此期间，安氏家族不仅自己内部为承袭争端纠缠不休，而且还插手临近土司的世袭事务。例如镇雄陇氏无子，疆臣之弟尧臣乃"入赘"镇雄。于是，尧臣遂"外怙播功，内仗水西，有据镇雄，制永宁

---

① 王士性：《广志绎》卷5。
② 王士性：《广志绎》卷5。

心"①。土司承袭失控和安氏家族扩充势力范围，这两件事情都是明王朝绝对不能容忍的。

由于种种原因，直接的武装冲突首先发生在播州地区，所以水西与播州的关系又成为明王朝政府衡量战争胜负的重要因素。按照明人沈一贯的说法："杨氏发难之时，天下疑安氏为助，而安氏又与播州甚近，安若助杨，无论杨不可诛，而贵州省城亦不可保，故当时定议，务收安氏之心，使之为朝廷用。"具体策略是：一方面使贵州巡抚郭子章对安氏"推心结纳"；一方面又令总督李化龙征兵四方，以示朝廷不单靠土司之力。"盖总督裁之以法而巡抚收之以恩，两相济而后安氏始入掌握中。"②当时贵州监军杨寅秋也向郭子章指出："安与杨，两羽也，合之则轩飞，分之不能抢榆。"③杨还派专人由间道秘密进入水西，敦促安疆臣从沙溪出兵，向杨应龙发起正面攻击，表示水西公开站到了明王朝一边。与此同时，贵州巡抚又答应在平播战争胜利之后，便偿还杨应龙旧日侵占安氏的"水西乌江地六百里以酬功"④。

但是，战争结束不久，明王朝统治上层就围绕赏功、归地以及清理土司疆界等问题展开了一场错综复杂的政治斗争。一派认为，对水西"不咎既往，已属国家宽大，若因其挟而予之，彼不为恩，我且示弱"。因此，"原属播地，水西侵占者，必宜尽还，设置流官，照遵义起征微利，自公费外，悉充黔饷"。另一派认为，若不归地，则言而无信，何况"征播之役，水西不惟假道，且又助兵，刭失之土司，得之土司，原非分我内地，播固输粮，水亦纳赋，未必尽属空虑"⑤。川、黔两省，又各执一端，于是"清疆之议，累年不决"。

在如何处理安氏家族挟制永宁和窃据镇雄等问题上，明王朝内部的派系纠葛同样表现得非常充分。"盖川南土府，籍隶蜀藩而饷归黔省"，故"黔以安疆臣实长诸司输供征调，若视为不可携之附庸，而审时度势，又视为不可开之瑕衅"；但"蜀以安尧臣为黔土舍，乘隙而据蜀芒部，逐蜀土司，杀蜀王民"，理

---

① 《明史》卷312《四川土司传》。
② 沈一贯：《言川贵总督揭帖》，《明经世文编》卷435。
③ 郭子章：《临皋杨公墓志铭》，杨寅秋《临皋文集》卷4，附录。
④ 《明史》卷316《贵州土司传》。
⑤ 《明神宗实录》卷397；《明史》卷316《贵州土司传》。又参看李化龙：《播州地界疏》，《明经世文编》卷424。

第五章 元明时期四川的少数民族

当重惩；于是"黔责蜀以生事喜功，而蜀责黔以养寇酿祸"①。

另外一个严重问题，就是明王朝政治腐败，贪污成风，所以奢、安两家，包括杨应龙在内，都要通过贿赂手段来取得中央和地方各级官员的信任。而且，官员们不只接受贿赂，有时还要公开勒索，甚至发展成为明火执仗的抢劫。例如奢效忠死后，妻妾内讧，宣抚司印信藏匿于效忠之妾奢世续处，万历三十五年（1607），四川都司张神武以追印为名，"矫旨集兵，突将奢世续新旧二居所有尽掠之，得数十余万"，世续部属同样以营救"主母"为借口，"各起夷兵"，焚毁摩尼、普市二千户所②。明王朝指令川贵两省对张神武"擅兵激变"一事进行会勘，但在勘问的过程中，四川方面着重追究摩、普二所失守的责任，主张千户张大策应斩，而贵州方面则着重追究抢劫世续私邸引发土司叛乱的责任，主张张神武应斩，"策，黔人，武，蜀人也，由是两情皆不平"③。

上述种种混乱局面，不仅损害了明王朝的威望，削弱了明朝政府对这一地区的控制力，而且促使永宁、水西土司和明朝的关系迅速恶化。

万历末，永宁土司的职号已由奢效忠的侄儿奢崇明袭替。奢崇明是一个颇有政治野心的人。由于他出身微贱，以旁支承袭，表面上对明朝官吏恭敬，而实际上是暗地里另有图谋。一次，奢崇明被召入藩府，他见藩府雄丽，即密遣工匠图绘，被川贵参将周敦吉发现，周当场叱之曰："汝犬羊，便敢乃尔！恐不禁我老虎嚼也！"④奢崇明忍气逊谢，一直等待时机反叛。

恰逢这时，辽东战局日益紧迫，明王朝的辽阳总兵刘綎曾参加平播之役，因而极力主张征调彝族土兵驰援辽东。奢崇明立刻上书，表示愿意提兵3万赴援。天启元年（1621），明朝下诏檄调，正中其谋。于是，他借机日夜制造军器，立马上路。九月六日，奢崇明从永宁发兵祭旗。十七日，四川巡抚徐可求前来点兵，奢崇明部将樊龙对其无礼，徐可求说："朝廷处汝如腐鼠耳，汝得无欲反乎？"樊龙应声曰："不反何待！吾来杀汝，岂来赴援！"于是，突然发动了反明的武装叛乱。在樊龙、张彤的率领下，声称援辽的2万部队乘机进占重庆。重庆守军措手不及，四川巡抚徐可求与道、府、总兵等官20余人皆被杀害。叛

---

① 《明神宗实录》卷437。
② 《明神宗实录》卷474。
③ 《明史》卷312《四川土司传》。
④ 朱燮元：《蜀事纪略》，书目文献出版社影印明天启刻本。

军既占重庆,三日内士民逃出多不禁,至二十一日开始戒严,一时重庆城内的文武官员同尽,无人主持。接着,叛军分兵攻陷合江、纳溪、泸州、遵义。

奢崇明之乱未平,在贵州的安邦彦又起兵叛乱。水西方面,安疆臣死于万历三十六年(1608),土司职号由安尧臣袭替,不久,安尧臣亦死,子安位年幼,所以由安尧臣之妻奢社辉摄事。社辉乃奢崇明女弟,而安位的叔父安邦彦又"素怀异志,阴与崇明合",故挟持安位,于天启二年(1622)春出兵贵阳,与永宁叛军遥相呼应。贵阳守军不过数千,而水西土司兵号称10万之众,"沿山扎营,四面伏路把截,以断城中出入",又"置木栅,垒户墙,鸟雀不能飞渡"①,但城中军民坚守阵地,战斗十分激烈。贵阳被围296天,贵州巡抚王三善率领的援军才从清水江、都匀分路抵达贵阳外围。土司兵普遍厌战,闻援军至,始纷纷溃散。

坐镇四川的总督朱燮元,这时兼制湖广、贵州及广西、云南诸军务。朱燮元在成都查阅司军器,"朽铳钝戈,不满十件";镇远营"老弱丁壮,共可四百余人,通无盔甲"。面对成都的危局,这时他才手忙脚乱,分头檄调石柱、罗纲、龙安、松潘、威茂、建昌等处兵入援;并下令募集街民上城,纠工堵塞各水洞。同时,令各州县分造衣甲,兑粮入

图 5-31 朱燮元像(采自《中国历代人物图像集》)

城。为了赶造枪铳兵器,临时派人到陕西买磺,到潼川取硝,到资阳取铁,到大邑、犍为取炭,到灌县取铅,到茂州取枪杆。十月中旬,奢崇明自长宁起兵四路,各兵数万,进攻成都,突破龙泉山明军防线,直抵成都北门。是时,成都城内"上下荡然,无复法纪"。十七日夜,"号火遍于四野,光焰烛天"。至十八日一早,叛军"牛皮、竹笆,多如繁星,渐移渐近。或挖城脚,或树竹梯,或打弩放铳,或举火烧门。若此者三昼夜不绝"。明军早先差人决都江堰水以护卫城壕,至是,水至壕满,这才争取时间稍息,等待援兵。

① 《明史纪事本末》卷69。

而这时四川境内的白莲教又乘机起事,其在"邛州、达州、保宁、潼川、绵州、嘉定、重庆等处,东南西北,无地无之"。成都城内,也有其党与之遥相呼应。官府严加镇压,一次就正法170余人。直到十一月下旬,才有松潘、黎雅、灌县、威茂等地的援军开始陆续前来救援。至十二月,成都城内"盐菜鸡豚俱尽,夜无犬吠。米价高腾",不得不用囤积之粮来救众饥。各地援军与叛军接战,仍不能解成都之围。城内不得不"造水牌二百余面,顺流放下。令各有司沉舟断桥,募集乡兵,以待贼逸"。直到天启二年(1622)正月二十八日,石柱土司秦良玉率领土兵至新都,"人人跳跃",局势才开始发生转变。依靠秦良玉军的驰援,城内外明军协同作战,奢崇明的叛军因发生"内变",始解围遁去。成都被围困102天,至此,"各援兵渐集,失陷州郡中一切伪守伪将,俱接踵奔溃,沿江道路始通"①。在川东方面,秦良玉军先后攻克二郎关与佛图关。官军与平茶、酉阳、石柱三土司合围重庆,城中乏食。四川总督朱燮元以计将叛将樊龙擒获,明军这才收复了重庆。

明军在四川进展顺利,天启三年(1623)五月,攻入蔺州(今古蔺),奢崇明力蹙,逃避水西龙场。朱燮元"请以赤水河为界,河东龙场属黔,河西赤水、永宁属蜀,永宁设道、府,与遵义、建武声势联络"②。但贵州战局时有反复,贵阳解围之后,明军渡乌江,天启四年(1624),进至水西地区,王三善遇伏阵亡,明军损失惨重。直到崇祯二年(1629),在朱燮元的主持下,诱敌深入,故意引导土司兵向永宁移动,然后四面合围,奢崇明、安邦彦皆受伤被杀,才最后结束了这场战乱。崇祯三年(1630),永宁改土归流,而水西仍旧维持原来的土司制度。

奢崇明、安邦彦之乱,历时甚长且涉及面颇广,云贵川三省相当一部分地区均遭到不同程度的战祸荼毒。奢、安之乱,从本质上说,是统治阶级之间的争权夺利与地方势力对中央的叛乱行为。奢、安叛乱意在割据一方,正如《明史》所说:"崇明欲取成都作家,邦彦欲图贵阳为窟,西取云南,东扰偏、沅、荆、襄。"③ 因此,叛军攻占到哪里就烧杀抢掠到哪里,自然得不到边疆广大人民的支持。明王朝尽管式微,但双方力量对比悬殊,这也就注定了奢、安叛乱

---

① 朱燮元:《蜀事纪略》。
② 《明史》卷312《四川土司传》。
③ 《明史》卷249《李橒传》。

必然失败的命运。奢、安之乱爆发的原因,一方面是因为明朝封建统治已近尾声,包括西南边疆地区在内的各地社会矛盾十分尖锐,少数民族地区的各类起事容易得到响应。另一方面,奢崇明、安邦彦盘踞西南日久,附和者众,明王朝平定起来实属非易①。此外,明王朝处理少数民族政策失当,缺乏戒备,也是不可忽视的重要原因。对此,朱燮元以朝廷对待奢氏父子为例,作了这样的总结:"蜀三面滨夷,用武之国也。泰宁日久,军政徒空……酝酿至于今日,草菅数百万,灰烬数千里。川四巴三,几成乌有,实洪荒以来未有之奇祸!而后知小忠之为大贼,小省之为大费,即噬脐何及矣。"②

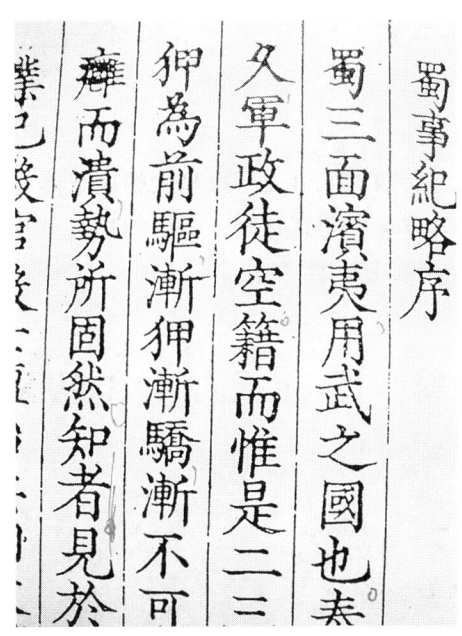

图5—32 明天启刻本《蜀事纪略》书影

---

① 参见方铁主编:《西南通史》,中州古籍出版社2003年版,第666页。
② 朱燮元:《蜀事纪略》,书目文献出版社影印明天启刻本。

第六章 元明时期四川的人口

元代是继南北朝之后四川人口又一次呈大幅度下降趋势的时期。从元末开始，及至明代前期，外省移民尤其是长江中游的移民大举迁入四川，在四川历史上首次掀起了湖广移民"填川"的浪潮。

第一节 元代四川人口状况

一、元代四川人口

（一）元初四川人口锐减

元朝在平定四川后，于至元十六年（1279）诏谕四川宣慰司"括军民户数"①。至元十八年（1281），再"籍西川户"②。在此基础上，于至元十九年（1282）公布了四川在籍的第一个人口统计数字："四川民仅十二万户。"③ 这一

---

① 《元史》卷 10《世祖纪》。
② 《元史》卷 11《世祖纪》。
③ 《元史》卷 12《世祖纪》。

统计数字,与半个世纪至一个世纪间南宋四川犹保持260万户的总户数①相比,无异于锐减了95%②。总之,无论取何比例,这样高的人口下降幅度,均远远超过了一般新旧王朝更替时户籍数略微偏低的正常许可值,因而人口锐减的趋势是空前惊人的。

毋庸讳言,提供"四川民仅十二万户"的统计数字的《元史·世祖纪》,与同书卷161《刘整传》所载潼川路15郡入附时有"户三十万"的记述,自有互相矛盾之处。而人们对于12万户的统计数字是否真实反映了元代四川的人口状况问题,也存在着颇大的认识分歧。如有的论者从元朝对四川的严密统治、对户口登记核实工作的重视,以及四川所纳粮占全国比例分析,得出结论说:"当时四川只有12万户的记载是基本可信的。"③ 另有一种意见则认为,在元代四川人口的下降"可能被夸大了","仅有10万户人口的说法并不符合像四川这样的一个省份"。因为《马可波罗游记》"所描述的被破坏的主要地区全部都在成都城以西,其实那里并不是四川人口通常集中的地区"④。尽管人们对当时四川人口的具体数字,以及四川遭受破坏的程度有不同的估计和认识,但有一点是共同的,即认为元初四川人口的大幅度下降趋势是客观存在的。

造成元初四川人口的大幅度下降的原因,主要是宋末蒙古对蜀战争带来的破坏,以及战后蒙古军将和豪右之家对于人户的隐占。到元朝基本平定四川时(1278),蒙古进攻四川的战争断断续续地进行了44年之久(1234~1278)。战争的长期性,以及在战争初期蒙古骑兵的突然袭击,以摧残生产和社会机能为目的的抄掠剽杀,这些都加剧了四川社会的动荡不安,无不给四川造成灾难性后果。

大量文献记载表明,给四川人口以极大摧残的时间集中在南宋端平三年

---

① 据李心传:《建炎以来朝野杂记》甲集卷17《四川元丰、绍兴、淳熙户口条》载,淳熙二年(1175)四川共有户264万余,口751万余。另,嘉定十六年(1223)四川总户数为259万余。故将260万作为概数。

② 由于宋代四川户口数中包括了元代兴元路的人口数,故在比较宋、元四川人口时,应把元代陕西兴元路的户数加入四川省计算。据《元史·地理志》载,兴元路1290年有户2149。以此推算元代四川人口下降比例应为:〔260-(12+0.2149)〕÷260=95%。

③ 李世平:《四川人口史》,四川大学出版社1987年版,第129页。

④ 见[美]舒尔曼·H. F.:《元朝的经济结构》,哈佛燕京学社,1956年,剑桥。转引自[美]德·希·珀金斯:《中国农业之发展》,上海译文出版社1984年版,第261页。

(1236)至淳祐元年（1241）之间，遭受破坏的地区则主要集中在人口稠密的利州、潼川、成都等路。如宋末蜀臣吴昌裔上疏说，在端平三年（1236）蒙古军首次攻破成都城的战祸中，"西州之人十丧七八"①。元代蜀籍官员虞集也说，在蒙宋战争中，"蜀人受祸惨甚，死伤殆尽，千百不存一二"②。作为宋末四川人口锐减的概势来讲，这些说法大致是可以成立的，但如果以此作为推测当时人口的依据则大成问题。因为这些说法带有明显的夸张成分，不是当时死亡人数的统计资料。就是在记录当时四川各地死亡人数的资料中，也不难发现这种夸张成分。如有资料说：在蒙古攻蜀战争中，西和州（今甘肃西和县西）"城中三十七万九千另八口……尽歼焉"③；文州（甘肃文县）"军民死者五万余"④；汉州"血洗焚荡，死者十余万家"⑤；成都失陷后，"录城中骸骨140万，城外者不计"⑥。当时这些城市的人口，均不及所录死亡人数，其夸大因素是显而易见的。

但是，有的资料则为推测四川人口锐减的程度提供了依据。在宋遗民所撰写的《昭忠录》中，备列为宋廷死节将领凡130人，其中蜀将56人，占43%。元人刘麟瑞著《昭忠逸咏》，搜集宋末仗义死节之士凡50人，其中与蜀事有关的15人，占30%⑦。在战斗中四川将领死亡的比例占南宋全国的30%~43%，广大军民牺牲之严重就不难推断了。宋臣、潼川府路中江县人吴泳，在前后八封照会中，详细记录了吴氏家族死于兵难的情况。据他统计，在南宋端平三年（1236）、端平四年（1237）、嘉熙二年（1238）这三年中，有姓名、称谓可查的"宗族死者十人，亲戚死者三十二人"⑧。

元初四川人口的锐减，并不等于载籍外的人户都死于战火，事实上其中相当一部分只不过或徙或逃而散亡了。在经过蒙古军初入蜀境的摧残后，"蜀土荐

---

① 吴昌裔：《论救蜀四事疏》，《宋代蜀文辑存》卷84。
② 虞集：《道园学古录》卷20《史氏程夫人墓志铭》。
③ 《昭忠录·陈寅》。
④ 《昭忠录·刘锐》。
⑤ 《昭忠录·范辰孙》。
⑥ 袁桷：《清容集》卷34《史母程氏传》。
⑦ 见陈世松：《蒙古定蜀史稿》，四川省社会科学院出版社1985年版，第145页。
⑧ 吴泳：《鹤林集》卷24《知宁国府丐祠状》。

罹兵革，民无完居，一闻马嘶，辄奔窜逃匿"①。在 13 世纪前半期那种特定的历史环境下，能够为躲避兵难的民户提供较为安全的去处，在四川周围有 3 个地区：(1) 四川沿边之地或少数民族地区。如巴川（今重庆铜梁）人阳枋，在嘉熙元年（1237）至淳祐三年（1243）之间，曾多次举家避难，转徙于夜郎（今贵州境）、南川（今綦江县古南镇北岸）、清溪（今汉源县境）、泸南（今泸州市）之间②。(2) 蒙古统治下的兴元（今陕西汉中）相对安全，除了一些"割裂自霸"的土豪和四川边将前往投奔外③，还有一些南宋蜀士如梓潼人陈吉甫④、临邛人何坤章⑤、眉州人蒲道源⑥等，也把兴元作为避难之所。(3) 南宋统治下的长江中下游地区。投奔这一地区的多为世家大族和士大夫阶层，由此形成了一个"蜀士流寓东南"的热潮⑦。

除了战乱导致四川人户的大量死亡和逃散外，战后蒙古军将和豪右之家对人户的匿占也是造成元初载籍户口减少的重要原因。在宋元战争中，蒙古"军将惟利剽杀，子女玉帛悉归其家"⑧。进攻四川时，俘虏之数动以千万计。例如：杨大渊攻合州，"俘男女八万余"⑨；刘思敬破泸州盘山寨，"俘九千余户"⑩。这些俘虏的普遍遭遇是，或成为军将的奴隶、驱口，或被作为战利品转献于诸王，或作为商品鬻于豪家富室。四川平定后，参政刘思敬遣其弟思恭以新民 160 户献皇太子真金，太子问民所以来，对曰："思敬征重庆时所俘获。"⑪当时，鬻于豪家富室的蜀俘十分普遍，以致"岐、雍民家奴皆蜀俘，百十为曹，相煽亡归"⑫。针对这种情况，元人王恽在《论抚治川蜀事状》中，特别提出

---

① 《元史》卷 155《汪惟正传》。
② 阳枋：《字溪集》卷 12《纪年录》。
③ 姚燧：《兴元行省夹谷公神道碑》，《元文类》卷 62。
④ 蒲道源：《闲居丛稿》卷 14《教授陈先生传》。
⑤ 蒲道源：《闲居丛稿》卷 14《梅隐何先生传》。
⑥ 蒲道源：《闲居丛稿》卷 25《何氏宜人墓志铭》。
⑦ 参见陈世松、史乐民：《宋末元初蜀士流寓东南问题探讨》，《元史论丛》第 5 辑，中国社会科学院出版社 1993 年版。
⑧ 《元朝名臣事略》卷 8《左丞姚文献公》。
⑨ 《元史》卷 3《宪宗纪》。
⑩ 《元史》卷 152《刘思敬传》。
⑪ 《元史》卷 115《裕宗传》。
⑫ 姚燧：《牧庵集》卷 24《程公神道碑》。

第六章 元明时期四川的人口

"军前虏获生口,不许赎卖"的对策①。蜀俘既被出售,为要恢复自由,他们往往需要赎身。所以,见于记载的,如"川蜀之士,奴于人者,赋钱富室,赎登儒籍"②;"蜀士陷于俘虏者",尚需"理而出之"③。侨居临川(今江西临川)的蜀人虞汲曾出资"赎族人被俘者十余口以归,由是家益贫"④。此外,还有一些贫民为生计所迫,"多依庇豪右","岁久掩为家奴"者⑤。

元初四川人口锐减的情况,在后代四川地方志中,也得到了相关的印证。这些地方志对于这一时期各地人口的凋耗情况作了类似的追述。如清同治《中江县新志》转引明人王维贤《铜山乡贤祠记》说:"继遘元兵荼毒,五方人烟几熄。"⑥光绪《内江县志》载:"宋元争蜀,资(中)、内(江)三得三失,残民几尽。"⑦汉源县民户在宋元战争中,或死或逃,"无复存者"⑧。

元初四川人口大量锐减,造成了四川人口史上一大奇特现象,即全川各地"古户""旧族""土著"几乎灭绝。元儒揭傒斯撰文指出,四川经元"用兵积数十年,乃克有定,土著之姓十亡七八"⑨。虞集对于四川世家大族在战争中的惨重损伤作了许多回忆和记述。如说:"故宋衣冠之世家,百年以来几已尽矣。"⑩又说:"昔者吾蜀文献之懿,故家大族之盛,自唐历五季至宋,大者著国史,次者州郡有载记,士大夫有文章可传,有见闻可征,所谓贵重。氏族推次甲乙,皆有定品,虽贵且富,非此族也,不通婚姻,盖犹九品中正遗风,谱牒之旧法,不独媚俗为然也。百十年来……其伤残转徙,千百无一二矣。"⑪这种情况,在后代的地方志中也有类似的记述,可以得到印证。如《名山县新志》载,经历元军杀戮之后,人民"死亡转徙,县中古户,几无孑遗"⑫。《资州志》云:"资

---

① 王恽:《秋涧集》卷86《乌台笔补》。
② 姚燧:《牧庵集》卷27《安西路同州儒学正潘君阡表》。
③ 《元史》卷157《张文谦传》。
④ 《元史》卷181《虞汲传》。
⑤ 《元史》卷163《张德辉传》。
⑥ 同治《中江县新志》卷2。
⑦ 光绪《内江县志》卷2。
⑧ 民国《汉源县志》卷2。
⑨ 揭傒斯:《揭傒斯全集·文集》卷6《彭州学记》。
⑩ 虞集:《道园学古录》卷43《亡弟嘉鱼大夫仲常墓志铭》。
⑪ 虞集:《道园学古录》卷10《题晋阳罗氏族谱图》。
⑫ 民国《名山县新志》卷16。

无六百年以上土著。"① 等等。

（二）元代四川人口统计

在至元十九年（1282）公布四川在籍人口统计数字为"民仅十二万户"的基础上，至元二十一年（1284），元朝又命总帅汪惟正"括四川民户"②。至元二十六年（1289），再"籍江南及四川户口"③。到了至元二十七年（1290），元朝终于完成了在籍人户数字的统计工作，于是这就有了最初的人户数字："南北之户总书于册者"，13196206 户，58834711 口④。至元二十八年（1291）十二月，户部正式公布全国人口统计数，其中江淮、四川共有 11430878 户，59848964 口⑤。从至元二十七年（1290）的统计数字中，可以看出当时四川在全国人口分布格局中所居的地位。详见下表：

表 6-1　元代全国人口数字统计表

行省名	户　　数	人　　数
江浙行省	5882112 户	28736947 人
江西行省	2332811 户	11664542 人
湖广行省	2770451 户	9421625 人
河南行省	800410 户	4065673 人
中书省	1355354 户	3691516 人
陕西行省	87690 户	750220 人
四川行省	98538 户	615772 人
辽阳行省	49714 户	481424 人
甘肃行省	4691 户	52044 人

从这些统计数字中，可以看出元朝人口的分布格局：全国五分之四的人口集中在江南的江浙、江西、湖广三省，余下的五分之一人口的一半居住在中原

---

① 民国《资州志》卷 8。
② 《元史》卷 13《世祖纪》。
③ 《元史》卷 13《世祖纪》。
④ 《元史》卷 58《地理志》。
⑤ 《元史》卷 16《世祖纪》。

地区，陕川、辽东等地属人口稀少地区。在全国9个行省中，四川人口位居第七名。

在上述统计数字中，只有至元二十七年（1290）有四川各路的具体人口数字，见于《元史》卷60《地理志》：

表6-2 至元二十七年四川人口统计表

路　名	户	口
成都路	32912	215888
广元路	16442	96406
顺庆路	2821	95156
重庆路	22395	93535
绍庆府	3944	15189
夔路	20024	99598
嘉定府路	缺	缺
潼川府	缺	缺
永宁路	缺	缺
叙州路	缺	缺
马湖路	缺	缺
合计	98538	615772

在这一统计数字中，成都等六路人口户数为98538户，口数为615772，户均口数为6.25，显然，这一比例有过高之嫌，更不能用这个比率去简单推算全四川的户口总量。这是因为，反映这一人口数字的基层行政单位，只有67个司、府、州、县、军，约占当时四川全境130个基层行政单位的52%[①]。再加之全省还有嘉定路、潼川府、永宁路、叙州路、马湖路五路的人户没有统计进去，所以不好据此推测当时全川的人口数字。

不过，从已知人口数据的六路分析中，可以看出全川人口分布格局是：成都路所在的川西地区，人户占全省的33.4%，口数占全省的35%；广元、顺庆、重庆三路所在的川北、川中地区，人户占全省的43%，口数占全省的

---

① 李世平：《四川人口史》，四川大学出版社1987年版，第139页。

46%。二者相加，户口约占全省的 76%～81%。也就是说，元代四川人口的四分之三至五分之四集中分布在川西、川北和川中地区。川东、川南地区为人口稀少地区，而这一地区正好是四川的沿边少数民族聚居区。

众所周知，官方的人口数字是以在籍人户作为统计依据的，而事实上不在籍，即其中漏籍的数量是相当惊人的。有研究成果指出，元代的人口数字有缺漏，统计很不完整，另有若干种户口没有包括在户部的户籍内：全科户、新收交参户、协济户以外的贫弱户，享受豁免一切负担的僧、道，为逃避赋税、差发而背井离乡的流氓，以及直属于蒙古诸王、勋贵的部民，归枢密院管辖的军户等①。也就是说，在元代在籍人户中，有许多户是没有统计在内的。

例如，被诸王、功臣、军将、土豪隐占的人户，就没有反映在人口统计册上，而这部分隐占情况，在四川不在少数，尤其严重，以致元世祖不得不为此颁诏："成都新民为豪家所庇者皆归之州县。"② 在元代，"四川土豪"势力不可低估，他们甚至敢于"持官府长短"③。见于载籍，军将隐占人口的数量也是惊人的。如都元帅塔海，本西夏降将，后奉命统军征蜀有功，竟"抑巫山县民数百口为奴"，官府不敢过问，以至"民屡诉不决"④。西川行枢密院事不花奉命招降西蜀、重庆等处，有功于朝，乘机隐占民户。至元二十二年（1285），一次即"籍重庆府不花家人一百二十三户为民"⑤。除非法隐占外，还有经朝廷允许的合法"田民"。如南宋四川降将刘整降元有功，忽必烈即赐他"民田三百户"⑥ 以示褒赏。另一员四川降将昝顺（原名昝万寿）也因招降有功，忽必烈赐给他"田民一百八十户于江津县"⑦。又如四川的阿永蛮部，便不属四川省，而"隶宫府"；邻境的乌蒙等部，则"悉隶皇太子位"⑧。四川顺庆路所辖民户为 2821 户，但该路至元二十六年（1289）后军民屯田户总数达 5672 户⑨，民户

---

① 参见邱树森、王颋：《元代户口问题刍议》，《元史论丛》第 2 辑，中华书局 1983 年版。
② 《元史》卷 13《世祖纪》。
③ 《元史》卷 170《王利用传》。
④ 《元史》卷 170《王利用传》。
⑤ 《元史》卷 13《世祖纪》。
⑥ 《元史》卷 7《世祖纪》。
⑦ 《元史》卷 10《世祖纪》。
⑧ 《元史》卷 60《地理志》。
⑨ 《元史》卷 100《兵志》。

第六章 元明时期四川的人口

比屯田户数少了一半。此外,四川南部的少数民族地区,属"山泽溪洞之氓"①,显然,这些也不属于户部的户口数。正因为如此,所以官方统计的户口数与实际户口数仍有不少距离。

(三)元代中后期四川人口渐增

元代中后期,全国出现短暂的安定局面,户口呈增长趋势。文宗至顺元年(1330),户部钱粮户数达13400699,"视前又增二十万有奇"②。四川除在文宗天历年间卷进争位之战外,整个局势安定,元初"地广人稀"的州县,在这一时期由于外地流民的寓居,也开始出现人口逐渐增长的势头。

元代中后期人口渐增的势头,除了从总体上反映在户部钱粮数有所增长外,也表现在各省地方政区的设置上。按照一般常识,元代地理总志所载的政区资料,《大元一统志》截止于至元二十四年(1287),《大元混一方舆胜览》截止于大德七年(1303),《元史·地理志》截止于至顺元年(1330)③。不过,就四川而论,由于《元史·地理志》所载政区沿革反映的基本上是至元二十二年(1285)以前的内容,加之《大元混一方舆胜览》有元大德本、泰定本、元末本和明代正统等多个版本,诸本是一脉相传的,后来刻本往往通过仿刻前本而把元代中后期的内容保存下来了。因此,将《大元混一方舆胜览》拿来与《元史·地理志》相对照,便可以将元代中后期四川政区的变动情况整理出来。

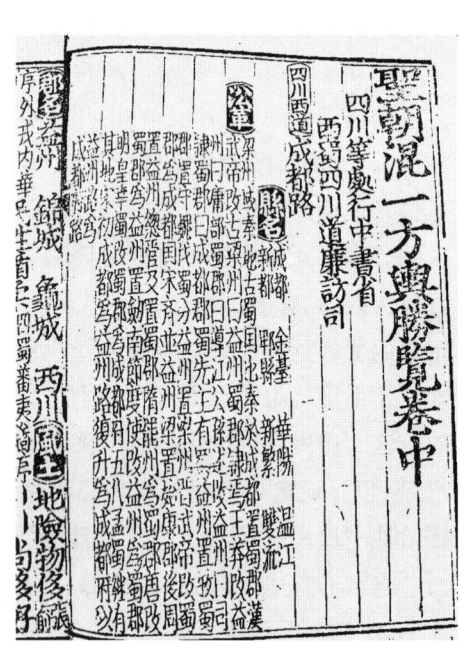

图6-1 《圣朝混一方舆胜览》书影

经过比对,四川政区在经过元代初年的调整之后,到了元代中后期,随着

---

① 《元文类》卷40《经世大典序录·版籍》。
② 《元史》卷58《地理志》。
③ 郭声波:《大元混一方舆胜览·整理弁言》,四川大学出版社2003年版。

人口的增加，又恢复和增设了一些州县建置。例如，在成都路，汉州由原领三县增至四县，新增县为雒县；崇庆州原领二县增至四县，新增县为江原、永康；威州原领一县增至二县，新增县为保宁；金堂在元初为县，这时升格为德州；简州原领一县为阳安，元初"以地荒"而废之的平泉县，这时也得以恢复。在潼川府，遂宁州原领二县增至三县，新增县为遂宁；新增一州为普州。在顺庆路，新增一州为渠州。在广元路，原领二县增至三县，新增县为临江；巴州原领二县增至三县，新增县为通江。在夔州路，大宁州旧并大昌县升为州，州下新增四县为洵阳、平利、石泉、隆化。在永宁路，新增定川县、筠连州。根据以上不完全统计，在元代中后期，四川升格或新增州5个（德州、普州、渠州、大宁、筠连），新增县13个，另加上有4个新增州下不明属县，如以平均每州2县计，至少新增8县。据此推算，元代中后期四川总计新增州5个、县21个。根据元成宗元贞元年（1295）规定，元朝政府设置州郡"以户为差"，凡"户至四万五万者为下州，五万至十万者为中州"①。虽然我们不能按此"户差"规定来推断实际人口数字，但是，从新增州县的设置上也间接证明，较之于元初，元代中后期四川人口应该是有缓慢的增长的。如在四川安岳，"宋末屡遭兵火，民无孑遗。延祐以还，仅流寓七十余家。迄于至正，亦止编户八百"②。从元代中期至元末的30～40年间，安岳的户数由70多户陡增为800户，人口增长率是十分惊人的。

　　近年来学者从各角度对明玉珍入蜀前四川人口数量进行了推算，其结论大体一致，即维持在70万～80万人之间。例如，李世平《四川人口史》据元代路府下属基层行政单位的数量与户、口比例测算，四川总户数为123742户，总人口数有773388人，即77万人③。郭声波《四川历史农业地理》据《元史·地理志》所载州县推算，元代四川人口的平均约数为"每州6767人"④。如以《元史·地理志》和谭其骧《中国历史地图集》所载元代四川县级行政区为117个计，则元代后期四川人口为79万，接近80万⑤。曹树基《中国移民史》也指

---

① 《元史》卷18《成宗纪》。
② 乾隆《安岳县志》引明万历旧志序。
③ 见李世平：《四川人口史》，四川大学出版社1987年版，第131～132页。
④ 郭声波：《四川历史农业地理》，四川人民出版社1993年版，第77页。
⑤ 谭红主编：《巴蜀移民史》，巴蜀书社2006年版，第276页。

出:"假设四川境内没有户口统计的63个三级行政区,无论是否恢复建置,平均每个单位约为400户,合计2.5万户。四川境内合计有12.4万户,与元初的12万户相差不多。至元代末年,四川的人口最多在70万人左右。"①

导致元代中后期四川人口增长的因素很多,其中,元朝政府推行的招民屯田的政策起了很大的作用。鉴于四川地广人稀、生产亟待恢复,从元世祖开始,大力推行"重农"政策。于是,元朝政府命令军队和官府在荒芜的旷土上大量招民,措置军民屯田(详本书第八章《元明时期四川的农业》)。例如,在军屯方面,屯驻西川的军人,"俱系山东、河北、山后户"②,这是北方汉族人户迁川的明证。在民屯方面,在川东的夔州地区,元朝设立屯田,"得流民三十九万余,以实边鄙"③,这是外省流民应募入川定居的明证。反映在上述人口统计中,夔州一路人户2万户,近10万人,约占统计人口数字的五分之一,超过重庆的人口统计数,应该说与外省流民大量聚居此区不无关系。此外,泸州也是外省移民的迁入地区之一。明代泸州《图经志》追溯道:"昔元时地广人稀,四方之民流寓于泸者,倍于版籍所载。"《纳溪图经志》也载:"本县昔因兵革之余,居民十无八九,附籍者皆四方流寓,因而成家。"④

四川盐业政策方面的调整,也会刺激外来人口的迁入,最典型的例子莫过于绍熙府的设置。绍熙府是元代中后期四川人口增长的缩影,具体剖析这一机构设置与罢废的经过,有助于了解元代中后期四川人口增长之谜⑤。

按绍熙府的建置沿革,始于宋,原为荣州(今自贡市荣县)。有宋一代,荣州素以盐业著称。但是,经过半个世纪的宋元战争之后,到了元初,荣州"以其地荒而废之"⑥。直到元朝统治的晚期,也就是在宋末荣州废弃80多年之后,在元顺帝至元四年(1338),根据监察御史报告:"近年雍、梁、淮甸人民,见彼中田畴广阔,开垦成业者,凡二十余万户。"⑦来此地聚居的"襄、汉流民","至数千户,私开盐井,自相部署,往往劫囚徒,杀巡卒"。为了适应"流户日

---

① 曹树基:《中国移民史》第5卷,福建人民出版社1987年版,第151页。
② 王恽:《秋涧集》卷86《论西川军役事状》。
③ 欧阳玄:《圭斋文集》卷9《虞集神道碑》。
④ 《永乐大典》卷2217"泸"字韵。
⑤ 参见陈世松:《绍熙府与元代四川盐业的兴衰》,《盐业史研究》1988年第2期。
⑥ 《元史》卷39《顺帝纪》。
⑦ 《元史》卷92《百官志》。

增"的形势,元顺帝同意"设官府以抚定之",诏即其地置绍熙宣抚司①。据《元史·百官志》记载,绍熙府隶下州 4 个:资(今资中县)、普(今安岳县)、昌(今大足县)、隆(今仁寿县);下县 5 个:盘石(今资中县重龙镇)、内江(今内江市西)、安岳(今安岳县安岳镇)、昌元(今荣昌县昌元镇)、贵平(今仁寿县文公场);巡检司 13 处,"各设官如制"②。绍熙府具有双重领导的性质:一是绍熙等处军民宣抚司;二是都总使司。前者为元代地方官署,后者为中央官署。都总使司正副使分别由脱脱、吉当普等中央大员兼任,并明令"世袭其职",足见元朝对这一机构设置的重视程度。元朝之所以在荣州设立这一机构,直接原因是由于"绍熙土饶利厚,流户日增",为了加强对他们的统治,防范其反抗,故"设官府以抚定之"。从该地聚居流民"数千户",有"魁"、有"党","私开盐井,自相部署,往往劫囚徒,杀巡卒"看③,这支来自于雍、梁、淮甸的流民,为了追逐厚利,已经在当地形成一个拥有相当势力的私盐集团。而更深刻的背景则是元朝政府在四川一度首开盐禁政策造成的。元代政府对盐业采取国家直接经营,不许民间经营的政策。元成宗时,命令"罢民间盐铁炉灶"④。这种调整,最初是从处理一次因地震而引起的盐井开掘事

图 6-2　自贡盐井

① 《元史》卷 190《赡思传》。
② 《元史》卷 92《百官志》。
③ 《元史》卷 190《瞻思传》。
④ 《元史》卷 18《成宗纪》。

件而引发的。天历元年（1328）七月，在西北地区发生了一次大地震①。九月，由此引起四川地震。四川邛州宋时旧有二井产盐，一曰金凤，一曰茅池，过去一直废闭。经过这次地震，盐水自然"涌溢"。四年后，到了元文宗至顺三年（1332），有一个名叫侯坤的州民愿意自备器械"煮盐而输课于官"。在这种情况下，元朝政府只得给予承认，遂"诏四川转运盐司主之"②。这是元朝政府在四川，也是在全国开放盐禁的先例。接着，元顺帝至元元年（1335）又明令："四川盐运司于盐井仍旧造盐，余井听民煮造，收其课十之三。"③ 这一决定事实上承认了自天历元年地震以来民间私自开井煮盐的合法性。正是在这种背景下，原来一直废闭的四川各地的盐井，从这以后普遍得到开掘。恰逢此时，淮西、湖广、陕西等省因灾荒而出现大批饥民流户④，在本地难以为生，而四川"田畴广阔"、"土饶利厚"，政策又允许开垦，这些流户自然会源源不断地流进四川。

二、元季楚人迁蜀之风

元代外省人口之迁徙入川，见于史者，除聚居于上述夔州、泸州和绍熙府等地的零星史迹外，还有相当多的地方文献资料，可以佐证这一时期确实存在一股外省人口迁蜀的浪潮。

在明玉珍进驻四川之前，即有大量的外省移民自动迁川落籍，其迁出地遍及湖广、江西、河南、山东等省，其中尤以荆楚人最为突出。由于在正史上缺乏记载，反映这一时期移民活动的史料主要来源于地方志和移民家族的族谱，而地方文献零星分散，搜寻不易，以致成为四川人口史研究上的一个空白。近年来，有学者在搜寻地方文献方面用力甚多，在很大程度上填补了失载的元末、明夏、洪武初年等几个阶段外省移民迁川的史迹⑤。下面，仅依据这些研究成

---

① 《元史》卷50《五行志》。
② 《元史》卷36《文宗纪》。
③ 《元史》卷38《顺帝纪》。
④ 《元史》卷33《文宗纪》。
⑤ 参见李懋军：《明代湖北人口迁移研究》，复旦大学历史地理研究所硕士论文，1992年；张国雄：《明清时期的两湖移民》，陕西人民教育出版社1995年版；马楚坚：《论洪武十五年楚民实蜀的历史原因及其迁徙史迹》，原载日本《明代史研究》第28～29期，收编入作者《明清人物史实论析》，江西高校出版社1996年版；谭红主编：《巴蜀移民史》第七至九章，巴蜀书社2006年版，等等。

果，对元末外省移民迁川的史迹，尤其是湖广人迁川的浪潮作一些勾画和说明。

在元代之前荆楚人氏移民四川的活动，最早可以追溯到五代、两宋即已开始了。五代时，有赵承规入蜀的记载，所谓"自荆南徙蜀，定业内江东乡土主山下"①。杨应矶《石柱厅乡土志》记载说，陈氏于"宋高宗时由楚北麻城孝感乡同马氏同来"。所以，到了元季，荆楚人迁川，绝非另辟蹊径，而是循其前辈足迹行进而已。

从地方志和族谱所见到的资料看，元代荆楚人民迁川行动在元代中期就开始启动了。元仁宗延祐七年（1320），来自湖广麻城县孝感乡的赵民忠迁入简州大垭口枷担湾②。到了元末，由于阶级矛盾、民族矛盾的激荡，再加上频仍不断的天灾，使得楚地成为全国自然灾害及战乱的重心，当地的民众为避灾、避乱，乃举家自行迁移。环顾当时楚地四周，唯有四川灾乱较少，遂成为楚人所欲寻觅的外迁乐土。加之楚蜀两省相邻，入蜀之路甚为便利，因此四川必然成为这一时期楚人外迁的首选目的地。

从元末移民迁川的动因看，大多与避难因素有关。例如，阴天兴生有男女五人，"元末，因乱离故，各挈家避于富顺之赵王坞，越七年大定，复移旧居，园林房屋灰颓过半"③。显然，阴氏入蜀与原乡地方局势动荡不安有关。而阴氏之姻亲张辛五，"元末宦蜀，慕汉安（今内江）山川明秀，娶阴氏遂家焉"。则该张氏之居蜀，与其游宦因素有关。

在元末迁川的外省移民中，以原籍地为湖北黄州、麻城一带的家族为多。由于元末农民起义最先于淮河流域和湖北南部的蕲水、黄州聚众造反，不少家族为了躲避兵乱，纷纷聚众迁入四川。在今天四川一些地方志和家谱中，留下了不少相关的记载。有的反映的均是个别家族的例子，有的则提到了区域人口迁移的情况。

关于某些氏族由楚迁蜀的实例，如原籍河南，"复自徽迁楚之麻城孝感乡"的"程、辛二府君"，在徐寿辉起兵后，"避乱入蜀"，"初寓巴县双溪蛮洞口，后迁江津，世居五岔"④。明代巴县粟氏为望族，其先楚松滋人，"元末避地入

---

① 道光《赵氏族谱·序》卷首。
② 民国《简阳县续志》卷10《氏族表》。
③ 《阴氏族谱·序·世纪》。
④ 明程源：《程大猷墓铭》，嘉庆《四川通志》卷44；道光《重庆府志·舆地志·氏族》。

蜀"。江津江氏，"本黄冈人，元季兵乱，江裡携万九、文友、世袹避地入蜀，居江津石桥里"①。广安苏德广，原籍湖广黄州府，"元末避乱入川，入籍广安州北苏家砦"②。犍为胡受，原籍黄州府，麻城孝感乡，"避元时兵难，迁四川犍为，后裔分迁荣县、新津"③。另据资阳《罗氏族谱》载，罗氏原籍为麻城孝感乡，始祖罗恕，"元末避南锁红军携家人入蜀"，卜居资中。双流《彭氏族谱》载，始祖湖北麻城人，"世业斯土，元季避徐寿辉之乱，别汉水赴巴山入川"。广安《蒲氏族谱》载："元末避乱，由楚北黄州府麻城入蜀，卜居广安州。"隆昌《余氏族谱》载：原籍麻城孝感乡，"元末避红巾乱入蜀汉安"。等等。合江县《张氏族谱》中有一首始迁祖留下的《留别遗后诗》中写道："自统（张自统，元末户部尚书——原注）湖麻祖籍居，红巾赶散各东西；先到巴渝开大业，后到綦阳置田溪。"泸州《创修罗氏特凌支谱》则称："祥胜，字胜二，先业儒，元致和（1328）末徙湖广麻城，孺人麻城仙居乡人也。至元、（至）正间兵乱，携家属至松溉，时荒林茂草，茫茫而已，始就荒居，以避乱焉。"④

关于某些氏族迁徙所反映的区域人口迁徙的实例，如明吏部尚书吴宽在一部修成于弘治年间的《刘氏族谱》的序言中写道："自元季大乱，湖湘之人往往相携入川，为避兵计。"⑤ 又如《古今图书集成》记载，至正十一年（1351），"红巾寇韩山童作乱，罗田徐寿辉，号朱城（即今新洲县），黄民倾市迁于蜀"⑥。民国荆州《胡氏族谱·序》中也对元末当地人民的迁徙动向作了这样的表述：元明革命以来，"赣省兵燹迭见，人民不遑宁处，其由江右而播迁荆楚者，几如江出西陵，其流奔放肆大"。

以上这些地方文献说明，湖广地区民众避乱入蜀，是这一时期迁川的主要动因。马楚坚从内江地区搜寻的族谱资料表明，在 7 例外省迁川氏族中，出于宦蜀原因居家四川的有 2 例，占总数的 28.6%，其余 71.4% 为避乱入蜀。在地方志所见的 12 例外省迁川氏族中，出于宦蜀原因居家四川的有 3 例，占总数的

---

① 道光《重庆府志·舆地志·氏族》。
② 光绪《广安州新志》卷 11《氏族》。
③ 宣统《新津县乡土志》。
④ 转引自曹树基：《中国移民史》第 5 卷，福建人民出版社 1987 年版，第 148 页。
⑤ 乾隆《巴县志》卷 17《补遗·艺文志》。
⑥ 《古今图书集成·职方典》卷 1186《黄州府部·纪事》。

25％，其余 75％ 为避乱入蜀①。《巴蜀移民史》从地方志和族谱上搜寻外省迁川氏族 96 例，明确记载为避兵乱入蜀的有 46 族，占总数的 47.9％；因仕宦入蜀的有 27 族，约占总数的 28.1％；其余 23 族未记明入川缘由，以当时情势推测，亦应为避兵乱入蜀②。如此，避兵乱入蜀的氏族比例，亦占总数的 71.9％。这一比例，是对全川范围的家族资料所作的统计，与马楚坚的统计口径大体相符。由此可见，在元末迁川的外省氏族中，约有 70％ 的比例是出于躲避战乱而入蜀的，只有大约不到 30％ 的氏族是由于仕宦入蜀的。这一结论应该是大体符合当时历史实际的。

另从元末迁川氏族的原籍统计，见于马楚坚所搜寻的族谱资料 7 例外省移民中，迁自楚（湖广）籍的有 4 例，占总数的 57％，迁自江西的有 3 例，占总数的 43％。在楚籍移民中，明确记载为楚籍的 2 例，麻城籍 1 例，孝感乡的 1 例。在江西籍移民中，明确为抚州的 1 例，江右的 2 例。见于马楚坚所搜集的方志资料 12 例外省移民中，迁自楚（湖广）籍的有 9 例，占总数的 75％，迁自河南、山东的 3 例，占总数的 25％。在楚籍移民中，明确为黄州的 1 例，麻城 2 例，孝感乡 5 例，江陵 1 例。在楚籍以外的外省移民中，明确为河南固始、中原、山东泰州各 1 例③。《巴蜀移民史》对元末 96 例外省迁川移民的原籍作了详细的统计，其结果为：湖广籍有 68 族，约占总数 96 例的 70.83％；江西籍有 13 族，约占 13.54％；其余地区和原籍不详的有 15 族，约占 15.63％④。

以上两组不同氏族的统计数据表明，在元末外省迁川移民中，以湖广籍为主，其次为江西籍，再次为河南籍。这与元末农民起义最先爆发和活动于这些地区是分不开的。由于当时徐寿辉在黄州地区发动起义后，西系红巾军相继攻下了沔阳、武昌，然后"蔽江东下"，江西为之大震。随着战争的规模不断扩大，湖广乃至江右地区不能免遭兵乱，而当时农民战争还没有波及四川地区，相对安宁，因此这些地区的民众出于避难的动机，选择四川作为外迁的目的地。

在近年来成都出土的碑刻中，有许多反映元末楚地家族迁居成都周边县区

---

① 马楚坚：《明清人物史实论析》，江西高校出版社 1996 年版，第 327～328 页。
② 谭红主编：《巴蜀移民史》，巴蜀书社 2006 年版，第 209 页。
③ 马楚坚：《明清人物史实论析》，江西高校出版社 1996 年版，第 327～328 页。
④ 谭红主编：《巴蜀移民史》，巴蜀书社 2006 年版，第 208～209 页。

第六章 元明时期四川的人口

的事例①。例如，杨恒，字用贞。"其先楚人五代祖讳世贤，元季徙蜀因家于新都"②。廖铉，字汝器，别号东溪道人。"世籍黄国之麻城，元末始祖清辟地入蜀卜筑崇庆"③。梁公先祖黄州府麻城人，本黄姓，元末明初避乱入蜀，居温江④。蒲江县黄氏，"其先楚人，元末入蜀。择里而家于邑之至和"⑤。万元亮，"世为湖广麻城县孝感乡人，本刘姓，在元为屯田万户。□（患）兵乱。移家蜀之永川。寻徙大邑，复迁崇庆垦田，创屋家焉"⑥。如此等等，不一而足。

图 6—3　万本墓志铭（志盖）

值得注意的是，元末农民战争的性质虽以推翻蒙古统治为目标，但发动起义和参与响应的民众多为饥寒交迫者，故革命民众的矛头所向，则正如朱元璋所说："焚荡城郭，杀戮士夫"⑦。在这样的革命形势之下，避乱入川的移民家族以官宦之家和世族富豪居多。例如，元末由江西分宁州迁居江津县的郑氏家族，在元代家多显宦，长子仕至礼兵二部尚书，次子仕至两台御史，三子充太学上舍。"自宋历元，兄弟亲族同居十世，约二百六十年，宋元二史俱载郑氏孝义传中，累朝旌为义门"。元末郑鸿章携兄弟子孙"来蜀江津家焉"。又如西充刘氏家族，其源为汉长沙王后裔，后迁至江西临江府安福县，以文学冠冕宋代数世，成为当地望族，号为"墨庄刘氏"，"至元末贼乱，迁渝州及定远，入明迁西充"⑧。以上郑氏、刘氏家族迁川事迹，源自该两姓族谱的记载，从移民史角度讲应该是真实的。至于其祖先是否如其所述，世代为官，毫无炫耀夸大成分，有待考证。不过仅据其家世，这样的世家

---

① 参见成都市考古研究所编：《成都出土历代墓铭券文图录综释》，文物出版社待出版。
② 嘉靖《杨用贞夫妇墓志铭》。
③ 正德《廖铉夫妇墓志铭》。
④ 嘉靖《梁万钟墓志铭》。
⑤ 弘治《黄公墓志铭》。
⑥ 嘉靖《万本墓志铭》。
⑦ 朱元璋讨张士诚榜谕语，见《国朝典故》卷3《平吴录》。
⑧ 转引自谭红主编：《巴蜀移民史》，第210页。

大族放在农民军活动甚为频繁的江西地区，必然成为农民军所欲打击的对象，因此，这些家族选择入蜀躲避战乱也是在所难免的。

第二节 明夏四川人口状况

一、明夏四川人口

明玉珍自元至正十七年（1357）奉命西征，举兵自巫峡进取重庆。当明玉珍方有意据蜀时，李喜喜所率青巾军自川西北进入成都平原，川西北"各郡臣民遭青巾之虐，百无一二"①。经过青巾军大肆杀戮之后，四川人口遭到很大的损耗。至至正二十三年（1263）春，明玉珍在重庆称帝。当时，四川虽然"沃野千里"，但却是"人物凋耗"，实力薄弱，户口稀少仍是一个不争的事实。

明玉珍据蜀后，不得不在内部推行休养生息政策，以安辑扶养为急务；在外部则效法诸葛亮南征云南，以取财用，以图自保。经过一段时间的努力，四川境内出现了"幸获扶养，颇得苏息"，"方今图为画一之规，与民共享太平之治"的景象②。但即使这样，蜀国的国力仍然有限，所谓"蜀兵视诸国为弱，胜兵不满万人"③。

对于建立在人口稀少基础上的明夏蜀国的综合实力，朱元璋及其派遣的使臣洞察得最为清楚，剖析得最为明白。他们在不同阶段对大夏政权下的蜀国有过不同的论述，均涉及对当时四川的人口、版图以及兵力的评价。如就疆土而言："昔据蜀最盛者，莫如汉昭烈……今足下疆场，南不过播州，北不过汉中，以此准彼，相去万万。"④ 就兵力与民力而言，"方今天下之变，中国士马精强，民庶繁衍者，汴、洛、齐、三晋为然，今皆在豪杰之手。自彭城之南，嵩、汝以东，两淮之间，三分人民予以得其二。足下之兵虽出于颍之东南汉、沔、湖、

---

① 杨学可：《明氏实录》。
② 杨学可：《明氏实录》。
③ 《明史》卷 123《明玉珍传》。按文中所谓"胜兵不满万人"，系指万胜奉命伐云南之兵，并非整个明夏之兵。据杨学可《明氏实录》载，万胜率兵伐云南，号称 11 万，实有 8000，故云。
④ 《明史》卷 123《明玉珍传》。

第六章 元明时期四川的人口

湘之地，然陈友谅握其权纲，足下因有所见，以偏师入蜀，度其兵有三分之一。兹既奄有全蜀……然西有李喜喜等兵侵扰杀掠，生民无几"①。就财力而言，"（蜀）自用兵以来，商贾路绝，民疲财匮，乃独称富饶，岂自天而降耶！"② 以上这些材料，都从一个侧面反映了当时四川人口稀少的现实。

对于大夏政权统治下四川人口稀少的原因，有两个因素值得引起注意。

其一是红巾军起义爆发后，元廷从四川抽调兵力，前往各地镇压农民起义，由此所造成的人口损耗。在元末农民战争初期，战火尚未波及四川，当江淮、荆楚地区战事吃紧之际，元廷一度将四川作为主要的兵源地，大肆抽调四川兵力到各地去作战。见于《元史》记载，征调四川军将参与的重大战役，前期有：四川行省平章政事答失八都鲁所率之"四川军"出襄阳，"克复安陆府"之役；四川行省参知政事哈林秃参与的"合军"讨伐徐寿辉的蕲水之役；答失八都鲁参与的"复均、房等州"、"讨东正阳"之役；四川行省平章政事玉枢虎儿吐华"募兵万人下蜀江"守中兴、荆门之役等等③。到了后期，当元朝官军主力被农民军击溃之后，元廷不得不依靠招募地方"义军"来支撑局势。其时，正在襄阳镇压南锁红军的答失八都鲁，奉命招募了一支二万人的地主武装。由于答失八都鲁的军将主要是川中子弟，故当时人以"川军"称之。后来这支队伍转战南北，成为维持元朝摇摇欲坠统治的两大支柱之一。上述这些从四川征调而来的兵力，后来都随元王朝一起覆灭了。

其二是明玉珍入蜀不久，由李喜喜率领的青巾军从甘南败溃入四川，攻陷了以成都为中心的川西"数十城"。考虑到当时蜀中承平日久，戒备松懈，在青巾军的突然袭击下，损失惨重，致使"西土劲敌暴横，群生涂炭"④。加之青巾军纪律败坏，大肆烧杀抢掠，虐害百姓生灵，其给四川人口所造成的后果尤其严重。如按方孝孺所说"各郡臣民遭青巾之虐，百无一二"⑤ 来估算，在川西数十城的范围之内，这些地区的人口也是所剩无几了。

前已述及，目前学界对于元代中后期四川人口数量的估计大致一致，即在

---

① 《明太祖实录》卷17。
② 《明太祖实录》卷20。
③ 《元史》卷43《顺帝纪》。
④ 重庆市地方志资料组编：《明玉珍及其墓葬研究》，1982年。
⑤ 杨学可：《明氏实录》引方孝孺语。

70万～80万人之间。综合以上因素，在明玉珍进入四川时，假设四川土著人口损耗率为50%，据此把明夏政权统治下的四川人口数量估计为40万人应该是合适的。这与曹树基所作的估计大体接近。他说："在明玉珍进驻四川之前，四川人口最多70万。如果元末战争中损失的人口约为当时人口的一半，四川的土著就只有30万～40万人了。"①

在经过14年（1257～1371）的明夏时期之后，到明洪武四年（1371）明军平定四川时，朱元璋从明夏所得的版图是"路、府七，元帅府八，宣谕、宣抚司二十五，州三十七，县六十七，官吏将士共五万九百九十人"②。这些数据也从另一个角度检测了明夏政权下的人口数量问题。

众所周知，明夏政权统治四川时的版图，北不过汉中，南不过播州，这不仅与元代四川的辖境基本相同，也与三国蜀汉政权的幅员差不多。明夏政权所设的府州政权机构的数目也是大体一致的。蜀汉政权灭亡时，刘禅派尚书郎李虎向魏国送交蜀汉的人口统计册——《士民簿》，计"领户二十八万，男女口九十四万，带甲将士十万二千，吏四万人"③。蜀汉时有官吏将士共计14万多人，有户28万，官吏与民户的比例大约是1:2，即平均每两户养一名官吏。如拿这一比例来推测明夏政权，不难得出蜀汉统治下的实际人户数。李世平《四川人口史》据此认为："明夏降附时共有官吏将士50990人……这时四川境内的户口数量，可以参考蜀汉《士民簿》的比率……准此比率，明昇投降时，四川境内应当有101980户。如果再考虑到'玉珍素无远略，然性节俭'（《明史稿·明玉珍传》），'始定赋税，十取其一，农家无力役之征'（《明氏实录》），可知人民负担较轻，养一名官吏将士当有两户以上。那么，假设是三户，四川境内便有15万户左右，比至元年间的12万户有所增加。"④

如果把明玉珍入蜀时四川土著人口设定为30万～40万人，到明夏政权投降时的人口推测为15万户，以每户5口计，即为75万人。这样，从理论上说，多出来的这30万～45万人，应该就是明玉珍从湖广所带来的将士，以及随后从荆楚招募而来的移民。

---

① 曹树基：《中国移民史》第5卷，福建人民出版社1997年版，第152页。
② 《明太祖实录》卷68。
③ 《三国志》卷33《蜀书·后主传》。
④ 李世平：《四川人口史》，四川大学出版社1987年版，第134页。

二、楚人实蜀潮流

前已述及，在元季即有不少楚人避乱到四川，这些人可称之自动落籍，属于自发的楚人迁川之风。到明玉珍举兵入蜀时，首开大规模的迁川活动，由于跟随明玉珍的军队将士多来自荆楚，因此又形成有组织的楚人实蜀潮流。据分析，由明玉珍入蜀所开启的有组织的楚人实蜀潮流，由以下三部分人所组成：

其一是明玉珍军队将士。根据杨学可《明氏实录》提供的数据估计，明玉珍所部将士约有20万人。该书记载说，明玉珍起兵之前，招集乡兵，部署乡豪，修栅治城，以图自保时，"有众十余万，众遂推为屯长"。起兵后，被徐寿辉授为元帅，仍领所部，并"益兵"给他，"俾镇沔阳"。在重庆称帝后，"命万胜领兵十一万，攻云南"。明玉珍去世前，遣使致书吴王朱元璋说："区区人马二十万，北出汉中，东下荆楚，期靖残虏，以安黎庶。"此外，另据刘桢《玄宫之碑》记载，明玉珍在击溃青巾军主力之后，使得其部"数十万兵一朝解散"，明玉珍由此又收编了部分青巾军士兵。朱元璋在致明玉珍的书中也证实，明玉珍拥有的兵力，是陈友谅的"三分之一"。按在元末群雄中，陈友谅的军力最强，疆土最广，野心最大。在鄱阳湖大战中，倾国而出，"兵号六十万围南昌"[1]。朱元璋估计明玉珍的兵力约占陈友谅军力的三分之一，即20万，正好与明玉珍的自称拥有的兵力数相当。

其二是追随明玉珍入川的楚人，其中包括明玉珍部众家属以及邻里乡人。考虑到明玉珍进入四川时，原本有割据一方的打算，所以，他从家乡带来的子弟兵们即使当时没有携带家眷，以情度之，就是到了称帝之后，也会通过各种方式把仍留居家乡的家属招进四川。有关楚人部众追随明玉珍入川史迹，正史记载较为简略，只能依靠地方志、族谱资料以补其缺。

其见于官方文献记录者，有明初朝廷招集明氏旧部的多条史料：洪武五年（1372）十二月辛巳，"兵部主事彭恭、泸州守备［御］彭万里，收集四川明氏旧校卒二千六百六十人为军"[2]。洪武十年（1377）八月丁卯，"遣神策卫镇抚

---

[1]《国初群雄事略》卷4。
[2]《明太祖实录》卷77。

余忠往四川招集明氏故将丁氏校卒"①。洪武十一年（1378）二月甲子，"命四川都指挥使司收集明氏故将校为兵，凡六千五百余人"②。

其见于地方志者，如康熙《孝感县志》卷六载："玉珍率兵袭重庆，称夏主，孝感人多随之入蜀。"同治《黄陂县志》卷一也说："元末流贼之扰，至明初而土著者多迁四川。"民国《资中县志》卷十亦云："明玉珍据蜀，尽有川东之地，蜀号少安，玉珍为楚北随州人，其乡里多归之。"

其见于族谱者，如《胡氏族谱》载："元末韩山童之乱，孝邑子弟从军入蜀，井里为墟。"③《董氏族谱》载："元末刘福通之乱，孝邑人民从军入蜀，井里萧条。"④ 民国黄陂《周氏宗谱》载："自元至正十一年徐寿辉据蕲城以来，至二十四年陈理降明为止，其间凡十四年，黄民皆岁遭涂炭。而明玉珍为随州人，万胜为黄陂人，于比年入蜀以后，迄于（明）昇降为止，其间保境安民……境内不见兵革几十余年。当时黄民在水深火热之中，以随明玉珍、黄陂万胜在蜀有治行，凭借乡谊，襁负从者如归市。以故蜀人至今多湖北籍者。"⑤

上述地方文献中所称的黄邑、孝邑、孝感乡，均是西系红巾军的主要首领举兵首义之地。在徐寿辉起兵之后，特别是在明玉珍举兵入蜀之际，当地百姓"多凭借乡谊"，竞相"从军入蜀"，以至出现"襁负从者如归市"的景象，形成"井里为墟"、"井里萧条"的局面。由这些记述，可以推想当年跟随明玉珍入川的部众和邻里乡人之多。《巴蜀移民史》从地方志和族谱中辑录了这一时期入川的移民家族共计 121 例，马楚坚从地方志中辑录了"往依"明夏的氏族 9 例，族谱中辑录了"往依"明夏的氏族 14 例。透过这些事例，可见当时楚民迁川事迹之一斑。

其三是明玉珍称帝后，实施招民政策，接纳和安置在四川各地的湖广移民。刘桢在劝说明玉珍称帝时提到："此时若不称大号，以系人心，军士俱四方之人，思其乡土而去。"⑥ 明玉珍即位后，为了维系军心，稳固政权，开始在楚地

---

① 《明太祖实录》卷 114。
② 《明太祖实录》卷 117。
③ 民国《胡氏族谱》卷 1，转引自张国雄：《明清时期的两湖移民》，陕西人民教育出版社 1995 年版，第 115 页。
④ 转引谭红主编：《巴蜀移民史》，巴蜀书社 2006 年版，第 254 页。
⑤ 民国黄陂《周氏宗谱》卷 10，转引自张国雄：《明清时期的两湖移民》，第 90~91 页。
⑥ 杨学可：《明氏实录》。

第六章 元明时期四川的人口

大事推行招民政策,面向原乡黄州,有组织地引进、接纳了一大批移民。在四川地方文献中,不乏明玉珍招抚乡里,楚民应募入川的记述。如光绪仁寿《李氏族谱》载:"元末吾祖世居麻城孝感青山,陈逆(陈友谅)之乱,乡人明玉珍据成都(应为重庆),招抚乡里,吾祖兄弟七人迁蜀,因与祖一公籍仁寿焉。"《胡氏族谱》载:"明洪武二年,始祖定公由湖广麻城孝感乡奉檄入川。"《侯氏家谱》载:"明洪武三年,奉旨填蜀,有移会文书、文铃、玉玺。报垦落业南溪北关外二十里许。"①

为此,明夏政权特别设立了安置部众和移民的官方机构——"官庄"。明户部清理四川在册户籍时明白无误地记载:"其伪夏故官占为庄户者凡二万三千余户。"②重庆档案历史资料也证实,明玉珍称帝后,曾在巴县设置官庄——巴邑官庄,该官庄确为明玉珍安置卫军骆羊奴的垦地之一。据《川黔边陈氏族谱》记载,原居湖北黄州府麻城县孝感乡的陈氏兄弟,随明玉珍部队入川转战,全川统一后,大军整编安业,陈氏兄弟遂被安置在巴邑官庄。"卫军骆羊奴"的称呼一直沿袭到明朝宣德间,据道光《綦江县志》载,在彭鉴任县令任内,该县"永乐间遭兵役,死亡过半,田地荒芜,令申请调拨重庆府卫军骆羊奴等三百八十名承种绝业"③。

明夏政权除了将部分部众楚民集中编入官庄以外,还采取分散安置的形式另将部分楚民调遣各地,任由他们各寻善地,报垦落业。内江《张氏族谱》在分析其祖先"自楚之麻城孝感入蜀"的缘由时分析说,明玉珍称帝后,"是时得志,从行队伍亦皆有功,自应升赏,令各寻善地以相安,此亦情理所应尔。故相传入川有插地之说也。不然蜀土良田岂无耕营,何得以远人任意查占也"!明夏政权灭亡后,"于是相从入川之人,皆不免以从逆为耻,遂相传以避红巾之难入川者,讳之耳。吾故曰此亦有因,而其是盖非也"④。该作者认为,元末随明玉珍入川的部众即乡邻,后来被分散安置在各地插地落业,这本来是一种升赏恩惠,但到了明初,"皆不免以从逆为耻",为了掩盖这段历史,于是他们及其

---

① 民国《南溪县志》卷4。
② 《明太祖实录》卷72。
③ 道光《綦江县志》卷6。参见谭红主编:《巴蜀移民史》,巴蜀书社2006年版,第256页。
④ 殿卿鹄:《考核同宗录》,载内江《张氏族谱》,转引自马楚坚:《明清人物史实论析》,江西高校出版社1996年版,第310页。

后裔便称自己家族是"避红巾之难入川者"。这一分析，显然是有一定道理的。

关于来自湖广的移民数量问题，《中国移民史》第五卷作了这样的估计：如果把军队估计为20万人，"以每个军人平均带一个家属计，明氏的移民人口也应在40万人以上"。这一估计，从总体数量上而论，是大体恰当的，只是把跟随明氏入蜀的乡民与后来招募的楚人并在一起计算了。事实上，如果细分一下，明氏军队号称20万人，家属按一比一的比例计，由军队与家属组成的军籍移民人数当在40万人左右；明夏政权招募而来的民籍移民，大约在10万人左右。这样，估计明夏时期共有50万的楚籍移民进入四川。50多万的楚籍移民在明夏时期涌入四川，对于当时的四川社会影响是很大的。因为，在明夏政权时期四川80万人口中，减去50万外来移民，土著居民仅剩下30万人左右，约占四川人口的37.5%。这就意味着，自明氏移民迁入之后，四川社会中以湖广籍为主体的移民人口已经开始超过土著人口了。

第三节 明代四川人口状况

一、洪武四川大移民

洪武五年（1372），"户部奏四川民总八万四千余户，其伪夏故官占为庄户者凡二万三千余户"[①]。与《元史·世祖纪》所记至元十九年（1282）的12万户相比较，90年间四川减少了36000户，即下降了30%。洪武十四年（1381），明王朝又一次公布四川户口数字，计为214900户，1464515口，与洪武五年（1372）比较，人口有了较大幅度的增长，洪武二十四年（1391）又持续增长。由于当时正值全国编修黄册，各地对人口的清查必然较为认真，因此，布政司所公布的这个数字，应该说是较为符合四川的人口实际的。

有关明代正史四川人口增长趋势，详见下表：

---

① 《明太祖实录》卷72。

第六章 元明时期四川的人口

表6—3 明代四川人口增长趋势统计表

年　代	户　数	%	口　数	%	资料来源
洪武五年（1372）	84000	100.00	—	—	《明太祖实录》卷72
洪武十四年（1381）	214900	225.83	1464515	100.00	同上卷140
洪武二十四年（1391）	232854	277.21	1567654	107.04	同上卷214
弘治四年（1491）	253803	302.14	2598460	177.43	《明史·地理志》
万历六年（1578）	262694	312.73	3102073	211.82	同上

以上统计数字表明，在洪武年间人口增长之迅速是罕见的。在这样短的时期内，平均人口的新户是从何而来的？这显然不是自然增殖能够办到的。唯一能够令人信服的答案就是，正如所谓的"皆自别省流来者"，恰好说明它是一次较大规模的移民运动的结果。

洪武初年，有鉴于元末战乱带来的人口损耗，为了充实一些地区的人口，朱元璋曾经在全国范围内启动有组织的迁民运动。明初的"徙民之令"始于明太祖，其后明成祖又因之①。其所涉及的地域，遍及大江南北。四川也在其中。洪武六年（1373），太仆丞梁埜僊帖木尔言："宁夏境内及四川西南至船城（今资中县重龙镇），东北至塔滩，相去八百里，土膏沃，宜招流亡屯田。"从之②。明初四川，因为"明玉珍之变，数十里无人烟"，许多州县地方官都面临"抚授流亡"的任务③。宣德五年（1430）五月戊辰，四川大昌县知县徐子善在奏疏中称："洪武四年开设县治，初有民四百户，后因充军、死、徙，止余一百户，并入大宁县。永乐初，仍复大昌县。重造籍册，不满一百户，遂析丁多之家补之。比年止有五十五户，内多单丁，而生员、吏典、驿夫之役，无人可充。田多荒芜，税粮失额。乞……发徙流人连家属补凑为民，以供徭税。"右侍郎施礼等奏："请如所言，以四川、湖广二布政司、按察司见问徙流人补。"从之④。崇祯年间，泸州分巡金事吴登启为招抚流民，在一通《招民榜示文》中也曾追述到明初移民四川的活动："各郡流寓泸民知悉：……迨我国初，亦移麻城孝感之民，以实富、荣二邑。今固不能移外籍之民于江阳，亦安得空江阳而游尔民

---

① 赵翼：《廿二史劄记》卷32《明初徙民之令》。
② 《明史》卷77《食货志》。
③ 嘉庆《四川通志》卷113。
④ 《明宣宗实录》卷66。

于外籍？"① 由此可见，明初政府确曾组织过迁楚民实川活动。

关于明初有组织地向四川的移民活动过程如下：

洪武四年（1371）中山侯汤和率军征蜀，由瞿塘趋重庆。明氏政权覆灭后，明朝政府规定，"诸将所部兵，即定其地，因以留戍"②。此次西征四川，当有一部分湖北人留守四川。据《李氏族谱》记载，李文富，"湖广麻城人，明洪武四年随外胡胡成贵征四川明昇，昇降。成贵驻防涪州，身故。朝命其子海英承职，海英不能到职，文富代其名缺"。后来，文富"因功留守黎州大渡河，统领七姓屯军，加授昭武将军，袭职，至明末始罢"③。在明军攻打四川的过程中，遭到蜀人的顽强抵抗。明军大肆屠杀，造成不少州县人口空虚。于是，在平定这些州县后，明太祖又下令从黄州麻城一带征调百姓实蜀。据《大竹县志》记载，"明太祖遣将取蜀，明昇据巴、渝、宕渠相助为乱，廖公永忠屠之，其地一空，复遣黄麻人入蜀实其地。故今竹人其先世无不自楚来者也"④。

洪武十二年（1379），在成都平原发生了彭普贵领导的"妖人"大暴动，明玉珍的旧部皆"趁时为乱"（详见本书第三章第三节）。明太祖迅即指示御史大夫丁玉督大军镇压。至六月，"尽歼其众"⑤。经过这次镇压，成都地区的人口更加稀少。在这种背景下，明政府不得不于洪武二十年（1387）两次组织移民到成都垦田。

据记载，当年正月，"徙民垦成都田"。三月，再度移民"垦成都田"⑥。这两次移民虽然没有提到移民来源，不过，因湖北离四川较近，又经过前一段时间的恢复，人口增长较快，特别是鄂东的黄州府，明初以来人口增长很快。据洪武二十四年（1391）的户口统计，黄州府有户94952，口642160⑦。比较起来，在湖北诸府州中，以黄州府的户口数最高，故有可能移民四川开垦成都荒田⑧。

---

① 民国《泸县志》卷7《艺文志》。
② 《明史》卷90《兵志》。
③ 民国《汉源县志·职官志下·政绩》。
④ 乾隆《大竹县志》卷1《沿革》。
⑤ 《明会典》卷168《刑部十》。
⑥ 谈迁：《国榷》卷8，中华书局1958年版。
⑦ 弘治《黄州府志》卷3《官制·户口》。
⑧ 参见李懋军：《明代湖北人口迁移研究》（未刊稿），复旦大学历史地理研究所，1992年。

第六章　元明时期四川的人口

洪武二十年（1387）三月丙子，汉州德阳县知县郭叔文奏："四川所辖州县，居民鲜少，地接边徼，累年馈饷，舟车不通，肩任背负，民实苦之。成都故田万亩，皆荒芜不治，请以迁谪之人开耕，以供边食，庶少纾民力。"从之①。由此可见，成都土旷民稀，也是发配罪犯垦荒之地。

洪武二十五年（1392）四月，建昌卫指挥月鲁帖木儿叛乱，明廷派蓝玉督军镇压。置建昌、苏州二军民指挥使司及会川军民千户所，调京卫及陕西兵1.5万余人驻守。据民国《汉源县志》记载："明初秦楚填蜀，七姓军籍戍守大渡，爱国将士接踵而来，或官指挥而入籍，或官千户而安业，一时编户齐民，秦楚籍者十居八九焉。"②在汉源县历史上颇有名气的姜、黄、李、任、巨、蒋、张七姓，即"洪武间由湖广麻城籍以军士拨守黎州大渡河，遂以军籍黎，插占山场"③。由此可见，这次移民采取屯卫的形式，来自湖北的移民也不在少数。

明初的大规模移民活动，分为军籍移民和民籍移民。据研究，四川境内的军事移民早于行政移民，由于它是归于卫所管理，不纳入地方人丁编审制度，移民数量难以统计，兹不赘④。民籍移民又分为自愿移民和强迫移民两类，均不见于正史记载。

民籍自愿移民，主要通过一些私家族谱的记载而得以反映出来。如内江地区《吴氏族谱》载："明初，楚人结伴来川者，虽异姓，子孙犹联字辈，名以世次为名，笃世谊也。吾二世名讳，尝见乡人家乘，其迁祖注籍麻城，来川无区先后，亦有变一主四等名，可见吾始祖与彼同为逆旅。"《周氏族谱》载："洪武初治，四川空虚。我圣祖仁皇帝遂下诏令湖广黄州麻城孝感乡填实四川。我祖奉命襁负其子，入川于红合乡落业。"泸州《王氏族谱》载：王氏始迁祖讳九，母雷氏，"历风尘跋涉之苦"，事迹感人。其迁徙过程是，先由河南迁至湖广黄州府麻城县孝感乡复阳村居住，后"奉旨入蜀，填籍四川，有凭可据"，于洪武四年（1371）八月十四日迁至"泸州安贤乡安十四图大佛坎下居住，共计老幼男妇二十二名"。

---

① 《明太祖实录》卷182。
② 民国《汉源县志·风俗志·氏族》。
③ 民国《汉源县志·疆域志·岩洞》。
④ 参见黄友良：《明代四川移民史论》，《四川大学学报》1995年第3期。

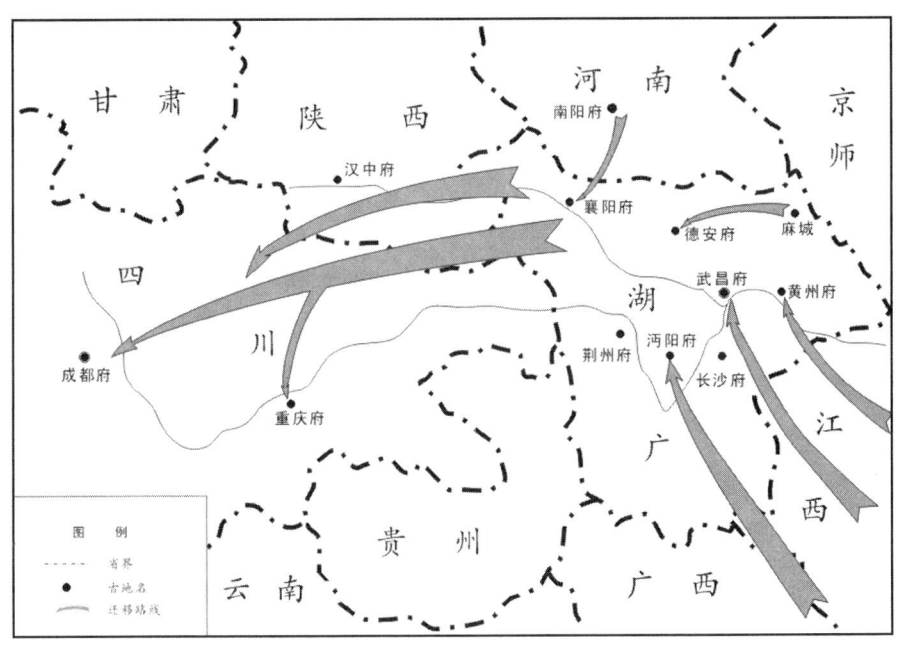

图6-4 洪武时期湖广地区移民迁川路线示意图（采自《中国移民史》）

明初之所以存在大量外省移民被强制迁川的现象，与明初的政治、军事形势有关。这表现在：第一，明初平蜀过程中，需要从湖广漕运粮食到四川，许多运粮民夫被迫征调从事繁重的劳役，征战结束后，被强迫留在了四川。例如民国《名山县新志》载：洪武十四年（1381）"遣傅友德征云南，副将蓝玉师出县境，见多旷土，请徙楚民来实，听其插占田园"[1]。正是在这种背景下，明廷下令"徙楚实蜀。名山号为乐郊，来者尤众"，因此，该县人多楚籍[2]。这些被所谓随军征战，或军事行动后来川插占，或"迁谪"到四川的人们，就构成了洪武大移民中一个特殊的迁移群体。

第二，为了异地安置被朱元璋击溃的陈友谅的旧部，将湖广各地的陈友谅的"部曲"集中起来，强制迁入四川。先是，陈友谅既灭，其荆襄诸郡多款附。但其间旧部多在"观望自疑。亦有山寨遗孽，恃险阻聚众殃民"。所以，明朝在平定陈友谅余部之后，即决定将散处各地的遗卒旧民予以集中。史书上有"朝

---

[1] 民国《名山县新志》卷16。
[2] 民国《名山县新志》卷5。

第六章 元明时期四川的人口

廷尝遣使下县，取陈氏散卒"的记载，表明抽取这批旧部用以填补四川人口之缺，是完全可能的。由于旧部主要来自湖广地区，随着大批旧部的强制徙蜀，相应地造成了当地人口的减少，于是，许多州县因此而被撤并。其后，洪武年间湖广一度裁撤襄阳府枣阳等六州县，这一举措也从旁印证出，这一部分民户极有可能被强迫徙入蜀。

部分族谱资料证实，在洪武大移民中，明廷曾经诏令强制移民四川。例如，内江县《周氏族谱·修谱自序》云："明初，诏以湖广世族安插入川。"又如隆昌民国二十八年（1939）《黄氏族谱》载："明初，洪武以为四川乃近西隅夷地……惟孝感乡人民可以化之，诏饬行专差逐遣。"于是张、郭、陈、韩等十三姓被强制入县。民国资阳《陈氏宗谱》也明确记载了明初捆绑外省移民入川的细节："明太祖初起兵时，曾在麻城受人民反对，既而太祖登位，欲将麻城的人民概行杀戮；诸臣恳免不从。刘伯温再三谏阻，始以流罪入川。并且入川的人，尽以绳索系来。"在今天的民间传说中，被强制迁移入蜀的楚民，多由专差强行监押，甚至沿路用绳索捆绑，以至唯有大小便时才准许解开双手，即所谓"解手"的来历①。

随着以湖广籍为主的外省移民的大量迁入，各地人口得到迅速恢复。洪武时期四川人口的这种增长势头，反映在各州县人口增长的文字记述上。如在川西平原的汉州，宣德年间，有绵竹县猎户奏："初，地荒林密，人〔少〕兽多，采捕不难，输官常足。今生齿日烦〔繁〕，加以屯戍，昔之废地，皆为良田，兽无所容，捕之难得。岁久逋多，人用困弊"。上谕工部道："田野辟，人民众，此好事"②。万历三十六年（1608）督学使万山为《安岳县志》撰序，对安岳县宋末以来，尤其是元明时期的人口状况作了详细的论述："宋末屡遭兵灾，民无孑遗，延祐以还，仅流寓七十余家，迄于至正亦止编户八百。自我朝平定安集之后，稍有宁居休养生息，生齿日繁，今且户二千四百有奇。"③《安岳县志·户口志》还说："延祐以后，流寓于是者仅七十家，迄于至正亦只编户八百，继以明氏之扰，辄复凋敝。明洪武初，招集四方之人来居之，至洪武十五年，户

---

① 参见陈世松：《"解手"的传说与明清"湖广填四川"》，《中华文化论坛》2003年第3期；陈世松：《大迁徙："湖广填四川"历史解读》，四川人民出版社2005年版，第277～288页。
② 《明宣宗实录》卷24。
③ 康熙《安岳县志》卷首。

始盈千,口乃满万。历永乐、正统、景泰、天顺,至成化二年始分乐(至),至成化九年除拆入乐(至),至外册载,户二千四百一十有七,口四万八千五十有二。"① 安岳县从明初的凋敝,到经过招民后的"户始盈千,口乃满万",足见洪武大移民在明代四川人口史上的地位。永乐《泸州志》卷1也写道:"昔元时地广人稀,四方之民流寓于泸者,倍于版籍所载。钦惟圣明,泸之附籍,杂四方之民也。"

与此同时,四川人口的增长势头也在府级人口估测中得到了充分的验证。曹树基《中国人口史》依据《大明一统志》,采用天顺年间各府里数,按里分摊人口比例的方法,对洪武二十四年(1391)四川分府人口作了粗略的统计。迄今为止,在没有任何一个四川府级户口数的情况下,这样的分府人口估测也具有相当的参考价值:

表 6-4 洪武二十四年四川分府人口估测表

府州	天顺里数	百分比(%)	洪武二十四年估测人口(万)
成都	230	17.4	22.1
保宁	60	4.5	5.7
顺庆	111	8.4	10.7
夔州	67	5.1	6.5
重庆	380	28.7	36.4
叙州	204	15.4	19.5
潼川	65	4.9	6.2
眉州	35	2.6	3.3
嘉定	72	5.4	6.8
泸州	100	7.6	9.6
合计	1324	100	126.8

资料来源:《大明一统志》卷67~73;转引自曹树基《中国人口史》第4卷第147页。

天顺年间四川主要府州人口与分布呈现出这样一个明显特点:在全省人口增长较快的地区,主要集中在沿长江一线的以叙州、泸州为代表的川南地区和

---

① 康熙《安岳县志》卷1。

以重庆为代表的川东地区；成都和顺庆保持了一定的增长水平。从统计数字看，人口增长势头最快的是重庆和叙州。明初四川人口重心并未落在西部的成都平原上，而是落在东部，即以重庆为中心，包括东北至夔州府西北部、顺庆府、潼川州的东南部，重庆府的西半部，泸州大部及叙州府东南部，并呈带状分布。这一带状分布，正是元末明初移民的结果。而移民的主体成分正是来自湖北。洪武四年（1371）迁入的移民，也是在这个人口主要分布带内。显然，正是洪武大移民中以黄麻籍为主体的民户的大量迁入，这才奠定了有明一代四川人口的基础。移民来自四方，而客籍超过土著，这就是明代四川人口社会构成的基本特征。

二、明代中后期的四川人口

据《明史·地理志》记载，洪武二十六年（1393），四川编户215719，口1466778。弘治四年（1491），户253803，口2598460。洪武以来四川人口的年均增长率为5.5‰。万历六年（1578），户262694，口3102073。从洪武二十四年（1391）至此，四川人口的年均增长率为4.0‰。这样的人口增长率，超过和接近明代（从洪武二十四年至崇祯三年，即1391～1630年）中国人口年平均增长率4.1‰的一般水平。这说明自洪武以来，四川人口在明代中后期一直处于持续增长之中。

（一）明代中后期四川人口的增长态势

《明史·食货志》载，明代"户口之数，增减不一"。具体说来，大约洪武时极盛，天顺时最低，成化、弘治略有上升，正德以后，复又下降。也就是说，在四川，除正德时下降外，其余期间人口均处于缓慢的增长的状态。具体数字详见下表：

表6-5 明代四川人口统计表

年 代	户数	口数	资料来源
洪武五年（1372）	84000		《明太祖实录》卷72
洪武十四年（1381）	214900	1464515	《明太祖实录》卷140
洪武二十四年（1391）	232854	1567654	《明太祖实录》卷214
洪武二十六年（1393）	215719	1466778	《万历会典》卷19

续表

年　代	户数	口数	资料来源
弘治四年（1491）	253893	2598460	《万历会典》卷19
弘治十五年1502）	257357	2668791	《剑阁芳华集》卷4
正德七年（1512）	187110	2374901	正德《四川志》卷8
嘉靖二十一年（1542）	260885	2809170	《剑阁芳华集》卷4
万历六年（1578）	262694	3102073	《万历会典》卷19

由于无法重建洪武二十四年（1391）的四川分府人口，州县户口已无法详考，但部分地方志中还保留了若干零星材料，经过整理之后，仍旧可以发现一些值得研究的问题。兹取嘉靖、隆庆、万历三朝数字列表如下：

表6-6　嘉靖、隆庆、万历三朝四川人口统计表

地名	户数	口数	资料来源
井研	524	3251	光绪《井研县志》卷5
什邡	520	3599	嘉庆《什邡县志》卷7
内江	2210	34258	道光《内江县志政要》卷3
营山	543	9361	万历《营山县志》卷3
江津	5061	50408	乾隆《江津县志》卷4
云阳	1223	16215	嘉靖《云阳县志》卷上
富顺	31222	62475	民国《富顺县志》卷5
洪雅	668	14371	嘉靖《洪雅县志》卷3

上述八例，户口多者3万有余，少者不过五六百，此外则介于两个极端之间，因而表现为三种不同的类型。

第一类是富顺，它的数字太高。洪武二十四年（1391），官方统计四川全省户为232854，口1567654。然而《富顺县志》称该县同期有户10296，口95257。表中所列系隆庆四年（1570）的数字，它的户数已占了万历初年全省户数的九分之一，但每户又只有两口，而且从洪武到隆庆，户数增加两倍，口数反而下降，这三个方面都明显地超出了常规。当时叙州府领10县，珙县、筠连、兴文等地多属少数民族聚居区，富顺位置适中，且有井盐，经济比较发达，户口高于其他县份，是可以理解的，不过这些数字本身所暴露出来的矛盾，确

乎使人对它的真实性不能不产生怀疑。熊过《吴方泉墓志铭》称："吴初自孝感来者曰判官必秀，故元时判泸州，卒，遂葬焉。子海蟾溯江自泸徙宜宾。子潮鉴籍为盐官丁口，煮盐贡井，因往来家焉。贡井隶荣而畛于富顺，于是吴氏占三籍矣。"① 一家而占三籍，必定有实有虚，然而富顺的数字究竟包含了多少不实之处，只凭这一点线索，还是很难深入推敲下去。

第二种类型是井研、什邡、营山、洪雅，它们的问题主要是户数太低。万历时，四川总户数为252694，按全省111县计算，每县平均户数为2276.52，井研等4县并非边远地区，而户数仅占平均数的四分之一左右，这同样是违反常规的。究其原因，实乃合户的结果。四川民间数姓合为一家的情况，早在明朝初年就已经开始了。嘉靖时，中江人王惟贤自述王氏祖籍原为公安斗湖，洪武初，其祖安富携二子兴贵、兴秀与姨丈罗敬仁、李必文及李之婿刘某，"同移家入蜀，抵中江黄柏坡"，遂"四姓合籍为安镇乡一甲户"②。

众所周知，地域性社会结合是会对明初移民的运动过程产生重大影响的。同时又必须看到，同一地域的居民，又往往因其比较接近而互通婚姻，这就很自然地形成了地域性与血缘性的双重结合。单纯的地域性，导致由甲地共同向乙地转移，从而出现乙地若干人户都来源于同一地域的现象；如果再增加一层血缘关系，那么，为了克服资金缺乏和劳力不足的困难，也为了减轻粮差的负担，他们在乙地定居的时候同样会很自然地联合成为一个统一的实体。所谓合户，便是在这种历史背景之下产生的。另外还有一条途径，即男子入赘女家，继承女方财产，"谓之承户婿，亦云养老婿，故版籍中一户有至四、五姓者"③。因此，正统三年（1438）明王朝下令四川："取勘各府州县人户，有三姓、五姓、十姓合为一户者，俱各另为一户，应当粮差，不许合户附籍。"④ 但民间相沿成习，禁而不止，所以州县户数，严重失实；如果求其原状，即使按照"五合一"计算，井研的524户也应校正为2620户。这个数字不过略高于全省的平均数，恐怕是比较符合实际的。

第三种类型是江津、内江、云阳，它们户数偏低，亦不例外。惟其如此，

---

① 嘉庆《四川通志》卷46。
② 王惟贤：《柏坡王氏约族奉先碑记》，康熙《中江县志》卷5。
③ 嘉靖《洪雅县志》卷1。
④ 《万历会典》卷19；又参看胡世宁：《为定籍册以均赋役疏》，《明经世文编》卷134。

所以很多州县的户口比例极不相称。详见下表：

表6—7 明代四川州县人口统计表

县名	年代	户数	口数	户口比例
江津	正德七年（1512）	4863	49650	1∶10.21
云阳	嘉靖十一年（1532）	1223	16215	1∶13.26
营山	嘉靖四十一年（1562）	543	9361	1∶17.24
洪雅	嘉靖四十一年（1562）	668	14371	1∶21.51
内江	万历十年（1582）	2210	34258	1∶15.50

表中所列，每户平均少者10口，多者高达21口，由此看来，合户问题对四川户口实况的影响的确不能低估。

明制规定："凡户三等：曰民，曰军，曰匠。民有儒，有医，有阴阳。军有校尉，有力士、弓、铺兵。匠有厨役、裁缝、马船之类……毕以其业著籍。"[①]可见户是根据职业来分类的。例如洪雅总户数668，其中又分为民（293户）、军（133户）、灶（83户）、匠（20户）、校尉力士（6户）、水马驿站（36户）、防夫（71户）、鱼（7户）、弓兵皂隶（8户）、僧（11户）等10类。江津4863户中，又分为民（2724户）、军（1544户）、匠（43户）、校尉力士（8户）、水马驿夫（320户）、红马船夫（153户）、医（13户）、兽医（1户）、捕猎（1户）、铺兵（53户）等[②]。户类因地而异。民是农业人口，匠、灶是手工业者，其他各类与农业生产都有不同程度的联系。此外，弓兵用于捕盗，校尉力士供役于各地王府。明代驿传在州县者称为水马船夫应役。红船则主要用于运送充军囚犯。户类反映了明代人口的社会构成状况。但是，区分户类的主要目的不在于促进生产，而是服务于赋役制度的推行，因此很多类别都是通过行政的强制手段来确定的。明代中叶以后，随着赋役制度的变革和军卫、工匠制度的瓦解，有些户类也就名存实亡了。

（二）明代中后期四川人口增长的原因

洪武初年的大移民，虽然使自宋末元代以来人口稀疏的四川得到了有效的

---

① 《明史》卷77《食货志》。
② 嘉靖《洪雅县志》卷3，嘉庆《江津县志》卷4。

补充，但是也应该实事求是地估计到，相对于四川广袤的土地来说，这一成效毕竟是有限的。据估计①，洪武二十六年（1393）四川耕地总数约在24万顷左右，折今23万顷，比元代增加了4万顷。较之于宋代四川60万顷的耕地数，仍留下了亟待开垦的空间。这样，继洪武之后，四川再度成为接受各类移民的重点地区。

据四川的方志族谱记载，从明代中叶的成化、弘治、正德、嘉靖年间直至明末，均有大批外省移民家族陆续迁入四川居住。

马楚坚依据方志族谱提供了明中叶（正统至万历）迁川的家族18例，原籍为湖广者15例，占总数18例的83%；其余3例，分别来自广东、河南、安徽，占总数的17%。在15例湖广籍中，明确为楚籍的有8例，约占湖广籍的53%；明确为麻城、孝感乡的有7例，约占湖广籍的47%。此外，马楚坚还提供了明季迁川家族28例，原籍为湖广者26例，占总数28例的93%；其余2例来自山东②。

《巴蜀移民史》依据方志族谱对明永乐至明后期迁入四川的移民家族作了详尽的统计，共提供了438支移民家族的实例。这些移民家族分别来源于湖广、江西、浙江、安徽、陕西、山西、河南、山东、云南、贵州等十多个省区，说明明中后期人口自由流动所涉及的区域十分广泛。据统计，原籍为两湖地区的有247族，约占移民家族总数438例的56.39%；原籍为长江中下游地区的移民中，江西有73例，江南（江苏、安徽）有15例，浙江有7例，共计95例，约占总数的21.69%；原籍为北方地区的移民中，陕西有14例，河南、河北有14例，山西、山东25例，共计53例，约占总数的12.10%；原籍为贵州、云南的有12例，约占总数的2.74%；原籍为广东、福建的有4例，约占总数的0.92%；原籍不详的27例，约占总数的6.16%。详见下表：

表6-8 明中后期迁川移民原籍统计表

原　籍	迁川家族例数	占总数百分比（%）
湖广	247	56.39

---

① 郭声波：《四川历史农业地理》，四川人民出版社1993年版，第72、95页。
② 马楚坚：《明清人物史实论析》，江西高校出版社1996年版，第338～341页。

续表

原　籍	迁川家族例数	占总数百分比（%）
长江中下游地区	95	21.69
北方地区	53	12.10
云贵地区	12	2.74
广东、福建	4	0.92
不详	27	6.16
总计	438	100

资料来源：根据《巴蜀移民史》统计数改制，略有更正。

上表表明，明代中后期外省移民迁川的形势与洪武大移民相似，即仍以湖广地区为移民人口的主要迁出地。在以上两组不同口径的统计资料中，前者表明，在明中期和后期，来自湖广地区的移民比例分别占83%和93%。后者表明，在明代中后期，来自湖广地区的移民比例约占56%，也就是说，在明代中后期，原籍为湖广的移民仍占移民总数的一半多。所不同的是，在明代中后期的移民人口输出地中，新增加了长江中下游地区和东南沿海地区，以及云、贵等省区。

第七章　元明时期四川的赋役制度

元朝的赋役制度，因南北地区的不同，征收方式有异，其主要内容有三项：一是税粮，二是科差，三是课程。明承元制，赋役征收内容分为三大类：一是田赋，二是徭役，三是土贡。赋役征收的对象，均以征收土地税粮和人丁的差役为主要内容。明后期"一条鞭法"改革，将其化繁为简，于国于民均便，实为一代良法。

第一节　元代赋役制度

取民之赋役，为一国理财之本。未入中原前的蒙古人，因皆为游牧之民，"不待桑而衣，不待耕而食"，从业单一，地区不大，其政权的财赋取得方式也较简单。入主中原，君临天下，统治的对象主要是农业居民，地域广袤，东西南北的经济状况差距大，人口众多，民族错杂，从业亦各异，元帝国欲创一套新王朝的赋役制度，实为蒙古人、色目人的难事。于是，采取了一个"大率以唐为法"的简单办法：北方，原金朝统治地区，"曰丁税、曰地税，此仿唐之租庸调也"；南方，原南宋统治地区，"曰秋粮，曰夏税，此仿唐之两税也"[①]。唐

---

① 《元史》卷93《食货志》。

朝的租庸调以丁为主要征收单位，两税法以户、地为征收对象。其二者，均以征收土地的税粮和人丁的服差役为主要内容。元代田赋征收称税粮、差役称科差，其具体施行时间和地区，前后都有数额的许多变化。

四川在赋役征收上，原属南宋统治之区，故税粮仍按江南地区的征收方式征收夏税秋粮。江南的夏税秋粮与北方的税粮不同，北方的税粮包括丁税和地税，而南方的秋粮则专指土地税。南方的地税，每亩三升，交纳时间，初限十月，中限十一月，末限十二月，即年底之前必须缴纳完毕。否则，初犯笞四十，再犯杖八十。

成宗元贞二年（1296），始定征江南夏税制度。夏税输木棉、布、绢、丝、绵等物。其数额以纳粮之多寡为等差，粮一石，缴纳钞三贯、二贯、一贯，或一贯五百文、一贯七百文。有的地方官为其简化，不计粮之多寡，按户计，每户纳一贯二钱，称之为"门摊"。四川如何具体实施未见明确记载，只有四川全省税粮数 116574 石，全国行省中，仅多于甘肃和辽阳，占全国 12114708 石的 0.96%，仅此比例，足见元代四川的耕地面积和农业生产状况均不如宋朝，宋元战争的创伤并未得到完全恢复。

税粮的征收，在三限时内，"富户输远仓，下户输近仓，郡县各差正官一员部之，每石带纳鼠耗三升，分例四升。凡粮到仓，以时收受，出给朱钱"①。倘若远仓不愿送者，每石折纳轻赍钞二两。泰定年间，又随征助役钱，即民户有田一顷以上者，于所输税外，每顷量以出助役之田，其收以里正掌握，作为助充役之费。

元代的官田，许民佃耕输租。凡官田，不征夏税。四川的军屯田，民田不少，元世祖时规定："军站户地四顷以上，依例输租。"② 赵世延任四川行省平章政事，在重庆路立屯田，物色江津、巴县闲田 783 顷，谪军 1200 人垦之，岁收粟 11700 石。这类军屯也当"依例输租"。还有一类"在官之田，许民佃种输租"。这是指四川地僻西陲，地方官多随意处置官田的租额，其租也多不入国库，而作为地方官禄秩的补充。潼川府尹朵儿赤，"以官旷地给民，视秩分亩，

---

① 《元史》卷 93《食货志》。
② 《元史》卷 7《世祖纪》。

第七章 元明时期四川的赋役制度

而薄其税"①。这种情况，不属于国家赋税征收，但它是从税粮征收实施中衍生出来的。后来，有的地方官府为了增加俸禄，往往多利用荒闲之地的地租收入作为官吏职田的补充。王守诚任四川廉访使，"州县官多取职田者"，共有14人。为了革除此弊，他建议"仕于蜀者，地僻路远，奉给之薄，何以自养。请以户绝及屯田之荒者，召人耕种，收其入以增禄秩"。按规定，这类召人佃种荒闲之地，从第三年开始输税。后来又放宽优惠，从第四年开始纳税。

元代的科差是徭役，主要由民户负担，医户、猎户也服役，军、站、僧、道、儒等户不服役，徭役以赋税形式征收。初规定，以丝料、包银缴纳，即每二户出一斤丝输于官，五户出一斤丝输于所辖单位。汉民纳包银六两。元世祖定天下后，规定每户输官丝一斤六两四钱，包银四两；五户丝者，官丝一斤，五户丝六两四钱，包银四两。后来，又有一些增省。丝料限八月，包银、俸钞限九月为定纳期限。至于科差在四川是否也实行过二户丝、五户丝、包银征收，未见史料记载。

民户丁壮为官府服徭役，名目繁多，如征调民户"转粟饷军"，当地方武装"乡兵"、"义士军"，缴纳土特产等等。其中，以转运军用粮秣为最苦。元朝征讨罗氏鬼国、缅国、吐蕃、八百媳妇等国家和地区，皆从四川转饷，四川成千上万民伕应役，路途遥远，山水艰险，日晒雨淋，昼夜兼程，死者十之七八。皇帝、诸王喜欢鱼鹰，于是每年派人来成都索取"鸬鹚"（鱼鹰，俗称水老鸹），致使成都市民骚然不安②。每年四川、吐蕃宣慰司都元帅府，进呈马骡1000匹、狗100只，其管押人员一路上索要饮食份例，甚至"非礼乱行拷打"，给百姓造成的骚扰也是苦不堪言的。

土特产，为天地自然之利，郡县山川之产。矿产林木兽禽，民取之为生活之资，国责民而取之为课程。元朝初无课程，因土人呈献，后定每岁向民所征定额之物和商税，名曰岁课。向全国所征岁课之物：金、银、铜、铁、铅、珍珠、朱砂、碧玉、矾、硝磺等等。据《元史·食货志》记载，向四川征收的岁课有金、盐、酒、醋、漆、商税。其数额，以天历年间为计：金课斡金7两2钱；盐课28910引，计钞86730锭；酒课7590锭20两；醋课616锭12两8钱；

---

① 《元史》卷134《朵儿赤传》。
② 《元史》卷16《世祖纪》。

· 286 ·

漆课，广元路 111 锭 25 两 8 钱；商税 16676 锭 4 两 8 钱。岁课是民间赋役的额外负担，常给百姓带来困难。元贞元年（1295），由于采金人反对，罢除了四川的金课。

岁课，每岁有定额。此外，还因事务和某地出产而增额外之课，其项目有：历日、契本、河泊、山场、窑冶、房产、门摊、池塘、蒲苇、煤炭、漆、磁、鱼、柴、竹、姜、白药、羊皮、乳牛等等。向四川征收额外课，有明确记载的是广元路的漆。全国漆课总计为 112 锭 26 两，而广元路所征之数为全国的 99%[①]。

第二节 明代赋役制度

明代征收赋役，以田土、户丁为征收对象。对田土征收田赋，对户丁征收徭役。另外，征收一定量的土特产，项目名曰"土贡"。田土征收，以田土册《鱼鳞图册》为依据，其册图绘田土形状，标注土地主人、亩数、邻近四至界畔。明初的土地，按所有权性质，可分作国有的官田、屯田和私有民田两大类。

明土田之制，凡二等："曰官田、曰民田。初，官田皆宋、元时入官田地。厥后有还官田，没官田、断入官田、学田、皇庄、牧马草场、城壖苜宿地、牲地、园陵坟地、公占隙地，诸王、公主、勋戚、大臣、内监、寺院乞赐庄田、百官职田、边臣养廉田，军、民、商屯田，通谓之官田。其余为民田。"[②] 明朝建立过程中籍没张士诚、陈友谅等敌对集团中权贵之家的土地和抄没明初获罪官民之家的土地，为籍没田或抄没田；明初大量功臣获罪，原封赏之田还官称为还官田。

民田则是属于地主和自耕农的私有土地，有祖传的，有购买的，也有自耕农垦荒所得，"州郡人民，因兵乱逃避他方，田产已归有力之家，其耕垦成熟者，听为己业"。不同类别的土地，田赋征额不同。明初，太祖定天下官、民田赋："凡官田亩税五升三合五勺，民田减二升，重租田八升五合五勺，没官田一

---

① 《元史》卷 94《食货志》。
② 《明史》卷 77《食货志》。

斗二升。"① 另《大明会典》卷 17《户部四·田土》增写："芦地每亩五合三勺四抄，草塌地每亩三合一勺。"

四川的土地种类与其他地区别无二致，但四川的土地由于历史原因而呈现出自己的特点，即民田居多，官田数量少。"川省田额，以民赋田为最多，屯田地及土司地，均处边远，为数极微。"② 正德七年（1512），四川民田 88517.83 顷，官田 1926.89 顷，官田只占 2.1%；民地 1449.46 顷，官地 196.10 顷，官地仅占 1.3%。到正德十三年（1518），四川田土共 107869.62 顷，官田 2134.16 顷，占 1.98%③。四川的官田数的百分比，倘与全国行省比较，仅高于山东、河南，而大大低于其他省区。详见下表：

表 7-1　各行省及苏、松二府官田占田土总量的百分比

	官田（顷）	民田（顷）	官田所占比例（%）
全国	598456.92	3629601.97	14.2
浙江	54781.94	417560.78	11.6
四川	2134.12	105735.50	2.0
山东	2892.90	540036.47	0.5
河南	3804.46	402295.22	0.9
山西	11957.91	378851.42	3.1
陕西	6862.95	253799.86	2.6
江西	26870.42	375482.03	6.7
湖广	185896.23	50232.23	78.7
福建	11290.85	123875.32	8.4
广东	17961.96	54362.49	24.8
广西	2841.54	10506.47	21.3
云南	205.56	3425.78	5.7
苏州府	97786.35	57463.62	63.0
松江府	39856.33	7300.28	84.5

资料来源：《续文献通考》卷 3《田赋考》。

四川官田的特点有二：一为数量少；二为官田多集中于成都平原，其他州

---

① 《明史》卷 78《食货志》。
② 黄云汉编：《四川财政汇》第一集第 175 页，民国 30 年铅印本。
③ 正德《四川志》卷 8。

县较少。史载成都附近土地，"为王府者十七，军屯十二，民田仅十一而已"①。这与明初朱元璋封其第11子朱椿为蜀王，建王府于成都，其诸子封郡王，从而造成官田集中于成都平原有关（详见本书第三章第二节）。有明一代，四川官田一直为数甚微。万历六年（1578），官田2922.35顷，民田131905.32顷，官田占总数的2.2%②。比例虽增长，但仍然偏低。由于官田少，民田多，因此田赋征收情况能体现出四川农田数与农业生产情况。

（一）田赋征收制度

明朝田赋征收分夏、秋两季。夏季征收称夏税，限当年七月底纳完；秋季所征称秋粮，限当年十一月交清。夏税秋粮分别以麦、米为主，称"本色"。麦米之外，农桑丝、棉花绒、绢、丝、苎布、麻布等物随各地情形征收，称"折色"。明初亦曾以钱、钞、金、银等折田赋，但明朝前期货币田赋所占比重甚少。四川实征米麦情况，以部分州县示例如下：

表7-2 四川部分州县实征米麦统计表

州县	洪武年间（石）	永乐年间（石）
泸州	24433.0	47992.6
江安	3332.8	9458.3
纳溪	405.9	1762.9
合江	1418.0	5387.3

资料来源：永乐《泸州志》。

上表所见，永乐时征收总额比洪武时高得多，这主要归于明初招民垦荒的政策。洪武时田土2918.63顷，永乐时达到6477.77顷，增加一倍有余。土地增加，赋税政策有利于民，不仅使农业经济迅速恢复与发展，国家赋税也就随之而增长，并形成良性循环。

田赋征收，实征米麦以及亩均征额数，详见下表：

表7-3 部分州县亩均征粮额一览表

州　县	年　代	夏秋米麦（石）	田地（顷）	亩均征粮（升）
营山	洪武二十四年（1391）	1554.1	213.17	7.29
泸州	洪武时	24433.0	2918.63	8.37

---

① 《明神宗实录》卷421。
② 李蓁、李映发：《明代四川州县田赋征收考察》，《中国农史》2004年第1期第42页。

续表

州　县	年　代	夏秋米麦（石）	田地（顷）	亩均征粮（升）
江安	洪武时	3332.8	431.41	7.73
纳溪	洪武时	405.9	49.07	8.27
合江	洪武时	1418.0	170.00	8.34
营山	永乐中	1570.9	214.44	7.39
泸州	永乐中	47992.6	6472.77	7.41
江安	永乐中	9458.3	1321.93	7.15
纳溪	永乐中	1762.9	249.05	7.08
合江	永乐中	5387.3	740.08	7.59

资料来源：据万历《营山县志》卷3、永乐《泸州志》卷2制表。

上表可见，营山县亩征粮额，永乐时略高于洪武时，而泸州地区略微降低；泸州地区永乐时田土数、米麦数均有大幅增长，但田亩均征额基本保持在7～8.4升/亩水平。

另据正德《蓬州志》卷2和万历《合州志》卷6载，此二州田赋征收额列表如下：

表7-4　夏税与秋粮征收额示例表

州名	年　代	官民地数（顷）	夏　税	秋粮（石）	亩增额（升）
蓬州	洪武二十四年（1391）	223.56（旱地43.21）	麦折米 126.5 石 石丝折米 358.7 石 蚕丝折米 121.4 石	969.7	9.7
合州	洪武二十四年（1391） 弘治十六年（1503）	2693.11 2748.36	丝 1555 斤 3 两 3 钱 丝 1588 斤 12 两	18225.05 27927.37	6.9 10.16

上表可见蓬州亩征额高于营山县。合州明初略低，但明中期却陡增。以上所举诸州县均为川中丘陵地区，土地不瘠不腴，农业状况居四川中游，尚能达此数，成都平原的情况不言自明，必高于9.52升/亩。表中也见，征收田赋有本色和折色的不同。

明代征收田赋，以米麦为本色，而诸折纳税者为折色。折纳是征收手段。"洪武九年，天下税粮令民以银、钞、钱、绢代输"；洪武三十年（1397）又下令："咸许任土所产，折收布、绢、棉花及金银等物。"四川常征收的折色物品是棉花、布匹、丝、绢、麻等，其折征情况见下表：

表 7-5 明代四川田赋征收折色示例表

年　代	丝（斤）	绢（匹）	棉花（斤）	布（匹）	其他
弘治十五年（1502）	6333		72852		
正德七年（1512）	6640	4516	51262	152107	
万历六年（1578）	6640	51262	160308		

说明：1. 据万历《四川总志》卷21和正德《四川志》卷8制表。
2. 正德与万历年间地亩棉花数为：70512斤和70389斤，大致相等；其折色棉花额亦大致相同。

据地方志资料，四川征收折色的比价，不同时期有所变化。洪武年间，一石米折棉花5斤、布1匹。正德以后，一石米折棉花10斤、布2匹或丝1斤。

折色征收在四川很普遍，其折色"任土所产"，棉麻丝绸外，还有茶叶、蓝靛、川椒等物品。正德年间，夔州府所属县皆征税丝、桑丝；新宁（今开江）、东乡（今宣汉）县征片麻；梁山、开县、新宁、东乡、建始（湖北省建始）等县征棉花；云阳、东乡、开县、大宁、建始等县还征川椒。嘉靖《马湖府志》卷3载，该府将毡衫作为主要折色，秋粮每一石米，用5斗5合折为毡衫、桑丝缴纳。

四川屯田，永乐初为65965亩。军队卫所屯田，据万历《四川总志》载，共有田地1171307亩3分5厘。以24亩为一份，征粮6石，共征粮294239石4斗9升5合。其中成都右等22卫，各项屯田共39594份零11亩3分5厘，征收各项屯粮共239099石4斗9升5合。建昌5卫屯田9210份，征屯田粮共55160石。军屯田土，鲁豫秦晋诸省"凡官给牛种者十税五，自备者十税三"，四川平均每亩征粮2斗5升，是比较低的。四川卫所多在川边民族地区，留存较多粮食，有利于边疆防务与巩固。

明代四川农业比之于元代，大大恢复与发展，成为全国粮食生产大省。据《续文献通考》卷3《田赋考》记载的全国各省的田亩数，征收的夏税米麦和秋粮米，计算出亩均征额。彼此比较，足见四川田赋之重。见下表：

表 7-6 明初全国及各行省、直隶府州平均亩征粮数一览表

十二布政司并直隶府州	田土（顷）	夏税米麦（石）	秋粮米（石）	亩均征粮（升）
全国	8496523.00	4712900	24730450	3.47
浙江	517051.51	85220	2667207	5.32

第七章 元明时期四川的赋役制度

续表

十二布政司并直隶府州	田土（顷）	夏税米麦（石）	秋粮米（石）	亩均征粮（升）
北平	582499.51	353280	817240	2.01
福建	146259.69	665	977420	6.69
江西	431186.01	79050	2585256	6.18
湖广	2202175.75	138766	2323670	1.12
广东	237340.56	5320	1044078	4.42
河南	1449469.82	556059	1642850	1.51
山东	724035.62	773297	1805620	3.56
广西	102403.90	1869	492355	4.83
山西	418642.48	707367	2093570	6.69
陕西	315251.75	676986	1236178	6.07
四川	112032.56	325550	741278	9.52
云南	—	18730	58349	—
直隶应天府	72701.25	11260	320616	4.56
松江府	51322.90	107496	1112400	23.77
苏州府	98506.71	63500	2746990	28.53

明初四川田赋征收亩均征为 9.52 升，全国为 3.47 升，四川大大高于全国水平。高于四川的只有松江府和苏州府，分别为 23.77 升/亩和 28.53 升/亩。此二府"江南重赋"是朱元璋有意识惩罚原为张士诚效力的豪强和富民的特殊现象。全国除此二府外，四川亩征额为最高。根据《大明会典》卷 17、19、24 所载，洪武二十六年（1393），全国耕地为 8507623.68 顷，四川为 112032.56 顷，四川占全国 1.32%；人口，全国 60545812 人，四川为 1466778 人，四川占全国 2.42%；实征米麦，全国为 29442350 石，四川为 1066828 石，占全国 3.62%。四川以占全国 1.32% 的土地、2.42% 的人口，交纳出 3.62% 的米麦，正是得力于每亩科则较高。这一比例，直至明末而有增无减，足见四川农业生产的发展和对国家赋税作出的较大贡献。

（二）徭役制度

明初将天下户口编制《赋役黄册》，规定"以一百十户为一里，推丁粮多者十户为长，余百户为十甲，甲凡十人，岁役里长一人，甲首一人，董一里一甲之事"①。里长、甲首一年所忙之事,主要有传送公文、催征税粮等等,均为役。每户当值一年,十年轮流一遍,此以户计称为甲役,又称里甲,明代三大徭役之一。

明政府规定:"役曰里甲、曰均徭、曰杂泛,凡三等。"② 均徭以丁为征收对象,"年十六曰成丁,成丁而役,六十而免"③。16～60岁的人均得服役,有的人因职务、特殊身份而免役。均徭是省府州县经常性的差役,按照里甲编的上、中、下户三等轮派,等高的派重差,低的派轻差,十年或五年一次。实际上富人往往贿免,"均徭"并不均。均徭内容多,官府的各种临时派差,如轿夫、船夫、马夫、弓兵、狱卒、禁子、书手、库子、祗候、门子、长夫、斗级、铺司兵、驿馆夫等名目繁多,为常役。被派遣者,亲身去服役称为"力差",倘若因故不能去则出钱,称为"银差","市民商贾家殷足而无田产者,听自占,以佐银差"。以银钱募人服役,称为"雇役"。或者将均徭的一部分折成钱缴纳,以供府州县衙门的公务费用,如柴薪、牌坊、草料、岁贡、马匹、工食、表笺、春秋二祭、举人贡士的盘缠、乡饮酒礼等的花销经费。万历年间"一条鞭法"后,力差多为银差。均徭的力差、银差有的项目有定额,有的却无定数,而且各州县的情况差别亦大。徭役是对百姓的沉重剥削,对老百姓的正常生活、生产往往带来极大影响,甚至为服役而误农时,家庭破产、丢掉性命,"凡均徭解户上供为京徭……率至倾产。其他役苛索之弊,不可毛举"④。

百姓纳夏税、秋粮之物,运往各仓厫,四川未设粮长制,初由里甲征收运输,推殷实富户为"总部"各丁一人,运输有攒运人夫。由于种种弊端革去攒运夫,令各户自行上纳。洪武年间,广安府等处"粮额太重,数年转运烦困……老弱不得其安"⑤。明代四川省存储国赋的粮仓有:建昌仓、小何仓、广备仓、长宁仓、坝底堡仓、扎州仓、德昌仓、建盐二打冲河仓、松潘仓、立来化仓、镇平仓、会川仓、冕山桥仓、安远仓、叠溪仓、泸州仓、永丰仓;成都府有广丰仓、广宁仓;广安州有丰济仓、雅州有广盈仓等等。另外还有邻省的仓

---

① 《明史》卷77《食货志》。
② 《明史》卷78《食货志》。
③ 《明史》卷78《食货志》。
④ 《明史》卷78《食货志》。
⑤ 《明太祖实录》卷203。

第七章 元明时期四川的赋役制度

廒。虽然规定有富民运远仓,穷民运近廒,但富民勾结官府人员作弊,往往富民就近,穷民差远,而且"以一户而遍走各仓"①。例如,洪雅县,田粮征收后,按起运、存留不同项目,分为九仓,纳户分为九处上缴,不仅往返费时,而且每处都要索取"秤头耗米",苦了百姓。

表 7-7 合州及属县田赋本色、折色运送仓库一览表

州县	本州县仓	本省仓	外省仓
合州	儒学仓	松潘仓、重庆府广济仓、广安州来资库、潼南州广积仓、永宁仓、永镇仓、成都府广宁仓、保宁府永丰仓	青州永丰仓、广济库、贵州丰济库
铜梁县	永丰仓	松潘仓、永宁仓、成都府永丰仓	贵州丰济库
铜梁县	儒学仓	合蓬广济库、保宁府永丰仓	贵州丰济库
定远县	永宁仓、大有仓	松潘仓、广丰仓	贵州丰济库

资料来源:万历七年《合州志》卷6。

上表可见合州输送的仓库有13处,铜梁县8处,定远县5处。松潘仓称为边库,运输路程遥远而艰难。天顺元年(1457)永川县反映:"每粮一石,自家至边,其路途所费,有用银一二两者,有用三四两者,是以农民亦困,多至逃窜。"②合州及属县均要运送贵州的仓库,这更为艰难,不仅路程遥远负挽艰苦,而且还有生命危险。景泰元年(1450)四川民间普遍流传:"运粮赴贵州,遭遇苗贼抢虏。"③朝廷不得不命官视察,给予部分蠲免。解运一事即使政府拨一点"价脚银"也是微不足道的,百姓服这类力差役是十分沉重的。

还有一种临时差遣的杂役,如采伐和运送皇木。明代修建北京皇宫所用的木材,采集于川鄂湘黔滇接壤的原始森林中。四川的建昌、天全、雷波、马湖、屏山一带是采伐皇木的地区。明代永乐、正德、嘉靖、万历年间多次来川采伐皇木。仅万历年间有关四川采伐皇木一事,在《明神宗实录》万历十四、十五、十七、二十五、二十七、二十八、三十五、三十七年中皆有记载。十四年(1586),"湖广,川、贵采办大木……至采木之役重,为三省之累"④。二十五

---

① 万历《四川总志》卷21。
② 《明英宗实录》卷281。
③ 《明英宗实录》卷187。
④ 《明神宗实录》卷122。

年（1597），"四川采木，建昌去省城三千里，采运夫万险渡泸，触瘴死者积尸遍野"，其间贪吏假公济私，吏胥以滋干没，加重灾难①。万历二十八年（1600）工部给事中王德宽极力呼吁："四川困苦之状，一曰大木，二曰大税，三曰大兵备。极悲伤，可为流涕。"②川民三大灾难，皇木之役居首。万历三十五年（1607）载："采木自昔称难，在今尤甚，无论出产之远，运曳之劳，及杨酋兵戈之后，灾伤频年，不堪重役……府库之金钱填壑，百姓之肝脑涂地。"③地方志和私家著述也有记载：大木产于建昌、天全深山老林，深涧小径，或荒岭无路，挽运大木，"盈数百千人，终日不移寸"④。民夫遭受"寒暑饥渴，瘟疫瘴疠"，死者几半。明人王士性说："上下三阪大涧深坑，根株既长，转动不易，遇坑坎处，必假他木搭鹰架，使与山平，然后可出，一木下山，常损数命"⑤，"蜀民语曰：入山一千，出山五百"⑥。四川州县，一县出民夫约1000，工银约2万，全省人夫死亡近10万，工银支销约200万。有明一代开国至末期，采伐皇木一役始终为川省一大灾难。今屏山县中都乡老街小河北岸的神木山，盛产高大的楠木，原为茂密的森林所覆盖，为明代皇木采办之地。当地的神木山祠，留下碑记两块，碑基、明砖一堆。从残存的永乐四年（1406）和嘉靖四十五年（1566）的碑文推知当年这里皇木采办之盛。由于明清两代的大量采伐，现在这里早已经辟为农田，不

图7-1 《伐楠木运京记》（采自《四川历代碑刻》）

---

① 《明神宗实录》卷313。
② 《明神宗实录》卷421。
③ 《明神宗实录》卷436。
④ 嘉靖《洪雅县志》卷5。
⑤ 明王士性《广志绎》卷4。
⑥ 吕坤：《忧危疏》，《明经世文编》卷414。

第七章 元明时期四川的赋役制度

复见高大楠木生存。于是，神木山祠基便成为明代采伐皇木的文物见证。

（三）土贡的征收

土贡，即"任土作贡"。天下各州县土特产，珍奇好玩者，朝廷所需者皆得征收运送。此为田赋丁役所谓"正供"之外的剥削，有的有定额，有的无定额，项目品种繁多。皇木，又称神木，即属土贡。四川的土贡有皇木、漆、茶、麻、蓝靛、桐油、川椒、蜜煎、中药材、川扇、羽毛、牛角、砾、蜡、禽鸟、皮毛、毡衫、马匹等等。四川盛产花椒，每年承办2000斤，由13个州县轮流运送。川扇享誉天下，原额每岁进贡11540把，嘉靖三十年（1551）增为21000把，万历年增为48000把。成都府每年贡天雄20对、附子50对、川乌30对、巴豆4斤、漏蓝20斤、仙茅21斤、补骨脂15斤等药材。荥经每年贡黄连500斤。仪陇县每年贡五倍子10斤，生漆2斤。各州县土贡名目繁多，征纳的具体情况也较为繁杂，且以合州及属县为例，作一深入了解。

图7-2　川扇

表7-8　合州及属县土贡示例表

州县	项目及数量
合州	白毛硝生麂皮150张（折生漆187斤、银115两5钱）、桐油1075斤、翎毛50根、补骨脂15斤
铜梁县	麂皮（银50两）、鱼油翎鳔（银1两3分）、料米879石7斗8升6合（银527两8钱7分）

续表

州县	项目及数量
定远县	麂皮（银22两4钱2分8厘）、翎毛（银3钱3分3厘）、鱼油翎鳔（黄麻61斤14两2钱9分）、鱼油26斤1两2钱（黄麻50斤2两4厘）、鱼鳔8两6钱9分（鱼蚝胶8两6钱9分）、翎毛116根（熟铁83两1钱）

资料来源：万历七年《合州志》卷6。

由上表可见，土贡物品，有的交实物，有的折成他物或银钱，有的一部分折他物或银钱。有的地方曾经产过某物而后来没有了，但仍成为征收项目。土贡征收时，吏胥作弊与运费两项，使百姓受到沉重的盘剥。云阳县，每年纳210斤川椒，每斤价4分，总共银8两4钱，耗余和脚价银达24两，吏胥作弊，"坐定解户名色"，所索价高达64两①。

成化五年（1469），仪陇县解送昨年生漆2斤、五倍子10斤，"间关道路阅四月，其费将十倍"②。值银约4钱的土贡，运费却花去4两银子和4个月时间。

茶是朝廷"茶马贸易"的重要之物，四川是产茶大省。茶的征收，洪武年间定例"每茶十株，官取其一，征茶二两"③。宣德十年（1435）五月户部批准官地茶"依民地茶征之"④。"四川茶课，初一百万斤，后减为八十四万三千六十斤"。万历年间，"茶课本色十五万八千八百五十九斤零，存彼处衙门，听候使用；折色三十三万六千九百六十三斤，共征银四千七百二两八分，内三千一百五两五钱五分存本省赏番，实解陕西衙门易马银一千五百九十六两五钱三分"⑤。弘治年间，成都府、邛州等州县、建昌等卫拖欠茶课300余万斤，按牙茶一斤，追银2分，叶茶一斤，追银1分，折银征收。以后折征、追征基本上据此约作上浮下调。

土贡自秦至明代皆有，最坑百姓。《文献通考·自叙》批评："汉唐以来，任土作贡，无代无之……珍禽异兽，亵服异味，阴增民输，上下相蒙，谄谀创贡，而于百姓，则重困矣。"

---

① 嘉靖《云阳县志》卷上。
② 《明宪宗实录》卷201。
③ 《明太祖实录》卷72。
④ 《明英宗实录》卷5。
⑤ 万历《大明会典》卷37《课程六·茶课》。

第七章 元明时期四川的赋役制度

（四）边疆民族地区贡赋征收政策

明代四川省的东南、南、西南、西北边疆皆为少数民族聚居之地，有的后来被改土归流，有的仍然为宣慰司、按抚司、招讨司、卫所、所管辖治理。对于这些地区的赋役、土贡的征额和征收时间均较为宽松。

川南的播州地区（今属贵州遵义）的征赋政策。洪武七年（1374）三月中书省奏："播州宣慰使司土地既入版图，即同王民，当收其贡赋……每岁纳粮草二千五百石以为军储。"明太祖赐示："朕临天下，彼率先来归，所有田税随其所入，不必复为定额以征其赋。"①

川西、川西北是藏族、羌族聚居区。洪武十六年（1383）正月，明太祖诏示松州卫指挥佥事耿忠曰："西番之民归附已久，而未尝责其贡赋。闻其地多马，宜计其地多寡以出献。如三千户，三户共出马一匹；四千户，则四户共出马一匹，定为土赋。庶使其尊君亲上，奉朝廷之礼也。"② 征贡不在多少，其目的在于明确与中央朝廷的统属关系。

耿忠回复朝廷说："臣所辖松潘等处按抚司、各族长官司，宜以其户口之数，量其民力，岁令纳马，置驿，而藉其民充驿夫，以供徭役。"朝廷批准了这个报告。

羌族地区的情况更落后些。洪武二十二年（1389）三月，茂州汶山县知县因考绩去京师，向朝廷奏报："羌民二十八寨，言语不通，自开始至今，七年不听差役。"明太祖说："蛮俗素与中国（汉族）异，岂可拘其徭役，能善抚之，久则自然服从。"明代对不叛乱的少数民族，均采取宽大怀柔的政策，并不十分计较赋役土贡的多少。

（五）赋税征收的变化

明代赋役制度在270余年间发生了较多变化，其万历年间的"一条鞭法"改革，在中国赋役史中，上承唐朝"两税法"，下启清朝"地丁合一"制度，具有重大意义。

明代中期，政治腐败，土地兼并成风，农民逃亡，土地失额，赋役加重。在此大气候下，四川亦不能幸免。四川的军屯亦腐败，军屯田被卫所镇守占为

---

① 《明太祖实录》卷88。
② 《明太祖实录》卷151。

私有;而此时的军士多为"一二人在营,其余老幼有五七人至二三十人者,各置田庄,散处他所,军民粮差,俱不应办"①。这所置田庄,原为民田,今隐没无税,国赋受损。松潘等处,军屯有的还"改军为民","屯田遂废,屯粮亦无可稽"②。屯田转为民田,民田增加,但无赋;兵转为民,却不当差服役。土地失额,赋税逋欠,种种社会弊端横生。虽然如此,但四川的土地兼并,就其程度而言,缓和得多,田土下降幅度低于全国平均下降幅度。弘治十五年(1502)田土107896顷,比洪武时下降4%;正德七年(1512)为105131顷,比洪武时下降6%,但四川下降率仍为较小。究其原因,主要与四川官田数目极微,豪强地主为数不多有关。由于土地兼并没有外省严重,田赋亩征额变化亦小。但是,徭役和土贡却相对沉重,百姓困苦,社会不安。为解决田粮缴纳运输,消除奸民揽纳欺民问题,成化初年,巡抚都御史汪浩将税粮洒派远近仓,"分令各户自行上纳,革去包揽人夫……上户派纳远粮,下户止于近粮"③。这一改革略减小民负担,但"以一户而遍走各仓,实为细碎"。正德八年(1513),四川右佥都御史马昊对松潘叠溪仓库的运粮办法作了改变,规定凡是小民者输银,是大户者输米。嘉靖十二年(1533),巡抚四川都御史范嵩会同贵州都御史刘士元,对部分州县边仓粮征收作了改革,"将重、叙二府原派贵州永宁仓粮每石折布二匹,共银三钱五分,解贵州布政司支给毕节、乌撒、赤水、永宁、普定等卫所,官民著为例"④。嘉靖二十五年(1546),巡抚都御史潘鉴准允:"各府、州、县今后起运夏秋税粮,不必佥点殷实以滋弊端;亦不必佥小民自运原仓以启繁琐……如一甲人户见年正办里甲,则用六甲人户收解钱粮;如二甲,则用七甲,周而复始,就于本甲下拣选。上户分解边仓,中上户分解起运腹里并禄粮,中次户坐分本州县存留,不许冒名顶替包揽。"⑤

运粮交仓是一个沉重负担,而徭役土贡更是扰民的灾难。对此问题,有识之士为了政权巩固、社会安定,也作了改革。最著名者,当推"一把连"征派之法。嘉靖十四年(1535)按察使刘璋建议"一把连"征派之法,将各项事宜

---

① 《明宣宗实录》卷81。
② 民国《松潘县志》卷2《屯田》。
③ 万历《四川总志》(27卷本)卷21。
④ 万历《四川总志》(34卷本)卷19。
⑤ 万历《四川总志》(34卷本)卷19。

通行议拟，成之为目："一曰税粮，二曰岁支、均徭、里甲、课程、驿传、年例、杂役、杂用。"① 此法简明易行，又杜绝豪势之家、里书等人趋避飞诡之奸，是总结前人改革利弊后的一个突破，"真能补旧议之偏，捄全蜀之弊也"②。"一把连"对赋役征收、解运进行了较为完善的改革，与明中期江南出现的"一串铃"、"一条鞭法"相呼应，成为万历年间"一条鞭法"推行的先声和基础。

"一条鞭法"改革，"总括一州县之赋役，量地计丁，丁粮毕输于官。一岁之役，官为金募。力差则计工食之费，量为增减；银差则计其交纳之费，加以增耗。凡额办、派办、京库岁需与存留，供亿诸费，以及土贡方物悉并为一条，皆计亩征银"③。此法将各项差役及杂税、土贡折色部分摊入土地，统一折成银两，按粮（田）丁的不同比例摊派，四六开或三七开；田赋大部分征收折色银。"化繁为简"，从而减轻了农民的负担。

"一条鞭法"正式推行之前，进行了土地清丈，万历六年（1578）公布了清丈结果，全国土地 7013976.28 顷，四川土地 134827.67 顷，四川占 1.9%；全国夏麦秋米 26638414 石，四川 1028545 石，四川占 3.86%；全国亩均征粮 3.80 升，四川亩均征 7.63 升，高于全国近两倍。

表 7-9　明代"一条鞭法"施行前后田赋亩征税额比较表

时期 地区	明初田亩均征额	"一条鞭法"实施后田亩均征额
四川	9.52 升	7.63 升
全国	3.47 升	3.80 升

"一条鞭法"改革，将里甲、丁役、土贡都统编折算，按一定比例将一部分摊入地亩征收，这些丁役与杂税，无地农民和手工业者以往都是要负担的，改革后因没有田土而因此减轻了负担。对于有田地者，虽然分担了一部分丁役税额，但因查出欺陷田土和开辟增加田土而平均数仍然较之于前有所减轻。由此可见，明代二百余年，四川的农业生产、对国家的供赋一直居于全国领先地位。"一条鞭法"改革时的人口和田土数额、赋役征额及办法，成为后来清朝开国初

---

① 万历《四川总志》（27卷本）卷21。
② 万历《四川总志》（34卷本）卷19。
③ 《明史》卷78《食货志》。

第七章　元明时期四川的赋役制度

较长一段时期赋役征收的依据。

万历年间，四川七府六州按新税法所征之粮，其中有5万石折银1.5万两，30249石折布60498匹。其粮分贮与运解：成都广丰仓，岁拨267890石，蜀王府10000石（内江、庆符、德阳、南川等府各100石，郡主500石，县主400石），松潘各堡95260石，威茂各堡77440石，叠溪并各堡22300余石，盐井、越巂等卫所34050石。禄米加二分之一，叠溪、边米每担征银2两4钱，威、茂、建昌次之，松潘又次之。起运外省的：运贵州布政司22138石，其中9650石折布19300匹运去贵州永宁卫。运湖广施州卫4052石。四川征收的财赋供本省和京师需求之外，支援着如贵州等经济困穷地区，以及巩固着民族地区的政权秩序的稳定。

第八章 元明时期四川的农业

经历过宋元战争和元末战争大破坏之后，到了元代和明初，四川人口稀少，田土大量荒芜，亟待开垦，农业生产水平不可与宋代同日而语。明代中后期，四川耕地面积、农田水利、粮食产量和经济作物均有了新的发展。

第一节 耕地面积

一、元代四川的军民屯田

蒙古人未侵四川之前，四川是南宋抗金的前沿一线。蒙古军攻南宋，四川是长期抗战堡垒。几十年的战争，致使四川人口锐减，社会经济残破。元朝统治四川时间不长，军屯、民屯是垦地务农的主要组织形式，而又以军屯为主。

表 8—1 元代四川军屯概览表

屯田军	人数	田土数（顷）	屯 田 布 点
保宁万户府	1329	118.27	保宁沿江屯种
	564	75.95	崇庆州晋原县金马
叙州等处万府户	239	41.83	叙州宣化县岷口上下
	221	38.67	灌州青城

续表

屯田军	人数	田土数（顷）	屯田布点
重庆五路守镇万户府	1200	420	重庆路三堆、中山曹、赵市
夔路万户府	351	56.70	成都平原立14屯
成都路万户府	299	42.70	崇庆州义兴乡楠木园
河东陕西等路万户府	1328	208.07	灌州青城、陶坝、崇庆州大栅头
广安等处万户府	150	26.25	崇庆州七宝塔
	118	20.65	新明等处
五路万户府	1161	203.17	崇庆州大栅镇孝感乡、灌州青城县怀仁乡
兴元金州等处万户府	344	56	崇庆州晋原县孝感乡
随路八都万户府	832	162.57	灌州青城、温江县
旧附等军万户府	1002	129.50	青城县、崇庆州
砲手万户府	96	16.80	青城县龙池乡
顺庆军屯	565	98.87	崇庆州晋原县义兴乡、江源县将军桥
平阳军屯	398	69.65	灌州青城、崇庆州大栅头
遂宁州军屯	2000	350	
嘉定万户府	13	2.27	崇州与青城县
顺庆等处万户府	656	114.80	沿江下流汉初等处
共计	12866	2238.72	人均0.174

上表据《元史·兵志》记载。军屯以人头计，平均每人耕地亩数为17.4亩，此数高于成都平原军屯人均（16.14亩）而低于成都平原外的军屯人均田亩数（19.21亩）。此书关于民屯的资料不甚齐全，只有户数而无田土亩数。广元路民屯始于至元十三年（1276），当时以官田9顷60亩，"偶配为十户，立屯开种"。以后发展为87户。叙州宣抚司民屯，始于至元十五年（1278），在长宁军、富顺州立屯耕种，以后时增时减，总计4444户。绍庆路民屯，始于至元十九年（1282），编彭水县、万州县民91户。嘉定路民屯，始于至元十九年（1282），初立4户，后增为12户。顺庆路民屯，始于至元十二年（1275），后逐渐增为5016户。潼川府民屯，始于至元十一年（1274），后为2412户。夔路总管府民屯，始于至元十一年，后增为5083户。重庆路民屯，始于至元十一年，在江津、巴县、泸州、忠州等处拨编民，召募流民（军）共3566户。成都路民屯，始于至元十三年（1276），至三十一年（1294）共有9071户。民屯9个地区，共计29782户。

元代四川民屯，不全是编民，还有流民，有"义士军"，也有"新附军"中老弱者，编在一起屯垦。以户为计，一户多少田亩，未有详记。广元路初立民屯，只有10户，9顷60亩官田，平均每户96亩。初立屯时多为官田，后来是无主田、荒地，还是将编民地一同纳入？这些没有明确记载。民屯耕地总计多少，《元史·兵志》中无记载。《元史·地理志》和《元文类》卷41《经世大典序录·屯田》记载，成都、嘉定、叙州、重庆、绍庆、夔州、顺庆、潼川、广元等9路共有屯田户数33728户，田数231632亩。每户平均6.87亩耕地。且以此为民屯耕地面积数，元代四川军民屯耕地面积共为455504亩。

此外，一般编民有多少户，占多少耕地，没有切实记载。从《元史·兵志》《元文类》所载，试举几例。

表8—2　元代四川编民与屯田户比较示例

政区	编民户数	《元史·兵志》屯田户数	《元文类》屯田户
成都路	32912	9071	7475
重庆路	22395	3566	4766
顺庆路	2821	5016	5790
广元路	16442	87	1416
夔州路	20024	5083	5038

上表可见，成都路的屯田户为编民的三分之一至四分之一，重庆路为五分之一至六分之一，夔州路近四分之一。顺庆路屯民户近编民户2倍，如此民屯规模、数量，在四川历史上从未有过。加上军屯，可见元代四川军民屯拥有的户数人口和耕地数量。元朝政权，是"马上的统治"，蒙古人和"自家骨肉"色目人来到四川，以征服者自居，习惯于占有，以军屯民屯形式直接占据田地人口，是军事掠夺性传统的表现。以军事手段实施政治，在地方政权治理中也充分表现出来。元朝中后期，四川地方政权官场中也充满矛盾、倾轧、腐败，在农业经济方面疏于经营，甚至连各路耕地、耕作状况、税粮方面的记述和统计材料也十分欠缺。元代短暂而带强烈军事性的统治，为后代社会经济研究带来不少遗憾。

关于元代四川人口和耕地数，据郭声波先生推算，其结论为延祐七年

(1320)时，人口 1490701 人；耕地折合为 213560 今亩①。其推算虽有商榷处，但证明出远不如宋代的四川农业却是可信的。

二、明代四川的耕地面积

明初，四川荒地多。元朝时四川已是地广人稀②，再经元末战乱，"民靡于遗，荒地复增"。四川荒地多，毗邻省州县民涌入四川占地垦荒，其入蜀者，以湖广人为多。移民入川开发，明氏大夏政权垮台后官兵垦地务农，明朝平定四川后军队屯田，抛荒田土逐渐复耕。洪武二十六年（1393）有田土 11 万顷，元代耕地基本复耕。

明初耕地复耕或新垦都是缓慢的。洪武二十年（1387）德阳知县奏："四川所辖州县居民鲜少……成都故有数万顷，皆荒芜不治，请以迁谪之人开耕，以供边食。"③

宣德五年（1430），大昌县令徐子善奏："洪武四年开设县治，初有民四百户，后因充军、死、徙，止余一百户，并入大宁县。永乐初仍复大昌县……不满一百户，遂折丁多之家补之。比年只有五十五户，内多单丁……田多荒芜，税粮失额"，知县请求"发徙流人连家属补为民"④。

农田恢复缓慢的主要原因是居民鲜少，劳力不足。为解决此问题，除湖广、陕西邻境百姓自发移民之外，就是政府有目的有组织地迁徙罪囚徙流者，连家属前往填充耕垦。

此问题至明中期仍然严重地存在着。正统二年（1437）四川布政司奏："重庆府武隆县民逃移徙死亡，乡落空虚，乞补编户，以承租税。"户部对此议定，以四川、湖广问罪因应徙流迁徙者，连家属迁往为民，"拨田耕种"⑤。同年重庆府奏："所属南川县人民稀少，田地 158 顷有奇……仍请命本布政司，今后民犯徙罪者，连家属迁发南川县，附籍拨田，耕种纳税。"⑥ 明初"湖湘之人往往

---

① 郭声波：《四川历史农业地理》，四川人民出版社 1993 年版，第 79、80 页。
② 永乐《泸州志》卷 1。
③ 《明太祖实录》卷 181。
④ 《明宣宗实录》卷 66。
⑤ 《明英宗实录》卷 30。
⑥ 《明英宗实录》卷 36。

相携入蜀",这人数毕竟有限,而四川田土抛荒太多,人少赋重,明中期四川许多流民逃往边区老林,内地又发生多次农民起义战争,人口增长与田野开辟受到严重的制约,但一直还是缓慢地发展着。嘉靖年间,杨慎说:"经元师之惨,民靡孑遗,积以百八十年犹未能复如宋世之半。"①

表8-3 明代四川人口、土地一览表

年代 项目	洪武二十六年 (1393)	弘治十五年 (1502)	嘉靖二十一年 (1542)	万历六年 (1578)
人口(口)	1466778	2668701	2309170	3102073
田土(顷)	112033	107937	109907	134827

上表中数字,据万历《大明会典》和万历《四川总志》记载。其田土面积统计,明初朝廷规定应绘制《鱼鳞图册》描出每块田土形状、四邻田土所属,填上亩数,作为征收田赋的依据。此规定的执行全国并不一致。四川平定较晚,人少荒地多;移民来往,社会秩序也较混乱,难于做确切的人口统计和田土的实际丈量,所以史籍中未见四川有《鱼鳞图册》的记载。《明太祖实录》卷174载:"洪武五年六月,遣使度四川田,以蜀始平故也。"这使臣到四川如何具体实施"度田",未有记载。在刚平定的四川社会环境是不可能实行弓尺丈量,编制土地册的。当时度

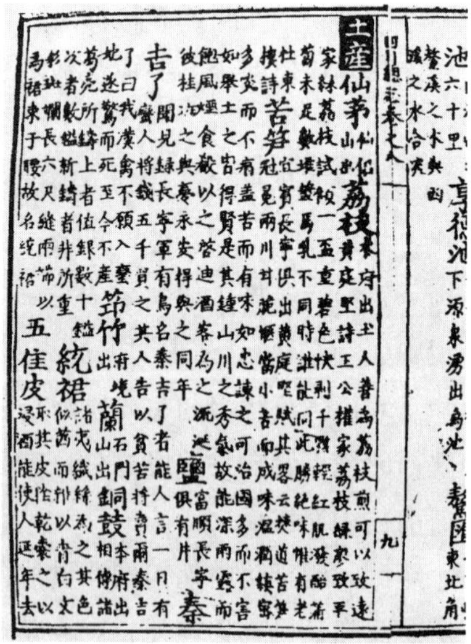

图8-1 嘉靖《四川总志》卷8书影

田的目的,主要是定下这块新入明朝版图地方的赋额。这田赋的定数,大约有三种办法,一是依据旧额的亩数而定新赋额;二是依田土多年产量定赋额,折算亩数;三是以用种子量折算产量,定赋额,折算亩数。田土肥瘠等级,农民自报,基层组织(里甲、村社)认定。个别地方,也偶有地方官踏勘查实。四

---

① 同治《重修成都县志》16。

川田土，平坝、河谷、山地、丘陵，形状不一，有的路径崎岖，陡斜偏远，以种估产，以产折亩，而定赋额，是历史上四川的一贯做法①。万历六年（1578），张居正改革，下令全国清丈土地，四川大概也如此实施。清丈土地，实际是清理那些被豪强猾吏隐匿而不报的土地。只要报出隐匿能产多少石（或播多少斗、石的种子）的田土，就折算出清丈出了多少田土亩数。

明代中期，土地兼并严重。弘治、嘉靖年间，四川土地比之于洪武末年不仅未增，反倒失额近万亩；万历六年（1578）清丈，清理出三万亩，这些就是被豪强猾吏兼并隐匿的田土。这次清丈是否完全彻底，姑且不论，但万历六年的田亩数作为明代四川耕地面积确定数应是可信的。

明代四川耕地开辟，比之于往代，出现了一个新变化，即川东耕地面积扩大。见下表：

表8-4 明代川东耕地面积统计表

川 东	川 西	川 南	川 北
重庆 32276	成都 18315	叙州 12150	潼川 3769
	邛州 2681	泸州 8821	保宁 4128
夔州 3713	雅州 1132	嘉定 4805	顺庆 9560
	眉州 3642		
合计 35989	合计 25770	合计 25776	合计 17457

资料来源：正德《四川志》。

上表所示，四川东南西北农业耕地状况，共104992顷，川东耕地最多，川南第二，川西第三，川北第四；以府而论，重庆府的耕地超过了成都府。成都府，川西平原，历代是农业最发达的地方，而明代却发生了如此变化，这是大夏政权时"徙楚实蜀"政策和明初大量湖广人迁蜀开发的结果。湖广人大多溯江而上，所以也促进了川南泸州、叙州、嘉定等地的开发，田亩数迅速增加。这是明代四川农业生产的一个特点。

川东、川南耕地面积超过川西，但由于土质、水利、作物品种、耕作技术等因素，亩产量并不如川西，成都平原仍是富庶的粮仓。

---

① 直至民国时期，政府定田赋，民间买卖田土，佃农佃田土耕种定押租，四川均以此法估算。解放后土改，第一次普遍拉线丈量每块田土。笔者亲自参加了这一工作。

第八章 元明时期四川的农业

明代四川边区，少数民族地区的耕地开发与增加，也是引人注意的现象。这些地区的耕地扩大，一是百姓开发，一是军屯垦殖。流民逋逃入川北老林、川西偏远地区刀耕火种之地无法统计。改土归流，平定叛乱，实施编户征赋的土地能统计上报。万历二十九年（1601）户部奏播州善后事宜二款，一是丈田粮，二是限田制，所言："今既改流，自当纯依汉法……查克平九丝，丈量田地，分别上、中、下三等，每亩上田四升，中田三升，下田二升，今宜仿之以清播田，定为等则，务均平，二年之后起科。"当时，"播土旧民仅存者什之一二，遗弃田土往往冒认影占"。政府除了给旧民每人田30亩外，遗弃之田和没官之田，"许三省之民占籍授田"①。播州地区，今属贵州遵义市。九丝城（寨）在今兴文县，原都掌蛮据点之一。万历元年（1573）平定都掌蛮后，"清出原占民田给主三万六千八百余亩，丈出蛮田并地一十四万八千余亩，拨给州县军民领种"②。

明代对四川西南边疆的开发比之元朝有较大拓展，其开发的主要组织形式是军屯。"以屯养军"，是明代军卫制度的一大特点，朱元璋说，朕养兵百万，不用老百姓一粒粮食。四川军屯，成都六卫（六分屯田，四分守城），但主要在少数民族地区。据嘉庆《四川通志》卷92载，明初蓝玉率军平定元朝残余势力月鲁帖木儿叛乱，设五卫八所，留官兵59000人驻守，大约分布在安宁河谷、越巂河两岸、金沙江北岸、大渡河南岸。明代卫所制度，边区卫所兵士，"八分屯田，二分守御"。几万军士的驻守与屯田，开发了四川民族地区农业经济，也维护了四川入云南的古老交通线的畅通与繁荣。洪武二十年（1387），"今建昌卫附近田土先尽军人，次与小旗、老旗、百户、千户、指挥，屯种自给。其新立苏州、挡兴、会川、涪州等卫，一体摽拨"③。明代四川屯田，人力足，畜力亦足。据屯田清吏司统计，四川屯田的畜力比之于各省也是居前列的。详见下表：

表8-5 屯田畜力统计比较表

省区	水牛	黄牛	省区	水牛	黄牛
北平都司	846	16620	贵州	4568	704

---

① 《明神宗实录》卷357。
② 《明神宗实录》卷45。
③ 《明太祖实录》卷216。

第八章 元明时期四川的农业

续表

省区	水牛	黄牛	省区	水牛	黄牛
北平行都司	18534	3	湖广	3934	733
直隶	7401	38445	浙江	1254	992
云南	9782	5502	陕西	46	26683
四川	6527	1248			

资料来源：万历《大明会典》卷201。

劳力多，畜力足，保障了田土的开辟。政府如此分拨军屯力量，也说明对那一地区开发的重视。明代四川军屯田额约为659500余亩。明代在四川边区驻军还有松潘军民指挥使司、威州千户所、叠溪千户所、大渡河千户所、雅州千户所、赤水卫、宁番卫、越嶲卫、德昌千户所、乌撒卫、黔江千户所、达县千户所、青州千户所等20余处军屯，这些驻兵的屯戍，带去了内地汉人的农耕文化，促进了少数民族地区的生产方式变化和经济发展。

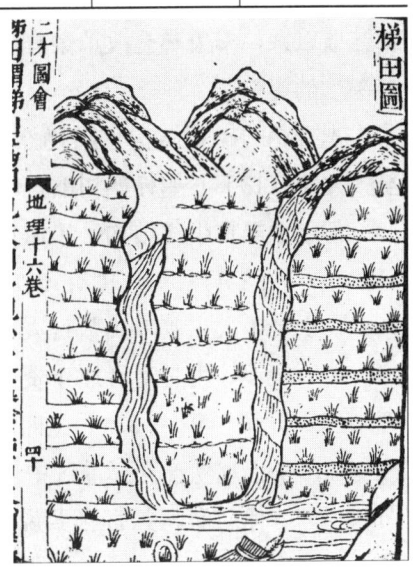

图8-2 梯田图（采自《三才图会》）

第二节 水利灌溉

一、元代四川水利

南宋末年至元朝初年，战乱频仍，四川人口锐减，农业生产破坏，水利瘫痪。元朝开国，安定天下，恢复农桑生产，注意兴举水利。"内立都水监，外设各处河渠司"，朝廷钦令各地劝农官及知水利者，巡行郡邑，督农兴水。

至元元年（1264），赛典赤·赡思丁领秦蜀行省平章政事，统辖川陕二省，他采取一系列抚民和恢复社会经济的措施，招流民，立屯田，修道路，设驿站，并重新将都江堰纳入政府的管理之下。

第八章 元明时期四川的农业

至元十二年（1275），李秉彝任秦蜀道按察副使，巡行至灌州，得知年年岁修，年年受损，产生了"宜筑之坚"，修筑永远牢固的"硬堰"想法，改变传统竹木笼石筑堰法。当地耆老担心"壅遏涨势，恐为成都患"，李秉彝说服众人，"水从石上过，宁有壅遏之患乎"？于是改用砌石结构，三月竣工。其新堰效果合意，"自是大水至，冒堰上行，旱则潴以溉田，省费而利兴"①。自李冰创建都江堰以来，李秉彝是改革渠首枢纽结构第一人，"筑之坚"的思想对后世产生着深远的影响。

李秉彝的砌石结构鱼嘴仍然没存在多久，被水冲坏，人们复用传统做法。至大元年（1308）始任四川廉访使的赵世延，在蜀四年中几次整修都江堰。

都江堰渠首枢纽结构，采取传统竹木笼石做法，虽然易修，但亦易坏，年年岁修，人民负担沉重。"有司以故事，岁治堤防一百三十有三所，役兵民者万余人，少者千人，其下犹数百人，役凡七十日，虽事治不得休息。不役者，日出三缗为庸钱，由是富者屈于资，贫者屈于力，上下交病；会其资，岁不下七万缗。"② 元统二年（1334）佥四川廉访司事吉当普巡视都江堰灌区，认为必须改变面临的治堰状况，择灌区中最重要的32处堰口治理，对渠首枢纽应用铁石"筑之坚"。他向灌州判官张弘说："若錾之以石，则岁役可罢，民力可苏矣。"张弘完全赞同，并出私钱作小堰试验。试验成功，将结果具文上报省及蒙古军七翼之长，获得支持，于是广泛动员郡县守宰、乡里百姓，于元顺帝至元元年（1335）十一月初一日开工大修都江堰。对渠首鱼嘴构造，采用大块体石料砌筑，砌缝用桐油石灰拌和麻丝进行胶结；料石与料石之间，凿孔灌入铁汁锚固，构成整体式的堤坝结构，在鱼嘴前端水流冲激之处，树立几根铁柱以抗江水冲刷。并铸重1600斤大铁龟置于上，以固鱼嘴，以镇江流，时称"铁龟鱼嘴"。此外整治渠系，堰渠堤岸易崩之处，砌以石条（块），上面铺土植柳，旁种蔓荆，以增牢固。对渠首枢纽以下重要分水口，以石砌水门控制水流。

吉当普大修都江堰工程，历时5个月，动用石工和金工700人，木工250人，役徒3900人，蒙古军2000人；用粮千余石，石材百万条。石灰6万斤，油3万斤，铁65000斤，麻5000斤，共耗资4.9万缗（贯）。此款不到历年所

---

① 《新元史》卷174《李秉彝传》，嘉庆《四川通志》卷110。
② 《元史》卷66《河渠志》。

第八章　元明时期四川的农业

图8-3　今都江堰的伏龙潭与宝瓶口

收劳役费累计20.18万缗（贯）的四分之一，其所剩余资金贷出生息，作为岁修的经费①。此功告成，"所溉六州十二县之民，咸歌舞焉"。从此之后，灌区"缘渠所置碓硙纺绩之处以千万计，四时流转而无穷"，民大受其利。吉当普此功获得元顺帝表彰，以监察御史召回朝廷，并派文学家（翰林，集贤学士）揭傒斯撰文立碑，以旌其功②。吉当普以金石建构都江堰鱼嘴，对后世产生重大影响。

　　元代多次大修都江堰渠首枢纽，对灌区诸堰也曾进行维修改造。于是对都江堰河系分布比之于前代，有了较完备的记载，岷江主流，古称江、江水、大江、大皂江，元朝称南江；内江干流，古称北江。《宋史·河渠志》对内江已有明确记述，北流为三，曰外应，东北曰三石洞，东南曰马骑。外应相当于柏条河，三石洞相当于今蒲阳河，马骑相当于今走马河。此为内江宝瓶口以下所分三流③。对于外江干渠亦有记载，"南江自利民台有支流"。此支流《华阳国志》称"羊摩江"，相当于宋代羊马河，清代的黑石河、沙沟河（羊马河于1972年废除）。其取水处记载明确。这些均是都江堰史的宝贵资料。

---

①　《元史》卷66《河渠志》。
②　揭傒斯：《揭傒斯全集》卷7《大元敕赐修堰碑》。
③　今宝瓶口以下分四流。1957年都江堰渠系调整，将外江金马河左岸取水的江安河移入。

彭山县通济堰是开创于东汉，重建于唐开元年间的古堰，原名远济堰。取水口在新津，有大堰一、小堰十，溉彭山、眉州田 1600 顷，天历初年（约 1328），彭山县知县雍熙大修通济堰，以御旱灾，"民赖其利"。此次修浚，提高了通济堰的灌溉效能，溉彭山、眉州等处 300 余里田土[①]。

二、明代四川水利

明代开国伊始，太祖朱元璋即下诏有司："民以水利条上者，即陈奏。"洪武四年（1371）平定四川，恢复农业生产，兴修水利是地方政权的一项要务。在恢复都江堰灌区水利中，"州县与军、卫、屯、所共役人夫五千；竹木工料，计田均输修葺，堰得不坏"[②]。都江堰是四川水利的重大工程，历任地方官均特别重视。元末吉当普主持修建的大铁龟鱼嘴，40 年后已被洪水所毁。洪武九年（1376），都江堰属彭州管辖，彭州知州胡子祺主持大修都江堰，将元末明初因战乱而瘫痪的都江堰彻底修复，并规定每岁冬春之会，令得水州县共出所需之人夫和竹木工料。

明代关于水利的法令较多，地方官不重视河防堤堰者，罪成笞 50，修而失时者笞 30；盗决河防者杖 100，决圩陂塘堰者杖 80。正统二年（1437）"令有司秋成时修筑堤岸，疏浚陂塘，以便农作，仍具疏缴报，俟考核以凭黜陟"。对于都江堰也曾颁布法令，弘治三年（1490）敕书："成都府灌县地方旧有都江堰，近年以来，多被官校人等创造碾磨，或私开小渠，决水捕鱼，以至淤塞水利，伤害田禾"，令"各州县卫所，抚民捕盗，管屯等官，相兼管理"，"敢有不遵约束，沮坏水利之人，拿问如律"。

都江堰的管理体制进一步完善。成化九年（1473），巡抚都御史夏埙认为，"远人赴役不便，令郫县、灌县就近抽调劳力，备办工料，将二县的杂派科差，均输得水州县"。弘治三年（1490）巡抚都御史丘鼎认为，地方主管官办堰务，繁琐难于善理，朝廷派来的国子生远来暂居，不熟悉堰况渠系，亦难成其事，于是向朝廷建议设置专官管理堰务。朝廷准允，四川按察司添设佥事一员，"专

[①] 正德《四川志》卷 20；雍正《四川通志》卷 13。
[②] 《明史》卷 88《河渠志》。

一提督都江堰,并各府州水利"①。此外,省布政使司和灌区州县官及朝廷驻川御史均参与都江堰岁修管理。专官专理,地方行政主官协理,朝廷御史督察,形成落实而得力的水利管理新体系。

由于管理体系的加强,有明一代都江堰水利工程得到重大发展。

建文二年(1400),灌县知县胡光大修都江堰。他承袭元代李秉彝、吉当普"宜筑之坚",采用铁石结构方案的思想与做法,再改竹笼杩槎建造鱼嘴的传统结构,在冲毁的旧址上用石料浆砌,铁锭锚接,再用长1.2丈的铁柱三根插入砌体,以防水冲。构件之间用油灰加固。工程用料铁32200斤,桐油500斤,麻线200斤,木2500根,人工263200个。新鱼嘴长15丈,高1.3丈,前端阔5尺,后段阔1.2丈。

图8-4 都江堰治水六字诀

铁石建造的鱼嘴,几十年后仍被冲毁。于是主张恢复古法派,大肆宣传李冰"深淘滩、低作堰"六字诀是"万世治水者法",斥责砌石主张是破坏了前人传统成法,违背了天时地利,加重百姓负担。正德八年(1513),卢翊任四川按

---

① 嘉靖《四川总志》;《明史》卷88《河渠志》。

察司佥事，主管水利。他认为铁石构件耗资巨大，并不能求得一劳永逸，而竹笼卵石结构就地取材，花费不大，虽易坏，但易修，古今称便。他说，李冰凿离堆，"刻深淘滩、浅作堰六字于石，立万世治水法……唐宋相承，世享其利。元始肆力于堰，无复深淘之意……所谓铁龟铁柱，糜费几千万缗者，曾未几何，辄震荡湮没，茫无可赖。方诸笼石廉省，古今便焉者，孰得比来民受其困，宜坐"①。卢翊此论，是元明清这一主张的典型代表。于是，卢翊全部恢复竹笼工程。其工役采用每亩产三石粮，

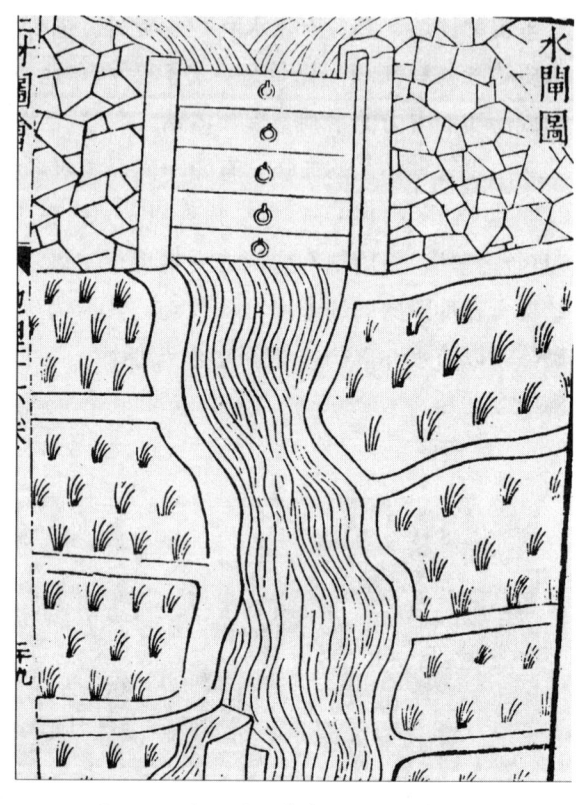

图8-5 水闸图（采自《三才图会》）

派岁修人夫一名，组织劳力3000人，分为八班，每人八年才服役一次。人夫的妥善解决，保证了都江堰的岁修。由于工作落实，灌区连年丰收。卢翊的水利事务获得了蜀王的支持，每年资助数万竿青竹的竹笼卵石构件。

19年后（嘉靖十年），成都水利佥事张彦果为年年岁修给出《修堰新规》，详细地规定了鱼嘴、堰身内外岸、利民台、堰脊减水沟、杩槎等工程的尺寸、用料、工价等事项，使其得以规范化操作。

岷江水四季变化，洪水无情，竹笼杩槎构件"随筑随圮"。又是一个19年后（嘉靖二十九年），采用铁石构筑鱼嘴的方案复出。四川按察司佥事施千祥主管水利，造铁牛鱼嘴。其工程，"乃淘江及底，密植柏桩三百余株，实筑以土，与桩平齐，铺柏木于桩；乃漫石板，石皆长几丈，厚几二尺，后熔铁为锭，以

---

① 卢翊《灌县治水记》，万历《四川总志》卷27。

铃联之；乃铸铁板为底，作牛模其上……分据大炉十一座，鼓鞴于牛模旁。施筑土台之上，化铁而泻于槽，以注于模内。更用大锅五十余口，陆续熔铁添浇，以满乎模，凡用铁六万七千斤而二牛成，屹然堰口中流，以当二江汹涌之势。复立铁桩三株于牛之下流，以固鱼嘴之石"。此二铁牛，一昼夜浇成，"各长丈余，首合尾分，如人字状，以其锐迎水之冲，高与堰嘴等"。铁牛身上铸有铭文："问堰口，准牛首；问堰底，寻牛趾；堰堤广狭顺牛尾，水没角端诸堰丰，须称高低修减水。"[①] 铁牛不仅抗湍流护鱼嘴，还是量水、修堰的标尺。万历三年（1575）岷江大洪水，冲毁堰堤，巡按御史郭庄、水利佥事杜诗悉心区划，"令寻牛趾而浚之。自堰之下，如仙女、三泊

图 8—6 都江堰分水杩槎

图 8—7 都江堰堵江石笼

洞、宝瓶口、五陡口、虎斗诸崖间植三十铁柱，每柱长丈余，共用铁三万余斤。又树挂以石，护岸以堤。水遇则力分，而安流则堰固"[②]。这铁牛鱼嘴遗迹，至明末（1642）"至今于湮久矣"。万历三年治理都江堰，还在飞沙堰对岸凤栖窝处的江底埋一根卧铁，上铸"永镇普济"四个大字，作为以后每年岁修淘挖河床沙石深度的标尺。此卧铁沿用至今。

明朝对都江堰渠首枢纽工程的维修、创新和管理，远胜于往代。对于灌区

---

① 明·陈銎：《铁牛记》。
② 明·陈文烛：《都江堰记》。

第八章 元明时期四川的农业

各堰口（支渠）的修建也有较大的发展。其灌区包括郫、灌、温江、崇宁、双流、崇庆、彭县、新都、新津、眉州、彭山等10余州县。明代270余年间，各州县的堰渠数均有所增加。据正德《四川志·水利》和天启《成都府志·水利》所记列表如下。

表8-6 明代都江堰灌区堰渠统计表

州县	正德《四川志·水利》记数	天启《成都府志·水利》记数
成都县	总泥、蚕丝、土桥……58	121
华阳县	沙河、湖堰、沙堰……23	金华堰、湖堰、瓦子堰……15
灌县	石牛、广济、五斗堰……28	侍郎堰、杨柳堰……20
郫县	漏河、油子、接堰……23	24
温江县	鹿角、李家、鹅顶……36	鹿角……45
彭县	麻柳、十字、石洞……14	石洞、丁字、马鸣……14
崇宁县	万口、龙口、灵宝……16	24
金堂县	马棚、仙龟、石龙……85	马棚、三口、天生……62
双流县	马昌、马回、马蓬……48	玉石……48
新繁县	火烧、杨柳、长乐……23	36
新津县	黄土、通济、石马……32	40
崇庆县	黑石、普济、大寺……74	71
总计	460	520

说明：天启《成都府志·水利》有的县只记其数，未记堰名。

上表所示，天启年间，都江堰灌区有堰渠520处，比之于正德，100年间增加堰渠60处。实际上，远不止此数。眉州、彭山县水利，是源头在新津县的通济堰，应属都江堰灌区，当时统计多为成都府州县，故未列入上表。通济堰是创建于东汉的古堰，从新津源头以下分十二渠流经彭山、眉州两县境，灌溉农田。永乐初年，眉州知州胡彦祥修复蟇颐堰。明宣德七年（1432），通济堰岸被水冲坏，不能引水灌田，田土多荒，农民逃徙，州县官按洪武、永乐年间修都江堰的摊费派役办法进行大修，溉田25000余亩。正统七年（1442），此堰又被冲坏，地方官又发民夫督修。通济堰是跨县水利工程，其维修护理须三县自行协商解决，解决问题虽然有难度，但求民安、征田赋是州县官共同的政绩所在，所以，通济堰或大或小总一直在溉田兴利。

明代四川水利，除有都江堰灌溉之利的成都平原外，其他丘陵、山地区域的州县水利也得到了较为明显的发展。明初，朝廷派遣"国子监生及人才分诸天下郡县，督吏民修治水利"，"凡陂塘湖堰可潴蓄以备旱，宣泄以防霖涝者，皆因其地势修治之"，据统计全国共修复新建塘堰40987处①。四川的州县官执行朝廷政策，收到一定成效。洪武年间，汉源县青木林引泉为堰。宣德时，朱思通任长宁县令，"每岁二月，亲赴诸溪，率民修堤堰以灌溉"②。正统年间，胡叔宝任中江县令，"邑素无陂塘堤堰"，他率民一同凿筑，该县

图8-8 水塘图（采自《三才图会》）

"灌溉堤防，咸有其备"；在凯江上游设筒车堰48处③。成化年间，乐山县的圣水堰修成，长约7里，溉田500亩。璧山知县张本"掘觅井泉，民赖以济"。明代乐山，有永丰堰和牛特堰，均引青衣江水，前者穿山为洞，引水长30余里，溉田6000亩；后者长30里，溉田2000余亩。正德年间，据正德《四川总志》载，28县已有956处渠堰。此后，嘉靖年间，井研知县杜如桂在丘陵区大倡修塘以蓄水，在小溪建临时性草土堰拦河蓄水。绵竹县官渠堰、青神县鸿化堰相继发挥效益。峨眉县，万历年间有知县王鸣凤兴建千金堤，以兴水利，继任知县完成其工程，凿山引水，蓄泻有法，溉田数万顷④。夹江县，重修龙兴堰，凿大渠，溉田万余亩。富顺县，修建朱家堰，溉田百余亩。汉源县，有指挥郝

---

① 《明史》卷88《河渠志》。
② 嘉庆《长宁县志》卷17。
③ 周洪谟：《中江重建县厅记》，《全蜀艺文志》卷34。
④ 嘉庆《四川通志》卷110《政绩》。

宝兴倡修三股堰，引河水溉田8顷。新明县（今江油县），有本乡举人主持兴修的姚济堰。嘉靖年间，井研县有塘450座，堰11道。综观州县的大塘小堰，明代有了显著发展。

州县堰渠塘堤水利，大工程必请地方官做主，并立兴建、维修经费分担和管理分水溉田的规章。嘉靖四十五年（1566），峨眉大旱，百姓拟修一座堰，因工程规模较大，请求县府主持，知县熊兆祥出面主持，"遂立堰长二人，计旱所田，编夫十，以一人领率之，百以上，一长督之"，亲赴现场，踏勘调度，力众功速，竣工后百姓"咸名曰熊公堰"[1]。井研县以"量田之多寡，为泄水之久暂"为依据，订出摊水费与受水益的则例[2]。小塘小堰，多由民间协调自理。

筑堤堰陂塘，讲地理，需资金，要人工，多是集体行为，而广大农村个体农户，尤其是丘陵地区，多采用龙骨车、筒车等解决农田用水问题。嘉靖《洪雅县志》卷12载："灌田则多者以桔槔，以筒车，田少者以戽斗。"此地民众还利用水力加工大米，"乡村多水碾，多水碓"。洪雅浅丘地，却呈现出水乡景象。

明代四川水利，州县政权支持着发展。堤堰多分布在平原、浅丘、河谷地带；山间导涧引泉灌溉的设置也增多，扩大了农田灌溉面积。

第三节　粮食及经济作物

四川是我国农业生产繁盛之区。元代、明代的农业随着水利的发展、耕作技术的提高、农作物品种的增多，产量有所增加。

粮食生产是农业最基本的大项，国民维生所系，官民皆重于此。元明时代的四川粮食生产，平原、丘陵和山地的沟田、冲田、灌溉方便的塝田皆种植水稻。水稻成为这些地区居民的主要粮食。在平原的旱土，丘陵和山地的旱土、山田，主要粮食作物是麦、粟、荞、粱、鹅掌稗、麻等类，基本上是传统的"五谷"[3]。

---

[1] 高光：《新堰记》，同治《嘉定县志》卷44。
[2] 光绪《井研县志》卷4。
[3] 玉米、甘薯已传入中国，但还未传入四川，参见李映发：《清代移民与玉米甘薯在四川的传播》，《中国农史》2003年第1期。

水稻种植普遍。由于人们种植经验的积累和品种的培育，元明两代有了许多水稻品种。根据元人郭翼《雪履斋笔记》载，"峨眉县所产谷品甚繁，他处罕闻其名"，经他著录下来的谷品有 25 种。明天启《成都府志》记载也有多种。列表如下一览。

表 8—7 《雪履斋笔记》及《成都府志》所载谷品一览表

史 料	粘 谷	糯 谷
《雪履斋笔记》	青秆粘 黄秆粘 广安粘 盖草粘 柳条粘 黄泥粘 泡头粘 老鸦谷 毛香谷 白莲谷 荷包谷 鱼眉谷 冷水谷 还了债 弯刀谷	红糯 芝麻糯 救公饥 白糯 猪脂糯 花谷糯 老来红 虎皮糯 尖刀糯 鸭子糯
天启《成都府志》	六月熟 晚稻 香秔 白米粘 旱稻"余名颇多"	粳糯二种 秔糯二种

明天启《成都府志》记载较为简略，元代四川人种植的谷物品种，一般来讲至几十年后的明代都是会种植的，这就是说粘谷或糯谷的品种均不会少于元代。

此外，旱地作物黍、稷、麦、荍、蜀秫、鹅掌稗，元代种植，明代种的区域更广泛。黍，有白、黑、黄三色。稷，有红、黄、白、黑四种。麦，有小麦、大麦二种。荞，有甜荞、苦荞二种，分夏、秋二熟。荍，即豆，有大豆、小豆、蚕豆（胡豆）、绿豆、弯（豌）豆、巴山豆六种。蜀秫，俗名高粱，有秔、糯二种。糯高粱，多用于食；秔高粱，四川人多用于酿酒，明代四川的高粱白酒已有一定名声和市场。稗，其茎叶似禾，有龙爪稗、鹅掌稗。黍、秫、麦、荞、稗、荍等均为旱地居民的粮食作物。明代四川边区军屯或土司所辖之区，多为丘陵、山区梯土山田旱地，主要种植这些粮食作物。

明万历《四川总志》载，万历六年（1578）全省官民田土共计 134829 顷 67 亩 2 分 4 厘。以此为据，除去三分之一田土栽种桑棉麻，以亩产粮食 150 斤计，全省产粮食 9.46 亿斤，当时人口 310 万，平均每人一年有粮食 300 余斤。四川实为产粮大省、天府富饶之区。

蔬菜类，瓜、茄、姜、葱、蒜、芋、笋、藕、萝卜、蕨、蒟、荸荠等几十种；灾荒之年"民有菜色"，以菜充饥。蔬菜可出售给乡镇居民，也是一种经济作物。

经济作物中，首先值得一提的是棉花的种植。元代时棉花种植在东南沿海几省较多，而四川却少，甚至可说没有。明朝开国后，用行政命令规定百姓有

第八章 元明时期四川的农业

田土五亩至十亩者，棉、麻、桑各种半亩，十亩以上倍之。即耕地的 15% ～ 30% 种经济作物。每亩棉花征收四两，否则罚出棉布一匹①。洪武年间的行政命令，将棉花种植在全国推广开来，四川有 69 州县种植，产量大大增加，成为主要经济作物之一。洪武十六年（1383），明朝政府赏赐四川等卫所军士棉花多达 36 万斤、棉布 94 万匹。当时，棉花的亩产量低，亩产不达百斤，可见其种植面积的宽广。

据万历《合州志》卷 6 载，洪武二十四年（1391）征收棉花 3104 斤 7 两，按亩征 4 两计，种棉地达 12418 亩。据万历《四川总志》载，万历六年（1578）全省征地亩棉花 70389 斤 2 钱。地亩棉花包括部分折色棉。又征折色棉布 1213 匹，将其折算，全省种棉地约达 29 万亩，约占全省耕地面积的 5%，符合于朝廷的种棉政策。其面积与产量仅次于江苏，居全国第二位②。棉花种植择土质、气候，培育、收获、加工的工序多，可见明代农艺水平的提高③。

明朝中期，中国老百姓基本上都穿上了棉布衣服；明代以前的庶民百姓的"布衣"，主要是麻布。棉花的推广种植，使苎麻种植面积受到制约、萎缩。而传统的高等衣料丝绸绫锦的原料来源桑蚕仍然兴旺不衰。四川桑蚕丝绸历史悠久，汉代成都就名"锦城""锦官城"。元代蒙古贵族喜爱绫锦，曾搜刮民间工匠为"系官工匠"，但四川的桑蚕丝织仍然发展。明朝政府提倡农民种植棉花桑麻。棉花生长择气候、土质，不是所有田土皆可种植，而桑、麻在平原、丘陵、山地均可栽种，桑蚕仍是许多州县农村的经济大项之一。元明政府都要向百姓征收丝。洪武二十四年（1391），征合州夏税丝 1555 斤 3 两，农桑丝 1263 斤 3 两，共计 2818 斤 6 两；弘治十六年（1503），共征丝 2878 斤 12 两。弘治年间，全省征夏税丝 6333 斤 3 两，由此可见种桑养蚕之普遍。元明时代，南充、蓬州、广安、渠县、顺庆、营山以及成都府属州县是栽桑养蚕著名之区。丰富的蚕丝原料，支撑着传统的丝织业发展。

中国古代农业经济，农林牧副渔综合发展。茶树是林木，古代没有林业概念和专项，种茶植树全纳入农事。茶树种植，属农业经济作物。四川茶历代享

---

① 《明史》卷 78《食货志》。
② 郭声波：《四川历史农业地理》，四川人民出版社 1993 年版，第 233 页。
③ 参见李映发：《明代的棉花》，《历史知识》1980 年第 2 期。

有盛名。"唐以前茶，惟贵蜀中所产"①。宋代蜀茶亦盛，岁产约3000万斤。宋元战争时期，四川茶林遭到极大的破坏和荒芜。元代恢复不够，政府着力于禁私茶，"官买蜀茶，增价鬻于羌"②。明代政府同样重视，为着"边茶""茶马贸易"而禁私茶，但同时重视提倡和扶持茶的种植。在川陕主要产茶区有许多专业户，有的经营规模较大。明中期汉中有"所产茶叶，不假种植，随田而出，荒山茂林，耕治燔灼之余，茶从而萌蘖焉，民获其利，一家茶园，有三五日历程不遍者"。洪武五年（1372）户部统计，"四川产巴茶，凡477处，茶2386943株，茶户315户"。官府征收定例："每茶十株，官取其一，征茶二两。"此时，四川平定不久，官府又令"无户茶园，令人薅种，以十分为率，官取其八，岁计得茶万九千二百八十斤，令有司贮候西番易马"③。明初四川茶林迅速恢复，产量逐渐增加，但终明之世，全国产茶量和四川产茶量均未达到宋代水平。

四川茶业由于气候或采伐皇木等役使民夫，使种茶受到严重影响。永乐十年（1412）十二月什邡县奏报："县民自永乐五年至十年亏官茶160500斤，乞折输钞。"其原因皇帝也清楚："此因近岁役民伐木，妨其采办。"④宣德四年（1429）三月，四川安县茶户杜恩聪上诉："本户旧有茶八万余株，年深枯死，户丁亦多死亡，今存者皆给役于官，无力培植，积欠差课7700余斤，郡县责征日急，乞赐减免。"明宣宗朱瞻基闻此言，谕户部尚书郭敦曰："茶之利，蜀人资之，不但为公家之用。今有司以他役苦之，则民不得尽力于此矣。即令四川郡县缓其征茶，户当免徭役者，皆免之"；又告诫征解茶课官员不得"稍增茶课取利"，"岁课比不可增。果虚耗，则当减征课，但当以宽耳"⑤。

明代北方边事多，也就十分重视"茶马贸易"。洪武年间，皇帝令以陕西汉中茶每年易马三万匹。"其四川松、茂与之茶与陕同。碉门、黎、雅则听商人纳米贸易。"⑥ 正统年间，陕西洮州茶马司以"本司额收四川官茶，三年一次易买

---

① 胡仔：《苕溪渔隐丛话》前集卷46引蔡宽夫语。
② 《元史》卷167《张庭端传》。
③ 《明太祖实录》卷72。
④ 《明太宗实录》卷155。
⑤ 《明宣宗实录》卷52。
⑥ 《明太祖实录》卷254。

番马三千匹"①。这部分茶，由保宁一府三县征收运去。嘉靖四十一年（1562）增设茶马司于甘州，仍由保宁茶供给。由于课茶太重，六年后裁州茶马司，但陕西洮州易马，仍由保宁一府三县茶供给。仅此一项可见川北茶之盛。四川产茶区多，主要在川西盆地边缘山区灌县、天全、名山、蒲江以及川南诸州县。

从明代官府征茶数量，可见川茶种植之盛。此将《明实录》中洪武、永乐、宣德三朝年间的记载列表示例如下：

表 8—8　明初四川茶课地区与数量一览表

产茶地区	官茶数量（斤）	记 载 年 月
保宁	19280	洪武五年（1372）二月
永宁	188000	洪武五年（1372）十二月
雅州	411600	同上
灌州	7430	同上
安州	13170	同上
筠连州	296280（396270）	同上
天全	乌茶 666609	洪武二十二年（1389）三月
碉门	乌茶 1842655	同上
什邡	160500	永乐五年（1407）至十年（1412）
安县	73384	永乐十年（1412）十月
天全	乌茶 50000，芽茶 2000	宣德五年（1430）九月
保宁	12400	宣德十年（1435）五月

表中略见各产茶区和征收茶局简况。

根据明初定例，"每茶十株，官取其一，征茶二两"，以此为据折算上表中之官茶斤数，足可探窥所属产茶区之茶株树和应有的茶林面积。四川的茶林普遍，产量高。弘治三年（1490）官府追拖欠茶课，芽茶一斤追银二分；叶茶一斤，追银一分②。市价高于此，可见种茶经济效益大。

四川茶除了保障茶马贸易外，为百姓饮茶消费。正统年间，四川私茶多，以致影响官茶征收，"盖由近年邻近府卫军民兴贩者多，是以产茶处所，竟以细茶货卖，而以粗差纳官"。景泰二年（1451）筠连、高县、珙县所产茶因受灾质量不够好，"不堪易马"，官府命折钞完课，茶自销售。明代成都是四川东西南

---

① 《明英宗实录》卷 113。
② 《明孝宗实录》卷 26。

北茶集聚地，市场上有蒙山茶、峨眉茶、青城茶、夔门春茶，陕西商人来此大宗购买，运去西北。四川茶已享誉四海，顾元庆《茶谱》载："茶之产于天下矣，剑南有蒙顶石花……邛州有火井思安……其名皆著。品第之，则石花在最上。"

明代四川种茶，也存在一些地区不景气的现象。茶的种植技术性较强，选种催芽，择土开沟，整地播种，灌溉施肥，疏苗、移栽"三年后，每棵收获八两，每亩计二百四十科（株），计收获一百二十斤"。明代种茶技术方面基本沿袭传统做法，在采摘制作方面有些新方法。

图 8—9 今雅安茶园

茶农辛苦，但在政府"驭番"政策和禁私茶政策控制下，茶农往往难以为生。如明初四川筠连地区所产茶叶，政府只征不调，造成300余万斤损失。成化时，江安县8万余株茶树枯朽，户丁多死亡，积欠茶课7700余斤。还有茶商的敲诈，茶农维生艰难，茶园因之而衰落，影响川茶产量减少，不及宋代水平。

四川农村对桐、漆、蜡树的种植也十分普遍。元代广元路是全国唯一征收漆课的产地[1]。明代末年，成都杂货市场上，芍、桐油、黄蜡均为抢手货。此三种山货，从此直至民国时期，均为四川远销外省的著名土特产。

四川中药材也是全国著名的土特产。在明代，有"川蜀多药"之谚[2]。成都药市，名货繁多，川芎、茴香、乌头、何首乌、常山、沙参、当归、葛根、羌活、地黄、麦冬、枸杞、山椒、木瓜等共有115种。其产地著名者，如绵州乌头、江油附子、广元麝香等都盛名远播。中药材的种植，有的是农户专业户，有的是农户的副业，是粮食作物生产上的经济补充。

---

[1] 《元史》卷94《食货志》。
[2] 陈全之：《蓬窗日录》卷1。

第八章 元明时期四川的农业

四川农业生产和农村生活离不开竹子，家家户户都种竹子，家家户户的生产和生活用具离不开竹子。竹子是架房、编席、织筛和箩筐、箕、簸、箸、扇等的材料，是用品，也是商品。农家种竹历史悠久。宋代四川的竹子已有许多种类。明代成都府属州县的竹，有慈竹、斑竹、白夹竹、篥竹、龙竹、筋竹、紫竹、苦竹、甜竹、观音竹、凤尾竹等十余种。种竹是农业生产和农家生活的需要。明人何宇度《益部谈资》载："桤木、笼竹惟成都最多，江干村畔，蓊蔚可爱。"这应是四川人爱竹习性的写照。户户农舍的竹子林盘（园子），美化了四川农村的生活与生态环境。

图8-10 蜀南竹海人面竹

元明四川农业生产和农村景象，元代人的闻见记述较少，而明代较多。正统四年（1439）泸州同知宋恩宧言："凡菜、果、麻、苎、木棉之属，但可衣食善生者，督民广种，俾土无旷土。"① 嘉靖初年，新都人、大学士杨廷和致仕回乡一路纪行，川北山区，"挑云水于上山兮，烧石田以为耕"；盐亭县一带，"瘠土几塆刚有麦，平林一望更无楸"，"云中石路依山转，涧外畬田趁水斜，刚到富村风景别，竹林松径是一家"；隆山一带，处处"溪田望如井"②。嘉靖时，张瀚入蜀见到川东的情景，万县地区的商旅路径，"盘旋山谷中水田村舍之间"③。嘉靖十五年（1536）陆深为四川左布政使，见到成都情景："雨多风少，故竹树皆

图8-11 合江尧坝篾席

---

① 《明英宗实录》卷60。
② 刘琳校注本：《全蜀艺文志》卷2、卷16、卷19。
③ 张瀚：《松窗梦语》卷2。

第八章　元明时期四川的农业

修耸"，所谓"乔木如山，亦惟蜀为然"。成都城墙上，芙蓉树不多，"间栽有数株"，成都人家庭院多植楠木，有成行排列者，"楠木材巨而良，其枝叶森秀可玩"。成都也多杨柳树。黎州安抚司小厅内有一株大梨树，高9丈，围9尺，"州人取其枝以接果"①。看来梨树栽培的嫁接技术，已为黎州民族杂居地区人们所掌握。农业技术的传播，推动了民族地区经济的开发。

---

① 陆深：《蜀都杂抄》。

第九章 元明时期四川的手工业

手工业发展，以农业为基础。元代四川农业不如宋，手工业水平也因之不如宋。明代200余年间，人口增加，农业发展，手工业政策也宽松，因之较元代有长足发展。棉纺业、制茶业、采煤业、以竹为原料的造纸业、使用蒸馏技术的酿酒业，均为一代新特点。四川造船业历史悠久，明代成为全国造船业的基地之一。

第一节 纺织业

一、元代四川纺织业

元代四川的纺织业，主要原料是苎麻与蚕丝。苎麻织麻布，蚕丝织绫锦绢。生产方式一种是"白昼农桑夜绩麻、忙时禾稼闲纺织"的广大农户的家庭手工业，一种是城市乡镇的纺织专业匠户。宋末战争对二者都造成破坏，后者尤重。元代的农业政策和工商政策使得二者发展均受到一定约束，其发展远不如宋代，尤其是后者。但是，元朝几十年间比之于宋末战争年代仍有较大的恢复和发展。

广大农村中农户的家庭纺织副业是全家衣被之所在，战火中毁家，硝烟后

第九章 元明时期四川的手工业

重振家园，仍旧纺车旋转织机鸣轧轧。元顺帝至元二年（1336），文学家揭傒斯撰《大元敕赐修堰碑》记载都江堰灌区情况："缘渠所置碓硙纺绩之处，以千万计，四时流转而不穷。"在此十余年后，意大利旅行家马可·波罗抵达成都府所见情况是："出此城后，在平原中，又骑行五日，有城村甚众，皆有墙垣，其中纺织数种丝绢，居民以耕种为活。"① 这些是难得的元代川西小农桑麻纺织经济史料。至元元年（1335），吉当普大修都江堰，用桐油石灰麻丝胶结构件，耗麻5000斤，川西农户植麻种桑是传统习俗。

城镇的纺织业，为蒙古贵族和汉族官僚地主衣衾冠履所需。蒙古贵族喜爱绫锦，曾搜刮民间工匠入作坊为系官工匠。虽然影响到民间纺织业的发展，但元代中期四川城镇的纺织业仍有一定的复苏与兴旺。《马可波罗行记》中册中记载："彼等恃工业为活，盖其纺织美丽 Cendanx（锦帛），及其他布定，且在成都府城纺织也"②；这是元代成都纺织精美锦帛的记载。其布匹，指麻布匹或绸缎绫罗。成都的麻纺、丝织业均为发达。成都之外，四川较大的城镇也有可观的纺织业。《马可波罗行记》中载叙州（今宜宾）见闻："其地产丝及其他商品甚众，赖有此河，运赴上下游各地。"③

在元代社会生活中，蜀锦仍占有较为显著的地位。中统四年（1263），元世祖将蜀锦作为礼品赏赐高丽国王。翌年，南宋降将杨大渊将蜀锦织品"花罗、红边绢各百五十段"作为朝贡之礼④。元大都皇宫里的华丽帷幔、迎祥亭上的九龙华盖四帏，均由成都产的蜀锦做成。在四川省博物馆藏有一幅织金蜀锦的残片，长 26.5 公分，宽 20.2 公分，斜地

图9-1 上海书店出版社《马可波罗行纪》书影

---

① 冯承钧译：《马可波罗行记》（中册），商务印书馆民国37年版，第440页。
② 冯承钧译：《马可波罗行记》（中册），第441页。
③ 冯承钧译：《马可波罗行记》（中册），第509页。
④ 《元史》卷5《世祖纪》。

纹、纬浮花，地呈紫红色，花纹由蓝、黄、银色组成，花样特征是由金银线织成1.3公分宽的直条，在条纹的间隔处，纵向排列单个的万年青变形图案，显得庄重大方，气派非凡。

在重庆江北明玉珍墓中，出土一大批丝织品，其种类有：赤黄斜纹绫、淡黄云凤纹缎、淡黄缠枝花缎、丹黄云凤万宝纹锦缎、丹黄勾连万字锦缎、丹黄缎、青缎、赤黄缎、淡黄云龙缎、丹黄素缎、青黄云纹缎、赤黄斜纹素缎、青色软缎等13余种。这些绫缎，有的质地同，而图案不同，有的丝料同而织法各异，这些表现出蜀锦织造的高超传统工艺水平。墓中织品不一定都产自重庆和川东地区，明玉珍称帝于四川必然将全川精美织品搜刮于己。墓中出土的衣料中，有一端钤盖有朱色"常□"的长方印文，据考证此为织造者的姓氏。常氏织业是崇庆县历代不衰的巨姓家族产业。明玉珍墓的织品，证明了元代末年四川纺织业的盛况与水平。

二、明代四川纺织业

明代四川纺织业有较大的变化，除了以丝为原料的传统纺织业外，以棉花为原料的新兴棉纺业进入广大农村、城市与乡镇。

明代四川已经普遍种植棉花。明太祖立国之初即下令："凡农民田五亩至十亩，栽桑、麻、木棉各半亩，十亩以上者倍之……不种桑，使出绢一匹，不种麻及木棉，使出麻布、棉布各一匹。"对于种麻之地，每亩征收八两，种棉花之地每亩征收四两棉花①。

四川执行中央的农业政策，遍植棉麻。潼川县"凡广湿坪岭，俱可种棉。秋稼毕时，隙民乃入，男妇夜绩纺登机"②；营山县"地僻民淳，其俗近古，男女务耕织，敦尚节义"③。古代农业传统，"男耕女织"，而明代棉花的广种，产量丰盈，男子也不得不从事绩纺劳动，这是棉花种植在四川农村产生的新气象。

四川于洪武年间开始了棉花征收，并有棉花折征棉布的记载。洪武二十四年（1391）蓬州实征棉花57斤8两④。永乐中，营山县该征棉花84斤7两，折

---

① 《明史》卷78《食货志》。
② 万历《潼川县志》卷8《食货》。
③ 万历《营山县志》卷2《风俗》。
④ 正德《蓬州志》卷2《田赋》。

棉布21匹，零花1斤5两①。以亩征4两计算，蓬州种棉面积230亩，营州种棉340亩。以营山县所折，约4斤棉花（63.3两）折棉布一匹。洪武二十八年（1395），明政府赏建昌卫军士13040人棉布26080匹，棉花13040斤②。三十年（1397），明政府派专人于泸州市棉布往西番易马，凡用布99000余匹，得马1560匹③。建昌卫军士，每人2匹布1斤棉花，全部折成棉花共117360斤，这是四川生产的。泸州布57.2匹易马一匹，将其所买布折成棉花396000斤。这近40万斤的棉花为泸州地区（或川南）所产。明代棉花产量，以山东、浙江的亩产较高，"亩得二三百斤"④。四川棉花产量较低，直至民国时期也只有百斤上下。以亩产百斤计算，明政府一次所买棉花，泸州地区需用3960亩地种植，足见四川植棉之广。一次够买布99000余匹，也足见棉织业之盛行。

再以合州棉麻、蚕桑种植为例，以表示例如下：

表9-1 合州棉麻、蚕桑统计表

年　　代	夏税丝（斤）	农桑丝（斤）	棉花（斤）	地亩棉花（斤）	片麻（斤）
洪武二十四年（1391）	1555.3	1263.3	3104.7		
弘治十六年（1503）	1588.12	1290.2	3136.5	715	
万历七年（1579）	3135.12				

资料来源：万历《合州志》。

上表见，明初每年在合州征收丝2818斤6两，明中期2878斤14两，棉花均为3100余斤。合州丘陵地区，适宜种桑养蚕，棉花数量居多，而麻的种植大大减少。以弘治十六年（1503）征收棉花数为据，亩征四两算，合州有12545亩2分5厘土地种棉，合州田土总面积274835亩9分5厘，种棉土地面积约占5%，基本符合明初种棉政策的规定。

四川全省种棉的情况，可由万历《四川总志》所载资料探讨。列表以示：

---

① 万历《营山县志》卷3《田赋》。
② 见《明太祖实录》卷238。
③ 见《明太祖实录》卷252。
④ 吴省兰：《木棉谱》。

第九章 元明时期四川的手工业

表 9-2 明代四川征棉情况统计表

年　代	地亩棉花	夏税荒丝
弘治年间（1488~1505）	72851 斤 15 两 7 钱	6333 斤 3 两
万历六年（1578）	70389 斤 2 钱	荒丝折米 6640.32 石 米 606.5 石折布 1213 疋

万历年间，四川主要征收米、棉花、布匹。弘治年间征收荒丝，而万历年间将荒丝折成米，不征荒丝；米又折征布，这说明社会生活中棉布更有价值，更为需用，也说明织布业比弘治年代发展。

倘若将万历年间所征布匹换算成棉花（一匹布 64 两棉花），按亩征四两计算，全省种棉地有 309714 亩，按每亩产 100 斤皮棉计算，四川全省产棉 3000 余万斤。棉花加工，比麻加工复杂，麻可以手绩，绩好后织麻布才用机器，而棉花除籽、纺线以手工是完成不了的，需用机械，一家一户难以完成。普遍种植棉花，大量的棉花需要加工，可见四川棉纺业之盛。棉花加工促进了棉纺织业机匠户的产生与增多。嘉靖《洪雅县志》卷 1 载："其女工则绩麻、纺棉、缫丝，以为布绢，然甚粗恶。正德以前犹自理机杼者，正德以后皆用机匠矣。"棉花加工，比麻加工技术要求高，棉布比麻布柔软细致，没有较好的搅车、纺车、织布机是难于大量纺织，并织出良好布匹的。这一加工过程，单独农户难于完成。明代棉纺业的发展，不仅使人们普遍穿上棉布衣服，也促进了纺织业从"男耕女织"的农村经济中逐渐独立出来，在社会经济中形成一种新兴的产业。江南地区如此，"买不尽的松江布，收不尽的魏塘纱"；四川亦如此，城镇有专织机匠，农村农闲时男妇皆绩纺登机，生产出自用和政府赏赐军士与供茶马贸易的大量棉布。

明代四川纺织业中，丝织业虽然比不上棉纺织布业发展势头强劲，但较之于往代也并未衰退。明初政策强调蚕桑生产，四川广大农村适宜种桑养蚕。从前面所引明代地方史料载，政府也征收夏税丝。四川丝织业的原料是丰富的。从蚕茧至锦缎，有缫丝与丝织两道大工序，缫丝是丝织的大前提。缫丝，单户农家可进行，而丝织比之于麻织、棉织要困难些，要专业匠户才能织成优良锦缎。专业匠户一般都居住在城市和乡镇。四川丝织业历史悠久，明代已形成许多丝织业中心，如成都、保宁、南充、蓬州、广安、渠县等城市与县邑。章横《图书编》载："保宁诸县，则家植桑而人饲蚕，其丝绸绫绢，既用以自衣被，而其余以货诸他郡，利云厚矣。"① 对于平民百姓，丝绸绫绢是奢侈品，明代以前多以麻布为衣，明代中期后普遍以棉布为衣。广大农民植桑养蚕，主要还是向政府缴纳夏税丝、土贡，或者出售以赚食盐灯油等生活必用之补贴钱。四川省出产的丝与丝绸绫绢，除向朝廷、亲王进贡，本省官府贵族享用之外，便是销往外省（以至外国）的商品。王士性《广志绎》卷 5 载，四川丝织品，"一缣 50 金，厚数分，织作工致，然不可以衣服，仅充裀褥之用，只王宫可，非民间所宜"。缣，本为一种比一般绸子还要精细的丝织品，可作画题字，作为赠品。所谓"双丝曰缣"，双丝作为一根织线，其织品当然薄弱而细致。如此细的丝织线织薄缣容易，而要织成"厚数分"作为王宫的裀褥用料可就非同一般了。厚而细腻并有花鸟吉祥图案的缣，当然其价亦高，"一缣 50 金"，庶民百姓是购买不起的。四川能大量生产这类丝织品，表明丝织业的发达和织造工艺的高超水平。

这种缣是蜀锦一个品种，供王府所用。明人何宇度《益部谈资》载，宋代成都锦院织 30 余种蜀锦，而明代成都的蜀锦"惟蜀藩制之，名无多而价甚昂，不可易得"。明代四川城乡市场和销外省的锦缎绸绢，多由南充、保宁、蓬州等新兴丝绸中心生产。明穆宗隆庆年间，郭子章在一篇著名的《蚕论》文章中，提供了明代保宁府蚕丝生产的珍贵资料。该文说，当时全国蚕桑生产很不好，唯独浙江的湖州和四川的阆中两地到处"绿阴冉冉"，"女桑（柔嫩的桑条）姨柔，参

图 9-2　剥茧

---

① 引自《八编类纂》卷 100。

差墙下"。还说,东南的丝织业以三吴、闽越最多,原料取给于"阆茧"(即阆中府所产的蚕茧);明代阆茧产量大,质量高,由当地蚕户缫出的"水丝","丝细光润",可以和全国首位的湖丝媲美,运销全国。明嘉靖《保宁府志》也说,府属的巴州、阆中、通江、剑州、南江,从事养蚕、缫丝、织

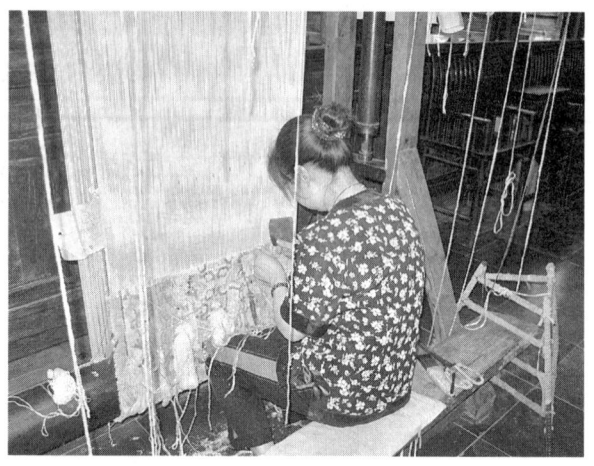

图9—3 织锦丝毯

造的人很多,每年夏天,他们把丝运到苍溪出售,再由商人收购,用船载运南下,"土人以是维生,牙行以此射利"。这批优质蚕丝大量供应山西,织造"潞丝"。《潞州府志》也证实,明代后期,"潞绸所需,来自他方,远及川湖之地"。此外,吴越人织造的绫绢和福建漳州、泉州一带所产的倭缎原料,有的也来自保宁府。

1979年,在成都市外西邻近王建墓的明代墓葬中出土了一具尸体,尸体及其所穿的一件锦衣均较完整。这件锦衣是采用"落花流水"图案织成的。而"落花流水"织锦,并非明代发明的。早在北宋时代,蜀锦工人就根据唐代诗人的名句"桃花桃花随水流,别有天地非人间",创造了这种充满乡土气息、颇具诗情画意的织锦。到了明代,创制的这种图案的织锦已不下百种。而成都出土的蜀锦叫"紫红底落花流水锦",外幅65.5厘米,内幅63厘米。组织结构为五枚经面绣文作地,花纹组织为五枚斜纹。全幅并列六个循环花纹图案。经线密度为每厘米85根,纬线密度为每厘米34根,经线为单线,纬线为肥丝。其结构紧凑,织纹细密,在工艺上达到了较高的水平;图案生动,线条流畅,画面优美,堪称这类锦纹的代表作。此件落花流水锦衣现藏成都市博物馆,为了解明代织锦业的现状和工业水平提供了宝贵的文物实证。

此外,四川省博物馆还收藏有两幅明代蜀锦残片:一幅是黄地双狮雪花球露锦,是纬三重纹织物。地为经重平,纬浮花,地呈黄色,花纹由蓝、浅绿、黄、赭等色组成。锦面由大小圆镜花纹构成图案,大小圆圈均用雪花纹组成球

路，小圆内织团凤，大圆中心是造型优美、栩栩如生的双狮戏球适合纹样，中心纹样圈内层之间，饰以卷草云纹，孔隙处普填小圆雪花纹。整个锦面层次丰富，浑然一体。另一幅是变形牡丹蝴蝶锦，系由四色纬线分段换梭织造的纬四重织物，致密、美观、秀丽。缎地，纬浮花，地呈黄色，花纹由蓝、绿、

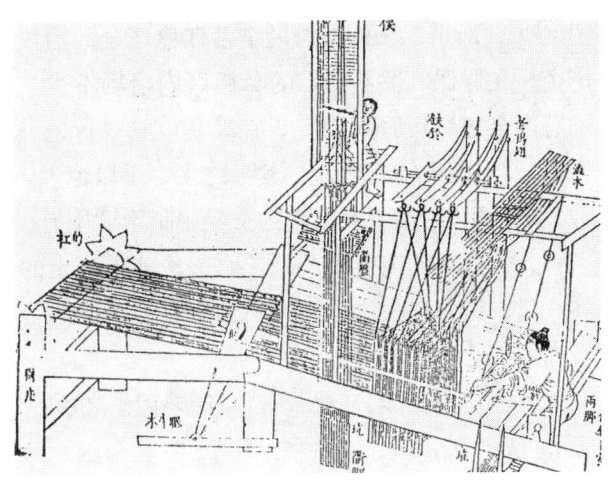

图 9-4　明代织锦提花机图（采自《天工开物》）

浅红和黄色组成，花叶的轮廓以浅色纬线包边。图案是以变形牡丹和变形卷草花叶四方伸展，互相勾连成蝴蝶纹样，结构严谨，构图优美，线条流畅，色彩鲜明。两幅蜀锦残片表现了较高的构图设色技巧和织造水平。

四川的纺织业在明末战乱中遭到毁灭。明末清初人彭遵泗《蜀碧》中载，明朝时，云南流行一种"通海缎"，"乃西蜀制造"；"蜀织工甲天下，时设织锦坊，供御用"。又说，张献忠的大帅孙可望独留织工十三家，随奔云南。这番议论所揭示的四川纺织工匠逃去云南的事实，应该是可信的。

第二节　矿冶业

一、元代四川矿业

元代四川采矿冶炼及其有关的资料均不多见。《元史·食货志》在征收课税项目下有少许反映：金矿，"四川省曰成都、嘉定"，还有"会川、建昌、德昌"；朱砂、水银，"四川省曰思州"。天历元年（1328），四川金课，馘金 7 两 2 钱，为有金课七省中最少者。最多者为云南省 184 锭 1 两 9 钱，四川课额微不足道。但是为完成这点课税却给人民带来沉重负担。元贞元年（1395）"以病民

第九章 元明时期四川的手工业

罢之"①。四川、云南接壤的金沙江盛产金。沿岸地区的建昌、会川、德昌等处产金。在倮倮（罗罗斯）的彝族区内冶场不少，政府的压迫与剥削常使"其所部有产金之户叛服不常"②。在《马可波罗行记》中记四川、云南境内所见产金情况："川湖中饶有金沙，其量之多，足以惊人……居民乐以此物为其妻及其偶像之颈饰也"；在罗罗斯境内交易中货币"则有金条，案量计值"③。

元代四川的金及其产品，明玉珍墓中出土的金器可窥全貌。其墓中出土金杯一只、银锭二枚。金杯外底刻有"连盘四两七钱半·元"字样，这金杯具有较高的工艺水平。

《元史·食货志》记载有："产碧甸子之所，曰和林，曰会川。"其会川，则今会理。由此可见，那时会川产玉闻名全国。马可·波罗称此碧甸子玉为"突厥玉"，"极美而量颇多"。会理东山产玉汉代已有名（"铜与碧"），历史悠久。

二、明代四川矿业

明代历史时期长，经济发达。农业和手工业的长足发展，为矿冶业奠定了坚实的基础。

（一）采金

明人宋应星《天工开物》卷下载，明代全国产金之区有百余处，但"金多出西南"省区，如云南的金沙江，湖广的沅陵、溆浦，"川北潼川等州邑……皆于江沙水中，淘沃取金"。金沙江沿岸，四川州县也产沙金。

明代金矿，从山石中采得，大者名马蹄金，次等名橄榄金，小者名瓜子金；从水沙中淘取的，大者名狗头金，小者名麸金、糠金；从平地掘井取得的，大者名斗粒金，小者为面沙金。金矿采集中，马蹄金、狗头金很难获得，千百中难有一二。淘金者称大金块为"金母"。四川产麸金为多。细小金粒，均要入冶煎炼，初出色浅黄，再炼而后转赤色。

明代朝廷向四川课派进贡金，至正德元年（1506）进贡金4000两④，嘉靖三十六年（1557）采办主事张芹、锦衣卫千户张钺先后收取全国各矿的金，四

---

① 《元史》卷94《食货志》。
② 《元史》卷123《脱力世官传》。
③ 冯承钧译：《马可波罗行记》（中册），商务印书馆民国37年版，第449页。
④ 《明武宗实录》卷18。

川700两、山东852两、云南400两①,由此可见,四川在明代采炼金矿比之于元代发达。

(二)采银

《天工开物》载,四川密勒山的银矿,与湖广辰州、贵州铜仁、河南宜阳赵保山、嵩县槽山、甘肃大黄山等银矿齐名。密勒山属会川(今会理)卫。正统十年(1445),会川前所舍人陈武奏报:"指挥李淳朋联合豪势,聚集军团,夷獠1000余人,于密勒山银场挖开官洞,取矿煎银,和立和主事、行事、掌事并千百长名色,持兵放铳,啸聚山林,渐成耗叛。"②此条史料说明:一是密勒山银矿早已开采;二是该矿属官营,不准私人开采;三是明中期地方卫所驻军腐败,军官勾结地方豪强占矿私冶,掠夺国有矿产资源,甚至成为武装盗匪集团。此奏后,政府重办密勒山银矿。天顺四年(1460),朝廷派员入川办银课,密勒山银场征收13517两③。嘉靖三十六年(1557),采办主事张芹、锦衣卫千户张钺一年之间在四川搜刮银课11200两④。金、银矿为贵重金属,国家垄断,其经营在于国需而不在于民用,故其采冶也就不需要十分发达,因此便形成了采闭不时的状况。以密勒山银矿而论,在成化、弘治、嘉靖三朝都曾有过封禁的记载⑤。

(三)采铜

铜矿,一为民用,一为铸钱。矿冶场所也较金银矿场数量多,分布较为普遍。其经营形式有官营,也有民营。四川铜矿,主要产于中江、洪雅、梁山、宁番、乌撒和东川(此二地今属云南)等地。据嘉靖《洪雅县志》卷3记载,采铜矿十分辛苦,一般是洞口仅容人匍匐而进,拖筐而出。洞浅者百余步,深者四五里。油灯照明,镐锹凿矿,竹木筐运矿。一工日采可得铜五六斤。冶铜较难,工序多,以柴炭初烧六日六夜,后入大旋风炉中三日三夜锻炼方见铜,曰"生烹",重烧者曰"烧窨";击碎后再烧炼七日七夜,谓"成鈢(音嘟)";而后以柴炭烧八日八夜,再入大旋风炉烧炼两日两夜,方见生铜。大约30斤铜矿可炼得生铜一斤。将生铜击碎,入大旋风炉,掺入铅添料而熔炼,汁流沙盘

---

① 《明世宗实录》卷454。
② 《明英宗实录》卷129。
③ 《明英宗实录》卷314。
④ 《明世宗实录》卷454。
⑤ 《大明会典》卷37。

第九章 元明时期四川的手工业

即可造成铜砖。熟铜再熔可造器具,可造钱。

明代北京设宝源局,各省设宝泉局。四川宝泉局有炉 10 座,每岁造钱 583.2 万文①。据记载,造小钱 1.6 万文,需备铜 100 斤,黑铅 25 斤,番银约 4 斤;造大钱,只能造 1 万文②。仅以大钱计,四川每年造钱用铜 58320 斤,铅 14580 斤,所挖铜矿达 174963 斤。社会生活中铜的使用量或许更多。由此可见四川铜矿的采挖和冶炼也具有相当的规模和较大的产量。

明代地方宝泉局造钱,时开时禁。不过,四川宝泉局在嘉靖时停过一段时间后,至明末与秦、楚、滇等四省一直造钱。天启年间,湖广荆州开局鼓铸,御史吴之仁建言:"今夫铜产于蜀……买铜于蜀,而商人贩铜者,以五分为四分赴该司上纳,照时估领价,其余给票听以货卖。"③由于铜价日昂,私采私炼之风日炽。万历年间,"云南、川陕各有铜矿,非奸商专擅,则土人窃取"④。

(四)采铁

铁的需求量在金属中为最大,民间生产工具、建构器材、国家兵器均需大量的铁。明朝洪武年间,全国课 18475026 斤,其中四川为 468089 斤,约占全国 2.5%⑤。洪武十八年(1385),以"民生甫定","采炼病民",罢各布政司铁冶。由于罢铁影响兵器制造,在工部力谏下先后复设。洪武末年不仅全部恢复,而且"令民得自采炼,每三十分取二"⑥。

洪武年间,设四川蒲江新市铁冶,永乐二十年(1422)又置龙州铁冶。倘若照"三十分取二"税课推算,明初期四川产铁有六七百万斤。明中期,由于民营铁业发展,产量更多。射洪、盐亭等县也产大量的铁。正统三年(1438),四川布政司奏称:"本司杂造局造兵器以千万计,成都等卫所取给铁、硃、漆等料数十万,较洪武旧制增数倍。"⑦ 这"增数倍",其主要来源是民营铁冶业发

---

① 万历《大明会典》卷 194。
② 张合:《宙载》卷上,转引自谢国桢:《明代社会经济史料选编》,福建人民出版社 1980 年版,第 216 页。
③ 《明熹宗实录》卷 40。
④ 王折:《续文献通考》卷 18。
⑤ 万历《大明会典》卷 194;《明史·食货志》载:"洪武六年,全国铁冶所,凡十三所,岁输铁七百四十六万余斤",与《大明会典》记相异。
⑥ 《明史》卷 57《食货志》。
⑦ 《明英宗实录》卷 39。

展带来的繁荣。铁冶不仅使兵器增加,而且使四川的铁农具亦有质量的提高和种类的增加。

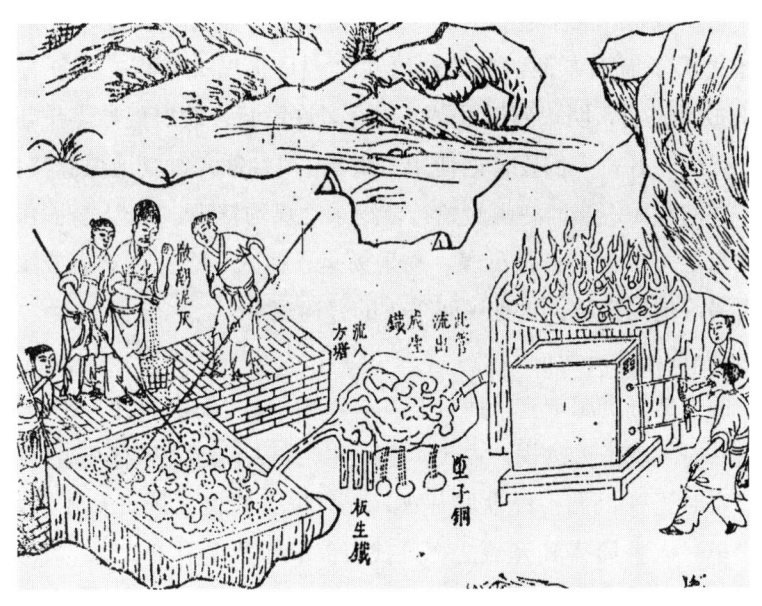

图9—5　明代冶炼生熟铁图(采自《天工开物》)

铁有生铁和熟铁之分。铁矿与炭相间入窑高温熔炼,矿液流出入模为生铁。生铁也可铸造器物。"复以生铁再三销拍,为熟铁。以生熟相杂和,用作器械锋刃者,为钢铁也。"① 万历《大明会典》载,嘉靖万历年间,四川布政司向朝廷供土贡中有熟铁20505斤1两折银缴纳,余下熟铁本色,"俱送南京丁库交纳"②。

(五)采煤

明代,人们对煤炭的性质和用途有了进一步了解。李时珍说:"昔人不用,故识之者少,今则人以代薪炊爨,锻炼铁石,大为民利。"③ 四川采煤也发展起来,并且代柴薪以为民用。嘉靖《马湖府志》记载一个故事:过去,人们炊饭煮羹皆用柴薪,家家户户日月相继砍伐柴山草木,柴草生长不继,于是人们逐渐用煤。锻炼铁石用煤,炊煮用煤,煤价腾贵,百姓生活遇到了困难。在这种

---

① 顾炎武:《天下郡国利病书》之《福建·炼铁》。
② 万历《大明会典》卷200、卷208。
③ 李时珍:《本草纲目》卷9。

第九章 元明时期四川的手工业

境况下,"郡守唐公以为民忧。曰:煤可以行。于是乃遣人访求之。嘉靖乙酉(1525)三月报新滩有煤者,遂命驾往,登山设祭,以畚锸穴,其地煤脉甚盛,公大喜。是岁五月,又于老鸦山黄皮溪亦得煤矿,如新滩溪者,下令听民自取。又制炉灶之式于府城东西门外,使民法之。自是煤火盛行,无复有难薪之患矣"①。此故事说明,明代四川采煤,政府多许民营;政府倡导煤作新燃料以为民便;在煤矿产区,人们皆普遍使用了煤炭。"畚锸穴,其地煤脉甚盛",这是明代煤矿井的写照。当时,煤炭始行,挖采之煤均较浅,"土人皆凿山为穴,横入十余丈取之"②。挖地三尺见煤,易采易运;横入十余丈,难掘或煤脉断,即弃之,再另寻他处矿脉。这是民间采煤的普遍现象。

(六)天然气与石油

四川的天然气资源丰富,而且开发与利用早。"蜀中盐井,始于李冰"。蜀人在凿盐井时发现了天然气,古代称之火井。明人谈迁《枣林杂俎》载:"临邛县火井,夜时光映上照。民欲取其火,先以家火投之,顷许如雷声,火焰出,通耀数十里。以竹筒盛其光藏之,可拽行终日不灭。井有二水,取井火煮之,一斛水得五斗盐。家火煮之,得无尽也。"③ 可见天然气火力强,比柴薪煮盐省而功效好。

明人杨慎《升庵外集》卷4载:"火井在蜀之临邛,今嘉定、犍为有之。其泉皆油,热之燃,人取为灯烛。正德中方出。古人博物亦未及此也。"杨升庵将火井和石油井混为一事,以为井底是油,井口为其气。火井汉代已有,而石油被人们发现在宋代,四川人发现石油,使用石油,可能如杨升庵说,在明正德年间之后。四川的石油发现和石油井凿成,也是开盐井的附产物。明曹学佺《蜀中广记》卷66载:"国朝正德末年,嘉州开盐井,偶得油水,可以照夜,其光加倍;沃之以水,则焰弥甚,扑之以灰则灭。作硫黄气,土人呼之为黄油,亦曰硫黄油。近复开出数井,官司主之。此是石油,但出于井耳。"明人郑仲夔对嘉定州的盐井、火井、油井三者的特点与发现关系也作了记述,他说:"蜀嘉定州井通溪,其地产盐。须掘至数十丈乃见水,汲水起煮,即成白盐。或有穿

---

① 嘉靖《马湖府志》卷6,天一阁藏明代地方志选刊第66册。
② 李时珍:《本草纲目》卷9。
③ 谈迁:《枣林杂俎》中集。

得油井者,其水黑色,有气若臭,用以点灯,光亮无比。凡油畏风雨,惟此油当风雨更明。又有火井……置釜其上,可以烹饪,亦有就此井煮盐者。"四川的石油开发与利用,不仅在嘉定州,在眉州、青神、井研、洪雅、犍为等县亦有。那里的人们,"居人用以燃灯,官长夜行则以竹筒贮而燃之。一筒可行数里,价减常油之半,光明无异"①。

此外,万历年间朱孟震的《游宦余谈》、张瀚的《松窗梦语》还记录了潼川云台山东5里(今三台县郪江镇)的一处火井②。朱孟震说:"火自井出,周围有灶数十。居民各以竹剡其中,引火至灶,锅滚而竹不燃。观者不敢近井,盖井火时一喷,辄及数丈。不用时,以物盖之;用时去盖投火,少许即腾腾焰上至井。"③张瀚也说:"土人用竹筒引火煎盐,一井可供十余锅。筒不焦,而所通盐水辄沸,此理之难解者。"④自贡《李氏族谱》还以家谱的形式,证实在明代万历中,该李氏先祖李汉应,其产业有"火井坡山田一分,及火井载课一口",留给后嗣管业。种种资料表明,明代四川的天然气开采和利用十分普遍,也具有较高的水平。

第三节 盐 业

一、元代四川盐业

四川盐业历史悠久。其盐出于井,采卤熬盐技术独特。一处盐场,有一二井或数井。元代四川有12处盐场95个井,分布在成都、夔府、重庆、叙南(今宜宾、马边以南)、嘉定、顺庆、潼川、绍庆(今彭水)诸地。元初,有采盐为业的灶户5900余户。

元平定四川之初,四川盐业曾一度衰落,四川人吃河东(山西)解州运来的池盐。元世祖至元二年(1265),设置兴元四川盐运司,专掌煎熬盐业事务并

---

① 杜应芳、胡承诏:《补续全蜀艺文志》卷46。
② 参见张学军、张莉红:《明代四川火井探微》,《盐业史研究》2005年第4期。
③ 朱孟震:《游宦余谈》卷1。
④ 张瀚:《松窗梦语》卷2。

第九章 元明时期四川的手工业

图 9-6 大英县卓筒井熬盐卤房

征办盐课之事。盐井得到修复，禁止解州池盐运入四川。六年后，罢除盐运司，后又复设。二十二年（1285），置四川茶盐运司，秩从三品。其所辖盐场为简盐场、隆盐场、绵盐场、潼川场、遂宁场、顺庆场、保宁场、嘉定场、长宁场、绍庆场、云安场（在今云阳）、大宁场①。岁办盐课 14695 引，有灶户 6351 户②。二十六年（1289），四川岁办盐课 17152 引。皇庆元年（1312），"以灶户艰辛，减煎余盐五千引。天历二年，办盐二万八千九百一十引，计钞八万六千七百三十锭"③。至顺四年（1333），中书省下达四川添办盐 1 万引，并带办两浙运司 5000 引，四川盐茶转运司担忧难于完成任务，于是按场井灶户进行分包完纳额数。这种"勒令灶户承认规划"做法，"民不堪命"，"多至破产"。盐运司"恐灶户逃窜，有妨正课"，于是奏请中书省减免，其言曰："四川盐井，俱在万山之间，比之腹里、两淮，忧苦不同，又行带办余盐，灶民由此疲矣。"④皇帝

---

① 《元史》卷 41《百官志》。
② 《元典章》卷 9《吏部》。
③ 《元史》卷 94《食货志》。
④ 《元史》卷 97《食货志》。

批准，减去带办的 5000 引。

元朝对盐实行国家直接经营，而不许民间私盐。其盐法规定："每盐一引重四百斤，其价银一十两"，中统二年（1261）后减为七两；"凡伪造盐引者皆斩，籍其家产，付告人充赏。犯私盐者徒二年，杖七十"①。

四川采盐，比海盐、池盐皆艰难，"惟四川之盐出于井，深者数百尺，汲水煮之，视他处为最难"②。元初，四川的深盐井在泸州南和长宁的淯井，均"深入五十八丈有奇"。深井盐卤多，质量好。浅井盐卤易枯竭。四川盐井，有的时用时废，有的历数十百年而盐卤汲而不竭。盐井兴废，与国家课税与地质变化相关。重课，灶户逃

图 9-7　卓筒井钻井工具

亡，井埋；地变于下，盐卤或多或枯。天历元年（1328）九月，四川地震，邛州旧有废二井，一曰金凤，一曰茅池，由于地震而"盐水涌溢"。四年后，邛州民侯坤向官府申报，愿煮盐缴纳税课。政府同意，"诏四川转运盐司主之"③，这是元朝后期调整盐井政策的第一例。元朝末代顺帝时，政治腐败，社会矛盾尖锐，盐业政策更为宽弛，曾明令"四川盐运司于盐井仍旧造盐，余井听民煮造，收其课十之三"④。此即，盐运司旧管盐场盐井依旧照例，而新开之井听民纳课自办。由于开井煮盐有十分之七的利可图，四川的盐业资源丰富，私家盐井发展起来。荣州（荣县）境内，速聚"至数千户"；淮西、湖广、陕西的流民一时间拥进四川从事盐业营生，呈现蓬勃景象。元朝政府为此设绍熙军民宣抚司进行管理，以防发生"边患"，同时又重申盐禁政策。这一来，方兴未艾的私营盐业势头被压下去了，随之所设的这个官僚机构也告寿终正寝。

---

① 《元史》卷 94《食货志》。
② 《元史》卷 94《食货志》。
③ 《元史》卷 36《文宗纪》。
④ 《元史》卷 38《顺帝纪》。

二、明代四川盐业

元末明初战乱,四川许多盐井停产,灶户逃亡。洪武初年,全国设都转运盐司六处、盐课提举司七处。四川设盐课提举司,总理全省盐政。当时,四川共有盐井1456眼,停产者有1076眼,只有380眼开业熬盐。政府为恢复生产,一是"以附近有田粮丁力相应人户拨补"为灶户,一是将发配到四川的囚徒和外省入川移民编为灶户。于是四川盐业在永乐、宣德年间迅速发展起来。随着盐业的兴盛,政府的管理机构也增加,在盐课提举司下设17个盐课司,如永通七井盐课司、富义盐课司、复(福)兴六井盐课司等等,大概是一个盐场设一个盐课司。明初四川井盐生产情况见下表。

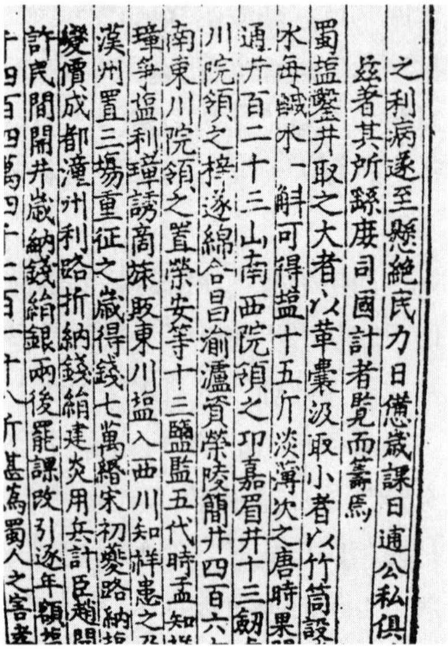

图9-8 万历《四川总志》书影

表9-3 明初四川盐井一览表

年 代	地区	盐 井	备 注
洪武二十八年（1395）		永成井井水枯竭	
洪武二十九年（1396）		黄福井	亏欠
		小德井	复开
洪武三十年（1397）	仁寿	石基盐井	废
洪武三十一年（1398）	保宁	莲花池井	开设
	内江	虎跳井、尹家井	开设
	西充	坎龙井	开设
		石狗井、富来井	罢
永乐元年（1403）	井研	大罗片井、竹筒井	开煮,小井
	夹江	千佛寺小溪、大坡滩	共12小井,开煮
永乐二年（1404）	犍为	福泉井、保通井	年产10余万斤

续表

年　代	地区	盐井	备注
永乐四年（1406）	资阳	竹筒井	重开，产万余斤
永乐八年（1410）	中江	金佛竹筒小井	岁产12060斤
	南部	富义井	岁产36500斤
	内江	大通溪小皮袋井	岁产24400斤
		永通七井	岁产26208斤
		小溪牛井	咸水减少
	中坝	中坝井	被土石填塞
		龙透井	开煎，岁产36720斤
	井研	卷市井	新开，岁产21200斤
		龙子井	岁产5100斤
永乐九年（1411）	武隆县	龙泉井	夏秋水枯，春冬煎盐272250斤
	南部	天山井	岁产115000斤
	潼川	古迹井、姐要井	
	仁寿	仙泉井	岁亏欠
		观音井	比仙泉井增9200斤
永乐十年（1412）	盐亭	益兴井	岁产82000斤，崩塌
		长丰井、天成井	复开
		罗召井、樊家井	崩塌
		明目井、太平井	复开
	南充	云吉井	年久，亏欠
	安岳	竹筒小井	复开
		宝马井、小哥井	前者亏，后者崩坏
		上平井、竹筒井、金李井	年产18400斤
永乐十一年（1413）	潼川	富石井、益轩井、永富井、青坝井、竹溪井	五井亏盐10万斤
	内江	中海井、银杏井、独石井	复开
		小竹筒三井	复开
永乐十二年（1414）	蓬州	盘李井、意兴井	复开，二井岁产25200斤
		宝凤井	水浸亏欠39600斤
	南部	黄禄古井	复开，年产41400斤
		富义井	年产36540斤，崩坏
		源亨井、小成井、盐池井	三小井，年产45360斤

第九章 元明时期四川的手工业

续表

年　代	地区	盐　井	备　注
永乐二十一年（1423）九月	南部	范村井	年产 31320 斤
	蓬州	盘李井、意兴井	土石淤塞
		龙井、泉井	复开
永乐二十一年（1423）十一月	南部	范村井	土石淤塞，亏盐数多

资料来源：据《明太祖实录》、《明成祖实录》、万历《四川总志》制表。

上表略列四川 76 盐井在明洪武、永乐 20 余年间的兴废情况，足可窥视川盐生产的一般规模及盐井复开与颓圮的个案情节。明中后期，四川盐业迅速发展，嘉靖年间已分布全省 57 州县①。其盐井情况，正德年间，"大宁最上，云安、仙泉则上次之；郁山、华池、濝井、福兴为中；而上流、富义、广福、新罗、罗泉、黄市、永通、通海皆其下者"②。大宁盐井是自然井，卤水丰盛，产量稳定。仁寿县境的仙泉井著名，此处设有盐课司，洪武年间岁办盐 38850 斤，弘治年间猛增为 2137615 斤，正德年间下降为 170 余万斤。富顺县境为富义盐课司，洪武年间岁办盐 1888000 斤，弘治年间增为 3679272 斤，正德年间仍维持 300 余万斤。《明史·食货志》载，四川盐课，洪武时 1000 余万斤，弘治时 2000 余万斤，万历中 986 万余斤③。这是政府征收的盐课，实际生产量要大得多。

明代四川盐业产销全由政府控制。凿井取卤、开灶熬盐必须由主管部门审批。盐巴运销地区，均由政府审定配额盐引数。"令商人贩鬻，二十取一"。明代盐引，"凡大引四百斤，小引二百斤"④。明代为边防卫所军饷，实行"召商输粮而与之盐，谓之开中"，商人向指定的边防卫所运送一定数额的粮食，便可在提举司取得相应的盐引，去盐场处的盐课司按引取盐，销盐赢利。

弘治元年（1488）朝廷"命四川守臣收盐价银四万五千六百两，及召商报中各盐井中剩盐四十四万一千余引之半，赈济成都等府被旱灾者"⑤。同年命松潘二路的分额 97469 引，召商人纳米作军饷，便将这 9 万余盐引，按每引 200 斤计，共有盐 19493800 斤付商人自己贩销。

---

① 万历《大明会典》卷 33。
② 《明武宗实录》卷 22。
③ 《明史》卷 80。
④ 《明史》卷 80。
⑤ 《明孝宗实录》卷 19。

明代盐法规定，"犯私盐者罪至死，伪造引者如之，盐与引离，即以死盐论"①。但是，盐是人们生活必需之物，一日不能少，消费量大，市场稳定，这是自古以来商人看重的致富门径。严刑重罚，"然不能遏止"私贩。商人诡诈，"以中盐无名也，则驾之曰合本；以卖引明有禁也，则诱之曰分拨"；"豪猾之人，假托权势，支领之际，任自为主，或并包夹带私盐，或落价折准库物。官吏叠其声威，催目受其凌虐"②。更有甚者，沿海有豪势勾结地方军队"造遮洋大船，列械贩盐"；四川灶户在纳盐课之外也还有"余盐"，政府虽然以米1石购盐200斤（小引）进行"买补"，但仍难禁绝私销。正德初年，开灶丁改征折色，纳银抵盐，使私盐有机可乘，盐课逋欠骤增。嘉靖二十四年（1545）户部奏，四川因灶多故，盐不入仓，乃至额课多逋，"历责二十余年，完课仅十之一二耳"③。嘉靖三十七年（1558），绵州、仁寿县、简州等处，应征89263引，实征银69172两，短少3039引④。正德二年（1507）正月，户部主事钟文杰奏云南、四川盐课一事说，"近年奸商累以贿赂改拨年分，盐法败坏"，各处用过的老盐引"俱不截角缴官，典当、转卖、影射百出……每遇支盐，强者执称井塌，丁逃；狡者即朦胧洒派；商人老死他乡，莫知控诉"⑤。有的灶丁弃井而逃，有的"势豪包占而遗其课，民户私开而分其利，各处流移之人亦各占据窃挖"⑥。嘉靖三十四年（1555）三月，户部主事陈惟奏四川盐课逋欠原因说："趋利之徒，多弃老井以避课盐，造新井以营私。"

图9-9　卓筒井汲卤转轮

---

① 《明史》卷80。
② 顾炎武：《天下郡国利病书》。
③ 《明世宗实录》卷120。
④ 《明世宗实录》卷455。
⑤ 《明武宗实录》卷22。
⑥ 正德《四川总志》卷26。

第九章 元明时期四川的手工业

于是提出补救办法："该省盐课，有井榷井，无计榷丁。"① 地方政府盐业的主管官吏们腐败了，盐法坏了，有井也懒于去榷，有丁也不会去认真管理。更何况，明中后期有一部分高级官员对私营的认识持有异见，认为灶丁纳完正额盐，将剩余的盐货卖，犹如农民纳赋租外，将余粟售卖的道理一样，怎能处以绞刑呢？明初私盐少，是灶丁获利厚，政府给卤地、草柴场，给每引工本费二贯五百文，可买二石多米，而明中期只能买几升米，禁卖私盐，"是将逼之饿死"，"是驱民为盗"，铤而走险。同时，"富室卖私盐，官亦容隐"，致使富室奸商"富敌王侯"②。封建专制衙门的腐败，恰恰有利于私盐大兴，盐业大盛。

与个别盐商的暴富形成鲜明对比的是广大灶丁日益贫困化。例如，云阳县明初有盐灶120座，灶丁120名，每灶日夜煎盐，周岁产盐220万斤，每丁每日支食米1升5合，岁支米4840石，给以银米，折为纸钞。"民以路程遥远，所获不能补其所费"，其法遂坏。及至正德以后，由于盐井倒塌，洪水淹没盐井，水消之后，重复开淘，工费不可胜言。复加之"河泛舟阻，市绝柴草，每每停

图 9—10 卓筒井盛卤池

---

① 《明世宗实录》卷120。
② 霍韬：《盐政论》，《明经世文编》卷187。

煎。日去课存，年复一年"，以致"完课者十无二三"，"死者十常八九。甚者子孙相继"。于是，"国用不充，灶民日困"①。

明代四川盐业发展，自流井始露头角。嘉靖末年，张瀚入蜀，记"内江、富顺之交，有盐井曰自流，新开，原非人工所凿，而水自流出，汲之可以煎盐。流甚大，利颇饶，多为势家所擅"②。这一地区盐业日渐发达，至清代形成了四川盐业的中心。

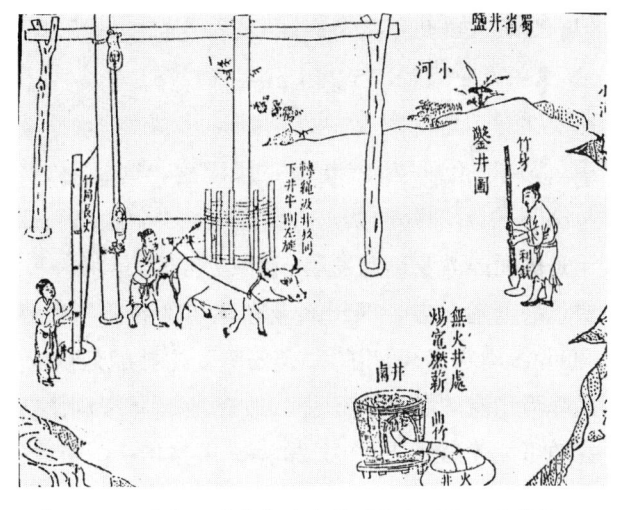

图9—11 明代四川井盐开采图（采自《天工开物》）

第四节 酿酒与制茶

一、酿酒业

四川省历来农业发达，粮食丰富，是酿酒业发祥地之一。唐宋前，四川的"烧春""郫筒""重碧""鹅黄"等酒曾闻名全国。元明两代，由于重大的战乱创伤，四川已失去"扬一益二"的社会经济与文化地位，江南经济迅速发展，文化昌明，活跃于社会传媒的文士著述，涉及酿酒业者，已难以见到川酒的影子。实际上，在四川盆地里，川酒在自己丰厚的历史积淀基础上仍然缓慢地发展着。

（一）元代四川酿酒

中国酒文化史上，从酒的发明时代起，便有酒禁之议。历朝均有酒禁政策，

---

① 嘉靖《云阳县志》卷上。
② 张瀚：《松窗梦语》卷2。

第九章 元明时期四川的手工业

但财政收入中几乎都有酒课一项，而且是重要财源之一。元初实行私家酒禁政策，《新元史》载，至元十五年（1278）禁令私酒，为首者处死，没收财产，并罪及饮者。元世祖又"以川蜀地多岚瘴"，而给予"弛酒禁"的特殊优惠政策①。岚瘴，即是烟瘴湿气、风湿病，这是南方各省区常见病。至元二十二年（1285）二月罢除酒禁，听民酿造，"命随路酒课依京师例，每石取十一两"②。于是民间酿酒业迅速发展。南方经济力量强，酿酒业随之而繁荣，粮食酒类与质量均远超北方。四川酒业在优惠的政策下发展，成都的"郫筒酒"、汉州的"鹅儿黄酒"、云阳州的"云安酒"均被朝廷认为是巴蜀地域著名土特产。这些品牌酒均有前朝悠久历史，改朝换代并未因之失传。天历三年（1330）统计，在四川征收酒课7590锭20两，占当年全国十省中的第七位③。

至元二十二年（1285）八月，将民户自具工本者的酒课减为"每石止输钞五两"。即用米（粮食）一石作原料酿酒，即纳课银5两。仅据此推算，天历三年（1330）四川酿酒耗费米（粮食）151804石。元代出现了酿酒的"槽房"，那是在大都、在腹里地区，属于官办；四川酿酒主要是在民家，酒课如此多，可见民间酿酒十分普遍。那时四川民间使用的舀酒器具，是竹子制成的"酒提子"，文献称之为"竹根酒注"。此物流传至近现代。

（二）明代四川酒业

明代四川酿酒业在川酒历史上占据着重要的一页。一方面，民间传统的一些品牌酒继续生产着；另一方面，这是更重要的

图9-12 泸州大曲老窖窖池

---

① 《元史》卷10《世祖纪》。
② 《元史》卷94《食货志》。
③ 《元史》卷94《食货志》。

方面,四川人采用了元代在外省出现的蒸馏酒技术发展酿酒业①,并且出现了专以酿酒为业的作坊"槽坊"。1958 年,一组来自全国的考古文物和酿酒技术专家对"国窖"名酒泸州老窖大曲的酿造工艺和老窖窖龄进行了专门考察与研究,一致认为这些老窖建成于明代后期,"三百年老窖"名副其实了②。1996 年 11 月,泸州老窖酒明代酒窖群被国务院公布为第四批全国重点文物保护单位,填补了我国重点文物保护单位中缺乏酿酒文物门类的空白。1999 年 2 月 3 日,在国窖池南侧 60 米处的营沟头发现一批陶器器物,揭露出从晚唐至元初古窖址堆积一处,出土了数百件陶瓷酒具及生活用品,其中多是宋代的酒器,表明此地原本主要是生产酒具的窖址,可称为酒具窖。营沟头窖址的发现,与泸州大曲明代窖池二者之间存在着某种渊源关系,是四川酒史上的重要发现,为研究巴蜀文化提供了极其珍贵的实物资料③。

图 9—13 泸州大曲老窖窖池生产现场一角

---

① 李映发:《蒸馏酒的探源与勾兑》,《酒都宜宾国际酒文化学术研讨会论文集》,(香港)神州食品出版社 1992 年版,第 50~54 页。

② 《泸州老窖史话》巴蜀书社 1987 年版,第 24 页。

③ 参见陈剑:《四川酒文化考古新发现述析》,《中华文化论坛》2001 年第 2 期。

第九章 元明时期四川的手工业

宜宾是历史上有名的酿酒之区,至明代出现了专门从事酿酒的"槽坊"。"温德丰""德盛福""长发升"等十余家均有名气。那时,槽坊规模小,占地100～300平方米,发酵窖打在地下,长约1丈,宽约5尺,深6尺。一槽能蒸数百斤酒糟,一个作坊年产量多至几千斤。明代"温德丰"已酿蒸馏白酒,第一代老板陈氏总结历史上各类酿酒经验,创造出用大米、糯米、荞子、高粱、玉米等五种粮食配合为原料的"杂粮酒"。后人在此基础上改进,遂成为荣获巴拿马国际博览会金奖的"五粮液"①。

绵竹酿酒,唐朝已名扬天下,剑南"烧春"的酒质酒力大为文人称道。此地区的酿酒业,历朝绵延不断。明代引进蒸馏酒技术,传统的"烧春"已改进成了"烧酒"。唐代的"烧"是"火迫灭菌法",是"温酒"法,而元代、明代的"烧酒"是白酒(四川俗语"白干"),是蒸馏酒。

1998年8月,四川全兴酒厂的成都水井街曲酒车间进行厂房改建时,发现一处与酿酒密切相关的古代文物遗存。1999年3～4月,成都文物考古研究所、四川省文物考古研究所联合对水井街酒坊遗址进行了全面考古发掘,揭露面积达280平方米,发掘出晾堂三层数十处、酒窖八座、灶坑四座、灰坑四个、灰沟一条、蒸馏器基座一处。经专家们研究认定,第三层晾堂和路基的废弃年代为明代中期。还发现少量明代、元代、宋代的瓷片。始建于明代的这处遗址,清代曾经延续使用,当今全兴酒厂车间就建在这古遗址上。由此可见此地酿酒的历史悠久和延续性。如此古今酿酒厂址、坊址相叠压的遗迹,全国首例。1999年,该遗址发掘被评为全国十大考古新发现之一。2001年6月25日,国务院批准为全国重点文物保护单位②。根据遗址布局状况,是一个前店后坊的"槽坊"和"酒馆"。根据明代晾堂每轮次可晾三四石粮食推算,该坊可年产六七千斤酒③。仅此一家,也足见成都酿酒业的发达和民间饮酒之风。据专家研究指出,水井街酒坊遗址考古发掘是目前国内乃至世界上首例对古代酒坊遗址

---

① 罗禹华《五粮液小史》,何泽宇《五粮液酒厂的明代老窖》,《酒都宜宾国际酒文化学术研讨会论文集》,(香港)神州食品出版社1992年版。
② 陈剑:《水井街酒坊遗址初步研究》,《四川文物》2001年第6期。
③ 李映发:《中华老字号的祖迹——明代全兴酒坊遗址十谈》,《四川文物》2001年第6期。

第九章 元明时期四川的手工业

图 9—14 水井街酒坊遗址

进行全面揭露的专题性考古发掘工作，为酿酒工艺研究提供了十分珍贵的实物资料。根据遗址内揭露的种类丰富的酿酒遗迹现象、出土的众多饮食器具遗物，可以复原出传统白酒酿造工艺的全部流程，堪称中国白酒的一部无字史书，可誉为中国白酒第一坊①。

明人王世贞作有《酒品前后二十首》组诗，分别描述了他认为有价值的20种酒的色泽、风味和对人体的作用，有的还写了酒的产地和酿制方法，对研究明代酒文化具有弥足珍贵的价值。成都"刺麻酒"名列其中："成都刺麻酒，其法：连槽置瓮中，中插一芦管，使客递吸之，浅则加水，至酒尽，满瓮皆水也，味不能佳，然往往令客至醉，盖眩于新奇耳。瓮头嘈嘈泣泪红，吸来应唤小郫筒。何如换取莲花柄，千载风流属郑公。"②

在四川州县，小酒坊与家酿十分盛行。乐山地区的酿酒，明代也十分兴盛。蔡祯《渔村夕照》有诗句曰"白酒家家熟，黄鱼日日餐"。十余年前，在井研考古调查中发现酒文物二件，其中一件是"泸沙"石碑。其文曰："明洪武初有泸水移民荣州善酿者，取沙中之泉酿得老酒，浓香淳和，名噪四方。"1993年，在犍为县发现收藏的一块木匾，上面阴刻"泸沙酒店"四个大字，上款为"古

---

① 陈剑：《四川酒文化考古新发现述析》。
② 王世贞：《弇州四部稿》卷49《酒品前后二十首》。转引自《中国饮食史》，华夏出版社1999年版，卷5第144页。

第九章 元明时期四川的手工业

图 9-15　文君酒厂文君塑像

镇大河街",下款为"顺治壬辰"。这说明该地区的"泸沙老酒"及其酒店从明代至清初一直昌盛着[①]。郫县的郫筒酒是传统老牌酒,自魏晋创制至明代一直著称于世。但到蒸馏酒技术推广后,这种传统酿制方法也就逐渐衰落了[②]。明代文人著述言及酿酒者,所列均为江南、中原各类酒名,四川只有一个郫筒酒,实在是未反映出明代四川酿酒业的发展状况。

　　明朝政府对酒醋一类,认为是人们生活、婚嫁、祭祀的必需之物,"皆勿税"。但对于酿酒出卖的商业活动要征税,其规定:"凡客商匿税,及卖酒醋之家不纳课程者,笞五十,物货酒、醋一半入官。其造酒醋自用者,不在此限。"[③] 十分清楚,明代不实行酒禁,甚至家酿不征税,《明史·食货志》中无"酒课"这一项,这是与历朝有很大的不同。酿酒政策的空前宽松,促进天下酒业勃兴,四川的酿酒业在这样的条件下跃入发展的新阶段,为后代川酒的朵朵金花填实了丰厚而肥沃的土壤。

[①] 唐长寿:《乐山酒古今谈》,《四川酒文化与社会经济研究》,四川大学出版社 2000 年版。
[②] 何宇度:《益部谈资》卷下云:"郫筒酒乃郫人剖大竹为筒,贮春酿于中……今其制不传。"
[③] 龙文彬:《明会要》卷 57《食货五》,中华书局 1956 年版。

二、制茶业

茶的生产、种植技术方面，元明两代基本上沿袭传统方法，而在制茶方面却有不少新的技术。

元代川茶的制法，仍以制末茶、饼茶为主。只不过在碾磨石质等工具和点香品类方面多了一些讲究。官宦人家所用之茶的制作更是精益求精。元末明昇据蜀，他命官人碾制海棠花茶，"取涪江青麻石为茶磨，命宫人以武隆雪锦茶碾之，焙以大邑县香霏亭海棠花，味倍于常。海棠无香，独此地有香，焙茶尤妙"①。

明代在制茶上有换代性的变化，即宋元时期的散茶——叶茶制作从少许变成了制茶的主流，而末茶、饼茶逐渐被淘汰。制作上，元代以前是"蒸青"，明代是"炒青"。明沈德符《野获编补遗》载："茶之团者、片者，皆出于碾硙之末，既失真味，复加油垢，既非纯品，总不若今之芽茶也，盖天然者自胜耳。"末茶，又称"团茶"，片者指饼茶，元代以此为主。

明太祖开国，与民休养生息，罢除一些繁役。"洪武二十四年九月，上以重劳民力，罢造龙团，惟采芽茶以进。其品有四：曰探春、先春、次春、紫笋"②。龙团，即向皇上进贡的龙纹装饰的团茶。皇上罢此团茶，直取牙茶，汲水置鼎而啜，这就开了"千古茗饮之宗"。直啜芽茶，不仅减少劳动，而且保持了自然真味，人们乐从。于是迅速普及全国，风行至今。

明代的叶茶，以政府课茶的要求，有芽茶、叶茶、乌茶、剪刀粗茶等四个品种。芽茶，以初春嫩芽所制，是上品；叶茶，以清明后萌发的叶片所制；乌茶是将较老的叶蒸压而成，茶叶中青边黑；剪刀茶，以秋季采摘的连枝带叶的粗茶，民间又称"刀子茶"，茶色味俱浓，但不经泡，这是下等茶，主要供应藏区，故又称"吐番茶"。

明代人喝茶，讲求采时早、叶片小的芽茶，有"旗枪"之说。初芽为"枪"，初叶为"旗"，皆为茶之佳品。制法上，采取暴晒或烘炒法。烘炒，称之为"炒青"。烘焙茶，叶干而不焦，青色不变，才为火候得法，其茶为上品。四川制茶普遍采用烘炒法，其技艺也精良，生产出多种驰名全国的茗茶，如剑南

---

① 孔迩：《云蕉馆纪事》。
② 沈德符：《野获编补遗》。

第九章 元明时期四川的手工业

图9—16 今日制茶厂生产车间

的蒙顶石花、峡州碧涧、明月、邛州火井、思安、渠江薄片、巴东真香，泸州纳溪、梅岑。这些名茶，皆"在谷雨前收细芽，炒得法者，青翠之香，嗅亦消渴"①。四川名茶记载，明黄一正《事物绀珠·茶类》中载全国名茶98种，四川占21种，认为最难得的是蒙山顶上的"山茶"。名茶中还有雅州山顶的"雷鸣茶"、泸州的"溪茶"、南川茶、黔江茶、彭水茶、武隆茶、峨眉茶、酆都茶、天全茶、建始茶、涪州产的宾化茶和白马茶、石泉茶、永宁茶、毛茶、火井、思安，巴东产的真香、夔州产的香山茶。这类叶茶，多为内地人饮用。

明朝政府用于"茶马贸易"的边茶，主要是"剪刀茶"，也有"乌茶"。洪武五年（1372），四川茶盐都转运使说："碉门、永宁、筠连诸处所产之茶，名剪刀粗叶，惟西番夷僚用之。"② 边茶制作较为粗糙，多蒸压成块，或装篾篓，便于运输，也便于藏民计数，因为藏人多"不辨权衡"。碉门、雅州、天全、荥经等地生产乌茶也用于易马或赏赐，产量不大。

明代四川制茶，以川西蒙顶山等处为精良，川南筠连等处较粗糙。

---

① 高濂：《遵生八笺·论茶品》。
② 《明太祖实录》卷77。

图9—17 芦山县茶马古道雕塑

第五节 造纸业与印刷业

一、元代造纸业与印刷业

四川的造纸业和印刷业,唐宋两朝时为全国的中心地区之一,也是印刷业、私人刻书业的发祥地之一。南宋末年,宋蒙之间的长期战争,四川成为抗元战争的最后据点,兵燹耗减了人口,硝烟焚卷了文风。元朝在四川几十年的短暂统治,重于军事统治,而疏于经济发展,更忽视文化的培育。前代造纸和印刷业的经济基础、人才、设备等根基消去,仅有的遗民与外省来的移民未能传承前代的传统。在这样的历史背景下,四川造纸仍沿袭宋代人办法,以旧布、乱麻为之。虽然元人王祯已经在延祐年间发明了木刻活字,但这时的四川,仍然是沿用宋代人的雕版印刷书籍。因此,有元一代四川的印刷较精美一点的书籍,仍然保存着白麻纸质、左右双边、白口、颜字体的"蜀本"风格。例如,"世为

"成都巨族"的费著即喜好刻书，他所刻有的大字本《资治通鉴》，世称"龙爪本"①，仍旧保持着宋代木板印刷的遗风。元末以后，成都刻书业开始衰落。

而此时的江浙福建等地，随着经济的迅速恢复，加之文气保存较为浓厚，致使造纸业和印刷业得以迅速发展。竹子成为江南各地造纸的主要原料；活字印刷新技术发明后，进一步促进了印刷业在江南的传播和试行。安徽、江浙的竹纸轻细，商人运贩四川，蜀人喜爱，其价"每视川笺价几三倍"②。江南造纸的发达，印刷术的进步，所刻印之书众多而广销天下。有元一代的刻书印刷业中心是福建的建阳和浙江的杭州，四川明显地落后了。田建平先生著《元代出版史》书中列数元代印刷业中的私刻、家刻和书坊堂号200余家，没有一家属于四川；元代127名藏书家，四川没有一名；元代收藏万卷以上的藏书家有74名，四川没有一名，由此足见元代四川印刷业远远落后于江南③。

二、明代造纸业与印刷业

明代开国之初，重视文治。虽然在维护政权稳定和统治秩序方面有不少禁忌，但总的来说政策还是十分宽松。明代重视经济发展，促进了封建经济发展的新阶段到来。社会物质财富的增加，为造纸、印刷业奠定了坚实的基础。明代出现了出版业的高峰，超过唐宋，地区广，出版家辈出。除了朝廷的国子监、司礼监等部门之外，各地的王府刻印过书，几乎每一个县都刻印过书，有的卫、所也刻书，中举的文人要刻书，甚至连商贾、市民、屠沽小儿一旦有了钱也要刻书、刻墓志铭，"以寿作者之精神，以惠后来之沾溉"，追求留言传名。

在这样的社会风气下，四川的造纸业和印刷业力效江南，迅速发展，在全国的地位比之于元代有了提高。缪咏禾《明代出版史稿》中指出："明代的出版集中地区，除了南北二京之外，江浙一带有苏州、常州、扬州、杭州、湖州等城市……四川的成都和山西的平阳……仍居于中上地位。"④

---

① 参见西禾：《成都雕版印书漫话》，《历史知识》1980年第1期。
② 《古今图书集成·字学典》卷152。
③ 田建平：《元代出版史》，河北人民出版社2003年版，第47~51页、332页、342页。
④ 缪咏禾：《明代出版史稿》，江苏人民出版社2000年版，第71页。

表9-4 明代刻书种类四川与外省比较示例表

总数	京师	南京	南直隶	浙江	江西	福建	陕西	四川	云南	贵州
书 15660	166	275	459	177	327	483	109	68	42	8
地方志 2892	54	223	348	184	152	123	64	80	53	

说明：据《明代出版史稿》第105页、150页制表；黄虞稷《千顷堂书目》收明人著作15660余种；《明史·艺文志》明人著书5033种。

造纸业是印刷业发展的基础。元代从江南传入竹纸，明代四川造纸也采用了这种以竹为主要原料的造纸技术。其法，砍嫩竹截成六七尺长，入塘浸泡百日，锤打洗去青皮。然后加生石灰涂浆，入大黄桶下煮八日八夜，歇火一日，将竹浆舀入清水塘漂洗，其塘四周用木板嵌合以防泥污，而后舀入大铁锅，加入稻草灰，煮沸后，舀入另桶淋灰汁再煮，如是十余日，而后舂浆如泥面，倾入槽内加清水。至此，纸浆已成，用竹丝帘舀纸浆。舀一次，即一张，烘干后即为纸。轻舀则纸薄，重舀则纸厚①。用楮树皮为原料造纸，60斤树皮加入嫩竹浆40斤，所造纸坚固不易扯破，又称"绵纸""皮纸"，其法较竹纸简单。竹纸产量大，洁白、轻薄。四川也是产竹子多的地区，为造纸业发展提供了优良的条件。明人谢肇淛说："若印好板书，须用绵料白纸无灰者，闽浙皆有之，而楚蜀滇中，绵纸莹薄，尤宜于收藏也。"② 由此可见，四川造纸业在全国仍有一定地位。

图9-18 明代造纸图（采自《天工开物》）

明代四川的刻书印刷业仍以雕版印刷为主，虽然东南沿海地区多有木泥、铅、铜等活字试印书籍，但四川还未见有关活字印书的记载。据有关专家调查与研究，明代刻书，一人一天刻字数235字（楷体0.65厘米见方），刻一部12

---

① 宋应星：《天工开物》卷中。
② 谢肇淛：《五杂俎》卷12。

第九章 元明时期四川的手工业

万字的书，要 500 个工作日①。

四川印刷业虽不及江浙，但仍然出版了许多书籍。据记载，蜀献王好文学，"招致天下名刻书佣集成都"，是故"蜀多巧匠"②。蜀王府刻刊了《史通》《蜀鉴》《蜀汉本末》等一大批文化典籍，此外，明代四川还刻印出版了一大批四川地方志书（详见本书第十一章第二节）。但比之于中原和东南省区差距仍然较大。缪咏禾《明代出版史稿》一书，洋洋 45 万言，只有两处片言只语说到四川。所列举全国藏书家 800 余人，四川只有杨升庵一人；所列举的"杰出出版家"共 180 人，没有一个是四川人③。这说明，虽然明代四川的造纸、印刷业居于全国的中上游地位，但其本来历史面目均未获得明清及以后的学者真正了解和记载。

图9—19 望江公园内薛涛井

值得提及的是，在唐代享誉全国的以"薛涛笺"为代表的"蜀笺"，在明夏时期和明代虽然继续生产，但已日趋衰落。据记载，明玉珍在蜀时，"有成都人陆子良能造薛涛笺，工巧过之"，明玉珍听说后，遂"建捣锦亭于浣花，置笺局，俾子良领其事"④。到了明代，"蜀王府"又在万里桥西锦江之上作亭造笺，"每以三月三日汲水造笺二十四幅，以十六幅进御，余不尽，以上巳造也"⑤。

---

① 缪咏禾：《明代出版史稿》，江苏人民出版社 2000 年版，第 305～307 页。
② 彭遵泗：《蜀碧》卷3；孙锲：《蜀破镜》卷4。
③ 缪咏禾：《明代出版史稿》，第 367 页、470～528 页。
④ 王士禛：《香祖笔记》卷2。
⑤ 桐西漫士：《听雨闲谈》。

"薛涛笺"原来有十多个花纹品种,在明代跌落得只有蜀藩一家勉强可造;而其所生产的又仅为单一的纯白品种。这种纯白的笺,"清莹光细,长于五六尺,宽仅二三尺,亦无诸花纹,远让古昔多矣"①。由于"蜀薛涛笺"具有"着墨即干"的特点,加之生产量少,因此明人叹息"价太高","寻常岂能多得耶"②。

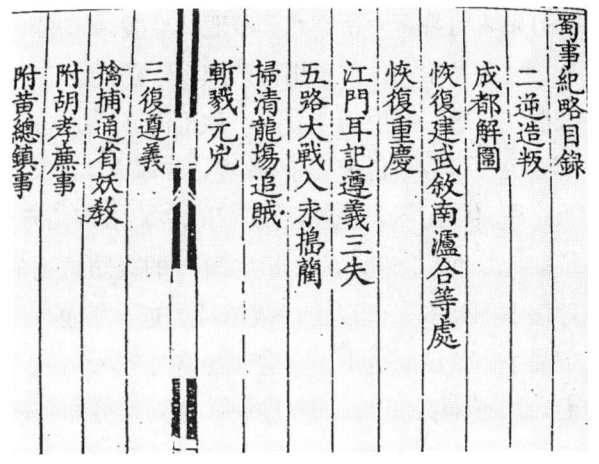

图9-20 明天启刻本《蜀事纪略》书影

第六节 造船业

四川有千余条河,可以行船通航的有几百条(段)。四川行舟历史悠久,造船业也发达。唐朝时,成都城外"门泊东吴万里船",锦江上"楼船百艘,塞江而至"③。宋元时期,四川造船业与内河航运均发达,尤其在南宋时期,偏安江南的朝廷与四川战备联系加强,物资运输增多,打造的战船数量增多。蒙古攻南宋,大量掳掠宋人船只,也督川民打造战船。见于历史记载的,有宋宝祐六年(1258),蒙哥的都元帅纽璘率蒙汉军500人、战舰200艘从成都沿沱江而下,进攻重镇叙州。在岷江和金沙江汇合处,南宋都统张实率500艘战船控制江渡。宋开庆元年(1259)四川制置使"以艨艟巨舟千余艘",溯嘉陵江而上,救援钓鱼城,被蒙古兵打败,失掉"巨舰数百艘"。宋景定元年(1260),宋将率舟师2000,溯岷江而上,欲夺回成都。景定二年(1261),汪良臣在嘉陵江

---

① 何宇度:《益部谈资》卷中。
② 谢肇淛:《五杂俎》卷12《物部四》。
③ 《太平广记》卷303。

上打败宋将昝万寿所率水师战舰200艘。宋咸淳元年（1265），钦察的部将赵匣刺、元帅按东，在钓鱼山打败宋军，获战舰146艘。咸淳三年（1267），宋将以战舰500艘，载甲士3万人，欲抢占云顶山，夺回成都。咸淳八年（1272），元军在渠江口，夺得宋战船50艘。咸淳十年（1274），元军巨舰70艘载甲士数千人，顺岷江而下，进攻嘉定（乐山）。宋德祐元年（1275），元军合围重庆，有战船300艘①。宋元在四川近20年的攻防拉锯战中，水战不知几多，双方出动船舰不知几多，仅以上述战船计，近5万艘。当然，有的船只双方重复使用，但战争中毁没的也不少。这些船有外省入川的，但大多数为四川制造。其船大者，70艘载数千人，500艘载3万人，可知每艘载数十、百余人。其数量和容量，足证宋元时期造船业的盛况。

至明代四川已成为全国造船的基地之一。宣德八年（1433）七月，工部向皇帝奏总兵官平江伯陈瑄自江浙由海上运输漕粮至天津，须再造船3000艘，其中四川"产木州县，造船五百艘……海船改造五百艘"②；皇帝准奏。天顺四年（1460）二月，朝廷命浙江、四川、湖广、江西及应天并直隶、苏州等府造运粮船1200艘③。明代四川造的大货船多为八橹船。橹船，船尾无舵而是梢，腹圆而首尾尖狭，艄公扳长梢以定船头行进方向。操作轻便，易于对付多变水流与河中滩险。八橹船，八水手划桨，一人掌梢。这类船，大者可载数十吨至百余吨盐、茶、木料等川货。客船多为楼船，大楼船可载百余人。四川江边较大城镇均可修补船只和造常用载货木船。洪雅县的安宁乡造船也著名。嘉靖《洪雅县志》载："安宁则多造舟赁载，能超之以历三峡之险。"不过能承担皇命的造船基地，主要是重庆、合州、顺庆、阆中、苍溪、泸州、叙州、犍为、乐山、雅安等地。

明代四川造船所用的木料，以杉木最佳。杨慎《丹铅总录》称："船一以杉木为上，取其性轻喜滑燥，木为龙骨尤妙。"而四川出产船材最多的地方，则以叙州上游的马湖江为重点。《永乐大典》卷12936引《两朝纲目备要》说："盖马湖夷多巨木，边民嗜利者，赍粮深入，为之庸锯，官禁虽严，而不能止也。

---

① 宋元四川水战船数，参见陈世松：《蒙古定蜀史稿》，四川省社会科学院出版社1985年版。
② 《明宣宗实录》卷98。
③ 《明英宗实录》卷312。

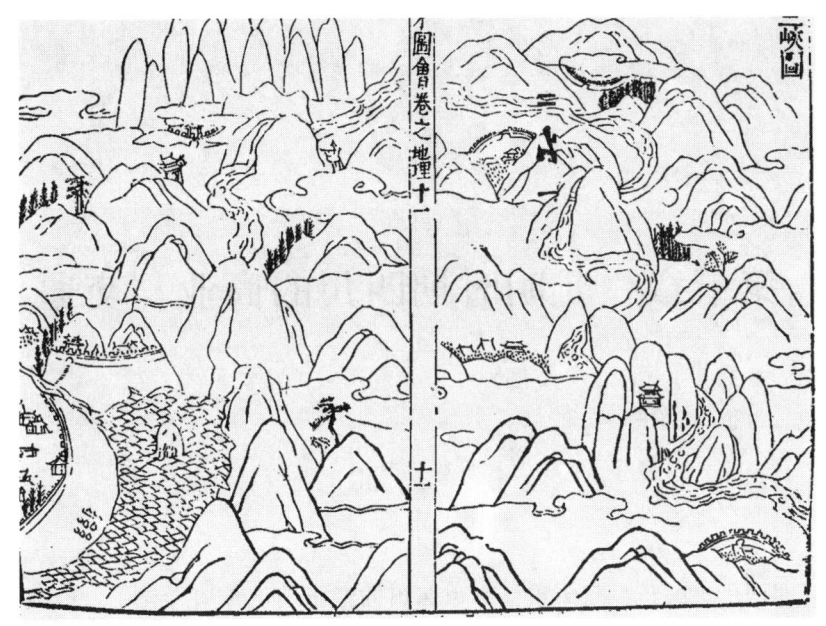

图 9-21 三峡图（采自《三才图会》）

板之大者，径七尺，厚尺许，蛮自载至叙州之江口。"①

明人王士性在《广志绎》卷 5 中，对蜀舟、篙师行船、船材与补船技术作了详细的记载，录此可见四川造船业发达情况之一斑：

关于蜀舟与篙师："蜀舟甚轻薄，不轻又难为旋转。谚云：'纸船铁艄公。'蜀江篙师，其点篙之妙，真百步穿杨不足以喻，舟船顺流，其速如飞，将近崖石处，若篙点去稍失尺寸，则迟速之顷转手为难，舟遂立碎，故百人之命悬于一人。"关于船材：蜀杉与蜀锦、蜀扇并列为四川"古今奇产"。制造蜀舟的船板，出自建昌（今西昌），"其花纹多者名抬山，谓可抬而过山也，此分两稍轻，尺寸较薄，然人以其多纹反爱之。有名双连者，老节无文，似今土杉，然厚阔更优，多千百年古木……深山大林，千百年砍伐不尽"。关于补船："建人补板，其技精绝，随理接缝，瞠目爪之，莫辨形踪"②。

---

① 参见冯汉镛：《古代四川的造船业》，四川省文史馆《巴蜀科技史研究》，四川大学出版社 1995 年版。

② 王士性：《广志绎》卷 5《西南诸省》。

第十章 元明时期四川的商业与交通

元明两代,朝廷财赋倚重江南,四川的经济地位被边缘化了,改变了秦汉至唐宋居全国前列的地位。元治四川,偏重边疆军事,站赤驿路奠定省内外交通的格局。明代四川经济有较大发展,但落后于江南。商业以盐、茶、丝、木材、药材、山货为大宗,多为本省民用内销;与藏羌等民族的茶马贸易为国家倚重,丝、木材、药材、山货已转变为江南经济发展的原料供应地。商贸繁荣,城镇新兴,并促进了省内外交通的进一步发展与完善。

第一节 商 业

一、元代四川商业

蒙古人放牧牛羊,是游牧经济;对外战争,是掠夺经济,少于涉及商业,故元初未有商税定制。公元1234年,蒙古军灭金,开始攻宋,宋是农业经济发达、商业繁荣之区,于是采取耶律楚材之议,始立征收课税所。至元七年(1270),"遂定三十取一之制,以银四万五千锭为额,有溢额者别作增余"①。

---

① 《元史》卷94《食货志》。

此后60年间，税额增加100倍，元朝商业有较大发展。有元一代，四川的商业不甚发达，比之于外省远远落后。

表10-1　四川与外省商税额数比较示例表

地　　区	商　　税
大都宣课提举司	103006锭11两4钱
河南	147428锭32两
陕西	45579锭39两2钱
甘肃	17361锭36两1钱
江浙	269027锭30两3钱
江西	62512锭7两3钱
湖广	68844锭9两9钱
四川	16676锭4两8钱

说明：据《元史》卷94《食货志》制表。

《元史·食货志》列举了40处的商税额，除上表所示，超过四川者还有嘉（真）定路和晋宁路。超过四川税额的地区，一是从大都向西域，一是从大都向东南沿海及海上，正说明元朝疆域扩大，陆路对中亚、西亚以及欧洲一些国家贸易发达，水路对日本、南海、西洋至非洲东岸一些国家贸易活跃。国内元朝政府的财赋主要在江南，四川不在其内外经贸的主要商贸之区和商货物流线上。四川的商贸主要在本省内及邻省周边地区。

四川的商品流通，大宗的是盐、茶、丝、药材、绸绢、马匹等，小宗者为日常生活必需之物。茶叶是周边"羌人"等少数民族必需之物，盐也是少不了的。至顺元年（1330），"云南盐不到"，朝廷"令四川行省以盐给之"①。1987年《文物》载，四川简阳东溪园艺场的元墓中，出土不少瓷器、花筒、盘碟、唾壶，均为景德镇的"影青"名瓷，足见稀有优质商品流通之遥远。四川的"商民船千艘"，曾在元初为元军攻取川东、川南运送兵仗和粮秣，这说明川江水路上的商业贸易亦十分活跃。

《元史·食货志》记述的是与财政相关的大项，许多方面未涉及②。对于四川的经贸情况历史资料也少于记载。《马可波罗行记》是记载元代中国社会的珍

---

①　《新元史》卷39《兵志》。
②　王雷鸣编注：《历代食货志注释》，农业出版社1989年版，第三册第289页。

第十章 元明时期四川的商业与交通

贵史料。元世祖时，马可·波罗到成都，亲眼见到了成都的市容和工商业繁荣景象。他记述道，城中有一大江，"水上船舶甚众"；"城内川上有一大桥，用石建筑，宽八步，长半哩。桥上两旁，列有大理石柱，上承桥顶，盖自此端达彼端，有一木制桥顶，甚坚，绘画颜色鲜明。桥上有房屋不少，商贾工匠列肆艺于其中。此类房屋皆以木构，朝构夕拆。桥上尚有大汗征收之所，每日税收不下精金千量"①。"千量"，似"千两"之误或"以千量计"之意。桥上征收所似乎不仅征收列肆桥上的商贾工匠之税，而且也征收过桥进出城的商贾之税。此时，已是蒙古人在四川设立官署后的20余年。此时的四川，"学校、农桑、津梁、陂渠、府寺、馆传"，也"莫不兴张"②，社会秩序与经济相对升平兴旺。

商业市场中，交子是货币。《元史》卷92《食货志·钞法》载："元初仿唐、宋、金之法，有行用钞，其制无文籍可考。"其宋、金之法，"以物为母，钞为子，子母相权而行"。元初钞法也理应如此。中统元年（1260）七月，发行以丝为本位的交钞，以两为计算单位，"每银五十两，易丝钞一千两。诸物之值，并从丝例"。同年十月，又印制以银为本位的"中统元宝钞"，以贯为计算单位。前后两种钞，两与贯等值。元宝钞面额分9种：十文、二十文、三十文、五十文、一百文、二百文、五百文、一贯、二贯等。每二贯换白银一两，十五贯换金一两。元政府禁止金银在市场上交易流通，保证了纸币的流通；但可以去官库兑换；官库也有足够的金银作为钞本。马可·波罗在华期间（1275年夏至1295年初），亲见元宝钞流通全国各地。四川也使用元宝钞。在社会的实际生活中，货币流通往往会产生一些问题，一是不便，一是贬值。至元十二年（1275），添造厘钞，分造二文、三文、五文三种。三年之后，又因不便于民而罢印。元代货币曾两次出现"物重钞轻"的动荡。第一次是出现在至元年间后期，因元宝、交钞行之既久而出现的现象。至元二十四年（1287），遂改造至元钞，自二贯至五文，共十一等，与中统钞通行。每一贯文当中统钞五贯文。每花银一两，入官库值至元钞二贯，出官库为二贯五分；赤金一两，入库值二十贯，出库为二十贯五百文。第二次出现在至大初年，"武宗复以物重钞轻，改造至大银钞，自二两至二厘"共十三等。每一两准至元钞五贯、白银一两、赤金

---

① 冯承钧译：《马可波罗行记》（中册），商务印书馆民国37年版，第439～440页。
② 姚燧：《牧庵集》卷20《张公神道碑》。

一钱。元代钞法三变,"而中统、至元二钞,终元之世,盖常行焉"。元代也曾发行钱,曰"至大通宝",曰"大元通宝",后均废除,"而专用至元、中统钞"。由此观之,有元一代中统、至元钞的实际使用期最长,相对稳定,有利于商业的发展。

据《元典章》记载,成都是四川省会,每年收税在3000锭以上,全国有此征额的场务所有22处,四川只有成都一处。1000锭以上的,四川没有,500锭以上的,四川有嘉定和开州两处,而全国有100处①。由此可见,元代四川商业唯成都大城市较为发达,而成都之外的路府州县商贸并不十分活跃,仅仅是农业经济的补充。再以全国而论,征收5000锭以上的场务所,四川一处也没有。成都商业仅居于全国第二层次,路府州县商贸不过居于全国的第四、五层次,远不及宋代的水平。

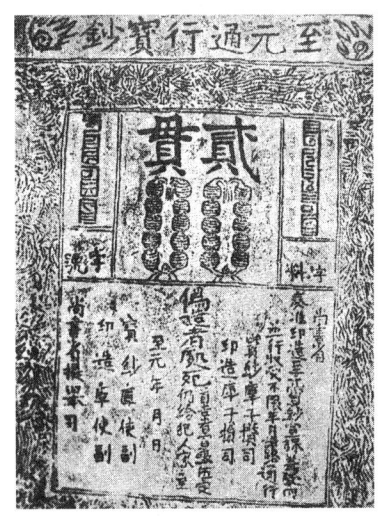

图10-1 元至元通行宝钞

二、明代四川商业

明代四川的商业,在人口增加、农业与商业政策较为宽松的明初得到迅速恢复,中后期得到了显著的发展。商贸项目、流通地区、交易数量均有了超越前代的变化。

明初,关市之征务简约,农具、书籍不征税,"军民嫁娶丧祭之物,舟车丝布之类,皆勿税"②。有一地方官巧立名目,多征税,去京朝觐考绩时自表功,被朱元璋罢了官,说:"是剥削下民,失吏职也";"税及纤悉,朕甚耻焉";规定"凡商税,三十而取一,过者以违令论"③。

明代税课,征商税,估物货;对竹木柴薪,采取抽分,即征收一定实物;买卖田宅牲畜要纳税,还要付契本纸价费;列肆门摊,要缴"门摊课钞",由有

---

① 《元典章》卷9《吏部三》。
② 《明史》卷81《食货志》。
③ 《明史》卷81《食货志》。

司管领；鱼、盐、茶等由专门的场局收税。明初全国各处商品流通量较大的市集有400余处，四川的成都、重庆、泸州均列其中。

商税政策，关系着商业发展；货币流通，也关系着商贸的兴旺。《明史·食货志》载，宣德四年（1429），将京师和各省的商贾集散地、市镇店肆的门摊税课，"增旧凡五倍"。明朝开国以来的第一次全国性的增加税课，是由钞法引起。洪武年间，初铸"大中通宝"钱，与历代钱兼行，"而商贾沿元之旧习用钞，多不便用钱"，于是造"大明宝钞"。纸币流行六七年就磨损坏烂了，又造小钱，百文以下用小钱。

图10-2 市井图（采自《三才图会》）

至洪武末年，由于出钞太多，引起了"物价翔贵"。洪武元年（1368），一个铜钱重一钱，等于铜一钱；10个铜钱相当于铜一两。洪武八年（1375）发行大明宝钞，钞一贯等于铜钱一千文，准银一两。明初，产铜有限，铸铜钱有限，而发行桑穰纸制成的宝钞却没有数量限制，危机由此而产生。至永乐年间，这一危机加重，形成"物重钞轻"，民间多不用钞。这一风潮，四川人也闹得厉害。宣德元年（1426）户部尚书夏原吉认为将民间的钞大量收回，民间钞"少则重"。于是采取了加重商税增收，并且限定收税时"钱三钞七"。大臣拟增十倍，皇帝批准增五倍。四川的成都、重庆、泸州等处也在其增税之列[①]。虽然说待钞法通行后，仍恢复洪武时期税制，但事实是从此之后税课只增无减了。甚至，明初抽分的竹木柴薪也改为增税纳钞。成都是产竹之区，竹木柴薪的交易发达，百姓对增税纳钞十分不满。正统十三年（1448）五月，蜀府上奏朝廷："成都四门贩卖竹民人，赴务投税，俱以钞价高贵，情愿十分税一，纳本色竹木。"朝廷

---

① 《明宣宗实录》卷50。

遣官核实，批准了请求，安定了社会秩序①。

由于明代中后期钱法钞法的败坏，四川人贵银贱铜，即在商业活动中不喜用铜钱、钞，而信赖银两。成化年间前，钱在"京省通行，惟蜀阻远，不多行钱"。成化年间，四川布政使、按察使曾议推行，但议而未决。万历初年，奉旨行钱，并批准四川设局造钱，决意在蜀力行，但"时益人安于积习，仍乐银币苗叶，而市民因缘为奸，故相贱铜贵银，不即奉法"。当时，成都市内"百货居积，惟五谷鱼盐布蔬鸡豚之属来自邻埒，乡民积习贵银贱铜，宁受奸人欺罔易低价之镪收归"②。四川人在商贸交易中，轻钱重银是一大特点。在有关经济史料中，论价多以银两计，直到清代也如此。

四川是天府沃土之区，物产丰盈，"地饶姜粟蔬果丹砂铜锡竹木之器"③。其所产物货成为商品，小宗交易多在民间进行，如姜粟蔬果竹木等等；大宗交易常由政府控制，如盐、茶、马匹、锦缎、皇木等等，在地域较广乃至外省之间进行。正德二年（1507），四川巡按御史杨璇奏："四川僻在一隅，人民恋土耕种，鲜有营生于外省者。盖由山川阻隔，路道不同。"④这是实况。明代四川商业贸易活动主要在本府州县间进行，但有的交易也远涉外省。四川地域广，明代植棉普遍，棉布亦多，万历年间政府一次税粮折征棉布达150308匹。四川的棉布作为商品，一是多在省内府州县民间进行贸易，一是由政府作为与藏区"茶马贸易"的商品，而不准民间与藏区自由交易。《明成祖实录》卷100载，永乐八年（1410）春正月十七日，"茂州卫军沈连言，旧制禁棉布不许贩卖出境。今威州、叠溪距松潘产马之处甚远，而棉布一概禁约，军士无以为衣，若但申严出境之禁，许棉布得至茂、威、叠，庶几军士有以御寒"。此议获得批准，棉布贸易渐至川边地区。

明代的成都，虽然织锦仍未衰落，织锦坊也织出了供皇宫用的名牌产品，但产量不大，以全国而论，已失去了汉至宋代时的丝织中心地位。明代的棉纺中心在松江府，丝织中心在苏州府。四川的农业发达，蚕桑丰盈，但缫丝织锦的规模与工艺已落后于外省，于是蚕茧作为原料运销外省。明人郭子章《蚕论》

---

① 《明英宗实录》卷166。
② 天启《成都府志》卷6《钱法》。
③ 张瀚：《松窗梦语》卷4《商贾记》。
④ 《明武宗实录》卷27。

说："东南之机，三吴越闽最夥，取给于湖茧；西北之机，潞最工，取给于阆茧。"① 明人宋应星说，福建、漳州、泉州的名牌产品天鹅绒，其"丝质来自川蜀，商人万里贩来，以易胡椒归里"②。天鹅绒一部分由海路运销东、西洋（或由政府赏赐外国使臣），胡椒也是东南亚、南亚地区的舶来品。蚕丝、绸缎是四川的传统产品、商品，在明代发生了如此变化，通过此与外省建立了固定的民间商贸联系。在本省，仍然存留着一些丝绸贸易集散地，如"苍溪之罗方，则保宁丝绫贸易之所聚也"③。

盐茶贸易由政府控制，虽然四川的盐和茶的资源丰富，又是人们必需之品，但由于茶引和盐引的数量限制、销售地区的限制，商人只在其运销中获取一定的盈利，对推动商贸繁盛助益甚微。川茶的大宗（大宗产品），保证政府与西番的"茶马贸易"。在雅州、灌州、筠连等处收茶，在成都、重庆、保宁、播州设立茶仓，在鱼通（今康定）、雅州、松潘、宁远（今乾宁）等地与番商进行交易，也曾将茶运往河州（今甘肃临夏）易马。洪武年间，120斤茶换上等马一匹，中等马一匹换茶70斤，小驹换茶50斤。永乐年间，明成祖"怀柔远人"，在四川边境曾用1000余斤茶换马一匹。与番人茶马交易，番人不识权衡斤两，只认多少篦篓的茶。为照顾官府税、商人利，定为1000斤茶装330篦篓。洪武年间，官府在四川征50万斤茶作为易马之用。嘉靖年间，在四川征茶500万斤，即为5万道茶引。一道茶引，100斤茶。其中有2.4万道为边引，作为换马之用。弘治年间规定，运往洮州等地茶，"每商不过三十引，官收其十之四"，万历时曾"招商给引，抽十之三入官"④。四川的边茶易销，隆庆三年（1569）官府在此贸易中，38000引而获税银14000余两。贩茶商人在这一贸易中也获得巨额利益。

官府向商人征收每引的茶课，茶的等级与运销地不同，而税不同。运往雅州、黎州地的边引，每引芽茶3钱8分，叶茶2钱5分；运往内地的腹引，每引芽茶3钱，叶茶2钱。运往松潘与腹引同。留给产茶地土民的茶引，每引芽茶7钱6分，叶茶5钱。商人获得100斤茶的运销权利，缴纳几钱税，已有利

---

① 《皇明文征》卷40。
② 宋应星：《天工开物》卷2。
③ 张瀚：《松窗梦语》卷2《西游记》。
④ 《明史》卷80《食货志》。

可图。但是，茶商不满足，欲图更大利润，私茶也就十分盛行。

明初禁私茶出境，罪至论死。洪武末年，茶禁正严，明太祖朱元璋第四女安庆公主之夫、驸马都尉欧阳伦奉命巡视川陕甘。欧阳伦横暴不法，横征50辆大车的巴茶（保宁一府三县所征之茶）私运出境货鬻。捶楚边境关口巡检司人员，巡检司吏含愤上告。明太祖闻其事大怒，将欧阳伦及陕西布政使、同行家奴一并处死。明初严法，明中期逐渐败坏。弘治年间实行招商开中茶法之后，便难于严格控制，正茶之外，夹带难稽。虽然有茶司管束，关隘盘查，京官巡视，也不能禁绝。为控制茶的运销，规定了路线，巴州、通江、南江所产之茶，运销四川内地和松潘地区，巫山、建始（今湖北境内）所产之茶，运销黎、雅州等地。商人所持出货的茶引，在发货地截一角，在该地区主管的茶法道盘验时截一角，运到发卖地截一角后方许发卖。由于松潘茶价贱，黎、雅茶价贵，于是出现了官商串通，将规定运往松潘的茶运往黎州或雅州发卖。由于此，在茶的贸易中出现了"无引之茶"和"无茶之引"的现象。

茶的贸易，严禁边境私茶，而"未尝禁内地之民使不得食茶"，内地城乡商肆的茶生意也十分兴旺。在成都商业市场上，人们买卖着蒙山茶、峨眉茶、青城茶、夔门青茶。明代四川产茶的兴旺与销售的活跃，使四川茶享誉四方。

食盐的销售，如同茶，由政府控制。政府规划销售地区与数量，并监督支领与运销全过程。《明史·食货志》载："有明盐法，莫善于开中。"开中法是为了解决边防军粮问题，令商人输粮某边镇，发给多少盐引。商人凭盐引到指定的盐场支盐，运往指定的地方销售。盐井、盐场凭盐引支盐，盐商凭引销售，否则认为是私盐，"犯私盐罪至死，伪造引亦如之"①。盐引大者支盐300斤，小引200斤。洪武年间规定，运粮1石至云南或运粮2石5斗至贵州普安，商人可领取到一道200斤的盐引。商人手中的盐引，每年3月1日以引目连行商通帖、散帖齐缴盐课提举司，提举司按计划将其封发各盐课司收贮，分派各盐井逐月支盐，批讫支盐后，将盐引退还盐商。盐商将盐运往指定的销售地区发卖，盐售完毕，退缴盐引。不能以旧引当新引作弊，否则以私盐罪论处。

川盐主要在本省销售，有时也运往云南和贵州某些地方。富顺县富义等盐场的盐从永宁、綦江二路入黔，射洪县华池等盐场的盐从綦江及武隆、彭水二

---

① 《明史》卷80《食货志》。

路入黔，"此商贩舟行之故道"①。洪武时，川盐年产10127000斤，弘治年间20176000斤，万历年间9861000斤。弘治至万历百余年间川盐为何减少千余万斤，一是因为有的盐井颓圮，有的井盐卤稀薄，更重要的原因是私盐的盛行。盐与茶的商贸一样，在国家计划控制下，商业利益的大头在税课中，而商人只赢得小利，倘若行走私盐私茶，商人可赚大利。嘉靖三十七年（1558），四川按察副使张瀚指出："茶盐之利尤钜，非钜商贾不能任……盐禁，限于行盐之地，而在在有之，故其法拘而难行……盐利食于人，权于国者，什居七八。"② 由于利益的诱惑，有的地方官员、盐

图10-3 自贡西秦会馆外景

图10-4 自贡西秦会馆内景

井老板与商人串通作弊，阴同分肥。仅从商业贸易角度讲，明中后期的盐如同茶的贸易一样，比之于明初更为活跃。

政府干预的另一商业活动是采皇木。这是四川、湖广、贵州在明代（以后的清代）的新项目。政府权力的参与，与盐、茶运销不一样。北京修缮皇宫，派员在西南边疆原始森林里砍伐大楠木，征集伐木、运木民工，是役；将此事具体委托商人、富户办理，却带有商业性质。采一木，政府拨一定买木、运木之费，经理者可在其中盈利或者赔累。由于皇权的神圣、深山荒林采木的艰难、皇木收取规格的苛刻，不仅使民工尸骨遍野，而且使许多商人、富户破产。明

---

① 郭青螺：《题买楚蜀盐鱼以饷新兵疏》，《明经世文编》卷419。
② 张瀚：《松窗梦语》卷4。

工部给事中张养蒙在奏折中说："闻川人言采木之苦，召派之始，买运有价，赏夷有格，雇夫有值……原额估银，十充一二，其间无名之赔贩，万状艰辛"；皇木要求严格，经办者费一二年之辛苦，将所伐木，"鳞集水次，而收者收，弃者弃，收者入运，弃者比银还库矣"；许多不合格的木料，不仅要按数退还官府银两，而且商人还不能将其售卖，"于是有倾赀者，有破产者，有鬻子矣，不则奄奄待毙耳"①。采皇木，从永乐至万历年间二百余年，成为川民的重大灾难。采皇木伤害川民，严重地影响着商业发展。政府逼"商民原额价银还官，民不堪扰"②，建昌是贸易活跃之区，每遇采办大木，"客商少至"③。

明代长时期频繁地在四川采办皇木，其副作用之一也刺激了民间木材贸易的兴旺，大量的木料投进了商品市场。建昌所出的杉板，亦称建板，闻名省内外。史载"荆门竹木板枋等项，自川建昌等处浮来"④。木材顺各江河而下，在"夔州、云阳，则板木商贩之所聚也"⑤。私伐木竹，有利可图，有的豪商大贾进入僻远的木材产区，他们带去了苏杭的丝织品，也带去了资金，使"穷荒成市，砂碛如春，大商缘以忘年，小贩因之度日"⑥。

商业的发展，使得明代四川的城市经济比之于元代繁荣，农村市场兴起和扩大，许多农产品由此成为商品进入流通领域。随着明代四川省会成都成为全川乃至西部的商业中心，在府州县一级治所地以及农村市场也随之兴起了许多商贸分区和交易场。例如，合州城内有木市、柴市、菜市、果市、茶市、盐市、布市、猪羊市。合州有5乡8镇，铜梁县有4乡，定远县有4镇⑦。洪雅县全县6乡，场集11处。6乡的商贸各有特点："洪川则多货木器；安宁则多造舟赁载，能超之以历三峡之险；义和则多卖蔬……保安则多鬻薪炭……中保则多入林箐取材木货于营室者。"⑧ 农村乡镇集市贸易，交易物货主要来自于农业。农业发展，商业兴旺；商业发展，促进了农产品的商品化，单一而孤立的自然经

---

① 张养蒙：《为川民采木乞酌收余材以宽比累事》，《明经世文编》卷427。
② 《明神宗实录》卷211。
③ 《明神宗实录》卷180。
④ 《明神宗实录》卷180。
⑤ 张瀚：《松窗梦语》卷2。
⑥ 王士性：《广志绎》卷5。
⑦ 万历《合州志》卷1。
⑧ 嘉靖《洪雅县志》卷1。

济逐渐发生变化。商贾货通有无，城乡商贸兴旺，地方经济发展；收税抽课，也增官府收入。这一认识，使明代有的地方官不再一成不变地重农为本业、斥商为末业了，他们给商贸兴盛创造条件。正德年间，李壁守剑州，"四方商贾百货不可得而致，故民虽有余财，积于无用，某不足者，购易无所"，李壁择城北空地辟为市场，"招商致货，约一月会市者九，为立法以禁巧伪罔利以相欺者，又虑夫道路崎岖为归市者之患，复命平治桥途以通车马"①。州县地方官以行政权力维护商贸秩序，促进商业发展，这样的事例在明代以前是极少见的。

有明一代，四川边境少数民族地区与内地的商业贸易得到新的发展。明代对川南的"平蛮"用兵和对川西、川西南驿路的整治与开辟，加强了相互的联系，提供了物流方便；明代在松潘、雅州、叠溪、威州、越嶲、德昌、建昌、会川、汉源、播州、古蔺、忠州、夔州、达州等川边地区皆设有军屯，屯田军士可以带家属，养育子女。明中后期军屯人多田少，卫所指挥腐败，军屯大坏，军屯田多为镇守等官占为私有，不少军士外出谋生，有的与少数民族"往来交易"，有的军士往来于边区与内地之间从事商贸活动。松潘卫所的屯田军士"募通晓汉语番人，代为守堡，而己则潜往四川什邡、汉川诸处贩鬻，经年不回"②。如此事例，在明代前也是极少见的。

明代四川商业居于全国何等地位？嘉靖年间，张瀚曾有一段评论："巴蜀亦沃壤，古为梁地。地饶姜粟蔬果、丹砂铜锡、竹木之器，东下荆楚，舟经三峡，而成都会府也，绵、叙、重、夔，唇齿相依，利在东南，以所多易所鲜，而保宁则有丝绫文锦之饶"；"余常总览市利，大都东南之利，莫大于罗绮绢纻，而三吴为最……西北之利，莫大于羖褐毡裘，而关中为最……夫贾人趋厚利者，不西入川，则南走粤，以珠玑金碧材木之利，或当五、或当十、或至倍蓰无算也。然茶盐之利尤钜，非钜商贾不能任"③。张瀚是杭州人，曾任陕西、四川、福建、广东、山西等地方藩臬要员，也任过南京工部尚书，一生留心商业和交通，深知四川物产民风。据此评论，明代四川商业多为东南诸省手工业原料市场和巴蜀土特产品市场。

---

① 李棠：《剑州新设市场记》，雍正《剑州志》卷23。
② 《明宣宗实录》卷59。
③ 张瀚：《松窗梦语》卷4。

商业发展与生产方式和物质产品紧密相关。生产力提高，产品丰富，商业贸易必定繁荣；而物价是商业市场上最活跃的因素，起着杠杆作用，是市场的一个表征。明代四川物价表现着明代四川的商业贸易和人们的社会经济生活的一般状况。详见下表：

表10-2 明代四川物价统计表

物类	数量	价格（钞贯）	物类	数量	价格（钞贯）
金	一两	400	木材	百斤	8
银	一两	80	煤	一石	8
粳米、糯米	一石	25	砖	百块	16
小麦	一石	20	瓦	百片	10
大麦	一石	10	锦	一尺	8
芝麻	一石	25	罗	一疋	50
茶	一斤	1	绫	一疋	120
棉花	一斤	3	纻丝	一疋	250
麻	一斤	500文	大绢	一疋	50
花椒	一斤	1	小绢	一疋	20
胡椒	一斤	8	大青三棱布	一疋	50
蜂蜜、砂糖	一斤	1	大白三棱布	一疋	40
苏木	一斤	3	中、细白棉布	一疋	20
盐	十斤	2.5	新棉布衣服	一件	16
香油	一斤	1	新麻布衣服	一件	10
酒醋	一瓶	1	毡帽	一顶	4
姜	十斤	1	笔	十支	1
蒜头	百个	500文	榜纸	百张	10
菜	百斤	2	各色大签纸	百张	20
西瓜	十个	4	墨	一斤	8
桃、梨	百个	2	鼓	一面	5
橘子	三十个	1	弓	一张	8
冬瓜	一个	500文	笠	一顶	1
鱼、蟹、鳖	一斤	1	雨伞	二把	1
鸡	一只	3	凳子	一条	4
野鸡	一只	3	交椅	一把	24
水牛	一头	300	麻布	一疋	8
黄牛	一头	250	葛布	一疋	20
马	一匹	800	铜	一斤	4
大猪	一口	80	锡	一斤	4

续表

物 类	数 量	价格（钞贯）	物 类	数 量	价格（钞贯）
羊	一头	40	黑铅	一斤	3
犬	一只	10	铁	一斤	1
猫	一只	3	大铁锅	一口	8
兔	一只	4	锄头	一把	2
鸭	一只	4	锹	一把	2
鹅	一只	8	犁	一把	2

上表物价是从万历《大明会典》所载洪武年间的"计赃赎价"中，摘取部分要项而绘制的。在明朝文献中，如此丰富的物价表十分少见，具有极高的史料价值，故录于此。有日本和台湾学者曾深研此表，著有专文。上表所列物价，其值略低于市价。明朝政府提倡用钞，故多以钞计其价，而明代四川人却"重银贱钞"，实际生活中多以银两计价。明中后期政治腐败，人口增多，商品经济发展，社会生活较之于明初奢靡，物价也大大上涨。有的史料涉及明中后期四川的物价，如弘治元年，米每石银2两，杂粮每石银1两5钱，谷每石银8钱；成都的缣一匹，银50两；正统年间，大宁盐井的盐，每引（200斤）银2两；上等马一匹银45两、中等马一匹银41两、下等马一匹银38两3钱3分。四川地域辽阔，各州县经济发展不平衡，市场物价或高或低，有一定差异；明朝270余年间，前、中、后各时期也有很大变化。此处所列物价只显示一般概况，以资对明代社会经济生活的了解。

第二节 交 通

元代疆域辽阔，为"通达边情，布宣号令"，大力推进水陆交通。在四川，元代形成了水陆交通网和点的基本格局，尤其向边沿少数民族地区交通延伸，均为前代所不及。明代四川水陆交通在元代基础上进一步改善和发展。尤其是向边沿少数民族地区，特别是藏族地区的交通发展，从此改变了历史上由甘肃、青海入藏为主要通道的格局。四川地方政府增添了一些管理进出藏事务的职能。

一、元代四川交通

元朝十分重视至全国的水陆交通建设,也十分注意开辟与国外的陆上与海上的贸易交通。国内的水路交通,以沟通京杭大运河,开辟崇明州至渤海湾至直沽的海运为最著;陆路交通,在全国广阔的领域内建立"站赤"制度,而西南边疆省区的站赤设置开前代所无的先例。

"站赤",《元史·兵志》载:"元制站赤者,驿传之译名也。"驿传秦汉唐宋已有之,但没有元代发达。驿站分陆路与水路,以陆路为主。元代全国驿站有1400处,其中水站为420余处。另外,通吐蕃和西北的乞儿吉思也设置有驿站。至元十三年(1276),设立通政院管理全国驿站事务。

元朝在四川设置"站赤"制度较早。中统三年(1262),夔州"立枪杆岭驿,以便转输"①。至元元年(1264),在剑门"人头山添设驿站"②。次年,元在所辖四川地域内新添16站,共41站。四川驿站的交通工具是马、驴、牛,马主要用于"通达边情,布宣号令",驴、牛主要用于运送粮秣物资。当时有马站29处,驴站12个,共有马1088匹,驴1013头,牛257头③。至元九年(1272),在四川与吐蕃交界处设立宁河驿。至元十五年(1278),元平定全川,开始"立

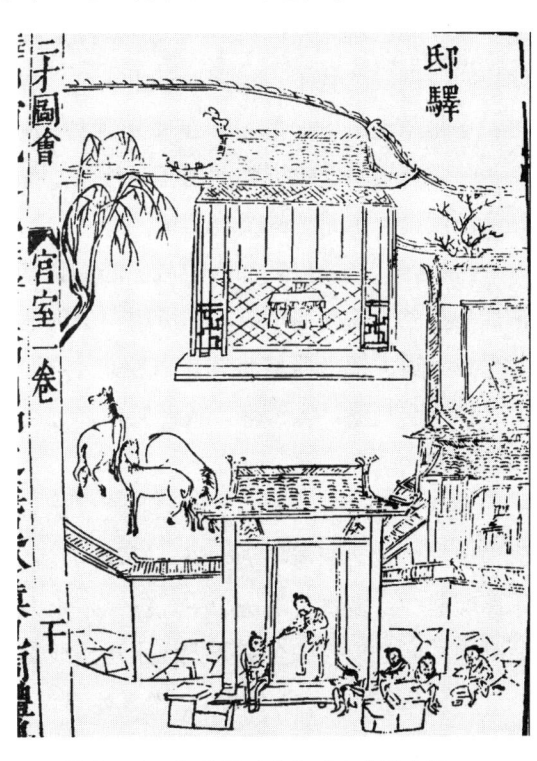

图 10-6 邸驿图(采自《三才图会》)

---

① 《元史》卷5《世祖纪》。
② 《永乐大典》卷19416《站赤》;《元史》卷5。
③ 《永乐大典》卷19416《站赤》。

川蜀水驿，自叙州达荆南府"①。三年后，整治叙州至荆南府水驿工程完成，通政院差官点视，共设水驿19站，其中重庆至荆南段2000里，设水驿14站。初设时，船只和人手均短缺，后经配置，"新增站夫682户，船73艘。新旧合计，共有站夫2100户，船212艘"②。至此，元代四川水陆驿站布点基本完成。此后，在发展川边民族地区和与毗邻省区交通方面还有些建设，如成都至云南、湖广的驿路，发兵"开土番道"等工程③；罗罗斯宣慰司有马站29处，马1271匹。至元代中期，全省共有水陆驿站132处，其中水站84处；有马986匹、船654艘、牛76头。驿站与马匹，均未包括土司境内数字。

原藏于壤塘县措尔机寺，现藏于西南师范大学博物馆的元代八思巴蒙文新字铜符牌和银制差使圆牌④，就是蒙古皇帝或元朝廷直接派遣负有特殊使命的使臣时所颁发的牌子。根据《经世大典·站赤》序所说，元朝遣使牌子分为两种：一是悬虎头的金牌，一是军务遣使的圆牌。元史著名学者蔡美彪撰文说，四川分省曾请求颁给圆牌"以备驿传"⑤。壤塘县所保存的这两种牌符，为元代站赤制度提供了重要的文物实证。

元代四川交通以成都为中心。陆站以成都辐射全川，有的达于外省。历史形成的几条主要交通干线基本沿用，个别地有所调整。北经潼川、广元出朝天，达秦晋，通大都；西经雅州，联络吐蕃；东经顺庆、合州，达于梁山、开州；南经叙州至乌蒙，去云南，或经黎州，过会川，至元谋入云南；也由乌蒙分路，东行入湖广。

水站比陆站多。水上交通以长江、岷江为主线，连接成都与湖广及以下诸省地区的信息交通与物货交流。汉江（嘉陵江）、清江水路均属于地方区域间的水路交通线，多物货输送为主。据《永乐大典·站赤》和《析津志·天下站名》所列水站名互校，综合三条大江水运路线是：

（一）成都至湖广（岷江、长江水路）

成都、广都、平安（今双流县付家坝）、龙山（今彭山）、眉州、石佛、青

---

① 《元史》卷10《世祖纪》。
② 《元史》卷11《世祖纪》。
③ 《元史》卷131《速哥传》。
④ 四川省文物管理局：《四川文物志》下册，巴蜀书社2005年版，第1731页。
⑤ 蔡美彪：《元代圆牌两种之考释》，《历史研究》1980年第4期。

神、峰门（今青神东南60里）、平羌（今乐山西北）、嘉定、三圣（今犍为县北）、犍为、下坝、月峰波、宣化（今宜宾县泥溪）、真溪、喁口（今宜宾市牛口坝）、叙州、南溪、江安、泸州、黄舣、神山、湳溪（今合江县）、史坝、汉东、石门、朝天（今重庆朝天门）、木洞、涪州、溉云根（今忠县）、梅沱（今石柱西介沱）、万州、云阳、夔府、巫山出川，至湖广界。

（二）广元至重庆（嘉陵江水路）

广元问津、临江水站（今昭化）、江口（今剑阁境）、虎溪（今苍溪境）、南津（今阆中境）、南部、新政、洲子口（今蓬安）、石狗（今南充石狗坝）、顺庆、后津（今南充青居）、石牛子（今武胜境）、金沙（今合川县金子）、荔枝（今合川境）、朝天（今重庆朝天门）。

（三）宜宾至云南（金沙江水路）

叙州、横江至云南大窝、蒲二、盐井等地。

以上三条为主要干线。此外，还有川南长宁地区入长江的淯江水路，其水站为：长宁、武宁（今长宁双河乡）、铜鼓（今长宁铜鼓滩）、江安入长江；川东南乌江水路，其水站为：新滩（今德江新滩）、辛酉滩、关滩（今武隆关滩）、涪州入长江[1]。这两条水路途程较短。

元代地方官注意交通线的维护与建设，以保证畅通。至顺四年（1333），涪陵张八歹题"江心石鱼"；大德三年（1299），彭水县城关的乌江洪峰刻字，均是水位与滩石的警示。在广元路境内，也保留着警示性、纪念性的数十通元代官员的题记[2]。至元四年（1267）秋天，朝廷调遣巩昌、凤翔、京兆处未占籍户一千，"修治四川山路、桥梁、栈道"[3]。对于驿站管理，常予督责。站户以民户充当，站户有缺，由民户递补。充当站户是辛苦劳役，故富者多户脱免，形成"四川站户，多系凋瘵贫民"。四川盆地，"山路崎岖，每站相去百有余里"，因此马匹长途奔驰"易于困乏死"。大德十年（1306），四川廉访使奏报，四川驿站的"站官弄权，将富势之家马匹作弊歇闲"，"迫使贫弱者连日差遣，以致死省马匹，消乏站户"[4]。成都府属州驿站的此类情况特别严重，虽然屡屡

---

① 参见蓝勇：《四川古代交通路线史》，西南师范大学出版社1989年版。
② 民国《重修广元县志稿》卷3。
③ 《元史》卷6《世祖记》。
④ 《元典章》卷36《兵部》3。

整饬,却无法根本改观。

二、明代四川交通

明朝平定四川后,即着手于恢复、整治元时的交通,并且开辟新的水陆交通路线。洪武十四年(1381)置四川水马驿20处,分布于成都、重庆、叙州、夔州各府。洪武十五年(1382),统一云南后,招谕当时属于四川的东川、乌蒙、乌撒、芒部诸酋长"率土人随疆界远近,开筑道路,各广十丈,以六十里为一驿,符至奉行"①。同年,又置通往贵州的马驿5处。洪武十七年(1384),明太祖向回贵州的水西土司奢香夫人要求,回贵州后着手"开辟偏桥、水东,以达乌蒙、乌撒及密山、草塘诸境,立九场九驿"②。次年,明太祖遣景川侯曹震前往蜀府,代蓝玉职。洪武二十四年(1391),曹震受遣"至泸州按视,有枝河通永宁界",但此河"水道有百九十滩,其江门大滩等八十二处,皆石塞其流"。于是,"凿石削岩,直接其地,以通漕运。复辟陆路,作驿舍邮亭"③。曹震在四川交通建设中,"凿石通河,为滩一百九十三,为桥五十四,永宁至大理、建昌至西番皆为驿铺。狗义任劳,雨雪不避,时多其勋"④。据杨升庵记载,曹震整治开辟交通是一次大规模工程,涉及云贵川陕四省:"陕西自宝鸡达汉中,贵州自永宁达云南之曲靖。四川自保宁达于利州,又自梅岭桥桩达于青川,而江门险滩,伐石穿槽,功尤巨且难。"⑤ 在这项大工程之后,各地相继增添驿站和治理河道,使其便于航运。正统七年(1442)整治青川县庄乡嘉陵江河道。弘治年间,张思齐为四川佥事,"麻衣滩常坏舟,思齐治之,不复为患"⑥。嘉靖三年(1524),顺庆(南充)地方政府"将嘉陵江北口障以广堤,卫以坚石,导水东南流入江,筑堤南口御之,由是水得复如故道"⑦。正德年间,卢雍巡按四川,"凿犍为之蠢颐滩,温江之三渡,以便行舟"⑧。嘉靖中,

---

① 《续文献通考》卷24《四裔五》。
② 《明史》卷311《四川土司志》。
③ 《明太祖实录》卷204、214。
④ 万历《四川总志》卷4《名宦》。
⑤ 杨慎:《升菴集》卷4《景川曹侯庙碑记》。
⑥ 嘉庆《四川通志》卷110。
⑦ 民国《南充县志》卷8《名宦》。
⑧ 嘉庆《罗江县志》卷2。

雅州知州杨廷治理观音滩，此滩险，常覆舟。填北岸，浚南岸，改变江水流向与流速。此工程至继任者胡亿继续完成，于滩右凿1800丈新沟，终使"滩乃无患"①。万历三十一年（1603），巡抚御史李时华整治长江丰都县段的观音滩，以利通航，五个月竣工。

明人安磐《平蚕颐滩记》云：宜宾西岷江有滩百余，犍为蚕颐滩最险，"石牙中横，江水走其上，前涌后追迫势不得，不起而立，冲撞喷濞，叫号怒激，声闻十数里外。舟人上下咸默然重足睁目屏气，以幸无事"。恰恰此滩多难，"死是滩者，岁以

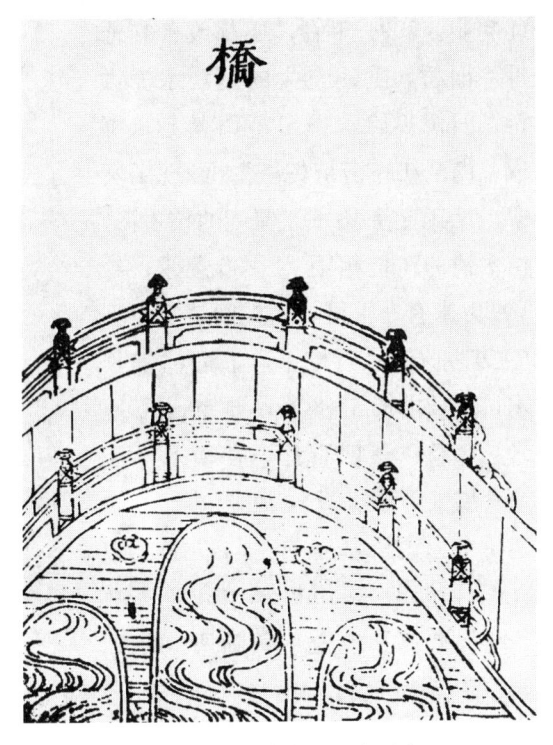

图10-7 桥图（采自《三才图会》）

千数也"②。凿治后，昼夜可顺畅航行。此险滩治理，可视为明代州县地方政府治理内河航道、维护交通的一桩典型事例。

关梁、津渡的修建与整治，是府州县地方官维护交通惠民的德政。成化四年（1468），林敷知眉州，"筑堤修堰，兴学建桥，士民颂之"③。成化年间，吴彦华为四川参政，"开瞿塘三峡古道，人得陆行"④。嘉靖年间，安岳知县李瑚，"刚正有才，改迁庙学，重修县署，建桥梁，民至今称之"⑤。

尤为值得一记的是，明代重修成都南门外跨锦江（南河）的万里桥。此桥是四川省会城市的重要交通桥梁，当年蜀汉使东吴的使臣费祎"万里之行"由

---

① 嘉庆《四川通志》卷110《政绩》。
② 万历《四川总志》卷27《记类》。
③ 万历《四川总志》卷11。
④ 嘉庆《四川通志》卷110。
⑤ 万历《四川总志》卷11。

此起步。1994年春，成都改善交通拆除旧桥，重建宽大的钢筋水泥大桥。旧桥拆除，掘出桥墩基础，即现"淘至江底密植树桩"。经现场考察，见其直径10～15厘米的柏木树、桤木树的树桩相距24～30厘米，约1平方米有9根桩，木桩间填实泥土（夹细卵石），与桩平，上面横铺长木，其长木长5～8米，厚40～50厘米，每条重三四百斤，在横木上压叠两层大石条（板），在此基础上始建桥墩。这桥基建筑，与嘉靖二十九年（1550）四川提督水利佥事施千祥大修都江堰铁牛鱼嘴所打基础

图10-8 成都老南门大桥（万里桥）断面

是一个模式。这次考古发掘成果，无疑是明代鱼嘴"打桩基础"的一个实证。自明以后，至清、民国间，万里桥面曾屡废屡建，但桥墩基础一直完好遗存[①]。

上述诸工程事例，说明明代陆路和水路交通建设的规模和工程技术的水平都大超前代。

河道治理，也有民间主持者。江津县黄石长江段有龙滩，常翻舟溺人。有一游方僧云游至此，见一天沉覆三只船，心中怜悯，乃募化银300余两，募工费时七天将其江石凿平，从此龙滩化险为夷。

据万历《大明会典》载，全川有水马驿142处，递运所14处，居全国驿站数第一位。

表10-3 明代四川与各直省驿站比较表

省区	驿站数	位次	省区	驿站数	位次
直隶	64	6	湖广	111	2
甘肃	82	3	广东	76	4

---

① 李映发：《都江堰科学技术的传播与发展》，《纪念都江堰建堰2260周年论文集》，中国水利水电出版社2005年版。

续表

省区	驿站数	位次	省区	驿站数	位次
陕西	48	10	广西	73	5
云南	73	5	贵州	31	15
四川	142	1	江西	40	11
安徽	35	13	福建	51	9
河南	56	8	山东	39	12
江苏	25	16	浙江	33	14
山西	58	7			

说明：据万历《大明会典》列表；吉林、黑龙江无驿站统计数。

从上表可见，四川驿站之多，足证明代政府对"蜀道难"交通状况改善的重视和取得的卓著成就，也说明历史进入明代后，对西南边疆和少数民族地区开发的重要性。明代的交通建设，四川各重要府州县以及马湖、龙安、永宁、松潘、建昌、播州等地，皆有驿站可通。

据明隆庆四年（1570）黄汴《一统路程图记》所载四川境内重要驿路及里程示例如下：

（一）重庆府至成都府

朝天驿（60）—巴县白市驿（60）—璧山县来凤驿（120）—永川东皋驿（100）—荣昌峰高驿（100）—荣昌县隆桥驿（100）—内江安仁驿（100）—味江驿（100）—资阳南津驿（100）—简州阳安驿（80）—简州龙泉驿（50）—成都府锦官驿。

（二）重庆府至潼川州

朝天驿（120）—土陀驿（120）—合州合阳驿（120）—定远县太平驿（160）—岳池县平滩驿（120）—顺庆府嘉陵驿（120）—蓬州龙溪驿（120）—南部县盘龙驿。

盘龙驿西行60里至保宁府，再40里至苍溪县；盘龙驿南行60里至南部县隆山驿，再60里至南部柳边驿，60里至富村驿，60里至云溪驿，60里至秋林驿，60里至潼川州。

（三）成都府至龙州

锦官驿（65）—新都驿（60）—广汉驿（60）—古店驿（60）—中江县玉城驿（60）—建宁驿（60）—潼川州皇华驿（110）—绵州金山驿（180）—江

第十章 元明时期四川的商业与交通

油西平驿（70）—平武县武平驿（100）—青川千户所古城驿（120）—龙州小溪驿（涪江发源于此，北至陕西文县界）。

（四）成都府至会川卫

锦官驿（130）—崇庆州唐安驿（110）—邛州白鹤驿（120）—雅州名山县百丈驿（120）—新店驿（80）—荣经县箐口驿（120）—黎州沉黎驿（140）—河南驿（120）—镇西驿（80）—越巂利济驿（80）—邛部州龙泉驿（120）—泸沽驿（南行70里）—溪龙驿（60）—建昌卫泸川驿（60）—椽马驿（120）—济用驿（70）—白水驿（70）—把松驿（70）—会川卫大龙驿（50）—会川卫。

泸沽驿东行80里，至马湖府。

以上仅是四条川内主要驿路，实际交通线上的驿站还要多些。此外还有至松潘、茂州、沐川、广元、播州等各地的马驿路线未备列进入。另据专家考证，万历《大明会典》还遗漏四川驿站55处。

明代的川江航运进一步发展，凡能通航的较大河道均设置水驿或水马驿。例如：成都至重庆的水驿交通线及里程示例如下：

锦官驿（90）—广都驿（60）—木马水驿（60）—龙爪驿（70）—彭山武阳驿（60）—眉州石佛驿（70）—青神驿（60）—峰门驿（70）—嘉定平羌驿（60）—嘉定州（80）—犍为沈犀驿。以下至重庆各水驿相距均为60里。其站名依次为：犍为下坝驿、宜宾真溪驿、牛口驿、叙州府、李庄驿、南溪龙腾驿、江安驿、董坝驿、泸州、泸州黄舣驿、泸州神山驿、合江牛脑驿、合江史坝驿、永川汉东驿、石门驿、江津㚒溪驿、巴县铜罐驿、渔洞驿、重庆朝天驿[①]。以上水驿，明代200余年间，有的裁革或更地，如广都水驿、龙爪驿等先后被裁革[②]。

重庆顺长江出三峡达湖广，沿途设有水驿，嘉陵江等省内通航河道，有的府州县也设有水驿，如南充县有嘉陵水驿、大竹县有龙溪水驿等站。

驿站的设置，旱驿以龙泉驿为例，有旱夫60名，厨子6名，马45匹。每年工食、号衣、马匹草料等等，共计经费银2068两8钱。水驿以木马水驿为

---

① 参见天启六年（1626）程春宁撰：《士商类要》；杨正泰：《明代驿站考》。
② 万历《大明会（1626）典》卷146《驿传》。

例，此驿在今双流县永安镇，在成都东南60里。该站有水夫40名，厨子1名，站船8艘，每年经费银475两2钱。水陆马驿，以锦官驿为例。锦官驿是全省最大的驿站，可以说是总站、交通中心。该驿站设在成都东门外合江亭、水津街一带①。该驿站有旱夫80名，船夫32名，厨子23名，船8艘，马100匹，每年经费银3927两。此驿站还住有抚院轿伞夫、马夫、督捕、督粮、案牍、清军、理刑、核校等诸杂役人员187名。本省京堂官上任、还乡均过此驿，故此驿十分热闹②。

明代驿传由政府管理，主要目的是"以便公差人员往来，军情重务、公文递送"。从北京至成都，驿站陆路5765里，共96站，限192日抵达。驿马驰递规定："昼夜须行三百里，但遇公文到铺，不问角数多少，须要随着递送，无分昼夜，鸣铃去递。前铺闻铃，铺司预先出铺交收，随即于封皮格眼里填写时刻、该铺递兵姓名，速令铺兵用包袱包裹，夹板拴系"，急递至前铺交收。由于各府州县地形差异，驿路或平直或曲折崎岖，驿马长途奔驰，以至倒毙，于是在洪武二十六年（1393）又令在驿站间设急递铺。其相间距离初规定为10里，后视途程长短与地形和路况而定，四川急递铺多为20里或30里设一铺。驿道交通，主要为政务、军情服务，民人也可往来。民间士商交通路线，只择近路与安全，所行路线有时与驿道同，有时也远离驿道。驿道是当时交通大动脉，而商路却四通八达于各府州县乡镇。正德二年（1507）巡按四川御史奏："闻湖广夷陵州有小路，仅十日可抵夔州，宜开辟宽平，量置驿铺，则可以通商利民，而于公务亦便。"③ 这小路，主要是商人和邻境居民走出来的路。明代中后期，商品经济发展，市场活跃，各处行商长途贩运，商道识途便是外出行商者的重要本领。由于这种社会需要，天启程春宁《士商类要》一类书籍便应运而生。此书内容涉及全国，也记述了四川的商业交通路线。

明代四川的交通路线，不仅比前代多，深入偏远乡镇和少数民族地区，而且路况也有很大改善。例如，"川北保宁、顺庆二府，不论乡村城市，咸石板甃地。当时垫石之初，人力何以至此。天下道路之饬，无逾此者"④。文中明载四

---

① 曹学佺：《蜀中名胜记》载："合江亭毁于南宋末年战火，明代于其旧地设锦官驿。"
② 万历《大明会典》卷149《驿传五》。
③ 《明武宗实录》卷27。
④ 王士性：《广志绎》卷5。

第十章 元明时期四川的商业与交通

川的驿道和乡间赶场路采用石板铺垫,为至今所仅见。

明代四川交通的另一大特点,是内河航运的空前活跃,尤其是长江水运。明代四川人对川江航道有了比之于前代人更为深刻的了解。万历《四川总志》载四川人对江中滩险的识别与称谓:"自嘉州至荆门(湖北宜昌下),名滩险地凡千百余,舟人一一能言之。"所记江中险处:"洞,疾流也,江中有达(獭)洞、构木洞;水流沙上曰濑,江中有和尚濑;水出尾曰濮;回流旋转曰漩,今有两沱二漩;石碛水浅曰碛,今有上碛下碛;水疾崖倾曰碥,今有阎王碥、燕子碥;滩碛相凑曰氵水(即子),今有石机子、折尾子;水如转毂曰漕,今有野猪漕;水漫不流曰沱;潭下急流曰滩。"上水险滩,竖桅扬帆,大船常合数舟纤夫相助,上拉下推,击鼓合力;下滩险,舵师梢夫均睁目屏气,齐力急促低沉呼着号子推摇桡楫;有些险滩还不能顺流直下,还须"放吊",用纤索在上拉住,慢慢放下。长江三峡特别险处,明人宋应星《天工开物》书中载:"逆行而上,自夷陵入峡,挽缆者以巨竹破为四片或六片,麻绳约接,名曰火杖。舟中鸣鼓若竞渡,挽人从山石中闻鼓声而咸力。中夏至中秋,川水封峡,则断绝行舟数月。过此消退,方通往来。其新滩等数极险处,人与货尽盘岸,行半里许,只余空舟上下。"虽然船工如此艰难地将川货运出川,将外省商品运入川,但江河交通运输远超往代。川丝以保宁府产的阆丝为优,部分作为蜀锦原料,大部分经长江运到江浙,吴人购丝以作改机绫绢。巴州、剑州、南江之人聚于苍溪,商贾贸易,然后连舟载之顺嘉陵江而入长江南去,土货、䌷、绫、绢等运销于福建漳、泉二州及日本;川盐运销"主要在川江、岷江与嘉陵江上流动";"川陕茶叶主要在岷江和嘉陵江上流动";朝廷采伐皇木,"连年派官赴四川采伐楠木,顺江漂流,然后转运河北上"[①]。此外商贾舟楫贩运木材等货出川,运湖广、三吴货物入川,均出现了前代所无的盛况。川江流急而滩多,水上交通兴盛,造就不少"精篙师""铁艄公",驾船点篙,精妙之至,避石过滩,乘势顺流,舟驶如飞。明人王士性入川,对此惊叹不已[②]。明代四川人赞颂商业交通川江航运,遗留下数首"竹枝词"。新都杨升庵的一首竹枝词,可谓景实情真的川江航运史诗。其词曰:

---

① 罗传栋主编《长江航运史(古代部分)》,人民交通出版社1991年版,第338、339页。
② 王士性:《广志绎》卷5。

上峡舟郎风浪多,
送郎行去为郎歌,
白盐红锦多多载,
危石高滩稳稳过①。

明代四川水陆交通的整治与发展,促进了省内外交通的方便与商贸的兴旺,奠定了清代四川交通网点的坚实基础。

三、入藏新通道的开辟

明代以前,藏族地区与中央政府的政治、经济、文化交往,均循旧时的唐蕃古道,即以甘肃、青海的路径为主要入藏通道。这一格局,从明代开始改变了。由于交通的发展,藏汉交流的频繁,由四川入藏成为主要途径。

洪武二年(1369),明军进入陇右遣使至藏族地区招谕,又派陕西行省员外郎许允德至河州(今甘南临夏东北)劝谕各部归顺明朝。翌年,明将攻克河州,于是这带的藏族首领入朝南京,输诚归附。四年(1371)设河州卫,七年(1374)设西安都指挥使司于河州,下辖河州、朵甘思、乌斯藏三卫。明太祖诏设的朵甘都司,其辖区包括今甘肃省的甘南藏族自治州,青海玉树、果洛、海南及黄南部分地区,西藏昌都地区,四川甘孜及阿坝地区②。

洪武十二年(1379),明朝平息洮州(今甘肃临潭)、松州(四川松潘)藏族上层的叛乱,设茂州卫、松州卫、洮州卫。每个卫管辖若干藏族土司,指挥使由中央派遣。社会安定,加强管理与交往,发展交通便是一大要务。

四川西部藏族地区或相邻地区,元朝时早已设立了一些军政性质的管理机构。在此基础上,明代又进一步加以发展,使之逐渐成为进藏主要通道的起点。

洪武二十年(1387)明太祖遣使臣招抚长河西、鱼通、宁远诸处,并采纳使臣建议,改善这些地区的交通状况,碉门至岩州,"量地理远近,均立邮传,

---

① 万历《四川总志》卷22。
② 参见马大正主编:《中国边疆经略史·明朝对藏族地区的治理》,中州古籍出版社2000年版。

第十章 元明时期四川的商业与交通

图 10-9 川藏公路甘孜二郎山段

与黎、雅烽火相应"①，岩州设立有易马的茶仓，修缮交通也便于运茶。

明成祖朱棣嗣位后，注重内政与治边，永乐元年（1403）即遣僧为使往乌斯藏宣谕赐赉，四年（1406）封阐化王为"灌顶国师"，赐螭纽玉印、白金、锦帛、巴茶若干。五年（1407），命阐化王与护教、赞善二王、必力工瓦国师及必里、朵甘、陇答诸卫所、川藏诸族，复置驿站，通道往来。十二年（1414），派中官杨三保为使臣，"令阐化、护教、赞善三王与川卜、川藏等共修驿站。诸未复者尽复之。自是道路毕通，使臣往还数万里，无虞寇盗矣。其后贡益频数"②。《明史·西域传》载："乌斯藏，在云南西徼外，去云南丽江府千余里，四川马湖府千百余里，陕西西宁卫五千余里。"此说虽不够准确，但云南、四川进藏比甘肃、青海进藏的路程要近确是实情。去云南，要过四川或贵州，所以四川进藏为捷径。永乐五年（1407）和十二年（1414），明成祖派使传诏并督促乌斯藏诸王和四川相邻的诸卫所、土司共修复和添置驿站，使西藏与内地的交通得以畅通，这是前所未有之事。明代在云南、青海、甘肃也曾修缮通西藏的

---

① 《明史》卷 331《西域传》。
② 《明史》卷 331《西域传》。

图 10—10 川藏线四川折多山理塘段路况

旧驿路，但因川藏交通是捷径，于是遂成为入藏的主要交通线。故明人有所谓："西番与蜀相近，贡道必由锦城。"①

明永乐时期之后，使臣前往藏区，藏区诸教王入贡，皆取道四川，成为法定的通道。成化四年（1468），乌斯藏大乘法王完卜遣使朝贡，一无法王印文，二从洮州进入，被礼部认为"非制，宜减其赐物"②。正德五年（1510），大乘法王遣其徒入贡，"从河州卫入贡，礼官以其非贡道，请减其赏，并治指挥徐经罪"③，皇帝准其奏。

由于四川入藏已成为主要通道，沿途驿站必然要供给来往官员、使臣的食宿和交通工具。这一方面给四川带来物流、文化、信息的生机，另一方面给四川带来沉重的负担。洪武、永乐时期，藏区各法王朝贡每次几十人，以后每次入贡者四五百人，天顺年间达二三千人。成化年间入贡者，"络绎不绝，赏赐不

---

① 何宇度：《益部谈资》卷上。
② 《明史》卷331《西域传》。
③ 《明史》卷331《西域传》。

第十章 元明时期四川的商业与交通

赀"①。如此景况,朝廷不得不采取限制措施,规定"乌斯藏赞善、阐教、阐化、辅教四王,三年一贡,每王遣使百人,少不过五十人,由四川路入。国师以下不许贡,其长河西、董卜韩胡二处,一年一贡或二年一贡,遣人不许过百,松、茂州地方住坐番僧,每年亦许三五十人来贡。其附近乌斯藏地方,入贡年例如乌斯藏,亦不许(过)五六十人"②。每年如此多批次、如此多使臣来往于川藏交通线上,实为四川旷古未有之大观。

正德十年(1515),明武宗朱厚照迷信乌斯藏有先知先觉的活佛,命中官刘允往迎,"允行,以珠玑为幢幡,黄金为供具,赐其僧金印,犒赏以钜万计,内库黄金为之罄尽。敕允往返以十年为期,所携茶盐以数十万计"。刘允从北京出发,取道运河入长江,由三峡进入四川,舟船"相连二百余里,及抵成都,日支官廪百石,蔬菜银百两,锦官驿不足,取傍近数十驿供之。治入番器物,诂直二十万,守臣力争,减至十三万。工人杂造,夜以继日。居岁余,始率将校十人、士千人以行,越两月入其地"③。刘允一行入藏后,骄横奢靡,行事失当,遭藏人怀疑而袭击,不仅未迎到活佛,反使物资尽失,将校死二人,士卒死数百,伤者一半。刘允回到成都,还诫部下隐瞒实情。此时恰逢明武宗驾崩,明世宗即位后才将他治罪。

这一事件,且不言明武宗的荒唐和中官刘允的骄奢无能给四川地区、成都省城带来的严重骚扰和对藏汉正常交流的伤害;从另一方面看,说明了四川入藏交通已成为中央政府管理藏区的主要通道和四川这条交通线上所具有的区位意义。这就是:四川地方政府无形中增加了一种职能,即代中央朝廷管理这条藏汉主要通道和监管纠劾来往贡使、使臣的一些事务,使之能按制正常往来。例如:成化五年(1469),赞善王不遵定制,遣使率各寺番僧132人入贡,又无番王印文,四川都司只放行10余人入贡,其余遣还。弘治八年(1495),阐化王死,其子嗣位为新王,朝廷命番僧二人为正副使前往封赠,及至,新王亦死,新王之子要求嗣封,二番僧同意授封。二番僧返回至四川,四川守臣劾奏其擅自封赠,并将其逮捕论斩,后减死罪为戍边,副使以下宽宥释放。嘉靖十五年

---

① 《明宪宗实录》卷21。
② 《明宪宗实录》卷78。
③ 《明史》卷331《西域传》。

(1536)，乌斯藏大乘法王偕辅教、阐化王入贡，使者多达4000余人。明世宗以人数超额，减其赏赐，"并治四川之司官滥送之罪"①。

明代四川入藏通道的具体线路，在四川境内段比较明确，大致是由成都至雅州、碉门、鱼通，或经黎州进入藏区。至于过了大渡河后，去今昌都、拉萨等地的茶马驿路，史料缺乏具体记载。

---

① 《明史》卷331《西域传》。

第十一章　元明时期四川的文化

宋元之际四川历经长时间的战争浩劫，文化遭受空前严重的破坏，一大批蜀中人士流寓东南，造成了四川本土文化的急剧衰落。以至到了元朝，四川文化萧条、人才枯竭。据（清）嘉庆《四川通志》卷 124《选举志》中所列，宋代蜀中进士多达 3700 多人，而进入元代则不足 60 人，其中还有很多是寓居异地入第的。在经过湖广移民迁川高潮之后，明朝四川开始在文化领域重新建构，这才有了一番起色，不过仍不及宋朝巅峰之半。

第一节　哲　学

一、元代四川哲学

在元代蜀籍人士中，堪称哲学大家并以著作传世的有虞集、黄泽、王申子、任士林、赵采等人。

虞集（1272～1348），字伯生，世称邵庵先生，四川隆州（今仁寿县）人。为宋相虞允文之五世孙。幼年随父避兵岭外。少承家学，内则"受业家庭"，外则就学于元代南方理学大师吴澄。大德初年（1297）到大都，以荐入授大都路儒学教授、国学助教。英宗时除国子司业，迁秘书少监。文宗时任奎章阁侍书学士，受命与中书平章事赵世延等修《经世大典》，任总裁，在弘扬汉文化方面发挥了重要作用。后谢病归家，死后谥"文靖"。

虞集是元代著名的文学家兼思想家。他的哲学思想直接师承元代南方理学大师吴澄。吴澄的哲学思想基本上是承继朱熹的理学观点，只不过依据新的体验，作了许多发挥，同时吸取了陆九渊思想的某些成分。虞集的哲学思想正是沿着宗朱融陆的思路建立和发展起来的①。

图 11-1　虞集像（采自《中国历代人物图像集》）

例如，在天人关系问题上，虞集说："天也者，理也"②；"人君者，天下之主宰也。天人之际，实在于此"③。他主张人要绝对服从封建制度，把对天理的绝对服从当做行为的最高准则。这显然是一种客观唯心主义的天人关系论。在认识论上，虞集一方面强调"穷理正心之学"，但另一方面，由于他多年从事文化、教育及政治实践活动，从中又总结出许多闪耀着唯物主义认识论光辉的思想。例如，他强调"学而修之"，"即可以举而行之"④。主张学而能行，学以致用。在事物发展观上，虞集认为，事物由于内在矛盾对立的相互作用，总是处在不断地运动变化之中。他说，由太极的动与静而产生的一阴一阳，互为其根，"以是知动静相因于无穷"。正是由于"一动一静，互为体用"，"相因于无穷"，所以才有"万事万变"⑤。这表明虞集的哲学思想具有融会朱熹、陆九渊的特点。

黄泽（1258～1346），字楚望，世为长安人，其先于唐末知资州内江，子孙遂为资州内江人。黄泽"生有异质，慨然以明经学道为志，好为苦思屡以成疾"，父仪可随兄骥子官九江，蜀乱不得归，因家于九江。元大德中（1297～1307）担任江州景星书院和洪州东湖书院山长，秩满即归，闭门授徒，著述甚

---

① 李才远：《虞集》，贾顺先、戴大禄主编《四川思想家》，巴蜀书社1987年版。
② 虞集：《道园学古录》卷11《顺庵铭跋》。
③ 虞集：《道园学古录》卷22《五色石屏风记》。
④ 虞集：《道园学古录》卷22《五色石屏风记》。
⑤ 虞集：《道园学古录》卷38《圭静斋记》。

丰。其哲学代表作为《蜀学滥觞》一卷、《春秋三传义例考》。黄泽治《易》，"于《易》以明象为先，以因孔子之言，上求文王、周公之意为主，而其机栝，则尽在《十翼》，作《十翼举要》《忘象辩》《象略》《辩同论》"。据《元史》载，黄泽曾"揭《六经》中疑义千有余条，以示学者"，"于是《易》《春秋》传注之失，《诗》《书》未决之疑，《周礼》非圣人书之谤，凡数十年苦思而未通者，皆涣然冰释，各就条理"。元代南方理学大师吴澄观其书，称赞说："为平生所见明经士，未有能及之者。"①

王申子（生卒不详），字巽卿，邛州人，寓居慈利州天门山，垂30年，为南阳书院山长。著《大易缉说》10卷。他针对"九图十书"的八卦之说，"力探其原而正之。取十图者，分纬之以画先天；九其书者，错综之以位后天。不假穿凿，可以祛疑辩惑"②。用力之勤，诚可嘉尚。

任士林（1253～1309），字叔实，号松乡，其先世为绵竹人，后籍浙江奉化。六岁能属文，诸子百家无所不览，乡子弟多从之学。元至大初（1308～1311），任湖州安定书院山长。有《松乡集》57卷。尝作《中易》，"分为上下篇。三陈其卦，所以极河洛之数，成大衍之用，体天地之撰……推圣人通变立言之旨，最为明确"③。

赵采（生卒不详），字德亮，潼川人，著《周易程朱传义折衷》，33卷。"以程朱传义为主，附以己说，间采先儒象数变互，以相发明"④。

除以上各家以外，以治《易》著名的四川籍作者还有：刘渊，字学海，成都人，永州路学正，著有《易学须知》《读易记》等；秦辅之，嘉定州（今四川乐山市）人，著《易注》；纥石烈希元，成都人，著《周易集传》20卷；范大性，成都人，著《大易辑略》等等⑤。

二、明代四川哲学

明代四川哲学家中，以杨慎、熊过、任瀚、赵贞吉和来知德等人最为著名。

---

① 《元史》卷189《黄泽传》。
② 《新元史》卷235《儒林传》。
③ 《新元史》卷235《儒林传》。
④ 《新元史》卷235《儒林传》。
⑤ 《廿五史补编》，《补元史艺文志》卷1。

杨慎（1488~1559）①，字用修，新都人。著名政治家杨廷和之子。正德六年（1511），殿试第一，授翰林院修撰，嘉靖三年（1524），因议大礼，受廷杖，谪戍云南永昌卫，投荒30余年，卒于戍所。杨慎天资聪敏，但"尝语人曰：'资性不足恃，日新德业，当自学问中来。'故好学穷理，老而弥笃……明世记诵之博，著作之富，推慎为第一，诗文外杂著至一百余种，并行于世"②。

图11-2 新都桂湖杨慎塑像

图11-3 新都杨升庵纪念馆

---

① 《明史》卷192《杨慎传》："嘉靖三十八年（1559）七月卒，年七十有二。"但卒年有异说，或谓当在三十九至四十年之间。

② 《明史》卷192《杨慎传》。

第十一章 元明时期四川的文化

　　杨慎是一个全才的思想家，他在学术思想上的成就，体现在哲学思想、文学思想、史学思想以及训诂考据学与文学创作方面①。下面，我们将分别在相关子目中作必要的论述。这里仅就杨慎的哲学思想作一介绍。

　　杨慎的哲学思想首先表现在他对程朱陆王理学思想的批判上。明朝开国以后，最高统治者尊崇程朱理学，明代中叶，陆（九渊）王（守仁）心学逐渐取代理学，风靡一时。杨慎在谪贬云南后，致力于哲学思想的思考与研究，逐步认识到程朱理学的虚伪和陆王心学的弊端。他认为"经学之拒晦，实自朱始"，"新学削经铲史，驱儒归禅"②，对学风和社会都产生了很不良的影响。他不满意朱熹、陆九渊"深于禅老之学"③，认为儒、禅两家是完全背道而驰的，"儒教实以其实实天下之虚，禅教虚以其虚虚天下之实。陈白沙诗曰：'六经皆在虚无里'，是欲率古今天下而入禅教也，岂儒者之学哉？"④ 儒者好学穷理，不能脱离实际，如果不掌握详细的事实材料，不了解客观存在的具体事物，这样的学理便只能是一种毫无用处的空谈。其次，杨慎在哲学上还表现出一种朴素的唯物辩证思想。他承认历史是变动的、前进的。封建制的推行以及郡县制对封建制的否定，都不是圣人的主观愿望，两者"皆势也"。势，是客观的，体现了历史发展的必然性。所以，杨慎断言，生于当今之世，"犹言封建当复"，此乃腐儒们不知天下利害而又"是古非今"的一种谬论⑤。再次，杨慎坚持实践第一的认识论，认为人对客观世界的认识，首先通过人的感官摄取印象，"若涂闭七窍，折堕四支"⑥，就不可能认识客观世界。杨慎认为人对客观世界的认识，通过感官得到表象，从低级阶段到高级阶段，由现象到本质，必须经过一个思维过程，由此他提出"言闻不若见"、"言知不若行"的观点⑦。最后，在人性问题上，杨慎反对见性而不见情，认为人之性情，"合之则双美，离之则两伤。

---

① 参见贾顺先：《杨慎》，贾顺先、戴大禄主编《四川思想家》，巴蜀书社1987年版，第351～371页；丰家骅：《杨慎评传》，南京大学出版社1998年版。
② 杨慎：《升庵集》卷6《答重庆太守刘嵩阳书》。
③ 杨慎：《丹铅总录》卷12。
④ 杨慎：《丹铅总录》卷19。
⑤ 杨慎：《升庵集》卷48《封建》。
⑥ 杨慎：《升庵集》卷45《博约》。
⑦ 杨慎：《升庵集》卷65《琐语》。

举性而遗情何如？曰：死灰；触情而忘性何如？曰：禽兽"①。因此他主张"约情之偏而合性之中"②，并且进一步指出，"性与情相表里，形与气相首尾"，"情不自情，因性而情，性不自明，由情以明，习之《复性书》此言粹矣"③。宋儒把性和理联系起来，使之成为理学的重要范畴，且陈义甚高，不近人情。杨慎把性和情联系起来，肯定人的情欲是本性的自然的表现形式，性与情的一致，便意味着情与理的统一。这些论点和当时盛行的理学思潮是针锋相对的。

熊过（生卒不详），字叔仁，富顺人，嘉靖八年（1529）进士。熊官至礼部祠祭司郎中，任以左春坊左司直兼翰林院检讨，后因事被斥为民。熊过早年"刻意为文，晚则究心经学"④，兼通历法。福建人蔡清治《易》颇有名望，熊购得其书，然深怪蔡氏"义不及象"，于是稍作札记以存疑问。嘉靖二十年（1541），熊被谪入滇，遇杨慎，慎知其事，力劝卒业，遂写成《周易象旨决录》7卷，自序作于嘉靖三十年（1551），可见此书是熊过长期钻研的结晶。《四库全书总目提要》称："明人之《易》，言数者入道家，言理者入释氏。"而熊过以汉《易》为宗，以说象为主，凡所考证，"皆据前文，非由臆撰……在明人易说之中，固卓然翘楚矣"。另有《春秋明志录》12卷。此书亦多自出新意，辩驳前人。于《公羊》《穀梁》，多所纠正，"而攻《左传》者尤甚"。《四库全书总目提要》称其"纰缪者极其纰缪，平允者亦极其平允"，这个评价，可供参考。

任瀚（1501~1593），字少海，南充人，嘉靖八年（1529）进士。后也因事被斥为民。他的经历既与熊过类似，又有自己的特点。《明史》记载："瀚少怀用世志，百家二氏之书，罔不蒐讨。被废，益反求六经，阐明圣学，晚又潜心于《易》，深有所得。"⑤从学者甚众，黄辉、陈于陛皆其门人，但是他的著作，"蜀乱后，多亡"，故"正论实德，人鲜知之"⑥。而当时传闻，任瀚曾学剑于邛都老叟，又入青城山，遇异人授鸿宝修炼秘法，而且据称熊过、任瀚都喜好服食炼形之术，明世宗购求道家秘籍，"蜀抚臣访之熊氏。叔仁绐其家，举所藏悉

---

① 杨慎：《升庵集》卷5《性情说》。
② 杨慎：《升庵集》卷5《广性情说》。
③ 杨慎：《丹铅总录》卷22。习之，即李翱，唐代著名哲学家。
④ 费经虞：《剑阁芳华集》卷6。
⑤ 《明史》卷187《任瀚传》。
⑥ 费经虞：《剑阁芳华集》卷5。

焚弃之。至今蜀人谈玄怪者，皆本任氏、熊氏"①。

赵贞吉（1508~1577）②，字孟静，内江人。隆庆时，官礼部尚书，入阁预机务，与高拱不合，辞官而去。《明史》称其"学博才高，然好刚使气，动与物忤"，但"最善王守仁学"③。明代正德、嘉靖以后，王学风靡全国，支派纷陈，各有传播。按照袁宏道的说法，"阳明之学，一传而为心斋（指王艮），再传而为波石（指徐樾），三传而为文肃（指赵贞吉），谓之淮南派"。又云："近代性命之学，始于赵文肃，尝窃读公书，出入禅儒。"④所以赵贞吉一方面主张"天地万物，本吾一体"，另一方面又反对用"破碎支离"的方法去"理会"事物。怎么办呢？他认为应当使自己的认识进入一种"灵觉明妙"的境界，此系"禅者所有而儒者所无"；但是，在赵贞吉看来，"非灵觉明妙，则滞窒昏愚，岂谓儒者必滞窒昏愚而后为正学耶？"⑤万历十四年（1586），姜宝写的《赵文肃公文集序》指出："今世论学者多阴采二氏之微妙而阳讳其名；公于此能言之，敢言之，又讼言之，昌言之，而不少避忌。"⑥可见他是一个禅学无害论的公开宣传者。

此外，他还准备编写两部专著，一名《经世通》，一名《出世通》。前者为内篇，分"史"和"业"两门，而"史"包括统、传、制、志四部，"业"包括典、行、艺、术四部。后者为外篇，分"说"和"宗"两门，而"说"包括经、律、论三部，宗只一部，即单传直指（按：单传直指，佛家语，即所谓单传心印，不立文字，直指人心，见性成佛之意）。其书未成，但上述纲目表明，这是一项企图系统整理儒、释两家思想体系的庞大的写作计划。内篇的目的在于"资治"，故以"经世"名之，它和"出世"并不冲突，因为"化人之道，旅泊三界"，"俾经世者得此常住真心而用之于化理，其益岂小哉？"⑦这就把"经世"和"出世"两个方面结合起来了。在内篇之中，"史所摄，体虽异，而眼在于统，统建而天下之治出于一，治一则外王之法行"；"业所摄，体虽异，而眼

---

① 钱谦益：《列朝诗集小传》丁集。
② 据《明神宗实录》赵卒于万历四年（1576）十二月壬申，年69岁，《明史》本传则作万历十年（1582），误。又四年十二月己未朔，即公元1576年12月20日，故赵氏之卒年应换算为1577年。
③ 《明史》卷193《赵贞吉传》。
④ 《袁宏道集笺校》卷54，未编稿之二，《寿何孚可先生八十序》。
⑤ 黄宗羲：《明儒学案》卷33。
⑥ 赵贞吉：《赵文肃公文集》卷首。
⑦ 赵贞吉：《赵文肃公文集》卷23《内外二篇都序》。

在于典，典建而天下之道出于一，道一则内圣之学明"。这就把"体"和"用"也结合起来了。此外还有一个值得注意的问题，内篇给帝王提供"资治"之术，不以"经"为纲，反而把"史"放在重要的位置上，这又是何道理呢？赵贞吉解释说："是乌知六经之皆史乎？又乌知仲尼为史之圣乎？"① 据此判断，这两部未成之书所显示出来的思想脉络的确是相当复杂的。

来知德（1525~1604），字矣鲜，号瞿堂，梁山（今梁平）人。"嘉靖三十一年举于乡，二亲相继殁，庐墓六年，不饮酒茹荤。服除，伤不及禄养，终身麻衣蔬食，誓不见有司。"② 在万县山中隐居30年，万历中，明王朝特授翰林待诏，亦力辞不就。他把好色、好货、好勇等都看成是一种物欲，而格物之物，即物欲之物。因此，他认为"物格而后知致"，"克己复礼为仁"，"养心莫善于寡欲"，这三句话实际上是一句："物也，己也，欲也，皆有我之私也；格也，克也，寡也，皆除去有我之私也。"③ 他把一切物欲都说成是有我之私，这就从根本上否定了物质利益的合理性；同时也表明了来知德思想体系的核心基本上是以摆脱社会交往为宗旨和以个人修养为主体的封建伦理学。他著有《周易集注》16卷等著作。《四库全书总目提要》称《周易集注》"参互旁通，自成一说，当时推为绝学"。

在哲学思想上，来知德同宋明理学的奠基人周敦颐一样，是通过一个太极图来说明对世界的基本观点。来知德的太极图不是论述世界万物的产生，而是说明世界万物的统一。他认为："世道之治乱，国家之因革，山川之兴废，王伯之诚伪，风俗之厚薄，学术之邪正，理学之晦明，文章之醇漓，士子之贵贱，贤不肖之进退，华夷之强弱，百姓之劳逸，财赋之盈虚，户口之增减，年岁之丰凶，举辟之详略，以至一草一木之贱，一饮一食之微，皆不外此图。"④ 这就是说，从人类社会的一切现象，到自然界的一草一木，都体现在这一太极图中，这个图中的黑白二仪所代表的阴阳变化的矛盾对立统一，是整个人类社会和自然界的总规律，因此，这一太极图是具有辩证法思想的。在认识论上，来知德

---

① 赵贞吉：《赵文肃公文集》卷23《史业二门都序》。
② 《明史》卷283《来知德传》。
③ 黄宗羲：《明儒学案》卷53。
④ 来知德：《重刻来瞿唐先生日录》内篇卷1，《续修四库全书》子部杂类1128，上海古籍出版社1995年版。

强调知易行难,认为"大抵为学者有个初头功夫,有个中间功夫,有个收拾功夫"三个阶段。"初头功夫"是"感发兴趣",这是认识的开始。"中间功夫"是指认识开始后的"博学、审问、慎思、明辨、笃行、发愤忘食、好古敏求"的过程。"收拾功夫"就是把获得的认识贯穿到自己的行为中,使之熟习、融化的过程①。来知德还看到社会环境、行业地位、风俗习惯等对人的品德、学识、技能都有影响作用。他说:"常见人之居山者则说狩猎之话,居泽者则说舟楫之话,居市井者则说贸易之话,居儒者则说翰墨之话,居京师者则说百官宗庙之话,居边徼者说(肤)[俘]掠战斗之话。近僧人则说后世,近道流则说金丹。头之所戴,足之所履,耳之所闻,目之所见,良弓为箕,良冶为裘,近朱则赤,近墨则黑。故习俗移人,贤者不免。"②以上思想,包含着唯物主义和辩证法的因素。总之,来知德是明朝末期一位重要的四川哲学家,他提出了一个较为全面系统的哲学思想体系。他的这一思想体系,正如他自己在《心学晦明解》中所说:"与程朱阴阳颇有异同。"这就是说,他的思想既受理学思想的影响,有相同之处,同时又有区别。相同之处在于,他同"程朱"和王阳明一样,都强调对封建伦理道德的认识和躬身实践;相异之处在于,他的朴素的唯物主义思想是与客观唯心主义的程朱理学和主观唯心主义的陆王心学相区别的③。

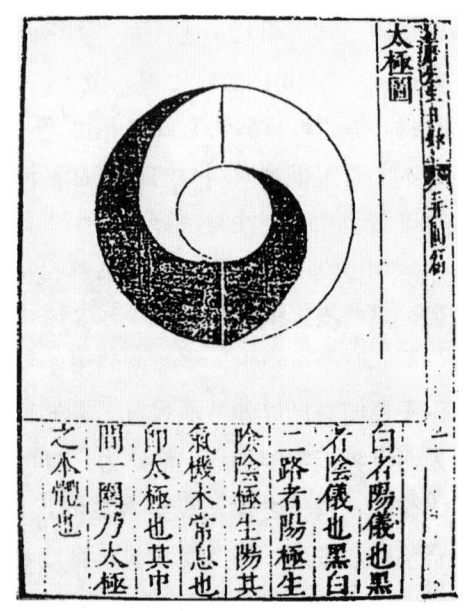

图 11-4 来知德"太极图"书影

---

① 来知德:《重刻来瞿唐先生日录·格物诸图》。
② 来知德:《重刻来瞿唐先生日录·省觉录》。
③ 余光贵:《来知德》,贾顺先、戴大禄主编《四川思想家》,巴蜀书社 1987 年版,第 375~403 页。

第二节 史 学

一、史家

元明时期史学方面的成就,与宋代四川史学巅峰时期的史家队伍、著述、水平不可同日而语。但在史学主张与实践方面,也还是颇有特色的;在地方志的编写上,出现了欣欣向荣的局面,使得这一时期问世的四川地方文献层出不穷。

在元代史学家的行列中,够得上全国水平的,是自称"蜀人"的虞集。虞集是元代中期著名的文史学家,他历仕成宗、武宗、仁宗、英宗、泰定帝、文宗六朝,熟悉元初及各朝人事典故,主持修撰《经世大典》,供职国史馆,对元修辽、金、元三史提出过许多重要建议,是名副其实的朝廷史官。他撰写的碑文行状、序跋,收录在其《道园学古录》和《道园类稿》中,史料价值极为丰富。虞集的史学思想具有深厚的家学渊源,他出身儒学世家,五世祖是南宋宰相虞允文。他从小深受南方理学大师吴澄的影响,在治史上强调以王道德治作为标准。主持编撰《经世大典》,全书880卷,分帝号、帝训、帝制、帝系等君事4篇,治典、赋典、礼典、政典、宪典、工典等臣事6篇,其体例虽有仿唐宋会要之体,但也有其特出之处。每篇、每目之前皆有序录,往往介绍内容梗概,勾勒演变原委,起到画龙点睛的作用。大典正文今已基本散佚,而完整保存下来的《经世大典序录》则为后世了解这部大典的内容梗概和元代典制的因革大事,为人们认识作者的思想留下了宝贵材料。《经世大典》虽为集体之作,但大典序录的作者为虞集是毫无疑问的。其主要证据是,在由苏天爵于元统二年(1334)编纂的《元文类》,以及他私人的著作《道园学古录》和《道园类稿》中,大典序文的作者均署名为虞集,而其时他仍然在世。总之,虞集的史学思想虽然带有程朱理学的明显烙印,但是他总结典制为经世治平之用的历史意识,以及历史借鉴和文献征实思想,促进了元代史学的发展,对元修三史有深刻的影响。从这个意义上讲，他在元代史学中的地位是值得肯定的①。

在元代四川的史学著作中，以费著的一系列地方著述最为知名。费著（生卒不详），四川广都（今双流县）人，进士，授国子助教，历汉中廉访使，调重庆府总管。明玉珍攻城，著遁居犍为而卒。费

图11—5　费著《器物谱》附图

著在元代有时名，博学多才。从他至正三年（1343）撰写的《成都府志·序》可知，"蜀宪官佐"尝修郡志，"搜访百至，得一二写本"。费著既曾"参稽订正"，参与编纂，故对"郡邑沿革与夫人物、风俗"搜访颇备。大概因为这个缘故，使他有机会整理"编帙"前代仅存的郡志资料，所以现存九篇关于唐宋四川地区政治、经济、文化和社会情况的重要文献：《岁华纪丽谱》《笺纸谱》《楮币谱》《氏族谱》《钱币谱》《蜀名画记》《蜀锦谱》《成都周公礼殿圣贤图考》《器物谱》，都署名为费著所撰。有学者考证认为，这九篇文献当为宋人的作品，不是费著写的②。虽然如此，但是费著确实对它们做过一番搜集整理工作，在今天宋、元四川地方文献均已散佚的情况下，其文献价值是十分宝贵的。如《岁华纪丽谱》述宋代成都地区民间游乐风俗之盛，是了解成都古代文化传统、社会风俗和历史地理变迁的珍贵资料。《蜀锦谱》和《笺纸谱》对四川古代最负盛名的手工业产品蜀锦和蜀纸的生产、加工源流和变迁，以及品种名目记述最为系统和详尽，为蜀锦、蜀纸研究者所必读。所以，《四库全书总目》卷70评价说："《笺纸》《蜀锦》二谱，盖自汉唐以来，二物为蜀中所擅，而未有专述其源委者。著因风俗而及土产，稽求名品，胪列颇详，是亦足资考证者矣。"

明代四川作者撰写的史学著作，当以杨学可《明氏实录》最有特色。杨学

---

① 参见周少川：《虞集的史学思想》，《史学史研究》1999年第2期。
② 谢元鲁：《〈岁华纪丽谱〉等九种校释·前言》，《巴蜀丛书》第1辑，巴蜀书社1988年版。

可（生卒不详），新都人，名敏，以字行。元末，去云南昆明，"设皋比，讲论六经，名公贵人闻其言，多敬事之"。不久返川，明玉珍授以国子助教，"辞不就职"。明氏败亡后，又以宿儒身份赴京师，仍托病归蜀，"蜀士执经座下者无虚日，随其才教之，皆有造就"①，"由是先生之师道益彰于远近"。未几，受蜀藩王官邸召，为"国中士子矜式"。晚年，赐田于大安门之外、驷马桥北，门口书"流水画桥题柱客，清风精舍读书人"十四字，由此被士子从学者称为"清风先生"②。大夏政权的建立，是元明之际四川史上的一件大事，杨学可对此耳闻目睹，知之甚悉，乃撰《明氏实录》一卷，以存信史。其书内容包括明玉珍的家庭出身、起兵原由、入川经过、大夏政权中央和地方行政机构的内部矛盾，等等，均可供证明。如果从研究的角度来看，这些记载还稍嫌简略，但是在洪武年间特殊的历史背景下，《明氏实录》作者不以成败论是非，敢于对明氏兴亡始末作出比较完整和比较客观的记述，这又确乎是一件非常难能可贵的事情。

在明代史学家的行列中，四川的杨慎是够得上全国水平的。杨慎自24岁授翰林修撰，断断续续在翰林院任职近12年。他大量阅读了历代史籍，其间还曾参与了修订《文献通考》、纂修《武宗实录》，实掌史职。大量的史学实践活动，使他积累了丰富的史学知识，形成了许多论史的著述。他的学生梁佐为他编订《丹铅总录》时，把这些文字汇为"史籍"一类，后来明代学者焦竑编《升庵外集》时又特立"史部"一类。这些文字有的考订、辨证史实，有的评论历史事件和历史人物，有的抒发自己读史的感想等等，反映了杨慎丰富多彩的史学思想。

在史学思想方面，杨慎高度认识历史的重要性。他认为："古今政治之盛衰，人物之贤否，非史不足以纪治乱、示褒贬，故历代皆有国史。"③ 由于修史者的好恶不同，同一件史实，因为作者的观点不同，往往记述也大相径庭，因此"国史亦难信"④。为了求证历史的真实，他主张不仅可以"以经证史"、"以诗证史"，而且还可以旁求于野史、家传、墓志、小说以证史。杨慎在哲学思想上主张自然界万物皆变，运用这一观点观察历史，他认为社会也是不断变化发

---

① 嘉庆《四川通志》卷145。
② 刘惟德：《清风先生传》，《全蜀艺文志》卷51。
③ 杨慎：《升庵集》卷47《经史相表里》。
④ 杨慎：《升庵集》卷47《野史不可尽信》。

展的,他反对"党往仇来,荣古陋今"①,坚持历史进化论的观点。

在史学著述方面,经由杨慎编修的几部有关云南的史地著作,是值得重视的民族史著述。杨慎谪贬云南近40年,后半生的足迹几乎遍及云南全境。在云南想了解南诏国和大理国的历史,但深感少数民族史料的匮缺,于是他每到一处都深入民间,考察当地的山川形胜、历史文化,经过多年的积累,终于撰成《云南山川志》《滇载记》《滇程记》《滇候记》等专著。在民族偏见根深蒂固的明代,杨慎能够超越世人的狭隘民族观念,留意云南地方史料的搜集和编辑,为后世研究云南民族史留下大量有价值的珍贵资料,的确是难能可贵的②。

二、方志

元明时期,统一的中央王朝利用强盛的国力,通过编修全国性的《一统志》,为推进全国性的地方志的编修工程的开展创造了有利的客观条件。在此基础上,元明两代掀起了编修地方志的高潮。正是在这种背景之下,在历史上原本史家辈出的四川,也在地方志的编纂上取得了一定的成就。

在元代以地方志著述知名的四川史家中,值得提到的有:

虞应龙(生卒不详),字柏心,仁寿人,宋末累官至雷州。"其至雷也,考图牒,访耆老,顾瞻山川,恝如有怀。"③ 入元,寓居湖广行省。虞应龙以他杰出的地志之才,为"理会"元朝大一统的"地理勾当",经过"数年用工,将古今书史传纪所载天下地理建置、郡县沿革、事迹、源泉、山川、人物及圣贤赋咏,分类编述,自成一书",取名为《统同志》,上献朝廷,"以发扬圣朝混一海宇之圣"④。适逢此时,元朝为了显示"尺地一民,尽入版籍"的国家盛况,正准备"为书以明一统"⑤。至元二十四年(1287),元朝"以编地理书",征虞应龙入秘书监,与修大一统志,至元二十七年(1290)授秘书少监。次年,书成,凡755卷,名曰《大一统志》。虞应龙认为,此书"比前代地理书似为详备,然得失是非,安敢自断"?因此,他主张继续"网络遗逸,证其同异",使之更加

---

① 杨慎:《升庵集》卷65《琐言》。
② 参见丰家骅:《杨慎评传》,南京大学出版社1998年版,第268~303页。
③ 文天祥:《雷州十贤堂记》,《文山全集》卷8。
④ 《元秘书监志》。
⑤ 许有壬:《大一统志序》,《至正集》卷35。

完备。经过十余年努力,至大德七年(1303),这一卷帙浩繁的官修地理志书终于完成,全书共 600 册,计 1300 卷。从此《一统志》的命名流传于世,为明、清二朝所吸取。虞应龙在编纂《大一统志》中的贡献是不可磨灭的。

郭应木(生卒不详),字居仁,资州人,至大四年(1311)摄官宝安(今广东东莞),主持纂修《宝安志》。志成,应木应邀为之作序。今《宝安志》已毁,但郭序幸存。他在序中指出:"后之观吾志者,将指而议之曰,某也仁,某也暴,某也廉,某也贪,某也才,某也阘茸,书之者灿然,闻之者足以戒,是吾志之有取也。"① 这段议论颇有见地,把地方志的功能和作用阐述得十分透辟,对后世有一定的参考价值。

冯福京(生卒不详,《四库全书总目》作冯复京),潼川人。历庆元路副教授,元贞乙未(1295)累迁昌国州(今浙江定海)判官。大德二年(1298)编成《昌国州图志》七卷。他在《序》中说:"乃趣学官捃摭旧载,芟其芜,黜其不实,定为传信之书,使州之阙文者于何补,以俟掌建邦之六典者采焉。"提出了地方志求实传信、保存文献之原则。凡叙州、叙赋、叙山、叙水、叙物产、叙官、叙人、叙祠八门。多记当代事,是迄今保存的少有几部元地方志之一。如其中叙赋一门,载有当时的户口、田粮、食盐、酒课、茶课、税课等,为了解元代昌国州的地方经济保存了宝贵的资料。《四库全书总目》谓其刊削浮词,简而有法,不在康海《武功志》、韩邦靖《朝邑志》下。元成宗大德七年(1303)福京判乐清(今浙江乐清县)县事。次年,纂《乐清县志》,他在序中提出了纂修书是守土职司之责。他说:"则夫舆地之间,所司之务,土壤之物,宜与夫革命以来,所损所益之大政令,皆当刊入志书,以备天子史官之采录,乃臣子职分之当,而或者以为兆期会薄书之所急,则不敬莫大乎是。"正因有正确之方志观、历史观,故所到之处,辄修方志。同时鉴于宋代以来,方志收入事务之杂滥旁涉,特别收录无关于地方诗文,徒充篇幅,所以他提出了著名的方志收录原则:即"事不关于风教,物不系于钱谷,诗不发于性情,文不提于义理,皆一切不取,定为传信之书,庶非无益之作"。这些原则,对于我们今天修志仍然具有指导和参考作用。

另如《马政志》4 卷,陈讲撰。讲字子学,遂宁人。此书第一为茶马,记

---

① 道光《广东通志》艺文略史部,转引自张国淦《中国古方志考》第 601 页。

以茶易马之制;第二为盐马,记纳马中盐之制;第三为牧马,记各寺、苑、监畜牧之制;第四为点马,记各军卫稽核马匹之制。作者关心时务,嘉靖初,以御史巡视陕西马政,并致力于明代茶马制度的清理与整顿,掌握了不少实况,因而书中所记,也颇有参考价值。

以上地方志著作,系元代蜀籍士人针对全国范围而编修的。由蜀人所编的四川地方志,当推至正中费著的《成都府志》。据费著至正三年(1343)撰写的序云:"全蜀郡志无虑数十家,惟成都志有文类,兵余版毁莫存。蜀宪官佐搜访百至,得一二写本,乃参稽订正,仅就编帙。凡郡邑、沿革,与夫人物、风俗,亦概可考焉。遂鸠工镂梓,以广其传。"① 然而遗憾的是,今天不仅无缘见到这数十家全蜀郡县志,就连费著所编写的这部《成都府志》,除了这个自序外,全书也无存。

到了明代,编修地方志成为一时风气。据《明史·艺文志》记载,有明一代四川编印有《四川总志》《四川通志》《成都志》《叙州府志》②《涪州志》《嘉州志》《夔州府志》等14种。另嘉庆《四川通志·经籍志》载,有明一代四川还编印有《重庆郡志》《叙州府志》《内江县志》《大足县志》《雅州府志》《大竹县志》《安乡县志》《岷峨志》《蜀志补罅》等16种。

编纂省志,在明代已成通例,而总括一省之志书,四川则称之为"总志"。明代先后凡四修,其书皆存,今略述梗概如下:

正德《四川志》37卷,正德十三年(戊寅,1518)熊相纂。相,字尚弼,江西高安人,正德六年(1511)进士,"历官御史,有能名",居乡所到好评,"凡百公事,有利地方者力任不辞"③。高安属瑞州府。正德六年

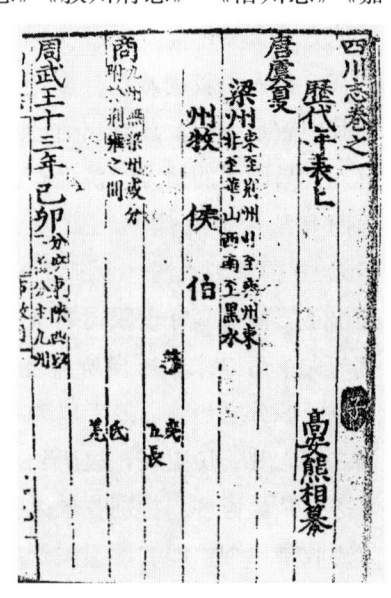

图11—6 正德《四川志》书影

---

① 曹学佺:《蜀中广记》卷96。
② 参见屈川:《〈叙州府志〉考》,《西南民族大学学报》2003年第9期。
③ 光绪《江西通志》卷141。

(1511)，熊相还编辑过《瑞州府志》，而在四川，“戊寅志居体要，犹之椎轮也”[①]。创始之功，是应当充分肯定的。

嘉靖《四川总志》16 卷，嘉靖二十年（辛丑，1541）刘大谟纂，王元正、杨慎、杨名等修，周复俊、崔廷槐重编。大谟字远夫，河南仪封人，正德三年(1508）进士，“授户部主事，改御史，巡按辽东……谪陕西隆德县典史，迁四川布政司参政，会番夷作乱，奉旨剿平之，起拜右佥都御史巡抚山西，致仕归。再起巡抚四川，驱驰蜀道，遘病，卒于官”[②]。今按：刘于嘉靖十九年（1540）再入蜀，次年即开局修志。人物部分由王元正负责。元正字舜卿，陕西周至人，正德六年（1511）进士，官翰林院检讨。“武宗幸宣大，述《五子之歌》以讽。以议大礼，谪戍茂州”[③]，乃“构别业于城南，讲学二十余年，多所成就”[④]。杨名，字实卿，遂宁人，嘉靖八年（1529）进士，授翰林院编修，因劾吏部尚书汪鋐，下诏狱，释归后，便居家不出，著书自娱[⑤]。嘉靖二十年（1541）春，杨慎又自云南戍所回成都，于是受聘主持艺文志的编撰工作。后人述评：“辛丑志出三先生手，而艺文独属杨太史用修，增华加丽，令洛阳纸贵。”[⑥] 全书整体结构：卷 1 为帝王纪、藩封志、监守志，卷 2 为名宦志，卷 3～15 为郡县志，卷 16 为经略志；其中，郡县为目 18，经略为目 8；杨慎所辑艺文 64 卷，另有单行刻本，题曰《全蜀艺文志》[⑦]。

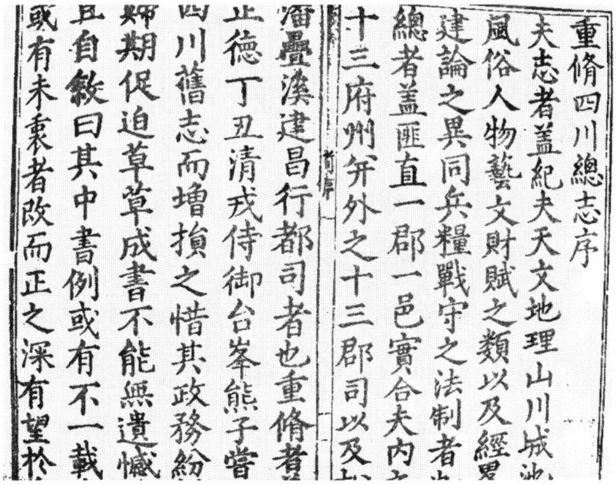
重脩四川總志序
夫志者蓋紀夫天文地理山川城池
風俗人物藝文財賦之類以及經略
建論之異同兵糧戰守之法制者也
總者蓋匯直一郡一邑實合夫內
十三府州并外之十三郡司以及
前序
潘疊溪建昌行都司者也重脩者
正德丁丑清戎侍御台峯熊子嘗
四川舊志而增損之惜其政務紛
歸期促迫草草成書不能無遺憾
且自敘曰其中書例或有不一載
或有未裹者改而正之深有望於

图 11－7　嘉靖《四川总志序》影印本书影

① 杜应芳：《增补四川总志序》。

② 雍正《河南通志》卷 57。

③ 雍正《陕西通志》卷 60，又《明史》卷 192《王元正传》。

④ 嘉庆《四川通志》卷 165。

⑤ 参见《明史》卷 207《杨名传》。

⑥ 杜应芳：《增补四川总志序》。

⑦ 另有周复俊《全蜀艺文志》，亦为 64 卷。复俊字子吁，江苏昆山人，嘉靖十一年（1532）进士，“历工部郎中，升四川提学副史，历四川、云南左右布政使，迁南京太仆卿致仕”。曾“至滇中，交杨用修，雅相矜许”。（钱谦益《列朝诗集小传》丁集，下）按周于嘉靖二十一年（1542）重编《总志》，艺文仍单刻，故杨书之外又出周书一种。杨书最流行，周书则收入《四库》，但两本编次，实无显著差别。

第十一章 元明时期四川的文化

万历《四川总志》34卷，万历七年（己卯，1579）虞怀忠修，郭棐纂。棐，字笃周，广东番禺人，嘉靖四十一年（1562）进士，万历初，曾知夔州，"课农养士，建高、夔二书院"①。五年，又任四川提学，当时"巡抚黄冈王公，巡按义乌虞公，相与协心抒猷，以康黎庶，既标鸿业，爰考稗乘……乃檄叙州府同知魏朴如、成都府推官游朴……开局于濂洛大儒祠，搜摭故实，旁采艺文，凡诸郡邑，各以牒上"②，经5月而书成。万历己卯志仍以郡县、经略两部分为主干，前者列子目22，后者列子目21，同嘉靖辛丑志比较，包罗更广，视其内容，亦颇有增详。

万历《四川总志》27卷，万历四十七年（己未，1619）吴之皞修，杜应芳纂。之皞字北阳，湖广黄陂人，万历三十二年（1604）进士，"官霍山知县，霍荒僻多盗，茶税繁重，民多流亡，之皞力请蠲茶税三之一，逋赋十之五……擢御史，巡按四川，知奢酋欲蠢动，密与督抚谋之……升大理少卿，以疏劾魏忠贤罢归"③。据其《增补四川总序》称，此次重修任务主要是："于前人物、职官、科甲、经略等志"，多有增补；"若平播创设，征南善后，皆宜缀入；惟艺文虽只字必仍，纤误必考，乃杜君更出新裁，补续新艺若干卷，俾成全书。"这就说明，己未志增补的重点在艺文，而此项工作又主要是由杜应芳来完成的。应芳字怀鹤，湖广黄冈人，万历三十五年（1607）进士，"授礼部主事，出为河间知府。时福藩之国，蜀邑供亿需五万金，应芳上议，得省三万，后三王之国，视为例……旋督学四川，无敢以片牍干者"④。杨慎《全蜀艺文志》基本上不收明人作品，而杜氏辑《补续全蜀艺文志》56卷，大量收录了洪武至万历年间四川采木、平播、征都掌等方面的文献材料，从关心当代史实的角度看，这种做法是很有意义的。其书仍另行单刻。

天启新修《成都府志》，全书58卷，成于天启元年（1621），知府冯任修、潼川府廪生张世雍等纂。张世雍应召参与万历《四川总志》之修，独自完成"梓州一志"。在此基础上，"复取志中编年纪事有关于治道之大者，辑而录之。

---

① 道光《广东通志》卷279，另据嘉庆《四川通志》卷79，所指当为仰高、夔龙二书院。
② 郭棐：《四川总志序》。虞，指虞怀忠，字汝良，浙江义乌人；王，指王廷瞻，字稚表，湖广黄冈人，《明史》卷136有《王廷瞻传》，可参看。
③ 民国《湖北通志》卷135。
④ 光绪《黄州府志》卷20。

自周迄明，上下四千余年间，凡世代之兴废，政事之淑匿，人才之盛衰，风俗之沿革"，莫不了如指掌。该书是万历《四川总志》后的第一部府志，意在倡导各府州志之修，正所谓"以成都安蜀，以蜀安天下。兹编也，是列国之小史，而中原之鸿猷也"①。另有明□□编《成都志余□卷》，录抄本，仅存"成都纪"、"艺文志"、"外纪"；蒙文通题识云："纪蜀事终于明泰昌庚申"，重庆图书馆收藏②。

遗憾的是，明代四川府州县方志，目前可以考知者，仅有22种③，实际上当然不止这个数字。明代府州县志的编辑体例大体是："首绘图而嗣以谱，城池、疆域、山川、形胜之概备焉"；次及"地道"，"星野分而天道稽焉"；再及"制度、礼俗、神人之典，罔不举焉"；"据往开来，名宦、人物、节义所攸重焉"④等等。

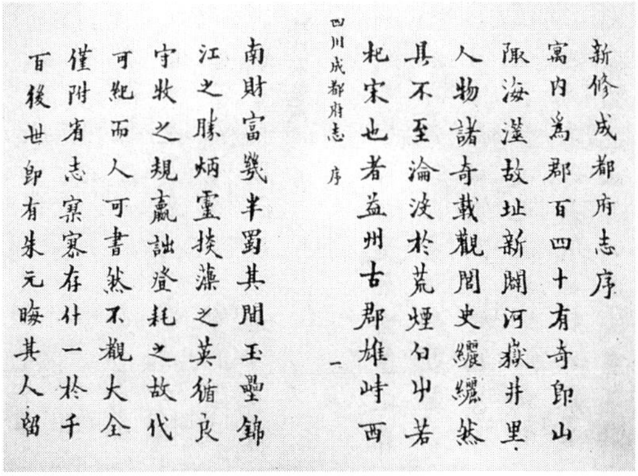

图11-8 天启《成都府志》抄本书影

由此可见，总志通观全局，撮其大要；府州县志，具体而微。但在反映基层社会风土人情的时候，府州县志往往能够提供一些总志无法包罗而又非常典型的细节描述，可惜明代府县志书流传较少，这方面的特色也只有在清代的府县志中才能得到充分的体现了。

三、文献

在明代史学著作中，杨升庵《全蜀艺文志》、曹学佺《蜀中广记》是两部文献价值极高的地域文化著作。《四库全书总目·蜀中广记提要》评价说："大体谈蜀中掌故者，终以《全蜀艺文志》及是书（指《蜀中广记》）为取材之渊薮。"足见其在史学上的重要价值。

---

① 天启《成都府志·序》，《中国地方志集成·四川府县志辑》第1册，巴蜀书社1992年版。
② 四川省图书馆：《四川省地方志联合目录》，1982年。
③ 据中国科学院北京天文台编《中国地方志联合目录》统计。
④ 嘉靖《云阳县志·修志义例》。

第十一章 元明时期四川的文化

《明史·杨慎传》说:"明世记诵之博,著作之富,推慎第一。"在杨慎一生400多种著述中,已经整理成书、见于著录的也有200余种。《全蜀艺文志》无疑是其中影响最大的著作。杨慎的《全蜀艺文志》之作,始于嘉靖二十年(1541)他从流放地云南返回四川之际。当时四川巡抚刘大谟正发起重修《四川总志》,他被礼聘参与其事,受命编修《艺文志》。经过28天的努力,他完成了这一卷帙浩繁的巨著。由于同时受命担任总志其他部分的专志的进展不尽如人意,所以嘉靖二十四年(1545)在刊行《四川总志》16卷本时,便将杨慎撰写的这部分书稿附于其后,别题为《全蜀艺文志》。

《全蜀艺文志》共64卷,收录诗文1873篇,有名氏的作者631人。其选录范围以与蜀有关为标准,而不论作者是否为蜀人。全书诗文按文体排列,篇次以作者的时代先后为序。前50卷的文体门类大体沿袭《成都文类》,略有变通;后14卷世家、传、碑目、谱、跋、尺牍、行记、题名等。杨慎之所以能在28天中辑录到如此多的文献作品,与他父亲杨廷和长期搜集的丰富资料所奠定的基础是分不开的。由于本书主要取材于前代的资料集成,以及明代的四川地方志、碑刻、题记,而现在这些资料中有许多已经失传了,所以就显现出它较高的文献价值和史料价值。《全蜀艺文志》注重从史志角度取材选文,较之于《成都文类》,更增加了世家、传、碑目、谱、跋、尺牍、行记、题名等文体,而在这些文体下所收录的文章,多是珍贵的四川史资料。因此,《全蜀艺文志》不仅在中国传统文化的宝库中占有一席之地,而且对于研究四川的历史与文化,还是一部案头必备的基本典籍①。

《蜀中广记》的作者曹学佺(1574~1647),字能始,号石仓,侯官(福建福州)人。万历二十三年(1595)进士。授户部主事,历官四川右参政,迁按察使。曹学佺在四川的时间较长,广采蜀中典故,曾对四

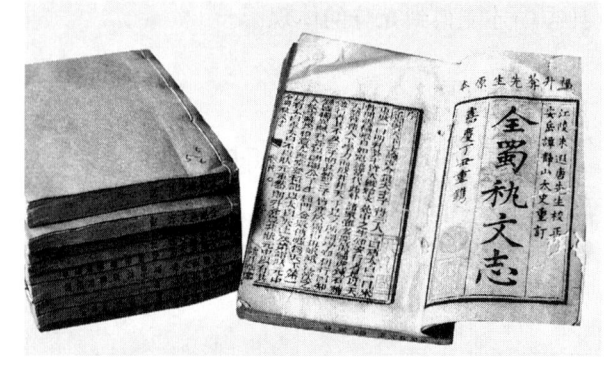

图11—9 《全蜀艺文志》书影

---

① 刘琳、王晓波:《全蜀艺文志·前言》,线装书局2003年版。

川地方史悉心研究。他一生著述甚丰，但最重要的要数《蜀中广记》。《蜀中广记》是一部大型文献，共 108 卷。收入《四库全书·史部》十一《地理类》八《杂记之属》，包括名胜记 30 卷、边防记 10 卷、人物记 6 卷、宦游记 4 卷、蜀郡县古今通释 4 卷、风俗记 4 卷、方物记 12 卷、神仙记 10 卷、高僧记 10 卷、著作记 10 卷、诗话记 4 卷、画苑记 4 卷。其中，名胜记 30 卷曾在万历四十六年（1618）以《蜀中名胜记》单独出版。著名小品文作家鍾惺替他写过一篇序文，对其倍加称赞。鍾惺认为，山水本身不能自成为“名胜”，一定要加上历史、古迹、文物、诗文等等，才可能成为“名胜”。“事”、“诗”、“文”三者是“山水之眼”，“而蜀为甚”。曹学佺以其久任蜀中，而著《蜀中名胜记》。“其书借郡邑为规，而纳山水其中；借山水为规，而纳事与诗文其中。择其柔嘉，撷其深秀，成一家言。”此外，《蜀中广记》的其他各卷，也搜集保存了许多有价值的资料。正如《四库全书总目·蜀中广记提要》所说，其书虽然“援据既博，则精粗毕括，同异兼陈”，但仍不失为“取材之渊薮”，对于今天研究四川历史、文物考古、民间传说、风俗习惯、宗教文化、古典文学，乃至自然科学、风景名胜、旅游开发等，都具有重要的参考价值。

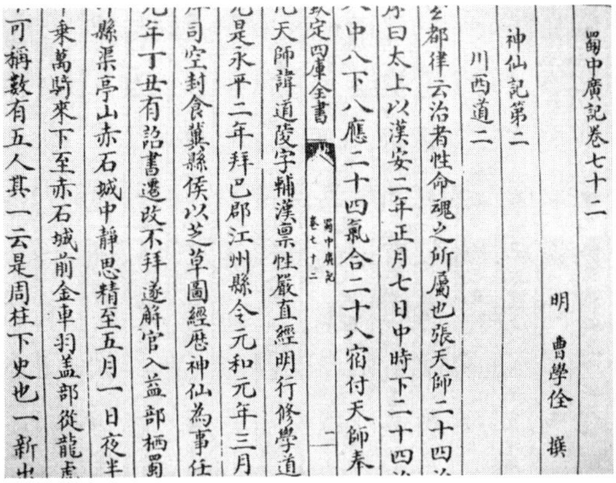
蜀中廣記卷七十二
明　曹學佺　撰
神仙記第二
川西道二
玄都律云治者性命魂之所屬也張天師二十四治
序曰太上以漢安二年正月七日中時下二十四治
中八下八應二十四氣合二十八宿付天師奉
欽定四庫全書
天師諱道陵字輔漢稟性嚴直經明行修學道
是永平二年拜巴郡江州縣令元和元年三月
司空封食冀縣侯以芝草圖經歷神仙為事往
年丁丑有詔書遷改不拜遂解官入益部棲蜀
縣渠亭山赤石城中靜思精至五月一日夜半
乘萬騎來下至赤石城前金車羽蓋部從龍虎
可稱數有五人其一云是周柱下史也一新出

图 11—10　《蜀中广记》（四库全书本）书影

第三节　教　育

一、元代四川教育

元朝在平定江南后，于至元二十四年（1287）设江南各路儒学提举司。二十八年（1291），令江南诸路学及各县学内设立小学，选老成之士教之。其他先儒过化之地、名贤经行之所，与好事之家出钱粟赡学者，并立为书院。这是元

第十一章 元明时期四川的文化

朝在其统治的江南地区恢复中国传统教育机构的开端。

元朝于世祖至元十六年（1279）灭亡南宋，于次年统辖四川全境。经过长期战争破坏之后，四川各地的学校、书院多已焚毁，亟待恢复。元朝统治者在采取措施恢复和发展生产的同时，也注重尊崇儒学，发展文化教育事业，但总的说来，还没有达到宋代的水平。即使到了元代中后期，四川的官学、书院也还处于恢复重建之中。

在元人文集中，保留了一些在四川的武将捐财助学的事迹。例如，纽璘坐镇成都时，曾请准以文翁石室、扬雄墨池、杜甫草堂皆列为学宫，并在草堂建书院3个，捐出私财在东南各地收购图书30万卷。又铸造礼器若干件，请奎章阁学士、蜀籍人虞集作记，此为四川恢复书院之始①。契丹族"诗书名将"述律杰在四川经济复苏，文教亟待振兴之时，即捐出在成都的私宅以及在新都的田产150亩、家童20名，全力资助成都石室书院的修建②。此后，"至元中蜀始

图 11-11　文翁石室，今为成都石室中学

---

① 张雨：《句曲外史诗集》卷5。
② 王沂：《伊滨集》卷18《石室书院记》；陈世松：《元"诗书名将"述律杰事辑》，香港中文大学《中国文化研究所学报》1996年新第5期。

大定，休养生息，又且百年，城郭井里渐复其旧，富完安乐，粗为可观"①。到了元代中后期，四川各地兴建学校书院的情况也蔚然可观了。

从各种零星记载数据表明，元代四川官学的恢复面比较宽，各地方官员较为重视。四川平章政事赵世延"开士习之颓弊，教养道息，无以承流宣化，乃选秀民年二十上下者，复其身，补弟子员，定章程，树令于学，以明经治行为业"②。四川儒学提举谢晋贤"请复文翁石室为书院"，得到四川廉访使王守诚的支持，"论功居诸道最"③。此外，今据明正德《四川志》、清嘉庆《四川通志》引旧志等资料所述，各地因兴学重教而列入"名宦"供世人纪念的官员及事迹有：知郫县岳存中，"兴学校，人才，士称慕之"；知新繁李友庆，"修学校，礼师儒"；知绵州乐良，"作兴学校"；知合州张思恭，"建学兴士"；忠州达鲁花赤伯耀德，"劝农课士，修文庙，置学田，教化聿新"；知资州刘起昌，"劝导有方，农耕于勤，士兴于学"；知泸州安文宪，"兴学劝农，卓有异绩"；知纳溪王佑，"创建文庙，暇则集诸生讲论经史"；知眉州张文佳，"修栅头书院，立夫子庙，率士人春秋祀之"；知渠县刘仲逵，"作兴文教，鼎新学舍，学者至今颂之"；安岳县主簿苟日新，"立学校，以教士子"；峨眉县令姜宝，"振兴文教，士类宗仰"；云阳州同知李敦武，"兴学造士，有政声"；富顺州知事，"补修文庙戟门，两庑置礼器笾豆，士民翕然称诵"；营山县令贾谦，"建学明伦，士民爱戴"；营山县教谕白希孟，"尽心启迪，不愧师表"；阆州主簿靳敏道，"修学劝农，政绩懋著"；夹江教谕冯衍，"建学育士"；云安判官冯旺，"兴学教士，后人怀之"④。

另从四川官学、书院的建制规模看，一般庙学都有自己的学田。如成都在元初，学舍"倚席不讲，士子怠教，不能恒其业，盖授学田僻远未垦，所仰哺而然也"。继后又重新"步其地，得其亩，制其域，如市地法"。不久，"其利入，岁以为赡学永业，所输入廪，帅弟子有度，所司时其出纳焉"⑤。到元末至正年间，射洪县请求参照墨池、草堂、眉山例，创建书院，于县南重得芜闲官

---

① 虞集：《许旌阳祠堂记》，正德《四川志》卷30。
② 罗寿：《成都赡学田记》，正德《四川志》卷29。
③ 《元史》卷183《王守诚传》。
④ 明正德《四川志》卷30~36、清嘉庆《四川通志·职官志》卷109~116。
⑤ 罗寿：《成都赡学田记》，正德《四川志》卷30。

田 300 亩，以其收入供廪食，后定名为金华书院①。四川庙学的殿庭庑门的修建有一定的制式。如嘉定路教授鲜瑍为探寻"庙学三门之制"，"尝逾巴蜀，浮荆襄汉沔"，最后在绵州学瓦砾中，"得宋故石碑修学门记"。参考这一门制，嘉定府所建之庙学大门，才得以按照传统法度建成②。另据绵竹的紫岩书院的规模看，也是相当可观的，"地以亩计者二十，屋以楹计者二百有奇……凡学宫所需，靡不具。其先圣燕居堂，配以颜曾思孟，西向列坐，应图合礼。其制度精详，规抚宏敞，皆蜀所未有"③。

据胡务的博士论文统计④，在元代四川 132 个路府州县中，共有庙学 89 所，覆盖率达到 67%，在全国九个行省中居第五位；庙学数量居全国第六位。其中，属于元代新建的庙学 14 所，占元代庙学的 15% 左右。以下是四川行省各路（州）庙学分布统计表：

表 11-1　四川行省各路（州）庙学分布统计表

路（州）名称	路（州）及所属府州县数	元代庙学数	元代始建庙学数
成都府	28	21	
嘉定府路	10	8	1
广元路	18	12	
顺庆路	13	10	1
潼川府	11	9	
永宁路	3		
重庆路	18	10	3
绍庆府	3	1	
夔州路	15	10	6
叙州路	3	3	1
马湖路	3	3	2
上罗计长官司	1		
下罗计长官司	1		

---

① 文礼恺：《金华书院碑记》，正德《四川志》卷 36。
② 鲜瑍：《庙学门记》，正德《四川志》卷 36。
③ 张养浩：《归田类稿》卷 5《敕赐成都紫岩书院记》。
④ 胡务：《元代庙学——无法割舍的儒学教育链》第三章，巴蜀书社 2005 年版。

续表

路（州）名称	路（州）及所属府州县数	元代庙学数	元代始建庙学数
合计	132	89	14

除官办学校外，元代私立书院也有较大的发展。建院时间明确、地址具体、设置人与办学性质清楚的元代书院，在胡昭曦的《四川书院史》中有详细记述，今引录如下：

表 11-2　元代四川书院例表

| 书院名称 | 地址 | | 设置时间 | 设置人 |
	州县	具体地址		
东馆书院	眉州	州城西75里东馆镇	至元（1264～1294）间重修	不详
紫岩书院	汉州绵竹县	县治北20里紫云岩张栻读书堂	延祐三年（1316）	四川行省平章赵世延
文贞书院	剑州武连驿	原武连县治武连驿	泰定（1324～1328）年间	监察御史忽鲁大都、兴亚中大夫李义甫
亲民书院	剑州	州治剑阁县州署后	至顺（1330～1332）年间	同知任浚
龙虎书院	忠州	州城北门内	元顺帝至元（1335～1340）间	
石室书院	成都府治		元顺帝至元六年（1340）以前	秘书大监达可
石室书院	成都府治	府治	元顺帝至元六年（1340）或以前	云南宣慰司都元帅述律杰
金华书院	潼川府射洪县	县治西南金华山麓	元顺帝至正九年（1349）重建	
草堂书院	成都府		至正元年（1341）以前	
墨池书院	成都府		至正元年（1341）以前	
石室书院	成都府	文翁石室	元顺帝至正五年（1345）	

资料来源：胡昭曦《四川书院史》第51～52页，巴蜀书社2000年版；有损略。

值得注意的是，由于元朝全国统一，交通发达，儒学在一些边远少数民族地区也如雨后春笋般地涌现出来。至元三十一年（1294）马湖土官总管汝作在府东半里处首建马湖路儒学。至正九年（1349）任翱任马湖路总管府同知，上任仅三日，即"谨谒宣圣，顾瞻庙庭"，为了使"摧圮卑陋"的文庙得以整新，带头捐己俸500缗，"士民感动，因助其不及"，共集资2000缗有奇。于是，"度材鸠工，陶瓦斲石，撤而新之"。新建的文庙，"栋宇峻起，如鸟斯革"，"如敞宏壮，坚丽于旧"，"是邦文物之盛，未有若今日之举者也"①。另据西昌文庙成化碑载，"建昌卫儒学创自有元，及今几二百年"②。此外，西昌的文昌宫也是元朝首建的。

二、明代四川教育

元、明更替之际，四川曾经遭受短暂的战火破坏。入明以后，四川地区社会经济继续恢复，且有所发展，但直到明朝中期，整个经济文化还没有恢复到宋代水平；较之当时的江南地区，显得发展步伐更加缓慢。这种情况，在明代四川学校教育发展上也有所体现。

元明之际，四川旧日校舍多已毁坏，洪武时方渐次修复。县一级以黔江（今重庆市黔江区）为例，正统六年（1441）培修县学，"先建明伦堂，次则二斋，次则门廊廪库，次则师生之舍、庖、湢之所"，据称"规模宏丽，有加于昔数倍"③。府一级以顺庆为例，弘治十二年（1499），扩建府学，"悉撤其故屋"，"增立会讲堂，其后仍立会馔堂，各三间。会讲堂前当甬道之半，立御书楼，东西两偏各立号房四联，联为屋六间，皆西向。其两端有垣，垣有门，东西相向，以通出入。会馔东，立厨房三间，西，立仓房五间。此学之制也。若庙之南，有棂星门，故以木为之，及故无致斋之所，又神厨、神库与宰牧堂故在明伦（堂）之东北，于供祀不便；乃伐石为门，而于明伦两翼各立斋庐二间，及迁厨、库于东庑后之东北。此庙之制也"④。学即儒学，庙即文庙；按照当时的体制，郡县必有学、有庙，两者是不能截然分开的。

---

① 陈文亮：《马湖路儒学记》，嘉靖《马湖府志》卷6。
② 西昌市明成化《重修建昌儒学文庙记》碑，《四川文物志》上册，巴蜀书社2006年版，第381页。
③ 刘球：《两溪文集》卷4《黔江县学记》。
④ 吴宽：《匏翁家藏集》卷38《顺庆府修建庙学记》。

在明初，虽然朝廷有诏，天下学田，府学一千石，州学八百石，县学六百石，但此项规定各地并未认真执行①。由于明朝政府并不专门提供学校的建设资金和教育经费，学官俸禄在本地正供内开支，其余费用，则靠各地自行筹措，正因为没有固定的收入，往往使学校陷入困境。成都乃四川之首府，弘治十三年（1500）扩建府学，此后70余年，一直无力维修，以致土墙倾圮，"学官僦屋而居"，"贫生露处号舍中"②。万历六年（1578），知府耿定烽才主持修葺，其经费则"大半出耿侯俸钱，而父老子弟向方慕善，任劳宣力者，咸激于侯之义，故财不谄公帑"③。嘉靖时，扩建新都县学，"食不出于头会，泉不出于口率"，而是来自所谓"罚锾"④。综上可见，一为地方官捐俸，二为挪用罪囚缴纳赎金，三为本地士绅赞助，这就是明代地方教育经费的三个主要来源。捐俸的目的全在于倡导，挪用的对象也可以不是赎金，但必须属于正供以外的项目，而且两者的数量都是有限的，所以，本地士绅的赞助才真正成为支撑地方教育的最重要的物质基础。

图11-12 明成都府学图

明代的学校教育载体，除设在南、北两京的国子监外，在地方还有府、州、县学，都司、卫所儒学以及书院。书院是一种高于蒙学程度，不列入国家学制的教育机构。明代中期以后，随着学宫大多败坏，书院便乘机取而代之。明代四川书院正是在这种背景下逐步走向繁荣的。据胡昭曦《四川书院史》统计，

---

① 《明太祖实录》卷144。
② 耿定力：《成都府学记》，天启《成都府志》卷52。
③ 曹楼：《重修成都府儒学记》，嘉庆《四川通志》卷78。
④ 杨慎：《新都县修学记》，嘉庆《四川通志》卷78。

第十一章 元明时期四川的文化

在明代各朝所建的书院中，建于洪武时2所、永乐时1所、宣德时1所、正统时2所、景泰时1所、成化时11所、弘治时3所、嘉靖时19所、隆庆时5所、万历时6所、天启时2所、崇祯时1所，另有时间不详的9所。从这个统计中可见，明代书院的发展呈现前期发展缓慢、中期兴盛、后期停滞的轨迹。在从明太祖洪武到英宗天顺（1368～1464）的97年间，书院很少发展，建立的书院只有7所，占已知有具体时间的书院总数81所的8.6%；明宪宗成化（1465～1487）之后，书院逐渐振兴，到世宗嘉靖（1522～1566）年间极盛发展。从成化到神宗万历（1465～1620）的155年间，共建书院71所，占已知有具体时间的书院总数81所的87.7%；其中确知在嘉靖（1522～1566）45年间，即建有19所，占总数的21%。而天启、崇祯（1621～1644）的24年间，建立的书院只有3所，占已知有具体时间的书院总数81所的3.7%，书院的发展基本停止①。

明代的书院，"多以名贤遗址为之。其在蜀者，如北岩、紫岩、青莲、金华数书院，皆名人遗址"②。其他如成都锦江书院，即系文翁石室故地。选择这类地方作为书院院址，一方面是表彰前贤，另一方面是鼓励后进，这本身就包含了深刻的教育意义。书院的规模一般包括讲堂、藏书楼和宿舍，还辟有祭祀场所，供奉与本地有关的著名学者和其他圣贤人物。除官办书院作为国家正规的教育机关外，也有民办书院性质的私人讲学组织。官办书院其在省一级，如大益书院，开办者大多为省级官员，其生徒是从全省各地选拔的；其在州一级，如邛州鹤山书院，由巡按御史出面，知州主持；其在县一级，如夹江县平川书院，为知县主持所建。明代官办书院中，除各级官员新建外，也恢复了一些当地旧有的著名书院，如宋代蒲江的鹤山书院、元代的绵竹紫岩书院等等。纵观这些官办书院，其特点是：书院由当地主要官员主持经办；州县书院需报上一级官府批准同意；书院所需经费主要由地方官府负责，也有的部分向当地人士募集；书院的经常性维持，主要看当时地方官员的重视程度和地方的经济文化条件③。

除官办书院外，还有一些书院是由地方贤达个人兴办。据统计，在明代四川已知其办学体制的55所书院中，属于民办的书院有9所，占16.4%④。例如

---

① 胡昭曦：《四川书院史》，巴蜀书社2000年版，第95～96页。
② 李长馥：《修子云书院启》，见嘉庆《四川通志》卷80。
③ 胡昭曦：《四川书院史》，第106页。
④ 胡昭曦：《四川书院史》，第106页。

南充金泉书院，即其乡人、明代大学士陈以勤所建。丰都平山书院初为邑绅杨孟瑛家塾，杨氏贵显后，改建书院，并吸收乡人子弟入学诵读。书院的山长不由上级任命，而是通过聘请产生的。在官学已经成为科举制的附庸，需要接受封建政府的严格管理的背景下，民办书院在体制上比较独立，学术空气相对说来也比较浓厚一些。

值得提到的是，在明代四川书院发展史上，也曾经受到政府下令禁毁的影响。嘉靖十六年（1537）二月、十七年（1538）四月，明世宗先后诏令禁毁书院。从已知资料看不出四川地区书院受到什么影响。万历元年（1573）张居正任内阁首辅，再次对书院发起禁毁。这次禁毁书院一直持续到他去世（万历十年，1582）。据现有记载，在这次禁毁中，四川有两所书院明显受到影响。一所是成都府治的大益书院，另一所是邛州治的鹤山书院①。明人耿定力在《大儒祠记》中写道："万历丁丑（即万历五年），故相张江陵（指张居正）尽毁宇内书院，毋使诸生聚议，大益书院亦在毁中。诸儒木主尚存，弗祀也。"② 直到万历十五年（1587），虽然张居正已去世四五年，但其禁毁书院的影响依然存在，大益书院为此不得不改名为大儒祠，邛州书院不得不改名为鹤鸣公馆，由此可见其遗患之深远。

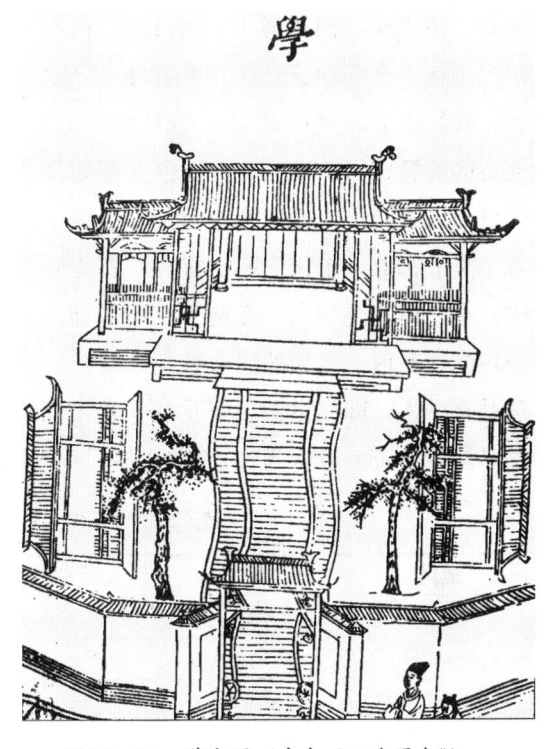

图 11—13　学宫图（采自《三才图会》）

① 胡昭曦：《四川书院史》，巴蜀书社 2000 年版，第 97~98 页。
② 嘉庆《四川通志》卷 80。

三、元明四川进士

在封建社会,科举以学校为基础,学校以科举考试为目的。元明时期在四川教育恢复发展的基础上,作为人才成长主要标志的科举取士制,其录取状况在很大程度上体现着当地的文化素质和特点。

(一)元代四川进士

自隋朝开始推行的科举取士制,到了元朝前期被废止不行,至中期开始恢复,时断时续。有元一代,前后共开16科,录取进士1139人,现存进士录不过两种,其他各科则须重构[①]。由于资料缺乏,已无法统计元代四川进士的准确人数。清嘉庆《四川通志》卷124《选举志》依据万历《四川总志》对元代四川进士作了全面的统计,结果如下:大德6人,延祐6人,泰定4人,至顺3人,元统1人,至正19人,朝代年号无考者23人,总计62人。这是迄今较为完备的统计资料,但仍存在遗漏。例如该《选举志》所录元统四川进士仅1人,为巴州人宋渶可。而迄今存世的《元统元年进士录》显示,三甲进士名录中还有"贯成都路录事司"的"儒户"郭文焕。在《四川通志·选举志》所录62人中,把先世为遂宁人、在籍于江陵的谢端,先世为成都人、在籍吴中的宇文公谅均统计在内。如果按照这种统计口径,依据《元统元年进士录》,四川进士还应补充一人,即先世四川安岳、在籍湖广澧州慈利州的张兑。如此,则元代有姓名籍贯可查的进士当为64人,按元代行政区划分布如下:

表11-3 元代四川进士分布表

地区	县	名额	合计	百分比
重庆路	大足	2	14	21.88
	江津	5		
	铜梁	1		
	璧山	1		
	泸州	4		
	合江	1		

---

① 萧启庆:《元明之际士人的多元政治抉择——以各族进士为中心》,《台大历史学报》2003年12月,第32期,第77~138页。

续表

地区	县	名额	合计	百分比
顺庆路	顺庆	12	13	20.30
	蓬溪	1		
广元路	保宁	5	12	18.75
	巴州	5		
	南部	2		
成都路	成都	3	10	15.63
	华阳	2		
	新都	2		
	仁寿	1		
	德阳	1		
	资阳	1		
潼川府	遂宁	5	7	10.94
	盐亭	1		
	安岳	1		
夔路	云阳	4	4	6.25
叙州路	宜宾	2	3	4.69
	富顺	1		
马湖路	长宁	1	1	1.56
合计		64		100

资料来源：(1) 嘉庆《四川通志》卷124《选举志》；
(2)《元统元年进士录》。

从上表中可知，成都路为传统进士人才集中之区，元代仍保持15.63%的水平；但排名前三名的，却被后起的重庆、顺庆、广元所占据，这也大体反映了元代这些路经济、文化的增长势头和发展水平。潼川府、夔路、叙州路紧随其后，居于第五、六、七位，与这些府州在元代政治、交通上的地位是分不开的。马湖路儒学在元代开始兴起并崭露头角，由此在进士上也破天荒地取得一席之地。元代成都进士虽然没有在数量上夺得首位，但在质量上却取得大的突破，元代四川唯一一个状元——文允中就是成都人。文允中是元顺帝亲点的汉人、南人榜上的状元。据记载，至正十一年（1351）三月丙辰，元顺帝"亲策

第十一章 元明时期四川的文化

进士八十三人，赐朵烈图、文允中进士及第，其余赐出身有差"①。文允中，"成都人，天资高迈，能书，不通，为嘉定路学政。至正状元，任修撰。为四川儒学提举，遭乱而没于难"②。他不仅是元朝历史上仅有的32位蒙、汉状元之一，同时也是在四川有史以来所产生的25个状元之一。

（二）明代四川进士

据有学者研究③，自洪武十八年（1385）至崇祯十六年（1643）的260年中，明代文科科举考试共进行了88场，四川共录取了进士1440人。明代科举考试录取的进士，其籍贯都有明确的记载。依据嘉庆《四川通志·选举志》的统计，明代四川1440名进士的籍贯，以1989年的行政区划为准，分布在四川全省16个市、地区（地级市）中。详见下表：

表11-4 明代四川进士地区分布表

地　区	县数	进士人数	平均每县进士数
成都市	13	173	13.3
泸州市	6	63	10.5
重庆市	13	271	20.8
德阳市	5	39	7.8
自贡市	3	118	39.3
绵阳市	8	56	7.0
广元市	5	10	2.0
遂宁市	3	44	14.7
内江市	9	167	18.6
乐山市	14	116	8.3
宜宾地区	10	84	8.4
涪陵地区	5	40	8.0
万县地区	10	43	4.3
南充地区	12	165	13.8

---

① 《元史》卷42《顺帝纪》。
② 万历《四川总志》卷5。
③ 参考陈国生《明代四川进士的地域分布及其规律》（《西南师范大学学报》1996年第3期）改写。

续表

地　区	县数	进士人数	平均每县进士数
雅安地区	8	4	0.5
达县地区	13	47	3.6
全省	191	1440	7.6

资料来源：依据陈国生《明代四川进士的地域分布及其规律》(《西南师大学报》1996年第3期) 简化。

透过此表，可以把明代四川进士分布划分为四个区域：(1) 密集分布区。每县进士平均人数在13人以上。此区的成都、内江、自贡3市县县有进士，进士人数多至458人，占总数的32%，其中内江籍进士人数111人，高居本省各县之首，其次是自贡籍人数109人，居全省第二；成都籍进士85人，列全省第四位。此区的重庆、遂宁、南充进士人数，占总数的33.5%。(2) 次密集分布区。每县进士人数在8~13人之间，由乐山、宜宾、泸州和涪陵地区组成。(3) 一般分布区。每县进士人数在3~8人之间，由广元、德阳、绵阳、达县、万县组成。(4) 稀疏分布区。每县进士人数不超过3人，包括雅安、甘孜、阿坝、凉山州以及川东南的黔江地区。其中除雅安出过4位进士外，其他4个地区都无进士分布。

明代四川进士的籍贯分布呈现出以下几个特点：(1) 重庆、内江、自贡、成都、泸州、南充是高层次杰出人才集中地区，这6个中心城市出的进士多至536人，占全省进士总数的37.2%，这与这些地区的中心城市和交通枢纽地位以及经济文化程度是分不开的。(2) 明代四川进士分布还具有沿江和聚陆路干线分布的特点，除上述6个中心城市外，明代四川进士的地理分布还存在沿长江流域与沿今宝成、成渝铁路的人才带。(3) 明代四川进士分布存在前期与后期的继承关系，最突出的就是分布格局都是从中央盆地、平原、丘陵向四周山区扩散的趋势基本没有改变。

值得注意的是，重庆地区科举考试中数量剧增、人才辈出的局面在当时四川全境中十分引人注目。据有学者统计，在今重庆直辖区域内，有明一代共录用了442名进士，进士数字超过了唐、宋，占全国进士的比例的18%。其中，夔州府的增长尤为迅速。宋代夔州府仅出进士21人，而到了明代即涌现出进士29人，举人194人，五贡1018人。这表明，随着政治经济重心的东移南迁，不仅重庆的经济文化地位迅速提升，而且连地僻民贫的夔州府也呈现出教育勃兴、人才辈出的局面①。

不过，明代四川科举取士 1440 人的成就，尚未恢复到宋代的水平。据嘉庆《四川通志》统计，两宋四川参加科举考试被录取者，高达 3992 人。宋代四川与江南的进士数占全国进士的 80% 左右，北宋四川进士数居全国第 2 位，南宋则为第 4 位。而明代的录取进士达到平均水平的百分比仅占全国的 16%，排名全国第 8。从全国进士人数最多的 24 个城市看，四川没有一个城市进入②。再从走进史册的人数来看，明代四川在《明史》里入传人物共 99 人，占总入传人物 3254 人的 3%，还不及陕西的 4.8% 和河北的 5.6%，而同期上海、浙江、江苏三地却占全国入传人物总数的 28.5%③。有明一代，整个四川的精英在全国排得上号的，只有唯一的一个状元杨慎。难怪杨慎当时不无感慨地说："吾蜀科第，莫盛于宋……经元兵之惨，民靡孑遗，积以百八十年，犹未能复如宋世之半也。"④

第四节 文 学

四川号称文学发达之区，历代作家、作品之盛代不乏书。然而，经历宋元战争之后，到了元朝，四川教育亟待恢复，人才面临枯竭，以文学出名的蜀籍作家大多流寓外省，本土文学无可称道。到了明代，四川文学处于历史的恢复上升期。据有学者研究，明代四川共有 614 人从事过文学创作，有 30 余位作家留下了他们的约 50 部作品集（包括部分选集）⑤。本节按照作品体裁，简要叙述这一时期四川文学的成就如后。

---

① 参见李良品、彭规荣：《科举制度影响下的明代重庆教育》，《教育评论》2005 年第 1 期。按此文有关重庆各州县进士的数量，与陈国生《明代四川进士的地域分布及其规律》（载《西南师范大学学报》1996 年第 3 期）略有出入，不及考辨，但不影响总体趋势和结论。

② 参见沈登苗：《明清全国进士与人才的时空分布及其相互关系》，《中国文化研究》1994 年第 4 期。

③ 参见陈国生：《〈明史〉入传人物本贯的地理分布及其形成原因刍论》，《中国历史地理论丛》1995 年第 2 期。

④ 杨慎：《内江科贡题名序》，《升庵遗集》卷 22。载王文才、万光治主编：《杨升庵丛书》（三），天地出版社 2002 年版，第 1069～1070 页。

⑤ 参见乐万里：《明代四川作家研究》（未刊稿），上海师范大学硕士论文，2007 年。

一、散文

在元代文坛上，以虞集宏才博学，著述甚丰，最负盛名，"平生为文万篇，藁存者十二三"①。除编修《经世大典》880卷外，另著有《道园学古录》《道园类稿》等传世。虞集为文最擅长典册之作，"一时大典咸出其手"，"每承诏有所述作，必以帝王之道、治忽之故，从容讽切，冀有感悟，承顾问及古今政治得失，尤委曲尽言，或随事规谏"②。随着他的官途显融，其文亦优裕，"一时宗庙朝廷之典册，公卿大夫之碑板咸出公手"。虞集为文，"著作法度谨严，辞指精核"，"粹然自成一家言"，以至当时"山林之人，逢掖之士得其赠言，如获拱璧"③。虞集的碑文，逻辑严密，内容充实，叙事说理，为文繁富清丽，深为时人所称道，《元史》评价其在元代文学上的地位时指出："集虽博洽，而究极本原，研精探微，心解神契，其经纬弥纶之妙，一寓诸文，蔼然庆历、干、淳风烈。"④

现代学者评述虞集散文的特点及其在元代文学史上的地位时说："虞集生在元代一统天下的太平之世，其文颇能反映这个时期的统治思想。所谓元代盛世之文，他的作品最为典范。"⑤虞集的文风醇和典正，平易简洁，但他生活在元代比较稳定的时期，社会矛盾对他没有多少冲击，也没有多少现实人生的感慨，使得他的散文现实性不强，文气不足，而理学气重，台阁味浓⑥。虞集的学术特点决定了其文学思想："他在学术上回归传统儒学，在文学上便倡导复古，具体表现为理性、中和、雅正、实用；建融各家的学术特点，使他的文学思想，既不同于宋以来道学家的文论，也不同于文章家的文论，而是两者的融合，再加上政治家的眼光；他以气运论文，又主张克治血气，归于平和，都与张载的影响有关。"⑦以上这些论述，堪称精当公允。

---

① 《元史》卷181《虞集传》。
② 《元史》卷181《虞集传》。
③ 欧阳玄：《雍虞公文序》，《道园学古录·序》。
④ 《元史》卷181《虞集传》。
⑤ 郭预衡：《中国散文史》，上海古籍出版社1993年版，转引自姬沈育：《20世纪以来虞集研究综述》，《郑州大学学报》第37卷第2期，2004年3月。
⑥ 漆绪邦：《中国散文通史》，吉林教育出版社1994年版，转引自姬沈育文。
⑦ 查洪德：《虞集的学术渊源与文学主张》，《殷都学刊》1999年第4期，转引自姬沈育文。

第十一章 元明时期四川的文化

邓文原（1258~1328），字善之，一字匪石，人称素履先生，绵州（今绵阳）人。绵州古属巴西郡，因此后人称他为"邓巴西"。幼年随父亲徙居钱塘，在宋时参加流寓考试，在流寓蜀士中居第一。入元后，于至元二十七年（1290）为杭州路儒学正，后历官至集贤直学士。邓文原去世后，谥号"文肃"，有《巴西文集》两卷行世，收碑志记序70余篇。时人黄溍评价说："公为文精深典雅，温润有体，确实而有征。诗尤简古而丽逸。"①

蒲道源（1260~1336），字得之，号顺斋，眉州青神人，后徙兴元南郑（今陕西汉中）。尝为郡学正，罢归。晚以遗逸征入翰林编修，进应奉，迁国子学博士。延祐七年（1320）辞归。起提举陕西儒学，不就。优游林泉，病卒。其遗文为《闲居丛稿》26卷，内诗赋8卷，杂文乐府18卷。黄溍称其"以性理之学为台阁之文，譬如良金美玉，不假锻炼雕琢，而光耀自不掩"②。

明代在四川长达270余年的统治期间，承平局面较久，因而文化的发展有突出的成绩，文史著述甚丰，在散文上也有长足的发展。明代巴蜀地区的散文具有作家多，题材、形式广的特点，其中影响较大的作家有川西地区的杨慎，川东地区的邹智、张佳胤、王应熊等。

杨慎在明代文坛上堪称博洽，一生著述最为宏富。《明史·杨慎传》说："明世记诵之博、著作之富，推慎第一，杂著一百余种，并行于世。"他的好友简绍芳说："其平生著述四百余种，散逸颇多。"③ 现存著述计约200余种。杨慎著述内容极为广泛，涉及天文地理、经史百家、典章制度、音韵训诂、诗词歌赋、稗官小说、音乐戏曲、金石书画、草木虫鱼、医药星卜等等。所以，明人有云："称博学饶著述者，无如用修。"④ 杨慎一生于文学用力最勤，诗、词、曲兼擅，留下了大量作品，成就最高。

邹智（1466~1491），字汝愚，合州（今重庆市合川）人。在政治上颇有抱负，敢于"品核公卿，裁量人物"⑤。明孝宗继位，以庶吉士身份上疏言事，公

---

① 吴澄：《吴文正集》卷64《元故奉大夫岭北湖南道肃政廉访使邓公神道碑》。
② 吴澄：《吴文正集》卷64《元故奉大夫岭北湖南道肃政廉访使邓公神道碑》。
③ 简绍芳：《赠光禄卿前翰林修撰杨慎年谱》。
④ 焦竑：《玉堂丛语》卷1《文学》。
⑤ 《明史》卷179《邹智传》。

开指斥内阁的当权者万安、刘吉为小人,主张"欲正天下之衙门,当自大衙门始"①,强调"扶阳抑阴",希望朝廷进用正派官僚。刘吉唆使其党羽借故诬陷邹智,遂下诏狱,几被打死,但神情泰然,毫无畏惧。后谪广东石城所吏目,"闻陈献章讲道新会,往受业,自是学益粹"②。从思想渊源上讲,邹智属于白沙学派③。不过邹智注重个人修养,并没有走到"物我两忘"的地步,他推崇宋人胡瑗"德行为先,文艺为下"的观点,认为"德也者,得之于心之谓也;行也者,行之于身之谓也。使人而无心也,则可以无德;使人而无身也,则可以无行"④。根据邹智家贫苦学、不畏权贵、不怕险阻的实际表现来看,他的德行观也不是单纯追求独善其身,而是具有鲜明的政治实践的色彩,所以时人称其"才识亚于贾谊,志气类乎陈亮"⑤。邹智留存的著作不多,因为他仅仅活了26岁。他为合州《钓鱼城志》所写的跋文,深刻总结了宋末蒙古攻蜀灭宋的历史经验,全面剖析了四川的重要战略地位,表彰了为宋朝建功立业的将士,提出了"向使无钓鱼城,则无蜀久矣;无蜀,则无江南久矣"的著名观点。最后该文针对宋朝灭亡的历史,不无感慨地说:"天时不齐,人事好乖,令人有千古不平之愤!"⑥深刻的历史观感,独到的哲学思考,使这篇不长的文字成为传世的散文经典之作。此外,他还有一些托物言志的散文,如《赏雪诗序》以"瑞雪兆丰年"引起,说:"无雪则无年,无年则天下忧。天下皆忧,吾独得不忧?有雪则有年,有年则天下乐。天下皆乐,吾独得不乐?"表达了他与大众同忧乐的志趣。他的散文有独特的风格,善用排比,多感慨之音;清劲平实,无空洞之言。故《四库全书总目提要》云:"诗文多发于至性,不假修饰之功;虽间伤扑速而直气流逸,其感人者固在文字外矣。"

张佳胤(1526~1588),字肖甫,铜梁人。官至兵部尚书,总督前辽三边。他的军事才干曾受到张居正的赏识,而文学创作又深得王世贞的推重。张佳胤工诗文,自号"崌崃山人",为"嘉靖七子"之一。当时,王世贞作为文坛领

---

① 邹智:《立斋遗文》卷1《弘治丁未应诏封事》。
② 《明史》卷179《邹智传》。
③ 陈献章,广东新会白沙里人,故陈氏之学,世称白沙学派。
④ 邹智:《立斋遗文》卷2《送提学潘先生副宪陕西序》。
⑤ 费经虞:《剑阁芳华集》卷3。
⑥ 邹智:《跋钓鱼城志后》,《全蜀艺文志》卷59。

袖,他与王世贞相互呼应,对明代诗歌创作产生过一定的影响。佳胤"高才贵仕,兼而得之"①,有《岷峨山房集》65卷。他的散文才气十足,惜已亡佚。存世多为诗歌作品。

王应熊(?~1646),字非熊、春石,重庆府巴县人。万历四十一年(1613)进士。天启元年(1621)出使四川。崇祯时升礼部侍郎、吏部尚书兼东阁大学士,参与机务。后遭弹劾,返回巴县。明亡后,清军招降不受,逃往永宁山中,至仁怀(今贵州赤水县)土城抑郁病死。他博学多才,熟谙典故,其诗文、德行皆受曹学的影响。著有《雪程记》22卷、《涵园集》20卷。其散文今能见者,有《五福宫殿铭》。五福宫,位于重庆城西山顶,通远门侧,是城内登高胜地。其宫殿因天启元年(1621)奢崇明之乱被毁,十年不复。他接手复修后,于宫成时写下这篇铭文。此铭每句四言,叙描结合,融情于叙事之中,寓理在绘景之重,余音缈缈,令人思索②。

二、诗歌

虞集不仅是著作家,在元代诗词界也颇有地位。陶宗仪载,虞集的诗作见称一时,"故国朝之诗,称虞、赵(孟頫)、杨(载)、范(得机)、揭(傒斯)焉"③。则虞集为元诗五大家之首。他的词作30多阕,辑有《道园乐府》一卷。近代词学大师吴梅《词学通论》评论云:"才大者亦工小技,信为一代宗匠也。"虞集的词作"豪婉兼苏秦,高旷若陶谢",是"诗人之词","一洗铅华","不以文字工拙论,而寄托幽旷,亦时有可观"。他的《风入松》词,"天然风韵,传遍当时":"画堂红袖倚清酣,华发不胜簪。几回晚直金銮殿,东风软,花里停骖。书诏许传宫烛,香罗初剪朝衫。御沟冰泮水挼蓝,飞燕又呢喃。重重帘幕寒犹在,凭谁寄、银字泥缄。报道先生归也,杏花春雨江南"。这首词"词翰兼美,一时传唱。机坊织其词为帕,几如法锦"。特别是末句用"杏花春雨江南"六个字,十分精炼和形象地渲染出江南的春景,在当时更是脍炙人口,争相传诵,由是"此曲遂遍满海内矣"④。

---

① 钱谦益:《列朝诗集小传》丁集上。
② 参见傅德岷:《明代巴渝作家散文创作概观》,《渝西学院学报》2003年第3期。
③ 陶宗仪:《南村辍耕录》卷4。
④ 本段引文均转见姜方锬:《蜀词人评传》,成都古籍书店1984年版。

元代蜀中以诗作闻名的,还有邓文原、蒲道源、宇文公谅、袁介等。邓文原,其生平事迹已见前述。他的诗以七律较好。《诗薮》评论其作品"全篇整丽,着尾匀和","句格庄严,词藻瑰丽"。蒲道源,其生平事迹已见前述。《四库全书总目提要》评论说,其"诗文俱平实显易,不尚华藻"。《元诗纪事》还记载,元代四川诗人中,宇文公谅的诗作,《西湖竹枝集》称其"诗文尚理趣,歌是诗者,知其人矣"。袁介的诗作《踏灾行》揭露了苛吏的贪残,《艺苑卮言》评论其"如师手鸣琴,流利有情,高山尚远"①。

在明代诗坛上,四川诗人是比较活跃的。与元代相似,明初蜀籍诗人的先世多侨居外地。其中,成就较大的有杨基和徐贲。他们的诗风步趋元人,走的是古乐府及唐人的路子。两人中,杨基的诗在数量、质量上,其分量都更重一些②。

杨基(1326~1378),字孟载,号眉庵,先世为蜀之嘉州人。祖父仕于江左,生于吴中。徐贲(1335~1393),字幼文,号北郭生,其先蜀人,徙常州,再移居吴中。两人工诗画,负盛名,与高启、张羽一起,并称为明初吴中四杰。杨、徐二人在元末都曾接受张士诚的聘请,洪武时,一同贬谪临濠,释归后,又同在明朝政府任职,不久,又先后获罪,徐死于狱中,杨则"夺官输作,卒于工所"③。两人经历相似,皆一生坎坷,又气味相投,能诗善画,徐有《北郭集》5卷,杨有《眉庵集》12卷。杨基才华横溢,集中题宋人夏珪《长江万里图》云:"我家岷山更西住,正见岷江发源处。三巴春霁雪初消,百折千回向东去。江水东流万里长,人今漂泊尚他乡。烟波草色时牵恨,风雨猿声欲断肠!"凄婉之情出自肺腑,表达了远方游子对故乡的深切怀念。诗风清新而意境幽邃,不染元人纤巧直露的陋习。《四库全书总目提要》评价徐贲的诗云:"天性端谨,不逾规矩,故其诗才气不及高、杨、张,而法律谨严,字句熨帖,长篇短什,并首尾温丽,于三家别为一格。"

嘉靖初,李开先、王慎中、唐顺之、熊过、陈束、任瀚、赵时春、吕高,号称八才子,他们反对李梦阳、何景明的复古倾向而自成一派。八才子中熊、

---

① 陈衍:《元诗纪事》,上海古籍出版社1987年版。
② 杨世明:《巴蜀文学史》,巴蜀书社2003年版,第381页。
③ 陈田:《明诗纪事》甲签,卷17,上海古籍出版社1993年版。

任俱蜀人,任诗"音节抗朗"①且多作游仙语,而熊诗流传甚少。他们的主要成就是经学,生平事迹也已略见上文,这里就不一一赘述了。

杨慎既是学者,又是著名的文学家。杨慎的文学创作,以诗歌的成就最高。其早期创作,以追摹六朝初唐为主,但不囿于前七子的门户之见,而以宏富的才情和多方面的特长为后世所推重。明人王世贞曾云"杨用修如暴富儿郎,铜山金埒,不晓吃饭著衣"②。他出身宦门,少年得志,年轻时颇受六朝诗风的影响,艳情丽句,亦颇风流蕴藉。贬谪之后,玩世不恭,曾"胡粉傅面,作双丫髻插花,诸妓拥之,游行城市"③,借以抒发内心的愤懑和不平,而诗风也"渐入老苍,有少陵、谪仙格调,亦间入东坡、涪翁一派"④。明诗流派甚多,彼此模仿的习气也相当严重,但沈德潜《说诗萃语》却盛赞杨慎"随物赋形,空所依傍……李、何诸手外,拔帜自成一队"。他的诗歌创作不落窠臼,反映了比较广阔的社会生活现实。例如流放途中写的《宿金沙江》:"往年曾向嘉陵宿,驿楼东畔阑干曲。江声彻夜搅离愁,月色中天照幽独。岂意飘零瘴海头,嘉陵回首转悠悠!江声月色那堪说,肠断金沙万里楼。"诗人抚今思昔,百感交集,诗篇音节优爽,思绪深曲,具有很强的艺术感染力。又如《高峣晓发过滇》:"碧鸡关头月上霞,高峣海色分人家。菱塘眠柳犹藏鸦,双双柔橹声哑哑。船尾风轻浪不花,转盼已届滇之涯。"眼前景物,点缀自然而且一气呵成,在杨慎诗作中别具一格。他写的另外一些作品,还具有浓郁的民歌风味。例如《送余学官归罗江》:"豆子山,打瓦鼓,阳坪关,撒白雨。白雨下,娶龙女。织得绢,二丈五。一半属罗江,一半属玄武。我诵《绵州歌》,思乡心独苦。送君

图 11—14　杨慎塑像

---

① 陈田:《明诗纪事》,戊签,卷9。
② 陈田:《明诗纪事》,第1398页。
③ 钱谦益:《列朝诗集小传》丙集。
④ 陈田:《明诗纪事》戊签,卷1。

归，罗江浦。"前五句即宋代四川民谣《绵州巴歌》①，它把蜿蜒明净的罗江水比拟为龙女织成的绢素，又从瓦鼓声中联想到龙女出嫁的热烈场面，而美好的家乡被这绚丽奇妙的色彩渲染得更加令人神往，但诗人却返乡无望，只有通过古老的歌谣来寄托自己的离愁和乡思，这是多么鲜明的对照！而且《巴歌》部分，音调短促欢快，最后两句，低沉舒缓，这种截然不同的气氛也把诗人矛盾的内心世界展现得十分清晰和深刻。

此外，四川诗人中还有安磐，字公石，嘉定州（今乐山市）人。他是杨慎的朋友，同因议大礼，受杖免官。著有《颐山诗话》一卷。论诗以严羽为宗，故谓作诗犹如参禅，"有彼岸，有苦海，有外道，有上乘。迷者不能登彼岸，沉者不能出苦海，魔者不能离外道，凡者不能超上乘，虽不离乎声律，而实有出于声律之外，严沧浪所谓一味妙悟者，盖为是也"②。安磐的作品流传不多，所以王渔洋惋惜他"风神独绝，而世罕知之"③。

在万历年间，明代文坛上又出现了一个以袁宏道兄弟为首，以标榜性灵为宗旨的新诗派别，人称公安派。四川南充作家黄辉，字平倩，是这个新流派中的活跃人物之一。黄精于书法，与董其昌齐名。又"雅好禅学，多方外交"④，著有《铁庵集》80卷。他和公安派的关系，据袁小修回忆，万历二十六年（1598），袁宗道、宏道皆宦吴门，黄辉"从蜀来，聚首最密。中郎作诗，力破时人蹊径，多破胆险句。伯修诗稳而清，平倩诗奇而藻"⑤。他所作《白沙驿》："山驿冷荒荒，昏烟带叶黄。窗交蛛网月，垣隙虎蹄霜。携手同人尽，回身独夜长。佳期惟有梦，梦去转苍茫。"可见黄辉并不像袁氏兄弟那样矫枉过正，一味在奇、险二字上下工夫，他的作品有真情实景，格调也比较灵活。

明朝末年，四川文人有：费经虞，字仲若，新繁人；刘道开，字非眼，巴县人，俱能诗；范文光，字仲闇，内江人。"时钟（惺）、谭（元春）诗盛行，文光取钟惺诗与李梦阳合刻，论次之，人多以为当。"⑥庄祖谊，字宜穋，成都

---

① 《五灯会元》卷19，因其地于唐宋时属绵州巴西郡，故名《巴歌》。
② 安磐：《颐山诗话》。
③ 王渔洋：《池北偶谈》卷11。
④ 《明史》卷288《黄辉传》。
⑤ 钱谦益：《列朝诗集小传》丁集，下。
⑥ 卓尔堪：《明遗民诗》卷12。

人。《静志居诗话》称:"全蜀入复社者八人,宜稭诗名特著,惜流传无几。"① 明清易代之际,不少四川作家又纷纷流寓江南,其最有名者,如余榴,字生生,青神人,于鄞县结七子诗社,入清之后,隐居不出,卖文为生。吕潜,字孔昭,遂宁人,吕大器之子,僦居吴兴,诗调新颖,又善画花草,用笔放纵。他们都在各自的文艺领域内作出了应有的贡献。

今天谈论明代四川诗作,不能不提到近代学者、著名藏书家傅增湘所收藏的《明蜀中十二家诗钞》抄本。该抄本共抄录明蜀中十二家诗608首,是傅氏抄本中颇具特色的善本书。本书的编选原则

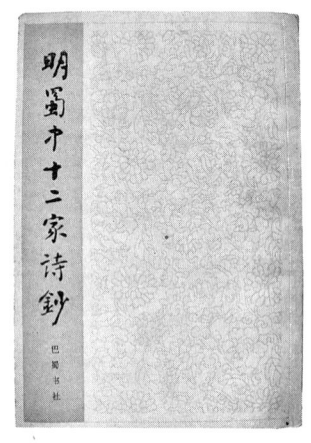

图11-15 《明蜀中十二家诗钞》书影

是,凡是诗名卓著,有专集行世,为人们所熟知的不录(如杨慎的不录),但录入的却是有独特风格的,如内江人赵贞吉、南充人任瀚、内江人熊敦朴,他们和杨慎的诗文并称为蜀中四大家。此外,还收录了嘉定人王毓宗、简州人曾日唯、成都人杨珩、邛州人刘应聘和刘铸、内江人高世彦、南充人陈以勤、合州人邹智、南充人陈于陛等的诗作。由于这些诗作都是从明代蜀诗中精选出来的,经巴蜀书社将其影印出版,为我们研究明诗特别是研究明代蜀诗的风格概貌及各种流派提供了可贵的资料②。

三、词曲

元代以曲为盛。在元曲作家中,以杨朝英最为著名。杨朝英(生卒年不详),号澹斋,青城(今成都都江堰市)人,大致生活在皇庆(1312~1313)至至正(1341~1368)之间。关于他的籍贯,孙楷第《元曲家考略》谓:"澹斋,蜀青城人。"至正十一年(1351),巴西(今四川绵阳)邓子晋曾为杨朝英编选的《太平乐府》作过序。杨朝英工散曲,《全元散曲》辑有其小令27首。与著名曲作家贯云石甚善。编有《乐府新编阳春白雪》10卷,《朝野新声太平乐府》

---

① 陈田:《明诗纪事》辛签,卷25。
② 《明蜀中十二家诗钞》,巴蜀书社1986年版。

9卷。元人杨维桢曾云："士大夫以今乐府鸣者,奇巧莫如关汉卿、庚吉甫、杨澹斋、卢疏斋。"① 由此可见其在元代曲坛的地位。明朱权《太和正音谱》评其曲"如碧海珊瑚"。

元代蜀人词作家经《蜀词人评传》一书著录的有:蒲道源,著《顺斋闲居丛稿》26卷,留有词34阕,后辑为《顺斋词》1卷。另有西昌(今四川安县东30里,非宁远之西昌)人刘应雄、眉山人王学文、西昌人刘天迪、西昌人周宇先、西昌人曾先元等。在众多蜀籍词人中,有一位女词人值得一提。据《补续全蜀艺文志》寻引《南诏事略》云,元云南行省段平章夫人高氏,天全招讨女也。有玉娇词一阕:"风卷残云,九霄冉冉逐。龙池水云一片绿。寂寞倚屏纬,春雨纷纷促。蜀锦半闲,鸳鸯独自宿。好语我将军,只恐乐极悲生怨鬼哭。"② 高夫人是一个少数民族妇女,她能以如此优美娴熟的词品,把妻子的离愁别绪和对丈夫在风云变幻的政治斗争中的命运的担忧描写得淋漓尽致,亦堪称佳作,实属难得。元代蜀中词人还有太和(今射洪县)曾允元、占籍华亭之袁介等。

杨慎的词曲同样享有较高的声誉。据"蜀人士"传,杨慎少时善弹琵琶,"每自为新声度之。及第后,犹于署月夜,绾两角髻,着单纱半臂,背负琵琶,共二三骚人,携尊酒,席地坐长安街上,酒酣和歌,撮拨到晓"③。正因为他精通音律,所以,他能在明代词曲上达到较高的水平。王骥德《曲律》曾对明代散曲作家进行综合研究,认为"杨俊而商",这个评语基本上概括出了杨慎在词曲方面的艺术风貌。难能可贵的是,杨慎还把词的典雅形式和通俗文艺结合起来,写成长篇《廿一史弹词》。

《廿一史弹词》又名《历代史略词话》,是一部通俗的历史,全书不满三万字,用浅近的文言文写成。以正史为题材,从开天辟地、三代五帝、秦汉、三国、两晋、南北朝、隋唐五代,直到宋辽、金元,时间跨度大,举重若轻,信手拈来,分为十段加以评说。话文与词文互用,段前有引词,段末有散场词。引词后有"诗曰",然后进入正文。他之所以要采取这种形式来评论"上下古今事",目的在于"警世":"诗词只可谈风月,今古还堪警世人。"因此,可以说,

---

① 杨维桢:《东维子集·周月湖今乐府序》。
② 陈田:《明诗纪事》辛签,卷25。
③ 陈继儒:《杨升庵先生廿一史弹词叙》。

第十一章 元明时期四川的文化

这些弹词继承了前人咏史的传统，多半是有感而发的。如《临江仙》(《廿一史弹词》第三段说秦汉开场词)："滚滚长江东逝水，浪花淘尽英雄。是非成败转头空。青山依旧在，几度夕阳红。白发渔樵江渚上，惯看秋月春风。一壶浊酒喜相逢。古今多少事，都付笑谈中。"作品不受历史细节的约束，视野开阔，意境超脱，而又笔力雄浑。这段引词，经毛宗岗父子取置于《三国演义》卷首后，数百年来广泛传诵，渐为人知。随着大型电视连续剧《三国演义》的热播，这段引词改编的主题歌在海内外广泛传唱，受到了亿万群众的喜爱。但是，很少有人知道词的作者是来自蜀中的杨升庵。

这里还应当提到杨慎的夫人黄峨。黄峨（1498～1569），字秀眉，遂宁人。工部尚书黄珂之女。黄峨从小聪明好学，能词善诗，尤以散曲见长。正德十四年（1519）为杨慎继室。婚后两人情好日笃，互相砥砺切磋，共同写诗填词作曲。杨慎远戍云南后，夫妇间常有诗词往来，以表相思之苦。如黄峨《寄外》："雁飞曾不度衡阳，锦字何由寄永昌。三春花柳妾薄命，六诏风烟君断肠，日归日归愁岁暮，其雨其雨怨朝阳。相闻空有刀镮约，何日金鸡下夜郎？"作者以娴熟的艺术技巧，把萦绕在心头的离愁别绪表现得非常充分，读来凄婉动人。黄峨之作，真伪杂传。现代词曲学者任中敏先生评价说："夫人之作，亦多新颖俊发。不止向所传诵之《积雨酿轻寒》一阕而已。且意境解放，突破藩篱，不为千年礼教所囿，开吾国女子文学以前未有之局……吾国女子文学史者不可忽之。"至于当时坊贾将一些"淫词小曲"搜集进去，假托于"名妇人之手"，"张皇都市。其时社会风义，较之前世，必已有若何转变，斯又观风论俗者可以注意者也"①。黄峨留下的诗词散曲作

图 11-16　黄峨画像

---

① 任中敏：《杨升庵夫妇散曲·弁言》，（台湾）商务印书馆1960年版。

品数量虽然不多,但却是我国文化宝库里不可忽视的财富①。

第五节 艺 术

一、书法

元代书法风格的形成与演变,在全国主要是以赵孟𫖯、鲜于枢等为代表的领军人物,以"师法晋唐"为旗帜,托古改制,力扫南宋书坛流弊的结果。在元代书坛上,四川能够与全国盖代书家赵孟𫖯旗鼓相当的大家,只有邓文原和虞集②。

邓文原不仅善诗文,而且在书法艺术上也颇有成就和地位。时人虞集称大德、延祐间,鲜于枢、赵孟𫖯、邓文原翰墨擅一代。黄溍说邓文原"工于笔札,与赵魏公(孟𫖯)齐名"。而吴澄则称赞邓文原:"字法遒媚,与赵承旨(孟𫖯)伯仲。"③《书史会要》说邓文原的"正行草书,早法二王,后法李北海(邕)",逐渐形成一种"和雅"的书风。《故宫周刊》第 435 期影印邓文原《王献之〈保母帖〉》跋文,系楷

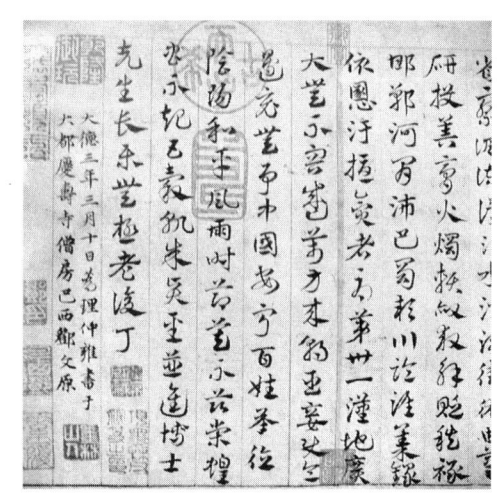

图 11—17 邓文原书法作品

书,写得圆润秀雅,严谨中见潇洒,无丝毫矫揉造作和剑拔弩张之气,用笔富有变化,颇有姿态。跋文章法遵照"纵成行"而"横不成列"的原则,参差错位,不觉杂乱而增加了情趣,堪称邓文原的书法力作,较之于赵孟𫖯和鲜于枢

---

① 何崇文等:《巴蜀文苑英华·黄峨》,四川人民出版社 1984 年版,第 260~265 页。
② 见刘诗:《元代蜀中两书家——介绍邓文原与虞集》,《四川文物》1987 年第 4 期。
③ 吴澄:《吴文正集》卷 64《元故奉大夫岭北湖南道肃政廉访使邓公神道碑》。

第十一章 元明时期四川的文化

当时的楷书,有过之而无不及。从其点画用笔来看,是学《乐毅论》《黄庭经》和王献之的《洛神赋》。邓文原存世章草《急就章》卷,写于大德三年(1299)。此帖尽量保持笔法拙朴、波折上挑、体势方扁、字形自相牵绕而不相互连带等章草特点,但由于一些字具有楷体的笔法和形态,风格面貌也就与古章草相异。这种"复古",实际上包含着自己的艺术创造,是体现元人审美意识和艺术追求的章草佳作[①]。

虞集是元代中后期活跃于书坛的奎章阁书法家。随着汉蒙文化的交融,元朝蒙古族诸帝对汉文化表现出越来越强烈的兴趣。元文宗对研习汉文化最为热衷,于天历二年(1329)设奎章阁学士院,书法鉴赏是其中一项重要活动内容。虞集精于鉴赏,对书法品题极多。元代著名书法家康里巎巎谓其书法"雄剑倚天,长虹驾海","莺雏出巢,神采可爱"[②]。《书史会要》评论虞集的书法"真、行、草、篆,皆有法度。古隶为当代第一"。其实,他的真、行、草诸体成就也很高,其艺术成就亦可与鲜于枢、康里巎巎等名家并列。虞集用于书简题跋的行草书,为历代书评家所重视,说他"落笔草草,以浪得名",又说"抗衡唐宋,居然大家"。书法精品传世不少,明人吴升《大观录》卷9对其所书《与赵子昂天冠山诗》二十八绝句评价尤高:"字如指头大,斤斤具绳墨,是公早年有意竟胜子昂,故尤神妙也。"虞集存世作品较丰,重要的如《刘垓神道碑》,大字楷书,有唐柳公权结体方法,全碑1500余字,一气呵成。《寄都运大参诗》《贺柯丹丘任鉴书博士札》,意度从容,行笔结字似草草,常有渴笔飞白出现,有生拙自然之趣。虞集不但书法艺术达到了较高水平,而且有较完整的书法理论。收录在《道园学古录》卷11中的《跋吴傅明朋书并李唐山水》一文,对元代书坛的托古改制进行了理论上的阐述和总结[③]。

除以上两大书家外,在元代,还有邛崃人魏元裕,其代表作《跋张浚、虞允文书札》帖,收藏于故宫。隆州人牟应龙,"书法洒落,绝似唐人"[④]。眉山人苏坦,善书。高遥,善草书。眉山人孙德彧,道士,"书尤劲健,有鲁公遗意"。导江(今都江堰市)人张頵,"书法初唐人,淳和雍雅,学者气度,传世

[①] 杜哲森主编:《中国美术史·元代卷》,齐鲁书社、明天出版社2000年版,第254页。
[②] 康里巎巎:《弇州山人续稿》。
[③] 杜哲森主编:《中国美术史·元代卷》,第264页。
[④] 吴升:《大观录》卷10《元贤书翰姓氏》。

极少"①。杨椿,"书体端严,最多题墨"②。

明代四川书法家,在洪武、永乐时期,以杨基、王璲(?~1415)最著名。其"真书行草,俱法钟、王"③。璲字汝玉,以字行,号青城山人,"其先蜀之遂宁人,从父宦游,入籍吴中",居长州,"少从杨维桢学",曾"预修《永乐大典》","善书,亦善画"④。此后,巴县人苏致中"以墨妙流声景、顺间,学士大夫咸珍之,评者谓其出入钟、王、怀素而自适天然之趣"⑤。致中家学绵绵,其四代孙苏雨亦"字画双绝"⑥。弘治时,成都人张嘉谟,字舜卿,官至山东金宪,隶篆行草,均"各得其妙"⑦。明代一些很有声望的学者、诗人,也往往兼精书法。例如杨慎,风格类似赵文敏,但不落窠臼,故能卓然成家。又如黄辉,他和陶望龄、董其昌俱入翰林,同馆者陶以诗文见长,而书画则首推其昌,但黄辉之诗与书皆"与之齐名"⑧,并为时人所推重。黄辉擅长楷书,尤精行草。其书法作品传世很少,今四川省博物馆收

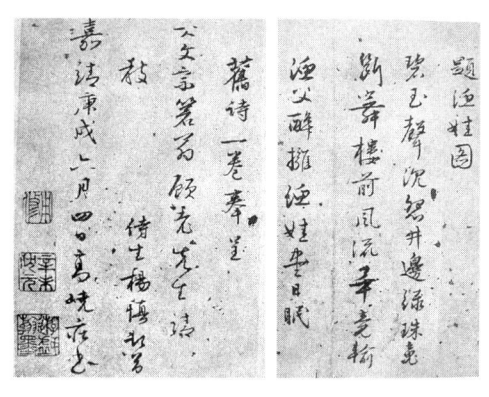

图11-18 杨慎书法作品

图11-19 杨慎书法作品(云南木王府)

---

① 吴升:《大观录》卷10《元贤书翰姓氏》。
② 吴升:《大观录》卷10《元贤书翰姓氏》。
③ 朱谋垔:《续书史会要》。
④ 朱谋垔:《续书史会要》。
⑤ 朱谋垔:《续书史会要》。
⑥ 费经虞:《剑阁芳华集》卷8。
⑦ 朱谋垔:《续书史会要》。
⑧ 钱谦益:《列朝诗集小传》丁集,下。

藏三件，弥足珍贵①。

二、绘画

（一）文人画

经过宋元鼎革之后，在元朝统治的近百年中，江南绘画在全国跃居首位，四川绘画地位一落千丈。四川书画大家能在全国有一定地位的，只有以书学和文人山水画，以及鉴赏、理论为时所推重的虞集、邓文原、宇文公谅等人。在元代蜀人画作保存不多，宇文公谅的"墨笔山水条"，以及赵天泽的卷子和条幅扇面作品，原藏于故宫。《故宫书画集》第38期曾影印宇文公谅的"墨笔山水条"面世。

文人画在元代美术史中占有重要位置。发轫于北宋的文人画，历经南宋的传布，至元代已蔚为一大艺术潮流，到了明代，文人画则已成为主流的绘画艺术。在元人夏文彦的《图绘宝鉴》中，所辑录的画家多以文人山水、花鸟画为主。在其所搜辑的189人元代画家传记资料、列传、附传中，蜀人甚微②。在今人编纂的《元代画家史料汇编》所列的69篇70名画家中，与四川有关的仅二人，一为流寓江西的简天碧，一为先世在蜀的徐贲③。但据清嘉庆《四川通志》卷166引《图绘宝鉴》标明为"善画"的蜀人共13人：刘梦良，画梅，宗扬补之；华岳，善写山水；霍元镇，笔意规摹董北苑、米南亭父子；朱裕，字敏道，画法师李成；李冲，字用之，画法师李成；陈立，尝画龙眠山图，虞集跋其后；刘耀，与丁野夫山水，学马远、夏珪；林士能，与同时蜀人王起宗、沈月田、吴梅山、李容瑾，画界画俱师王孤

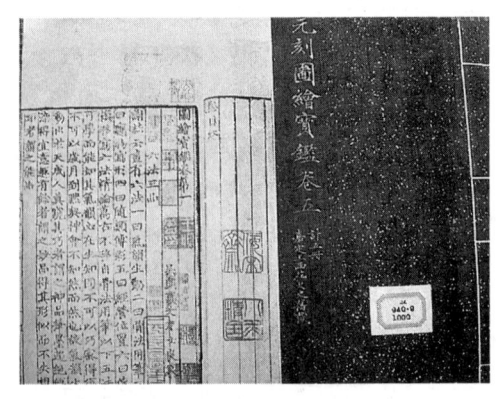

图11—20 元刻《图绘宝鉴》书影

---

① 见秦化江：《明代书家黄辉的书法艺术》，《四川文物》1992年第2期。
② 近藤秀实、何庆先：《〈图绘宝鉴〉校勘与研究》，江苏古籍出版社1997年版。
③ 陈高华：《元代画家史料汇编》，杭州出版社2004年版，第807~808页、890~896页。

云；赵天泽，字监渊，善画梅。

元、明画家徐贲（1335～1393），字幼文。先世为蜀人，后徙居吴（今苏州）。元末隐居蜀山。洪武七年（1374），以荐举给事中，官至河南左布政使，约在洪武十二三年，以事下狱死。工诗文书画，姜绍书《无声诗史》评其画风"清丽萧疏，倪云林之流亚也"。存世作品不多，《秋林草亭图》轴藏于上海博物馆，写山居生活，布局取法倪云林，简洁开阔，意境幽渺；《快雪时晴图》藏于故宫博物院，山石皴法及林木形态，则多取自郭熙，别具风貌①。

另据《蜀画史稿》引詹天衢《舒啸集》云："高暹，蜀人，工画马，并善草书。"虞集在其《道园学古录》的题诗中，提到还有蜀人王庶，善画山水；虞集的表侄陈可立，诗书画有名于时，尤长于写真。

元朝覆灭之后，明朝统治者采取一系列恢复社会经济、稳定社会局面的措施，以巩固统治。随着经济的恢复发展，明代的文学艺术领域呈现发达局面，在书法、绘画方面更是异军突起，有较大的成就。而在明代画坛上，以绘画著称于世，且能自成一派的四川画家，数量并不太多。洪武、永乐时期，杨基、徐贲、王汝玉诸人最有名，他们工诗善书，又是丹青妙手，作品题材以山水竹石为主，基本上属于文人画的范畴。明代帝王和大臣的爱好和提倡，对于书法、绘画的发展有直接的关系。如在四川，有一个名叫张一魁的画家，"性沉默，寡交游，画山水人物，俱臻神妙"。据《会理州志》记载，他就被蜀献王延至成都，为之"写新月图，境象澄清"②。另据记载，蜀人苏致中不仅擅长书法，而且精于画事，"山水师马远、郭熙，行笔如流而清雅高出，略不经意，天趣自然，人不可及"③。明清之际，则以吕潜为代表。潜字孔昭，遂宁人，吕大器之子，"善花草，用笔放纵，而不越矩矱，神气清朗可爱"④。清初，避地吴兴，以诗画自娱。

在书画理论方面，杨升庵的画论著述也是颇有建树的。在《丛书集成·升庵论画》中，杨升庵在继承前人画论理论的基础上，对中国画家、画派与绘画理论、绘画技法等作了新的概括与发挥，颇有创说。如称，苏东坡的诗说："论

---

① 杨新、单国强主编：《中国美术史·明代卷》，齐鲁书社、明天出版社2000年版，第88～89页。
② 嘉庆《四川通志》卷166。
③ 朱谋垔：《画史会要》卷4；王毓贤：《绘事备考》卷8。
④ 陈田：《明诗纪事》卷27上。

画以形似，见与儿童邻；作诗必此诗，定知非诗人。"杨升庵认为，此说画重视神采、诗重视韵味。然其言有片面性，不是正确精辟的理论。又如，过去论画家，一贯以顾长康、陆探微、张祖繇、吴道玄为四祖，他认为是误评了。杨升庵主张，应当以顾、陆、张、展（展子虔）为四祖。画家之四祖，如诗家之四祖（曹、刘、沈、谢）。阎立本就是画家之李白，吴道玄就是画家的杜甫。又如，画家对于画人物，必定"九朽一罢"，即经过多次修改，一次完毕。唯独周忘机不凭借于此，落笔便成，气韵生动。所以，他常告诉人说，书法同一道理，善书的人难道需要先草拟而后书写吗？杨升庵评价说，此"盖卓识也"①。

（二）壁画

在元代，由于统治者崇尚佛教，大兴佛寺，客观上为元代壁画艺术的发展创造了条件。据至元二十八年（1291）宣政院统计，全国就有佛教寺院24000余所。寺院经济兴盛，寺庙兴建越多，自然就产生了大量佛教绘画艺术。在迄今所存佛教壁画遗迹中，四川阆中永安寺是不可多得的一处。

阆中县永安寺现存有元代大殿一座，据大殿西山面橡栿上墨书"大元至顺四年"题记，知建于公元1333年。大殿西南，阔三间，进深三间，东壁和西壁均有彩绘壁画"天龙八部图"，两壁上都有至正戊子（1348）题记。壁画完成较建殿晚16年。壁画墨笔重彩，形象夸张。面部多用渲染，以显凹凸；衣服多用平涂法，间染明暗，总体风格略近宋画，但内在气势略显得局隘②。

明代宗教壁画以佛教内容为主，兼有将佛、儒、道和民间诸神相合一的水陆画。由于得到统治阶级的竭力提倡，上承宋元壁画的艺术成就，明代画师和工匠们尽显其才，创作了许多传世佳品。其中在四川的几处寺庙壁画不仅保存完整，而且表现了较高的造诣，其写实手法就是集宋元之大成者③。

新津县观音寺位于新津县永兴场九莲山，距县城1公里，现存观音殿、毗卢殿。毗卢殿保存有壁画佛像12尊。据题记，壁画完成于成化四年（1468），为北京御用监匠监工绘制而成。两壁彩绘六铺壁画，每铺长3～3.33米，高3.15米，画分三层，上层绘飞天和天宫奇景，中层绘十二圆觉菩萨和二十四天

---

① 潘运告：《明代画论》，湖南美术出版社2002年版，第74～86页。
② 杜哲森主编：《中国美术史·元代卷》，齐鲁书社、明天出版社2000年版，第124页。
③ 杨新、单国强主编：《中国美术史·明代卷》，第196～198页。

尊,下层绘供养人像。画中人物刻画真实,形象生动,表现了不同的个性和气质。殿后壁画,在高4米、宽6米的背景上,绘制80多个世俗人物和仙佛鬼怪,以及亭台楼阁、山水草木等富有生活气息的人物场景。整个殿的壁画,其画法均采用我国传统的工笔重彩画法,设色以石青、石绿、朱砂、珠粉填色,描金生漆勾勒。绘菩萨像用"铁线描"技法,线条明快,色调柔和。绘尊天像则用"兰叶描"和"铁线描"互用的技法,以夸张多变的造型,绘出他们性格各异、一人一面的神态。绘供养人用线更为豪放,人物造型更富于生活气息。

图11-21 新津观音寺壁画

画面布局疏密得当,层次分明,把天上、人间、神、人情趣融为一体,描绘得栩栩如生。它既是一套完整的通景式的连环画,又是每幅可以独立的艺术佳品①。

蓬溪县宝梵寺位于蓬溪县回龙乡,宋创建,名罗汉院,后废。据记载,宝梵寺从明正统二年(1437)开始重建大雄宝殿,到成化二年(1466)僧人清澄增建左右廊庑、山门,并绘制《西方境》壁画。大雄殿中有佛教故事藻井画64幅,东西两壁绘菩萨、尊者、供养人等,北壁绘佛像等。其中以《议赴佛会》为代表,人物生动,神情自如,富有浓郁的生活气息,表情逼真传神。该寺壁画线条凝重而轻挺,色彩统一在冷色调中,沉着稳健,有宋元壁画风范,是蜀中明代壁画的上乘之作②。其中,《西方境》壁画现存10幅,除其中一幅为清代补绘外,其余拱眼壁画9幅,系成化二年(1466)绘制。10幅壁画共绘法像103人(其中女性12

---

① 李中华:《新津县观音寺毗卢殿明代壁画》,《四川省文物志》下,四川人民出版社1999年版。
② 杨新、单国强主编:《中国美术史·明代卷》,第197页。

名），按职能尊卑，分主次绘制。壁画用线描彩绘，并附底色，线条施沥粉走金，笔调流畅，风格古朴。所绘人物形神兼备，栩栩如生。画中人物空间配有瑞光、祥云、寿松、灵泉，生动有致。大雄殿的全部绘画，画技卓越，画图有据。全部人物穿戴模拟唐、明两代汉化的僧衣和宫廷、民间服饰。法像姿态、表情、性格、动作均取材于人间现实，是我省明代壁画的佳作①。

新繁龙藏寺位于新繁镇西4公里，始建于唐，初名慈惠庵。宋扩大为寺，更名龙藏，元末毁于兵火。明洪武四年（1371）重建。现存大雄宝殿建于明成化元年（1465），殿内保存有九铺壁画，取材于佛经。龙藏寺壁画绘制基本采用传统手法，工笔重彩，线描与沥粉相接合。颜料以石膏、石绿、朱砂、生漆、珍珠粉为主，色泽耐久不变。沥粉贴金，显得富丽辉煌，并富于立体感②。

剑阁县觉苑寺位于剑阁城西43公里武连镇武侯坡下，于天顺初年（1457）

图11-22 蓬溪宝梵寺壁画

---

① 刘新尧：《蓬溪县明代宝梵寺大殿壁画》，载《四川省文物志》下，四川人民出版社1999年版；《四川文物志·古代建筑卷》中册，巴蜀书社2005年版。
② 杨新、单国强主编：《中国美术史·明代卷》，第198页。

图 11-23 新繁龙藏寺大殿壁画

重建。大雄宝殿内四壁彩绘壁画，共 16 铺，总长 162 米。左右壁画高 3.5 米，长 147 米。每铺作 15～20 个故事，墨书故事"四字图题"，绘有 1740 余个人物、208 个故事。故事系取材于唐博士太原王勃撰《释迦如来成道记》等佛学著作中的佛本生故事。壁画取用工笔重彩、沥粉堆金铁线描的技法，运笔娴熟，色彩鲜明。壁画内容丰富，曲折感人，反映了社会哲理、人生真伪、善恶因果，以及宗教习俗、风土人情、宫廷生活、民间情调，为研究明代历史、社会、文化艺术、建筑、民俗服饰等提供了重要的实物资料[①]。

此外，在四川与上述壁画艺术成就相近的还有广汉龙居寺等名刹。

除汉族地区的壁画艺术，四川康区的绘画艺术堪称不可多得的瑰宝。佛教自公元 7 世纪传入藏区开始，经历了初传、中兴、后弘等几个发展时期。到 10 世纪后弘时期，与佛教一同引进并得以恢弘的佛教艺术在藏区逐渐形成了具有鲜明民族文化特色的绘画风格与流派。在众多画派中，这一时期影响最大、最具代表性的是三大著名绘画流派：门塘画派、钦孜画派和噶玛噶智画派。噶玛噶智画派形成于 15 世纪至 16 世纪，是由藏族大画师南喀扎西将西藏门塘画派与汉族的"丝塘"、印度青铜造像结合起来而创立的著名画派。该画派的三位杰出画师之一却扎西，一生主要在四川康区活动，创作了大量的唐卡和壁画作品。这些作品大多保存在康区北部噶丹彭措林寺，其中包括一套 48 幅的噶举派世系画图、15 幅本生故事和 9 幅康区最重要的竹巴噶举大师康珠生平的组画等[②]。

---

① 《四川文物志·古代建筑卷》中册，巴蜀书社 2005 年版。
② 参见德吉草：《四川藏区的文化艺术》，四川民族出版社 2008 年版。

三、雕塑

（一）佛教石窟造像

明人何宇度说，明代四川"凡有岩石者，莫不镌佛像"①。这表明，明代四川的佛教石刻原本十分普及。但是由于受历史风雨的洗刷和人为因素所造成的损坏，现存的明代四川石刻作品已经不多，而以大足保存最为集中。

中国石窟造像兴起于南北朝，历经隋唐的辉煌，至唐中叶开始走向衰落。宋末以后，中国石窟一蹶不振，大足石刻堪称一座丰碑。经过宋末元季的兵燹之后，大足石刻再也难现既往的雄姿。据文物普查统计，大足全县共有国家、省市、县文物保护单位75处，从时代划分，明代仅存27处，占总数的36%；从造像的题材分，佛教造像以永乐开凿的千佛岩、七佛岩、大佛寺3处规模较大，其余多为小型石窟；从石窟主像分，有佛教造像、佛道造像和"三教"造像等多种形式②。下面仅对其中的代表性石刻作简要介绍：

千佛岩石窟造像。大足宝顶山石窟自宋末元季兵燹之后，殿宇倾颓，一蹶不振。蜀献王入蜀后，大加提倡，他于永乐年间亲自游历宝顶后，即命僧玄极主持重开。现宝顶石窟保存有玄极所立的《重修宝顶事实》碑一通，立碑时间：宣德元年（1426）八月。碑文追述了大足报恩寺僧玄极惠妙偕师弟惠旭，于永乐十六年（1418）八月一日，奉蜀府令旨主持宝顶、重开宝顶的经过③。千佛岩现存明代佛龛和佛教造像，即玄极及其后继者所开凿。

此外，在大足县大佛湾西南3华里远处公路一侧有观音造像一尊，为摩崖造像。全像高5.60米，顶距地6米，建造于洪武三十年（1397）。在距此像不远的公路南侧小坡上，有救苦观音龛一龛，岩壁外立一牌坊，柱上刻有楹联："今生作福来生受，后世有因见世培。"主像为观音，两侧左立善财童子，右立献珠龙女。主像前立一供桌，桌前楣中间浮雕花、草，两侧刻龟、龙、鸟等物。建造年代为明代④。

---

① 何宇度：《益部谈资》卷上。
② 重庆大足石刻艺术博物馆等：《大足石刻铭文录·概述》，重庆出版社1999年版。
③ 重庆大足石刻艺术博物馆等：《大足石刻铭文录》，第252页。
④ 见胡文和、李永翘：《大足石刻研究》，四川省社会科学院出版社1985年版，第514～515页。

图 11-24 大足石刻

以上佛教造像面容端庄肃穆，衣着线条流畅，内容题材取自佛教经典，体现了明代宗教石刻艺术的风格和水平。

近年来在成都蒲江县五星乡元觉村原圆觉寺遗址出土了一批明代石刻，年代为弘治、正德、嘉靖三朝，石刻造像文物计有：身穿战袍、着铠甲的龙神，浮雕坐佛像，接引佛像，伽叶菩萨像等。难能可贵的是，这批石刻还保留了镌刻这些作品的石工、石匠的姓名。由于此寺属于南川王府，所以这批文物不仅具有一定的艺术价值，而且对于研究蜀藩制度也有一定的参考作用①。

图 11-25 大足石刻

（二）道教石窟造像

---

① 见龙腾：《蒲江县出土一批明代石刻》，《成都文物》1995年第3期。

在大足石窟中，除有明代佛教题材的石刻造像外，也有道教题材的石刻造像。例如，在大足南山山顶的玉皇观中，就有一尊建造于明正德十六年（1521）五月五日的真武大帝像。该像坐身高1.65米，肩宽0.55米。大帝光头无发，颔下有五绺长须（现不存），内着铠甲，外披长袍，赤足，左脚踏一龟（头残）。右脚放石上，顶后有圆形头光，脑后有两带在背光中分别向上扬起。大帝头上方窟顶壁画有一太极图。主像左右侧分别为男女侍者①。

除大足石窟外，省内明代道教石刻造像最为集中的为安岳县。安岳县道教造像石窟遗址中，明确为明代造像的有：老君岩（又名狮子岩），位于县城东南45公里瑞云乡圆门村瑞云山上。这里原有规模宏大的道观，原有七龛雕刻的纯道教造像。在第1号龛内有题刻云："比丘无为妆北极紫微大帝/比丘惠监觉明妆圣祖"；第9号龛题刻则云："嘉靖乙酉（1525）三月旦吉慧庵妆五位十王"。老君龛的道教造像名号有：元（玄）天大圣后、圣祖、北极紫微大帝、玉皇大帝、南极天尊、十王等。这些造像的造型、脸形以及服饰等，都与大足宋代道教石窟中的十分相似。安岳、大足的明代道教造像，主像宝座的靠背都系莲瓣形，呈镂空雕。此外，在安岳石窟中还有三仙洞，又名龙门观，太白上（今安岳县高升乡洞库村）的儒释道三教合一像、三清像、元始天尊像等，为明代天启元年（1621）建造。在这些大洞窟的下面岩壁上，还有"十王殿"的雕刻造像，十殿地狱殿为明万历（1573～1619）年间的作品，1987年惜被乡民用油漆重妆，已失去原来的风采②。

图11-26　泸县玉蟾山八仙过海石刻造像

（三）墓饰雕刻

在成都地区发掘、清理的明代墓葬中，除王公贵族和官品极高的墓葬外，更多的是分布很广的石廓砖券墓。这些石廓墓葬大多采用仿木建筑结构，一般

---

① 见胡文和、李永翘：《大足石刻研究》，第518页。
② 胡文和：《中国道教石刻艺术史》（下册），高等教育出版社2004年版，第75～86页。

在用石料建造的墓门、八字墙、祭台、祭器以及其他祭物之上，精心地制作了各种题材的装饰性的雕刻。这些墓饰雕刻，是四川古代文化宝库中不可缺少的重要组成部分，其历史价值和艺术价值皆不容忽视①。下面择要作一介绍：

墓墙雕刻。位于墓门之外两边，为仿砖建筑，呈"八"字形，俗称为八字墙。墙的中心部分一般刻绘双龙、仙鹤和狮虎等圆形图案。例如 2003 年 4 月在成都红牌楼发现的数座明代石室墓葬中②，在M8 墓的南北墙中间的石板上，即制作有以浮雕龙纹图案作为主题，并衬有云纹、水波纹的石刻浮雕画各一幅。画面宽

图 11—27　成都双楠小区太监墓门雕刻

0.98 米，高 1.08 米，并用红、绿两种颜料描摹，龙纹图案四角刻有云纹。画面中两条龙昂首翘尾，犹如遨游，活灵活现，栩栩如生。

墓门雕刻。位于八字墙之后，墓门一般由一至数块整石组成，门扉雕刻或彩绘图案，多为门将、仙童等形象，门侧旁镌刻对联，内容多为赞颂墓主"功德"或描绘墓葬空灵幽静之词。例如上述同一座红牌楼 M8 墓的墓门，门框高 1.47 米，宽 1.23 米，厚 0.19 米，门框两侧安装了两扇由外向内开启的石门，两扇石门的正面彩绘有两个身穿铠甲、头戴兜鍪、足着战靴、手执兵器的武士，武士身材魁伟，形象威猛，颇有肃杀之气。门柱外沿左右两侧为门柱石，门柱石宽 0.19 米，高 1.53 米。门柱上阴刻对联，字体描金，上联为："蜀宇同春连地□"，下联为："栖林迎瑞壮山新"。

屋面雕刻。八字墙的上部为墙帽，一般以石刻作屋面，由瓦当、滴水、屋脊、梁柱、额枋、雀替等组成。屋脊两端一般都刻有龙头，瓦当多饰以神兽鸱

---

① 参见史占扬：《成都明代石廓墓杂述》，《成都文物》1987 年第 1 期。
② 参见成都市文物考古研究所：《成都市红牌楼明蜀太监墓群发掘简报》，《成都考古发现(2003)》，科学出版社 2005 年版。

吻。所有这些构件上的花纹图案，无不精雕细琢，鸟兽形象无不引人入胜。在一些亲王陵墓中，这些石刻作品雕刻精致，设色考究，制作精美，装饰华丽，堪称明代石刻艺术的精品。以蜀僖王陵墓为例①，沿着地宫进去，举目望去，首先映入人们眼帘的是高1.03米的门楼，

图 11-28　成都十陵明蜀王陵中僖王陵地宫石雕

门楼正脊上扣筒瓦，下嵌莲纹琉璃浮雕，正面饰缠枝牡丹雕塑。八字墙位于大门两边，墙顶由琉璃斗拱承托，当头和滴水均饰浮雕龙纹。前庭之后的正庭，安装有双扇石质假窗门，门的上部刻有浅浮雕四叶形菱花，华版和障水板上饰缠枝卷草花纹。正殿是高4.24米的庑殿式仿木琉璃建筑，阑额上饰朵花纹、菱形纹彩色箍头，正脊上塑缠枝牡丹、莲花等。后殿与其他殿不同的是，脊饰自上而下分别为仙人、龙、凤、狮、垂兽。

墓室雕刻。墓内室之正中，是石案式祭台（或称供桌），多摆设祭器、祭品等，祭台后面是照壁，这些物品也普遍使用了装饰性石雕艺术形式。例如在僖王墓的中庭之内有红砂石香炉一个，上雕刻精美纹饰。正对大门中央有一红砂石宝座，靠背正中

图 11-29　明代墓室人物雕刻

---

① 参见成都市文物考古研究所等：《成都明代蜀僖王陵发掘报告》，《文物》2002年第4期。

雕刻高浮雕的云龙纹，庄严堂皇。后殿照壁底座为石质须弥座，高0.8米，束腰两端刻卷草纹。照壁四周用花朵纹琉璃砖砌成边框，照壁中央镶嵌铀陶雕塑，为鎏金的云纹和二龙戏珠图案。后殿棺前石供桌上，有一红砂石香炉，整个香炉口径54厘米，通高61.2厘米。两条布满鳞甲的龙盘绕于炉口，翘首为耳，双兽为足，伫立其下，炉口呈回纹图案，炉身布满云纹。整个花纹疏密有致，形象栩栩如生，堪称石雕精品。

图11-30　成都十陵明蜀王陵中昭王陵地宫石雕

（四）陶俑雕塑

我国自古以来，就有用陶、瓷器物作为随葬品放置在墓室中的习俗。这些随葬的陶、瓷器物，种类繁多，大小各异，既有人物俑，也有动物俑、神怪俑，以及其他生活器物俑。在元明时期，尤其是在明代成都地区出土的墓葬中，发现了一大批陶、瓷人物俑，堪称明代墓葬出土器物中的一大亮点。这既是明代陶瓷制作技术水平的体现（详本章科技部分），同时也是明代雕塑艺术成就的展示。

元代陶俑。近年来在四川出土的元墓数量极少，存世的元代文物更属罕见。1957年，在成都市东郊保和乡赖家店发现的五座元墓中，出土了一批元代陶俑，堪称珍贵。这批陶俑中，有人物俑21件，禽兽俑7件。禽兽俑多为鸡、狗、马、龙，其风格表现出上承宋代的特点，与四川以往出土的南宋彩釉兽俑大同小异。人物俑多为泥质红胎，器表往往饰白色，加施黄、绿、赭、褐色为主体的三彩釉或四彩釉。有的俑全身黑褐，陶质较坚，火候较高，同样表现出宋—明的过渡时期的陶制品特征。而人物俑的形象则显示了强烈的元代民族特征及较浓郁的历史时代感。例如，武士俑，身高24～36厘米不等，多戴盔着袍，披挂甲胄，双手拱合于胸前执掌兵器或仪仗器。文官俑，全身黑釉，火候较高。文官穿圆领、大袖长衫。一俑头上做幞头，幞角张开，双手拱合胸前，抱笏。另有男女侍者俑多个，男侍者俑造型有别，服饰不一，多为三彩釉。其中有4个男侍者俑，皆着三彩釉，头戴小圆帽，身穿无领小袖长衫，腰系宽带，

第十一章 元明时期四川的文化

足着半筒黑靴。此四俑当为蒙古族仆人,个个体态肥胖壮实,具有典型的蒙古族特征。此外,还有一件牵马俑,人和马通高17.8厘米,着三彩釉,造型特征更加鲜明生动。马尾打髻,马背置鞍,身体较短,肥壮结实。牵马人系一蒙古族男性形象,其体态、面型和服饰与上述

图11-31 成都温江元代陶俑

侍者俑相同,区别仅在于手不执物,而是立于马侧,做牵缰之状。能在二三十厘米的陶俑上塑造具有如此鲜明蒙古族体态面目的形象,在当时十分难得,显示了工匠们精湛的艺术水平[①]。

明代人物陶俑是明代墓葬中最常见的随葬器物。近年来,在成都亲王、王妃以及宦官墓中出土的随葬器物中,清理出大量的陶瓷人物俑,其数量之多,种类之全,堪称罕见。其主要特点是:

数量巨大。在朱明王室成员墓葬中,以成都凤凰山朱悦燫墓和十陵镇蜀僖

图11-32 成都十陵明蜀王陵展室中陶俑

王陵出土的陶俑数量最多。据发掘报告称,在朱悦燫墓中,出土了500余件各种类型的陶俑。这些陶俑位置没有被破坏,主要集中排列在正庭、中庭左右两厢,分几排排列,犹如一个庞大的军团,气势非凡。僖王陵因遭盗墓者洗劫,器物位置不明,总计出土各种人物陶俑425件。在1998年12月于成都锦江区琉璃乡出土的明蜀定王次妃王氏墓中,有各类人物陶俑

---

① 参见史占扬:《成都出土元代陶俑》,《成都文物》1988年第1期。

· 448 ·

280多件①。在成都红牌楼发现的数座明代石室墓葬中，出土各种人物陶俑76件。

种类繁多。这些陶俑就类型，按其身份和服饰的不同，大体可以分为：武士俑、仪仗俑、乐俑、文官俑、侍俑、骑马俑。(1) 武士俑。一般在20~58厘米左右，最高在80~90厘米之间；在红牌楼发现的数座明代石室墓葬中，有一武士俑，通高达92.5厘米，座高9.9厘米。武士俑头戴兜鍪，身着铠甲，肩披巾，腰挎刀，腿露战袍，足着靴，左跨弓囊，右挎箭袋，手持兵器（兵器种类有长矛、盾牌、板斧、方天画戟等）。(2) 仪仗俑。一般在20~30厘米之间，头戴高冠或小皮帽，身穿圆领窄袖衫，腰系带，足着靴，手执武器、乐器（笛、鼓、箫、笙、琴瑟、拍板等）、仪仗（锽氅、戈氅、戟氅、仪刀、班剑、立瓜、卧瓜、骨朵、金钺、金镫、稍等）。(3) 乐俑。一般高31厘米，以击鼓俑为例，头戴黑色金鹅帽，身穿盘领窄袖黄褐色长衫，腰系丝带，两手执各种乐器。(4) 文官俑。一般高20厘米左右，头戴高冠，身穿圆领窄袖长袍，腰束带，足着靴，拱手站立。(5) 侍俑。一般高20厘米左右，男俑头戴幞头，穿黑袍；女俑头顶作鬟髻，身穿褐色右衽紧袖交领衣，下着绿裙，裙下露尖状鞋头；侍俑双手捧物站立。(6) 骑马俑。在红牌楼发现的数座明代石室墓葬中，有骑马俑29件。其中M5：41，骑马者头戴青黄色尖顶宽沿笠帽，身着圆领窄袖长衫，外套无领窄袖夹衣，足着靴。右手紧握一铃状物置于右肩上，左臂半曲置于身体左侧，手呈半握状，似有一物。骑马者面部丰满、细眉、短须、黑发，两眼平视，端坐于高头大马之上。骑马者长衫施蓝釉，马鞍施紫色釉，马施黄色釉。通高42厘米，座高3.2厘米。

图 11-33　朱悦燫墓文官俑

---

① 参见成都市文物考古研究所：《明蜀定王次妃王氏墓》，《成都考古发现（1999年）》，科学出版社2001年版。

第十一章 元明时期四川的文化

制作精美。明代陶俑，分为陶俑和彩俑两种：陶俑均为细泥模制，烧成后表面施以彩色，面部涂有金粉；陶俑面像略显呆滞，姿态动作并不生动。彩俑为高岭土烧制，琉璃胎，外加以彩釉，釉色有黑、绿、黄三种；彩陶造型生动，面像丰满，体态优美，色泽艳丽，制作精美。

据研究，这批陶俑的出土，不但为研究明代的陵墓、衣冠制度等增添了新的内容，而且揭示了元明之际雕刻艺术的发展情况。其中仪仗俑群，其所穿的服色、所执的仪仗，都与当时的亲王仪仗制度相合。盘领窄袖衫，或黑色或褐色，但都是

图 11-34 朱悦㷾墓武将俑

一色衣，这正是当时执仪仗的校尉所穿的元代的只孙衣（百官及宿卫士所穿的官服）。至于六瓣小帽，又是明代初年新出现的服饰。它们都是明初衣冠制度的形象再现，是一批很重要的艺术史资料[①]。

四、碑志

碑志，即镌刻于碑石上的文字，它是在我国浩瀚的文物宝库中具有历史、美学和考古研究价值的一种艺术形式。元明时期四川境内发现了许多石刻碑志，它不仅具有重要的史料价值，同时具有重要的艺术价值。

据四川省文物管理局编《四川文物志·石刻碑志卷》记载，自从树碑刻石之风大行，除墓表石阙、崖墓题刻之外，举凡朝廷诏敕官府禁令、贤烈表彰、寺观创修、造像铭记、经典刻石、文教敷扬、交通路桥，以至文士游览山川之诗文留题，显贵及凡庶之家的埋冢志铭，无不见诸刻石，林林总总，遂成显学。在我省存世的碑刻中，以墓志碑石最为突出。收入《四川文物志·石刻碑志卷》中的墓志铭多达 60 通，约占全卷石刻文字的五分之一。而其中的明代墓志铭就

---

① 参见《成都凤凰山明墓》，《考古》1978 年第 5 期；《成都明代蜀僖王陵发掘报告》，《文物》2002 年第 4 期。

有18通之多,即占60通墓志铭的30%。元明时期四川碑志石刻不仅数量多,而且种类繁、价值高、内容丰富、形式多样、特点鲜明,现撮要介绍如下:

(一)少数民族文字石刻集中展现

四川是一个多民族的大省,元朝是我国第一个入主全国的少数民族政权。随着元王朝的统治深入西南少数民族地区,蒙古、回族与西南诸少数民族的交往日益频繁,因而留下的少数民族文字石刻比以往任何朝代既多且集中。例如现藏于四川省博物馆的"成都市元代八思巴蒙文圣旨残碑",就是元朝忽必烈时期使用由"国师"八思巴创制的蒙古新字发布的一通圣旨。该碑为免除青羊宫赋税,禁止侵占而立,内容千篇一律,了无新意;但它一面为"八思巴文",一面为汉文,却显得格外珍贵。"八思巴文"是古代的"国际音标"和"世界语"。通过成都的这块圣旨残碑,可以用它来考求元代汉字声韵,或用以研究蒙文古字的古读①。又如在西昌市城西"月鲁城"发现的《圣容赞》阿拉伯文碑,系早期的回族文物,对研究西昌地区的回族以及伊斯兰教在四川的传播都是比较珍贵的②。西昌市西郊乡发现的梵文碑,系汉、梵合文,佛像、经咒并存,墓主为白族,该碑出土对于研究元明时期凉山地区民族、民俗、宗教历史具有一定参考价值。此外,还有推断为明代的"普格县分母石古彝文"碑,系用线条阴刻有侧卧的女性人像一躯,在人像一侧的大石上,阴刻有古彝文十数行,仅能辨认7字,汉语意译为"妈妈的英雄儿子也",可见其为亡人追悼作帛时所刻写的。现藏于凉山彝族自治州博物馆的"木里县纳西族象形文字石刻",在白色玉石上阴刻有16个象形文字。纳

图11-35 西昌月鲁城阿拉伯文碑

---

① 参见韩儒林:《成都蒙文圣旨碑考释》,载《韩儒林文集》,江苏古籍出版社1990年版。
② 参见陈世松:《元代礼拜寺文物——西昌三坡阿拉伯文碑考释》,《宁夏社会科学》1992年第5期。

西族的象形文字,俗称东巴文字。石刻内容翻译为汉语为:"神座、冠珠、如意结、金顶、宝塔、宝伞、海螺、鱼、花、祭水壶。"这些就是纳西东巴的"八宝"。据目前已知的资料,关于纳西族象形文字的石刻,仅发现两件,一件在云南丽江地区,一件在四川木里县,其价值之珍贵由此可想而知①。

(二)名人文章书法镌刻佳作荟萃

自古以来人们在品评石刻碑志价值时,对那些文章、书法、镌刻都极精湛的碑刻,素有所谓"三绝碑"的说法。由名人撰写、名人丹书、名人镌刻的"三绝碑",代表石刻碑志的最高水平。元明时期四川在这方面也不乏佳作。例如现竖立在三台县琴泉寺的"赵府君墓碑"就堪称存留在四川的一块元代"三绝碑"。该墓碑系元朝云南路肃政联访使赵成庆于元统乙亥(1335)为其父母合葬所立的神道碑。赵成庆历经仁宗、泰定帝、文宗、顺帝四朝,遍居中外台、省要职,为官清正,激浊扬清,令官吏畏服,不愧是元代言官中一位有影响、有地位的重要人物。正因为有这一身份和地位,故该墓碑的碑文、书法、

图11-36 三台"赵府君墓碑"

镌刻皆出自当时的名人之手。其中碑文由著名理学家吴澄撰写,著名书法家吴炳书写,著名书法家郭贯篆额。据了解,吴炳,汴(今河南开封)人,工篆隶,所书传世仅《淮源庙碑》一方,此碑是新发现的吴炳的又一代表性书作。郭贯,保定人。陶宗仪《书史会要》称其"工于篆书",但所作已失传,此碑系由他

---

① 以上古彝文石刻、东巴文石刻详见四川省文物管理局编《四川文物志》,巴蜀书社2005年版,第397页、第402页。

"篆额",因而弥足珍贵①。在明代,剑阁县出土的"赵公墓志铭"也堪称类似的佳作。墓主赵炳然曾任兵部尚书、加太子少保、资政大夫,卒于隆庆三年(1567),由于他生前地位显赫,故去世后墓志铭皆为当时名人所作。墓碑志撰文为嘉靖进士、官至礼部尚书、文渊阁大学士的内江人赵贞吉,篆盖为嘉靖进士、官至礼部尚书、文渊阁大学士的南充人陈以勤。他们二人均系四川人,对赵炳然生平当有所了解。书写为林泾,事迹不详,仅知其为内阁中书。

(三)特色碑志形式多样异彩纷呈

这一时期四川石刻碑志不仅数量多,而且内容丰富、异彩纷呈、无奇不有。例如明代石刻碑志既有墓志铭、买地券,也有诗碑、题记碑;既有圣旨碑,也有告谕碑、祭谕碑;既有

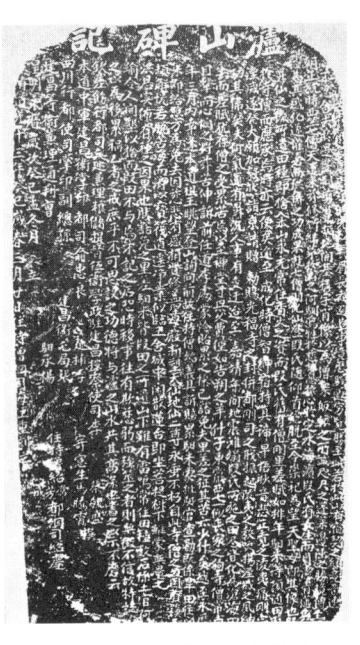

图 11—37　西昌泸山地震碑记
(凉山州博物馆提供)

画像碑,也有摩崖石刻。有些碑刻作品因其内容独特而备受后世关注,随着时间的推移,其价值和魅力仍不会衰减消失。例如原嵌于西昌川兴镇新民村三组的土地庙旧址内的《重修庙记》碑,碑文记载了在"嘉靖丙申(嘉靖十五年,1536年)地震"中,"斯庙倾颓",尔后重新集资修复的过程。立碑时间为嘉靖丁巳(三十六年,1557年)夏,亦即该庙重修竣工之日。川兴镇地处邛海东岸,是这次强震的震中所在。此碑的记载,为确定此次强震的震中范围、裂度和当地受损情况等提供了第一手资料。因此,该碑即成为反映西昌明嘉靖十五年(1536)地震的三通碑刻之一,现陈列于泸山"西昌地震碑林"之中②。又如位于盐源县禄马堡平川铁矿电站对面南山上的"润盐古道"摩崖石刻,题刻者为嘉靖时的山阴进士朱簠。此石刻为阴刻,楷书中略带行书笔意,横排左行,字高40厘米,宽30厘米。平川镇南北二山夹峙,中有一条自西向东流的小溪,

---

①　参见陈世松:《赵成庆其人与三台元碑的史料价值》,《四川文物》1995年第4期;方晓:《三台发现元赵垠祖墓碑》,《四川文物》1994年第1期;四川省文物管理局编《四川文物志》上册,巴蜀书社2005年版,第345~347页。

②　四川省文物管理局编《四川文物志》上册,巴蜀书社2005年版,第384页。

第十一章 元明时期四川的文化

是古代"南方丝绸之路"西昌至云南丽江的必经之地,且因其地傍雅砻江天堑,历来为兵家必争的重镇。在崖刻下方约5米处,仍有明代修筑的古道遗迹,此摩崖石刻的保留,为再现通往南亚的这一古老的国际商道提供了文物实证①。

五、工艺

(一)川扇

川扇是享誉中外的手工艺品。据明人说,宋元以前,中国未有折扇之制。元初由东南夷传入,至明永乐初开始有人使用②。明朝把折扇称为"聚骨扇",一名"折叠扇",一名"聚头扇"。据记载,明"宫中所用,又有以纸绢叠成折扇,张之如满月,下有短柄,居扇之半,有机敛之,用牡笋管定,阔仅寸许,长尺余,宫娃及内臣以囊盛而佩之,意东坡所见此者耳"。这种聚骨扇,除产自吴中外,"惟川扇称佳"③。

川扇作为四川向朝廷进贡的珍贵贡品,有一个过程。最初,蜀贡本无扇柄,后来有一"镇守内臣"偶一敬献,遂设为定额,并责之地方年年以此进贡。据记载,四川布政司每年须进贡这种折扇11540柄。至嘉靖三十年(1551),由于"赏赐所需",每年再加造2100柄。至嘉靖四十三年(1564),"又加造小式细巧八百"。在四川进贡的折扇中,又以"蜀王所贡"最为"精工","其数亦以千计"。皇帝在午节,照例以川扇赏赐"阁部大臣及讲筵词臣",至于"他官所得,仅竹扇之下者耳"④。

由四川所进贡的川扇,精美典雅,品种甚多,"其华灿则宜艳女",至于绘有"正龙、侧龙、百龙、百鹿、百鸟之属",则更为宫廷所尚,若流入民间,"尤贵重可宝"⑤。据清人谈迁引录明内廷文书房所传的一道圣旨可以知道,在乙未年(嘉靖十四年或万历二十三年)这一年中,四川按照常例进贡33种扇柄,"俱金钉铰彩画面浑贴雕边骨"。每种加造的扇柄,亦须"如法精致赤金造进"。这33种扇柄的花样、图画、数量皆有明确的规定,如龙凤扇810柄,寿

---

① 四川省文物管理局编《四川文物志》上册,巴蜀书社2005年版,第400页。
② 陈霆:《两山墨谈》卷18。
③ **沈德符**:《敝帚轩剩语补遗·折扇》、《万历野获编》卷26《四川贡扇》。
④ **沈德符**:《万历野获编》卷26《四川贡扇》。
⑤ **沈德符**:《万历野获编》卷26《四川贡扇》。

比南山福如东海扇 15 柄，四阳捧寿福禄扇 15 柄，百子扇 15 柄，群仙捧寿扇 15 柄，松竹梅结寿福禄扇 15 柄，七夕银河会扇 15 柄，菊花兔儿扇 15 柄，天师降五毒扇 15 柄，四兽朝麒麟扇 15 柄，孔雀牡丹扇 15 柄，苍松皓月扇 15 柄，人物故事扇 15 柄，百鸟朝凤扇 15 柄，盘桃捧寿扇 15 柄等等①。

明人何宇度对于川扇的历史沿革、制作方法作了概略的记述："川扇不知起自何时，然李德裕有《画桐华凤扇赋》云：'未若绘兹禽于素扇，动凉风于罗荐'。则唐时此地已尝制之矣。竹本蜀所富有，第不甚坚厚。纸则出嘉州彭县，轻细柔薄，惟可制扇，是其来已非一日。欲不充贡得乎？"② 由此可见，川扇的历史悠久，起码可以上溯到唐朝。其制作方法就是用本地的竹和纸，先制成"素扇"，然后再用手工绘制花鸟而成。由于这种折扇在明朝非常珍贵，都充作贡品，向朝廷进贡去了，因此民间难得一见，一般人要想得到是十分不易的。

（二）铸铜工艺品

铸铜工艺品是冶炼铸造技术与工艺美术水平综合的产物。目前在四川各地均有明代铜铸制品的出土和发现，其品种和数量之繁多，令人瞩目。

现藏于四川大学博物馆的明代鎏金怖畏金刚铜像，通高 16.5 厘米，尺度比例规范、工艺精致、塑轮清晰、形象威严，是密宗造型中的典型佛像。现藏于四川大学博物馆的明代骑骡护法神铜像，通高 28.5 厘米，造型精美、铸工细密，堪称精品。

1987 年在大竹县东南 8.5 公里的川主乡出土了 143 件窖藏铜器，其中有铜爵 129 件，铜香炉 14 件。铜爵铭文有"弘治乙丑知大竹县事洮阳刘永成造"。据《大竹县志》载："刘永成，弘治中任，刚直果断，才足有为，建学宫，置义仓。"这批精美礼器的出土，证明刘永成在大竹尊崇孔子、弘扬儒学的业绩。这批铜器制作精良，花纹生动，说明当时大竹铸造技术之发达。

图 11-38　老子骑青牛像

---

① 谈迁：《枣林杂俎》知集《逸典·川扇》。
② 何宇度：《益部谈资》卷上。

此外，三台县收藏的传世明代鎏金老子骑青牛铜像，由老子和青牛两部分组成。铜像通高35.5厘米，造型庄重，动中有静，静中见动，极富感染力，既是一件道教神物，又是一件珍贵的艺术品。三台县收藏的明代刘海戏蟾铜薰炉两件，造型风格各异，设计合理，铸造精良，生动活泼的形象表现出工匠高超的技术、丰富的想象力。乐池县、简阳市出土的明代宣德、崇祯鎏金薰炉，造型精巧，纹饰生动，工艺精湛，在明代铸炉工艺中亦属上乘佳品①。

（三）佩饰工艺品

在明代四川工艺品制作中，人们日常生活所需的头饰、佩饰、首饰等佩饰工艺制品最为普通和常见。除了传世的明代遗珍藏品外，在明代墓葬中都偶尔有所发现。但是由于明代王公贵族的墓葬多遭盗墓，保存下来的佩饰工艺品也只是凤毛麟角，难窥全豹。1979年8月在剑阁县城北卧龙山麓发现明兵部尚书赵炳然夫妇合葬墓一座，由于墓棺保存完好，墓主骨架保存完整，头发尚存，因此全身金银工艺饰品完好无损。在随葬的金银饰品中，有出自头部的帽饰九件，为八仙和寿星，用薄金片制成，均高28厘米，做工精细，形象生动；有用薄金片制成的金鹤、金牛饰件各一；镀金银笄各二，图案分别为缠枝莲花和芙蓉花；有镀金金银凤钗两件，凤高5厘米，脚高12.8厘米，脚呈扁圆形，冠嵌宝石，凤呈飞翔状，两翼翘起，中间夹一蝴蝶；有镀金银发簪四对，簪头分别呈伞状、牡丹、绣

图11-39　平武出土明代人物金发饰

球；有银笄一件，呈六菱形。其他饰品还有：镀金银戒指八件，有的镶嵌宝石，花纹图案有狮子、梅花、菊花；金耳坠两对，下部为葫芦，葫芦上镶嵌有宝石。此外还出土了衣服上的衣扣花饰若干，其花纹有金蝴蝶图案、镀金菊花图案、银三叶纹图案、银梅花图案等②。以上这些工艺饰品的出土，为研究明代服饰以及工艺美术水平提供了文物实证，弥足珍贵。

---

① 《四川文物志》下册，巴蜀书社2005年版。
② 四川省博物馆、剑阁县文化馆：《明兵部尚书赵炳然夫妇合葬墓》，《文物》1982年第2期。

六、戏剧

（一）川剧

元代是我国戏曲的鼎盛时期，明代是我国四大剧种之一的川剧的诞生时期。早在唐代和宋代，四川的杂剧艺术就闻名全国，十分活跃。正当我国戏剧发展到高峰时，元代的四川戏曲艺术却戛然而止，莫名其妙地出现了不应有的空白。这不能不说是一个十分反常的现象，也是元代四川待解的一个历史之谜。个中原因，可从元代统治四川时间短暂，只存在了80多年；境内人口稀少，经济残破，缺乏内在的戏曲市场需求；许多文化精英在宋末逃难到了东南地区，到元代很少返回四川，以至本土文化不兴；士子待遇低下，缺少杂剧创作人才等等原因去分析。不过，在这块盛产戏曲艺术的沃土上，也还是可以发现一些元代戏曲艺术的蛛丝马迹。例如，元末明初人叶子奇在搜罗元末传闻时，录下了这样一段话："有鬼夜叫云……苦也苦，几时泥到成都府。盖古今未闻之异也。"①为什么把"苦"与成都府连在一起？"泥到成都府"之"泥"是什么意思？确实闻所未闻，有待破解。但其中那声"苦也苦"的"夜叫"，却是元杂剧的标准唱腔，在关汉卿的《窦娥冤》杂剧中，我们不是经常可以听见窦娥在喊冤时长叫"苦也苦""冤也冤"的招牌唱腔吗？由此推知，在元代的成都府，也未必没有类似于窦娥这样的人物出现在杂剧之中。

在明代，当北方杂剧逐渐衰落之际，宋元的南戏开始慢慢起死回生了。特别是到明代中后期，随着社会经济的恢复与发展，市民对于文化消费的需求逐渐增长，加以皇室宫廷

图11-40 元代壁画中的奏乐人形象（采自《中国古代服饰研究》）

---

① 叶子奇：《草木子》卷3《克谨篇》。

对于戏曲艺术的喜好,民间迎神赛社风俗的兴起,以及知识分子对于戏曲创作的参与,这种种因素都为戏剧艺术在四川的崛起创造了必要的条件。正是在这种背景下,"川剧"艺术应运而生了。

据专家考证①,"川戏"一词,目前所见,最早出自明代散曲家陈铎的《朝天子·川戏》的曲子中。从陈铎的这首带有嘲讽意味的"小令"曲子中,透露出明代的"川戏"上演的是丑角戏、玩笑戏一类的喜剧,民间生活气息很浓;演唱时已形成前台演员的唱腔一落,后台便来一个"强扭"的高八度帮腔的艺术特点;当时川戏的道白不是"韵语",而是比较灵活的"散语";川戏角色扮演者都"描眉补鬓",化了装的;重表演、重形体动作,唱腔唱段少而道白、散语多。此外,陈铎还在《北耍孩儿·嘲川戏》中透露出,当时川戏所演唱的剧目不是正宗的南戏和杂剧,而是改动了的古南戏和"不南不北乔杂剧"。新诞生的川戏虽然不合封建士大夫的口味,但在民间有很强的生命力。当时有由韩五儿和靳广儿率领的两个川戏戏班,不仅在四川各地上演,而且还率先冲出夔门,到江苏南京地区进行演出。戏班上演的戏目有:"改了头"的《刘文斌》,"换了尾"的《幸文秀》,"搀和着《崔君瑞》"的《刘电光》,以及《说骨牌名》《数生药名》《对花名》等等。这些剧目的语言通俗诙谐,唱词中经常出现打油诗,如:

图 11—41　保留至今的罗城街中古戏台

---

① 本子目参考邓运佳《中国川剧通史》(四川大学出版社 1993 年版)改写。

"江山一笼统,井上黑窟窿。黄狗身上白,白狗身上肿。"唱腔高亢多样,演唱中经常使用"重敷演一句话"的帮腔。广泛使用民间乐曲、乐器,"也弄些歪乐器……笙笛儿胡捏胡吹"。川剧班子演出前,还广泛张贴"戏报",用以扩大影响。正因为川剧具有深入下层社会的特点,因此深受民间大众的喜爱。陈铎嘲讽说,川剧在江苏南京演出时,"士大夫见了羞,村浊人见了喜,(正是)村里鼓儿村里擂。(这等人)专供市井歪衣饭,罕见官员大酒席"①。从这位习惯欣赏高雅艺术的散曲家的鄙视眼光中,人们见到了正在兴起阶段的"川剧"戏班在外省巡回演出时的艺术状态。

明代川剧戏班不仅在外省演出,而且更活跃在四川广大城乡。这从遍及全川的"戏台""戏楼""乐楼"等演出场所可以推知,川剧艺术在四川民间具有何等的艺术魅力。四川戏剧艺术不仅征服了广大民众的心,而且也深受王公贵族、士大夫的喜爱。据记载,明"洪武初,亲王之国,必以词曲一千七百本赐之"②。如此,朱椿入蜀自不例外。对于这位喜好文学的藩王来说,本地的戏剧自然是供其娱乐欣赏的主要项目之一。此外,蜀中士大夫组织家乐班进行戏曲创作和演出也成为一时的风气。其中,以杨廷和、杨慎、杨石、张岱等人最为知名。据一位现代戏曲艺术史家撰文说:"明代嘉靖朝做过宰辅的杨廷和,为四川新都人。致仕后,回到家乡,便自蓄家乐,以娱晚岁。惟演唱事不悉。"③ 由杨升庵创作撰写的《洞天元记》《太和记》《陶情乐府》《续陶情乐府》等,脍炙人口,盛行一时,曾被时人攻击为词曲多"川调",而不谐南北曲本腔。表明川戏影响了杨升庵的戏剧创作,杨升庵扩大了川剧的知名度。清初人钱谦益《列朝诗集小传·徐宗鲁传》记载,原本秦人的徐宗鲁,"承康、王之流风",即承继正德年间戏曲家康海、王九思的遗风,组织家乐班进行戏曲创作演出,终日"置酒赋诗,时作金元词曲,无夕不纵倡乐"。他还同时提到,关中的何栋、西蜀的杨石也都是这样的人物,"浸淫成俗",以至"熙朝乐事,至今士大夫犹艳称之"。由此证明,西蜀的杨石也组织家庭戏班演唱过川戏。剑阁人张岱更是一位戏迷,他在寓居浙江期间,"尝蓄梨园数部,日聚诸名士度曲征歌",崇祯七

---

① 见陈铎:《精订陈大声秋碧轩稿》,转引自邓运佳:《中国川剧通史》。
② 见李开先:《闲居集·张小山小令后序》。
③ 见王芷章:《明杂剧的演唱和影响》,

第十一章 元明时期四川的文化

图 11—42 泸县明代戏剧石刻造像

年（1634）甚至还带着乐班到外地公演。张岱本人还在自己的著作《陶庵梦忆》中，记录了"调腔戏"、"北调"、"女戏"、"目连戏"及各种南曲戏文作品的演出情况，为中国戏曲史研究提供了珍贵的第一手资料。

（二）灯戏

灯戏是四川民间广泛流传的另一种艺术形式。陈铎在嘲讽川剧时，说川剧艺人在演唱时，常把"《花桑树》腔调攻习"。按《花桑树》本是民间迎神赛社活动中的演唱节目。关汉卿的元杂剧《刘夫人庆赏五侯宴》中，有净角（丑角）唱词说，我"祖传七辈都是庄家出身"，"秋收已罢，赛社迎神"，"会唱《花桑树》"，会舞《田家乐》。表明《花桑树》《田家乐》实为传统的民间的灯戏节目。既然陈铎在南京见到的川剧班上演了这样的节目，这证明灯戏早已在明代四川广泛流传了。嘉靖《阆中县志》描述了五月十五日的瘟祖会，该县上演灯戏的盛况："锣钹箫鼓，响遏云衢。演灯戏十日。每夜焚香如雾，火光不息。其所为灯山者，亦如上元时"[①]。由此可见，灯戏在明代已经深入偏僻山乡了。

图 11—43 南充市上演的川北灯戏"闹城隍"

---

① 嘉靖《阆中县志》卷30。

川北是四川灯戏的故乡。继承明代灯戏传统的川北灯戏，其音乐唱腔来源于川北民间小调、神歌、佛歌、嫁歌及庆坛中的唱腔和锣鼓。在发展过程中，还吸取了大量的民间表演艺术，如木偶、皮影、民间歌舞等，形成了特有的明快活泼、幽默夸张的表演风格，充满泥土芳香，具有较强的生命力，因而获得了"喜乐神"的美誉。

（三）皮影戏

四川皮影戏是另一种为广大民众喜好的戏剧形式，俗称为"灯影戏""灯影儿""皮灯影儿"。这是一种借灯取影在影幕上表演戏剧故事的民间戏曲艺术。四川本土原有皮影，起源已不可考。至迟在明末清初，四川原有的皮影同外来的皮影经过交流融合，已臻成熟，并逐渐形成新型的皮影戏，流传至今，享誉中外[①]。四川皮影戏之所以在四川民间广为流传，还和它自身的特点

图11-44 四川皮影

分不开：一是设计精美，人们汲取了蜀锦、刺绣、蓝印花布、四川年画等民间工艺美术的艺术成就，对人物、景色进行雕刻设计，使形象栩栩如生，鲜艳明快，富有感染力和地方风味；二是内容多为广大人民群众喜闻乐见的民间故事；三是演唱时间多在一年四季的重要节日；四是演出方便。演皮影戏，不需阔绰的戏台、讲究的戏堂，在农村，搭个棚台就可以演，广场上摆上长凳就可以看，很适宜在广大农村巡回演出。

（四）藏戏

藏戏是一种比较古老的剧种。藏戏，藏语是"阿吉拉姆"，意为"仙女阿姐"，演戏的人就叫"拉姆娃"。据传，14世纪时，有一个名叫汤东杰布的噶举派僧人，为了筹集架桥的资金，由他发起邀请一户人家的七兄妹组成歌舞演出团体，到西藏各地演出节目，把民间艺术引入跳神仪式，用来表演民间或佛经故事，形成载歌载舞的戏剧形式，藏戏由此而形成。汤东杰布因此被认为是藏

---

① 见江玉祥：《中国影戏》，四川人民出版社1991年版。

第十一章 元明时期四川的文化

戏的祖师。到了17世纪，藏戏的表演开始从宗教跳神仪式中分离开来，成立了职业性剧团①。藏戏形成后，先后流入川、滇、甘、青藏区，备受藏族人民欢迎。17世纪中叶，西藏降嘎冉、回巴等藏戏流派相继传入藏区，推动了四川藏戏的产生和发展。

四川藏戏有德格藏戏（流布于甘孜州德格县）、安多藏戏（流布于甘孜州色达县和阿坝州阿坝、红原、若尔盖、壤塘等县）、康巴藏戏（流布于康巴方言区的甘孜、巴塘、理塘、康定、道孚等县）和嘉绒藏戏（流布于嘉绒方言区）等流派。同一流派内，因地域不同，也形成了不同的艺术风格。早期四川藏戏属于寺庙活动，充满佛事仪式内容，后随着时代发展，陆续由寺庙走向民间，但其宗教色彩仍然十分强烈。藏传佛教对于藏戏的影响甚深，不仅体现在演出仪式上，而且在演出时间上，也大都安排在宗教节日或大的宗教活动之后；另从四川藏戏演出的传统剧目看，许多也直接取材于佛经故事，或者与宗教、神话密切联系②。

第六节 科 技

一、农业技术

农书是农业生产技术的科学总结，自唐代全部散失，前代农书仅存留下一部月令式的《四时纂要》，历经宋代，只存留下一部陈旉的《农书》。到了元代，编写农书蔚然成风，一下子出现了三部农书。《元史》卷170《畅师文传》载：畅师文曾于至元二十三年（1286），在监察御史任上，"上所纂《农桑辑要》书"。而他在上书之前的8年间，曾历任东川行枢密院都事、四川北道宣慰司经历、潼川路治中、同知保宁路事、佥西蜀四川道提刑按察司事等职。他在四川的这些任职经历，对于其整理编纂《农桑辑要》一书有何帮助，已无所考。但是，这位长期在四川做官的畅师文，作为元代著名农书——《农桑辑要》的作

---

① 马学良等主编：《藏族文学史》（下），四川民族出版社1994年修订本，第612~613页。
② 参见四川省民族事务委员会编：《四川藏戏》，四川民族出版社1990年版，第8页；杨健吾：《藏传佛教与四川藏族的民俗文化活动》，《西藏艺术研究》1999年第1期。

者之一，则已被载入史册，并得到肯定。

在明代，随着一些新的农作物品种的传入，使农业耕作技术在更新的领域得到运用。如经济作物棉花从明代开始在四川地区普遍推广，每年收获一定产量。在这一过程中，人们的种棉技术有了很大的提高。例如，万历《潼川县志》卷8《食货志》载："凡广湿坪岭，俱可种棉。秋稼毕时，隙民乃入，男妇夜绩纺登机。"男子也从事棉纺，可见种棉之广，产棉之多。只可惜有关这方面经验与技术的记载缺乏，使我们无从了解更多的情况。

杨慎一生博通群书，又坚持深入实际，致力于对农业生产技术、动植物、医药等知识的研究。如经他观察记录："霜降前一日见霜，则知清明前一日霜止；霜降后一日见霜，则知清明后一日霜止。五日十日而往，前后同占。欲出秧苗，必待霜止。每岁推验，若合符节。"① 这一记录，对于插秧农事与节候规律的把握有直接的帮助。杨慎长期流寓云南，使他有机会在这个素有"植物王国"之称的地方，见识和考证许多前人和书中所未解决的难题。经他记录下来的一些植物如葵菜、苦菜，就是例子。葵菜和苦菜是古代诗文中参见的植物，但后人徒知其名，往往不知实物是什么。杨慎通过对葵菜名称、特征、功用等的考证，指出葵菜种类繁多，共有15种，其中有的可作菜，有的可以作药物，有的可作染料，有的是苔，有的是花，有的是木，种类不同，用途各异。杨慎还考证出，苦菜古名荼、荼草，又名吴葵、游冬，俗名鹅儿菜、野苦菜；生长期自秋经冬历春乃成，形成叶似苦苣笋而细，花黄似菊；味甜，可以食用，亦可医用治手肿②。凡此种种记录，增加了人们的科学技术知识积累，为发掘利用它们的各种实用价值提供了参考资料。

二、凿井技术

明代四川盐业的凿井、汲卤、熬盐等技术大抵沿袭前代。凿井最难。明人何宇度《益部谈资》说："盐井各州邑多有之，大小不一，深可数十丈，上孔仅盃盃大。用竹作长筒，垂下取水而煎晒，即成盐。"③ 明人宋应星《天工开物》

---

① 杨慎：《升庵外集》卷11《出秧》。
② 丰家骅：《杨慎评传》，第336~337页。
③ 何宇度：《益部谈资》卷上。

载，四川盐井周围不过数寸，深必十丈以外才能伸入盐层，故造井功费甚难。凿井，"其器冶铁锥，如碓嘴形，其尖使极刚利，向石山舂凿成孔。其身破竹缠绳，夹悬此碓。每舂深入数尺，则又以竹接其身，使引而长……所舂石成粉碎，随以长竹接引，悬铁盏挖之而上。大抵深者半载，浅者月余，乃得一井成就"。其提汲盐卤，用竹筒制成唧筒，"井上悬桔槔、辘轳诸具，制盘驾牛。牛曳盘转，辘轳绞绁（粗绳），汲水而上，入于釜中煎炼，顷刻结盐，色成至白"①。明代四川盐井"有凿至五六十丈而淡出，百丈而盐出"者②，如此深井，凿井和提汲盐卤均是不容易的。深井技术比前代有所提高。盐井，多数较小，深不过十余丈，大如竹，但可容竹，故称为竹筒井、卓筒井，以竹筒插入提取盐卤，于是人们有此称谓。

清人顾炎武引射洪人士马骥所撰《盐井图说》称，四川的盐井开采技术历史悠久，"先世"即明代的采井技术，一般是在具有专业知识的"井匠"的指导下操作完成的。其具体过程和技术要点是：先由"匠氏相井地"，一般选择"两河夹岸、山形险急、得沙势处"，再"鸠工立石圈"凿井。凿井"分大小窍"，"大窍"以大铁钎主之，小窍以小铁钎主之。"大钎"使用的"钎头扁竟七寸，有轮锋，利穿凿"。凿井时，"匠氏掌钎篦，坐井口旁，周遭圜转，令其窍圆直"。初凿时，还要不时灌水，"及二三丈许，泉蒙四出……俱为泥水"。这时，每凿一二尺，匠氏命起一次钎，再用筒竹一根，长约丈许，通节，"以绳系其梢，筒末为皮钱，掩其底"。到打出泥水时，匠氏"揉绳伸缩"，再用皮㪻注水，溢满搅出，直到泥水渐尽，又才下钎开凿。周而复始，不断疏凿，"不计功程力，大较至二三十丈许，见红石岩口，大窍告成矣"。然后，把大钎头去掉，"用钎梢凿小窍"，其法如大窍。再"凿至二十丈，中见白沙数丈"，就开始出"咸水"，"名曰腰脉水"，这表明"去咸水不远"了。继续往下凿，"咸水渊涓自现也"。这时的水，有"广水"，"昼夜力汲不竭，然味近淡；有"咸水"，"昼夜计有数，然味亦不齐"。"有一担而煮盐五六斤者，有八九斤至十二三斤者"。这以后的工序，就是汲咸水、烧煮为盐了③。这一过程再次印证了四川井盐开

---

① 宋应星：《天工开物》卷 5《井盐》。
② 谈迁：《枣林杂俎》中集。
③ 顾炎武：《天下郡国利病书·四川》。

采技术的艰难程度。

三、陶瓷技术

我国制瓷工业发展到明代，进入了以彩瓷为主的黄金时期。五彩瓷器，主要是指釉上彩器，是我国陶瓷装饰艺术中的一枝奇葩。它具有装饰性强、造型朴拙浑厚、色彩鲜明透彻、对比强烈、线条刚劲有力等特点。嘉靖、万历的五彩瓷主要有两类：一类是以红、绿、黄为主的纯粹釉上彩；一类是以青花作为色彩与釉上多种彩相结合的青花五彩瓷器①。四川的三色彩釉瓷器，主要是由成都琉璃厂窑所生产的。

图11—45　成都双楠小区出土的瓷香炉

成都琉璃厂窑在成都市东门外东南十里的琉璃场，窑址地处平原。琉璃厂窑创烧于中唐，主要烧制民间日用陶器，同时又烧造殉葬用的琉璃冥器。在五代时，琉璃厂窑就能烧制很精致的琉璃冥器。北宋时琉璃厂窑仍以大量烧制日用陶器为主。南宋时期，琉璃厂窑已发展为专烧高温琉璃的"宋三彩"器，作为冥器仍为低温器。到了明代琉璃厂窑发展为专门生产琉璃瓷器的工厂。1955年1月，在成都外西瘟祖庙清理了一座明嘉靖二十一年（1542）太监丁祥墓，据墓志载："至正德初，侍于今上，尤重其能，屡命于琉璃厂董督陶冶，建诸瓴甓。"② 1970年成都凤凰山明朱悦燫墓出土的装饰华丽的地下宫殿，其中就有由琉璃厂窑所烧造的琉璃瓴甓。由此证明到了明代，琉璃

图11—46　平武出土的明代彩瓷坛

---

① 参见李小林：《五彩瓷器刍议》，《成都文物》1991年第1期。
② 林坤雪：《四川华阳县琉璃厂调查记》，《文物参考资料》1956年第9期。

厂已经成为一家烧造官用琉璃瓷器的官办厂，不再为民间烧造瓷器了。该厂所在地从明初也就名之曰"琉璃厂"。

朱悦燫墓的墓内结构系模拟地面王府规格建造，大门象征王城正门，二门代表王府宫殿正门，正庭左右两厢象征王府正殿两庑的左右二殿，中庭两庑亦有左右二殿。由此可以推知，当年蜀王府的建筑亦使用了大批琉璃厂厂窑所烧制的琉璃制品①。另由朱悦燫墓出土的地下宫殿建筑的墓室和500多件各类琉璃瓷俑、模型及其象辂（即舆车）分析，这些琉璃瓷胎灰白色，烧成温度在1200度以上，完全瓷化，敲之有金属声，吸水性微弱，釉面为绿、黄、褐、黑琉璃釉，为一次烧成，至今尚无剥蚀，这是琉璃厂窑在明初变为官办厂窑后最大的技术改革，即由紫褐色胎一跃而改为灰白色的瓷胎。过去琉璃厂的釉色以琉璃绿色为主，间以黄、褐二色，或以单色成器，而釉上绿、黄、褐三色器，即所谓的"宋三彩"。在明代又出现了黑色和蓝彩，再加上涂朱、上漆和涂金等，彩釉就更加多变了。琉璃厂成为官办厂窑后，就专为蜀王府、寺庙、陵墓烧造专用的琉璃建材和琉璃器以及日用器，其胎、釉、造型、制作和焙烧技术，均已达到上乘，一跃而为琉璃厂窑产品的黄金时代。可惜明代以后，在清代就停烧了②。

四、医药技术

明承元制规定，在地方政府官署中设立惠民药局，配置医学官员。从明代四川的地方志上可以看到，四川省是普遍贯彻了这一制度的。不仅在四川首府设有惠民药局（在成都府治前），而且在偏远的马湖府也设有医学官员与和济局。例如，夔州府的惠民药局，设在府西中街税课司之左，由郡守吴潜改名，并为之"新立牌匾"③。连偏僻的云阳县也设有"医学训科"④。完善的医学管理机构的设立，有利于医学的发展，使得蜀医代不乏人。

在明代蜀医中，以弘治、成化时泸州人韩懋的影响较大。据《四川省医药卫生志》记载，韩懋少弃儒学，留心医学，又得峨眉山高人陈斗南等数名医师

---

① 史占扬：《成都琉璃厂窑诸问题之刍议》，《成都文物》1987年第2期。
② 魏达议：《成都琉璃场琉璃厂窑》，《成都文物》1989年第2期。
③ 正德《夔州府志》卷5。
④ 嘉靖《云阳县志》卷下。

秘传，云游四方，以其精湛艺术而名满天下。曾著《方外奇方》，又著《杨梅疮论治方》一卷，为文献所载治梅毒的最早专书，惜已失传。今传世者为韩懋所著《韩氏医通》，共二卷。书中发展了西汉医学家淳于意的医案程式，具体指出四诊对病症鉴定的重要性，还记载了不少效验药品制法，所论补法的运用有独到心得。明代蜀医以医学著述名世的还有：云阳人冷开泰著《天花谱史》三卷，今尚存明抄本；南充人罗仲光著《伤寒补古》和《活人奇方》；营山县人王宗诰著《针法要览》；彭水人李天成著《古今医方》四卷；内江县人高信著《医脉捷要》；新都人杨慎著《素问纠略》三卷、《何首乌传》一卷和《男女脉位图说》等[1]。

除此之外，明樵阳子著《绀珠经》《二难宝鉴》，朱国桢《涌幢小品》称其为蜀人。新繁人黄俅著《黄帝内经素问节文注释》二卷。阆中人童养学著《图注八十一难经定本》二卷、《伤寒六书纂要辨疑》[2]。赵琢，合州来苏里（今合川县太和、三庙区一带）人，约为明嘉靖、隆庆间人，精熟《内经》《难经》《伤寒论》等经典著作。临诊治病，效验卓优，医名远播川东、川北一带，常有不远千里前来求诊者，一时誉称神医。万历《合州志》称其为人"浑朴和厚，行已端方，且治人不责报，不亚于古之撄宁生也"。撄宁生为元代著名医学家滑寿晚年之号，是元代富有成就的医学大家，州志将赵琢与滑寿相提并论，足见对其医德医风的嘉许。万历《合州志》还记载他"著有《六经治要》《却疾延龄集》《伤寒法略》行于世"，惜后世未见流传，其名亦鲜为人知。

民国《绵阳县志》记载了这样一则故事，说是明末时，张献忠"至州，病痢索医"。在"已杀医数十"的情况下，有一个叫何三爷的绵州人被带去给张献忠治病，后用计脱逃。为躲避追踪，"乃入石泉坝坻堡（今北川县境）避之"。"时瘟痢大作，病者十不生一二"。何三爷与父"采药施救，全活甚众"[3]。根据"病者十不生一二"的情况推测，此处的"瘟痢"，可能就是鼠疫，而不是一般的"病痢"即痢疾。何三爷父子能"全活甚众"，说明其医术十分高明。

康巴地区为藏族集中居住的一个地区，历代以来，出现过不少对藏医药事

---

① 参见《四川省医药卫生志》第六篇第一章，四川科学技术出版社1991年版。
② 参见四川省文史馆：《巴蜀科技史研究》，四川大学出版社1995年版，第192~193页。
③ 民国《绵阳县志》卷10《杂异·杂识》。

业作出巨大贡献的医药学家。其中，有明代藏医药学派之一的直贡学派的创始人直贡曲扎及其继承人。直贡曲扎出生于藏历第十个饶迥的木羊年（1594），尽管其学术思想偏向南方的舒卡学派，但却颇有独立的见解，自成一派。后来在喇钦木（Ra-khyim）地方的藏医学校，其所用的教材即为直贡曲扎的著作，包括《四部医典释难注解》《珍宝例规》以及《论说医典单部问题答桑吉嘉措所问·消除疑难》等①。

第七节 建　筑

一、寺观建筑

元明时期是中国古代建筑走向成熟的阶段。这一时期的官式建筑趋于标准化和定型化。金元时期灵活处理空间和构件的做法不见了，代之以固定化的构架，大小、尺寸、比例都是绝对的房屋标准，因而元明以来的建筑大多呈现比较沉重、拘束但又稳重、严谨的风格②。

在元代建筑中，殿宇柱子排列灵活，与屋架不作对称联系，普遍采用减柱、移柱的做法，因而使得整个建筑总体造型比例匀称。梁架结构简练，显得非常明朗、古朴、实用。体现这一风格和特点的建筑，在四川境内比比皆是。

梓潼县七曲山大庙盘陀殿，殿建在石砌台基上，单檐歇山黄琉璃瓦屋顶，前檐下设门窗，余三面砌墙，与柱同高。殿内施内柱2根，四周檐柱10根。柱头排列，按纵横成行，惟两根后内柱和前檐明间两柱减去。殿总体造型比例匀称，梁架结构简练，斗拱实用古朴，是省内古建筑中比较完美的元代建筑。

芦山县青龙寺大殿，建于大元至正四年（1344）。大殿正面为四柱三开间，顶脊为歇山式九脊顶。四周檐柱共18根，内柱4根，现存斗拱21组。大殿正面斗拱共9组，为跳六铺作，柱头铺作尤为宏大，是比较典型的元代建筑斗拱特征。此殿四根角柱均呈内倾收为侧角，基本体现出《宋营造法式》风格。

----

① 蔡景峰：《藏医通史》，青海人民出版社2002年版，第177页。
② 本节凡未注明出处的，均依据四川省文物管理局编《四川文物志》中册改写。

此外，眉山市报恩寺大殿，始建于元泰定四年（1327）；阆中市五龙庙，重修于元至正三年（1343）；峨眉山市东岳庙飞来殿，重建于泰定四年（1327）；阆中县永安寺大殿，至顺四年（1333）修建。这些寺庙建筑，在梁架、檐柱、斗拱用材制作上，均体现元代的建筑风格，是四川省比较典型的元代建筑，对于研究元代建筑艺术提供了重要的实物例证。

在明代建筑中，官式成分十分突出。这集中体现在官式建筑十分强调中轴线和对称布局，贯穿森严的封建等级制，因而在同类建筑中呈现出千篇一律、刻板雷同的格调。在宗教建筑中，无论在中轴线对称布局、院的运用与空间变化，

图 11-47　梓潼七曲山大庙

还是殿宇的式样形制上，均可发现其大同小异之处。为了体现封建等级差别，这一时期的建筑往往通过形体尺度的对比色彩、彩画的装饰上的规定来区别尊卑贵贱。如在官式建筑中，屋顶型式以重檐庑殿、重檐歇山为尊；建筑开间数以九为最高间，以下依次为七、五、三间各级；色彩以黄为最尊，其下依次为：赤、绿、青、蓝、黑、灰①。

随着这一时期标准化、定型化规定的贯彻，包括彩画雕刻等建筑工艺被广泛地运用于立柱、屋瓦、门窗、须弥座、栏杆等各个建筑部位的装饰上，因而使得这一时期的建筑更加华丽多彩。加之四川有丰富的优质石料、木料可供使用，这就为这一时期的建筑师们设计创作建筑及装饰艺术提供了广阔的场所。因此，在这一时期，四川地区便不乏若干建筑艺术珍品问世。

---

① 见《中国建筑史》（第二版），中国建筑工业出版社1986年版，第65页。

平武县报恩寺，为明代镇守平武的土官佥事王玺于正统五年（1440）动工修建，竣工于天顺四年（1460），前后历时20年。位于城关龙安镇内，占地27800平方米，建筑面积3518平方米。坐西向东，中轴线上主体建筑次第升高，左右建筑相互对称。总体布局为前、中、后三进院落，四周绕以石砌围墙，形成一座布局严谨，装饰华丽，琉璃筒瓦，金碧辉煌，红墙环绕的古代建筑群。寺内系全部木结构，其中千手观音像，转轮经藏，全以楠木精雕细作而成，所有壁塑、壁画、藻井、雕刻等，无不呈龙的形象。据统计，寺内有形态各异的龙9999条，故有"山中龙宫"之誉。此寺历多次地震而无损毁，被誉之为"明初罕见的遗构"。

图11-48 平武报恩寺山门

三台县云台观，位于三台县安居镇云台山上，坐北向南，始建于南宋七年（1214）。明万历十五年（1587）重建，万历三十二年（1604）毁于大火。同年，明神宗以太监为监工敕令重建，清代增修，形成规模宏大的三重四合院相连的对称建筑群。中轴线上有玄天宫、藏经阁、降魔殿、灵官殿、九间房、青龙百虎殿、三合门、三皇殿、云台胜景坊等。西有文昌殿、城隍殿；东有茅庵殿、观音阁、瘟祖殿、回龙阁等。观内今存万历十九年（1591）隆昌人郭元翰《云

图 11-49 三台云台观牌坊

台胜记》墨稿、万历《玄天佑圣观圣谕》等明代文物①。

宜宾市旋螺殿，又名文昌宫，始建于万历二十四年（1596）。位于李庄石牛山，殿坐北向南，外观为三重檐八角攒尖顶之木结构建筑，内为二层，通高25米，平面呈八方形，每边宽8米，进深8米。建筑风格独特，造型瑰丽。其主要特点：梁架采用抬梁支柱法，较一般同类古建筑精简实用；斗拱结构，三檐即有三种样式，而同一檐中，格式又互有区别，且与宋、清两代官式做法迥异；顶部藻井，惹人注目，八面均用半拱叠架成网目状花纹，并向右侧转至顶，形如旋螺，高敞奇丽，殿因此得名。旋螺殿的风格独特，尤其是梁架结构之精工，运用力学之巧妙，1944年被中国营造学社专家誉为"傲于当世之作"。

图 11-50 宜宾李庄旋螺殿

---

① 参见绵阳市志编纂委员会：《绵阳市志（1840～2000）》（下），四川人民出版社2007年版，第1864页。

屏山县万寿寺，原名万福寺，位于县城南1公里处锦屏乡，前临金沙江，后靠锦屏山。据明嘉靖《马湖府志》载，该寺原为明代马湖府掌管佛教的僧官——僧纲司正都纲寓所。因郡守常于此举行庆祝大会，"祈求福寿"，故名"万福寺"。根据该寺观音殿藻井上所置铜镜铸文"成化二年二月十一日造"，可知该寺的建造年代不晚于明代。寺原由山门、大雄殿、观音殿和两侧厢房组成，两殿均为抬梁式木结构建筑，建在一中轴线上，相距约10米，依地势由低到高，分级修建，组成四合院建筑，占地6000平方米。万寿寺的建筑风格，有别于宋、清营造法式，具有鲜明的地方特色，对研究古代建筑工艺及民族文化有重要的历史价值。

此外，峨眉山万年寺明代无梁砖殿的无梁结构，是元明时期工匠们为了解决大殿的承重，并使其得以永久保存，发明以砖石券代替木构殿阁，同时也推动了砖结构的发展。万年寺砖殿，是这个时期为数不多的砖建无梁建筑遗存，无疑具有较高的科学价值。

二、公共建筑

除以上寺观楼阁等建筑外，这一时期四川境内还留下不少古塔、牌坊、桥梁等建筑艺术珍品。

（一）古塔

这种建筑源于印度，随佛教传入中国。原本是用于埋葬佛教徒死后火化的结晶物"舍利"的建筑物。我国的建筑师巧妙地与中国楼阁式的建筑形式结合起来，创造出各种形式的古塔。德阳市元代龙护舍利塔，又名延祚寺砖塔，位于德阳市孝泉镇北，系密檐式13级方形塔砖，坐北向南，建于两层台座上，用砖砌成。塔高29米，四周设栏杆，南北两面有磴道。塔身低层南面设券门，2～8层中开券窗，9级开扇券窗，10～13级中设券窗。顶置双重葫芦形塔刹。据清嘉庆《德阳县志》记载，砖塔始建于元顺帝至正三年（1342），历时12年才建成。此塔是四川唯一的一座元代砖塔，具有较高的历史和科学价值，是研究四川砖塔由宋向明演变过渡的珍贵实物。此外，峨眉山圣积寺的明代铜塔，高96厘米，铸造于万历十三年（1585），现存于伏虎寺内，也是这一时期古塔建筑的瑰宝。

（二）桥梁

桥梁是人类征服高山峡谷、江河湖泊而架设的交通行道，有各种形状和各种材质。位于成都市东南锦江之上的九眼桥,创建于万历二十二年至二十五年(1594~1597)①,是一座石质拱桥,九孔泄水。与古代所建造的石拱桥桥孔多为半圆形拱相同,九眼桥各孔之拱亦为半圆形拱。其九孔跨径不等,中孔最大,孔跨拱净空约9米,高约7米。以中孔中垂线为对称轴线,全桥呈轴对称形。中孔以外的两边各孔跨径、孔高依次递减,两侧边孔的孔跨净空约5.6米。桥拱里衬由青砖砌成,桥底全铺石条石板。八座独立的桥墩规格略同,均由石条砌成。桥墩的首、尾砌成三角锥体形风水尖,以减少水流的冲击与水平推力。在风水尖顶部,原雕有龙头,伸出桥墩,迎水而向,后已漫灭。万历年间规划、创建九眼桥,并非单纯为了增加城市景观,更主要是为了约束水流,同时也考虑到泄洪的需要。把桥址选择在水流较急的江段,增快了水流穿过桥孔的流速,又避开了上游开阔的水面。九眼桥规划设计的成功,体现了古代建桥的科学技术水平。近年来因为城市建设需要,原有的九眼桥已易地修建于望江公园附近的锦江之上。

位于泸县城北福集区九曲溪河上的龙脑桥,为石墩式平桥,从整个雕刻纹饰看,应属于明代中期建造。桥长54米,面宽1.9米,设14座桥墩,桥面并列石板梁30块。中部的八座桥墩首、尾部,共雕刻有若干吉祥麟兽,计有麒麟一对,狮一对,龙四对。桥的雕刻系圆雕,兽头、尾均用整石雕凿,造型生动逼真,神态雄伟矫健,具有较高的艺术价值。桥的构件,既不用榫卯衔接,也不用黏结物填缝,全靠构件本身重量相互垒砌承托,在建筑技术上堪称精巧,亦有较高的科学价值。

图11-51 泸县龙脑桥石刻造像

---

① 参见艾棣《九眼桥考略》(《成都文物》1988年第2期)对九眼桥建桥时间的考订。

在明代四川桥梁建筑中，毛凤祥是一位难得留下姓名的"有干才"的桥梁建筑工程师。毛凤祥，明隆庆（1567～1572）间人。四川南充县西三里有西溪，溪上有一座石建之桥，故俗称为"石桥"。自从嘉靖（1522～1566）年间倒塌后，郡人一直议论修复，都没有办成。万历六年（1578），时任西充县主簿的毛凤祥，以有建桥的干才，而被委任"董其事"。毛凤祥受命的当天，即到现场考察，"四顾周环，目揣心营，审视土宜"，由此制定了建桥的规制："溪流长而深阔，桥非高广无以压水冲；即高广，非壮厥基，且速之圮；两岸壖圻善崩，非厚布其堤，以捍湍溜，射啮而桥，不可规固。"在他的规划指挥下，在旧桥上流20 丈许的地方，新建了一座高 3 丈，长 27 丈，广 2 丈的石桥。这座桥有 8 个墩，分 7 孔行舟，既稳固实用，又漂亮壮观，"中稍隆起而两段翼之以栏楯，表之以石坊"，其宏丽视旧桥巍壮有加。从此，这座桥更名为"广恩桥"[①]。

（三）牌坊

一般为四柱三门牌楼式建筑，坊身由斗拱、门栏窗格、横梁、额坊、顶脊等构件组成。四川省内颇多明代牌坊遗物。坐落于邛崃县天台山永乐寺前山门前的石牌坊，为四柱三门三楼重檐歇山式顶的石牌坊。坐北向南，总高约 8 米，宽 9.08 米，正面与背面的上下阑额，都刻有人物、鸟兽、花卉等浮

图 11—52　明代崇祯戎州石坊（宜宾水东门外，名"百二河山"坊）

雕装饰。石坊当心间的平座上用斗拱，东西两次间各用两斗拱铺作，典雅稳重。正脊两端装饰有鸱吻。八个垂脊皆有翼角，屋面刻有筒形瓦陇。正面横额镌刻正书"雪巢名胜"四个大字。上款题："天全六番招讨使昭勇将军高"，下款署

---

① 朱启钤：《匠哲录》第一《营造》，见谢国桢：《明代社会经济史料选编》（上），福建人民出版社2005 年版，第 210～211 页。

"皇明万历甲寅仲冬月辛丑立"。据考证，这是万历甲寅（四十二年，1614），天全六番招司掌命妇官（即刘氏）高承勋捐资，为高氏所建的"功德坊"。因此，被称为"明代掌印妇官石坊"①。此坊不仅具有建筑美学价值，而且还为研究明代的土司制，尤其是天全六番的少数民族的状况及其与汉族的文化交往关系提供了重要的文物实证。坐落于资中县重龙山永庆寺的山门石坊与天王殿间的牌坊，坐北向南，为四柱三门三楼木结构牌楼式建筑。通高12米，面阔8米，建于明嘉靖六年（1527）。原为城内大东街禹王宫的大门。1911年辛亥革命时，资州同盟会员举行起义，将四川总督端方处死于牌坊附近的天上宫内。1968年禹王宫拆除时迁移至永庆寺内。牌坊设计精巧，造型优美，工艺细致，雄伟壮丽，堪称是一件难得的艺术佳品。此外，富顺县中石乡石盘寺的石坊，以及大邑县境内的"蜀府禅林"牌楼、"青雾梵天"牌楼和"天国名山"牌楼，也都是距今400多年前的艺术佳品，具有重要的历史价值和艺术价值。坊上的雕刻、文字内容，为人们提供了研究当时人物服饰、民俗风情、建筑风格的实物资料。

三、民居建筑

元明时期四川存世的民居建筑十分罕见。2008年11月，在重庆市彭水新田乡马峰村六组一个名叫三潮水的地方，发现了一幢木瓦房，被文物专家鉴定为重庆唯一保留的元代民居，全国不多见。据介绍，这幢民居为木瓦结构，历经700年风雨不腐。房屋占地约100平方米，房屋前后均有两层屋檐。房屋两层，楼板每块宽约30厘米，侧面板壁木板每块长约2米，宽0.5米。屋内照壁前放置一个狭长香案，上面摆有残缺的香炉和灯台等祭祀物件；案下是一排木柜。房屋中间的板壁是用黄泥巴和篾条做成；隔壁大小两间房，估计是当年主人卧房。房屋全是马桑木制作。文物专家通过考察，根据"建筑外观为两重檐"等特点，推断该房屋属元代。据彭水县文物管理所负责人介绍：除在房顶找到3尺长一张筒瓦外，还在残垣断壁外找到一处石墩，估计是插旗所用。查彭水史志发现，元朝有军队在三潮水开荒屯粮，故推断房屋曾是屯兵场所②。

明代建筑具有严格的等级差别，它不仅表现在官式建筑中，而且也严重影

---

① 参见魏朗：《明代掌印妇官石坊》，《成都文物》1992年第3期。
② 参见丁香乐等：《重庆发现元代民居，历700年风雨不腐》，《重庆晚报》2008年12月24日。

响到民居上。平武县土官王玺公廨,既是明正统年间(1436~1449)土长官司的衙门,也是他的私人宅院。该建筑坐北向南,原为三、五、三开间的单檐悬山式三进房舍,分别有大堂、二堂、三堂。大堂前半部是敞房,后半部为处理日常公务的地方。二堂为客厅和居室。三堂为供奉祖宗牌位、皇上谕旨的地方。公廨建材全用珍贵楠木建成。现该公廨已被纳入平武报恩寺的附属建筑加以保护。

1976~1977年大邑县在文物普查中,先后在该县安顺、三坝等偏僻落后的高山地区,发现民居14处,总面积4100多平方米。这些民居大部分是明末清初四川人口大量死亡时留存下来,复被清初外省移民在垦荒时从荆棘野树中发现的。经鉴定为明代民居,其在建筑设计和建筑风格上,符合明代的规制,明显地保留有宋金遗风①。具体表现在:这十几处民居,除少数为面阔三间、高矮一致的房屋外,大部分都是面阔五间,其中明间与次间略高,梢间略矮,好像梢间是配置的,与主体建筑是两回事,呈现为张着嘴巴的开口楼房。这些开口楼房,大部分为单檐山顶穿逗木结构,三穿用五柱或七柱。这些民居步架高,进深长;不用斗拱彩绘;普遍使用柱侧脚;角柱普遍升起;普遍使用月梁及自然弯曲的木材;普遍使用毡笠式、掐瓣式变体驼峰;普遍使用隼头雀替;使用木材较大;屋面清瓦宽大厚重;屋面坡度较缓等等。

以上特点,既与明代典制基本相符合,又与前朝后代的实际营造法度的传承相吻合。例如在明朝,一般"庶民庐舍"的房屋,洪武二十六年(1393)规定:"不过三间,五架,不许用斗拱,饰彩色"。后复申禁:"不许造九五间,房屋遂至一二十所,随其物力,但不许过三间"。正统十二年(1447)后,稍有变通:"庶民房屋架多而间少者,不在禁限。"② 由于受明朝典制的限制,身居偏远山区的百姓建房,在基本遵守面阔五间规定的前提下,又在空间处理上有所突破,于是创造了开口楼房这一民居建筑格式,这既不违反禁饬,而又有利自我生存空间的发展。这些民居的步架,多数是12~14步架,总进深均在17米以上,符合正统(1436~1449)年间稍有变通的规定,表明这些建筑的时代当在正统年间之后。又如大邑县的这些民居的柱侧脚和普遍使用角柱升起、大量

---

① 详见胡亮:《大邑县明代民居概说》,《成都文物》1990年第1期。
② 《明史》卷68《舆服志》。

采用减柱造的做法,与宋《营造法式》规定相符,而与明以后的民居建筑相区别。尤其特别的是,这些民居的木株直径一般为35~50厘米,中柱高与柱径比达到了1∶14~1∶15,明显保留着宋金遗风。屋面青瓦有的长31厘米,宽24厘米,厚2.7厘米,每匹重2.7公斤,与该县清代民居屋面的青瓦相比较,二者的差距是相当悬殊的①。

第八节 宗 教

一、佛教

(一)藏传佛教

吐蕃佛教,通常称为喇嘛教。"喇嘛"系藏文,有"优胜无上"之意,与中土的"和尚"二字相当。喇嘛教传自西藏,自从它和吐蕃当地原有的原始宗教——本教(俗称黑教)斗争融和以来,到元代,形成了许多宗教派别,主要有萨迦(俗称花教)、噶举(俗称白教)、宁玛(俗称红教)、噶当等派。四川藏区是喇嘛教各教派活动的主要区域之一,元明时期各教派势力的消长在此区域表现得较为突出。

在元代初期和中期,萨迦派的势力大兴。萨迦派作为佛教的一大宗派,传入四川的时间约在南宋初年。萨迦在藏语中意为"白土",因其主寺西藏萨迦寺所在地的土色灰白,故名。又因该派寺庙围墙涂有象征文殊、观音和金刚的红、白、黑三色花条,故内地佛教习惯称其为"花教"。

该教在元代兴起的沿革是,原本崇尚本教的德格土司,这时改奉萨迦派。早在蒙古太宗派兵深入吐蕃腹地之时,乌斯藏各教派与地方势力分别派人与蒙古诸王结成福田与施主的关系。到了蒙哥汗时期,蒙古朝廷对乌斯藏采取括户和分封措施,更进一步引起了各教派的宗教领袖的巨大变动。为了维系自身的利益,以求将来的发展,他们纷纷派人与蒙古朝廷取得联系。当时的萨迦派隶

---

① 据胡亮《大邑县明代民居概说》介绍,该县五龙乡马落村新九屋面所用清乾隆五十七年(1792)烧造的青瓦(瓦上有阴刻题记),长、宽、厚分别为22.9、17.5、1厘米,每匹瓦重0.8公斤。

第十一章 元明时期四川的文化

属于蒙古王窝阔台系的阔端宗王。时值忽必烈带兵南征大理，萨迦派新教主八思巴便在1253年从凉州向东进发，最终与忽必烈在六盘山相见，由此与忽必烈建立起牢固的政治、宗教关系。元世祖忽必烈即位后，以其统治"地广而险远，民犷而好斗，思有以因其俗而柔其人"①，封吐蕃僧八思巴为国师，继又晋封他为帝师。从此以后，在元代佛教各派当中，吐蕃佛教的地位最高。

八思巴的侍者琐朗仁青，为萨迦名僧，其居地在今白玉县最南部接义敦之萨玛村，在元代筑萨玛寺，后来德格土司尊此寺为祖寺。经八思巴的推荐，还有一个喇嘛僧胆巴，在元初任国师，深得朝廷宠信。胆巴，"一名功嘉葛剌思，西番突甘斯旦麻人"②。旦麻（亦作丹玛）在历史上是指长江上游通天河流域的广大地区③，表明当时这一地区的甘孜邓柯、石渠以及青海玉树等地，也是萨迦派的范围。对四川萨迦派发展有重大贡献的人物，还有康定高日寺二世活佛比日生根（1287～1376），以及绒马·微僧格（1367～1449）。四川萨迦派的主要寺庙有：今德格更庆寺、更萨寺，康定高日寺、日库寺，新龙格桑寺，石渠龙拉寺，白玉郎结寺、热拖寺，阿坝日登扎寺，若尔盖求吉寺，马尔康色五保寺等。分布地区则以德格、康定等地最为集中④。

到了元代后期，萨迦派衰微，噶举派起而代之。"噶举"含有注重口授师承之意。因该派僧人穿白色僧衣，故汉地佛教习惯称之为"白教"。今四川藏族地区是噶举派传播的主要区域，而且对噶举派的发展起过重大的作用。噶举派的实际创始人是噶玛拔希，出生在康区哲垅地方的哉波务家族，西藏佛教所特有的活佛转世制度就是从他开始的。他扩建了噶举派的主寺楚布寺，在蒙哥时期成为国师，蒙哥并赐给金缘黑帽和金印。1264～1283年间，他在康藏传教，影响范围从四川藏区扩大到西藏、宁夏、甘肃、青海直至蒙古等。噶玛拔希死后，攘迥多吉继为第三世活佛，深得元顺帝的宠信，被封为国师。他的康区弟子增桑布也受封为司徒。噶玛拔希的弟子们开创了黑帽、红帽两大系统，对西藏、四川藏区影响甚大。随着噶举派的兴起，康区许多寺院和属民，又信奉噶举派。以至德格土司的几个家寺又变成了噶举派的圣地。

---

① 《元史》卷202《释老传》。
② 《元史》卷202《释志传》。
③ 陈英庆、周生文：《元代藏族名僧胆巴国师考》，《中国藏学》1990年第1期。
④ 《四川省志·宗教志》，四川人民出版社1998年版，第100页。

其后，宁玛派亦盛。宁玛派意为"旧派"，因其僧人戴红色僧帽，故汉地佛教习惯称之为"红教"。该派奉莲花生为初祖，四川藏区宁玛派的主要人物，在宋代有巴德树喜巴，他创建了四川藏区的第一座宁玛派寺院——今白玉县的呷拖寺。

明朝建立后，对西番、乌思藏等地均采取怀柔政策，给各教派宗教领袖加封名号，建立寺庙。如朱元璋曾封萨迦派摄帝师喃加巴藏卜为炽盛佛宝国师，又封八思巴的后人哥鉴藏巴藏卜为大国师，封噶举派章杨萨迦监藏为灌顶国师，密切了藏地与内地的关系。明初以来，藏地佛教内部酝酿着一场改革，宗喀巴创立的格鲁派适应了社会发展的需要。宗喀巴（1357~1419）为青海人，14岁时曾到乌思藏，随萨喀举、甘丹各派的大喇嘛学习。他对萨迦派建立的以喇嘛贵族专政、勾结土豪作威作福，以及喇嘛贵族饮酒娶妇、生活淫逸等深为憎恶，认为这些有失宗教的本意和宗旨。于是，他主张以阿底甘丹派的理论为基础，兼收各派之长加以充实丰富，改革旧派，创立新派——格鲁派，俗称"黄教"。此派教律颇严，主张显密互助，学行相应，禁止弟子饮酒娶妻，戴黄衣黄冠，以示与噶举派戴红帽、黑帽两派相区别。黄教创立后，势力很快发展至青海和西藏，在四川西部藏区也日渐流行。宗喀巴于1419年逝世。他的两个弟子继承了他的事业，一个是克珠杰，藏人称他为无量光佛的化身，后被追认为第一世班禅；另一位是根敦珠，藏人称他是自在菩萨的化身，后被追认为第一世达赖喇嘛。明万历八年（1580），格鲁派在理塘创建了第一座黄教寺院——长青春科尔寺。万历十二年（1584），又在木里创建了瓦尔寨寺。明末清初，该派已迅速发展到整个蒙藏地区。加之来自青海的蒙古和硕特部首领固始汗率兵进入四川西部藏区，全力支持建立黄教寺院，发展黄教势力，对噶举派、本教等实行摧毁，因而从那时起，直到清代，格鲁派又在四川西部藏区占统治地位。著名的霍尔十三大寺院，都是这时所建的黄教寺院。大体说来，在康区所属的喇嘛寺庙中，黄、红、白、黑、萨迦等教，分布于各县，其中，尤以黄教为盛。其僧侣之多，远在各派之上。在川西北藏区的喇嘛寺院中，黄教也占绝对优势。据估计黄教教徒人数约占总数的70%~80%，其余教派为20%~30%，而且这些教派都掺杂于黄教范围之中，势力不大[①]。

[①] 参见《四川省志·宗教志》，四川人民出版社1998年版。

第十一章 元明时期四川的文化

由于明代四川是藏区进京朝贡的主要通道，因此经由成都的康藏僧俗首领、大德高僧甚多。因办理朝贡手续和商贸而稽留于成都的藏族僧俗自应不少。随着喇嘛僧人过往的增多，藏传佛教必然影响了四川内地。明人何宇度说："蜀中水陆舟车所经，凡有岩石，莫不镌佛像。岂地近西番，前代风气渐染如此。"①藏传佛教除对于民间产生影响外，更对成都的官宦乃至王府带来直接的效应。在朝廷崇信藏传佛教和藏僧的影响下，成都的官宦自然会对那些经留成都的藏族高僧、法王迎奉供养，或乘机求法。这些藏僧为得到地方官员的支持，也会不吝将密法予以传授。正是在这种背景下，蜀王很可能深受藏传佛教的影响，而修习了密法。最直接的证据，就是明僖王陵墓地宫宝顶上的巨大的藏式石刻。

据观察，这方石刻四边阳刻装饰框边，正中为一巨大的圆轮形图案，由外、中、内三个同心圆环构成，上涂彩漆，明显为藏式风格。在外环与中环之间，等分为八格，每格刻一莲瓣，瓣中分别刻有宝伞、金鱼、宝瓶、妙莲、右旋海螺、吉祥结、胜幢和金轮八种宝物。在中环与内环之间亦分为八扇，每扇面刻一莲瓣，瓣中为垒成塔形的三朵莲花。在内环中央部分为一梵文装饰图案，藏语称之为"星祥"（mtshan-byang），其左旁有日、月、明点三个小图形。中环与内环间八瓣莲叶之顶恰好形成托放三朵莲花之托盘。而内环上之八根辐齿又与三朵莲花和托盘一起形成一个"朵玛"供，无论从哪个方向看，这个供品总是对着中间的"星祥"，即死者的"木主"。在藏传佛教丧葬习俗中，"星祥"图案被作为灵牌使用，说明僖王生前受过密宗灌顶。根据专家研究，该藏式石刻是用藏传佛教象征主义手法，表现了两层意思：一是表现了对死者的供奉和祝福；一是寓意着死者一灵之性已登仙界，永处于佛法庇佑、清净吉祥之境。僖王陵藏式石刻的发现，不仅反映了藏汉文化交流的深久广远，而且也体现了藏传佛教对朱明王室的深刻影响。另从僖王棺床上残留的部分遗骸推测，原本身材魁伟的他，只活了26岁，这很可能与其生活放荡，或者因其错修密宗"双身法"等法门有关②。

（二）汉地佛教

1. 元代汉地佛教

---

① 何宇度：《益部谈资》卷上。
② 参见任新建：《明蜀僖王陵藏式石刻考释》，《四川文物》1999年第3期。

元代内地流行的佛教，分为禅宗、华严宗和律宗三大派。元人把各派特点归纳为："佛宗有三，曰禅、曰教、曰律。禅尚虚寂，律严戒行，而教则通经释典。"① 元代四川流行佛教传布，以禅宗最盛。禅宗五家（沩仰、曹洞、临济、云门、法眼）宋元之际已趋衰落。宋末元初，因遭战火劫难，号称"川西丛林"之首的成都文殊院，有"天下第一丛林"之称的昭觉寺，以及新都宝光寺这三大佛教寺院，均一度荒废不振。现有碑刻表明，金堂县的云顶寺却在元代受到特别的庇护。

金堂县云顶寺是川西著名的禅宗寺院，古名天宫寺，唐改名慈云寺，宋为祥符院。元初，云顶僧元一游西天回国朝觐，以西天玉琢佛像、贝叶罗经、如来铁钵献元世祖忽必烈。诏元一"与辩伪道士对论。元一以孔释之言为正"。世祖大悦，赐元一为护国寺主讲。回蜀后，"改祥符院为朝天寺"②。云顶寺在元代一直受到朝廷和官府的庇护，被赐名护国朝天寺。现存于该寺罗汉堂右侧小院中的《重建天宫禅寺碑记》载：至正五年（1345）十二月十七日，"四川万户府万户、明威将军达石八都鲁捐金货，购林木，建前后两廊僧堂斋舍，重重备设之，焕然一新"③。此外，四川境内现存的几座元代寺庙，建筑结构独具特点，大殿内的泥塑佛像和壁画具有相当高的艺术水平（详见本书绘画、建筑），可见当时这些佛教寺院的兴盛状况。

在今西昌地区，因受云南佛教的影响，在元代信奉的是密宗。近年来，在西昌市西郊发现了几件佛教文物，其中之一为密宗阿吒力教的经幢④。该经幢直立，呈长方形，四面均有文字，有汉字和梵文，以梵文居多。另一件为一块元代梵文石碑，碑正面上部以细线阴刻坐佛像一尊。佛着圆领通肩袈裟，结跏趺坐于束腰须弥座上，后有头光和身光；右侧刻阴文直书"南无接引西方净土阿弥陀佛"12字；石碑背面右上角阴刻直书汉文"□□尊胜陀罗尼神咒"9字，其余四面刻横书梵文21行，内容为当时汉文榜题的佛顶尊胜陀罗尼神咒全文。这通题署为"至正三十年岁次庚戌十二月二十一日建立"的石碑⑤，与邻近的

---

① 刘仁本：《羽庭集》卷2《送大璞玘上人序》。
② 《慈云寺高僧列传碑记》，转引自薛玉树：《云顶山记》，四川省社会科学院出版社1988年版。
③ 薛玉树：《云顶山记》，第53页。
④ 唐亮：《西昌发现元代经幢》，《四川文物》1992年第4期。
⑤ 黄承宗：《西昌发现元代梵文石碑》，《文物》1987年第2期。

第十一章 元明时期四川的文化

云南出土的梵文佛事碑刻相同,当系为追荐亡人的乞佛助佑的经咒,是密教在当地流行的证据。

元朝为管理内地佛教僧众,于各府置僧正司,各县置僧会司。现藏于重庆西南大学博物馆的元代"成都府唐元僧正司印",通纽高 6.4 厘米,边长 6.8 厘米,宽 0.5 厘米,朱文篆书。背右侧刻汉文"国师发"3 字;左侧汉文"至元十三年月日"7 字。此印为研究元代成都府设僧正司管理僧众提供了文物实证①。汉族地区各丛林寺庙的组织规范,一般都依据元代的《敕修百丈清规》。全寺首脑称为"住持",又叫"方丈"。方丈负责督导寺内僧众修习,总理全寺重大事务。

据记载,四川的华严宗传人对元代东南一带的佛教流传也产生过影响。元人袁桷《天童日禅师塔铭》说,"绍定辛卯(四年,1231)蜀破,士大夫蔽江东下"。成都大慈寺主、华严教僧人秀朗,"率其旧业,以教外传游东南"。师承他的教导,门人遍及东南各地。在元代"遐迩向慕"的天童日禅师,便是秀朗在东南的门人的弟子②。

2. 明代汉地佛教

明朝沿袭元制将天下寺院分为三等,曰禅,曰讲,曰教③。明代四川佛教,仍以禅宗为盛。而明代禅宗,皆属临济、曹洞两派,而前者又盛于后者。明代临济宗的主要世系为:笑岩德宝传幻有正传,正传传密云圆悟,圆悟传汉月法藏。明朝统治者为了管理众僧,在中央设僧录司,府设僧纲司,州设僧正司,县设僧会司④。规定各府、州、县寺需存一所"宽大可容众者"⑤,以作为行礼之所。从明代一些地方碑文可以知道,行礼须在寺院中进行,如在公署则违背制度。在元旦、冬至举行的一系列行礼活动,为的是使人们"知先王仁义礼乐"和"三纲五常",从而达到"化浮图为忠义"的目的⑥。

---

① 四川省文物管理局:《四川文物志》下册,巴蜀书社 2005 年版,第 1784 页。
② 袁桷:《清容居士集》卷 31。
③ 《元史》卷 202《释老传》称寺院三等为禅、教、律。《大明会典》卷 226 则划分为禅、讲、教三等。
④ 《明史》卷 74《职官志》。
⑤ 《大明会典》卷 104。
⑥ 丰都县《改建天福寺碑》,转引自龙显昭:《巴蜀佛教的传播、发展及其动因试析》,西华大学、四川省文史研究馆主编《蜀学》第一辑,巴蜀书社 2006 年版,第 86~87 页。

第十一章 元明时期四川的文化

明代多数君主都信奉佛教，受其影响，一些藩王，也往往信佛成风。根据何宇度的记载，四川"仙宫佛院，成都颇盛，半创自献王之国时。累代藩封中贵从而增益之，殿宇廊庑，华丽高敞"①。例如昭觉、金像、净居、净因、金沙诸寺，皆为当时著名的佛教丛林。净因寺，俗称万佛寺，"唐无相禅师建塔镌佛者万，寺以故名"。后又讹"佛"为"福"。洪武时，蜀献王常游其地，万历初，重建庙宇，蜀府先出帑金为倡，于是"藩、臬及乡士大夫、大小群宗并齐民之有力者"，无不捐输赞助。时人称："我明高帝若曰：儒阳之，佛阴之。以无用之用济有用之用，凶顽且良，而况其良者乎？故其教东宫诸王以宋景濂学士，而名僧十余辈亦得预游处。"② 这种状况，蜀府自不例外，而且在献王之后，仍屡见不鲜。如简州僧人楚山，挂锡石经寺，蜀定王每每召见，礼若上宾。景泰初，泛舟出峡。荆王、江夏王等，对楚山也十分敬重③。万竹，号一清，"结庐百花潭上，参究心宗"，又去五台等处，"讲演诸经"，然后归蜀，"蜀王为构精舍以居之"④。有些僧人，还受到明王朝最高统治者的赏识，例如安岳道林寺僧无际，"正统间，宣召入京，登坛说演宗乘，听者如堵"⑤。此外，蓬溪的长乐寺、宝梵寺，遂宁的灵泉寺、广德寺，剑阁的觉苑寺，江油的普照寺等寺庙，也都是当时佛教名刹。

当时四川各地究竟修了多少寺庙，因材料残缺，很难统计。而且在营造的过程中，如果规模稍大，耗资甚巨，也很难一蹴而就，所以寺庙的主持者通常都采取不断完善和逐步扩充的办法。例如巴蜀佛教重镇峨眉山，在宋末因兵祸迭有废兴。明代由于有别传慧宗等大德高僧的传承相续，故能使法业代兴。别传慧宗（1499～1579），俗姓王，湖广云梦（湖北云梦县）人，10岁入蜀，在綦江永寿寺受戒。36岁游峨眉，于山中学究竟法，后弘传兴福，住锡峨山且40年。其间，他在金顶创建筒瓦殿，"铸普贤铜像一，铜佛六十五，咸奉峨顶"。又为白水寺建迦蓝殿，"铸铜佛大像三，费数千斤"。其后又相继铸三大铜钟，

---

① 何宇度：《益都谈资》卷中。
② 以上引自黄辉：《重建万福寺碑记》，见杜应芳：《补续全蜀艺文志》卷31。
③ 咸丰《简州志》卷8。
④ 嘉庆《四川通志》卷167。
⑤ 嘉庆《四川通志》卷168。又乾隆《潼川府志》卷8有明人苗衷的《道林禅寺碑》、周忱的《无际禅师语录记》，可参看。

最大者重 25000 斤①。又如，绵州布金寺初建于成化十年（1474），天顺四年（1460）铸钟，正德十三年（1518）制炉，十五年（1520）开始修建藏经阁，嘉靖元年（1522）建成，"时郡人高第为南京吏部郎，住持续观不远数千里，放舟东下，即金陵报恩寺印造《大藏经》七千余卷，共六百四十函，归贮楼阁。"② 分段扩充同样需要具备一定的物质基础，但是，反映寺院经济情况的材料却更加缺乏。不过，蜀府直接关注的大寺庙，肯定是占有土地的。另据嘉靖三十三年（1554）高第《重修金祥寺记》，住持真相曾"先后置近寺良田百有余亩，率其徒肆力于耕，岁有余粟，辄易材鸠工"③。与此同时，西蜀名宦杨名又称南溪白云寺"寺僧百余人"④，如果没有常住田地，百余僧徒的衣食问题是无法解决的。这些零星材料表明，寺院占有土地，恐怕是比较普遍的现象。

从总体上讲，汉地佛教传至明时，已不复唐宋盛相，大体处于不景气状态，其趋势是走向衰微⑤。陈垣先生在研究明季滇黔佛教时，曾对明代佛教形势有精湛的概括。他指出："明自宣德以后，隆庆以前，百余年间，教律净禅，皆声闻阒寂，全中土如此，不独滇黔也。""然自万历后高僧辈出，云栖、紫柏、密云、湛然，各阐宗风，呈佛教复兴之象。流风所被，远及滇黔。"⑥ 在万历后所出现的云栖、紫柏、密云、湛然四位高僧中，与四川有直接关系的是临济宗巨擘密云圆悟。圆悟（1566~1642），宜兴人，因常住宁波天童寺，故亦称天童圆悟，形成天童禅派。在四川地区，最有影响的代表人物，首推他的弟子破山海明，其次则为弘忍潭吉。

弘忍（1599~1638），资县人，法藏弟子。据说这位高僧对于"上下古今之变，山川风俗之奇，得失兴亡之势，历历如诸指掌"⑦，可见弘忍虽然皈依佛门，但是并未忘情时事。这里应该提到，法藏与圆悟之间，一方面存在着师徒名义，另一方面，法藏著《五宗原》，阐明自己的观点，圆悟起而辟之，于是弘

---

① 陈以勤：《别传禅师塔名》，转引自龙显昭：《巴蜀佛教的传播、发展及其动因试析》，《蜀学》第一辑，巴蜀书社 2006 年版，第 89 页。
② 嘉庆《四川通志》卷 43。
③ 乾隆《绵州志》卷 16。
④ 嘉庆《南溪县志》卷 10。
⑤ 龙显昭：《巴蜀佛教的传播、发展及其动因试析》，《蜀学》第一辑，巴蜀书社 2006 年版，第 80 页。
⑥ 陈垣：《明季滇黔佛教考》，中华书局 1979 年版，第 13、14 页。
⑦ 费经虞：《剑阁芳华集》卷 19。

忍著《五宗救》，替法藏辩护，而圆悟又著《辟妄救略说》，对法藏、弘忍进行猛烈批驳。唐末新繁名士费密指出："当时天童（指圆悟）诸公与三峰（指法藏）互相非是，若非弘忍与其同门诸公力撑，则法藏一枝几扫抹矣。忍亦豪杰之士哉！"①

破山海明（1597～1666），俗姓蹇，大竹人，为巴县蹇义②之后裔。19 岁出家，法名海明。23 岁，住湖北黄梅破头山，一日，立悬岩，忽觉眼前尽平地，乃举步径行，坠岩下，伤一足，于是大悟，遂号破山。南行参密云圆悟于浙江金粟寺，而圆悟乃晚明禅宗大师，声闻九重，弟子数百，嗣法者十有二人，破山即其中之一。崇祯五年（1632）归蜀，活动于川东川南一带，重庆华岩寺，梁山双桂堂，皆破山讲经论禅之地。这时他已是集临济、曹洞诸大德禅学于一身、驰誉遐迩的高僧。此后至圆寂的 30 多年里，他在蜀中虽历经战火诸劫难，仍弘法志坚，广开法筵，接引缁素，传灯无尽。他开建法幢 15，其中最有名的是梁山双桂堂，占地 110 亩，殿宇 7 重，高华宏壮，成为当时一大丛林③。破山弟子亦百余人，且法嗣法孙遍布西南三省。陈垣先生著《明季滇黔佛教考》一书，列《明季黔南灯系表》，凡 121 人，分破山、浮石、木陈、汉月四派，而破山一派便多达 110 人。由此推论，在明清之际，破山对川、滇、黔地区佛教的广泛传播，的确是作出了重大贡献的。

图 11－53　破山和尚像（采自《中国历代人物图像集》）

除破山外，当时在川东传法的还有高僧吹万。吹万（1582～1693），名广真，宜宾人，俗姓李。万历四十一年（1613），礼参大慧派月明联池为师，成为"大慧十四世孙"。后云游参学，入吴过闽，蹿粤旋湘，由湖东返蜀。万历四十六年（1618）后，吹万便长期在川东传法，因其在忠州（今重庆忠县）聚云寺

---

①　引自嘉庆《四川通志》卷 185。
②　蹇义，《明史》卷 149 有传。
③　龙显昭：《巴蜀佛教的传播、发展及其动因试析》，《蜀学》第一辑，第 81 页。

居住最久，故亦称聚云吹万。由于吹万较破山年长 10 余岁，且在川传法早于破山，两派同地传法，其间不免发生龃龉、冲突，乃至法门之争①。

二、道教

元朝灭宋后，活动于南宋故土的旧道符箓各派继续流行于江南各地，由于世居龙虎山的第三十五代正一天师张可大顺应元朝，对来访的蒙古密使预言"后二十年当混一天下"②，故忽必烈在灭宋之后，对可大子、三十六天师张宗演倍加宠渥，命其主领江南道教。元成宗大德八年（1304）授三十八代天师张与材为"正一教主，主领三山符箓"。此后，嗣位的历代正一天师，也都经过元廷的认可，授予真人之号，袭掌江南道教事。灵宝派、上清派皆统一于正一派，天师道从此亦正名为正一道。正一道遂成为道教各派符箓派的总称。

四川是正一天师张道陵传教的地方，在元代出了不少正一法师。据元人虞集追述，在四川，近百年间，便有法师刘浩然，碧云庵道士；张仝，高行其术，"近接耳目，里中儿女子能道之"。四川儒学提举还介绍说，有道士汪集虚出道，"见者无男女老稚皆拜伏车下，如见神人"。至元三十一年（1294）远近之民吏、军将商贾为之捐资，作贞白庵于青城山以居。顺帝至元二年（1337）赐号真人，为青城诸山正一宗主，其所居之庵赐名曰正一宫③。成坚都青羊玉局诸宫，"桀然以名天下者，非一日"④，在元代继续受到朝廷的保护。现存于省博物馆的《成都蒙文圣旨碑》，出土于老南门城墙，原竖于青羊宫。该碑现存最上段，仅相当于原碑的1/5（原碑高约 2 米）。碑的一面为八思巴蒙文，另一面为汉文。汉文存40 余字，从碑文有至正二年（1342）

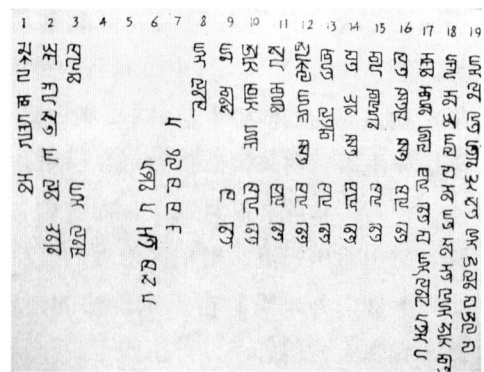

图 11-54　成都出土蒙文圣旨残碑（采自《四川历代碑刻》）

---

① 龙显昭：《巴蜀佛教的传播、发展及其动因试析》，《蜀学》第一辑，第 82 页。
② 《张大可传》，《续道藏·汉天师世家》卷 3。
③ 虞集：《道园学古录》卷 47《成都路正一宫碑》；陈旅：《安雅堂集》卷 9《贞白庵记》。
④ 虞集：《道园学古录》卷 47《成都路正一宫碑》。

年号可知，此碑为元顺帝圣旨碑。碑文内容有"……青羊宫里住的……圣旨与了也。这的每宫观里……休著者，宫观里……休夺要者……"。显然，这是元顺帝为保护青羊宫宫观、免除其赋税、禁止侵占而立的圣旨碑①。

在执掌江南道教的首领中，四川眉山人孙德彧，于仁宗时（1312～1320）被授予"神仙演道大宗师、玄间掌教辅道体仁文粹开玄真人、管领诸路道教所、知集贤院道教事"。孙德彧，出身于眉山"诗书故家"，11岁为道士。世祖时从亲王居河西，成宗时受命"分教秦蜀间"，武宗赐"真人号"。仁宗延祐二年（1315）夏，祷雨长春宫，"果雨三日"，朝廷"命国工塑像"，并命礼部尚书元明善为之碑。由是，"道行著于天下"，"君子信而传之"②。

进入明代，道教两大宗派即正一道和全真道都已逐渐走向衰落，这种局面对四川地区的道教活动不能不产生一定的消极影响。当然，著名的道教宫观，还是维护得比较完好的。这主要得益于蜀藩的提倡资助。所谓"仙宫佛院成都颇盛……观如玄天云台寺"③。云台寺在潼川南云台山（今三台县郪江镇），"山形如台，高插云汉，昔玄帝化身遗蜕于此。万历间，敕建庙宇，曰玄天祐圣观……可与楚之武当山并称"④。从永乐十一年（1413）开始，明皇室成员先后多次关注云台观的培修和扩建，因而使得该观在明代香火不绝，远近闻名。特别是在万历年间，明神宗两遣内监传敕，将《道藏》赐藏观中。现藏于三台县文物管理所的《四川成都府玄天佑圣观敕谕》，就是万历四十四年（1616）明神宗敕谕成都府玄天佑圣观（即云台观）住持及道众人等，将其所印造的《道大藏经》颁施给该宫观而发布的圣谕，是一篇研究道教史及《道藏》流布的重要文物实证资料。又如成都青羊宫，蜀

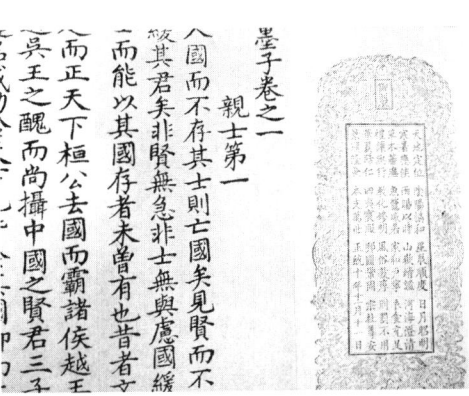

图 11-55 明刻《道藏》书影

---

① 韩儒林：《成都蒙文圣旨碑考释》，《穹庐集》，上海人民出版社1982年版，第123～135页。
② 虞集：《道园学古录》卷50《玄门掌教真人墓志铭》。
③ 天启《成都府志》卷56。
④ 乾隆《潼川府志》卷2。

府就曾捐资重修。中江县清虚观,"在县北五十里,黄鹿真人飞升处,邑人即庵建寺。明蜀王赐今名"①。集虚观,在县西栖妙山,为唐代道士田大神飞升处,正德时重修,"中江之人,耆老壮少,暇闲而出游者必之此;士大夫宴饯宾客,亦必至此;四方贵人名流之过江者,亦不以事而废游于此"②。1988年在成都蒲江县天华乡出土了一方朱文篆书"北极驱邪院印"。道教称北斗七星为"北极帝君""北极大帝"。南宋道士白玉蟾利用道教对北斗神的崇拜,杜撰了一个北极大帝的决策和执政机关——"北极驱邪院"。到了明代,天华乡太清观的道士们又编造了白玉蟾到蒲江县引王兴学道升仙的故事,这方"北极驱邪院印"的问世,见证了明代道教的流行程度③。

遗憾的是,由于材料不足,目前还无法了解明代四川道观内部斋醮和修炼的具体细节。有一些零星的记载,其内容又主要是介绍道士禳灾避邪的特异行为。弘治时,成都道士吴进宝游新繁,宿骆本隆家,忽拥入强盗数十人,骆惊慌失措,吴乃取草作小圈数十,一一掷出,于是"群盗如缚,不能动,泣谢求解"④。长宁人唐桂峰,"幼时与周文安公洪谟同学,后弃儒修真,常诵《太上玉皇经》,所居之处,灾疫不侵。会江南大疫,洪谟闻于朝,令其禳解,疫息,敕封文昌演教,乌纱吉服,仙官归蜀尸解,肉身不朽"⑤。这类事例只能当做奇闻和神话来看待,而不必推敲它们究竟具备了多大的真实性。

不过,另外一个问题倒是值得注意的。明代唐顺之作《峨眉道人拳歌》:"浮屠善幻多技能,少林拳法世罕有,道人更自出新奇,乃是深山白猿授。是日茅堂秋气高,霜薄风微静枯柳,忽然竖发一顿足,岩石迸裂惊沙走。去来星女掷灵梭,夭矫天魔飞翠袖,舐舕含沙鬼戏人……百折连腰尽无骨,一撒通身皆是手,犹言技痒试贾勇,低蹲更作狮子吼。兴阑顾影却自惜,肯使天机俱泄漏,余奇未尽已收场,鼻息无声神气守。道人变化固不测,跳上蒲团如木偶。"⑥ 在明代,唐顺之比较留心兵防战阵之学,歌中所述,应非虚构。按照作者的描写,

---

① 嘉庆《四川通志》卷42。
② 刘潜:《重修栖妙山集虚观记》,康熙《中江县志》卷5。
③ 四川省文物管理局:《四川文物志》下册,巴蜀书社2005年版。
④ 天启《成都府志》卷29。
⑤ 嘉庆《四川通志》卷167。按:明代道官,有"演法",无"演教","仙官"二字疑为衍文。
⑥ 唐顺之:《荆川集》卷3。

道人拳法灵活宛转,伸屈自如,招式刚柔相济,变化多端。黄宗羲称:"少林以拳勇名天下,然主于搏人,人亦得以乘之。有所谓内家者,以静制动,犯者应手即仆,故别少林为外家。盖起于宋之张三峰。"①

在明代全真道士中,得到明统治者优遇、推崇的,以隐居而名愈著的武当山道士张三丰最为突出。有关张三丰的传说很多,不仅其人生辰时日、籍贯和行踪神秘莫测,甚至连他的长相也无人知晓。据《明史·张三丰传》载,"张三丰,辽东懿州人,名全一,一名君宝,三丰其号也。以其不饰边幅,又号张邋遢……乃游四川,见蜀献王。复入武当,历襄、汉,踪迹益奇幻。"② 由于朱元璋下诏征张三丰入朝,不赴;明成祖多次派人寻访不得,更增加其神秘性③。所以,张三丰入川与蜀献王相见一事格外引人关注。经查证,张三丰确曾到过四川,并受到蜀王的礼遇。此事见于蜀王自己的记述。蜀献王曾经亲自写诗赠给张三丰,对他的炼丹驻容之术倾心仰慕:"吾师深得留颜术,善养丹砂保谷神。"④ 第七代蜀王惠王更是对张三丰称赞有加,撰文说他的外貌奇特,具有"飘飘乎神仙之气,佼佼乎冰雪之肠";他的学问高尚,"曰儒曰释,曰老曰庄,皆潜通其奥旨,乃怀玉而中藏"⑤。从两位蜀王对张三丰的文字描述中,可见蜀王府对于道教的推崇与倾心。

三、伊斯兰教

早在成吉思汗兴起时,伊斯兰教的势力即已扩展到今新疆西部。随着中亚、波斯等地被并入蒙古版图,来到东方的回回人(包括贵族、官员、军队、工匠、学者、商人等)空前增加,成为中国历史上伊斯兰移民最多的时代。元朝对于移居中原各地的回回人,允许保留其宗教信仰,在聚居地建立礼拜寺;伊斯兰教师答失蛮可以享受与僧、道一样的免差待遇。但一般伊斯兰教徒,则需同于编民,一样交纳赋税,承当差发。

随着回民的定居四川,伊斯兰教也就传播到全川各地。伊斯兰教的活动中

---

① 黄宗羲:《南雷之案》卷6《王征南墓志铭》。
② 《明史》卷199《张三丰传》。
③ 见卿希泰、唐太潮主编:《道教史》,江苏人民出版社2006年版,第290页。
④ 蜀献王:《赠张三丰》,天启《成都府志》卷49。
⑤ 《全蜀艺文志》卷44,第1349页。

心是清真寺。清真寺在唐宋时期称为"礼拜堂",元以后称"回回寺"。明代把伊斯兰教改称为"清真教",于是"礼拜堂""回回寺"遂统称"清真寺",一直沿袭至今。清真寺具有宗教及社会的多样化职能,它既是穆斯林进行宗教活动的场所,同时,又是他们的政治、经济、文化、教育等社会活动的场所。

四川省的清真寺多数位于农村,少数在城镇。查明天启《成都府志》,在成都外北金绳寺西北有"回回寺"一所,证明早在明末成都就有清真寺存在①。除成都外,绵阳市、阿坝州和凉山州,也是清真寺较为集中的城市。根据四川省伊斯兰教协会1987年底的统计,四川省在20世纪40年代末有清真寺160座,1966年前有131座,1987年底有118座。其中,属于元明时期修建的清真寺如下表:

表11—5　元明时期四川省清真寺一览表

所属市县	寺名	寺　　址	始建年代
成都市灌县	清真寺	南街45号	明末
郫县	清真寺	太和场	明末
重庆市中区	清真寺	中兴路5号	明万历年间
攀枝花市米易县	清真寺	撒莲乡	明洪武年间
绵阳市平武县	清真寺	龙安镇东风路30号	明洪武年间
万县市奉节县	清真寺	永安镇人民路1巷20号	元代
西昌市	清真城寺	吉羊巷8号	1547年
西昌市	清真东寺	河东街	1578年
西昌市	清真寺	泸山脚下	明洪武年间

资料来源:《四川省志·宗教志》,四川人民出版社1998年版。

四、天主教

除伊斯兰教外,这一时期传入四川的还有天主教。其传教人物有利类思和安文思。葡萄牙耶稣会士利类思(IudovicusBuglio)(1606～1682)系西西里人,字再可;葡萄牙人安文思(GabrieldeMagalhaens)(1609～?),字景明。两人一生中最主要之事迹为开教四川。明崇祯十二年(1639)利氏在江南"付洗"(即入教仪式)700人,次年(1640)即被派往四川。他首先通过在朝任阁老的

---

① 天启《成都府志》卷1。

四川籍官员刘宇亮的介绍，与成都官绅认识，并以官邸作为教士的住宅。8个月后即迁入自己经营的寓所和圣堂。崇祯十四年（1641）利类思在达官显贵中，挑选30人"付洗"，作为开展教务活动的骨干。在首批四川天主教徒中，有蜀献王的后裔多人。武官颜督，圣名多默，不但所属士兵多人入教，而且率领子侄多人及其全家领洗，在自己住所设圣母堂，率家中老幼和新教友诵经祈祷。此时利氏已和成都城中的官员及学者相交颇深。不久，利氏卧病，时在杭州传教的安文思，自愿入蜀协助。两人相继在保宁、重庆等处开教。崇祯十七年（1644），张献忠大西军入川，两人曾逃往刘宇亮的故乡绵竹避难，又躲藏山中，但终为张献忠部所获。据《天主教传行中国考》记载，当时，"成都天主堂已为乱兵所毁，教友死者过半"①。张献忠入川，使天主教活动受到摧残，残存的教徒逃到西北邛崃山、龙门山等偏僻山村，苟延残喘②。

另有材料记述，张献忠与利类思和安文思这两名西方传教士相识，是通过吴继善的推荐。吴继善原为明朝成都县令，曾住北京。他从北京到成都任职时，已经在明朝参与修订历法的德籍传教士汤若望，托他带了一封信给利类思，于是他便和在成都传教的利类思相识。张献忠攻占成都时，吴继善投降起义军，后在大西政权任礼部尚书。为了替大西政权罗致人才，他在张献忠面前保荐了这两位传教士。于是张献忠遂派礼部官员将这两位传教士从绵竹迎接至成都。在与传教士交往的初期，张献忠对他们十分尊重，委以"天学国师"徽号，并命令国库按月每人支银十两，以帮助大西政权制造天文仪器，翻译历书。张献忠还默许岳丈全家老小32人奉教，而且还曾两次面许将来为他们建筑教堂。后来随着大西政权的处境的改变和斗争形势的变化，张献忠与传教士的关系日益恶化，利、安二人企图逃离起义军，张献忠以他们所造地球仪有错为借口，准备处死他们。可是不久，张献忠在西充凤凰山遇难。二位传教士遂为清军所俘，清肃亲王豪格询知两神父与汤若望为友，遂委人送至北京③。

---

① 参见方豪：《中国天主教史人物传》（中），中华书局1988年版；《四川省志·宗教志》，四川人民出版社1998年版。
② 秦和平：《基督宗教在四川传播史稿》，四川人民出版社2006年版，第3页。
③ 参见古洛东：《圣教入川记》，四川人民出版社1981年版；骆永寿：《张献忠与西方传教士》，载骆永寿主编：《巴蜀掌故集粹》，四川大学出版社1997年版，第200~203页。

第十一章 元明时期四川的文化

五、民间宗教

流行于元明时代的民间秘密宗教——白莲教，具有宗教与结社相结合的特点，是具有浓厚反抗意识而以宗教迷信为纽带的秘密团体。它因此被封建统治者视之为"邪教"，被民间列为秘密教门[①]。

元明白莲教的渊源，最早大约可以追溯到南宋初年。当时，它是融合佛教天台宗的识法和净土宗的弥陀念佛等信仰而组成的净业团体。后来，白莲导师、吴郡沙门人茅子元遭到流放，由他所倡导的"白莲教"也因此被取缔。到了元代，白莲教已发展成为一门独立宗教，但与佛教净土宗各有异同。不同处在于：白莲教忏堂大量出现，信徒数不胜数；白莲教信徒不叫和尚、尼姑或居士，而被称为"白莲道人"，娶妻生子，无异于平民。其共同处在于：白莲教又没有完全从净土宗中蝉蜕出来，还自认为莲宗真脉，仍以弥陀信仰的三经一论作为要典，以得念佛三昧为要务，以终归西方净土为宗旨。

元代白莲教由于缺乏大一统的宗教组织，追求目标发生歧义，产生严重分化：一部分在政治上采取与元当局合作态度；另一部分则与不甘蒙古统治的下层民众运动相契合，走上了反抗元政权的道路。除仁宗时一度受到朝廷承认和护持，允许公开传教外，白莲教仍属严禁之列。元末，随着社会阶级矛盾的尖锐化，白莲教徒的异端思想和活动日益明显和活跃。在元末农民大起义前，四川虽有零星的反抗活动，但并未见打出白莲教的旗号。

元末四川的白莲教活动，是从明玉珍入据四川、定都重庆拉开序幕的。来自湖北的明玉珍隶属于徐寿辉，而徐寿辉正是被活跃于蕲、黄一带的白莲教首领周普胜拥戴为领袖的。不过，周普胜并未倡导弥陀信仰，而是倡导弥勒下生观念的。在元末农民起义中，韩山童就因倡言"天下大乱，弥勒佛下生"而点燃全国农民革命的火种，他因此被奉为领袖。而崇信弥勒下生观念是香会的最大特点，正是由于"烧香惑众""烧香结会"，这才酿成全国规模的农民起义的。所以，有学者指出：元末农民起义，"其实应称为香军起义、红巾军起义，或弥

[①] 参见马西沙、韩秉方：《中国民间宗教史》（上），中国社会科学出版社2004年版；喻松青：《明清白莲教研究》，四川人民出版社1987年版；谭松林主编：《中国秘密社会》第二卷（元明教门），福建人民出版社2002年版。

勒教起义更为适宜"。因为，在中国近2000年来，底层的造反运动几乎没有倡导弥勒信仰，只有倡导弥勒下生救世观念，才具有强烈的吸引力，造反的倡导者才可以弥勒化身诱惑群众，使之追随不舍①。

虽然如此，在元末农民起义过程中，白莲教会组织者还是以个人身份参与其中，乘机发挥作用。因此，由徐寿辉所建立的"天完"政权，一开始就带有浓厚的白莲教气息，其中央机构的中书省就称之为"莲台省"。当明玉珍定都重庆，建号大夏之时，他便堂而皇之"专奉弥勒法"，从而使得白莲教在大夏政权的辖区内取得正统地位，并在民间产生一定影响。

创建明朝的朱元璋，原本与白莲教有非同寻常的关系。朱元璋隶属于郭子兴部，臣属于白莲教主韩林儿。郭子兴从他父亲开始，就是言祸福、聚众烧香的宗教领袖。朱元璋于至正十一年（1351）投奔郭子兴，加入红巾起义队伍。这时白莲教已和明教融合一体，并和农民起义相结合，形成巨大的群众革命力量，最后终于推翻了元朝统治。

明太祖朱元璋虽然依靠这支奉弥勒聚众起义的红巾队伍，推翻了元帝国建立了新王朝，但是，当他登上皇帝宝座以后，就改变立场，由参加白莲教起义活动变为攻击、乃至对白莲教制定了严禁法律和采取了严厉的镇压手段。但是，有明一代，白莲教的活动并没有因此而销声匿迹。白莲教仍然是贯穿整个明代历史，遍及大江南北，构成整个明代最为严重的社会问题之一。四川由于是明玉珍大夏国的所在地，许多州县留下了白莲教的种子，白莲教的反抗活动此起彼伏，绵延不断（详见本书第三章第三节）。

第九节 民 俗

一、流风遗韵

元朝统治中国不及百年，然而却对传统的社会风俗带来巨大而深刻的影响。

---

① 参见马西沙、韩秉方：《中国民间宗教史》（上），中国社会科学出版社2004年版。

第十一章 元明时期四川的文化

元人戴良说："宋亡垂八十载，故家旧俗日就湮没，而流风遗韵之存者寡矣。"① 明初人宋濂说："元有天下已久，宋之遗俗变且尽矣。"② 在这种背景下，四川也不例外。揭傒斯有云：元朝平定四川，"土著之姓，十亡七八。五方之俗，更为宾主。治者狃闻袭见，以遗风旧俗为可鄙，前言往行为可陋"③。因为朝代的更替，而使后代的社会风俗发生嬗变，这是一个方面。但是，另一方面，许多传统风俗由于受惯性的作用和影响，不仅不会消失，而且还会代代传承下去。

成书于元代中期的《大元混一方舆胜览》，保存了许多富于价值的地方史料。在其记述的山川景物、风土人情中，该书专门辟有"风土"的栏目。栏目中有许多内容是来自于前代文献的转录，不一定是元代所特有的民俗事象，但有的则是源于当时的记录或概述。由于其所引据的文献有的已经失传，因此，载录下来的这部分地方风土事象，就显得弥足珍贵了。例如：

彭州，"大旱不旱。以其土地沃饶也"。

安州，引《图经》称，"习俗静约"。

绵州，"贡桃花犬。罗江淳化中贡桃花犬"。

灌州，引《图经》称，"其俗刚悍，颇尚风节"。

雅州，引《图经》称，"地多岚瘴"，盛产"蒙顶茶"。

茂州，引《图经》称，"累石为巢，俗耐饥寒"。

资州，引《图经》称，"为多士国"。

绍熙府，引《图经》称，"有简俭风"。

昌州，引《图经》称，"士愿而劝学"。

涪州，盛产"松屏。石间有松纹"。

大宁州，"辣茶辟岚气。地接朐䏰，多瘴，土人以茱萸、辣茶饮之，以辟岚气"。

万州，引《图经》称，"风俗朴野"，"尚鬼信巫，乃巴蜀之旧俗"。

绍庆路，引《图经》称，"蛮僚杂混"。引《旧经》称，"少有蚕丝"。

巴州，出"米膏饼"。引《广雅》云："荆、巴间采茶作饼，既成，以米膏

---

① 戴良：《旌表金氏义门记》，《九灵山房集》卷12。
② 宋濂：《文宪集》卷19。
③ 揭傒斯：《彭州学记》，《文安集》卷11。

出之。欲煮饼，先炙。令色变，捣末，瓮器中，以汤浇覆之，用葱姜芼之。"

龙州，"皆山石，少平陆，鲜稻谷，人皆仰食于绵、剑邻邑"。

长宁军，引《图经》称，"极边，酒、茗弛禁，是以人乐其生"①。

明天启新修《成都府志》卷3"风俗志"，保留了当时成都府各县县志对本地风俗事象的记述，对了解明代四川风俗，尤其是成都风俗的传承，有重要的参考价值。兹援引如下：

工巧货殖（《双流志》）；

务农业儒（《温江志》）；

民富礼盛，今颇变昔（《新繁志》）；

业耕读，寡争讼，远佛老（《新都志》）；

事多从简，文渐为盛（《金堂志》）；

原愨好静（《井研志》）；

人多竞利，士有好文（《郫县志》）；

多产秀异（《资县志》）；

重农桑，有文物（《资阳志》）；

有古齐鲁之风（《内江志》）；

俗杂羌夷，渐回文物（《灌县志》）；

敏惠质朴（《彭县崇宁本志》）；

静约不侈（见《图经》，《安县志》）；

沾濡文化，笃信风水（《崇庆志》）；

力耕织，尚礼文（《新津志》）；

淳美雅重（《绵竹志》）；

节俭好礼，狱讼稍炽（《德阳志》）；

文而不华，俭而不侈（《汉州彰明本志》）；

勤力农桑（《罗江志》）；

俗本羌氏，多习射猎（《威州志》《保县志》同）②。

---

① 郭声波整理：《大元混一方舆胜览》卷中，四川大学出版社2003年版。
② 天启《新修成都府志》卷3。

二、社会风尚

明王朝初年,承大乱之后,受物质条件的限制,社会生活比较俭约。加之当时朝廷的礼制对于官民士庶的衣食住行有详细的规定,所有成员无一例外都生活在尊卑有别的社会序列之中,任何超越限制的规定,享用不该享用的消费品都将以越礼逾制定罪。明初社会秩序受到严格的约束,世态民风相应循规蹈矩,由此表现出纯朴俭约的特征。

明代前期,四川的社会风气比较朴实。根据明初人宋濂的描述:"西蜀之地,有万家之邑……其民之俗,好辞让而耻斗争,以故弦歌比屋,而囹圄空虚。"① 明代遂宁人杨名也说:"宣德、景泰间,民朴而殷富,牛马成群,寄宿于野,民勤农作,不渻五方之习。妇女不识锦绮,戴白之老,长衫博带,说《诗》讲《礼》。""一切婚嫁,仅取成礼。燕不用剧乐。"② 出生于万历四十八年(1620)的《欧阳氏遗书》的作者欧阳氏,也在书中说:"童时,见里中人烟颇殷庶,风俗颇淳厚。尚节气,敦信义,崇礼让,励勤苦。亲亲长长,称诗说礼,任恤睦姻,比间相助。士大夫饬廉隅而修俭德,群弟子尽孝友而笃公忠……心无机械,目无干戈,陶然于和风甘雨之辰,真不啻极乐世界。"③ 成书于清咸丰四年(1854)的《蜀龟鉴》一书的作者、内江人刘景伯,在该书第六卷末,引《内江志》说,"风俗之变在人心"。在明代前期、中期,社会风气较好,"隆(庆)、(万)历间,里中贵游,和雅相尚,归一二豪达,酣啸歌舞,古意未亡"④。

但是,到了明代后期,特别是到了明末,四川各地的社会风气却发生了巨大的变化。由于国初励精图治,封建礼制尚能维持,一旦社会生产复苏,商品经济发展,社会财富增加,刺激人们的享受欲望不断膨胀,必然要突破礼制的限制,由俭而奢,改变生活方式。随着价值观念的转变,明朝早期淳厚俭朴的风尚也就被靡浮奢侈所取代。即使在四川洪雅县这样的边远地方,在嘉靖年间也出现了这样的变化:"元夕张灯放花,结彩棚,聚歌演戏剧","笙鼓常达旦";

---

① 宋濂:《送王明府之官序》,《文宪集》卷8。
② 光绪《潼川府志》卷10。
③ 欧阳氏:《欧阳氏遗书》。
④ 刘景伯:《蜀龟鉴》卷6。

第十一章 元明时期四川的文化

服饰则"妇女为艳装,髻尚挺心,两袖广长,衫几曳地";丧葬则"多作佛事,惟士夫如礼,然多信风水,拘忌阴阳,有至十年不葬者";宴会"则朋友多恶草具,而姻娅独丰,肴馔之外,列金币,设全牲,远市异品,不惜劳费"①。在明代中后期的一些书院,在神诞之日,书生士子竟然出现讲究"文身"的风气,"相率文身礼庙,至有试皮肤于刀剑,费田宅于牲宰,杂男女于玩戏者,耗财蠹俗,习为故事"②。

《欧阳氏遗书》的作者还就明末四川奢靡的表现,作了全面的概括:

一、服饰:厌薄缟素,竞侈罗绮,僭制造奇,月异岁变;
二、宴集:淡泊是鄙,丰腴相尚,池糟林肉,海错山珍;
三、居处:华堂绣户,卷雨飞云,园榭必花木盛植,池台必鱼鸟备观;
四、烹宰:则只图适口,不惜物命,刲剥极殄极虐,炮炙极怪极惨;
五、田土:富连阡陌,贫无立锥,侵谋膏腴,占人世业,欺夺孤弱,全我方圆……
六、交易:则利己损人,营求则重息撒债,结处则口是心非,叼唆则唇枪舌剑,纵欲则贪刻奸淫,逞奸则阴谋下石,见人得志则嫉妒横生,闻人不幸则幸灾乐祸……③

奢靡风尚来势汹汹,波及社会各个阶层,改变着世道人心。《蜀龟鉴》的作者说:"自(天启年间)奢(崇明)变以来,民间习赌,杀货御人,嚣争不悟,悍极而偷,诡巧为甚。"④《欧阳氏遗书》的作者也说,"自崇祯戊巳⑤而后,翻觉土狭人多,环视锦水巴山,满目魑魅魍魉。"基于对人性恶的认识,他还对四川各地人的性格特征及其表现,作了这样的概括:"川北之人多刚而亢戾;川西之人多柔滑而奇狡;川南风气巽忍良楷相半;至省至渝州,则狙诈奸深,刻薄

---

① 嘉靖《洪雅县志》卷1。
② 嘉庆《邛州志》卷43《艺文志》。
③ 欧阳氏:《欧阳氏遗书》。
④ 刘景伯:《蜀龟鉴》卷6。
⑤ 原文为戊巳,按崇祯无戊巳,应为己巳,或为戊寅。

第十一章　元明时期四川的文化

诡谲，百倍于东西南北，而人心愈不可测也。"① 显然，社会风尚和世道人心都随之发生了变化。

三、礼仪民俗

到了明代中后期，随着社会生产的发展，社会财富的增多，人们的消费观念发生变化，好热闹、慕奢华成为一种时尚追求。于是，在一些传统礼仪形式中，必然出现许多逾制越规的行为。

（一）丧俗

明代四川思想家来知德于万历壬辰（二十年，1592）撰写《革丧葬夷俗约》一文，文中写道："送终乃礼之大，古之圣人制礼甚严。凡容体、声音、言语、饮食、居处、衣服，皆有一定之制，昭昭垂之于《经》，所以厚风俗、益世教者不浅。"以送终之礼为例，在汉、隋、宋之世，皆遵古制，不准在居丧之时饮酒设宴作乐。但是，在来知德生活的明代万历年间，在偏僻的四川山区梁山（今梁平县），竟然出现了种种丧葬违制的现象。其具体表现在：一是饮酒鼓乐。"今之乡人……犹剪麻布散吊客，名曰'孝帛'。亲方死，即鸣金鼓；吊客来，即设酒，喧哗如贺客然。"二是滥发孝布。"梁山麻布一尺，所值不过银四厘，在主人以长短为厚薄，在客以长短为喜怒。"为此，来知德提出，"此孝帕所当革者"，一也；"此饮酒、食肉所当革者"，二也；"此鼓乐所当革者"，三也。来知德最后声明说，"书此约与吾乡之人共为君子，以成美俗"②。

来知德所谴责的"丧葬设宴，作乐娱尸"的民俗现象，涉及古代祭礼的一个时代演进和观念更新的问题，需要结合社会历史背景来认识。明洪武元年（1368），御史高元侃上言："京师人民，循习旧俗。凡有丧葬，设宴，会亲友，作乐娱尸，竟无哀戚之情，甚非所以为治。乞禁止以厚风化。"于是，朱元璋乃令礼官定民丧服之制。在洪武五年（1372）诏定的《庶民丧仪》中，丧礼逾制现象是被严令禁止的。明太祖称："近代以来，富者奢僭犯分，力不及者，揭借财物，炫耀殡送，及有惑于风水，停柩经年，不行安葬。宜令中书省臣集议定

---

① 欧阳氏：《欧阳氏遗书》。
② 来知德：《革丧葬夷俗约》，《重刻来瞿唐先生日录·内篇》卷6，《续修四库全书·子部杂家类》第1128页。

制，颁行遵守，违者论罪。"① 但是，违背旧礼，无视禁令，大肆铺张，竞趋奢华的现象，在明代屡禁不止。特别是到了明代中后期，在江南地区，在治丧过程中普遍使用优伶、鼓吹，请僧道做道场的现象，蔚然成风②。中国传统礼制基于"孝"的伦理规范，规定人们在为亲人尤其是血亲长辈治丧时，寄托哀思的具体方式，必须摒弃一切物质与精神的享受，不饮酒、不食肉、不作乐、不嫁娶、不生子等等。然而，随着社会的演进和观念的变化，至宋代，违反上述禁例的现象已时有所见③。因此，到了明代，随着社会生产的发展，在生活水平较高的江南地区便为丧礼竞趋奢华提供了必要的物质基础，宋元以来丧礼奢华的现象出现反弹是十分自然的。随着江南地区市民阶层的壮大，人们必然要把好热闹、慕奢华的生活情趣表现在各个场合，不管是生前的享受，还是死后的铺张。从四川偏僻的梁山之地都出现如来知德所提及的种种"丧葬设宴，作乐娱尸"的情况推知，当时四川也同样在丧礼上受到这种风气的影响。

至于说这种"丧葬设宴，作乐娱尸"风气是否来源于蒙古族的"夷俗"的问题，也要具体分析。蒙古民族的丧葬习俗，也就是北方游牧民族的传统习俗，是由两部分组成的：一是葬礼，二是祭祀。因此，在丧葬时对于"饮酒食肉无所禁"④。加之，蒙古人喜好音乐歌舞，因此，经过历史的传承，形成了丧葬过程中众人饮酒食肉、奏乐、舞蹈的习俗。不过，在元代民族大杂居的现状下，朝廷是采取各从其俗的方针，基本上不予干涉。例如，对于汉人传统的丧葬习俗，元朝明令予以遵守，并曾经作出规定："居丧送殡，不得饮宴动乐，违者诸人首告得实，示众断罪；所在官司申禁不严，罪亦及之。"⑤ 当然，由于在元朝蒙古族是统治民族，汉族地区也免不了要受到蒙古丧葬习俗的影响。但最根本的原因，还是时代演进的结果。由于经济发展了，人们的观念自然会发生改变。有材料表明，在元朝江南地区，居丧期间的宴饮之风，更是长盛不衰⑥。这样，到了明代，出现于全国范围内的"丧葬设宴，作乐娱尸"的现象也就是可以理

---

① 《明史》卷60《礼志》。
② 参见陈江：《明代中后期江南社会与社会生活》，上海社会科学院出版社2006年版，第213~220页。
③ 参见朱瑞熙等：《辽金西夏社会生活史》，中国社会科学院出版社1998年版，第177~183页。
④ 黄溍：《答禄乃蛮氏先生茔碑》，《金华黄先生文集》卷28。
⑤ 《元典章》卷30《礼部三·丧礼》。
⑥ 史卫民：《元代社会生活史》，中国社会科学出版社2005年第2版，第269页。

解的了。

（二）婚俗

明代前期，四川的社会风气仍比较朴实。根据明代遂宁人杨名的描述："一切婚嫁，仅取成礼。燕不用剧乐。"① 但到了明代中、后期，民俗风气也相应地由尚简变为尚奢。以洪雅为例：嘉靖时，婚嫁则"女家以奁资相高"，"男家张宴集客，越三日始罢"②。明人李实在《蜀语》一书中，还记录了川人婚俗的一种礼仪："婚先日而宴曰馈"，"女嫁三日送食曰馈"。这是指婚前一日，女家到男家送礼宴会。此外，四川还流行一些与婚姻有关的其他特殊习俗——童婚和招赘之风。明代人文地理学家王士性记载："蜀中俗尚缔幼婚，娶长妇，男子十二三即娶，徽俗亦然。然徽人事商贾，毕娶则可有事于四方，川俗则不知其解。万历十年间，关中张中丞士佩开府其地，每五里则立一穹碑严禁之，每朔望阖邑报院，邑中婚娶若干家，某甲男女若干岁，犯禁者重罪之。然俗染渍已久，不能遽变也。"③ 在四川有的地方，例如在洪雅、芦山、仪陇等县，至今仍保存万历年间官府禁止童婚的碑刻，是对王士性文中所载

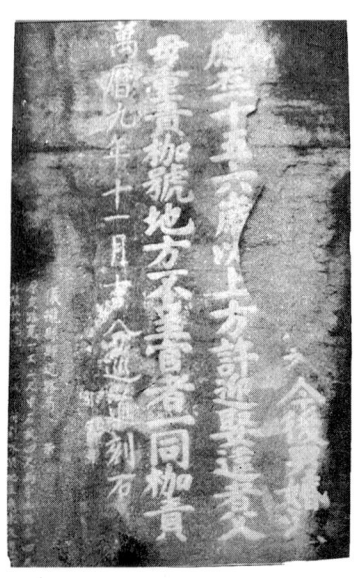

图 11—56　明代禁止童婚碑（采自《四川历代石刻》）

"每五里"即立一禁止碑谕的文物见证④。明代童婚之盛屡禁不止，与农村偏远地区缺乏劳动力有关。同时，也与王士性所说，多与安徽人从事商贾有关。既然徽人如此，四川人中童婚屡禁不止，何尝又不与明代中后期商品经济的发展相联系！

与童婚相类似的，还有招赘之风。在有的地方，"其子婿则成化前多入赘，

---

① 引自光绪《潼川府志》卷10。
② 见嘉靖《洪雅县志》卷1。
③ 王士性：《广志绎》卷5。
④ 四川省文物管理局：《四川文物志》上册，巴蜀书社2005年版，第369、374页。

分财产，谓之承户婿，亦云养老婿"①。甚至寡妇再婚，也采取招赘后夫的办法，"前夫所遗，尽与后夫所有"②。入赘可以继承财产，说明赘婿（赘夫）的社会地位是完全独立的，这也与明代中后期社会经济的相对发展相联系。

四、岁时民俗

经过宋元易代、元明更替之后，四川传统的岁时民俗有的继续传承下来，有的则因时过境迁而不复存在了。

据记载，明嘉靖云阳县的"岁时之礼"有："正旦拜贺，元夕观灯，清明、十月朔日俱拜扫，端午蒲觞，重九登高，冬至祀先。"③ 拿这个记载与元人费著《岁华纪丽谱》所载的岁时民俗相对照，有的名称相同（如正旦、上元、清明、端午、重九、冬至），有的活动大同小异，足见宋元更替之后，四川许多州县仍旧按传统的民俗习惯在开展活动。

在四川首府成都，按月开市的旧俗也得以恢复。明人杨升庵引李膺《益州记》的话说："成都有三市，曰蚕市，曰七宝市，曰药市也，周岁而匝焉。蚕市以清明，蚕市以七夕，药市以重九。"药市源自"往时川蜀旧俗，喜行毒"。成都故事：以每年重阳，开大慈寺，聚集人气，出售百货，有所谓药市者，专卖一种"解毒丸"。有投千钱而求丸药一粒者，谓"一粒可救一命"，此俗在宋代犹存④。但是经过元明更代之后，成都药市多年不兴，以至"沦迹于尘芜"。直到明代中期，经过"蜀藩承奉周景韩"的大力提倡，"四延名医，参合珍剂"，这才使得"远近相属，求者如市，蹒跚而往，腾跃而归"。为此，杨升庵特意写下《药市赋》以记其盛，盛赞在这"八万四千之人烟，五十四州之谣俗"之地，"启药市于重关"⑤。

而另一方面也要看到，宋代成都另一些岁时民俗，到了明代则开始绝迹了。其一是游江习俗之消失。二江环抱的成都城有着开展水事游乐活动的天然条件。

---

① 嘉靖《洪雅县志》卷1。
② 《明神宗实录》卷23。
③ 嘉靖《云阳县志》卷上。
④ 天启《成都府志》卷57。
⑤ 杨慎：《升庵文集》卷1《药市赋》，载《杨升庵丛书》（三），天地出版社2002年版，第80页。

在宋代，成都形成了春季大、小两次游江的传统①。二月二日，出万里桥，会宝历寺，"号小游江"。四月十九日，出笮桥门，游浣花溪，会百花潭，号"大游江"②。游江活动最盛的是"大游江"。是日，太守在锦江上设置"水戏竞渡""诸军骑射"等水上游乐项目让百姓游赏。但是，当南宋末年蒙古军队攻入并占领成都，把这种娱乐活动赖以生存的经济基础和社会条件尽行摧毁之后，成都游江的兴盛局面便不复存在了。元人罗寿说："成都自丙申（1236）荡于兵，文物泯尽。"③ 文天祥也撰文说："益州承平时，元夕宴游，其风流……而今不可复得矣。"④ 及至明初，生产亟待恢复，社会风气比较朴实，娱乐不兴。不仅昔日北郊游乐场所学射山（今凤凰山），"今为蜀府坟墓，此游遂绝"⑤，而且，连浣花溪之边的杜甫草堂，也衰敝不堪而成为荒芜之址⑥，这证明昔日热闹喧嚣的浣花溪之游，早在明代就已不见踪影了。所以，清嘉庆《华阳县志》特别在"岁时民俗"部分，追述四月十九日古"邀头宴"游江习俗条下面，标注按语云："按，此风不可复睹。"⑦

其二是三月三日的游山习俗之消失。成都平原一马平川，登山之乐，唯以北郊的学射山最为适中。学射山，因三国时蜀后主刘禅曾于此学射箭而得名。自唐代中期以来，学射山一带即成为成都的风景名胜之地。据传晋孝武帝时（373～384）蜀人张百子于三月三日在此山得道飞升，山上的至真观即其遗址。故五代至宋，"每岁至是日，倾城士庶，四邑居民，咸诣仙观，祈乞田蚕。时当春煦，花木甚盛，州主与郡僚妓乐出城至其地，车马人物阗噎"⑧。宋代风俗，在学射山游乐时，成都官吏和士大夫要在此举行射箭比赛和盛大的宴会。其盛况正如文同所描述的："成都燕集，用一春为常，三日不修已云远甚，然各有定处，惟此山之会最盛。太守与其属候城以出，钟鼓旗旌，绵二十里无少缺。都人士女，被珠贝，服缯锦。藻馈岩麓，映照原野，浩如翻江，晔如凝霞；上下

---

① 参见陈世松：《宋代成都游乐之风的历史考察》，《四川文物》1998年第3期。
② 费著：《岁华纪丽谱》。
③ 罗寿：《成都赡学田记》，正德《四川志》卷36。
④ 文天祥：《文山全集》卷9《衡州上元记》。
⑤ 曹学佺：《蜀中广记·名胜记》卷3。
⑥ 蜀献王：《祭杜子美文》，《全蜀艺文志》卷50。
⑦ 嘉庆《华阳县志》卷44。
⑧ 黄休复：《茅亭客话》卷5《鲜于耆宿》。

立列,穷极繁丽,倘佯徙倚,直暮而入。"① 但是,自从明初把此山划为王府墓葬区后,此山即成为禁地。于是,传统的三月三日学射山习射、游山至此绝迹②。

五、信仰民俗

元人虞集指出,蜀中"俗尚祷祠,鬼神之宫相望"③。元明以来,四川各地的祠庙很多,有的是承继前代习俗祭祀,有的则在前代的基础上,根据需要另有更新与发展。下面择要举例加以说明。

(一)石敢当

明人李实《蜀语》云:旧时蜀中街道、乡村路口常立一顽石,上刻石头人像,下刻"泰山石敢当",以为镇邪禳鬼之用。李实注释,此俗汉时已见。这个东西就是民间常说的"吞口菩萨",形象暴眼獠牙,令人恐怖。《墨庄漫录》云:"石敢当,镇百鬼,压灾殃,官吏福,百姓康,风声盛,礼乐昌。"这个神没有进入玉皇大帝和如来佛的神榜名录,是纯粹民间崇奉的俗神。显然,这一古老的民俗信仰,在明代依然保存。

(二)坛神

明人李实《蜀语》云:坛神名主坛罗公,黑面,手持斧吹角,设像于室西北隅,去地尺许,岁暮则割牲延巫,歌舞赛之。坛神含有镇宅避邪之意。奉坛神者,其神以径尺之石,高七八寸,置于堂右倚壁,曰"坛等"。上供坛牌,粘于壁,旁列坛枪。其牌或书"罗公仙师",或书"镇一元坛赵侯元帅郭氏领兵三郎",两旁列称号数十名。没岁一祭,杀豕一,招巫跳舞,歌唱彻夜,谓之"庆坛"。民国《巴县志》称,"今市井及乡里古宅,在百年前者往往有之。"④ 溯其渊源,此俗则明代早已著录,足见坛神信仰已在明代流行。

(三)文昌帝君

明人何宇度《益部谈资》载:"文昌帝君。传云降生于越之西,嶲之南,两郡之间,今之梓潼县是也。"文昌帝君又名梓潼帝君,历来被"学士大夫"奉为

---

① 文同:《丹渊集》卷24《成都府学射山新修祠宇记》。
② 曹学佺:《蜀中广记·名胜记》卷3。
③ 虞集:《道园学古录》卷46《四川顺庆路蓬州相如县大文昌万寿宫记》。
④ 民国《巴县志》卷23。

"主文治科举之神"①。此俗率先兴起于宋代四川,属于四川的乡土神。宋代流行于全国,各地的帝君庙前,香火鼎盛。"宋亡蜀残,民无孑遗,鬼神之祀消歇。自科举废而文昌之神灵亦寂然者余四十年。"② 元仁宗加封文昌神为"辅元开化文昌司禄宏仁帝君",钦定为"忠国、孝家、益民、正直、礼典之神",赐匾额"佑文成化之祠"③,使文昌信仰在全国范围内广泛传播。明承元制,继续礼祀文昌。明代文昌祭祀虽然颇有一番周折,但到明后期文昌祠的地域分布反而进一步扩散④。正是在这种背景下明代文昌帝君信仰在四川广为流行。明嘉靖《阆中县志》载:"五月十五日瘟祖会,旧在城隍庙,后移太清观。此会较诸会为甚……演灯戏十日。每夜焚香如雾,火光不息。其所为灯山者,亦如上元之时。"⑤ 按瘟祖会乃四川重要神会之一,主祭的就是梓潼帝君。此会期间,"演灯戏十日",足见围绕文昌帝君的祭祀娱乐活动之盛,所谓"此会较诸会为甚",殆不虚言。

(四)射洪祠

据天启《成都府志》记载,射洪祠在成都府治北门外驿站旁,蜀献王建。主祀唐代四川大诗人陈子昂。相传,蜀献王到四川,"梦有神冠冕来迎者。王问为谁?对曰:陈子昂也。今为射洪土神。王驾过,护送至此,王因命立祠祀之。"⑥ 蜀献王镇蜀之初,编造神人来迎,把陈子昂作为"土神"来立祠祭祀,显然是利用蜀人的民间信仰,为他的所谓"礼教治西陲"争取人心和同情的。所以,当清取代朱明政权之后,射洪祠也就随之告废⑦。

(五)五龙庙

在成都府东锦江街。"相传献王入蜀,至嘉州,江涨,舟不能上。祷于神,风静水消,乃立庙迎祀于此。"⑧

---

① 虞集:《道园学古录》卷46《四川顺庆路蓬州相如县大文昌万寿宫记》。
② 虞集:《道园学古录》卷46《四川顺庆路蓬州相如县大文昌万寿宫记》。
③ 明《清河内传》,《正统道藏》洞真部谱录类。文物出版社、上海书店、天津古籍出版社1988年版。
④ 参见高梧:《文昌信仰习俗研究》,巴蜀书社2007年版,第29页。
⑤ 嘉靖《阆中县志》卷30。
⑥ 天启《成都府志》卷3。
⑦ 嘉庆《四川通志》卷34云:"射洪祠……今废。"
⑧ 天启《成都府志》卷3。

（六）城隍庙

在中国民间，城隍神是颇有影响的城市保护神。城隍原为中国民间的宗教祭祀之神，唐以后开始普遍祭祀，宋代已经列为国家祭典，至明朝初年，国家祭祀的城隍祭祀即迈入空前系统化、正规化、制度化的阶段，从而推动城隍信仰和城隍祭祀在民间的普遍化①。洪武二年（1369）正月，朱元璋敕封"京都及天下城隍神"，并对全国城隍神的等级作了划分，将城隍神设定为五等。朱元璋还说："朕立城隍神，使人知畏，人有所畏，则不敢妄为。"②次年六月，又"诏天下府州县立城隍庙"③。规定城隍庙的规格结构与当地官署正衙相同，官员必须如期前往拜谒。正是在明代统治者的大力提倡下，前代尚不多见的城隍庙以及城隍信仰，开始在巴蜀各地普遍推广开来。

根据明天启《成都府志》卷3记载及舆图所示，有一座城隍庙在府城北门外；另一座城隍庙在府治西。由于明代设定的城隍等级中，没有省城隍的一级，因此，建在省城首府的这座城隍庙，便作为省城隍庙，用以供省级官员拜谒。明代四川城隍庙不仅修建在省城，连偏远的县城也无例外。例如，地处川东南偏远民族地区的石柱县，在城西北隅、南宾河东岸，就建有一座县级城隍庙。此庙是由被朝廷敕封为都督的秦良玉于崇祯九年（1636）所建④。明代城隍庙遍设于各府州县。例如，在川东的夔州，在府西县学旧基，弘治（1488~1505）年间，郡守杨奇重建，正德七年（1512）郡守吴潜重加修葺，仍建钟鼓二亭⑤。至于各州县的城隍庙的创建，也屡见于当时和后代的记载之中。如：黔江县城隍庙，洪武十四年（1381）千户孙文建；广汉县城隍庙，正德七年（1512）建造等等⑥。

城隍神之所以受到各州县的崇拜，一个重要原因在于城墙与护城河有护城保民的作用，所以城隍神的栖身处所城隍庙与城墙关系极为密切。明人建城隍

---

① 参见赵轶峰《明初城隍祭祀》（《求是学刊》2006年第1期）、张泽洪《城隍神及其信仰》（《世界宗教研究》1995年第1期）等。
② 《明太祖实录》卷38。
③ 《明太祖实录》卷54。
④ 嘉庆《四川通志》卷37。
⑤ 正德《夔州府志》卷5。
⑥ 参见邓运佳：《中国川剧通史》，第208页。

庙的观念，普遍与各地大修城池是有直接联系的①。以夔州府为例，详见下表：

表11-6 夔州府城池与城隍庙对照表

郡邑	城池修建	城隍庙位置及修建
夔州府	成化、正德筑城，包砌砖石	府西，弘治、正德重建
云阳县	旧有土城，正德六年（1511）创城	县西，主簿傅灌重建
万县	成化二十二年（1486）筑，甃砌砖石	县西北
梁山县	旧无城，成化二十一年（1485）创筑	县南
开县	成化二十三年（1487）始甃砌砖石	县东
新宁县	旧无城，成化筑土城，弘治构筑，正德复增堞浚濠	县西
东乡县	成化环以城，正德甃砌砖石	县西
达州	旧有土城，成化增筑，弘治砖石甃砌	县东南
巫山县	明夏创筑土城，正德始筑	县西北
大昌县	古无城，弘治土城，正德甃砌砖石	县西
大宁县	甃砌砖石，正德五年（1510）于城外开濠	县西，知县夏子谦立
建始县	旧无城池，弘治始筑土城，正德甃砌砖石	县西

资料来源：据正德《夔州府州》卷2、5改制。

城隍神作为物化的城池保护神，具有自然神的原始品格的一面；同时，它还具有社会神品格的一面，即与行政治所发生内在联系。城隍庙作为虚拟化的阴界衙门，发挥着"警世"的功能。正如明隆庆时，叶一清在《重修（金堂县）城隍庙记》中所说："邑之有城隍庙，制也。所赖以御灾凶，主祈祷，昭善恶。凡举事，劳众告而后行。于春秋则祀，朔望则谒焉……治理者为多，一日不可无侯（城隍），则一日不庙可乎"？在他看来，人世间"奸巧百出"，有些作奸犯科之人，在公堂上受审，他"宁甘拷掠"，也不肯招供认输。但是，一当带其到城隍庙前，面对阴曹地府，他却"不能自隐"。由此可见，"幽明人鬼一道也"。对待城隍如同对待人事一样，必须"知所以事人，而后知所以事神"。如果对神不敬，"香火之供不与焉"，则"孝弟忠信、利益廉耻非人之大行乎"②！正因为如此，官府提倡城隍，民间信奉城隍。每逢春秋必祭，初一、十五必拜。每遇

---

① 张传勇：《试论城隍庙的建造移居》，《民俗研究》2005年第2期。
② 嘉庆《金堂县志》卷1《建置志》。

城隍庙建筑圮坏时，民间"募助钱粮，大启栋宇"的活动连绵不断。而每到城隍庙扩建、兴建竣工之时，当地的官员又莫不为之撰文作记，借机大讲"事神之道"，由此形成一种源远流长的城隍崇拜信仰。

值得注意的是，明代的城隍神也有一个从自然崇拜向偶像崇拜的转化过程。在这一转化过程中，自然神得以人格化。按照明代的制度，城隍之神，应为木主，但随后都改作土偶，还让神像穿上衣冠。更有奇者，城隍庙还立一后殿，设一城隍夫人之像。并且还定五月十一日为城隍诞辰，三月二十八日为城隍夫人诞辰。例如，金堂县城隍庙，不仅"有门、有寝、有曹廊、有斋"，而且，在屋中还有"三楹，肖像于中"。

在城隍偶像化后，人格与神格开始互动起来。于是，围绕城隍庙开展的娱乐祭祀活动，又是娱神名义下的世俗庆典。作为社会神的城隍神的崇拜信仰，在明代以后又演化为一种世俗色彩的城市生活画面。每逢城隍诞辰、城隍夫人诞辰等节日，在各地城隍庙周围举行的祀神大会（包括抬城隍神游街等活动），往往成为当地融宗教、商贸、娱乐为一体的最隆重、最热闹的民俗庆典。直至近代，成都的许多民俗庆典活动经常把鬼、神和人糅合在一起。庆典仪式不外乎三种类型：家庭和宗族、街头和邻里、社区共同体。在成都，除了城隍诞辰和城隍夫人诞辰等节日外，在阴历七月十五日，人们在庆祝盂兰盆节时，也还要举行迎接城隍活动；在大旱求雨仪式上，也还要抬城隍塑像游街。这些活动往往延至深夜①。这些都可以视为明代城隍庆典仪式之遗风传承的结果。

（七）东岳庙

东岳庙供奉东岳大帝，就是道教因袭民俗崇奉的泰山神。东岳庙与城隍庙颇有渊源关系。明初，在南京所见的城隍庙，就是"改东岳行宫为之"②。在明代，天下各府均设有东岳庙。根据记载，成都东岳庙有多处：一处在"蜀府西街，本府重修"。另一处在"府治东"③。崇祯十二年（1639），在明末成都风雨飘摇之际，"成都东岳庙玉帝像自动不止"④。还有一处在北门外。崇祯十三年

---

① 王笛：《街头文化——成都公共空间、下层民众与地方政治，1870—1930》，中国人民大学出版社2006年版，第78～79页。
② 陈宝良、王熹：《中国风俗通史·明代卷》，上海文艺出版社2005年版，第856页。
③ 万历《四川总志》卷3。
④ 彭遵泗：《蜀碧》卷1。

（1640），正当张献忠率领的农民起义军进攻成都之时，"成都郭外北城街东岳神泥身动"。时任巡抚的邵捷春亲自来到庙前，祈求神灵保佑。许愿说：如果这次"城全"将"迎神入城"。后来，农民军虽至，成都果然无事。邵捷春于是举行隆重仪式，"迎神入城，至下莲池供之"①。由此可见东岳信仰与成都社会之关系。与城隍庙信仰一样，东岳庙也要举行庙会，要举行东岳大帝出巡的盛大庆典。出巡的意思是东岳大帝于这一天降临人间，走街串巷，监察下民，劝善惩恶。按照一般惯例，出巡时，东岳大帝圣像被放在八抬大轿内，由香客们抬着，队伍的前面有旌旗鼓乐导引，有凶神恶煞的判官，有披枷戴锁的"罪人"。紧跟在后面的是众香客，身穿彩衣，气氛热烈。出巡之后，香客们又把东岳大帝圣像抬回庙内大殿中，并给东岳大帝进献新的服饰，焚香后才算礼毕。然后人们在庙外茂密的长松绿柳之下，开怀畅饮，享受神人同乐的欢娱，直至天黑。由此也可以推知，当邵捷春在举行迎神入城供奉时，成都城内也一定会像举行东岳大帝出巡的盛大庆典一样，热闹非凡，所经之处，必然是观者如堵。显然，这时的东岳庙已成为凝聚成都民众社会生活的重要载体。

（八）江渎庙

成都府的江渎祭祀，由来已久。据天启《成都府志》卷3记载，"江渎庙，府治西南。隋开皇二年、唐天宝六年建。重修以祀南渎大江之神。玄宗亲为文以祭。其祠词曰：惟神包总大川，朝宗于海，功昭润化，德表灵堂。今因夏首，用率常典，敬以玉帛、牺牲、璨盛度品，明荐于神。历代因之。本朝载在祀典。"据考察，江渎祠原址在成都市西南角旧西较场。四川省博物馆收藏有供奉于此祠中的神像三尊，一尊为"江渎神"，另一尊为其二妃（原铭文作"妹"）。明成化六年（1470），蜀府承奉正宋景奉命铸造。江渎神顶束发冠，袍带正坐。面相善美年轻，系江、淮、河、济四渎水神之一。铸造精丽，为明代铸像代表佳作。神像高2.88米，神妃像高1.80米，皆坐于椅上②。由于江渎是国家正统的祭祀对象，因此，祭典隆重，礼乐齐备，并遣文臣撰写祭文。嘉靖初元，作为史臣的成都府新都人杨慎，就曾奉命"祭南渎大江"，由此撰写了题为《江祠

---

① 费密：《荒书》。
② 《四川文物志》（下），巴蜀书社2005年版。

记》的文章，镌刻在石碑之上①，由此可见其庄重之一斑。

成都江渎庙由于是国家祭祀的场所，所以历来香火旺盛，民间烧香许愿活动连绵不断。明初的法律，最初对民间的烧香活动给以严密的限制。但是，到了明代中期，民间的烧香或进香活动陆续出现。在全国许多地方，庙会烧香进香活动开始兴起并蔚然成风。正是在这种背景下，天顺二年（1458），在四川成都出现了在江渎神庙"祭赛心愿"的活动②。当时的成都右卫知事邓志宽上奏道：

> 四川古有江渎之神，例得祭祀。奈何无籍之徒，每至三月二十八日，谓神诞之辰，前后三五日间，或背插大小枪刀三五把，或身拖长短铁锁十余条，又或捉蛇十余，沿身缠戏。又有男妇披带枷锁，俱插黄旗，动二三千人，从之者不计其数。鸣击金鼓，喧嗷之声闻诸远近，名曰："祭赛心愿"。近者军民职官及各府州县乡村，亦多效尤，宜禁之便③。

透过这条记载，可以看出盛行于成都的"祭赛心愿"活动，实际上就是利用官方的江渎祭祀，通过江渎庙而开展的一种民间娱神娱人活动。成都市民一方面在神像面前许下心愿，祈求神灵保佑；如果能够得以实现，还再次前来祭祀还愿。另一方面，通过许愿还愿，开展娱乐活动。聚集起来的人群，或者披枷带锁，作贱自己，把自己装扮成一幅罪犯模样，向神明表白自己虔诚的"赎罪"心灵，希望得到神的宽恕。至于背"插黄旗"，这是明朝老百姓上京告御状的打扮，无疑是将神视作像民间皇帝一样的最高裁判者④。而"鸣击金鼓，喧嗷之声闻诸远近"，则正是民间庙会娱乐活动所特有的氛围。正因为这样的"祭赛心愿"活动符合了成都百姓乞神娱人的心理，因此得到了人们的认同，以至"军民职官及各府州县乡村，亦多效尤"。显然，这又超越了正统江渎祭祀的范围，因此，地方军事官吏出于对社会秩序的担忧，又不得不上疏朝廷，请求加以制止。

---

① 天启《成都府志》卷53《艺文志·续集》。
② 陈宝良、王熹：《中国风俗通史·明代卷》，上海文艺出版社2005年版，第918页。
③ 《明英宗实录》卷296。
④ 陈宝良、王熹：《中国风俗通史·明代卷》，第919页。

六、民间文艺

川人俗好娱乐，民间娱乐方式多种多样。最常见的方式是，与生产劳动相结合，于田间地头载歌载舞。明人何宇度《益部谈资》载："长腰鼓，即古之蜡鼓也。长七八尺，以木为桶，腰用篾束二三道，涂以土泥，两头用皮蒙之，三四人横抬杠击。州郡献春及田间种秧时，农夫皆击此，复杂以巴渝曲。"① 在春耕、插秧时，击长腰鼓，唱巴渝曲，边劳动边歌舞，不失为娱乐助兴之意。类似的形式还有：竹枝歌。竹枝歌是流行于三峡一带的民间歌曲，唐刘禹锡、白居易皆尝赋之，其腔调"凄婉悲怨"，十分感人。至宋代，"三峡长年犹能歌之"，但是到了明代，"今则亡矣"②。与竹枝歌消亡的同时，另一种娱乐方式——吹箫则在三峡妇女中流行开来。据记载："巫山女子毋皆善吹箫。嫁时，众女子治具送之，吹箫数日为乐。蜀中有此，毋乃神女之遗风乎？"③

四川乡民娱乐的活动方式是结合各种赛会开展。每值各神诞之日，集钱致祭，在乡间的万年台前，演戏观戏，以达到娱神娱人之目的。文献资料中，直接反映明代四川各地乡民利用神诞日娱乐活动盛况的，如苟思醇隆庆二年（1568）对于雅州城隍会的盛况的描述："蜀中推富饶者，必首雅……即庙中神诞日，预告国人，片楮传谕耳。是日也，彩帐差错，粉墨竞陈，角触鱼龙之属，缤纷陆离……"④ 嘉靖洪雅县正月十五日元宵灯会的热闹场景："元夕张灯放花，结彩棚，聚歌儿演戏剧"，"箫鼓常达旦"⑤。嘉靖阆中县五月十五日瘟祖会的盛况，"较诸会为甚"，"醮天之夕，锣钹箫鼓，响遏云衢。演灯戏触十日。每夜焚香如雾，火光不息。其所为灯山者，亦如上元之时"⑥。

此外，另从演出场所也可推知，但凡明代有戏楼、乐楼、戏台的州县，这些地方也必然是每逢神诞之日，歌舞竞呈，盛况空前。据邓运佳考证，明代四川各地的戏剧演出场所，例如：

---

① 何宇度：《益部谈资》卷上。
② 何宇度：《益部谈资》卷下。
③ 何宇度：《益部谈资》卷下。
④ 苟思醇：《庆祝城隍庙碑记》，转引自邓运佳：《中国川剧通史》，四川大学出版社1993年版，第209页。
⑤ 嘉靖《洪雅县志》卷1。
⑥ 嘉靖《阆中县志》卷30。

犍为胜泉乡胜泉寺，"明弘治七年建"，有"戏台"；

犍为马踏井乡地藏庙，"明嘉靖年间"修建，"内有戏楼"；

犍为榨鼓乡三圣宫，"明万历二十六年建"，内有"戏台"；

威远县嵩祝观，"明弘治十三年改创"，万历四十年（1612）知县邹凤仪重修，内有"戏楼一座三间"；

罗江县游马驰寺，"明嘉靖三十二年建"，殿有五层，"第一层为乐楼"；

芦山县石山岗张公祠，"创自明代隆庆年间"。每逢"中元圣诞，演戏赛会"，祠中必有戏台。

根据以上史料判断，凡属城隍庙、川主庙、关帝庙、清源宫、禹王宫、文昌宫、紫云宫、普济寺、药王庙、牛王庙之类的庙、祠、寺、宫等公共建筑，多数都有戏楼、乐楼、戏台之属，只是许多未见文献著录罢了①。

七、民间语言

（一）方言

民间语言是民间习俗的重要内容之一。在记述四川方言的发展演变历程时，不能不提到李实和他的《蜀语》。李实（1596~1674）②，字如石，别号镜庵，生于遂宁（今遂宁市中区），祖元桂，邑廪生，父鹤来，精医术。崇祯九年（1636）举于乡，十六年（1643）中进士，选长洲令，兼摄吴县令。次年（1644）明朝覆亡。再次年（1645），李实弃官，隐居长洲东门外，著书授徒。李实隐居30年，著书多种，以《蜀语》最为知名。李实在一篇简短紧要的序文中称："实生长蜀田间，习闻蜀谚，眩于点画不暇考；留滞长洲，闲得以考之……传曰：'乐操土音，不忘本也。'西蜀进士李实识。"③《蜀语》是他身居异地，在祖宗丘墓在蜀，思不得归的情况下，凭借壮年离蜀前所习的家乡民间语言，信手录之而成的。据语言学者研究断定，《蜀语》记录考订明末四川方言词汇560余条，共约万言，是我国现存第一部"断域为书"的方言词汇著作，书

---

① 参见邓运佳：《中国川剧通史》，四川大学出版社1993年版，第208页。

② 李实生卒年在清代和民国《遂宁县志》中均无记载，只说"年七十有八。"或云生卒年为1598~1676年。今从李剑华《李实初探》之说，李文载遂宁市文化局编：《李实学术研讨会论文集》，语文出版社1996年版。

③ 李实：《蜀语》，巴蜀书社1991年校注本。

中著录了大量的方言词汇，绝大部分词汇又加有音注，所以它保存了相当数量的四川方言词语，反映了明代方言某个地区的语音状况，还注意考索了方言词汇的来源和本字，对四川方言的历史研究有重要的学术价值①。

《蜀语》中不仅反映了明代四川方音的特点②，而且还记录了许多四川民间语言的词汇。下面仅摘录几条，以见一斑：

图 11-57　李实像（采自《中国历代人物图像集》）

平原曰坝；腹泻曰过；面惭曰厌（"厌"音掩）；蚕在茧中曰蛹（"蛹"曰勇）；手承物曰拓；凡苗实聚多曰纂纂；称人曰汉（年老曰老汉，少壮者曰汉子）；村市曰场（入市交易曰赶场）；不与人分辩曰不理；少曰丁丁，又曰点点，又曰些些；母之父母曰外公外婆；老曰老革革；撑船竿曰篙杆；男巫曰端公；酒器曰坛（"坛"与罈同）；人快敏曰伶俐；推人曰攘（"攘"曰朗）；不鲜曰蔫（"蔫"音焉）；谓子曰崽；沉水曰淹；谓豕项间肉为"曹头肉"……③以上这些流行于明代的方言词汇，直到 300 多年后的今天，仍在四川广大城乡继续使用，足见民间语言的巨大生命力。

（二）民谚

值得提到的是，杨慎也是一位善于从民间文艺中吸取养料、运用民谣谚语的大师。在他辑录的《风雅逸篇》《古今风谣》和《古今谚》中，保存了当时许多民间歌谣、谚语。而且，他经常把这些民谣、谚语化用入诗。如在《黄柏行》中说："宁食苦黄柏，莫作贵州客。宁食头七醋，莫行贵州路。"④用"黄柏""头醋"的酸苦，反衬远行贵州的酸苦更甚。在《廿一史弹词》中，他经常使用"里语巷谈"，"自然成韵"。如词末所唱之："幸今日，与知音，逢场作戏；待来

---

① 甄尚灵、张一舟：《〈蜀语〉词语的记录方式与〈蜀语〉音注所反映的音类》，遂宁市文化局编：《李实学术研讨会论文集》。
② 据黄尚军《〈蜀语〉所反映的明代四川方音的两个特征》（《方言》1995 年第 4 期）指出，分析《蜀语》中的注音材料，发现：古入声字的归调不一致和［-m］韵尾的消失是明代四川方音的两大特点。
③ 李实：《蜀语》，巴蜀书社 1991 年校注本。
④ 《升庵集》卷 37《黄柏行》。

朝，重会面，再有新文。"恰似街头巷尾叙谈，有如茶馆说书者云。难怪前人评论其"似正似谐，似俗似雅，似远似近"①，这话一点也不夸张。

在明末张献忠进入四川与明军作战的过程中，农民军为讥刺明朝腐朽无能的官军而发的言论，经记录为文，诙谐幽默，许多也是民间俗语，具有极强的民间文学色彩。如在明兵部尚书杨嗣昌督师围剿张献忠失败后，张献忠作诗嘲讽说："前有邵巡抚（指邵捷春），常来团转舞。后有廖参军（指廖大亨），不战随我行。好个杨阁部，离我三天路。"② 张献忠攻克成都后说："桥是弯弓塔是箭，箭箭射着承天殿。"③ 而民间流传的俗语："桥是弯弓塔是箭，一箭射翻金銮殿。朱明气数尽，流民坐江山。"④ 这些正是俗语在长期流传基础上的翻版与再创作。

（三）童谣

在明代末年各种社会矛盾空前尖锐、农民起义风起云涌的时代，历史上作为权力斗争的异类武器大行其道，被派上了用场。各种政治势力以民间谣、歌、谚的形式，为自己造势，争取人心。其中，最常见的形式，是竞相利用童言无忌的特点，大造舆论，于是一些带有政治含义的童谣在四川广泛流行，不胫而走。

在明末四川流行的童谣中，既有针对明朝官军的，也有针对农民起义军的。例如，针对明朝官军的。流行于正德中的"川蜀童谣"说："强贼放火，官军杀我。贼来梳我，军来篦我。"这首童谣，是针对正德年间官军为镇压蓝廷瑞之变而发的，所谓"统御非人，官军所过，掠劫甚于流贼，百姓歌之"⑤。还有童谣说："贼兵梳，官兵篦，土兵薙。土贼犹可，土兵杀我。"⑥ 在雅州也有类似的童谣："宁遇恶虎，不遇曹部。宁逢赤眉，不逢文师。"明末范文光监军雅州，纵掠民间，因此有此谣。曹，指曹勋⑦。也有针对农民起义军的童谣，显然带有敌视农民军的立场。如川南等地的童谣说："流流贼，贼流流，上帝差他斩人头。若有一个斩不尽，行瘟使者在后头。""东也流，西也流，流到天南有尽头。

---

① 《历代史略词话·序》，《杨升庵丛书》（四），第657页。
② 李馥荣：《滟滪囊》卷1。
③ 刘景伯：《蜀龟鉴》卷2。
④ 陈浩东主编：《成都民间文学集成》，四川人民出版社1991年版，第508页。
⑤ 《古谣录》卷23引录，见《杨升庵丛书》（五）《古今风谣》，第448页。
⑥ 赵翼：《廿二史劄记》卷36《四川盗》。
⑦ 民国《雅安县志》卷6。

张也败,李也败,败出一个好世界。"①

（四）谶语

"造谶"（音"衬",chen）是古代历史上常见的另一种制造舆论的工具。它是以民间谣、歌、谚的形式来传播某种预言,如果这种预言对统治者有利,他们就把它称之为"谶",或直白地称之为"符命""天命";如果对统治者不利的话,那自然就成为"妖言"了。迷信的人可以把它看成是天意,不迷信的人会说这是巧合,但如果仔细一分析,却不过是利用中国语言文字的特征而进行的附会②。

在明末天下大乱的社会背景下,各种政治势力竞相"造谶"来使某种预言得到传播,于是,在明末四川,尤其是围绕张献忠的"谶语"满天飞。这些"谶语"既有有利于张献忠的,也有不利于张献忠的,经后代文人把它记录下来,就成为民间语言的生动教材。例如"张家长,李家短"的"谶语"就是有利于张献忠的。说的是张献忠占领成都后,暗遣密探,打听民情。一日,"有言事小儿"（即密探）夜行街巷,听见一个小孩在说民间"俚语"："张家长,李家短……"于是便报告张献忠。张献忠听后大笑道："此我家胜（李）自成之兆。"③显然张献忠把在四川民间流传了上千年的俚语,当做他能胜过自己的竞争对手李自成的"谶语",进而加以广泛传播了。不利于张献忠的"谶语",也很离奇。据说,早在张献忠占领成都时,他命令军士在成都东门外沿江十里的地方,拆塔修筑"将台"。在塔下取砖至四丈深处,挖得一块古碑,碑上有篆文云："修塔余一龙（万历中四川布政使）,拆塔张献忠。岁逢甲乙丙,此地血流红。妖运终川北,毒气播川东。吹箫不用竹,一箭贯当胸。炎兴元年诸葛孔明记。"这显然是一块当时人假托诸葛孔明制造的"古碑"。碑文所说的"甲乙丙",指张献忠据蜀的甲申、乙酉、丙戌（1644~1646）这三个年头。所谓"吹箫不用竹",盖指"肃"字。寓指清肃亲王督师,"攻献于西充,射杀之"④。另一则民谣,明显带有"造谶"性质,也是针对张献忠牺牲在西充一事编造的"谶语"："三月干,四月干,五月六月埋官杀官,七八月人头堆齐山。生在燕子

---

① 刘景伯：《蜀龟鉴》卷2。
② 栾保群：《历史上的谣与谶》,中国档案出版社2006年版,第4页。
③ 彭遵泗：《蜀碧》卷3。
④ 彭遵泗：《蜀碧》卷3。

岭（张献忠生地），死在凤凰山。"据说，张献忠临死前也说："果然咱生在燕子岭，死在凤凰山。"①

---

① 刘景伯:《蜀龟鉴》卷3。

大事年表

1260年　中统元年

三月　忽必烈即汗位于开平，为元世祖。

八月　忽必烈诏立秦蜀行省。

1261年　中统二年

六月　驻守泸州的南宋大将刘整降元，刘整献策从襄樊进攻南宋。

1264年　至元元年

回回人赛典赤出为秦蜀行省平章政事，镇抚四川长达10年之久。

1272年　至元九年

春　元朝开始对襄樊发动总攻，宋元战争发生重大转折。

十月　忽必烈遣第三子安西王忙哥剌出京兆，节制四川兵马。

1275年　至元十二年

六月　元军大举进攻嘉定，南宋守将昝万寿以城降元。

1278年　至元十五年

年初　元军自泸州东下，合围重庆。

八月　安西王相府宣布"川蜀悉平"。

1279年　至元十六年

正月　元军攻破重庆城，守将张珏率兵巷战，突围失利，力屈被擒。

合州守将王立挈城降元。

1282年 至元十九年

四川民仅12万户。

1286年 至元二十三年

分秦蜀为二省,"始置四川行省,署成都"。

1288年 至元二十五年

四川"迁省治重庆"。不久,复徙治成都。

1298年 大德二年

四川潼川人冯福京编成《昌国州图志》七卷。

1301年 大德五年

元成宗下令征八百媳妇国,四川少数民族起兵反抗。

1328年 致和元年 天顺元年 天历元年

七月 元朝统治集团争夺帝位,爆发两京对立的"天历之战"。

十一月 四川行省平章囊加台自称"镇西王",称兵抗命,反叛大都朝廷。

1337年 顺帝至元三年

大足县韩法师"自称南朝赵王"发动起义。

1343年 至正三年

费著撰成《成都府志》。

1351年 至正十一年

五月 刘福通与杜遵道率众在河南颍州发动起义,揭开元末农民大起义的序幕。

1352年 至正十二年

明玉珍率部参加彭莹玉、徐寿辉领导的天完红巾军,受命镇守沔阳。

1355年 至正十五年

秋 明玉珍为采购军粮,自沔阳首次进入元朝统治下的巫峡地区。

1357年 至正十七年

三月 明玉珍再次从峡州进入川峡地区掠粮。

四月 明玉珍乘四川内部空虚之际,自峡州溯江而上,沿途攻克夔州、万州,并一举占领重庆。

九月 李喜喜所部青巾军自甘南进入四川,沿途攻破汉州、灌县、雅州、天全、名山等数十城，并攻入成都。

1358 年　至正十八年

六月　明玉珍在普州击败青巾军李仲贤部。

1359 年　至正十九年

春　明玉珍与青巾军主力再次激战，青巾军"数十万兵一朝解散"。

夏　明玉珍在川西北重创李喜喜余部致使田成、傅友德部"错愕败走"。

冬　明玉珍下令，对据守嘉定的元朝残余势力发起围攻。

1360 年　至正二十年

春　陈友谅杀徐寿辉自称汉帝，明玉珍移檄四方，"会兵三峡"，准备议讨陈友谅。

1361 年　至正二十一年

九月　明玉珍出兵攻克川东郡县。

1363 年　至正二十三年

正月　明玉珍定都重庆，自称皇帝，国号大夏，改元天统。

1364 年　至正二十四年　天统二年

明玉珍遣军进攻云南，拓展生存空间，败绩而归。

1366 年　至正二十六年　天统四年

二月　明玉珍病死，子明昇即位，改元开熙。

1368 年　至正二十八年　开熙三年

正月　朱元璋在应天称帝，建立明朝，改元洪武，是为明太祖。元朝在全国的统治宣告结束。

1371 年　洪武四年　开熙五年

六月　朱元璋遣明军攻入四川，明昇乞降，大夏政权宣告灭亡。

1372 年　洪武五年

户部奏：四川民总八万四千余户。

1378 年　洪武十一年

朱元璋封第十一子朱椿为蜀王。

1390 年　洪武二十三年

蜀王建王府第于成都，朱椿归藩四川。

1463 年　天顺七年

十月　汉州人赵铎发动起义，自称赵王，拥众数千，声势大振。

1490年　弘治三年

夔州爆发王刚领导的农民起义。

1500年　弘治十三年

七月　从蜀王之请，明孝宗赐给四川一部《大明一统志》。

1508年　正德三年

大宁盐场鄢本恕、廖惠聚集灶夫千人起义。其后，蓝廷瑞参加了这支起义军。蓝廷瑞称顺天王，鄢本恕称扫地王，廖惠称扫地王，下设48营，率义军转战川、湖、陕三省。

1510年　正德五年

曹甫、方四起义响应，转战川、黔各地。

1518年　正德十三年

熊相纂成《四川志》37卷。

1536年　嘉靖十五年

二月十八日　西昌发生7.5级地震。建昌、宁番、越巂、邛、雅、崇庆、嘉、眉等州，资阳、大邑、峨眉、岳池等县地震，吼声如雷。龙安府、马湖府、潼川州、叙州府、遂宁、内江、什邡、富顺、成都均震。

1545年　嘉靖二十四年

杨慎等参与编修的《四川总志》16卷本刊行。

杨慎《全蜀艺文志》刊行。

1565年　嘉靖四十四年

大足蔡伯贯利用白莲教发动起义，坚持斗争36天。

1573年　万历元年

四川巡抚曾省吾调兵围攻都掌蛮，焚毁凌霄等60余寨，拓地400余里。

1579年　万历七年

虞怀忠修，郭棐纂的万历《四川总志》34卷本刊行。

《合州志》刻刊。

1588年　万历十六年

四川巡抚徐元太督师剿灭马湖夷，撤销马湖土巡检，开始真正意义上的"改土归流"。

1597年　万历二十五年

五月　播州宣慰使杨应龙，打着"擒王剿叛"的旗号，公开发动反明武装叛乱，由贵州进攻四川，直逼重庆。

1600年　万历二十八年

六月　明朝平定杨应龙叛乱，宣布对播州实行改土归流，从此播州一分为二，分属四川、贵州两省管辖。属四川者曰遵义府，属贵州者曰平越府。

1618年　万历四十六年

曹学佺著《蜀中名胜记》刊行。

1619年　万历四十七年

由吴之皞修、杜应芳纂的万历《四川总志》27卷本刊行。

1621年　天启元年

九月　永宁土官奢崇明声称率兵援辽东，乘机进占重庆，杀四川巡抚，发动反明武装叛乱。分兵攻陷合江、纳溪、泸州、遵义。

十月中旬　奢崇明自长宁起兵，分军四路，进攻成都，围困成都102天。

《成都府志》58卷本刊行。

1622年　天启二年

正月　在川东石柱女土司秦良玉出兵驰援下，叛军自成都撤退，明军得以收复重庆。

1630年　崇祯三年

永宁改土归流。

1633年　崇祯六年

陕西米脂十八寨爆发农民起义。张献忠率部分义军转战川陕，首次入川，攻克夔州等地。

1634年　崇祯七年

张献忠再次入川，攻克大宁、大昌、巫山、夔等数十州县。

1637年　崇祯十年

五月　由李自成率领的起义军，转战四川。十月，攻广元，陷昭化，破剑州，梓潼，陷江油，破绵州，焚新都，掠郫县，破金堂，围成都20日。是役，"陷州县三十六，蜀创甚"。

张献忠大西军又分两路入川作战，分别攻克龙安（今平武县）、剑阁、绵州、安岳等州、县，包围成都 20 余日，杀明总兵侯良柱等。

明廷以兵部尚书杨嗣昌总理"剿""抚"大务，提出了"四正六隅十面网"之策，企图将农民军驱入四川进行剿灭。

1639 年　崇祯十二年

正月　张献忠第四次入川作战，连克川西、川北、川南数十州县，突破明军的包围圈，远走湖广。

1640 年　崇祯十三年

成都发生民变，始于彭县，新繁效之，后遂遍各州县。

1644 年　崇祯十七年

正月　张献忠自湖广率军入夔门，成都大震。

三月十九日　李自成率军攻占北京，崇祯帝景山自尽。

六月十三日　蜀王一行准备逃往云南，未果。

八月九日　张献忠率军攻克成都。明蜀王投井自尽。

十一月　张献忠以成都为西京，建元大顺政权，宣告明王朝在四川的统治覆亡。

后 记

重修《四川通史》不仅仅是对15年前出版的《四川通史》的再版或修订,而是一次全新意义上的重写,本卷书稿撰写过程得到了验证。

根据重修《四川通史》的编写大纲设计,《四川通史》第五卷的时间断限,由原来的元明清改为元、明。原版《四川通史》第五卷的篇幅本来只有30万字,在将清代部分内容剥离出去后,剩下的文字不多。为了独立成册,修修补补显然已经无济于事,唯一可行的办法,就是只有深入本段历史中去,努力发掘新材料,研究新问题,扩充新篇幅。

在四川地方史研究领域,元明史向来是一个比较薄弱的环节,缺乏深入系统的研究。通过这次《四川通史》第五卷的重修,正好为加强和充实四川历史的内容,提供了契机和较大的发展空间。本次重修的《四川通史》第五卷,在维持政治、经济、民族、文化四大板块不变,保持全书体例统一的前提下,与旧版相比较,区别究竟何在?

首先,在篇目设计上,为突出元、明时期四川历史的特点,本次重修对在全国颇有影响的重点问题,进行了深入的发掘和拓展。将原来被忽视,没有充分论述,或者很少涉及的部分内容,如明玉珍据蜀、明代四川宗藩、宦官专政、元明四川人口、川江航运造船业、明代入藏新通道的开辟,以及元明四川文化等等,分别从章节目上加以反映,从而为展示本段历史内容,搭建了一个面目

后记

全新的框架。

其次，在章节内容安排上，本次重修对于过去研究较为薄弱的内容进行了大幅度的充实。例如，在经济板块，对元明时期四川经济中的许多领域，在广度和深度方面进行发掘，作了史料的补正，内容的增添，意义的阐释。在政治板块，针对读者关心的重点、难点问题，新辟了专门的子目进行讨论，撰写了"元朝久攻巴蜀不下的原因"、"'张献忠剿四川'评说"等，以加深读者对本段历史特点的认识。在文化板块，结合现实需要，新增了科技、民俗等节内容，尽可能展现本段历史的多元特色面貌。

再次，在资料的运用上，本次重修注重原始资料的发掘和最新研究成果的吸收。为做到博采众家之长，对于近年来相关领域最新研究信息、成果和动态，都作了适当的反映；大量运用近年来在考古发现、文物研究和地方志编纂方面的新成果，力求多层次、多视角地表现本段历史的丰富内涵。

最后，根据全书体例，增写了前言，对元、明历史与四川历史进程有关的几个问题展开讨论，其要旨在于把本段历史放在整个历史长河和全国范围的时空构架中进行考察，以便加深对元、明四川历史特点、地位的认识，从总体上把握这段历史的发展变化脉络。

关于本书作者问题。本次重修《四川通史》第五卷，经济板块部分委托四川大学历史文化学院李映发教授担纲，由他提供第七、八、九、十章书稿。除此之外的政治、民族、人口、文化等部分（第一、二、三、四、五、六、十一章）以及前言、后记、大事年表与插图，均由陈世松完成。全稿并由本卷主编陈世松统纂、润色，作了必要的增删加工处理。

在本册书稿背后，还有许多"无名英雄"值得铭记。旧版《四川通史》第五卷明代部分书稿，原由四川大学历史文化学院柯建中教授撰写。他因年事已高，婉辞参加本次重修；但对重修工作一如既往地表示支持，并授权我们：对于旧版中原来由他所撰写的部分文字，如果可用，听凭采纳。这次重修的本卷书稿中，有关明代政治、民族、文化三个板块就部分吸纳了他原来撰写的一些章节内容，这是需要提出来加以说明的。成都市文物考古研究所的荣远大博士接受邀请，参与了本卷前期提纲讨论，还无私地提供了相关的参考资料。李绍明、胡昭曦、贾大泉教授对本书初稿提出许多宝贵意见，有助于书稿的修改和质量的提高。此外，还有许多老师、朋友，为本书提供资料、图片支持和帮助。

后 记

在此，谨对上述单位以及师友的付出表示衷心的感谢，没有他们的配合协作，本书是难以达到现在的水平的。由于作者的水平和功力有限，本书一定还会存在不少的缺点与不足，欢迎读者批评指正，以便不断修改、补充和进一步完善。

本书配图承成都市文物考古研究所李绪成、李升老师提供文物照片以供采用；其余图片或由出版社提供，或来自作者拍摄，或根据相关图录翻拍。为避免图说过繁，依全书统一体例，未能一一注明来源，敬请原谅，特此说明。

陈 世 松
于 2007 年 2 月
校订于 2008 年 12 月